magnum
HTML

Alexandra Brodmüller-Schmitz

magnum
HTML

**Kompakt
Komplett
Kompetent**

Markt+Technik-Verlag

Die Deutsche Bibliothek – CIP-Einheitsaufnahme

Ein Titeldatensatz für diese Publikation ist bei
Der Deutschen Bibliothek erhältlich.

Die Informationen in diesem Buch werden ohne Rücksicht auf einen
eventuellen Patentschutz veröffentlicht.
Warennamen werden ohne Gewährleistung der freien Verwendbarkeit benutzt.
Bei der Zusammenstellung von Texten und Abbildungen wurde mit größter
Sorgfalt vorgegangen.
Trotzdem können Fehler nicht vollständig ausgeschlossen werden.
Verlag, Herausgeber und Autoren können für fehlerhafte Angaben
und deren Folgen weder eine juristische Verantwortung noch
irgendeine Haftung übernehmen.
Für Verbesserungsvorschläge und Hinweise auf Fehler sind Verlag und
Herausgeber dankbar.

Alle Rechte vorbehalten, auch die der fotomechanischen Wiedergabe und der
Speicherung in elektronischen Medien.

Fast alle Hardware- und Softwarebezeichnungen, die in diesem Buch erwähnt werden,
sind gleichzeitig auch eingetragene Warenzeichen oder sollten als solche betrachtet werden.

Umwelthinweis:
Dieses Buch wurde auf chlorfrei gebleichtem Papier gedruckt.
Die Einschrumpffolie – zum Schutz vor Verschmutzung – ist aus
umweltverträglichem und recyclingfähigem PE-Material.

10 9 8 7 6 5 4 3 2 1

05 04 03 02

ISBN 3-8272-6156-2

© 2002 by Markt+Technik Verlag,
ein Imprint der Pearson Education Deutschland GmbH,
Martin-Kollar-Straße 10–12, D-81829 München/Germany
Alle Rechte vorbehalten
Lektorat: Jürgen Bergmoser, jbergmoser@pearson.de
Herstellung: Philipp Burkart, pburkart@pearson.de
Layout und Satz: reemers publishing services gmbh, Krefeld (www.reemers.de)
Druck und Verarbeitung: Media-Print, Paderborn
Printed in Germany

Inhaltsverzeichnis

Teil 1 HTML-Grundlagen 13

1 Standards im Internet 15
    1.1 Client-Server-Modell 15
    1.2 TCP/IP-Protokolle 16
    1.3 IP-Adressen 17
    1.4 Domain Name System 18
    1.5 HTTP und HTML 19

2 Allgemeines zu HTML 23
    2.1 Hypertext ist Vernetzung 23
    2.2 HTML-Versionen 25
    2.3 Struktur einer HTML-Datei 26
    2.4 Dateibezeichnungen 31
    2.5 HTML-Editoren 32
    2.6 Ergänzende Sprachen und Technologien 32

3 HTML-Tags 35
    3.1 Tags sind Steuerbefehle 35
    3.2 Verschachteln von Tags 36
    3.3 Zusätzliche Attribute 38
    3.4 Universalattribute 40
    3.5 Unerwünschte Befehle und Attribute 41

4 Angaben im Kopfteil der HTML-Datei 43
    4.1 Document Type Definitions (DTD) 43
    4.2 Titel 45
    4.3 Absolute Verweise 46
    4.4 Zielfenster 46
    4.5 Webseite durchsuchen 48

5 Dateiweit wirksame Attribute 49
    5.1 Hintergrundfarbe 49
    5.2 Textfarbe 49
    5.3 Verweisfarben 50
    5.4 Identifikatoren 51
    5.5 Sprachinformationen 52

6 Farbe in HTML 53
    6.1 Farbangaben im RGB-Format 54
    6.2 Farbnamen 55

7 Maskierungskonventionen 59
- 7.1 Umlaute und Sonderzeichen 59
- 7.2 HTML-spezifische Zeichen 61
- 7.3 Leerzeichen 63

8 Besondere Textformen 67
- 8.1 Kommentare 67
- 8.2 Adressen 68
- 8.3 Zitate 70
- 8.4 Präformatierter Text 72

9 Überschriften 75
- 9.1 Ebenen definieren 76
- 9.2 Ausrichtung festlegen 78

10 Zeilenumbruch 83
- 10.1 Umbruch definieren 83
- 10.2 Umbruch vermeiden 85

11 Absätze 87
- 11.1 Absätze definieren 87
- 11.2 Ausrichtung festlegen 90

12 Textauszeichnung 93
- 12.1 Logische Textauszeichnung 93
- 12.2 Physische Textauszeichnung 97

13 Schrift 101
- 13.1 Schriftgröße 101
- 13.2 Schriftart 105
- 13.3 Schriftfarbe 107
- 13.4 Schrifteigenschaft 110

14 Horizontale Linien 113
- 14.1 Breite und Stärke 116
- 14.2 Ausrichtung festlegen 118
- 14.3 Schattierung 120
- 14.4 Farbe 121

15 Listen 123
- 15.1 Unsortierte Listen 123
- 15.2 Numerische Listen – arabisch 133
- 15.3 Numerische Listen – römisch 139
- 15.4 Numerische Listen – alphabetisch 141
- 15.5 Kombinierte Listen 143
- 15.6 Definitionslisten 147
- 15.7 Menülisten und Verzeichnislisten 150

16 Grafikarten 151
- 16.1 Vektorgrafiken.. 151
- 16.2 Rastergrafiken.. 151
- 16.3 Meta-Grafiken.. 153

17 Grafikformate in HTML 155
- 17.1 Das Grafikformat GIF 155
- 17.2 Das Grafikformat JPEG 158
- 17.3 Das Grafikformat PNG... 160

18 Grafiken verwenden 161
- 18.1 Grafiken erstellen... 162
- 18.2 Grafiken einbinden... 163
- 18.3 Grafikbeschriftung 170
- 18.4 Umfließender Text 172
- 18.5 Allein stehende Grafiken ausrichten................................. 175
- 18.6 Abstand zu umgebenden Elementen 177
- 18.7 Alternativer Text.. 181
- 18.8 Breite und Höhe definieren 184
- 18.9 Grafikrahmen... 186
- 18.10 Grafiken als Verweis definieren 189
- 18.11 Vorschau-Grafiken 191

19 Grafische Elemente 193
- 19.1 Aufzählungszeichen 193
- 19.2 Grafische Trennlinien... 199
- 19.3 Schaltflächen... 201

20 Hintergrundgrafik.. 205
- 20.1 Hintergrundbild aus Einzelgrafiken 205
- 20.2 Statisches Hintergrundbild... 209

21 Zusammenfassen von Elementen... 211
- 21.1 Bereiche ausrichten... 211

22 Hyperlinks... 215
- 22.1 Verweise innerhalb einer HTML-Datei.............................. 219
- 22.2 Verweise innerhalb eines Verzeichnisses 224
- 22.3 Verweise auf andere Verzeichnisse.................................. 231
- 22.4 Verweise auf andere WWW-Server.................................. 233
- 22.5 Verweise auf E-Mail-Adressen.. 234
- 22.6 Verweise auf Nicht-HTML-Dateien.................................... 239
- 22.7 Verweise auf Download-Dateien 240
- 22.8 Dateityp des Verweisziels angeben 242
- 22.9 Verweise auf andere Internetdienste 242
- 22.10 Verweise betiteln 245
- 22.11 Sprache und Zeichensatz des Verweisziels angeben 245
- 22.12 Verweise ansteuern und Zieltypen angeben 246

Teil 2 Weitere Funktionen in HTML 251

- 23 Lauftext 253
    - 23.1 Lauftext definieren 254
    - 23.2 Laufrichtung festlegen... 256
    - 23.3 Geschwindigkeit definieren 257
    - 23.4 Häufigkeit der Wiederholungen.................................. 259
    - 23.5 Hintergrundfarbe definieren 259
    - 23.6 Breite und Höhe definieren 260
    - 23.7 Abstand zu umgebenden Elementen 262
- 24 Tabellen aufbauen.. 265
    - 24.1 Struktur einer Tabelle.. 268
    - 24.2 Zeilen und Zellen definieren 268
    - 24.3 Rahmen definieren 275
    - 24.4 Abstände zwischen Tabellenzellen............................. 284
    - 24.5 Zeilenhöhe festlegen 292
    - 24.6 Spaltenbreite festlegen 293
    - 24.7 Breite und Höhe der Tabelle festlegen 295
    - 24.8 Tabellenspalten definieren 297
- 25 Formatierung innerhalb von Tabellen 305
    - 25.1 Abstände zwischen Zelleninhalt und Zellenbegrenzung....... 305
    - 25.2 Umbruch von Zelleninhalten...................................... 309
    - 25.3 Zelleninhalte ausrichten 311
    - 25.4 Zellen innerhalb einer Zeile verbinden...................... 318
    - 25.5 Zellen innerhalb einer Spalte verbinden 321
    - 25.6 Zellen über mehrere Zeilen und Spalten verbinden............ 322
    - 25.7 Hintergrundfarbe von Tabellen definieren 324
    - 25.8 Farbe von Rahmen und Linien definieren 326
    - 25.9 Hintergrundbild einer Tabelle oder Zelle 327
- 26 Formatierung von Tabellen 331
    - 26.1 Tabellen beschriften 331
    - 26.2 Tabellen ausrichten 333
    - 26.3 Umfließen von Tabellen 334
    - 26.4 Abstand zu umgebenden Elementen 338
- 27 Blinde Tabellen.. 341
    - 27.1 Platzieren von Grafiken.. 341
    - 27.2 Seitenränder definieren 345
- 28 Besonderheiten bei Tabellen 351
    - 28.1 Kurzbeschreibung von Zellen 351
    - 28.2 Bezüge zwischen Kopf- und Datenzellen 352
    - 28.3 Kategorien für Zellen 353
    - 28.4 Tabellen zusammenfassen 354

29	Formulare aufbauen	357
	29.1 Struktur von Formularen	361
	29.2 Einzeilige Eingabefelder	363
	29.3 Eingabefelder für Passwörter	369
	29.4 Mehrzeilige Eingabefelder	370
	29.5 Auswahllisten	372
	29.6 Schaltflächen	377
	29.7 Kontrollkästchen	382
	29.8 Optionsknöpfe	385
30	Besonderheiten bei Formularen	387
	30.1 Dateien übertragen	387
	30.2 Verborgene Formularelemente	389
	30.3 Formularelemente deaktivieren	390
	30.4 Formularelemente ansteuern	391
	30.5 Zielframe festlegen	394
	30.6 Formularelemente gruppieren	394
	30.7 Externer Zugriff auf Suchmaschinen	397
31	Formulardaten auswerten	399
	31.1 E-Mail mit Formulardaten	400
	31.2 CGI-Schnittstelle	400
32	Framesets	403
	32.1 HTML-Dateien mit Framesets	405
	32.2 Framesets definieren	406
	32.3 Alternativer Inhalt	412
33	Frames	415
	33.1 Frames definieren	415
	33.2 Ziel-Frames festlegen	419
	33.3 Feste Frame-Größe definieren	426
	33.4 Frame-Rahmen definieren	427
	33.5 Abstände zwischen Frame-Rahmen und -inhalt	430
	33.6 Rollbalken definieren	431
34	Eingebettete Frames	435
	34.1 Eingebettete Frames definieren	435
	34.2 Größe eingebetteter Frames definieren	437
	34.3 Ausrichten eingebetteter Frames	438
	34.4 Abstand zu umgebenden Elementen	438
	34.5 Verweise auf eingebettete Frames	440
35	Meta-Angaben	443
	35.1 Meta-Angaben für Browser	443
	35.2 Meta-Angaben für Suchprogramme	449
	35.3 Suche einschränken	453

Teil 3 Multimedia und ergänzende Techniken 455

36 Objekte 457
- 36.1 Objekte einbinden 457
- 36.2 Objekte, die aktiviert werden müssen 459
- 36.3 Objektrahmen definieren 460
- 36.4 Objektnamen vergeben 460
- 36.5 Breite und Höhe definieren 460
- 36.6 Beschriftung von Objekten 461
- 36.7 Umfließender Text und Ausrichtung 462
- 36.8 Abstand zu umgebenden Elementen 463
- 36.9 Meldungen zur Ladezeit 464

37 Verweis-sensitive Grafiken 465
- 37.1 Serverseitige verweis-sensitive Grafiken 466
- 37.2 Clientseitige Verweis-sensitive Grafiken 467
- 37.3 Verweis-sensitive Grafiken als Objekt einbinden 472

38 Animierte GIF-Grafiken 475

39 Audiodateien 477
- 39.1 Hintergrundsound 478
- 39.2 Externe Audiodateien 479

40 Videodateien 483
- 40.1 Videodateien einbinden 483
- 40.2 Externe Videodateien einbinden 484

41 Stylesheets 487
- 41.1 Stylesheet-Sprachen 487
- 41.2 Farbangaben und Maßeinheiten in CSS 488
- 41.3 Kommentare in CSS 491

42 Lokale Stylesheets 493
- 42.1 Alle Instanzen eines Befehls formatieren 493
- 42.2 Klassen formatieren 495
- 42.3 Pseudo-Klassen und Pseudo-Elemente 499
- 42.4 Einzelne Tags formatieren 504
- 42.5 Bereiche formatieren 506
- 42.6 Stylesheets für verschachtelte Tags 508
- 42.7 Lokale Stylesheets für verschiedene Medien 510
- 42.8 Interpretation verschiedener Stylesheets 512

43 Externe Stylesheets 517
- 43.1 Externe Stylesheet-Dateien 517
- 43.2 Externe Stylesheets für verschiedene Medien 521

44 CSS Stylesheet-Formateigenschaften 525
- 44.1 CSS-Formateigenschaft.. 529
- 44.2 Texteigenschaften.. 533
- 44.3 Abstände zu umgebenden Elementen 539
- 44.4 Farbe und Hintergrundeigenschaften.. 541
- 44.5 Rahmeneigenschaften... 547
- 44.6 Innenabstände 550
- 44.7 Listen formatieren... 552
- 44.8 Tabellen 556
- 44.9 Pseudo-Elemente formatieren 557
- 44.10 Elemente positionieren 559
- 44.11 Seitengestaltung 564
- 44.12 Cursor definieren 566
- 44.13 Microsoft-Filter definieren.. 567

45 Java-Applets 573
- 45.1 Java-Applets einbinden... 573
- 45.2 Java-Applets beschriften und umfließen 575
- 45.3 Abstand zu umgebenden Elementen 575

46 Scripting... 577
- 46.1 Scripts einbinden 577
- 46.2 Ereignisattribute 578
- 46.3 JavaScript 580
- 46.4 VBScript.. 582

47 ActiveX 583
- 47.1 ActiveX-Steuerung einfügen... 584

48 DHTML 587
- 48.1 Dokumentinhalt dynamisch ändern.. 587

49 XML 593
- 49.1 Struktur einer XML-Datei 594
- 49.2 Prolog.. 596
- 49.3 Document Type Definition (DTD).. 597
- 49.4 Dokumentinstanz.. 600
- 49.5 XHTML 601

Teil 4 Realisation einer Site 605

- 50 Gestalterischer und inhaltlicher Aufbau 607
  - 50.1 Allgemeine Gestaltungsregeln 607
  - 50.2 Inhaltsstruktur und Navigation 609
- 51 Veröffentlichung im Internet 613
  - 51.1 Testen 613
  - 51.2 WWW-Adresse 614
  - 51.3 Upload und Verwaltung 615
  - 51.4 Bekanntmachen der Site 615

Teil 5 Anhang 619

- A HTML-Tag-Referenz 621
- Stichwortverzeichnis 649

HTML-Grundlagen

Als Einführung geht es im ersten Teil zunächst um die technischen Standards, die dem Internet zugrunde liegen. Darauf folgt eine umfassende Zusammenstellung aller grundlegenden HTML-Befehle mit Anwendungsbeispielen.

Teil 1

1 Standards im Internet

Der Vorläufer des Internet, wie wir es heute kennen, war das Ende 1969 in Betrieb genommene so genannte ARPANET. Nach der Abteilung ARPA (als Abkürzung für Advanced Research Projects Agency Network) des US-amerikanischen Verteidigungsministeriums benannt, bestand es zunächst aus vier Computern verschiedener Architekturen. Dem Aufbau dieses Netzes lag die Idee zugrunde, das Teilen von Ressourcen zu ermöglichen und die dazu nötigen Protokolle und Abläufe zu verstehen und weiterzuentwickeln. Die Bestrebungen gingen dahin, einen Datenaustausch auch dann zu ermöglichen, wenn die direkte Verbindung zwischen zwei Rechnern nicht mehr vorhanden wäre. Zu diesem Zeitpunkt begann bereits die Entwicklung einer Reihe von Protokollen, die unter der Bezeichnung TCP/IP-Protokolle auch heute noch die zentrale Rolle für den Datenverkehr im Internet spielen.

1.1 Client-Server-Modell

Dem ARPANET lag ein Peer-to-Peer-Netzwerk zugrunde, bei dem mehrere gleichberechtigte Rechner miteinander verbunden sind. Das bedeutet, dass jeder der angeschlossenen Computer sowohl Ressourcen zur Verfügung stellen als auch Ressourcen anderer Rechner nutzen und selbstständig arbeiten kann. Das Internet unserer Tage basiert jedoch auf einem anderen Netzwerktyp, dem Client-Server-Netzwerk. Hier sind die Rechner im Netzwerk nicht gleichberechtigt: Es gibt einerseits einen oder mehrere Server, die Daten bereitstellen und andererseits Clients, die diese Daten nutzen können, wobei die Clients auch unabhängig vom Netzwerk arbeiten können. Diese unterschiedlichen Anforderungen machen für Clients und Server verschiedene Betriebssysteme erforderlich. Auf der Serverseite ist dies ein NOS (Network Operating System = Netzwerkbetriebssystem), die Clients können wiederum unter unterschiedlichen Betriebssystemen laufen, wodurch verschiedene Plattformen eingebunden werden können. Für die Clients eines Client-Server-Netzwerks besteht also keine Möglichkeit, Daten auf direktem Weg untereinander auszutauschen. Jeder Datenverkehr läuft zunächst über den Server und kann von dort aus abgerufen werden. Client-Server-Netzwerke werden zentral verwaltet und können zu LANs (Local Area Networks = lokale Netzwerke) oder WANs (Wide Area Networks = Fernnetzwerke) zusammengeschlossen werden. Das Internet stellt wohl das bekannteste WAN dar. Die Server oder Webserver benötigen zunächst ein NOS und darüber hinaus eine spezielle, mit dem NOS kompatible Webserver-Software. Die Clients müssen über einen Browser verfügen, der für das jeweilige Betriebssystem geeignet ist. Alle Daten, die ein Webserver bereitstellt, sind für jeden Client abrufbar, umgekehrt können Clients nur dann eigene Dateien zur Verfügung stellen, wenn der Webserver einen Upload erlaubt.

1.2 TCP/IP-Protokolle

Unter der Bezeichnung TCP/IP (Transmission Control Protocol/Internet Protocol) werden verschiedene Protokolle zusammengefasst, die die Kommunikation auch zwischen unterschiedlichen Netzwerken ermöglichen. Durch diese einheitlichen TCP/IP-Protokolle können auf unterster Ebene inkompatible Netzwerktypen miteinander in Verbindung treten. Diese Fähigkeit macht die TCP/IP-Protokolle zur Basis der Kommunikation im Internet. Die Protokollsammlung wird auch DoD-Protokolle genannt. Diese Bezeichnung geht auf ihre Entwicklung zurück, die in einer Abteilung des Department of Defense (Verteidigungsministerium) stattfand. Ein weiterer Name ist ARPANET-Protokolle, der ebenfalls auf die Anfänge des Internet weist. Die einzelnen zu TCP/IP gehörenden Protokolle sind in dem TCP/IP-Schichtenmodell strukturiert. In diesem Modell werden einzelnen Schichten bestimmte Funktionen und damit Protokolle zugeordnet. Die einzelnen Schichten und die darin enthaltenen Protokolle bauen aufeinander auf und werden daher auch als Protokollstapel oder Protokollfamilie bezeichnet. Das TCP/IP-Schichtenmodell ist auch unter den Bezeichnungen Internet-Referenzmodell und Internet-Schichtenmodell bekannt.

→ Anwendungsschicht: In der Anwendungsschicht greifen verschiedene Anwendungen mithilfe der entsprechenden Protokolle auf das Netzwerk zu. Beispiele für Anwendungsprotokolle sind FTP (File Transfer Protocol), TELNET, SMTP (Simple Mail Transfer Protocol), POP3 (Post Office Protocol), DNS (Domain Name System) und HTTP (Hypertext Transfer Protocol). HTTP dient als Grundlage zur Übertragung von Hypertext, die verschiedenen Webbrowser stützen sich also auf dieses Protokoll.

→ Transportschicht: Die Transportschicht vermittelt mit ihren Protokollen TCP (Transmission Control Protocol) und UDP (User Datagram Protocol) zwischen der Anwendungsschicht und der Internetschicht. UDP ist ein verbindungsloses Protokoll und bietet daher keine Möglichkeit, eine zuverlässige Datenübertragung zu garantieren. Ein fehlerfreier Datentransfer wird hingegen durch das verbindungsorientierte TCP gewährleistet, sendender und empfangender Computer werden verbunden und TCP sorgt, falls erforderlich, für eine erneute Übertragung. Das TCP-Protokoll stammt aus den Anfängen des Internet und ist als eines der wichtigsten Protokolle einer der Namensgeber für die gesamte Protokollfamilie.

→ Internetschicht: In der Internetschicht werden Datenpakete, so genannte Datagramme, mit dem Internet Protocol sortiert, weitergeleitet und zugestellt. IP ist das am weitesten verbreitete Übertragungsprotokoll der Internetschicht. Die Übertragung der Daten wird von IP nicht auf Fehler hin überprüft, die einzelnen Datagramme werden von Rechner zu Rechner geroutet. Neben TCP ist IP eines der wichtigsten Protokolle für die Datenübertragung im Internet und kommt als solches in der Bezeichnung des Protokollstapels TCP/IP vor.

→ Netzwerkschicht: Die Netzwerkschicht ist für die Übertragung im lokalen Netzwerk zuständig und beinhaltet Routinen für den Zugriff auf physikalische Netzwerke.

Beim Absender durchlaufen die Daten dieses Vier-Schichten-Modell von oben nach unten, beim Empfänger hingegen in umgekehrter Reihenfolge.

1.3 IP-Adressen

Um im Internet identifizierbar (und damit erreichbar) zu sein, benötigt jeder Teilnehmer (Clients und Server) eine eindeutige Adresse, die IP-Adresse. Diese Bezeichnung resultiert aus der Tatsache, dass das Internet Protocol (IP) in der Internetschicht unter anderem für die Adressierung von Datenpaketen zuständig ist. Den eigentlichen Daten werden zusätzliche Informationen vorangestellt, die die Zustellung erst ermöglichen und die unter dem Begriff IP-Header zusammengefasst sind. Diesen IP-Header können Sie sich wie einen Paketaufkleber auf einem geschlossenen Paket vorstellen. Ohne den Adressaufkleber ist das Paket im Prinzip verloren (es sei denn, im Inneren liegt ein Doppel der Paketkarte ;-)). Der IP-Header ist wie der Adressaufkleber völlig unabhängig vom Inhalt der Sendung, er enthält unter anderem die IP-Adressen des Absenders und des Empfängers.

Das Format der IP-Adressen wird durch das IP-Protokoll festgelegt, der derzeitige IP-Protokollstandard ist IPv4, die Abkürzung für Internet Protocol version 4. Die heutigen IP-Adressen bestehen aus einem 32-Bit-Wert, der in Form von vier separaten Dezimalzahlen, die durch einen Punkt voneinander getrennt sind, dargestellt wird. Diese vier Dezimalzahlen stehen jeweils für ein Byte (à 8 Bit) und können somit Werte zwischen 0 und 255 annehmen. Eine IP-Adresse lautet beispielsweise 195.28.255.0 (diese Schreibweise wird auch als Dotted Decimal Notation oder Punkt-Dezimal-Notation bezeichnet), im IP-Header steht allerdings der 32-Bit-Wert im Binärformat (das wäre in diesem Beispiel 11000011 00011100 11111111 00000000).

Die theoretisch über 4 Milliarden IP-Adressen sind bestimmten Klassen zugeordnet, um das Routing zu beschleunigen. Die ersten drei Klassen A bis C sind für Netze unterschiedlicher Größe vorgesehen, die Klassen D und E stehen nicht zur allgemeinen Verfügung. Da die Anzahl von IP-Adressen begrenzt ist, wird zwischen statischen und dynamischen IP-Adressen unterschieden. Es erhalten nur solche Teilnehmer eine feste, also statische, IP-Adresse zugewiesen, die ständig eine Verbindung ins Internet haben, wie etwa Webserver oder Nutzer einer Standleitung. Die anderen Teilnehmer, die nicht durchgängig online sind, erhalten bei jeder Einwahl ins Internet aus einem Pool von IP-Adressen von ihrem Provider oder Online-Dienst eine dynamische IP-Adresse.

Um einer zukünftigen Knappheit von IP-Adressen entgegenzuwirken, wurde in den 90er-Jahren von der IETF (Internet Engineering Task Force, ein internationales Gremium) eine neue Version des Internet-Protokolls entwickelt, das IPNG (für Internet Protocol Next Generation), auch IPv6 genannt (was entsprechend der Abkürzung IPv4 in voller Länge Internet Protocol version 6 heißt). Dieser neue Standard erweitert vor allen Dingen den bisherigen Adressbereich von 32 Bit auf 128 Bit, das heißt 16 Byte. (Das ergibt rein theoretisch eine Summe von 3,4 x 10^{38} einzelner IP-Adressen, eine Zahl mit 38 Nullen!). Eine IPv6-Adresse besteht aus acht Werten, die wiederum aus zwei Byte bestehen. Diese acht Werte werden nicht wie bei IPv4 in Dezimalzahlen, sondern in hexadezimaler Schreibweise notiert, wobei Doppelpunkte als Trennung zwischen den einzelnen Werten dienen. Heute wird IPv6 vor allem von Forschungseinrichtungen zu Testzwecken benutzt. Der neue Standard IPv6 ist abwärtskompatibel ausgelegt, sodass in der Übergangszeit (die sicherlich einige Jahre betragen dürfte) sowohl IPv6-Datenpakete durch ein IPv4-Netz befördert (Tunneln), als auch IPv4-Datenpakete in das neue Format umgesetzt werden können.

Für die Vergabe von IP-Adressen ist in Europa die RIPE (Réseaux IP Européens) zuständig, die größere Blöcke von IP-Adressen verwaltet und an ISPs (Internet Service Provider) weitergibt. Die Klartextnamen innerhalb der Top-Level-Domain .de werden wiederum von der DENIC eG (Deutschland Network Information Center) erfasst und verwaltet. Mehr darüber erfahren Sie im nächsten Abschnitt.

Wenn Sie einen Webserver einrichten möchten, können Sie eine IP-Adresse nicht direkt bei der RIPE beantragen, der Weg führt in jedem Fall über einen ISP. Die Registrierung einer Wunschdomain bei der DENIC kann hingegen jeder beantragen.

1.4 Domain Name System

Für die Datenübertragung im Internet ist eine eindeutige IP-Adresse erforderlich. Allerdings ist diese selbst dann, wenn sie nicht im Binärformat notiert ist, für die meisten Internetanwender eher schwierig zu merken. Wir können uns an so genannte Klartextnamen oder logische Rechnernamen wesentlich besser erinnern. Da der Computer jedoch eine IP-Adresse im Binärformat schneller berechnen kann, wird zwischen der 32-Bit-Adresse (für den Rechner) und der Domain-Adresse in Form eines Namens (für den Benutzer) übersetzt. Die DENIC eG mit Sitz in Frankfurt am Main verwaltet die innerhalb der Top-Level-Domain .de registrierten Domains. Das heißt, sie ist einerseits für die Vergabe der Domain-Namen (innerhalb der Top-Level-Domain .de) zuständig und betreibt andererseits einen Name-Server (für den Bereich der Top-Level-Domain .de), eine verteilte Datenbank, die bestimmten IP-Adressen eindeutige Domain-Namen zuordnet. Der vom Anwender gewünschte Domain-Name wird – sofern dieser nicht bereits vergeben ist – zunächst von der DENIC registriert. Im nächsten Schritt wird über einen ISP eine IP-Adresse beantragt. Der ISP teilt dann die für den Domain-Namen des Antragstellers bestimmte IP-Adresse der DENIC mit. Die DENIC trägt diese Kombination, bestehend aus der IP-Adresse und dem dazugehörigem Domain-Namen, in ihre Datenbank ein.

Das Benennungsschema der Domain-Namen ist hierarchisch strukturiert, wobei die höchste Stufe (Top-Level) eines Domain-Namens ganz rechts steht. Bei den Top-Level-Domains wird grundsätzlich zwischen den Generic Domains und den Country-Code-Domains unterschieden. Die Generic Top-Level-Domains (auch gTLD abgekürzt) bestehen aus drei Zeichen und werden unter anderem von den Mitgliedern des CORE (Internet Council of Registrars) vergeben. Die gTLDs *.com, .net* und *.org* sind allgemein zugänglich, wohingegen *.edu, .gov, .int* und *.mil* bestimmten Benutzergruppen vorbehalten sind. Die Country-Code-Top-Level-Domains (oder auch ccTLDs) bestehen aus zwei Zeichen und fungieren als Ländercodes, wie z.B. *.de*. Das Gremium, das für die Vergabe neuer Top-Level-Domains zuständig ist, ist die ICANN (Internet Corporation for Assigned Names and Numbers). Im November 2000 wurden die folgenden sieben neuen Top-Level-Domains ausgewählt: *.aero, .biz, .coop, .info, .museum, .name* und *.pro*.

Die einzelnen Bestandteile der Domain-Namen werden durch Punkte voneinander getrennt und können alphanumerische Zeichen enthalten. Eine Stufe unter der Top-Level-Domain (oder bildlich gesprochen links neben der Top-Level-Domain) steht die Domain, die wiederum in absteigender Richtung in weitere Sub-Domains aufgeteilt sein kann.

1.5 HTTP und HTML

Neben E-Mail ist das WWW oder World Wide Web (weltweites Netz) der am häufigsten genutzte Dienst des Internet. An seiner Entwicklung war Tim Berners-Lee (damals am CERN) maßgeblich beteiligt. Anfang der 90er-Jahre wurden mit dem WWW vor allem zwei Ziele verfolgt: der einfache Informationsaustausch mit einem globalen Hypertextsystem sowie die Integration anderer Internetdienste, wie z.B. E-Mail und FTP. Die Inhalte des WWW werden auf Webservern bereitgehalten und können mithilfe von Web-Clients, das heißt Browsern oder Webbrowsern, abgerufen werden (to browse = schmökern oder blättern). Die ersten Browser mit einer grafischen Benutzeroberfläche, die den Siegeszug des WWW einleiten sollten, wurden ab 1993 entwickelt. Das Transportprotokoll, das für die Übertragung von Webseiten im WWW zuständig ist, heißt HTTP (Hypertext Transfer Protocol). Die Dokumente für das WWW, die Webseiten, liegen wiederum im HTML-Format vor, wobei HTML die Abkürzung für HyperText Markup Language ist. Der Inhalt oder Content einer Webseite muss also zunächst im HTML-Format vorliegen.

HTML baut als statische Auszeichnungssprache auf SGML (Standard Generalized Markup Language) auf und ist somit eine SGML-Anwendung. (Hinter SGML verbirgt sich ein komplexes System für die Aufstellung und Beschreibung von Regeln zur Formatierung von Dokumenten.) HTML macht die Darstellung von Ressourcen möglich und erlaubt die einfache Navigation zwischen verschiedenen Inhalten. Eine HTML-Datei enthält neben dem eigentlichen Text Informationen zur logischen Struktur des gesamten Dokuments (z.B. die Aufteilung in Überschrift und Fließtext) und zu physischen Attributen einzelner Textteile (wie beispielsweise eine Hervorhebung durch fette Schrift). HTML ist eine einfache Auszeichnungssprache, da sie keine konkreten Formatanweisungen für den Browser ermöglicht, sondern vielmehr allgemeine Richtlinien für die Darstellung der Seiten enthält. Der Browser interpretiert die in der HTML-Datei enthaltenen Auszeichnungen und stellt sie dar. Da die Interpretation der Auszeichnungen je nach Browser unterschiedlich ausfällt, werden gleiche HTML-Dokumente in verschiedenen Browsern unterschiedlich dargestellt.

Wie die Abkürzung für Hypertext verrät, lässt sich neben den allgemeinen Angaben zur Darstellung einer HTML-Datei mit HTML Hypertext erstellen. Einzelnen Textstellen (oder auch einer Grafik) wird ein Link oder Hyperlink zugeordnet und als solcher auf der Seite kenntlich gemacht. So ändert z.B. der Mauszeiger seine Form, wenn ein Link überfahren wird, im Text werden Links in der Regel blau (oder in einer anderen Farbe) und unterstrichen dargestellt. Hinter einem Link verbirgt sich eine URL (Uniform Resource Locator) als eindeutige Adresse einer Webseite. Das Übertragungsprotokoll HTTP gewährleistet, dass neben dem Seiteninhalt die hinter den Links liegenden URLs übertragen werden und als Verbindung zwischen verschiedenen Teilen eines Dokuments oder sogar unterschiedlichen Webservern genutzt werden können.

Die eindeutige URL jeder einzelnen Webseite setzt sich aus mehreren Teilen zusammen: dem Zugangsprotokoll, der Host-Adresse in Form der IP-Adresse oder des Domain-Namens, dem Port und dem eigentlichen Pfad bis hin zur Datei (wobei Schrägstriche im Pfad eine hierarchische Struktur wiedergeben). Das Protokoll des WWW ist HTTP; diese Angabe wird mit einem Doppelpunkt abgeschlossen und durch zwei Schrägstriche (auch Slash bzw. Doppelslash genannt) vom nächsten Teil getrennt (`http://`). Als Nächstes folgt der Domain-Name inklusive der Top-Level-Domain (z.B. `http://www.pearsoneducation.de`). Der Port muss nur in dem Fall angegeben werden, wenn ausdrücklich ein anderer als der standardmäßig zugeordnete Port (der so genannte well-known Port) benutzt werden soll. Die weitere Angabe von Verzeichnissen oder Dateien ist optional. Werden hier keine weiteren Angaben gemacht, landet der Benutzer auf der Homepage, das heißt, der ersten Seite einer Website (eine Website ist die Gesamtheit aller einzelnen Webseiten eines Webservers). Bei den neueren Browser-Versionen muss der erste Teil `http://` nicht mehr manuell in die Adresszeile eingegeben werden (was eine mögliche Fehlerquelle darstellt), er wird vom Browser ergänzt.

Der Browser hält mit dem Browser-Cache eine weitere Annehmlichkeit für den Anwender bereit: Er speichert einmal geladene HTML-Seiten lokal ab und sorgt so für eine schnellere Darstellung, falls die betreffenden Seiten erneut aufgerufen werden (nebenbei wird mit dieser Vorgehensweise auch die Bandbreite geschont). Die Größe des Browser-Caches lässt sich vom Benutzer individuell einstellen.

Neben der festen Reihenfolge der verschiedenen Bestandteile einer URL und den dazugehörigen Zeichen gelten weitere Regeln:

→ Die Groß- und Kleinschreibung innerhalb einer URL hat die gleiche Bedeutung.

→ Die Verwendung von Ziffern und bestimmten Sonderzeichen ist erlaubt, sofern diese dem ASCII-Zeichensatz angehören. Das bedeutet gleichermaßen, dass alle Sonderzeichen, die über dem ASCII-Wert 127 liegen, ausgeschlossen sind, wie beispielsweise Umlaute und Buchstaben mit Akzenten (weitere Informationen zu ASCII finden Sie in Kapitel 2.3).

→ Spatien oder Leerzeichen sind grundsätzlich unzulässig.

Die IETF (Internet Engineering Task Force) fasst mit dem Begriff URI (Uniform Resource Identifier) verschiedene Standards zur Beschreibung von Internetressourcen zusammen. Einerseits ist dies die URL, die auf den Standort der Quelle verweist, andererseits die URN (Uniform Resource Name), die – unabhängig davon, auf welchem Server sich ein Objekt befindet – fest mit ihm verbunden ist. Die URNs befinden sich derzeit noch in der Entwicklung und haben gegenüber den URLs den Vorteil, weltweit eindeutig und immer gleichbleibend zu sein. Der Aufbau einer URN unterscheidet sich von einer URL vor allem dadurch, dass bereits bestehende Systeme, wie etwa die ISBN- oder ISSN-Nummern übernommen werden können.

2 Allgemeines zu HTML

HTML ist keine Programmiersprache und ermöglicht keine Interaktionen. Dennoch bildet HTML als statische Auszeichnungssprache die Basis jeder Webseite. Durch die Verwendung von ASCII-Text (American Standard Code for Information Interchange), der von allen Computern verstanden wird, ist HTML plattformübergreifend zu benutzen, außerdem ist HTML unabhängig von einer bestimmten Software und gilt somit als offener Standard.

Sie können HTML-Dateien mit jedem Texteditor öffnen und erstellen, natürlich auch mit den in den aktuellen Windows-Versionen (Windows ME und Windows 2000 Professional) integrierten Texteditoren Editor und WordPad. Die Arbeit an HTML-Dateien wird durch einen HTML-Editor allerdings wesentlich erleichtert.

Neben der Einbindung von Grafiken und der relativen Formatierung von Text erlaubt HTML das Einbinden von Verknüpfungen in Form von Hyperlinks oder Links. Damit kann – sofern Links verwendet werden – aus normalem Text Hypertext werden. Abgesehen vom WWW lässt sich HTML auch für andere Anwendungen nutzen. So können beispielsweise lokale Dokumentationen oder CD-ROMs erstellt werden. Neben dem reinen ASCII-Text enthält eine HTML-Datei Steuerzeichen, so genannte Tags, die auch als HTML-Befehle bezeichnet werden und die die Struktur der HTML-Datei darstellen. Da HTML in seinem Funktionsumfang eingeschränkt ist, kommen zunehmend ergänzende Sprachen und Technologien zum Einsatz, die sich in HTML-Dateien einbinden lassen.

2.1 Hypertext ist Vernetzung

Das Besondere an Hypertext ist, dass eine Verzweigungsfunktion in den Text (oder auch in die Grafik) integriert werden kann. Damit können Informationen vernetzt werden, die sich entweder an verschiedenen Stellen eines Dokuments oder auch auf völlig verschiedenen Webseiten und Webservern befinden. Eine solche Stelle, die eine Abzweigung bietet, nennt man Hyperlink oder Link. Die Gesamtheit dieser Links stellt die Verbindungspunkte des WWW dar und macht damit das Web, also das Netz, erst aus. Mithilfe dieser Links besuchen Sie miteinander verknüpfte Seiten innerhalb kurzer Zeit. Eine Reise zu Webseiten, die sich in Form von HTML-Dateien auf Webservern anderer Kontinente befinden, ist nicht aufwändiger als das Aufrufen der Seite Ihres lokalen Providers. Das gilt im Übrigen auch für die Verbindungskosten, da die Einwahl ins Internet beim nächstgelegenen Einwahlknoten stets zum Ortstarif erfolgt. Sobald Sie »drin« sind, also als Teilnehmer des globalen Netzwerks Internet gelten, ist es gleichgültig, wie weit die Daten, die Sie abrufen möchten, entfernt sind.

Jeder Link verweist mithilfe einer URL (Uniform Resource Locator) auf eine bestimmte Seite. Dabei ist die URL in der Regel nicht direkt sichtbar, was im Sinne der Lesbarkeit von Texten auch sicher sinnvoll ist. Allerdings sollte der Besucher einer Seite anhand der Links in etwa erkennen können, wohin diese führen, um entscheiden zu können, ob diese oder jene Abzweigung zu einer anderen Stelle oder Seite für ihn nützlich ist. Im Browser werden Links im Text (oder an anderer Stelle) hervorgehoben, meistens verändert darüber hinaus beim Überfahren eines Links der Mauszeiger (und die Textstelle) ihre Erscheinung. Gleichzeitig wird in der Statuszeile des Browsers die Adresse der Seite angezeigt, zu der der Link führt.

Bild 2.1: Hervorgehobene Links und eine URL in der Statuszeile

Damit die Surfer sich in den Weiten des WWW nicht zu sehr verirren (und unwissentlich auf den Aufbau einer Seite warten, die sie schon abgerufen haben), werden bereits besuchte Links durch eine veränderte Darstellung (meistens in einer anderen Farbe) kenntlich gemacht. Um welche Farben es sich bei der Markierung von Links und bereits besuchten Links handelt und ob Links innerhalb eines Textes unterstrichen werden, hängt von dem jeweiligen Besucher der Seite ab, da sich diese Werte im Browser individuell einstellen lassen. Neben den im Browser verfügbaren Schaltflächen *Zurück* und *Vorwärts* sollten auch auf den Webseiten Navigationsmöglichkeiten verankert sein. Ein einfaches Beispiel hierfür ist eine Schaltfläche mit der Bezeichnung *Home* (oder einem entsprechenden Symbol), die zur Startseite der Website führt. Bei sehr umfangreichen Texten ist sicher auch das direkte Ansteuern einzelner Kapitel oder Abschnitte wünschenswert.

Erst durch die Verknüpfung (man spricht auch von der Verlinkung) von Dokumenten können Benutzer gezielt auf für sie relevante Informationen zugreifen. Um diesen Vorteil gegenüber herkömmlichen Medien wie beispielsweise Nachschlagewerken nutzen zu können, ist eine sinnvolle und ausreichende Verknüpfung verschiedener Informationen und Webseiten unbedingt erforderlich. Beispielsweise würde man mit dem schlichten Verfügbarmachen eines Gesetzestextes im WWW dem Medium Internet nicht gerecht. Eine solche Seite sollte (zusätzlich zu Suchmaschinen und Portalen) auch von anderen Webseiten aus über einen Hyperlink per Mausklick erreichbar sein und darüber hinaus interne Verweise enthalten. Ein Link könnte so zu einer anderen Stelle im Text führen, an der ähnliche Themen erörtert werden oder auf eine ganz andere Webseite verweisen, die einen Kommentar zu dem Gesetz oder aktuelle Urteile enthält. Letztlich ist die Erreichbarkeit der zur Verfügung stehenden Informationen immer davon abhängig, wie gut diese vernetzt sind. Es liegt mithin an der Gestaltung von Webseiten, wie gut diese sich in das globale Netz integrieren.

2.2 HTML-Versionen

Das W3C (World Wide Web Consortium) ist ein unabhängiges Gremium, das sich vor allem mit der (Weiter-)Entwicklung der offenen Internet- bzw. WWW-Standards beschäftigt und die Ergebnisse veröffentlicht. So entwickelte das W3C im Laufe der Zeit die verschiedenen HTML-Spezifikationen von HTML 1.0 bis HTML 4.01. Die Unabhängigkeit und die allgemeine Anerkennung des W3C ist vor allem deshalb wichtig, da verschiedene Hersteller versuchen, eigene Entwicklungen (als Ergänzungen zu HTML) als Pseudo-Standard zu etablieren. Problematisch daran ist, dass diese Entwicklungen von den jeweils anderen Herstellern nicht unterstützt werden. Dieses proprietäre Vorgehen wurde durch die HTML-Version 4.0 glücklicherweise weitgehend entschärft, indem viele Funktionen herstellerübergreifend standardisiert wurden. Wie in anderen Bereichen der Informationstechnologie ergeben sich auch beim Web-Publishing Kompatibilitätsprobleme aufgrund der parallelen Verwendung älterer und aktueller Browser-Versionen bzw. HTML-Versionen. So können ältere Browser-Versionen die Angaben der aktuellen HTML-Versionen nicht interpretieren, umgekehrt funktioniert die Darstellung von HTML 2.0-Dateien auch mit aktuellen Browsern.

Die erste Version HTML 1.0 hat heute nur noch historischen Charakter; die Spezifikation ist nicht mehr verfügbar.

Die im November 1995 veröffentlichte Version HTML 2.0 ist heute noch verfügbar und kann als kleinster gemeinsamer Nenner betrachtet werden. Der Navigator von Netscape arbeitete zu dieser Zeit bereits mit Frames, die erst in der übernächsten HTML-Version offiziell auftauchen sollten.

Mit HTML 3.2 ist seit Januar 1997 ein Sprachstandard verfügbar, der erstmalig das Ergebnis der Zusammenarbeit zwischen dem W3C und Software-Herstellern (auf Grundlage der nie veröffentlichten Version HTML 3.0) darstellt. In dieser Version werden Tabellen zum offiziellen Bestandteil von HTML.

Der aktuelle Standard HTML 4.0, der Anfang 1998 veröffentlicht wurde, geht wie die vorherige Version auf eine Kooperation zwischen dem W3C und Software-Herstellern zurück. Erst in HTML 4.0 werden Frames offizieller Bestandteil von HTML. Eine weitere wichtige Neuerung ist die Einbindung von CSS (Cascading Style Sheets) und Scriptsprachen. Die Spezifikation HTML 4.01, die seit Ende 1999 vorliegt, ist eine fehlerbereinigte Fassung der Version HTML 4.0.

Zwar wird der HTML-Standard 4.0 von Microsofts Internet Explorer ab der Version 5.0 fast vollständig unterstützt, als Gestalter von Webseiten sollten Sie allerdings berücksichtigen, dass nicht alle Anwender mit den neuesten Browser-Versionen arbeiten. Um die Darstellung einer Webseite auf allen Browsern zu ermöglichen, sollten Sie auf HTML 2.0 zurückgreifen.

Die Verbreitung verschiedener Browser bzw. Browser-Versionen stellt die Gestalter von Webseiten vor ein Problem: Soll die neueste HTML-Version mit den entsprechenden Funktionen verwendet werden oder legt man Wert darauf, keinen Anwender (und sei der Browser noch so alt) vom Genuss der Seiten auszuschließen? Im ersten Fall kann ein Hinweis auf der Homepage hilfreich sein, der darüber informiert, mit welchem Browser die Site am besten dargestellt wird. Im letztgenannten Fall sollten Sie den Sprachstandard HTML 2.0 verwenden. Auf jeden Fall ist es sinnvoll, eine HTML-Datei mit verschiedenen Browsern, unterschiedlichen Versionen dieser Browser und nach Möglichkeit auf verschiedenen Plattformen zu testen.

Für die in diesem Buch gezeigten Beispiele habe ich mich auf HTML 4.0 bzw. HTML 4.01 und den Internet Explorer 5.x von Microsoft beschränkt. Testen Sie eigene Seiten darüber hinaus jedoch mindestens mit dem aktuellen Netscape Navigator sowie mit beiden Browsern in älteren Varianten.

Bereits Anfang 1998 veröffentlichte das W3C die Spezifikation für XML 1.0 (Extensible Markup Language), die in Ihren Möglichkeiten weit über HTML hinausgeht. XML ist ein Profil von SGML (Standard Generalized Markup Language) und dient als Metasprache zur Definition von zusätzlichen Befehlen oder eigenen Markup-Sprachen. Im Gegensatz zu HTML eröffnet XML unter anderem die Möglichkeit, eigene HTML-Erweiterungen nach festen Regeln zu definieren. Das verbindende Element zwischen HTML 4.0 und XML 1.0 stellt XHTML dar. XHTML (Extensible HyperText Markup Language) ist in der Version 1.0 (seit Januar 2000) eine Art Übersetzung von HTML 4.0 in eine XML-Anwendung. Diese Neuformulierung von HTML 4.0 entspricht den Vorgaben, die in XML 1.0 festgelegt sind. Einfach formuliert ist XHTML die XML-Variante von HTML. Weitere Informationen zu diesem Thema finden Sie in Kapitel 49.

2.3 Struktur einer HTML-Datei

Eine HTML-Datei besteht aus Fließtext als reinem ASCII-Text und HTML-Schlüsselwörtern oder HTML-Befehlen, den Tags. Auch die Zeichenfolgen, die als Steuerzeichen dienen, setzen sich aus Zeichen des ASCII-Codes zusammen. Der Vorteil bei der Verwendung des ASCII-Codes liegt in der plattformübergreifenden Verständlichkeit.

Der ASCII-Zeichensatz besteht aus 7 Bit pro Zeichen, also sieben binären Zahlen, wodurch insgesamt 128 ($2^7 = 128$) verschiedene Zeichen (von 0 bis 127) dargestellt werden können. Der ASCII-Zeichencode beinhaltet neben Steuerzeichen und einigen Sonderzeichen alphanumerische Zeichen sowie Interpunktionszeichen. Die über dem Wert 127 liegenden Zeichen sind in einer erweiterten Version des ASCII-Codes definiert, der durch die Verwendung von 8 Bit die Definition 128 weiterer Zeichen ermöglicht. Um die Zeichen des erweiterten ASCII-Satzes in einer HTML-Datei verwenden zu können, müssen Umschreibungen benutzt werden, die sich – Sie ahnen es sicher schon – wiederum ausschließlich aus Zeichen des einfachen ASCII-

Zeichencodes zusammensetzen. Da die deutsche Sprache Umlaute enthält, die im einfachen ASCII-Code nicht definiert sind, ist der Umgang mit den HTML-Umschreibungen für die Zeichen des erweiterten ASCII-Codes für Sie relevant. Nähere Informationen hierüber, insbesondere praktische Beispiele zu diesem Thema finden Sie in Kapitel 7, »Maskierungskonventionen«.

Sie können eine einfache (in diesem Beispiel mit dem WordPad erstellte) Textdatei mit der Dateierweiterung *.txt* in einem Browserfenster anzeigen lassen. Geben Sie einen kurzen Text mit Umbrüchen und vielleicht einer Leerzeile ein, und öffnen Sie diese Datei von einem Browser aus. Benutzen Sie dazu den Menübefehl DATEI/ÖFFNEN. Wie in Abbildung 2.2 zu sehen, ist der Browser in der Lage, einfache Textdateien darzustellen. Zeilenumbrüche und Leerzeilen werden wie im Originaldokument angezeigt.

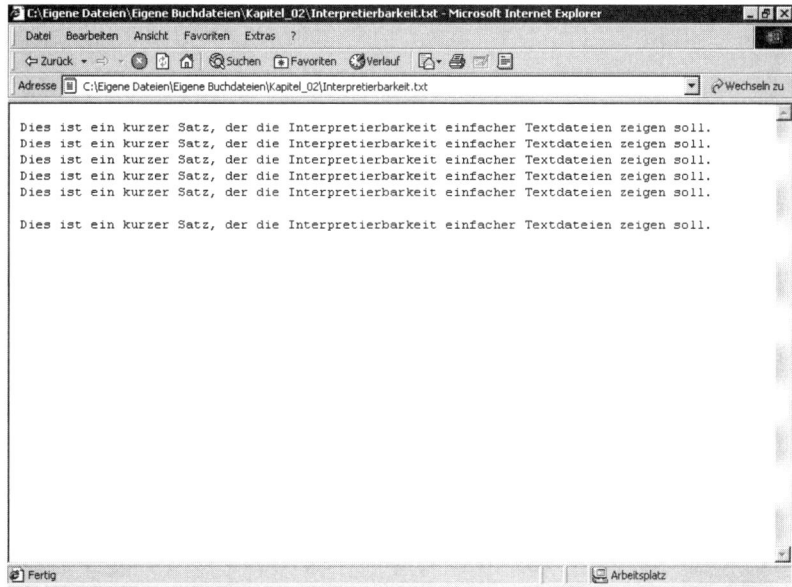

Bild 2.2: Die Darstellung einer einfachen .txt-Datei im Microsoft Internet Explorer 5.5

Um aus dieser Datei nun eine HTML-Datei zu machen, genügt es nicht, einfach die Dateiextension *.htm* oder *.html* anzuhängen, obwohl dieser Versuch ein interessantes Ergebnis ergibt. Wird also eine einfache Textdatei mit der Endung *.htm* oder *.html* versehen und (über den Menübefehl DATEI/ÖFFNEN) im Browser aufgerufen, wird sichtbar, dass sämtliche Zeilenumbrüche sowie Leerzeilen verschwunden sind (siehe Abbildung 2.3).

Da der Browser keinerlei Angaben zur Darstellung der Datei erhält, gehen die einzelnen Zeilen des Textes nahtlos ineinander über. Eine »echte« HTML-Datei enthält neben dem eigentlichen Inhalt immer Tags, die den Inhalt auszeichnen und die Datei strukturieren.

Die Tags stellen die Auszeichnungselemente von HTML dar und beziehen sich auf einen bestimmten Abschnitt des ASCII-Textes. Dieser Abschnitt wird von einem einleitenden und einem abschließenden Tag umfasst und damit definiert. Das Start-Tag steht vor dem auszuzeichnenden Text, das End-Tag markiert das Ende dieses Textabschnitts. Der von zwei Tags umschlossene ASCII-Text wird also mit einem bestimmten Tag ausgezeichnet. Das öffnende Tag steht wie das schließende Tag zur eindeutigen Abgrenzung vom eigentlichen Text in spitzen Klammern, beim schließenden Tag wird dem Tag-Namen jedoch stets ein Schrägstrich vorangestellt. Die Anwendung eines Tags folgt dem Prinzip <Tag-Name>ASCII-Text</Tag-Name>.

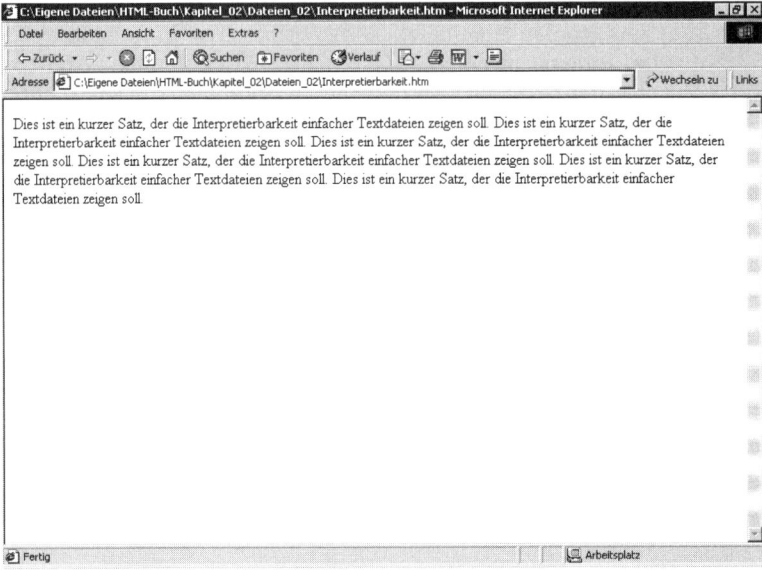

Bild 2.3: Die Textdatei wurde mit der Endung .htm versehen und im Browser (Internet Explorer) aufgerufen

Bis auf einige Ausnahmen treten Tags stets paarweise auf, das heißt, zu jedem einleitenden gibt es auch ein abschließendes Tag. In HTML-Tags hat die Groß- und Kleinschreibung keine Auswirkungen, es muss also nicht zwingend darauf geachtet werden. Da die Entwicklung von HTML zukünftig jedoch in Richtung XML (Extensible Markup Language) bzw. XHTML geht, sollten Sie sich bereits jetzt an die strikte Kleinschreibung von Tags und Attributen gewöhnen, da diese in XML und XHTML vorgeschrieben ist. Weitere Informationen finden Sie in Kapitel 47, »XML und XHTML«.

Tags können neben dem eigentlichen Befehl Parameter in Form von Attributen und dazugehörigen Werten enthalten, die zu einem späterem Zeitpunkt erläutert werden.

Jede HTML-Datei besteht zunächst aus zwei Teilen – dem Head(er) oder Kopf und dem Body oder Rumpf. Der Beginn und das Ende einer HTML-Datei werden von dem Tag <html> bzw. </html> markiert. Der Kopf wird von den Tags <head> und </head> umschlossen. Den Rumpf schließlich markieren <body> und </body>. Der Kopfteil der HTML-Datei enthält Informationen, die relevant für die Verwaltung der Datei sind, vor allem ist hier der Titel der

Datei angesiedelt, der eine wichtige Funktion hat. Er erscheint beispielsweise in der Titelzeile des Browsers und wird bei der Eintragung in Suchmaschinen verwendet. Näheres zu den Angaben im Kopf einer HTML-Datei erfahren Sie in Kapitel 4. Der Aufbau einer HTML-Datei entspricht folgendem Schema:

```
<html>
<head>
<title>
An dieser Stelle wird der Titel der HTML-Datei eingegeben.
</title>
</head>
<body>
Hier steht der eigentliche Inhalt der Datei, der in einem Browser
dargestellt werden kann.
</body>
</html>
```

Geben Sie diese Tags mit dem Text für den Titel und den Rumpf in einen beliebigen Texteditor ein und weisen Sie als Dateityp *Textdokument* zu.

Die spitzen Klammern finden Sie auf Ihrer Tastatur zwischen der Umschalttaste *(* Shift *) und der Taste* Y *. Um eine spitze Klammer zu erhalten, die nach links geöffnet ist, drücken Sie gleichzeitig die* Umschalttaste *und die Taste* < *. Den Schrägstrich oder Slash können Sie mit der Tastenkombination* Umschalttaste *und* 7 *hervorrufen.*

Hinter dem Dateinamen geben Sie die Dateierweiterung .htm ein. Wenn Sie diese Datei, die übrigens durch das Symbol einer HTML-Datei repräsentiert wird, im Browser öffnen, wird der Titel korrekt in der Titelzeile am oberen Rand des Browsers angezeigt. Die Adresszeile zeigt den Pfad zu der lokalen Datei an.

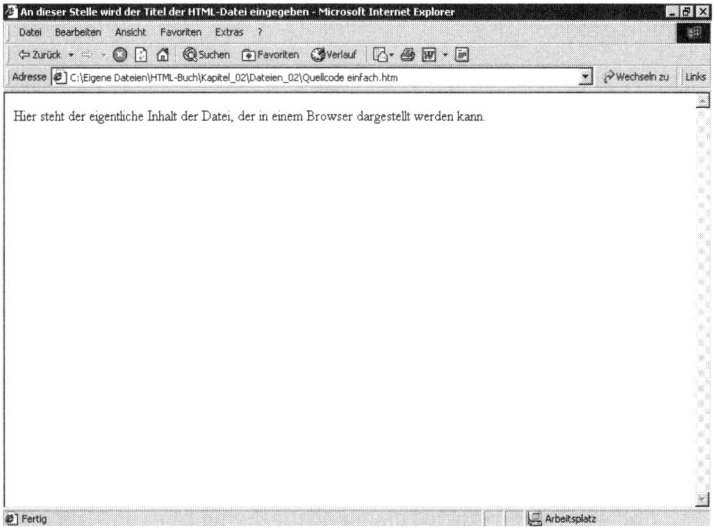
Bild 2.4: Die HTML-Datei zu dieser Browser-Darstellung hat die Endung .HTM*.*

Abbildung 2.4 repräsentiert das Grundgerüst einer jeden HTML-Datei mit einem Titel und Inhalt im Rumpf in der Browser-Darstellung. Die HTML-Datei bzw. der Quellcode sieht allerdings selbst bei einer verhältnismäßig einfach strukturierten Webseite wesentlich komplexer und umfangreicher aus. Beachten Sie, dass in unserem Quellcode jedes Tag in einer eigenen Zeile steht. Leerzeichen, Umbrüche und Absätze zwischen einzelnen Tags oder zwischen einem Tag und dem auszuzeichnenden Inhalt haben keinerlei Auswirkung auf die Darstellung der Datei im Browser. Zur besseren Übersicht habe ich die einzelnen Elemente der Grundstruktur jeweils durch Zeilenumbrüche voneinander getrennt. Wenn Sie die gleichen Angaben direkt hintereinander in einen Texteditor eingeben und anschließend in einem Browser öffnen, werden Sie feststellen, dass die Darstellung der Seite identisch mit der in Abbildung 2.4 ist. In Abbildung 2.5 sehen Sie die HTML-Datei, die zu der Darstellung in Abbildung 2.1 führt. Obwohl die Seite in der Browser-Darstellung aus ziemlich wenigen Elementen besteht, ist der Quellcode auf den ersten Blick etwas unübersichtlich. Lassen Sie sich von dem Aussehen eines längeren Quelltextes nicht entmutigen; mit der grundsätzlichen Struktur einer HTML-Datei im Hinterkopf lassen sich alle Quellcodes in leichter überschaubare Häppchen gliedern.

Da es sich bei HTML um einen offenen Standard handelt, kann der Quellcode von Webseiten von jedem eingesehen werden. Speichern Sie dazu die im Browser aufgerufene Seite mit dem Browser-Menübefehl DATEI/SPEICHERN UNTER... auf Ihrem Computer ab und öffnen diese dann mit einem Texteditor. Eine andere Möglichkeit besteht darin, im Browser-Menü ANSICHT den Befehl QUELLTEXT ANZEIGEN zu benutzen. Wenn Sie die letztgenannte Variante wählen, öffnet sich der Editor (der zum Windows-Betriebssystem gehört) und zeigt den Quellcode an. Hier sorgen Sie mithilfe des Menübefehls FORMAT/ZEILENUMBRUCH dafür, dass die HTML-Datei durch Einfügen von Umbrüchen in voller Breite auf Ihrem Bildschirm zu sehen ist. Über den Menübefehl BEARBEITEN/SUCHEN... können Sie die einzelnen Bestandteile des Grundgerüstes suchen und den Inhalt dadurch in die einzelnen Bestandteile Kopf, Titel und Rumpf zerlegen.

Für selbst erstellte Quellcodes gilt, dass man sich zunächst immer ein Grundgerüst bestehend aus dem Kopf (Head, mit dem Titel) und dem Rumpf (Body) machen sollte. Um Eingabefehler zu vermeiden, kann ein einmal erstelltes (und korrektes) Gerüst als Vorlage dienen und immer wieder benutzt werden. Da eine HTML-Datei unter Umständen sehr umfangreich sein kann, sollten Sie zur besseren Orientierung innerhalb des Quellcodes Leerzeilen bzw. Absätze einfügen. Da jede einzelne Webseite durch eine HTML-Datei repräsentiert wird, ist es bei umfangreichen Websites (also einer Website mit vielen enthaltenen Webseiten) erforderlich, ein geeignetes Schema für die Vergabe von Dateinamen zu erstellen. Was bei der Bezeichnung von HTML-Dateien zu beachten ist, erfahren Sie in Kapitel 2.4. Bei sehr umfangreichen Websites ist das Einsetzen eines Web-Content-Managementsystems (WCMS) sinnvoll. Dies gilt entweder für Websites mit vielen Seiten oder auch für Websites mit Inhalten, die sehr häufig geändert werden müssen. Ein WCMS hilft bei der Verwaltung großer Sites und ermöglicht auch Personen, die keine oder nur geringe HTML-Kenntnisse mitbringen, Webinhalte zu generieren.

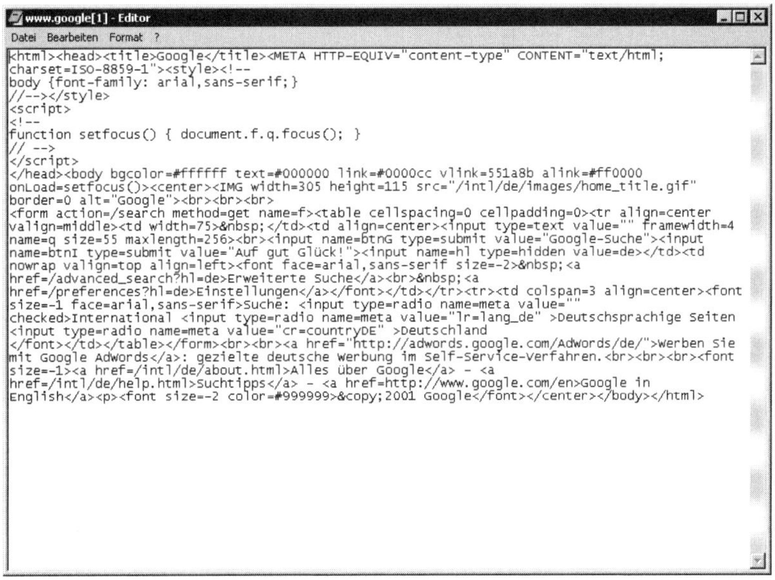


```
<html><head><title>Google</title><META HTTP-EQUIV="content-type" CONTENT="text/html;
charset=ISO-8859-1"><style><!--
body {font-family: arial,sans-serif;}
//--></style>
<script>
<!--
function setfocus() { document.f.q.focus(); }
// -->
</script>
</head><body bgcolor=#ffffff text=#000000 link=#0000cc vlink=551a8b alink=#ff0000
onLoad=setfocus()><center><IMG width=305 height=115 src="/intl/de/images/home_title.gif"
border=0 alt="Google"><br><br><br>
<form action=/search method=get name=f><table cellspacing=0 cellpadding=0><tr align=center
valign=middle><td width=75> </td><td align=center><input type=text value="" framewidth=4
name=q size=55 maxlength=256><br><input name=btnG type=submit value="Google-Suche"><input
name=btnI type=submit value="Auf gut Glück!"><input name=hl type=hidden value=de></td><td
nowrap valign=top align=left><font face=arial,sans-serif size=-2> <a
href=/advanced_search?hl=de>Erweiterte Suche</a><br> <a
href=/preferences?hl=de>Einstellungen</a></font></td></tr><tr><td colspan=3 align=center><font
size=-1 face=arial,sans-serif>Suche: <input type=radio name=meta value=""
checked>International <input type=radio name=meta value="lr=lang_de" >Deutschsprachige Seiten
<input type=radio name=meta value="cr=countryDE" >Deutschland
</font></td></table></form><br><br><a href="http://adwords.google.com/AdWords/de/">Werben Sie
mit Google AdWords</a>: gezielte deutsche Werbung im Self-Service-Verfahren.<br><br><br><font
size=-1><a href=/intl/de/about.html>Alles über Google</a> - <a
href=/intl/de/help.html>Suchtipps</a> - <a href=http://www.google.com/en>Google in
English</a><p><font size=-2 color=#999999>&copy;2001 Google</font></center></body></html>
```

Bild 2.5: Der Quellcode der Webseite http://www.google.de; die Browser-Darstellung finden Sie in Abbildung 2.1

2.4 Dateibezeichnungen

Bei der Bezeichnung von HTML-Dateien gilt es, drei Faktoren zu beachten: die Länge des Dateinamens, die verwendeten Zeichen und die Groß- oder Kleinschreibung. Zunächst müssen die Dateinamen für HTML-Dokumente dem verwendeten Betriebssystem entsprechen. Das bedeutet heutzutage bei Windows ME und Windows 2000 Professional eine Gesamtlänge von 255 Zeichen, wobei Umlaute und Leerzeichen verwendet werden können und zwischen Groß- und Kleinschreibung nicht unterschieden wird. Auch die Dateierweiterung kann eine beliebige Länge haben, sofern die Gesamtlänge nicht überschritten wird.

Diese großzügigen Möglichkeiten sind jedoch eingeschränkt, wenn Sie HTML-Dokumente auf CD-ROM brennen möchten und diese für alle möglichen Plattformen zugänglich sein soll. In diesem Fall ist bislang das Format ISO 9660 erforderlich, das Dateibezeichnungen nach der 8.3-Namenskonvention vorsieht. Dieses 8.3-Format erlaubt eine maximale Länge von acht Zeichen für den Dateinamen, an die (durch einen Punkt getrennt) eine Dateierweiterung mit maximal drei Zeichen angehängt ist. Der Dateiname darf aus alphanumerischen Zeichen (also Buchstaben und Ziffern) bestehen, wobei Umlaute, Leerzeichen und Sonderzeichen (mit Ausnahme des Unterstrichs) unzulässig sind. Da es Betriebssysteme gibt, die durchaus zwischen Groß- und Kleinschreibung unterscheiden, ist darauf zu achten, eine einmal gewählte Schreibweise beizubehalten und nicht zu variieren; hierbei sollte die Kleinschreibung bevorzugt werden. Die Dateierweiterung für HTML-Dateien lautet daher entsprechend dem 8.3-Format *.htm* anstelle von *.html*.

2.5 HTML-Editoren

So wie Texteditoren zum Erstellen von Texten dienen, können mit HTML-Editoren HTML-Dateien generiert werden. Dabei lassen sich die verfügbaren HTML-Editoren in zwei Gruppen unterteilen: in reine Texteditoren und in so genannte WYSIWYG-Editoren (What You See Is What You Get). Die textbasierten Editoren fügen die gewünschten HTML-Tags in den Text ein, wobei die Tags im Text sichtbar sind. Bei einem WYSIWYG-Editor kann in der Regel zwischen verschiedenen Ansichten ausgewählt werden. Neben dem Quellcode, in dem alle Tags zu sehen sind, gibt es eine Vorschau oder Entwurfsansicht und möglicherweise auch eine Kombination aus beiden. Bei der kombinierten Darstellung des Quellcodes und der Vorschau kann man sehr leicht feststellen, welche (auch manuellen) Veränderungen in der HTML-Datei zu welcher Veränderung in der Darstellung führt (hierbei ist ein größerer Bildschirm sinnvoll). Leider ist diese Vorschau jedoch nicht verbindlich und entbindet Sie nicht davon, HTML-Dateien grundsätzlich in verschiedenen Browsern zu testen. Bei beiden Arten von Editoren werden die Tags in der Regel nicht manuell eingegeben, sondern vom HTML-Editor in den Quellcode eingefügt. So wird beispielsweise jede neu angelegte HTML-Datei von vornherein mit einer Grundstruktur versehen, wie sie in Kapitel 2.3 beschrieben wurde. Bei sehr einfachen Editoren, die diese Funktion nicht unterstützen, sollten Sie das Gerüst einer HTML-Datei einmal sorgfältig eingeben und dann als Vorlage speichern, die Sie immer wieder heranziehen können.

Der Vorteil bei der Verwendung von HTML-Editoren liegt in der Vermeidung von Fehlern beim Eingeben der HTML-Tags sowie in der Vorschau-Funktion. Bei umfangreichen HTML-Dateien kann es langwierig sein, ein falsches oder fehlendes Zeichen in einem Tag aufzuspüren, das zu einer anderen als der erwarteten Darstellung im Browser geführt hat. Trotz der teilweise sehr umfangreichen Funktionen der Editoren ist es in jedem Fall sinnvoll, über HTML-Kenntnisse zu verfügen, da so die von den Editoren erstellten Quellcodes zum Teil nachträglich optimiert werden können. Viele HTML-Editoren sind in einer Demo-Version erhältlich. Probieren Sie verschiedene Editoren aus, um ein für Ihre Bedürfnisse geeignetes Produkt zu finden. Betrachten Sie Editoren als eine Art Werkzeug, das Ihnen bei der Erstellung von HTML-Dateien Arbeit abnehmen kann, beurteilen Sie die Umsetzung jedoch kritisch und verändern Sie den Quellcode, wenn es angebracht erscheint. Vor allem aber sollten Sie trotz der Verwendung eines in seinen Funktionen umfangreichen WYSIWYG-Editors niemals auf das Testen einer fertigen HTML-Datei mit verschiedenen Browsern verzichten. Die Beispiele in den folgenden Kapiteln können durchaus wie beschrieben mit einem herkömmlichen Texteditor nachvollzogen werden, auf Dauer wird die Verwendung eines HTML-Editors jedoch vielleicht praktikabler sein.

2.6 Ergänzende Sprachen und Technologien

Zu HTML gibt es diverse Ergänzungen, die teilweise direkt in HTML integriert sind und vom W3C standardisiert werden. Einige dieser Ergänzungen werden in einem späteren Kapitel gesondert behandelt. Nachfolgend sollen Sie eine Übersicht und kurze Erklärungen zu den jeweiligen Themen erhalten.

CSS und Stylesheets

Eine Erweiterung, die seit der Version 4.0 direkt in HTML eingebunden ist, ist die Verwendung von Stylesheets (Dokumentvorlagen). Stylesheets werden mithilfe der Sprache CSS (Cascading Style Sheets) definiert, die in den Versionen 1.0 und 2.0 vorliegt und vom W3C standardisiert wird. Stylesheets ermöglichen das Erstellen einer Art Formatvorlage für einzelne Webseiten oder ganze Websites. Damit können Angaben zu gestalterischen Eigenschaften zentral verwaltet und separat gespeichert werden. Anstatt für ein wiederkehrendes Element jedes Mal das gleiche Tag zu verwenden, legen Sie in einem Stylesheet einmal fest, dass dieses bestimmte Element immer in einem definierten Format zu erscheinen hat. Damit lässt sich vor allem bei umfangreichen Sites eine durchgängige Gestaltung gewährleisten. Da Stylesheets erst ab HTML 4.0 unterstützt werden, ist zur Darstellung von Seiten, die Stylesheets verwenden, entweder der Netscape Navigator ab 4.x oder der Internet Explorer ab der Version 3.x (für CSS 1.0) bzw. 4.x (für CSS 2.0) erforderlich. Weiterführende Informationen zu Stylesheets erhalten Sie in Kapitel 41.

JavaScript

Als integrierter Bestandteil von HTML wird JavaScript zur Gestaltung interaktiver Webseiten eingesetzt. Bei JavaScript handelt es sich um eine von Netscape entwickelte Scriptsprache, in der Programme geschrieben werden können, die entweder direkt in eine HTML-Datei oder als separate Datei eingebunden werden können. Diese Programme oder Scripte werden von einem Interpreter ausgeführt, der in die bekannten Browser integriert ist. Das Thema Scripting wird in Kapitel 46 behandelt.

CGI

Unter CGI (Common Gateway Interface) versteht man Programme, die auf einem Server laufen und dort aufgerufen werden können. Da CGI-Programmen kein offener Standard zugrunde liegt, muss die verwendete Scriptsprache (mithilfe des ISPs) auf die Server-Software abgestimmt werden. Die bekannteste Anwendung von CGI-Scripts sind Suchmaschinen.

Java

Java ist eine Programmiersprache, die von Sun Microsystems entwickelt wurde. Die mit Java entwickelten Programme für den Einsatz im WWW heißen Java-Applets. Sie werden über das Internet geladen und setzen einen Java-fähigen Browser voraus; es muss also ein Interpreter vorhanden sein. Sofern dies der Fall ist, sind Java-Applets plattformunabhängig. Zu diesem Thema siehe auch Kapitel 45, »Java-Applets«.

ActiveX

ActiveX wurde als Technologie für auf Webseiten ausführbaren Programmcode von Microsoft als Konkurrenz zu Java entwickelt. Die Programme, die in HTML-Dateien eingebunden werden können, nennt man ActiveX-Controls. Sie können in verschiedenen Programmiersprachen geschrieben werden. ActiveX-Codes werden nur vom Internet Explorer direkt ausgeführt, für den Netscape Navigator existiert allerdings ein ActiveX-Plug-In. Weitere Informationen zu diesem Thema finden Sie in Kapitel 45, »ActiveX«.

XML, XSL und XHTML

XML (Extensible Markup Language) wird als Profil von SGML (Standard Generalized Markup Language) vom W3C standardisiert. Mit XML können im Rahmen fester Konventionen zusätzliche Befehle definiert oder sogar eigene Markup-Sprachen entwickelt werden. Ähnlich wie CSS HTML um Stylesheets ergänzt, gibt es für XML die Stylesheet-Sprache XSL (XML Style Language). XHTML (Extensible HyperText Markup Language) ist die Überführung von HTML in eine XML-Anwendung, das heißt, es wird den XML-Vorgaben entsprechend formuliert. Näheres hierzu finden Sie in Kapitel 47, »XML und XHTML«.

VRML

VRML (die Abkürzung von Virtual Reality Modeling Language) ist eine Sprache, die das Erstellen dreidimensionaler und interaktiver Webgrafiken ermöglicht. Der Code, mit dem sich der vektorielle Aufbau von Grafiken beschreiben lässt, lässt sich unabhängig von HTML nutzen oder in HTML-Dateien einbetten. Für die Anzeige von VRML-Dateien benötigen Sie entweder ein VRML-Plug-In für Ihren Browser oder einen speziellen VRML-fähigen Browser.

Plug-In

Unter einem Plug-In versteht man eine Erweiterung für Software (oder Hardware), die neue bzw. erweiterte Funktionen bietet. In Bezug auf Webbrowser heißt das, dass sich fremde Dateiformate, die der Browser selbst nicht interpretieren kann, integrieren lassen. Der Hersteller eines Browsers definiert dazu eine Programmierschnittstelle, die von Entwicklern von Betrachtungsprogrammen genutzt werden kann. Ein so integriertes Dateiformat lässt sich innerhalb des Browserfensters betrachten. Bei den am meisten verbreiteten Browsern sind bereits standardmäßig Plug-Ins installiert. Zu den bekannten Plug-Ins gehören z.B. der Acrobat Reader von Adobe zur Anzeige von PDF-Dateien oder der Flash-Player von Macromedia zum Abspielen von Flash-Animationen.

DHTML

Mit DHTML (Dynamic HyperText Markup Language) wird eine Kombination von Techniken bezeichnet, die es ermöglichen, auf Eingaben des Benutzers zu reagieren und Webseiten veränderbar zu machen. Dazu gehören HTML, CSS, Scripting und objektorientierte Programmierung. Weitere Informationen finden Sie in Kapitel 46, »DHTML«.

WAP und WML

Um Webinhalte für sehr kleine Displays (wie bei Handys oder PDAs) verfügbar zu machen, wurden das Übertragungsprotokoll WAP (Wireless Application Protocol) und die Sprache WML (Wireless Markup Language) entwickelt, die auf XML aufbaut.

3 HTML-Tags

Die HTML-Steuerzeichen oder Tags machen das Wesen von HTML aus, sie stellen die Auszeichnungselemente der HyperText Markup Language dar. Auch wenn es einige sinnvolle Ergänzungen zu HTML z.B. in Form von Auszeichnungssprachen, Scriptsprachen und Plug-Ins gibt, sollte das nicht davon ablenken, dass in der Spezifikation von HTML 4 rund 80 verschiedene Tags definiert sind, die wiederum mit gut 100 unterschiedlichen Attributen kombiniert werden können. Für diese Kombinationen gibt es allerdings Regeln – nicht jedes Tag kann mit jedem Attribut versehen werden. In diesem Kapitel geht es um das Verschachteln von Tags und um die verschiedenartige Attribute, mit denen Tags versehen werden können.

3.1 Tags sind Steuerbefehle

Wie bereits bei dem Grundgerüst zu einer HTML-Datei in Kapitel 2.3 zu sehen, zeichnen Tags den eigentlichen Inhalt der Datei aus und strukturieren den Quellcode einer Webseite. Fast jeder Befehl besteht aus zwei einander zugeordneten Tags, die jeweils zu Beginn und zum Abschluss einer Auszeichnung eingesetzt werden. Die Ausnahme bilden so genannte Standalone-Tags ohne abschließendes Tag. Das öffnende oder einleitende Tag steht vor dem auszuzeichnenden Text und hat die Form `<Tagname>`, beim beendenden Tag, das hinter dem Text steht, wird dem Tagnamen ein Schrägstrich (Slash) vorangestellt `</Tagname>`. In der einfachen HTML-Datei aus Kapitel 2 sind dies die Tags `<html>` und `</html>`, `<head>` und `</head>`, `<title>` und `</title>` sowie `<body>` und `</body>`. Die HTML-Befehle beziehen sich immer auf den von ihnen eingeschlossenen und damit genau definierten Abschnitt einer HTML-Datei. Zur eindeutigen Unterscheidung vom auszuzeichnenden Text stehen die Tags in spitzen Klammern und können grundsätzlich groß oder klein geschrieben werden. Im Hinblick auf XHTML (der Konvertierung von HTML in eine XML-Anwendung) sollten Sie jedoch der Kleinschreibung Vorrang einräumen.

Nicht alle HTML-Editoren halten sich an die Empfehlung des W3-Konsortiums, HTML-Befehle klein zu schreiben.

Klein geschriebene Namen können bei der Komprimierung von Daten von Vorteil sein. Im Quellcode haben Leerzeichen, Absätze oder Umbrüche keine Bedeutung für die Darstellung der Datei im Browser. Zur besseren Übersichtlichkeit sollten Sie manuell erstellte HTML-Dateien daher in sinnvolle Abschnitte gliedern, sodass Sie sich auch zu einem späteren Zeitpunkt in der Datei zurechtfinden können.

HTML-Tags sollten nach Möglichkeit nicht zweckentfremdet werden. So führt z.B. der Befehl `<blockquote>`, der Textabschnitte als Zitat markiert, in der Browser-Darstellung zu einem separaten Absatz mit einem Abstand zum linken Rand des Browser-Fensters. Dieses HTML-Tag sollte allerdings nicht dazu benutzt werden, Einrückungen bzw. Einzüge bei normalem Fließtext zu erzeugen.

3.2 Verschachteln von Tags

Der Gültigkeitsbereich eines HTML-Befehls befindet sich immer zwischen den umschließenden Tags. Unter Berücksichtigung der Grundstruktur einer HTML-Datei können Sie im Prinzip alle Tags ineinander verschachteln. Dabei ist es sehr wichtig, den Überblick zu behalten und (soweit erforderlich) immer an die abschließenden Tags zu denken, da es ansonsten zu Fehlinterpretationen der Datei im Browser kommen kann. Wenn Sie das Grundgerüst einer HTML-Datei betrachten, werden Sie feststellen, dass dieses bereits verschachtelte Tags enthält. So enthält das `<html>`-Tag das `<head>`-Tag, das wiederum das `<title>`-Tag umschließt.

```
<html>
<head>
<title>
An dieser Stelle wird der Titel der HTML-Datei eingegeben.
</title>
</head>
<body>
Hier steht der eigentliche Inhalt der Datei, der in einem Browser
dargestellt werden kann.
</body>
</html>
```

Nach diesem Schema lassen sich weitere Befehle beispielsweise innerhalb des Rumpfes der Datei anordnen. Behalten Sie stets im Auge, dass ein Tag immer für den von ihm eingeschlossenen Bereich gültig ist. Auch wenn dieser Hinweis angesichts der minimalen in diesem Kapitel aufgeführten HTML-Dateien eher überflüssig erscheint, hilft er Ihnen, in umfangreichen Quellcodes den Überblick zu behalten.

Nachfolgend wird ein Teil des Rumpfes (Body) mit einem weiteren Tag ausgezeichnet. Das `<b>`-Tag führt bei den von ihm umschlossenen Textteilen zur Darstellung in fetter Schrift. (Weitere Informationen zu diesem und anderen Tags erhalten Sie in späteren Kapiteln.)

```
<html>
<head>
<title>
An dieser Stelle wird der Titel der HTML-Datei eingegeben.
</title>
</head>
<body>
Willkommen auf der Homepage von <b> Paul Müller </b> und seiner
Familie.
</body>
</html>
```

Die Browser-Darstellung dieser HTML-Datei sehen Sie in der folgenden Abbildung 3.1.

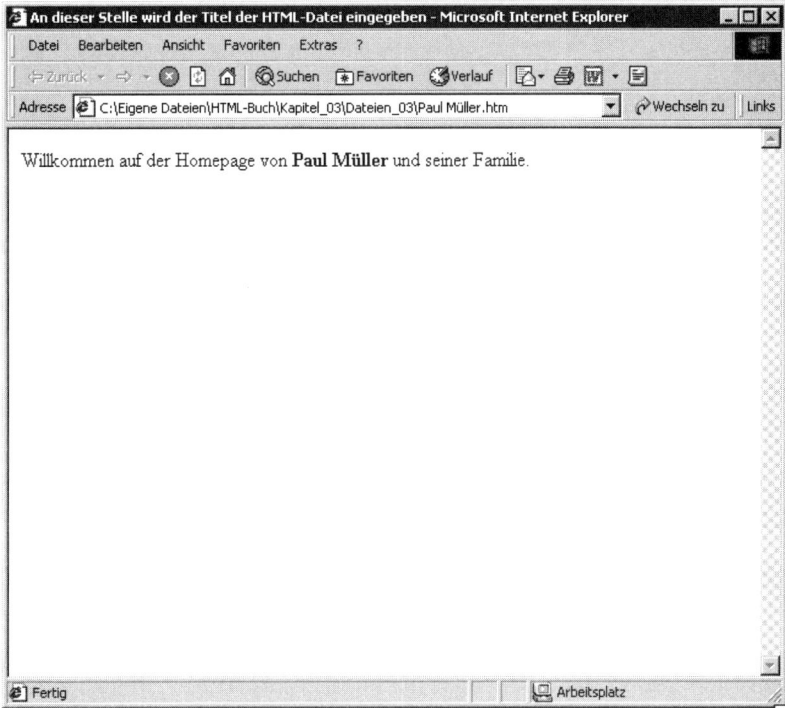

Bild 3.1: Das <b>-Tag lässt einen Bereich des Bodys fett erscheinen.

Da die deutschen Umlaute nicht im einfachen ASCII-Code definiert sind, werden diese (als Zeichen des erweiterten ASCII-Codes) umschrieben. In diesem Beispiel wurde der Buchstabe ü zwar im Quellcode NICHT UMSCHRIEBEN, im Browser jedoch trotzdem korrekt dargestellt. Dieser Umstand ist der verwendeten Version des Browsers zu verdanken, die selbstständig Umlaute erkennen und umsetzen kann. Da man allerdings nicht voraussetzen kann, dass alle verwendeten Browser diese Funktion unterstützen, empfiehlt es sich, die so genannten Maskierungskonventionen immer einzuhalten. Alles weitere zu diesem Thema finden Sie in Kapitel 7, »Maskierungskonventionen«.

An diesem einfachen Beispiel lässt sich auch die elementare Bedeutung des schließenden Tags zeigen. Lassen Sie im Quellcode das beendende Tag </b> weg, wird die Datei wie in Abbildung 3.2 dargestellt. Der Browser erkennt das einleitende <b>-Tag und zeigt fette Schrift an. Da im weiteren Quelltext kein schließendes </b>-Tag erscheint, stellt der Browser alles, was dem öffnenden Tag folgt, in fetter Schrift dar. Sie schalten mit dem ersten <b>-Tag die fette Schrift gewissermaßen an. Wenn Sie dann zur Standardschrift zurückkehren möchten, ist es erforderlich, das <b>-Tag unter Verwendung des </b>-Tags auch wieder auszuschalten.

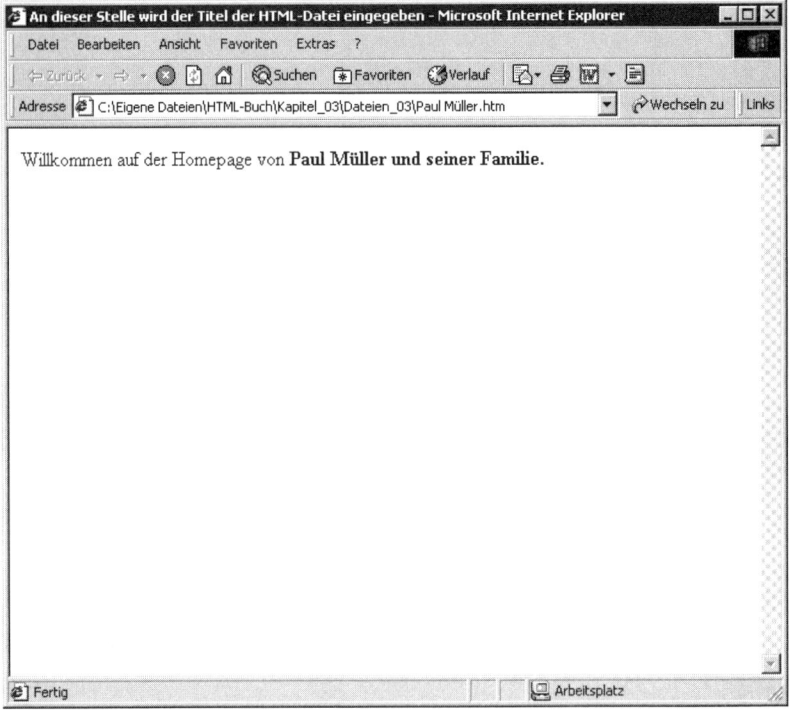

Bild 3.2: Das <b>-Tag wurde nicht beendet.

3.3 Zusätzliche Attribute

Neben dem eigentlichen Befehl können HTML-Tags weitere Optionen mit Attributen und dazugehörigen Werten enthalten. Die Attribute stehen entweder im einleitenden Tag oder im Standalone-Tag, das kein abschließendes Tag besitzt. Das Attribut ist vom Tag-Namen durch genau ein Leerzeichen getrennt. Der einem Attribut zugeordnete Wert steht unmittelbar hinter dem auf das Attribut folgende Gleichheitszeichen in Anführungszeichen. Ein Tag mit Attribut und Wert hat demnach folgenden Aufbau:

```
<Tag-Name Attribut="Attributwert"> und wird beendet von
</Tag-Name>
```

Unter den in HTML 4.01 definierten Attributen gibt es auch solche, die alleine stehen, denen also kein Wert zugewiesen wird. Man bezeichnet diese Attribute auch als boolesche Attribute, da sie sich wie boolesche Variablen verhalten, also nur die beiden Zustände wahr (1) und falsch (0) repräsentieren. Das Vorhandensein eines booleschen Attributs bedeutet, dass sein Wert wahr ist und macht damit eine weitere Wertangabe überflüssig. Im Prinzip folgen auch diese Attribute dem vorstehenden Schema, wobei das Attribut selbst als Attributwert eingesetzt wird.

```
<Tag-Name boolesches Attribut="boolesches-Attribut">
```

Soweit zur offiziellen Syntax. Da einige Browser diese derzeit jedoch nicht interpretieren, sollten boolesche Attribute in einer abgekürzten bzw. minimierten Form verwendet werden. Diese folgt dem Schema

`<Tag-Name boolesches-Attribut>` und endet mit `</Tag-Name>`.

Den meisten Attributen wird jedoch ein Wert zugewiesen. Dabei kann zwischen verschiedenartigen Werten unterschieden werden. So gibt es Attribute, denen nur ganz bestimmte und genau definierte Werte zugewiesen werden können, wie beispielsweise das für Tabellen gültige Attribut `align` (AUSRICHTUNG), das die Werte `left`, `center`, `right`, `justify` und `char` (also linksbündige Ausrichtung, zentriert, rechtsbündig, im Blocksatz oder nach einem bestimmten Zeichen ausgerichtet) annehmen kann. Bei anderen Attributen kann ein numerischer Wert angegeben werden, wie z.B. bei `border` im Tag `<table>`. Dem Rahmen (Border) der Tabelle wird ein Wert in Pixel (Bildpunkten) zugewiesen. Eine Variante davon sind prozentuale Wertangaben, die sich immer auf die Breite des Elements in Verhältnis zum gesamten (derzeit verfügbaren) Browser-Fenster beziehen.

Einige Attribute lassen auch verschiedenartige numerische Angaben zu. Neben den hier erwähnten Werten in Pixel oder als prozentuale Angabe können auch relative Längen angegeben werden. Bei der Angabe relativer Längen geben Sie Verhältnisse an, wie bestimmte Elemente sich zueinander verhalten sollen. Wenn beispielsweise zwei Spalten einer Tabelle im Verhältnis 1:2 stehen sollen, kann dies als Wert im Attribut angegeben werden. Wichtig bei kombinierten Werten (also z.B. Pixel mit relativen Angaben) ist, dass Browser diese Angaben in einer bestimmten Reihenfolge interpretieren. Zuerst werden Angaben in Pixel und prozentuale Werte umgesetzt, der danach verbleibende Platz wird entsprechend der angegebenen relativen Längen aufgeteilt.

Zu guter Letzt lassen sich bei gewissen Attributen variable Namen als Wert angeben. Dies kommt z.B. in Form einer URL bei dem Verweis auf eine Grafik mit dem Tag `<img>` und dem Attribut `src` vor. Achten Sie bei dem Verweis auf ein bestimmtes Verzeichnis darauf, die entsprechende URL mit einem abschließenden Schrägstrich (Slash) zu versehen. Dieser gibt dem Browser die Information, dass es sich um ein Verzeichnis und nicht um eine bestimmte Datei handelt. Dies gilt auch für URLs nach folgendem Schema:

`<img src="http://www.irgendwas.de/">`

In diesem Fall sucht der Browser im angegebenen Verzeichnis nach einer Default-Datei, wie z.B. *index.htm(l)* oder ähnlich. (Das setzt natürlich voraus, dass das Verzeichnis auch eine solche Datei besitzt.) Auch wenn Sie auf ein bestimmtes Unterverzeichnis verweisen, ist der abschließende Schrägstrich wichtig.

`<img src="http://www.irgendwas.de/bilder/">`

Wenn er nicht eingegeben wird, sucht der Browser zunächst nach einer konkreten Datei. Erst wenn dieses Vorgehen nicht zum Erfolg führt, wird nach einem Verzeichnis gleichen Namens gesucht.

Bei der Vergabe von Namen gelten in HTML bestimmte Regeln. So darf die Länge maximal 71 Zeichen unter der Verwendung der Buchstaben ohne Umlaute in Groß- und Kleinschreibung, der Ziffern (sowie den Zeichen Bindestrich, Unterstrich, Doppelpunkt und Punkt) betragen. Der Name muss stets mit einem Buchstaben beginnen. Obwohl bei Attributen und Werten grundsätzlich nicht zwischen Groß- und Kleinschreibung unterschieden wird, sollten Sie sich durchgängig an die Kleinschreibung halten, da diese in XHTML und XML vorgeschrieben ist.

Achten Sie bei der manuellen Eingabe von Attributen und Werten darauf, genau ein Leerzeichen zwischen dem Tag-Namen und dem Attribut zu setzen und zwischen Attribut, Gleichheitszeichen und dem Zuweisungswert, der in Anführungszeichen steht, kein weiteres Leerzeichen zu verwenden. Die meisten Browser tolerieren zwar auch Werte, die nicht in Anführungszeichen stehen, dies gilt aber nur für numerische und prozentuale Werte. Werte mit variablen Namen müssen in jedem Fall in Anführungszeichen gesetzt werden, um fehlerhafte Interpretationen und damit Darstellungen im Browser zu vermeiden. Darüber hinaus sollte man sich im Hinblick auf XHTML ohnehin an die korrekte Schreibweise gewöhnen, da diese in XML bindend ist.

Innerhalb eines HTML-Befehls können auch mehrere Attribute (zusammen mit ihren Werten) notiert werden. Dies gilt natürlich nur dann, wenn die Attribute grundsätzlich auf das Tag angewendet werden dürfen. Die Reihenfolge der Attribute spielt dabei keine Rolle. Zur Trennung der einzelnen Attribute wird ein Leerzeichen benutzt. Ein HTML-Befehl mit mehreren Attributen hat dementsprechend die Syntax

```
<Tag-Name Attribut="Attributwert" Attribut="Attributwert">
```

und wird beendet von `</Tag-Name>`

Konkrete Beispiele zu Attributen und den zugeordneten Werten finden Sie bei den Kapiteln der jeweiligen Tags.

3.4 Universalattribute

Im Gegensatz zu den Tag-abhängigen Attributen aus dem vorangegangenen Kapitel, die nur mit bestimmten HTML-Befehlen genutzt werden können, handelt es sich bei den Universalattributen um Attribute, die sich mit fast allen Tags anwenden lassen. Zu den Universalattributen gehören `class`, `dir`, `id`, `lang`, `style` und `title`. Das Attribut `class` besagt, dass das entsprechende Element einer bestimmten Stylesheet-Klasse angehört. Als Wert wird diese Klasse genau spezifiziert. (Das Thema Stylesheets wird in den Kapiteln 41 bis 44 ausführlich behandelt.) Mit dem Universalattribut `dir` (als Abkürzung von direction = Richtung) lässt sich die Textrichtung der Landessprache angeben, die innerhalb des betreffenden HTML-Elements verwendet wird. Als Werte dieses Attributs kommen entweder `rtl` (right to left, also von rechts nach links) oder `ltr` (left to right, also von links nach rechts, die Schreib- und Leserichtung unserer Sprache) in Frage. Mit `id` kann einem HTML-Element ein dateiweit eindeutiger Name zugeordnet werden, der in Verweisen oder Stylesheets eine Rolle spielen kann. Das Attribut `lang` erlaubt als Wert die Angabe der in dem zugeordneten Element verwendeten Landessprache. Der Wert besteht aus einem zweistelligen definierten Buchstabenkürzel wie z.B. `de` für deutsch. Die Landeskürzel entsprechen ISO 3166. Ist `lang` dem Tag `<script>` zugeordnet, wird als Wert die verwendete Scriptsprache angegeben. Das Attribut `style` ermöglicht die CSS-Style-Definition zur individuellen Formatierung des betreffenden Elements. Das Universalattribut `title` führt dazu, dass bei dem Überfahren des Elements, auf welches das Attribut angewendet wurde, in der Browser-Darstellung der als Wert eingegebene Text in einem kleinen Tooltipp-Fenster angezeigt wird. Dies kann z.B. in einer langen Tabelle hilfreich sein, wenn als Wert die (möglicherweise nicht mehr sichtbare) Überschrift der Spalte wiederholt wird, über der sich der Mauszeiger befindet.

Eine weitere Gruppe von Universalattributen stellen die so genannten Event-Handler bzw. Ereignisattribute dar. Dies sind Attribute, die bestimmte Ereignisse mit verschiedenen Funktionen einer Scriptsprache verbinden. Ein typisches Ereignisattribut ist `onclick`; dem Klicken des Anwenders auf das zugeordnete Element folgt das im Wert festgelegte Ereignis.

Für alle Universalattribute gilt, dass sie zwar mit den meisten, keineswegs jedoch mit allen HTML-Befehlen verwendet werden können.

3.5 Unerwünschte Befehle und Attribute

HTML-Befehle oder Attribute, die in der HTML-4.01-Spezifikation als »deprecated« gekennzeichnet sind, können auf anderem Wege entweder durch andere Befehle oder durch den Einsatz von Stylesheets erreicht werden. »Deprecated elements« (zu deutsch etwa abgelehnte, verurteilte oder etwas diplomatischer unerwünschte Elemente) sollten zwar nicht mehr benutzt werden, ihre Verwendung ist aber nicht verboten. Es ist jedoch gut möglich, dass die in HTML 4.01 als »deprecated« eingestuften Befehle und Attribute in Zukunft gar nicht mehr verwendet werden dürfen.

Nach der aktuellen Sprachversion HTML 4.01 gelten Elemente, die sich auf das äußere Erscheinungsbild einer HTML-Datei auswirken, als »deprecated«. Der Grund hierfür liegt im Bestreben des W3C, bei HTML-Dokumenten die Angaben zur Struktur (einschließlich des Inhalts) von den Angaben zum Layout zu trennen. Inhalte und strukturelle Angaben sind nach wie vor in einer HTML-Datei notiert, während Angaben zum äußeren Erscheinungsbild in Stylesheets festgehalten werden sollen. Die Verwendung von Stylesheets stellt nicht nur eine (vom W3C favorisierte und empfohlene) Alternative zu den entsprechenden HTML-Elementen dar, sondern bietet darüber hinaus gegenüber den herkömmlichen Tags bzw. Attributen weitergehende Möglichkeiten.

In Bezug auf das `<body>`-Tag gelten unter anderem die folgenden Attribute als unerwünscht, da sie sich ausschließlich auf die Farbdefinition verschiedener Bestandteile der Webseite beziehen: `bgcolor`, `text`, `link`, `vlink` und `alink`. Die Verwendung dieser Attribute wird in diesem Buch dennoch erläutert, da sie – obwohl sie nicht verwendet werden sollten – nicht verboten sind und mit einer eigenen DTD eingesetzt werden können. (Die Document Type Definition gibt an, nach welchem Standard eine HTML-Datei erstellt wurde. Weitere Informationen zu diesem Thema finden Sie in

Kapitel 4.1, »Document Type Definitions«.) Wie sie die Effekte der als unerwünscht eingestuften Tags bzw. Attribute mit Stylesheets realisieren, erfahren Sie in den Kapiteln 41 bis 44.

4 Angaben im Kopfteil der HTML-Datei

Der Header oder Kopf ist ein unverzichtbarer Bestandteil einer HTML-Datei. Neben dem Titel, der – da er in der Browser-Darstellung sichtbar wird – eine Sonderstellung einnimmt, können im Kopf einer HTML-Datei weitere Angaben gemacht werden. Diese richten sich an Browser oder Suchmaschinen und werden nicht optisch dargestellt. So lässt sich z.B. mit dem `<script>`-Tag ein Scriptbefehl einbinden (siehe dazu die Kapitel zu den verwendeten Scriptsprachen). Mit Meta-Tags können bestimmte Dokumenteigenschaften definiert werden, beispielsweise welcher Zeichensatz vom darstellenden Browser verwendet werden soll. Meta-Angaben werden in Kapitel 35 behandelt. Mit dem `<style>`-Tag lassen sich Stylesheets vereinbaren, mit dem `<link>`-Tag kann ein externes Stylesheet eingebunden werden. Mehr dazu erfahren Sie in den Kapiteln 41 bis 44 zum Thema Stylesheets. Außerdem können im `<link>`-Tag logische Beziehungen einzelner Dokumente einer Site angegeben werden (siehe Kapitel 22.12). Das `<base>`-Tag schließlich erlaubt die Angabe einer Adressbasis respektive Zielfensterbasis bei der Verwendung von Frames. Vor den Header und vor das `<html>`-Tag, das den Beginn einer HTML-Datei markiert, sollte die Document Type Declaration eingefügt werden, die die Document Type Definition (DTD) und damit den verwendeten HTML-Standard benennt.

4.1 Document Type Definitions (DTD)

In jedem gültigen HTML-Dokument sollte noch vor dem Beginn der eigentlichen HTML-Datei (also vor dem `<html>`-Tag) der Dokumenttyp angegeben werden. Die vom World Wide Web Consortium (W3C) spezifizierte Document Type Declaration gibt an, welche HTML-Spezifikation zur Erstellung des nachfolgenden Dokuments verwendet wurde. Diese Deklaration beinhaltet die Information, welche Document Type Definition verwendet wurde und wo diese zu finden ist. Die DTD wird von den meisten HTML-Editoren automatisch generiert. Da manche dies jedoch nicht tun (oder wenn Sie HTML-Dateien manuell erstellen), sollten Sie die DTD angeben. Die DTD hat keinerlei Einfluss auf die Darstellung der HTML-Datei, sie wird z.B. von Programmen zur Validierung benötigt, in denen HTML-Dateien auf ihre Konformität mit der angegebenen HTML-Version geprüft werden.

Da die Definition des Dokumenttyps außerhalb der (mit dem Tag `<html>` begonnenen) eigentlichen HTML-Datei steht, gibt es zu dieser Angabe kein schließendes Tag. Der in der DTD angegebene verwendete HTML-Sprachstandard bezieht sich auf das gesamte nachfolgende HTML-Dokument. Benennen Sie also den Standard danach, welche Elemente Sie in der Datei tatsächlich verwendet haben und nicht danach, welcher Standard meistens eingehalten wurde.

Der aktuelle Sprachstandard HTML 4.01 unterscheidet drei DTDs, die verschiedene HTML-Elemente unterstützen. Die HTML 4.01 Strict DTD beinhaltet alle Befehle und Attribute, die nicht als »deprecated« gelten. »Deprecated elements« sollten nicht mehr benutzt werden, ihre Verwendung ist aber (noch) nicht verboten. HTML-Befehle oder Attribute, die als »deprecated« gekennzeichnet sind, können auf anderem Wege erreicht werden. Vor allem durch das Bestreben, den strukturellen Aufbau einer Datei von den Angaben zum Layout zu trennen, sind einige Tags und Attribute zu Gunsten von Stylesheets aussortiert worden. Wenn also ein HTML-Dokument keine »deprecated elements« und darüber hinaus keine Frames enthält, ist die folgende DTD zu wählen:

```
<!DOCTYPE HTML PUBLIC "-//W3C//DTD HTML 4.01//EN"
http://www.w3.org/TR/html4/strict.dtd>
```

Die DTD steht wie ein HTML-Befehl in spitzen Klammern und beginnt mit einem Ausrufezeichen. Es folgt die Angabe `DOCTYPE HTML PUBLIC`, die besagt, dass es sich um einen Dokumenttyp handelt, der sich auf eine öffentlich verfügbare HTML-DTD bezieht. In Anführungszeichen wird (nach einer bestimmten Zeichenfolge, die aus einem Mittelstrich und zwei Schrägstrichen besteht) das W3C benannt, das die DTD definiert hat. Anschließend folgt nach einem weiteren Doppelslash die eigentliche DTD, das ist in diesem Fall die DTD HTML 4.01. Auch diese Angabe wird mit einem doppelten Schrägstrich abgeschlossen. Die letzte Angabe `EN` bezeichnet die Sprache, in der die Tags definiert wurden (unabhängig davon, in welcher Sprache der Inhalt eines Dokuments abgefasst ist), das ist in jedem Fall Englisch und wird mit `EN` abgekürzt. Die URL-Angabe zum Schluss ist optional und führt zu der offiziellen DTD-Datei von HTML.

Ein weiterer Dokumenttyp unterstützt alle HTML-Tags und Attribute der HTML 4.01 Strict DTD und darüber hinaus die als »deprecated« eingestuften Befehle und Attribute. Die Bezeichnung für diese DTD ist HTML 4.01 Transitional DTD, was so viel wie Übergangs-DTD bedeutet. Die Angabe zu dieser DTD lautet:

```
<!DOCTYPE HTML PUBLIC "-//W3C//DTD HTML 4.01 Transitional//EN">
```

Die dazugehörige URL, die wahlweise angegeben werden kann, lautet:

```
http://www.w3.org/TR/html4/loose.dtd
```

Die letzte in HTML 4.01 definierte DTD bezieht sich auf die Verwendung von Frames. Sie schließt alle Elemente der HTML 4.01 Transitional DTD (also auch »deprecated elements«) und Frames ein. Wenn Sie sich in Ihrem Dokument durchgängig an diesen Standard halten, geben Sie diese DTD an:

```
<!DOCTYPE HTML PUBLIC "-//W3C//DTD HTML 4.01 Frameset//EN">
```

Die Adresse dieser DTD lautet:

```
http://www.w3.org/TR/html4/frameset.dtd
```

Für den Fall, dass Sie den HTML-Standard 3.2 verwendet haben, geben Sie entsprechend die HTML 3.2 DTD

```
<!DOCTYPE HTML PUBLIC "-//W3C//DTD HTML 3.2//EN">
```

vor das einleitende `<html>`-Tag Ihrer Datei ein.

Zusätzlich zu strict.dtd, loose.dtd *und* frameset.dtd *am Ende der URLs, die jeweils die entsprechende DTD-Datei von HTML referenzien, können auch die folgenden Angaben zu Zeichensätzen gemacht werden, die vom Browser zur Anzeige von HTML-Dokumenten benutzt werden soll.* HTMLlat1.ent *verweist beispielsweise auf den Standardzeichensatz ISO 8859-1,* HTMLsymbol .ent *auf einen Zeichensatz, der Symbole und griechische Zeichen enthält,* HTMLspecial.ent *enthält spezielle Zeichen. Enthält die DTD in der optionalen URL den Verweis auf einen dieser Zeichensätze, ermöglicht dies dem Browser, auf eventuell benötigte Zeichensätze zuzugreifen. (Siehe dazu auch das Attribut* charset *in Kapitel 22.11.)*

4.2 Titel

Der Titel eines HTML-Dokuments wird vom <title>-Tag eingeleitet und mit </title> abgeschlossen. Er befindet sich im Kopfteil der HTML-Datei und erfüllt verschiedene Aufgaben. Zunächst wird der zwischen den <title>-Tags eingegebene Text in der am oberen Rand des Browser-Fensters liegenden Titelzeile für den Anwender sichtbar. Weiterhin wird dieser Titel beim Anlegen eines Lesezeichens (Bookmark) auf das HTML-Dokument vom Browser verwendet. Die vom Anwender verwalteten favorisierten Seiten erhalten den Dokumententitel als Name. Auch die Verlaufsfunktion des Browsers verwendet den Titel eines HTML-Dokuments. Darüber hinaus wird der Titel der Datei von Suchmaschinen verwendet, die die betreffende Seite dadurch besser finden. Schließlich wird der Titel auch bei der Ausgabe von Suchergebnissen dargestellt.

Der Titel sollte aufgrund des begrenzten Platzangebots auf dem Bildschirm des Anwenders nicht zu lang sein. Versuchen Sie, einen möglichst aussagekräftigen und eindeutigen Titel für Ihr Dokument zu wählen. Vor allem aber sollten Sie grundsätzlich für jede HTML-Datei einen Titel definieren, auch wenn dieser in der Titelzeile des Browsers vielleicht kaum wahrgenommen werden sollte. Der folgende Quellcode stellt die Grundstruktur einer HTML-Datei dar und verdeutlicht die Lage des Titels. (Siehe auch Kapitel 2.3, »Struktur einer HTML-Datei«.)

```
<!doctype html public "-//w3w//dtd html 4.01 transitional//en">
<html>
<head>
<title>
An dieser Stelle wird der Titel der HTML-Datei eingegeben.
</title>
</head>
<body>
Hier steht der eigentliche Inhalt der Datei, der in einem Browser
dargestellt werden kann.
</body>
</html>
```

4.3 Absolute Verweise

Mithilfe des `<base>`-Tags kann im Kopf einer HTML-Datei deren absolute URL angegeben werden. Das kann insbesondere beim Verschieben einer Datei sinnvoll sein, da die Verweise erhalten bleiben und der Browser auf die relativ zu dieser URL verknüpften Dateien immer zugreifen kann. Um einen absoluten Verweis auf die Lage des Dokuments zu setzen, wird das `<base>`-Tag, das kein abschließendes Tag besitzt, mit dem Attribut `href` (hypertext reference = Hypertext-Referenz) versehen. Als Wert des Attributs `href` wird eine vollständige URL angegeben. Allgemeine Hinweise zur Syntax von Attributen finden Sie in Kapitel 3.3, »Zusätzliche Attribute«.

```
<!doctype html public "-//w3c//dtd html 4.01//en">
<html>
<head>
<base href="http://www.irgendwas.de/index.htm">
<title>
An dieser Stelle wird der Titel der HTML-Datei eingegeben.
</title>
</head>
<body>
Hier steht der eigentliche Inhalt der Datei, der in einem Browser
dargestellt werden kann.
</body>
</html>
```

Dieser HTML-Datei wurde eine eindeutige URL zugewiesen. Wenn nun beispielsweise im Rumpf (oder Body) der Datei auf eine Grafik verwiesen wird, kann dieser Verweis relativ sein, etwa

```
<img src="wowe.gif">
```

Dieser relative Verweis wird vom Browser mit der `href`-Angabe zu folgender absoluten URL ergänzt:

```
<img src=http://www.irgendwas.de/wowe.gif>
```

Wenn Sie das Tag `<base>` mit dem Attribut `href` verwendet haben, wird ein Browser beim Aufrufen dieser Datei in ihr enthaltene relative Verweise immer unter der als Wert angegebenen URL suchen.

4.4 Zielfenster

Die Definition eines Zielfensters ist nur in Verbindung mit Frames sinnvoll, da mit einem Zielfenster dasjenige Fenster eines Frame-Sets bezeichnet wird, in dem Verweise angezeigt werden sollen. Dieses voreingestellte Frame-Fenster lässt sich mithilfe des im vorigen Abschnitt beschriebene `<base>`-Tags im Header einer HTML-Datei definieren. Detaillierte Informationen zur Verwendung von Frames finden Sie in den Kapiteln 32 bis 34. Das für die Angabe des Standard-Frames zuständige Attribut heißt `target` und bedeutet Ziel (in unserem Fall Ziel-Frame). Die Angabe eines Ziel-Frames erfolgt in folgender Form:

`<base target="Name-des-Zielfensters">`

Dabei ist zu beachten, dass das `<base>`-Tag im Kopfbereich der HTML-Datei stehen muss und zwar vor irgendwelchen anderen Elementen, die auf eine externe Quelle verweisen. Stellen Sie das `<base>`-Tag daher nach Möglichkeit an den Anfang des Headers.

Neben der Verwendung eigener, spezifischer Frame-Namen stehen verschiedene in ihrer Bedeutung festgelegte Werte für dieses Attribut zur Verfügung. Die Bezeichnung dieser Werte beginnt mit einem Unterstrich, die Namen definierter Frames müssen im Gegensatz dazu in jedem Fall mit einem Buchstaben beginnen.

`"_blank"`

Wird dem Attribut `target` der Wert `"_blank"` (blank = leer) zugewiesen, so wird die Seite, auf die verwiesen wurde, in einem neuen, »leeren« Browser-Fenster dargestellt, das keine Frames hat.

`"_self"`

Der Wert `"_self"` führt dazu, dass die Zielseite im selben Frame angezeigt wird, in dem sich der Link befindet. Dieser Wert bietet sich an, wenn der Verweis Informationen enthält, die dem Ausgangs-Frame thematisch zugeordnet sind.

`"_parent"`

Die Angabe von `"_parent"` hat die Anzeige des neuen Dokuments in einem dem Ausgangs-Frame (das ist der Frame, in dem sich der Link befindet) übergeordneten Frame zur Folge. Sollte kein solcher Frame vorhanden sein, wird das Verweisziel im Ausgangs-Frame angezeigt, siehe `"_self"`.

`"_top"`

Bei Verwendung dieses Wertes wird das Verweisziel ohne Frames angezeigt. Die neue Seite wird im aktuellen Browser-Fenster sozusagen über die Frames gelegt, wobei die bis dahin sichtbaren Frames beendet werden.

Eine gültige Angabe (vorausgesetzt, es werden in der HTML-Datei Frames verwendet) für ein Zielfenster hat das Schema

`<base target="_blank">`

und folgt unmittelbar auf das `<head>`-Tag.

Andere als die hier aufgeführten Namen für Ziel-Frames unterliegen den Regeln für Namen (Werte) in Attributen; außer den Groß- und Kleinbuchstaben des Alphabets dürfen Sie die Ziffern 0 bis 9 sowie Bindestrich, Unterstrich, Doppelpunkt und Punkt verwenden. Namen müssen mit einem Buchstaben beginnen.

4.5 Webseite durchsuchen

Mithilfe des Tags <isindex> kann eine Webseite als durchsuchbar definiert werden. Das Tag besitzt keinen abschließenden Befehl und ist in HTML 4.01 als »deprecated« definiert, sollte also in Zukunft nicht mehr verwendet werden. Da diese Funktion standardmäßig in aktuelle Browser integriert ist, hat der Befehl <isindex> an Bedeutung verloren. Eine Datei, in deren Kopfbereich das <isindex>-Tag notiert ist, wird im Browser mit einem Eingabefeld versehen, in das der Anwender einen Suchbegriff eingeben kann. Sinnvoll ist dies allerdings nur dann, wenn die jeweilige Seite indiziert wurde und eine entsprechende Datei auf dem Server vorhanden ist. Das Attribut prompt erlaubt Ihnen, dem mit <isindex> erzeugten Eingabefeld eine Beschriftung zuzuweisen, allerdings ist auch dieses Attribut als »deprecated« eingestuft. Die Syntax dieses Befehls lautet wie folgt:

```
<head>
<isindex prompt="Suchbegriff eingeben">
</head>
```

5 Dateiweit wirksame Attribute

Nach der HTML-Spezifikation 3.2 lassen sich im einleitenden `<body>`-Tag Attribute einsetzen, die dateiweit wirken. Nach der aktuellen Sprachversion HTML 4.01 gelten diese Attribute, sofern sie sich auf das äußere Erscheinungsbild einer HTML-Datei auswirken, als »deprecated«, was bedeutet, dass sie nicht mehr eingesetzt werden sollten. Das Bestreben des W3C geht dahin, bei HTML-Dokumenten die Struktur (einschließlich des Inhalts) von Angaben zum Layout zu trennen. Inhalte und strukturelle Angaben sind nach wie vor in einer HTML-Datei enthalten, während Angaben zum äußeren Erscheinungsbild in Stylesheets notiert werden sollen. Weitere Informationen zu diesem Thema finden Sie in Kapitel 3.5.

In Bezug auf das `<body>`-Tag gelten folgende Attribute als unerwünscht: `bgcolor`, `text`, `link`, `vlink` und `alink`. Das Attribut `background` gehört ebenfalls dieser Gruppe an und wird in Kapitel 18 behandelt. Die Verwendung dieser Attribute wird hier erläutert, denn obwohl sie nicht verwendet werden sollten sind sie nicht verboten und können mit einer eigenen DTD (siehe dazu Kapitel 4.1) eingesetzt werden. Wie sie die Effekte der in diesem Kapitel behandelten Attribute mit Stylesheets realisieren, erfahren Sie in den Kapiteln 41 bis 44.

Weitere Attribute, die im `<body>`-Tag eingesetzt werden können, sind `dir`, `lang`, `id` und `class` sowie verschiedene Ereignisattribute (die bestimmte Ereignisse mit Funktionen einer Scriptsprache verbinden wie z.B. `onclick`, siehe dazu Kapitel 46, »Scripting«) und `style` zum Einbinden von Stylesheets (zur Verwendung dieses Attributs siehe Kapitel 42).

5.1 Hintergrundfarbe

Die dateiweit gültige Hintergrundfarbe wird mithilfe des Attributs `bgcolor` (background color = Hintergrundfarbe) innerhalb des einleitenden `<body>`-Tags definiert. Die Farbangabe kann entweder mit einem der 16 definierten Farbnamen oder über die hexadezimale Bezeichnung der Farbe erfolgen. Zu den definierten Farben und den 216 Standardfarben im Internet siehe Kapitel 6, »Farbe in HTML«. Die Definition einer Hintergrundfarbe könnte also wie folgt lauten:

```
<body bgcolor="#ffffff">
```

Unter Verwendung des Farbnamens sieht dies so aus:

```
<body bgcolor="white">
```

Die Verwendung des Attributs `bgcolor` ist unerwünscht (siehe Kapitel 3.4, »Unerwünschte Befehle und Attribute«).

5.2 Textfarbe

Als Wert des Attributs `text` im HTML-Befehl `<body>` kann die Farbe des Textes angegeben werden. Wie bei der Hintergrundfarbe kann der gewünschte

Farbton entweder als Hexadezimalwert (insgesamt 16,7 Millionen Farben möglich) oder als Farbname (von 16 definierten oder weiteren Farben) angegeben werden. Die Festlegung der Textfarbe lautet beispielsweise:

```
<body text="black">
```

Mit diesem Tag definieren Sie, dass die Textfarbe des gesamten HTML-Dokuments Schwarz ist. Beachten Sie, dass auch dieses Attribut als unerwünscht gilt und zu Gunsten von Stylesheets nicht mehr angewendet werden sollte (siehe Kapitel 3.5).

5.3 Verweisfarben

Aus herkömmlichem Text in einem HTML-Dokument wird erst durch die Verknüpfung mit anderen Textstellen (derselben oder einer anderen Website) oder anderen Elementen (z.B. eine Grafik) Hypertext. Das Einbinden von Verweisen hat im WWW also eine herausragende Bedeutung (siehe dazu Kapitel 22, »Hyperlinks«). Ebenso wichtig wie das tatsächliche Vorhandensein von Hyperlinks ist jedoch, dass man sie auch auf Anhieb als solche erkennt. Der Browser verwendet standardmäßig eigene Farben zur Kennzeichnung von Links, die jeder Anwender individuell verändern kann. Wenn Sie jedoch bestimmte Farben definieren möchten, beispielsweise weil diese besonders gut zu den ansonsten auf Ihrer Webseite verwendeten Farben passen, legen Sie diese im <body>-Tag fest. Für die farbliche Kennzeichnung von Verweisen stehen die drei Attribute link, vlink und alink zur Verfügung. Die Farbangabe als Wert dieser Attribute folgt wie in den beiden vorigen Kapiteln auch hier den in Kapitel 4 beschriebenen Regeln. Auch diese Attribute gelten als unerwünscht.

link

Mithilfe des Attributs link können Sie den auf Ihrer Webseite vorhandenen Links oder Hyperlinks eine bestimmte Farbe geben. Alle Verweise, deren verknüpftes Element vom Anwender nicht oder noch nicht besucht wurde, erscheinen in dieser Farbe.

```
<body link="red">
```

vlink

Dieses Attribut ermöglicht Ihnen, den vom Anwender bereits besuchten Hyperlinks eine andere Farbe zuzuweisen als den noch nicht besuchten (vlink steht für visited link = besuchter Link). Diese farbliche Unterscheidung kann das Navigieren in einem umfangreichen Text sehr erleichtern und verhindern, dass man unbeabsichtigt mehrmals dem gleichen Verweis folgt.

```
<body vlink="purple">
```

alink

Die letzte einem Verweis zuzuordnende Farbe bezieht sich auf solche Links, die gerade angeklickt wurden und somit aktiv sind.

```
<body alink="fuchsia">
```

Da Sie vermutlich sowohl eine Hintergrundfarbe als auch eine Textfarbe und Verweisfarben definieren möchten, sehen Sie hier einen Quelltext als Beispiel, in dem alle vorgenannten Farbangaben im `<body>`-Tag gemacht wurden. Die einzelnen Attribute sind durch ein Leerzeichen voneinander getrennt, wobei die Syntax der Attribute mit den dazugehörigen Werten der üblichen Notation (wie in Kapitel 3.3 erläutert) folgt. Um das Ergebnis dieser Aktion sehen zu können muss in der HTML-Datei natürlich auch ein Hyperlink enthalten sein (Informationen über Verweise finden Sie in Kapitel 22). Vergessen Sie nicht, bei der Verwendung von unerwünschten Elementen die entsprechende DTD zu notieren (siehe dazu Kapitel 4.1).

```
<html>
<head>
<title>Titel der HTML-Datei</title>
</head>
<body bgcolor="white" text="black" link="red" vlink="purple" alink="fuchsia">
Dies ist der <a href=http://www.w3c.org/>Verweis</a> auf die Startseite des W3-Konsortiums.
</body>
</html>
```

Wie Sie die Effekte der in den Kapiteln 5.1 bis 5.3 behandelten Attribute mit Stylesheets realisieren, erfahren Sie in Kapitel 44.

5.4 Identifikatoren

Die beiden Attribute `ID` und `class` fungieren innerhalb eines HTML-Dokuments als Selektoren für verschiedene Zwecke. Sie gehören zu den Universalattributen und können unter anderem auch mit dem `<body>`-Tag verwendet werden. Ein mit einem dieser Attribute (und einem gültigen Wert) versehenes Element ist besonders gekennzeichnet. Praktische Beispiele zum Einsatz dieser Attribute finden Sie in den Kapiteln über Stylesheets und JavaScript.

`id` steht für Identifikation und ermöglicht die dateiweit eindeutige Identifizierung eines mit diesem Attribut ausgezeichneten Elements. Als Wert dieses Attributs muss ein innerhalb dieser HTML-Datei einmaliger Name vergeben werden. Die Werte des Attributs `id` unterliegen folgenden Regeln: Sie müssen mit einem Buchstaben beginnen und dürfen außer alphanumerischen Zeichen die Zeichen Bindestrich, Unterstrich, Doppelpunkt und Punkt enthalten. Einem mithilfe des Attributs `id` eindeutig benannten Element kann beispielsweise eine bestimmte Stylesheet-Formateigenschaft zugeordnet werden oder es kann als Zielanker für einen Hyperlink dienen. Außerdem kann sich eine Scriptanweisung auf ein durch eine ID eindeutiges Element beziehen.

Im Attribut `class` kann definiert werden, dass das betreffende Element einer bestimmten Stylesheet-Klasse angehört. Als Wert kommen (im Gegensatz zu `id`) mehrere verschiedene Klassennamen in Frage, sodass ein Element gleichzeitig z.B. verschiedenen Stylesheet-Klassen angehören kann. Umgekehrt können (anders als bei der einmaligen `id`) Klassennamen beliebig vielen Elementen zugeordnet werden. Der Wert des Attributs `class` kann beliebig gewählt werden und darf Zeichenreferenzen enthalten. Werden als Wert des Attributs `class` mehrere Klassennamen angegeben, sind diese jeweils mit einem Leerzeichen voneinander zu trennen. Mithilfe des Attributs `class` können bestimmte Style-Informationen auf eine Gruppe von Elementen angewendet werden.

5.5 Sprachinformationen

Mit den Attributen `lang` und `dir` werden verschiedene Angaben zu der (oder den) in einem HTML-Dokument verwendeten Sprache(n) gemacht. Bei beiden Attributen handelt es sich um Universalattribute, sodass sie neben dem `<body>`-Tag auch in vielen weiteren Tags auftreten können (zum Thema Universalattribute siehe Kapitel 3.4).

Das Attribut `dir` (als Abkürzung von direction = Richtung) bezieht sich auf die Schreib- und Leserichtung von Text und Tabellen. Der Wert dieses Attributs kann zwei verschiedene Formen annehmen, entweder `ltr` (Abkürzung für left-to-right, von links nach rechts), was unserer Sprache entspricht, oder `rtl` (right-to-left, von rechts nach links), wie es z.B. bei Hebräisch oder Arabisch üblich ist. Interessant ist die Angabe der Textrichtung, wenn Sprachen unterschiedlicher Lese- bzw. Schreibrichtung auf einer Seite auftreten.

In dem Attribut `lang` (language code = Sprachcode) wird als Wert der Sprachcode der verwendeten Sprache angegeben. Diese Angabe kann unter anderem für die Sprachausgabe von Bildschirminhalten von Bedeutung sein. Mit dem Attribut `lang` können einzelne Elemente eines HTML-Dokuments, die in einer anderen Sprache verfasst sind, als solche ausgezeichnet werden. Als Wert kommen für dieses Attribut die in ISO 639 definierten zweistelligen Abkürzungen von Sprachnamen (von natürlichen Sprachen, Computersprachen sind ausgeschlossen) sowie mögliche Subcodes in Frage. So definiert der Ausdruck

```
<body lang="en">
```

die englische Sprache, während

```
<body lang="en-US">
```

US-amerikanisches Englisch darstellt. Das für die deutsche Sprache zuständige Kürzel lautet `de`.

6 Farbe in HTML

Bei der Überlegung, welche Farben auf einer Webseite eingesetzt werden, sollten Sie (sofern es um Text geht und Sie nicht gerade eine experimentelle Seite einrichten möchten) primär die Lesbarkeit im Auge behalten. Es gibt einige Kombinationen aus Hintergrund- und Textfarbe, die sich besser für das Lesen am Computer-Bildschirm eignen als andere. Dies hängt von der Stärke und der Qualität des Kontrastes ab. Die besonders gut lesbaren Farbkombinationen sind:

→ schwarzer Text auf gelbem Hintergrund

→ gelber Text auf schwarzem Hintergrund

→ grüner Text auf weißem Hintergrund

→ roter Text auf weißem Hintergrund

→ schwarzer Text auf weißem Hintergrund

→ weißer Text auf blauem Hintergrund

→ blauer Text auf weißem Hintergrund

→ blauer Text auf gelbem Hintergrund

Dementsprechend gibt es auch eine Reihe von Kombinationen, die sich besonders schlecht für Text und Hintergrund am Bildschirm eignen. Entweder tritt ein Flimmereffekt ein (die Schrift scheint sich zu bewegen; keine Sorge, dies ist ein bekanntes Phänomen der menschlichen Wahrnehmung) oder die Kontraststärke ist so gering, dass die Schrift förmlich im Hintergrund zu verschwinden scheint. Die folgenden Zusammenstellungen sind also zu vermeiden (immer vorausgesetzt, der Text soll möglichst gut lesbar sein):

→ grüner Text auf orangefarbigem Hintergrund

→ roter Text auf grünem Hintergrund

→ roter Text auf orangefarbigem Hintergrund

→ gelber Text auf orangefarbigem Hintergrund

→ orangefarbiger Text auf blauem Hintergrund

→ weißer Text auf gelbem Hintergrund

Probieren Sie die gleiche Seite mit verschiedenen Farbkombinationen aus. Merken Sie sich Farbzusammenstellungen, die Ihnen beim Surfen angenehm oder unangenehm aufgefallen sind. Versuchen Sie, Farben zu verwenden, die mit den Inhalten Ihrer Website korrespondieren. Setzen Sie vor allen Dingen nicht zu viele verschiedene Farben ein. Gutes Webdesign zeichnet sich durch den gezielten Einsatz von Farben aus (Weniger ist auch in diesem Fall Mehr). Bedenken Sie auch, dass die Benutzer eigene Einstellungen in ihrem Browser treffen können. Ein weiterer Aspekt ist die Farbenblindheit, von der etwa 10 % der Bevölkerung betroffen sind. Vermeiden Sie es daher, Zusammenhänge ausschließlich über die Farbzuweisung herzustellen. Farbe sollte in der Gestaltung von Webseiten ein unterstützendes Merkmal sein, nachdem die Struktur eines Dokuments zunächst durch die Gliederung (in Überschriften, Absätze etc.) definiert und sichtbar wird.

In der Spezifikation von HTML 4 werden die Attribute zur Angabe von Farben als »deprecated« eingestuft. Diese Attribute sollen nicht mehr verwendet werden, da das W3C die Trennung zwischen strukturellem Aufbau und Angaben zum Layout eines Dokuments vorsieht. Demnach ist die Definition von Farben in Stylesheets mithilfe der Sprache CSS einzubinden. Die Verwendung von Stylesheets bietet gegenüber den herkömmlichen Tags bzw. Attributen weitergehende Möglichkeiten. Weitere Informationen zum Thema Stylesheets erhalten Sie ab Kapitel 41.

Die Angabe von Farben kann auf zwei verschiedene Arten erfolgen: über eine numerische Angabe des RGB-Wertes oder durch die Verwendung eines Farbnamens.

6.1 Farbangaben im RGB-Format

Die verschiedenen Farben werden in HTML durch additive Farbmischung erreicht. Dabei werden die drei Ausgangsfarben Rot, Grün und Blau in unterschiedlichen Anteilen zusammengemischt und definieren eine eindeutige Farbe. Der Rot-Grün-Blau-Farbraum RGB wird von den Browsern sowie für die Farbdarstellung auf Monitoren standardmäßig verwendet.

Jede Farbe wird als Mischergebnis (aus den drei Grundfarben Rot, Grün und Blau) mit einem 24-Bit-Wert notiert. Jede der drei Grundfarben wird dabei durch ein Byte (8 Bit) repräsentiert. Das heißt, die ersten 8 Bit geben den Anteil der Grundfarbe Rot an, die folgenden 8 Bit den der Farbe Grün und schließlich das letzte Byte die Farbe Blau. Da jedes einzelne Bit zwei verschiedene Zustände (0 und 1) annehmen kann, können für jede der Grundfarben $2^8 = 256$ verschiedene Werte angegeben werden. Der Wert jedes einzelnen Bytes liegt damit zwischen 0 und 255, dem niedrigsten und höchsten Wert einer Ausgangsfarbe. Insgesamt ist so die Angabe von 256^3 =16,7 Millionen verschiedener Farben möglich. Hiervon gelten 216 Farben als sichere Farben zur Verwendung im Internet, die auch als Standard-Farbcodes bezeichnet werden. Damit wird der Tatsache Rechnung getragen, dass einige Anwender mit einer Bildschirmauflösung von 256 Farben arbeiten. Diese 216 Farben erhält man, wenn jeder einzelne dezimale RGB-Wert durch 51 teilbar ist, was 20%-Schritten bezogen auf 255 entspricht. Die einzelnen Werte können damit aus den theoretisch verfügbaren Ziffern von 0 bis 255 nur die folgenden Dezimalwerte annehmen: 0, 51, 102, 153, 204 und 255, in Prozentzahlen sind das 0%, 20%, 40%, 60% 80% und 100% von 255. Hexadezimal ausgedrückt sind dies die Werte 00, 33, 66, 99, cc und ff. Da somit jeder einzelne Wert sechs verschiedene Zustände annehmen kann, ergeben sich insgesamt $6^3 = 216$ Farben.

In HTML werden die RGB-Werte der Farben nicht dezimal, sondern in Form von Hexadezimalzahlen notiert. Die 24 Bit einer Farbe werden in sechs Hexadezimalziffern ausgedrückt, das sind pro Byte (also pro Grundfarbe) zwei Hexadezimalwerte. Die ersten beiden Stellen eines Hexadezimalwertes geben demnach die Anteile der Farbe Rot, die darauf folgenden beiden Stellen die der Farbe Grün und die beiden letzten Stellen die Anteile der Farbe Blau wieder. Da im Hexadezimalsystem auf die Ziffern 0 bis 9 die »Ziffern« A bis F folgen, entspricht der höchste dezimale Wert 255 (oder prozentual ausgedrückt 100 %) dem Hexadezimalwert FF. Die sechs zur Verwendung der Standard-Farbcodes möglichen Werte für jede einzelne Ausgangsfarbe lauten im Hexadezimalformat: 00 (entspricht dezimal 0), 33 (dezimal 51), 66 (dezimal 102), 99 (dezimal 153), CC (dezimal 204) und FF (für dezimal 255). Grundsätzlich wird bei Farbangaben nicht zwischen der Groß- und Kleinschreibung unterschieden, im Hinblick auf XHTML sollten Sie allerdings die Kleinschreibung bevorzugen. Die Werte von Attributen werden unmittelbar nach einem Gleichheitszeichen notiert (das seinerseits direkt hinter dem Attribut steht) und stehen in Anführungszeichen. (Die Syntax dieser Angaben ist in Kapitel 3.3 erläutert.) Den Hexadezimalzahlen wird stets eine Raute (auch unter der Bezeichnung Gatter bekannt) vorangestellt, worauf die Hexadezimalwerte direkt ohne Leerzeichen folgen.

Der Wert für farbigen Text lautet beispielsweise wie folgt:

```
<body text="#0000ff">
```

Die ersten beiden Stellen der Hexadezimalzahl stehen für Rot und haben keinen Anteil. Auch die beiden mittleren Ziffern haben den Wert Null und geben den Anteil der Ausgangsfarbe Grün an. Die Farbe Blau schließlich hat dezimal ausgedrückt den Wert 255 und ist damit zu 100 % in der Mischfarbe enthalten. Die angegebene Farbe ergibt in der Browser-Darstellung einen reinen Blauton. Nach diesem Schema ergeben die Angaben #ff0000 reines Rot, #00ff00 reines Grün, #ffffff Weiß und #000000 Schwarz.

Möchten Sie mehr als die 216 sicheren Farben verwenden, können Sie den einzelnen Werten für Rot, Grün und Blau auch andere als die sechs genannten Zustände zuweisen. Damit bleiben Sie HTML-konform (sofern Sie die RGB-Angaben als Hexadezimalwert definieren), verlassen allerdings den Bereich der sicheren Farben. Einige dieser zusätzlichen Farben sind auch mit Farbnamen versehen worden, die im nächsten Kapitel behandelt werden. Farben, die nach dem RGB-Schema definiert sind, werden auf verschiedenen Plattformen nicht immer identisch dargestellt. Um das zu ändern sollen in Zukunft ICC-Farbprofile angegeben werden, die dem SRGB-Farbschema entsprechen (SRGB steht für Standardisiertes RGB-Schema).

6.2 Farbnamen

In der HTML-Version 3.2 wurden offiziell (d.h. vor allen Dingen herstellerübergreifend) 16 Farbnamen standardisiert. Dies ist insofern praktisch, als man sich (vielleicht mit Ausnahme der reinen Grundfarben) nicht besonders gut die zu den Hexadezimalbezeichnungen gehörigen Farben vorstellen kann. Diese 16 Farben können von jedem VGA-kompatiblen Bildschirm angezeigt werden. Alle anderen Farbnamen sind browserabhängig, also nicht HTML-konform. Da jedoch jeder dieser zusätzlichen Farbnamen einem Hexadezimalwert entspricht, können Sie, um HTML-gerecht zu bleiben, diese Hexadezimalangaben verwenden. Bedenken Sie dabei, dass diese sich möglicherweise auf andere als die im vorigen Kapitel genannten 216 sicheren Farben beziehen.

Testen Sie Ihre HTML-Datei, wenn Sie zusätzliche Farbnamen verwendet haben, am besten mit verschiedenen Browsern und auf unterschiedlichen Rechnern bzw. Plattformen. Die zusätzlichen Farbnamen sind zwar nicht HTML-konform, werden aber sowohl vom Netscape Navigator ab der Version 2.0 als auch vom Internet Explorer ab der Version 3.0 unterstützt.

Wenn ein Browser einen Farbnamen nicht erkennt, versucht er, den Namen als Hexadezimalzahl zu interpretieren. Es könnte daher vom Auftreten der im Hexadezimalformat relevanten Buchstaben A bis F im Farbnamen abhängen, welche Farbe angezeigt wird. Die 16 mit Farbnamen bezeichneten Farben können entweder unter der direkten Verwendung des Namens oder als Hexadezimalwert notiert werden.

Die Angabe für Text in der Farbe Lime lautet z.B.:

```
<body text="#00ff00">
```

oder

```
<body text="lime">
```

Die Benutzung der Groß- oder Kleinschreibung ist bei den Farbnamen nicht vorgeschrieben. Da Farbangaben in HTML 4 über Stylesheets erfolgen sollen, sollten Sie sich jedoch an die Kleinschreibung halten. Beachten Sie, dass bei der Verwendung von Farbnamen dem Attributnamen keine Raute vorangestellt wird. Die Raute steht nur bei Hexadezimalwerten direkt vor den RGB-Angaben. Die Aufstellung der Farbnamen in Tabelle 6.1 mit den entsprechenden Hexadezimalwerten ist alphabetisch geordnet.

Farbname in HTML	Hexwert	(Farbe)
aqua	#00FFFF	(türkis)
black	#000000	(schwarz)
blue	#FF00FF	(blau)
fuchsia	#FF00FF	(pink)
gray	#808080	(grau)
green	#008000	(grün)
lime	#00FF00	(limone)
maroon	#800000	(kastanienbraun)
navy	#000080	(marineblau)

Tabelle 6.1: Die 16 benannten Farben in HTML

Farbname in HTML	Hexwert	(Farbe)
olive	#808000	(olivgrün)
purple	#800080	(violett)
red	#FF0000	(rot)
silver	#c0c0c0	(silber)
teal	#008080	(petrol)
white	#ffffff	(weiß)
yellow	#ffff00	(gelb)

Tabelle 6.1: Die 16 benannten Farben in HTML (Forts.)

Natürlich können Sie auch andere als die in dieser Tabelle genannten Farben verwenden. Benutzen Sie dann aber keine Farbnamen, sondern die Hexadezimalwerte.

7 Maskierungskonventionen

Nachdem Sie den prinzipiellen Aufbau eines HTML-Dokuments (in Kapitel 2.3) und die allgemeinen Hinweise zur Verwendung von HTML-Tags und Attributen (siehe Kapitel 3) kennen, geht es in diesem Kapitel um allgemeine Regeln für textliche Inhalte einer Webseite. Die dazu erforderlichen HTML-Befehle werden dabei als Beispiel in einen einfachen Quellcode eingebunden, sodass Sie die Effekte nachvollziehen können.

7.1 Umlaute und Sonderzeichen

Da eine HTML-Datei aus reinem ASCII-Text besteht, der insgesamt nur 128 Zeichen umfasst (das sind neben Steuerzeichen und einigen Sonderzeichen alphanumerische Zeichen sowie Interpunktionszeichen, siehe Kapitel 2.3), können bestimmte Zeichen wie deutsche Umlaute oder spezielle Sonderzeichen nicht ohne Weiteres direkt in einen Quelltext eingegeben werden. Die Maskierungskonventionen definieren numerische oder benannte Zeichenreferenzen, die diese Zeichen zur Anwendung in HTML-Dokumenten umschreiben.

Wenn Sie zum Erstellen einer HTML-Datei einen HTML-Editor benutzen, ist die direkte Verwendung dieser Zeichen jedoch kein Problem. HTML-Editoren können Sonderzeichen entweder in Umschreibungen verwandeln oder eine Meta-Angabe in den Kopf der Datei einfügen, die eine Angabe über den verwendeten Zeichensatz enthält (siehe auch Kapitel 35, »Meta-Angaben«).

Sofern Sie HTML-Dateien mithilfe eines HTML-Editors erstellen, der eine Meta-Angabe in den Kopfbereich der Datei einfügt, können Sie die Maskierungskonventionen getrost vergessen. Diese sind nur für den Fall relevant, dass Sie den Quellcode mittels eines Text-Editors generieren.

Mit einer solchen Meta-Angabe wird sichergestellt, dass aktuelle Browser zur Darstellung der HTML-Datei den angegebenen Zeichensatz verwenden. Die Darstellung von Sonderzeichen funktioniert auch dann, wenn Sie einen manuell (das heißt mit einem einfachen Text-Editor) erstellten HTML-Quellcode in einen aktuellen Browser laden, da diese standardmäßig einen Zeichensatz zur Anzeige von Schrift verwenden, der die Sonderzeichen enthält. Dieser Zeichensatz legt fest, welcher numerische Code welches spezielle Zeichen repräsentiert. Trotzdem kann es zur fehlerhaften Darstellung von Umlauten kommen, da die Darstellung von Schrift immer auch von dem verwendeten Betriebssystem abhängt.

Der standardmäßig von aktuellen Browsern verwendete internationale Standardzeichensatz ist unter der Bezeichnung ISO 8859-1 oder Latin-1 bekannt. Er umfasst die Zeichen 32 bis 126 des einfachen ASCII-Zeichensatzes und darüber hinaus den erweiterten ASCII-Satz, der die Zeichen 160 bis 255 und damit unter anderem Umlaute enthält. Die Zeichen 0 bis 31 sowie 127 bis 159 enthalten Steuerzeichen, die für textliche Inhalte nicht nutzbar sind.

Um die Zeichen des erweiterten ASCII-Satzes so zu benennen, dass sie auch plattformübergreifend problemlos interpretiert werden, ist in der HTML 4.01-Spezifikation die Verwendung des Unicode-Standards vorgesehen. Das dem Unicode entsprechende Universal Character Set (UCS) ist in ISO 10646 definiert und geht in seinem Umfang weit über Latin-1 hinaus. Neben Latin-1, das als Subset in Unicode enthalten ist, ist in Unicode jedem möglichen Zeichen aller menschlichen Sprachen ein einzigartiger Wert zugeordnet. Das bedeutet, dass Sie mit Ihrer Tastatur unter Verwendung der Unicode-Werte beispielsweise chinesische Schriftzeichen eingeben können. Da ältere Browser Unicode nicht unterstützen, ist die Verwendung von Zeichenreferenzen nach wie vor gültig.

Eine numerische Zeichenreferenz kann in dezimaler oder hexadezimaler Form angegeben werden. Bei dezimalen Werten wird zunächst ein kaufmännisches Und (&), gefolgt von einer Raute, eingegeben. Nach der Raute wird der dezimale Wert notiert und mit einem Semikolon abgeschlossen. Die numerische Zeichenreferenz des Umlauts Ä lautet Ä.

Die genaue Einhaltung der Syntax und der jeweiligen Werte (Zeichenreferenz, dezimal oder hexadezimal) ist unbedingt erforderlich. Eine einzige Abweichung kann zu überraschenden Effekten in der Browser-Darstellung führen.

Abweichend davon wird die hexadezimale Schreibweise durch ein kleines oder großes X gekennzeichnet. (Im hexadezimalen System folgen auf die Ziffern 0 bis 9 die »Ziffern« A bis F, Hexadezimalwerte können also eine Kombination aus Zahlen und Buchstaben sein.) Die numerische Zeichenreferenz des Umlauts Ä lautet unter Verwendung des Hexadezimalwertes Ä oder Ä.

Um den Umgang mit diesen Codes zu erleichtern existieren für die gebräuchlicheren Zeichen benannte Zeichenreferenzen (Entities). Auch diese Umschreibungen beginnen mit dem Zeichen & und enden mit einem Semikolon. Die zwischen diesen Zeichen liegenden Buchstaben lassen den Rückschluss auf das umschriebene Zeichen zu. Die benannte Zeichenreferenz für den Buchstaben Ä lautet Ä.

Sie können anhand dieser Umschreibung leicht erkennen, dass ein **A** in der speziellen Form **Uml**aut gemeint ist. (Da es sich bei diesem Umlaut um ein deutschsprachiges Phänomen handelt, entstammt die in der Umschreibung enthaltene Abkürzung nicht der englischen Sprache.) Da die deutschen Umlaute (sowie anderssprachige Buchstaben mit Akzenten) sowohl als Großbuchstaben als auch als Kleinbuchstaben benötigt werden, sind die benannten Zeichenreferenzen »case-sensitive«, das heißt, Sie müssen auf die Groß- bzw. Kleinschreibung achten. Entsprechend der Umschreibung Ä für das Zeichen Ä lautet die Umschreibung für den Kleinbuchstaben ä ä. Die im deutschen Sprachgebrauch geläufigsten Sonderzeichen mit den zugeordneten Referenzen finden Sie in der folgenden Tabelle 7.1.

Zeichen	HTML-Code	Zeichenreferenz (dez.)	Zeichenreferenz (hex.)
Ä	&Auml;	&#196;	&#xC4;
ä	&auml;	&#228;	&#xE4;
Ö	&Ouml;	&#214;	&#xD6;
ö	&ouml;	&#246;	&#xF6;
Ü	&Uuml;	&#220;	&#xDC;
ü	&uuml;	&#252;	&#xFC;
ß	&szlig;	&#223;	&#xDF;

Tabelle 7.1: Zeichenreferenzen der wichtigsten Sonderzeichen

7.2 HTML-spezifische Zeichen

Darüber hinaus werden auch solche Zeichen maskiert, also durch ihre Zeichenreferenz ersetzt, die in HTML eine besondere Bedeutung haben. Andernfalls könnten Browser versuchen, eine beispielsweise im Inhalt einer Seite vorkommende Zeichenfolge, die spitze Klammern enthält, als HTML-Befehl zu interpretieren. Die für HTML-Quelltext relevanten Zeichen müssen also umschrieben werden, obwohl sie innerhalb des einfachen ASCII-Zeichensatzes liegen. Zu diesen Zeichen gehören Anführungszeichen, das kaufmännische Und, das Kleiner-als-Zeichen (die einen HTML-Befehl einleitende spitze Klammer) und das Größer-als-Zeichen, deren Umschreibungen Sie in der folgenden Tabelle 7.2 finden.

Zeichen	HTML-Code	Zeichenreferenz (dez.)	Zeichenreferenz (hex.)
»	&quot;	&#34;	&#x22;
&	&amp;	&#38;	&#x26;
<	&lt;	&#60;	&#x3C;
>	&gt;	&#62;	&#x3E;

Tabelle 7.2: Zeichenreferenzen HTML-relevanter Zeichen

Wenn Sie eine HTML-Datei mit einem Text-Editor erstellen möchten, sollten Sie die numerische oder benannte Zeichenreferenz von Umlauten und Sonderzeichen (alle Zeichen, die außerhalb des einfachen ASCII-Satzes liegen plus Zeichen des ASCII-Codes, die HTML-Befehle ausmachen) verwenden.

Der folgende Quelltext enthält die Umschreibung einiger Sonderzeichen in Form benannter Zeichen.

```
<html>
<head>
<title>Zeichenmaskerade</title>
</head>
<body>
Wenn Sie die HTML-relevanten Zeichen &quot;, &amp;, &lt; und &gt;
sowie die Umlaute &Auml;, &Ouml;, &Uuml; oder die Verbindung
(Ligatur) von S und Z in Form eines &szlig; in einem HTML-Dokument
verwenden m&ouml;chten, m&uuml;ssen Sie bei manuell erstelltem
Quellcode die Maskierungsvorschriften beachten. Dies gilt auch
f&uuml;r weitere Sonderzeichen, die nicht zum ASCII-Zeichensatz
gehören.
</body>
</html>
```

Die Browser-Darstellung dieser im Quellcode nur holprig lesbaren Sätze sehen Sie in Abbildung 7.1.

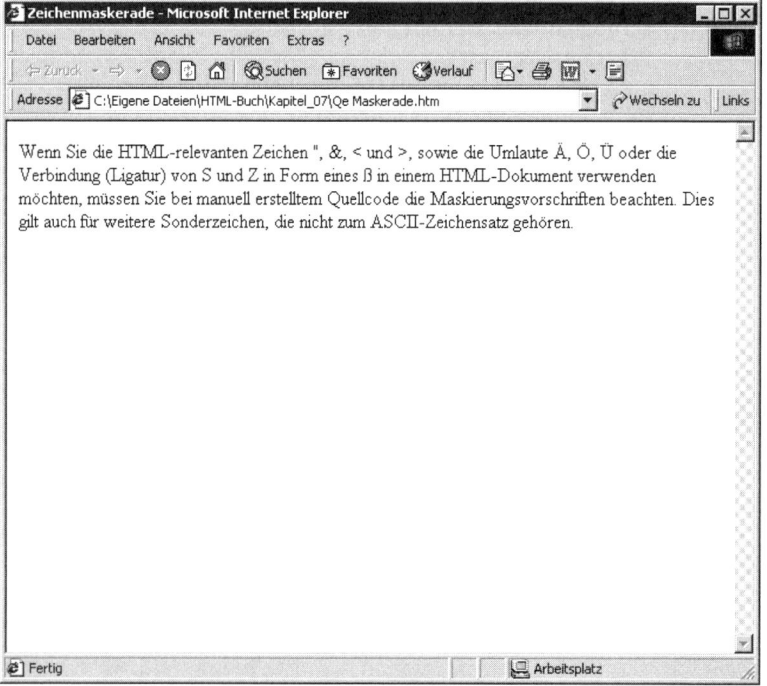

Bild 7.1: Der Browser interpretiert die im Quelltext benannten Zeichen.

Wenn im Quellcode die benannten Zeichen durch die Zeichen selbst ausgetauscht werden, bleibt die Browser-Darstellung (hier im Internet Explorer der Version 5.x) gleich. Probieren Sie aus, wie der oben angegebene Quellcode dargestellt wird, wenn Sie statt der Umschreibungen direkt die Sonderzeichen in einen Texteditor oder einen HTML-Editor eingeben. Bedenken Sie jedoch, dass ältere Browser die direkte Eingabe von Sonderzeichen nicht unterstützen und möglicherweise mit einer fehlerhaften Darstellung reagieren.

7.3 Leerzeichen

Wie im vorigen Kapitel beschrieben, können moderne Browser einige Sonderzeichen auch dann korrekt interpretieren, wenn diese nicht maskiert sind. Für Leerzeichen, die über die einfachen Wortabstände hinausgehen, gilt dies jedoch nicht. Die in einem Quelltext vorkommenden Leerzeichen (und Absätze, mehr dazu in Kapitel 11) werden – sofern es sich nicht um einzelne Leerzeichen zwischen einzelnen Worten oder Buchstaben handelt – vom Browser ignoriert (siehe auch Kapitel 2.3, »Struktur einer HTML-Datei«). Das hat zwar den Vorteil, dass sich HTML-Dateien durch zusätzlich eingefügte Leerzeichen (und Absätze) übersichtlicher anlegen lassen, ohne die Browser-Darstellung zu verändern, leider werden durch diesen Umgang jedoch auch erwünschte zusätzliche Leerzeichen nicht dargestellt. Damit dies funktioniert, müssen die Leerzeichen (vor dem Browser, der zusätzliche Leerzeichen aussortiert) geschützt werden. Das geschützte Leerzeichen kann in beliebiger Anzahl in den Quelltext notiert werden, im Browser wird jedes einzelne geschützte Leerzeichen (in Form eines Abstands) dargestellt. Die benannte Zeichenreferenz für ein geschütztes Leerzeichen lautet   (abgekürzte Form von nonbreaking space = nicht umbrechendes Leerzeichen). Das so benannte Leerzeichen ist demnach nicht nur in seiner bloßen Anwesenheit geschützt (und wird angezeigt), ein Text wird vom Browser an einer solchen Stelle auch nicht umbrochen (d.h., in eine neue Zeile gesetzt, siehe Kapitel 10 für weitere Informationen hierüber). Die dezimale Zeichenreferenz für ein geschütztes Leerzeichen lautet , in der hexadezimalen Form entspricht das .

Das Einrücken von Text, das in der Textverarbeitung z.B. mit Tabulatoren funktioniert, lässt sich mit Stylesheets realisieren (siehe Kapitel 44). Eine weitere Möglichkeit, um Leerzeichen, Umbrüche und Absätze vom Browser genauso angezeigt zu bekommen, wie sie eingegeben wurden, eröffnet das <pre>-*Tag, das in Kapitel 8.4 behandelt wird.*

```
<html>
<head>
<title>Leerzeichen</title>
</head>
<body>
     <!—hier wurden 5 Leerzeichen hintereinander eingegeben-->
In diesem Satz möchte ich ausprobieren, ob Leerzeichen,   die
innerhalb eines Flie&szuml;textes stehen, in der Anzahl angezeigt
werden, in der sie eingegeben wurden.
</body>
</html>
```

Der vorstehende Quelltext wird vom Browser wie folgt interpretiert.

Bild 7.2: Die im Quellcode im Kommentar erwähnten Leerzeichen werden nicht gezeigt.

```
<html>
<head>
<title>Leerzeichen</title>
</head>
<body>
           <!--hier wurden 5 geschützte
Leerzeichen hintereinander eingegeben-->
In diesem Satz möchte ich ausprobieren, ob Leerzeichen, die
innerhalb eines Flie&szuml;textes stehen, in der Anzahl angezeigt
werden, in der sie eingegeben wurden.
</body>
</html>
```

Geben Sie zu Beginn des Textes direkt nach dem einleitenden `<body>`-Tag fünf geschützte Leerzeichen ein, so werden diese in der Browser-Darstellung in Form einer Texteinrückung sichtbar. Das geschützte Leerzeichen zwischen dem zweiten Komma und dem Wort »die« führt dazu, dass diese Stelle, wenn Sie das Browser-Fenster in seiner Größe skalieren, nie umbrochen wird.

Bild 7.3: Die Leerzeichen vom Anfang der Datei werden nun im Browser sichtbar. Das einzelne geschützte Leerzeichen verhindert den Umbruch nach »Leerzeichen,«.

8 Besondere Textformen

In diesem Kapitel geht es um HTML-Befehle, die zur Auszeichnung von speziellen Textstellen dienen. So können beispielsweise Kommentare in eine HTML-Datei geschrieben werden, die in der Browser-Darstellung nicht sichtbar sind. Auch für Zitate oder Adressen gibt es HTML-Tags, die diese Inhalte auszeichnen und so zu einer Hervorhebung in der Browser-Darstellung führen. Eine andere besondere Textform ist präformatierter Text. Mithilfe eines HTML-Befehls können Textstellen (abweichend von den üblichen Regeln in HTML-Dateien) im Browser mit allen Leerzeichen und Umbrüchen dargestellt werden, die in einem Texteditor eingegeben wurden.

8.1 Kommentare

Neben den Tags und dem eigentlichen Inhalt kann eine HTML-Datei Kommentare beinhalten, die im Browser nicht angezeigt werden. Damit haben Sie die Möglichkeit, intern (da in der Browser-Anzeige nicht sichtbar) verschiedene Angaben zu machen. So ist es in jedem Fall sinnvoll, die Autorenschaft und das Erstelldatum einer Webseite zu hinterlegen. Je nach Bedarf können auch Anmerkungen zu bestimmten HTML-Befehlen oder Inhalten gemacht werden. Bedenken Sie bei der Verwendung von Kommentaren, dass diese zwar im Browser unsichtbar sind, jedoch von jedem eingesehen werden können, der sich die HTML-Datei als Quelltext anzeigen lässt.

Kommentare beginnen mit der Zeichenfolge <!-- und enden mit -->. Innerhalb eines Kommentartextes können auch Tags stehen, ohne dass diese vom Browser als solche interpretiert würden.

```
<!-- Dies ist ein interner Kommentar -->
```

Kommentare können von beliebiger Länge sein und sich auch über mehrere Zeilen erstrecken. Vermeiden Sie zwei oder mehr aufeinander folgende Bindestriche innerhalb des Kommentartextes, da diese irrtümlicherweise als Ende des Kommentars interpretiert werden könnten.

Angewendet auf die in Kapitel 2.3 erläuterte Grundstruktur einer HTML-Datei könnte ein Kommentar beispielsweise wie folgt aussehen:

```
<html>
<head>
<!-- Unbedingt daran denken, hier noch den endgültigen Titel
einzugeben <title> Homepage von Paul Müller </title> -->
<title>
An dieser Stelle wird der Titel der HTML-Datei eingegeben.
</title>
</head>
<body>
Hier steht der eigentliche Inhalt der Datei, der in einem Browser
dargestellt werden kann.
</body>
</html>
```

Innerhalb des Kommentars wurde ein Arbeitstitel der Seite mit gültigen Titel-Tags angegeben. Da in Kommentaren erscheinende Tags aber keine Auswirkungen auf die Browser-Darstellung haben, dürfte dies den bisherigen Titel-Text nicht verändern, siehe Abbildung 8.1.

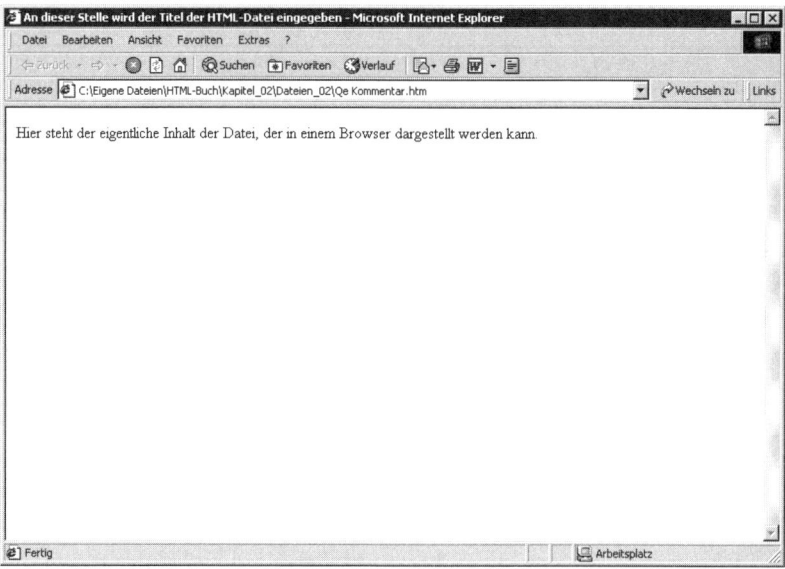

Bild 8.1: Wie Sie sehen, wird der Kommentar im Browser nicht dargestellt. Auch der im Quelltext innerhalb der Kommentars stehende Titel ist nicht zu sehen.

Achten Sie darauf, einen Kommentar nicht innerhalb des Titels (also zwischen den Tags `<title>` *und* `</title>`*) zu verwenden, da er in diesem Fall im Browser als Bestandteil der Titelzeile ungewollt sichtbar wird.*

8.2 Adressen

Die Möglichkeit, in HTML Adressen auszuzeichnen, ist nach Ansicht des W3C vor allem für die Adresse des jeweiligen Webautors relevant. Damit kann die Adresse des Seitengestalters oder z.B. die eines Sportvereins gemeint sein, um dessen Webauftritt es geht. Bei der Verbreitung anderer als der eigenen Adresse (insbesondere bei Adressen von Privatpersonen) sollten Sie stets überlegen, ob dies vom Adresseninhaber tatsächlich gewünscht ist. Möglicherweise ist es auch ausreichend, eine E-Mail-Adresse anzugeben, an die man sich richten kann. Da das `<address>`-Tag eine Adresse logisch auszeichnet und damit keine festgelegte Formatierung vorschreibt, ist die konkrete Darstellung der Adresse vom verwendeten Browser abhängig. Im folgenden Quelltext wird das `<address>`-Tag innerhalb von Fließtext verwendet.

```
<html>
<head>
<title>Adresse</title>
```

```
</head>
<body>
In dieser Beispieldatei wird das Tag zum Auszeichnen einer Adresse
benutzt. Diese wird in der Browser-Darstellung hervorgehoben, was
allerdings von Browser zu Browser verschieden ausfallen kann. Dies
ist die Homepage von <address>Paul M&uuml;ller Musterstra&szlig;e 2
12345 Blumfeld</address> und seiner Familie.
</body>
</html>
```

Die Darstellung im Browser in Abbildung 8.2 zeigt, dass die ausgezeichnete Adresse durch kursive Schrift hervorgehoben und zudem in einer eigenen Zeile dargestellt wird. Diese konkrete Interpretation kann jedoch von Browser zu Browser variieren.

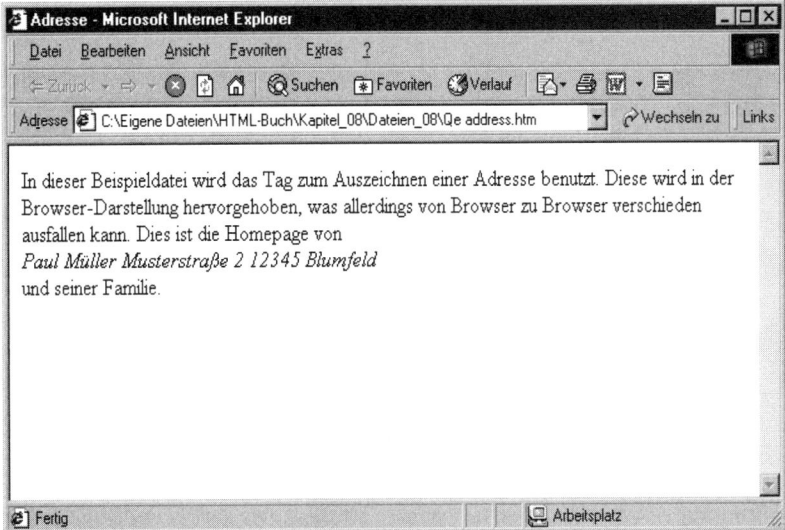

Bild 8.2: Die ausgezeichnete Adresse wird im Internet Explorer kursiv dargestellt.

Innerhalb des `<address>`-Tags können Tags notiert werden, die einen Zeilenumbruch oder einen Absatz erzeugen, um eine Adresse in der folgenden Form angezeigt zu bekommen:

Paul Müller

Musterstraße 2

12345 Blumfeld

Die hierzu benötigten HTML-Befehle werden in den Kapiteln 10 und 11 beschrieben.

8.3 Zitate

Für die Auszeichnung von Zitaten sind in HTML verschiedene Tags zuständig. Wie beim <address>-Tag des vorherigen Kapitels bewirken diese Tags lediglich eine Auszeichnung des eingeschlossenen Textes als Zitat. Wie dieses Zitat letztlich im Browser dargestellt wird, hängt vom verwendeten Browser ab. Das <cite>-Tag (citation = Zitat) führt allerdings bei fast allen Browsern zu einer bestimmten Hervorhebung der so ausgezeichneten Textstelle: Sie wird kursiv dargestellt.

Für längere zusammenhängende Zitate ist das <blockquote>-Tag zu verwenden. Von diesem Befehl eingeschlossene Textpassagen werden nicht in kursiver Schrift dargestellt (es sei denn, Sie legen dies ausdrücklich fest, siehe dazu Kapitel 13.4, »Schrifteigenschaft«). Außerdem wird das Zitat in einem eigenen Absatz und (vom linken Rand des Browser-Fensters) eingerückt dargestellt.

Für Einrückungen oder Einzüge innerhalb von Fließtext sollte das <blockquote>*-Tag nicht verwendet werden. Benutzen Sie stattdessen eine unsichtbare Grafik (Kapitel 19.1), blinde Tabellen, wie sie in Kapitel 27 beschrieben werden, oder Stylesheets (siehe Kapitel 44).*

Längere Zitate sind so deutlich hervorgehoben und können weitere Hervorhebungen in kursiver Schrift enthalten. Im <blockquote>-Tag kann das Attribut cite enthalten sein, das als Wert die Angabe einer URL ermöglicht, die z.B. zu der Quelle des Zitats führt. Die Angabe der URL folgt den Regeln, die in Kapitel 3.3 beschrieben sind. Leider wird diese Angabe von den Browsern derzeit nicht unterstützt. Um an die hinterlegte URL zu kommen, muss der Anwender sich den Quelltext anzeigen lassen und die entsprechende Stelle suchen. Daher ist es sinnvoller, einen Verweis auf das Zitat zu legen, dessen Quelle man in Form einer Webseite angeben möchte (siehe dazu Kapitel 22, »Hyperlinks«).

In der folgenden Quelldatei wurde, da es sich bei dem längeren Zitat um einen Vers handelt, das Tag
 eingesetzt, dessen Verwendung in Kapitel 10 eingehend erläutert wird. Bei den Umbrüchen in dem ausgezeichneten Text handelt es sich also nicht um einen Effekt des HTML-Befehls <blockquote>.

```
<html>
<head>
<title>Zitate</title>
</head>
<body>
Ein kurzes Zitat, das innerhalb eines Flie&szlig;textes steht, wird
mit dem &lt;q&gt;-Tag ausgezeichnet, hier <q>...Und hustet, bis ihm
der Salat aus beiden Ohren fliegen tat.</q> ist ein Beispiel dazu.
In &quot;Der Maulwurf&quot; kommt die folgende Textstelle vor:
<cite>
Musik wird oft nicht schön gefunden, weil sie stets mit Ger&auml;usch
verbunden.
</cite>
```

```
Auch hier handelt es sich um ein k&uuml;rzeres Zitat, um Textstellen
innerhalb eines Flie&szlig;textes hervorzuheben.
Nachfolgend ein etwas l&auml;ngeres Zitat, das aus einem der Streiche
von Max und Moritz stammt.
<blockquote>
Also lautet ein Beschluß,<br>
Daß der Mensch was lernen muß.<br>
Nicht allein das Abc<br>
Bringt den Menschen in die H&ouml;h';<br>
Nicht allein in Schreiben, Lesen<br>
&Uuml;bt sich ein vern&uuml;nftig Wesen;<br>
Nicht allein in Rechnungssachen<br>
Soll der Mensch sich M&uuml;he machen,<br>
Sondern auch der Weisheit Lehren<br>
Muß man mit Vergn&uuml;gen h&ouml;ren.<br>
Daß dies mit Verstand geschah,<br>
War Herr Lehrer L&auml;mpel da.<br>
</blockquote>
In dieser Datei wurden drei verschiedene HTML-Befehle zur
Auszeichnung von Zitaten unterschiedlicher L&auml;nge benutzt. Wie
man sieht, wird das &lt;q&gt;-Tag von dieser Browsergeneration (noch)
nicht unterst&uuml;tzt.
</body>
</html>
```

Die Darstellung dieser Datei sehen Sie in der folgenden Abbildung 8.3.

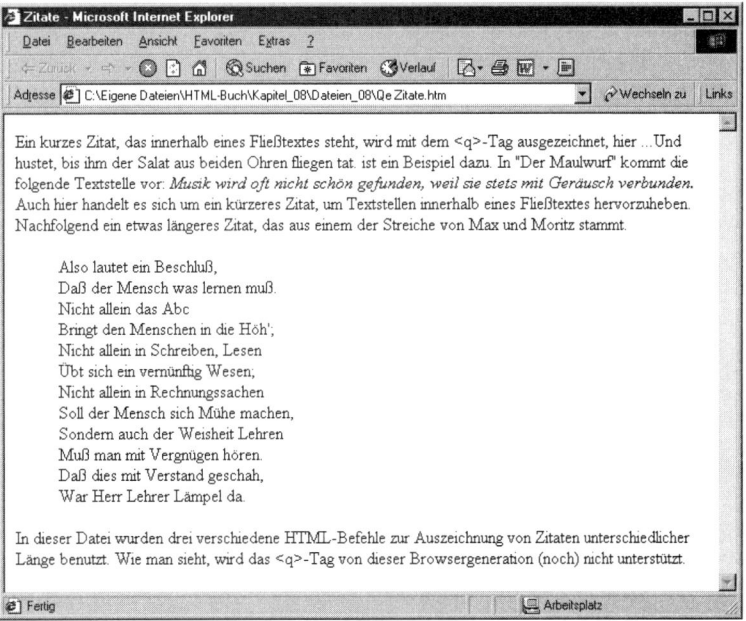

Bild 8.3: Ein kürzeres Zitat wird in kursiver Schrift, ein längeres Zitat als eingerückter Absatz dargestellt.

Das Tag <q>, das im Quellcode eingesetzt wurde, wird von den heutigen Browsern leider nicht unterstützt. Die <q>-Tags werden vom Browser schlicht ignoriert, sodass der mit diesem Tag ausgezeichnete Text wie normaler Fließtext dargestellt wird.

8.4 Präformatierter Text

Der HTML-Befehl <pre> eröffnet Ihnen die Möglichkeit, vorformatierten Text in einer HTML-Datei zu verwenden. Mit diesem Tag ausgezeichnete Textabschnitte werden vom Browser genauso angezeigt, wie sie eingegeben wurden, das heißt, alle Leerzeichen, Tabulatoren, Umbrüche und Absätze bleiben auch in der Browser-Darstellung erhalten. Das <pre>-Tag (von preformatted = vorformatiert) ist z.B. für Programmlistings geeignet, da es zur Darstellung in dicktengleicher Schrift führt. Mit dicktengleich werden solche Schriften bezeichnet, die für jedes Zeichen eine feste Breite verwenden und bei denen die Grundstriche der Buchstaben die gleiche Stärke haben wie die Serifen (siehe auch Kapitel 13.2, »Schriftart«). Das Wort Millimeter sieht in dicktengleicher Schrift so aus: `Millimeter`. Zeichen, die in Proportionalschriften eine ihres tatsächlichen Platzbedarfs entsprechende Breite haben, haben hier die gleiche Breite zur Verfügung, was bei besonders schmalen (wie einem i oder l) oder breiten Buchstaben (wie m oder w) auffällt. Da innerhalb des <pre>-Tags HTML-Befehle vom Browser interpretiert werden, müssen diese (sofern sie nicht ausgeführt werden sollen, sondern den Inhalt des Textes darstellen) maskiert werden (siehe Kapitel 7.2).

```
<html>
<head>
<title>vorformatierter Text</title>
</head>
<body>
Normalerweise werden zus&auml;tzliche    Leerzeichen
bei der Interpretation durch den Browser verschluckt.
Ebenso verh&auml;lt es sich mit Umbr&uuml;chen

und eingef&uuml;gten Abs&auml;tzen.
<pre>
Stehen zus&auml;tzliche     Leerzeichen,
Abs&auml;tze oder Umbr&uuml;che
jedoch innerhalb des &lt;pre&gt;-Tags,

wird der Text in dicktengleicher Schrift
genau so dargestellt,
wie er eingegeben wurde.
</pre>
Hier erkennen Sie den eigenen Absatz des pr&auml;formatierten
Textabschnitts. Vorausgehender und nachfolgender Flie&szlig;text wird
in einem gewissen Abstand zum vorformatierten Bereich angezeigt.
</body>
</html>
```

Die zusätzlichen Leerzeichen, Absätze und Umbrüche im Quellcode werden im Normalfall vom Browser nicht interpretiert. Wie Sie in Abbildung 8.4 sehen, wird die Formatierung eines Textabschnitts übernommen und in dicktengleicher Schrift angezeigt, wenn dieser mit dem <pre>-Tag ausgezeichnet wurde. Außerdem wird der gesamte mit <pre> ausgezeichnete Bereich in einen eigenen Absatz gesetzt, das heißt, es wird ein Abstand zum vorhergehenden und zum nachfolgenden Text angezeigt. Wie Sie Absätze in Fließtext definieren, erfahren Sie in Kapitel 11.

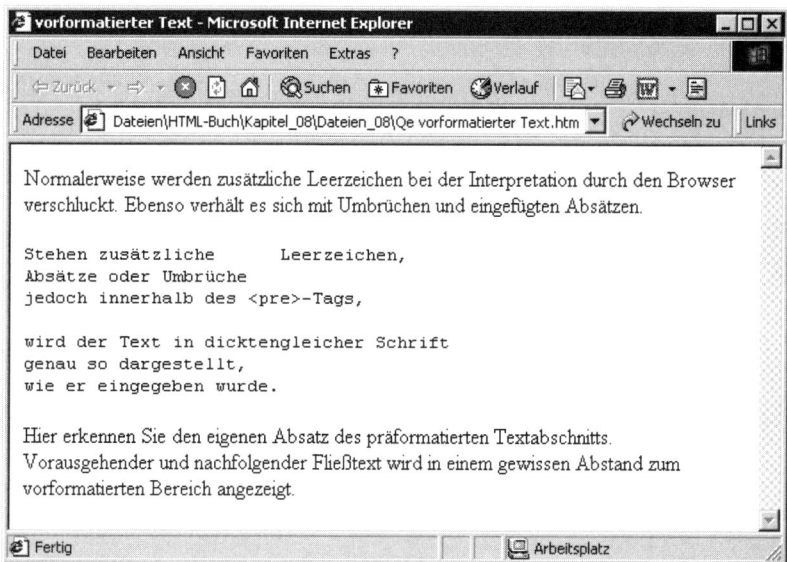

Bild 8.4: Vorformatierter Text in der Browser-Darstellung

Mit dem Attribut width können Sie optional die Breite des Textabschnitts mit präformatiertem Text definieren. Als Wert geben Sie die Anzahl von Zeichen an, die pro Zeile angezeigt werden sollen. Dieses Attribut wird von aktuellen Browsern derzeit nicht unterstützt.

 Mithilfe des <pre>-Tags lassen sich z.B. mit Leerzeichen und Tabulatoren Daten in tabellarischer Form darstellen, ohne dass eine echte Tabelle definiert werden muss. Bedenken Sie jedoch, dass die Ausgabe einer auf diese Art erzeugten tabellarischen Darstellung in nicht proportionaler Schrift erfolgt.

```
<html>
<head>
<title>vorformatierter Text Tabelle</title>
</head>
<body>
In dieser Datei wird mit dem &lt;pre&gt;-Tag eine Pseudotabelle
erzeugt, die die 16 definierten HTML-Farben mit Namen und
Hexadezimalwert enth&auml;lt.
<pre>
```

```
aqua       "#00ffff"         navy       "#000080"
black      "#000000"         olive      "#808000"
blue       "#0000ff"         purple     "#800080"
fuchsia    "#ff00ff"         red        "#ff0000"
gray       "#808080"         silver     "#c0c0c0"
green      "#008000"         teal       "#008080"
lime       "#00ff00"         white      "#ffffff"
maroon     "#800000"         yellow     "#ffff00"
</pre>
</body>
</html>
```

In diesem Quelltext wurde die Pseudotabelle mithilfe von Leerzeichen erstellt. Bei der Verwendung von Tabulatoren kann die Darstellung mit einem anderen Browser oder in einem anderen Betriebssystem anders ausfallen, da Tabulatoren keine fest definierte Breite haben.

Die Darstellung dieses Quellcodes sehen Sie in folgender Abbildung 8.5.

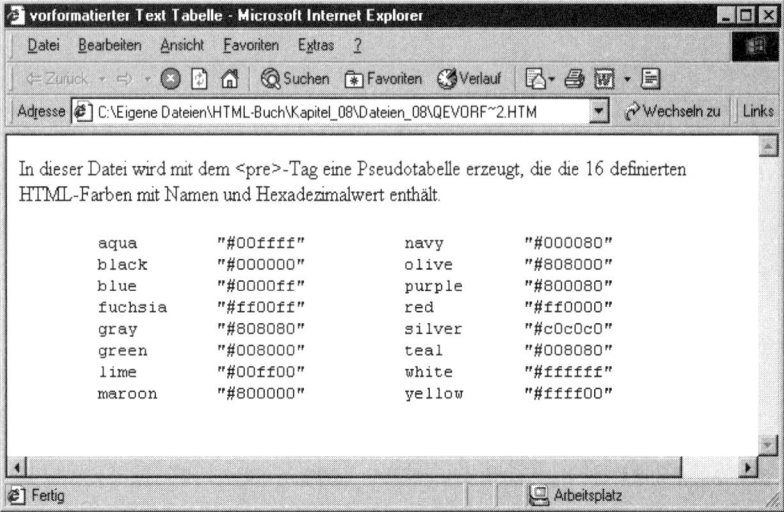

Bild 8.5: Die mit dem <pre>-Tag erstellte »unechte« Tabelle im Browser

Die Realisation einer tabellarischen Aufstellung mit dem <pre>-Befehl mag bei sehr geringen Datenmengen eine praktikable Lösung darstellen. Für alle anderen Fälle sollten Sie jedoch eine (wie in Kapitel 24 beschriebene) »echte« Tabelle aufbauen.

9 Überschriften

Mit den Tags für die Auszeichnung von Überschriften kann die Struktur einer textlastigen HTML-Datei im Wesentlichen definiert werden. (Natürlich spielen innerhalb eines Fließtextes auch Umbrüche und Absätze eine Rolle, die in den folgenden Kapiteln 10 und 11 erläutert werden.) Durch die von Fließtext hervorgehobene Darstellung von Überschriften wird deren Lesbarkeit erleichtert und damit die schnelle Orientierung im Dokument möglich. In Abbildung 9.1 stellen Sie auf den ersten Blick fest, dass drei Elemente durch eine größere Darstellung und fettere Schrift besonders hervorgehoben sind. Auf den zweiten Blick kann man die erste Überschrift in ihrer Erscheinung von den beiden nachfolgenden unterscheiden und nimmt so wahr, dass die beiden nachfolgenden Überschriften (mit dem jeweils folgenden Fließtext) dieser zu- bzw. untergeordnet sind. Sie können so sehr schnell erkennen, um welches Thema es in welchem Abschnitt geht und je nach Interesse entscheiden, näher hinzusehen. Versuchen Sie, bei der Gestaltung von Webseiten möglichst aussagekräftige Überschriften zu erstellen, die sich auf den nachfolgenden Text beziehen.

Bild 9.1: Die Gliederung eines Textes mit Überschriften

9.1 Ebenen definieren

Sehen wir uns den Quelltext zur vorstehenden Abbildung 9.1 an.

```
<html>
<head>
<title>&Uuml;berschrift</title>
</head>
<body>
<h2>&Uuml;berschriften</h2>
<h3>Kategorien definierten</h3>
Lorem ipsum dolor sit amet, consectetuer adipiscing elit, sed diam
nonummy nibh euismod tincidunt ut laoreet dolore magna aliquam erat
volutpat. Ut wisi enim ad minim veniam, quis nostrud exercitation
ulliam corper suscipit lobortis nisl ut aliquip ex ea commodo
consequat. Duis autem veleum iriure dolor in hendrerit in vulputate
velit esse molestie consequat, vel illum dolore eu feugiat nulla
facilisis at vero eros et accumsan et iusto odio dignissim qui
blandit praesent luptatum zzril delenit augue duis dolore te feugait
nulla facilisi.
<h3>Ausrichtung festlegen</h3>
Lorem ipsum dolor (...)
</body>
</html>
```

Der als Fließtext verwendete Inhalt ist Blindtext und steht nur als Platzhalter für den späteren textlichen Inhalt eines Absatzes. Der zweite Abschnitt mit Fließtext ist im Quellcode mit (...) abgekürzt.

Es kommen drei Tags zur Auszeichnung von Überschriften vor, das `<h2>`-Tag und an zwei Stellen das `<h3>`-Tag. Die Darstellung der so ausgezeichneten Überschriften im Browser unterscheidet sich durch die Größe der Schrift. Dabei ist allerdings zu beachten, dass die Darstellung in einem anderen Browser sich durchaus von der in Abbildung 9.1 unterscheiden kann. Die Überschriften-Tags legen keine eindeutige Formatierung fest; die Überschriften werden lediglich verschiedenen Ebenen zugeordnet, die zueinander in einem logischen Verhältnis stehen. In HTML werden sechs verschiedene Hierarchien von Überschriften unterschieden, die sich mit dem `<hx>`-Tag auszeichnen lassen, wobei h als Abkürzung für Heading (Überschrift) und x für eine Zahl zwischen 1 und 6 steht. Die ranghöchste Überschrift, die am größten dargestellt wird, entsteht durch die Verwendung des Tags `<h1>` in dieser Syntax: `<h1>Text der Überschrift</h1>`. Beachten Sie, dass die Maskierungskonventionen für bestimmte Zeichen auch in Überschriften gelten (siehe Kapitel 7). Eine Überschrift zweiter Ordnung wird durch das `<h2>`-Tag ausgezeichnet, entsprechend stellt `<h6>` die kleinste Überschrift oder eine Überschrift der sechsten Ordnung dar.

Neben der Darstellung in sechs verschiedenen Ebenen bewirkt das `<hx>`-Tag, dass die ausgezeichneten Überschriften aller Kategorien in einem eigenen Absatz angezeigt werden. Normalerweise ignoriert der Browser in der Quelldatei vorhandene zusätzliche Leerzeichen, Umbrüche und Absätze bei der Darstellung der Datei. Anhand eines `<hx>`-Tags erkennt der Browser jedoch eindeutig eine Überschrift und leitet für sie einen neuen Absatz ein. Ebenso wird durch das abschließende </hx>-Tag ein neuer Absatz für den folgenden Textabschnitt erzeugt.

In der folgenden Abbildung 9.2 sehen Sie Überschriften, die mit den Tags <h1> bis <h3> ausgezeichnet wurden. Die Überschriften werden in einem eigenen Absatz dargestellt und erhalten so einen signifikanten Abstand zum vorstehenden und folgenden Fließtext.

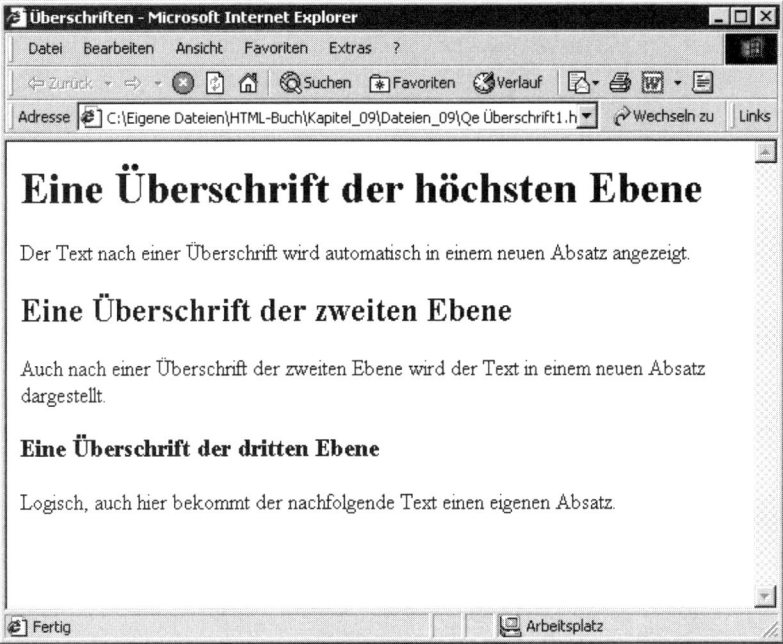

Bild 9.2: Überschriften der Kategorien eins bis drei

Die einzelnen Überschriften heben sich sehr gut vom Fließtext ab. Etwas anders sieht das in Abbildung 9.3 aus.

Die hier dargestellte Überschrift der vierten Ebene kann noch sehr gut vom Fließtext unterschieden werden, während die Überschriften der fünften und sechsten Ordnung (zumindest in diesem Browser) schon recht klein wirken. Zwar kann bei den meisten Browsern die Schriftgröße vom Anwender eingestellt werden, dann »wächst« der Fließtext jedoch mit. Für die sinnvolle Gliederung eines Textes ist es ohnehin nicht nötig, sechs verschiedene Kategorien zu benutzen. In der Regel sollten Sie mit drei verschiedenen Hierarchien auskommen und dabei vielleicht nicht unbedingt solche der untersten Ebene <h6> verwenden.

Achten Sie bei der manuellen Definition von Überschriften darauf, im einleitenden und im beendenden HTML-Tag die gleiche Ziffer zu notieren. Nur wenn ein <h3>-Tag von einem </h3>-Tag abgeschlossen ist, wird der dazwischen liegende Text als Überschrift der dritten Kategorie interpretiert.

Bild 9.3: Überschriften der Kategorien vier bis sechs

Überschriften können bei Bedarf Universalattribute enthalten, die in späteren Kapiteln im Einzelnen erläutert werden. Eine festgelegte Formatierung von Überschriften lässt sich mit Stylesheets erreichen, die ab Kapitel 41 erläutert werden.

9.2 Ausrichtung festlegen

Die Überschriften der verschiedenen Kategorien lassen sich mithilfe des optionalen Attributs align (= ausrichten) ausrichten. Nach der aktuellen Version HTML 4.01 gilt dieses Attribut in Verbindung mit den Überschriften-Tags <h1> bis <h6> als »deprecated« oder unerwünscht. Mit der geeigneten Dokumenttypdefinition (Document Type Definition, siehe Kapitel 4.1) lässt es sich jedoch (noch) verwenden. Näheres zu unerwünschten Attributen und zur allgemeinen Syntax von Attributen finden sie in Kapitel 3.5 bzw. 3.3.

Ist eine Überschrift nicht mit dem Attribut align und einem entsprechenden Wert ausgezeichnet, wird sie wie die erste Überschrift in Abbildung 9.4 im Browser automatisch linksbündig dargestellt. Um eine auf das Browser-Fenster bezogen zentrierte Überschrift zu erhalten, weisen Sie dem Attribut den Wert center (Mitte) zu. Das einleitende Tag zu einer Überschrift dritter Ebene, die zentriert dargestellt werden soll, lautet demnach <h3 align="center"> und wird vom abschließenden Tag </h3> beendet. Möchten Sie eine Überschrift rechtsbündig ausrichten, geben Sie dem Attribut den Wert right (rechts). Auch left (links) ist ein gültiger Wert für das Attribut align, Sie brauchen ihn allerdings nicht zu verwenden, da die linksbündige Ausrichtung einer Überschrift immer dann ausgeführt wird, wenn keine weiteren Angaben zur Ausrichtung gemacht wurden. Schließlich führt der Wert `justify` (justieren) zur Darstellung im Blocksatz. Um diesen Effekt wahrnehmen zu können, muss eine Überschrift allerdings ziemlich lang sein. Die Darstellung von Überschriften kann sich beim Skalieren des Browser-Fensters zwar verändern (weil sie beispielsweise zu lang für eine Zeile geworden sind), die Ausrichtung bezogen auf das Browser-Fenster bleibt jedoch immer erhalten.

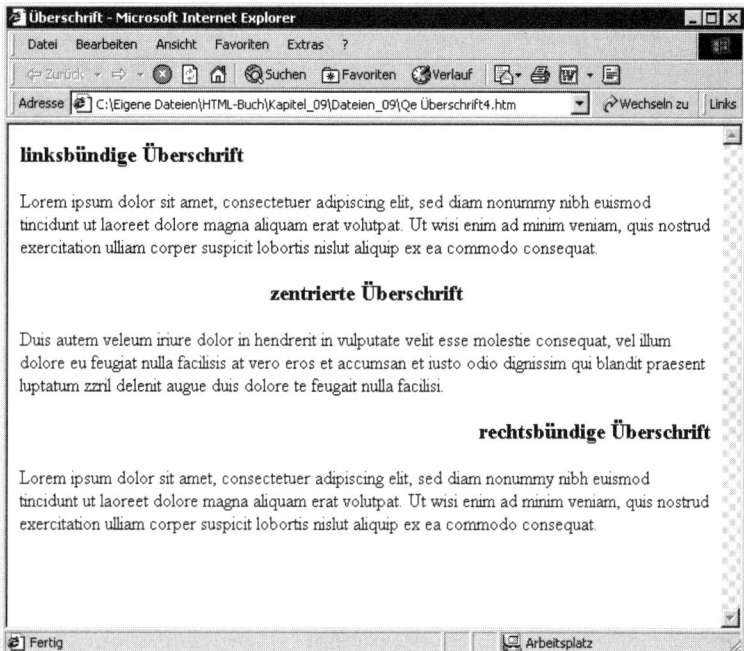

Bild 9.4: unterschiedlich ausgerichtete Überschriften

Hier sehen Sie den Quelltext zu Abbildung 9.4; der Blindtext ist durch (...) abgekürzt.

```
<html>
<head>
<title>&Uuml;berschrift</title>
</head>
<body>
<h3>linksb&uuml;ndige &Uuml;berschrift</h3>
Lorem ipsum dolor (...)
<h3 align="center">zentrierte &Uuml;berschrift</h3>
Duis autem vel (...)
<h3 align="right">rechtsb&uuml;ndige &Uuml;berschrift</h3>
Lorem ipsum dolor (...)
</body>
</html>
```

Alternativ dazu kann eine Überschrift auch mit dem Befehl <center> zentriert werden, der allerdings zu den unerwünschten Befehlen gehört (siehe Kapitel 3.5). Die Tags <center> und </center> müssen die zu zentrierende Überschrift inklusive des <hx>-Tags umschließen. Der folgende Quelltext enthält ein Beispiel für die Verwendung des <center>-Tags.

```
<html>
<head>
<title>&Uuml;berschrift</title>
</head>
<body>
<center>
<h2>Eine zentrierte Überschrift</h2>
</center>
Lorem ipsum dolor (...)
</body>
</html>
```

Das hier eingesetzte Tag für eine Überschrift zweiter Ordnung enthält kein weiteres Attribut. Da es aber vom <center>-Tag umschlossen ist, wird die Überschrift zentriert dargestellt (siehe Abbildung 9.5).

Wird dem Überschriften-Tag das Attribut align *mit dem Wert* right *zugewiesen, obwohl sich die gesamte Überschrift innerhalb eines* <center>*-Tags befindet, wird der Wert* right *in der Darstellung ausgeführt. Der Wert des Attributs* align *ist hier also gegenüber dem allgemeineren* <center>*-Tag dominant.*

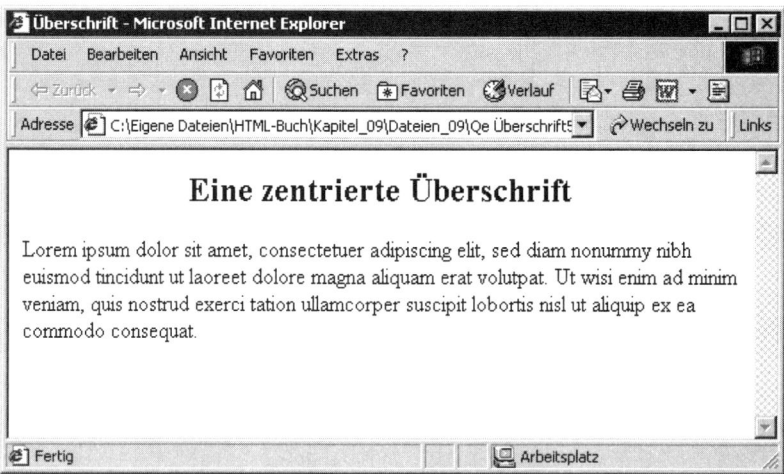

Bild 9.5: Browser-Darstellung einer mit dem <center>-Tag zentrierten Überschrift

Verwechseln Sie den Wert „center" *des Attributs* align*, das im* <hx>*-Tag steht, nicht mit dem eigenständigen HTML-Befehl* <center>*. Diese beiden verschiedenen Wege zur zentrierten Ausrichtung einer Überschrift erfordern eine unterschiedliche Syntax (die Sie den Quellcodes entnehmen können).*

Da sich das Tag <center> also auch auf solche Elemente (hier: Überschriften) beziehen kann, die ihrerseits bereits mit dem Attribut align ausgerichtet wurden, wurde das Tag <div> (division = Abschnitt) als Alternative gehandelt. Mit diesem Befehl lässt sich ein ganzer Dokumentabschnitt oder eben auch eine Überschrift ausrichten, indem das Attribut align angewendet wird. Zwar ist das Tag <div> weiterhin gültig und kann für andere Zwecke genutzt werden, in der Kombination mit dem Attribut align ist es jedoch unerwünscht. Wie die anderen hier beschriebenen Methoden zur Ausrichtung von Überschriften können Sie auch diese mit der entsprechenden DTD einsetzen, die neben den aktuellen Befehlen und Attributen in HTML 4.01 auch die in dieser Spezifikation als »deprecated« eingestuften Befehle und Attribute unterstützt. Für weitere Informationen zur Angabe der Document Type Definition siehe Kapitel 4.1.

Wenn Sie im Quelltext zu Abbildung 9.5 die Tags <center> und </center> durch die Tags <div align="center"> und </div> ersetzen, bleibt die Browser-Anzeige gleich. Wenn zusätzlich zur Ausrichtung mit dem <div>-Tag eine (andere) Ausrichtung im einleitenden Überschriften-Tag definiert wurde, ist diese Angabe für den Browser bindend. Die Überschrift wird so ausgerichtet, wie es im <hx>-Tag festgelegt wurde.

Elemente (also Befehle und Attribute), die in der aktuellen HTML-Spezifikation den Status »deprecated« haben, lassen sich entweder durch andere Elemente oder durch die Verwendung von Stylesheets ersetzen und teilweise ergänzen. Auch die Ausrichtung von Überschriften kann mit Stylesheets realisiert werden, was aber von älteren Browsern nicht unterstützt wird. Weitere Informationen zum Thema Stylesheets erhalten Sie ab Kapitel 41.

Haben Sie die Absicht, eine Grafik in eine Zeile einzubinden, in der sich bereits eine Überschrift befindet, und soll diese Grafik eine andere Ausrichtung als die Überschrift haben, kann dies unter Verwendung einer Tabelle oder mit Stylesheets umgesetzt werden.

10 Zeilenumbruch

Zeilenumbrüche sowie zusätzliche Leerzeichen oder Leerzeilen innerhalb eines Quelltextes haben üblicherweise keinerlei Auswirkung auf die Darstellung der Datei im Browser. Fließtext wird vom Browser automatisch umbrochen, was bedeutet, dass die Umbrüche je nach Größe des Browser-Fensters variieren. Wenn Sie im Text an einer bestimmten Stelle einen Umbruch definieren möchten (weil es sich beispielsweise um ein Gedicht handelt) müssen Sie daher einen HTML-Befehl benutzen. In diesem Kapitel erfahren Sie, wie Umbrüche an bestimmten Stellen im Text definiert und vermieden werden.

10.1 Umbruch definieren

Um in der Browser-Darstellung einen Umbruch im Text zu erzeugen, wird das
-Tag (abgeleitet von break = Bruch) verwendet. Das
-Tag hat kein abschließendes Tag; es markiert durch sein Vorhandensein einen gewünschten Zeilenumbruch. Der Browser stellt den auf das Tag folgenden Text in einer neuen Zeile dar. Anders als das <hx>-Tag bei Überschriften, die automatisch in einen eigenen Absatz gesetzt werden, erzeugt das
-Tag keinen Abstand zum vorherigen oder nachfolgenden Text. Der Standort des Tags im Quelltext hat keine besondere Bedeutung, im nachfolgenden Beispiel wurden die
-Tags lediglich aus Gründen der Übersichtlichkeit an das Ende einer jeden Zeile gesetzt. Beim Betrachten der letzten Textzeilen fällt auf, dass je ein Zeilenumbruch zu Beginn und inmitten einer Zeile definiert ist.

```
<html>
<head>
<title>Umbruch</title>
</head>
<body>
<h3 align="center">Umbr&uuml;che</h3>
Auf dieser Seite sehen Sie einen Ausschnitt aus Max und Moritz von
Wilhelm Busch. Damit die Versform gut erkennbar ist und der Text
m&ouml;glichst original wiedergegeben wird, ist nach jeder Zeile ein
Zeilenumbruch eingef&uuml;gt worden.<br>
Also lautet ein Beschlu&szlig;,<br>
Da&szlig; der Mensch was lernen mu&szlig;.<br>
Nicht allein das Abc<br>
Bringt den Menschen in die H&ouml;h';<br>
Nicht allein in Schreiben, Lesen<br>
&Uuml;bt sich ein vern&uuml;nftig Wesen;<br>
Nicht allein in Rechnungssachen<br>
Soll der Mensch sich M&uuml;he machen,<br>
Sondern auch der Weisheit Lehren<br>
Mu&szlig; man mit Vergn&uuml;gen h&ouml;ren.
<br>Da&szlig; dies mit Verstand geschah,<br>War Herr Lehrer
L&auml;mpel da.<br>
</body>
</html>
```

Kapitel 10 · Zeilenumbruch

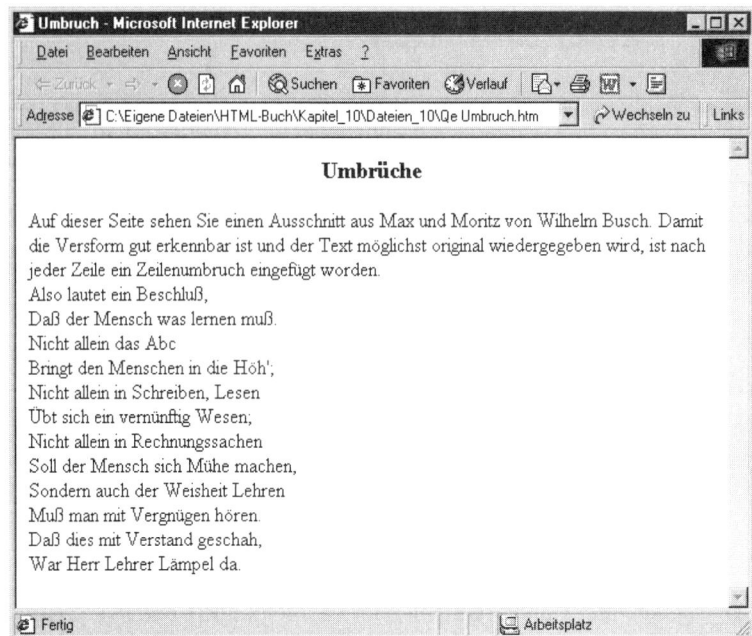

*Bild 10.1: An den Stellen, an denen im Quelltext das
-Tag steht, wird im Browser unabhängig von der aktuellen Fensterbreite ein Zeilenumbruch dargestellt.*

Wie Sie in der Browser-Darstellung sehen, wurde sowohl das am Anfang als auch das mitten in einer Zeile platzierte
-Tag interpretiert. Ein gezielter Zeilenumbruch kann abgesehen von Fließtext auch in Überschriften, Listen oder Tabellenzellen eingefügt werden.

*Wenn sie in einer HTML-Datei zwei
-Tags hintereinander notieren, wird ein Abstand zwischen dem vorigen und nächsten Text erzeugt. Um einen Absatz zu erhalten, wird jedoch normalerweise ein eigener Befehl benutzt, der in Kapitel 11 beschrieben wird.*

Sie sollten einen Zeilenumbruch nur an solchen Textstellen definieren, wo auch ein inhaltlicher Umbruch stattfindet. Da ein fest definierter Umbruch im Browser immer dargestellt wird, kann ein Text mit
-Tags in einem Browser-Fenster veränderter Größe ziemlich merkwürdig aussehen. Fügen Sie in den Quelltext zu Abbildung 10.1 hinter »Damit« (in der Browser-Darstellung am Ende der ersten Textzeile) einen weiteren Umbruch ein. Öffnen Sie die Datei in einem Browser und skalieren Sie dann die Fenstergröße.

Sie sehen, wie sehr schon ein fester Umbruch irritiert und die Lesbarkeit beeinträchtigen kann. Bei komplexeren Seiten kann sich ein fein ausgeklügeltes Layout durch diesen Effekt mehr oder weniger in Luft auflösen. Setzen Sie feste Zeilenumbrüche daher nur dann ein, wenn sie auch einen inhaltlichen Bruch des Textes repräsentieren und betrachten Sie Dateien, die
-Tags enthalten, in verschieden großen Browser-Fenstern, um die (möglicherweise unerwünschten) Folgen abschätzen zu können.

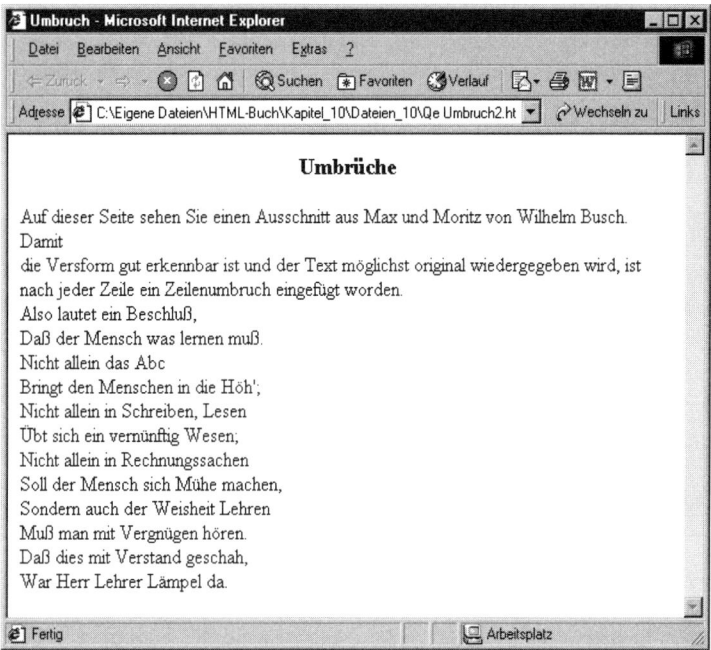

Bild 10.2: Hinter »Damit« wurde ein fester Zeilenumbruch definiert.

10.2 Umbruch vermeiden

Da die Zeilenumbrüche eines Textes (sofern diese nicht mit dem
-Tag herbeigeführt wurden) von der Größe des Browser-Fensters abhängen, kann es vorkommen, dass zusammenhängende Ausdrücke durch einen automatischen Zeilenumbruch getrennt werden. Um diesem Effekt entgegenzuwirken kann das geschützte Leerzeichen benutzt werden, von dem schon in Kapitel 7, »Maskierungskonventionen«, die Rede war. Das benannte Zeichen kann mit der Zeichenfolge , mit dem Zahlwert in dezimaler Schreibweise ( ) oder hexadezimal ausgedrückt werden ( ).

```
<html>
<head>
<title>gesch&uuml;tzte Leerzeichen</title>
</head>
<body>
In dieser Datei werden exemplarisch gesch&uuml;tzte Leerzeichen
eingesetzt. Sie k&ouml;nnen damit feststehende Ausdr&uuml;cke wie
Guten Tag! oder auch Namen wie
Frau von und zu Wei&szlig;nichtwas so anzeigen
lassen, wie es sinnvoll erscheint. Wenn Sie gesch&uuml;tzte
Leerzeichen verwenden, verhindern Sie an bestimmten Textstellen den
automatischen Zeilenumbruch des Browsers.
</body>
</html>
```

Achten Sie darauf, dass an einer Stelle, die Sie vor einem Zeilenumbruch bewahren möchten, kein einziges Leerzeichen steht. Anderenfalls erkennt der Browser dieses »normale« Leerzeichen als Sollbruchstelle und stellt – soweit erforderlich – dort einen Zeilenumbruch dar. Das benannte geschützte Leerzeichen sorgt dafür, dass im Browser zwar ein Leerzeichen angezeigt wird, dieses aber nicht umbrochen werden darf.

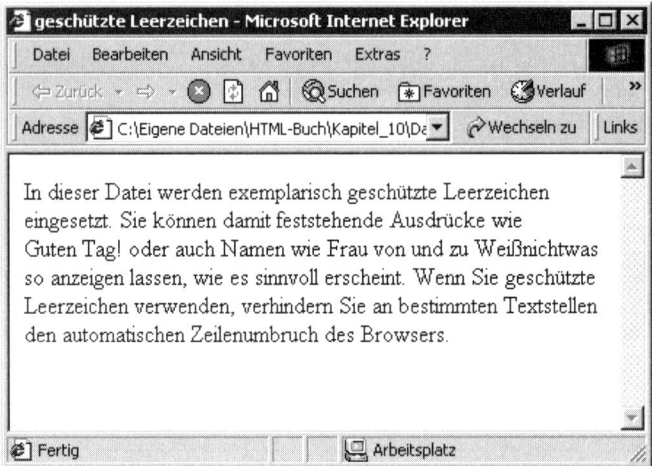

Bild 10.3: Die Leerzeichen in »Frau von und zu Weißnichtwas« sind geschützt.

Bild 10.4: Wird das Browser-Fenster etwas verkleinert, wird der gesamte mit geschützten Leerzeichen versehene Ausdruck in der nächste Zeile dargestellt.

11 Absätze

Ebenso wie Zeilenumbrüche und zusätzliche Leerzeichen werden auch Absätze oder Leerzeilen im Quellcode vom Browser ignoriert, sofern sie nicht mit dem HTML-Befehl für feste Umbrüche (<br>) oder der benannten Zeichenreferenz für geschützte Leerzeichen ( ) definiert wurden. Für einen neuen Absatz wird das Tag <p> (Abkürzung für paragraph = Absatz) eingesetzt.

11.1 Absätze definieren

Ein Absatzwechsel bewirkt nicht nur die Darstellung des folgen Textes in einer neuen Zeile wie es beim festen Zeilenumbruch (
-Tag, siehe Kapitel 10) der Fall ist. Ein mit dem <p>-Tag ausgezeichneter Textabschnitt erhält darüber hinaus einen Abstand sowohl zum vorangehenden als auch zum folgenden Text. Anders als beim
-Tag, das immer alleine steht, existiert ein abschließendes </p>-Tag, dessen Einsatz allerdings optional ist. Um einen definierten Absatz für alle Browser interpretierbar und damit darstellbar zu machen, sollten Sie den einen Absatz beendenden Befehl jedoch benutzen. Die Position der Tags im Quellcode hat keinen Einfluss auf die Darstellung der Datei; zur besseren Übersicht sind die <p>-Tags in den Beispielen dieses Kapitels unmittelbar vor bzw. nach den auszuzeichnenden Textstellen notiert. Der Blindtext, den Sie in der Browserdarstellung sehen können, ist im Quelltext teilweise mit (...) abgekürzt, um Ihnen einen besseren Überblick über die wesentlichen Bestandteile zu ermöglichen. (Blindtext dient dazu, gestalterische Entscheidungen zu treffen, bevor der eigentliche Text eingesetzt wird.)

```
<html>
<head>
<title>Abs&auml;tze</title>
</head>
<body>
<p>Lorem ipsum dolor sit amet, consectetuer adipiscing elit, sed diam nonummy nibh euismod tincidunt ut laoreet dolore magna aliquam erat volutpat.</p>
Ut wisi enim (...)
</body>
</html>
```

Der erste Textabschnitt im Rumpf (Body) der Datei steht zwischen den Tags <p> und </p>, was ihn als eigenen Absatz auszeichnet. Mit »Ut wisi enim« beginnt Fließtext, der nicht besonders ausgezeichnet ist. Die Browser-Darstellung dieser Datei sehen Sie in der folgenden Abbildung 11.1.

Das <p>-Tag setzt den ausgezeichneten Text vom vorhergehenden und nachfolgenden Text ab. Da in diesem Beispiel jedoch der erste Textabschnitt als Absatz definiert wurde, wird dieser – da kein vorausgehender Text vorhanden ist – im gleichen Abstand von der oberen Begrenzung des Browserfensters angezeigt wie nicht ausgezeichneter Text. Anders verhält es sich unterhalb des als eigener Absatz definierten Abschnitts: Da nachfolgender Text vorhanden ist, wird dieser mit einem gewissen Abstand zum ersten Absatz dargestellt.

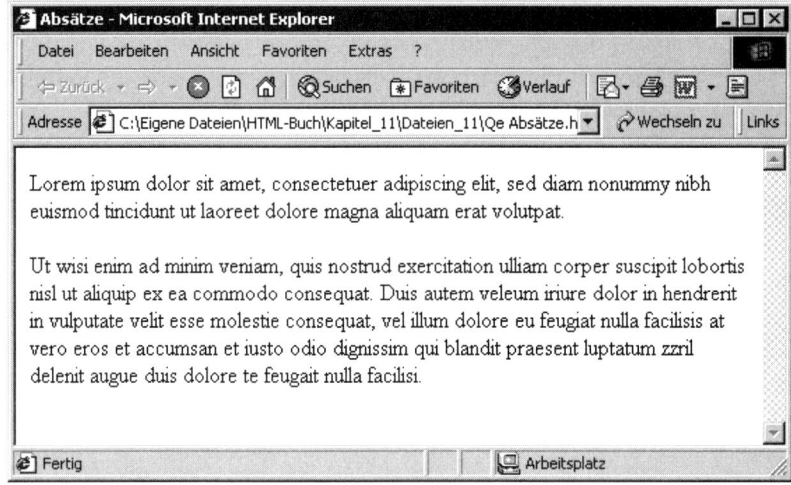

Bild 11.1: *Der erste Textabschnitt ist als Absatz definiert worden.*

Um drei Textteile getrennt voneinander dargestellt zu bekommen, können Sie diese beispielsweise wie im folgenden Quelltext in der Reihenfolge Absatz, Fließtext, Absatz auszeichnen.

```
<html>
<head>
<title>Abs&auml;tze</title>
</head>
<body>
<p>Lorem ipsum dolor sit amet, consectetuer adipiscing elit, sed diam
nonummy nibh euismod tincidunt ut laoreet dolore magna aliquam erat
volutpat.</p>
Ut wisi enim (...)
<p>Duis autem veleum (...)</p>
</body>
</html>
```

Der erste Absatz hat einen festen Abstand zum oberen Rand und bildet einen Abstand zum folgenden Fließtext aus. Der dritte Textabschnitt, der in diesem Beispiel den zweiten Absatz darstellt, hat einen Abstand zum vorstehenden Fließtext.

Nehmen wir an, dass Sie tatsächlich nur drei Textteile getrennt voneinander darstellen möchten. Mit der folgenden Auszeichnung erreichen Sie die gleiche Darstellung wie in Abbildung 11.2, obwohl nur ein Textteil (der mittlere) als Absatz ausgezeichnet wird. Die Reihenfolge der drei Textabschnitte im folgenden Quellcode ist: Fließtext, Absatz, Fließtext.

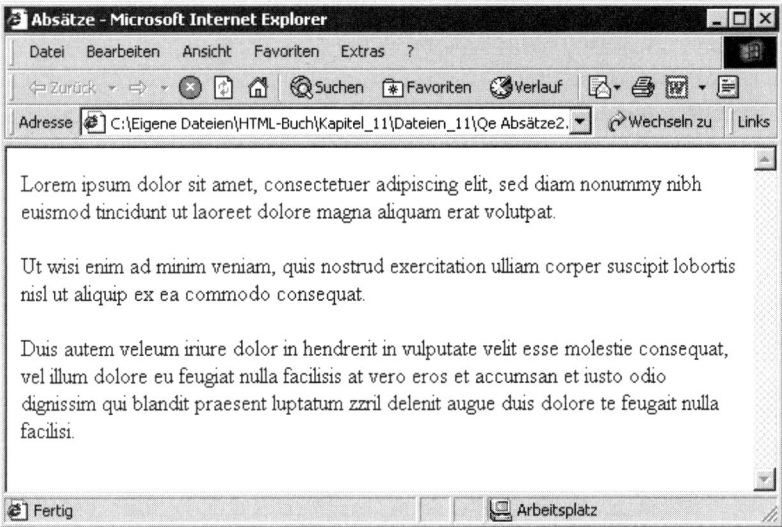

Bild 11.2: Der erste und dritte Abschnitt wurden als Absatz ausgezeichnet.

```
<html>
<head>
<title>Abs&auml;tze</title>
</head>
<body>
Lorem ipsum dolor (...)
<p>Ut wisi enim ad minim veniam, quis nostrud exercitation ulliam
corper suscipit lobortis nisl ut aliquip ex ea commodo consequat.</p>
Duis autem veluem (...)
</body>
</html>
```

Da der mittlere Textabschnitt zwischen anderen Textteilen liegt, bewirkt das <p>-Tag sowohl einen Abstand zum vorigen als auch zum folgenden Text.

Das <p>-Tag sorgt dafür, dass der so ausgezeichnete Text in einem eigenen Absatz dargestellt wird. Dabei ist die konkrete Distanz zum vorigen oder nächsten Text nicht festgelegt und hängt vom verwendeten Browser ab. Wenn Sie zwei aufeinander folgende Textabschnitte jeweils als Absatz definieren, werden diese voneinander getrennt dargestellt, der Abstand zwischen diesen Absätzen wird dabei allerdings nicht verdoppelt und ist genauso groß wie der Abstand zwischen einem Absatz und nicht ausgezeichnetem Text. Demzufolge führen nicht nur die beiden erwähnten Varianten Absatz, Fließtext, Absatz und Fließtext, Absatz, Fließtext zur gleichen Darstellung im Browser. Auch die Reihenfolgen Absatz, Absatz, Fließtext und Fließtext, Absatz, Absatz werden vom Browser so interpretiert, wie in Abbildung 11.2 zu sehen ist.

Das `<p>`-Tag kann auch in Listen, Zitaten, Tabellenzellen oder bei Überschriften eingesetzt werden.

11.2 Ausrichtung festlegen

Die Ausrichtung von Textabsätzen wird mittels des Attributs `align` definiert. Ebenso wie bei der Verwendung mit den Überschriften-Tags ist `align` in der Kombination mit dem `<p>`-Tag als »deprecated« gekennzeichnet, sollte also nicht mehr verwendet werden (siehe Kapitel 3.5). Nichtsdestotrotz kann es noch zum Einsatz kommen, sofern die korrekte DTD angegeben wird (siehe dazu Kapitel 4.1). Die aktuelle HTML-Spezifikation sieht zur Ausrichtung von Absätzen die Verwendung von Stylesheets vor, die darüber hinaus auch die Definition anderer Formateigenschaften ermöglichen. Mehr über die Verwendung von Stylesheets erfahren Sie in den Kapiteln 41 bis 44.

Das Attribut `align` kann die Werte `left`, `right`, `center` oder `justify` annehmen. Absätze, die ohne Angabe der Ausrichtung definiert sind, werden standardmäßig linksbündig dargestellt, sodass die Ausdrücke `<p>` und `<p align="left">` das gleiche Ergebnis haben. Der Wert `right` führt zu einer rechtsbündigen und `center` zur zentrierten Ausrichtung des betreffenden Absatzes. Mit `justify` (justieren) wird der Absatz sowohl links- als auch rechtsbündig ausgerichtet, also im Blocksatz dargestellt. Im folgenden Beispiel folgen die einzelnen Absätze den verschiedenen Ausrichtungen.

Bild 11.3: Unterschiedlich ausgerichtete Textabsätze

Der erste Absatz ist nur durch das `<p>`-Tag ausgezeichnet, wird also linksbündig ausgerichtet. In Abbildung 11.3 sehen Sie, dass zum linken Rand des Browserfensters ein gleichmäßig kleiner Abstand eingehalten wird. Zur rechten Begrenzung hin flattern die Worte entsprechend ihrer Länge aus. Texte mit linksbündiger Ausrichtung entsprechen unserer Leserichtung und sind sehr gut lesbar. Der zweite Absatz ist mit dem Attribut `align` und dem Wert `center` definiert worden. Der Text wird (wie auch die anderen Absätze) in Abhängigkeit von der zur Verfügung stehenden Fensterbreite in Zeilen aufgeteilt. Jede einzelne Zeile wird zur Mitte des Browserfensters hin ausgerichtet, was besonders in der letzten Zeile auffällt, da diese sehr kurz ist. Der dritte Absatz ist zur rechten Seite ausgerichtet, sodass verschieden lange Worte an der linken Seite zu einem Flatterrand führen. Längere Textpassagen mit rechtsbündiger Ausrichtung strengen beim Lesen an, da diese Ausrichtung nicht unserer Leserichtung entspricht. Richten Sie daher nach Möglichkeit nur kurze Textabschnitte rechtsbündig aus. Der letzte Absatz ist schließlich sowohl links- als auch rechtsbündig ausgerichtet, was als Blocksatz bezeichnet wird. Wie linksbündiger Text ist auch Text im Blocksatz sehr gut lesbar. Beim Blocksatz werden die Leerzeichen zwischen den einzelnen Wörtern einer Zeile leicht gestreckt oder gestaucht, bis eine bestimmte Gesamtbreite erreicht ist. Glücklicherweise hat dieses Verfahren jedoch auch Grenzen, wie an der letzten Zeile zu sehen ist. Das Leerzeichen zwischen »nulla« und »facilisi« wird nicht so weit gestaucht, dass die Darstellung im Blocksatz stur eingehalten werden könnte. Nachfolgend finden Sie den Quellcode zu Abbildung 11.3, der Blindtext wurde zur besseren Übersicht durch (...) abgekürzt.

```
<html>
<head>
<title>Abs&auml;tze</title>
</head>
<body>
<p>Lorem ipsum dolor (...)p>
<p align="center">Duis autem veleum iriure (...)p>
<p align="right">Lorem ipsum dolor (...)p>
<p align="justify">Duis autem veleum (...)p>
</body>
</html>
```

Die Ausrichtung mehrerer Elemente lässt sich mit dem Befehl `<div>` realisieren. Auch hier kommt das Attribut `align` mit den möglichen Werten `left`, `center`, `right` und `justify` zum Einsatz, wie beim `<p>`-Tag ist die Verwendung des Attributs jedoch unerwünscht. Ein Beispiel für die Verwendung des `<div>`-Tags finden Sie in Kapitel 21.

12 Textauszeichnung

Die Tags zur Textauszeichnung können in logische und physische HTML-Befehle unterschieden werden. Logisch ausgezeichneter Text ist nicht mit konkreten Angaben zur Darstellung versehen; es hängt also vom verwendeten Browser ab, wie er dargestellt wird. Logische HTML-Tags können auch bei nicht visueller Ausgabe von HTML-Dateien, wie beispielsweise die Sprachausgabe für Blinde, interpretiert werden. Im Gegensatz dazu stellen physische Befehle eine genaue Vorgabe dar, wie physisch ausgezeichneter Text zu interpretieren und darzustellen ist. Diese Art der Auszeichnung ist gut für grafisch orientierte Browser geeignet. Das W3-Konsortium empfiehlt in der aktuellen HTML-Version 4.01 allerdings für alle Befehle, die sich auf das äußere Erscheinungsbild einer Datei auswirken, ausdrücklich die Verwendung von Stylesheets.

12.1 Logische Textauszeichnung

Für die konkrete Ausführung einer logischen Textauszeichnung kommt es auf den verwendeten Browser an und welche individuellen Einstellungen der Anwender in ihm vorgenommen hat. In logischen HTML-Befehlen werden z.B. Ausdrücke wie <em> als Abkürzung von emphasis = Betonung benutzt, damit der ausgezeichnete Text beispielsweise von einer Software zur Sprachausgabe betont ausgesprochen werden kann. Eine physische Angabe wie z.B. kursiv kann hingegen sprachlich nicht ausgedrückt werden. Logische Befehle stellen eine semantische Auszeichnung dar, den so ausgezeichneten Ausdrücken wird also eine Bedeutung zugeordnet. Die in der nachfolgenden Tabelle 12.1 aufgeführten HTML-Tags sind reine Textauszeichnungen und erzeugen keine Umbrüche oder Absätze. Alle Befehle verfügen über ein End-Tag, das den Tag-Namen und einen vorangestellten Schrägstrich enthält. Zur allgemeinen Syntax von HTML-Tags siehe Kapitel 3.

Befehl	Bedeutung	Status in HTML 4.01
<abbr></abbr>	(abbreviated form) Abkürzung	
<acronym></acronym>	abgekürzter Ausdruck	neu
<cite></cite>	(citation) Zitat einer anderen Quelle	
<code></code>	Quellcodefragment	
<del></del>	(deleted text) gelöschter Text	neu
<dfn></dfn>	(definition) Definition	

Tabelle 12.1: HTML-Befehle zur logischen Textauszeichnung

Befehl	Bedeutung	Status in HTML 4.01
`<em></em>`	(emphasis) Betonung	
`<ins></ins>`	(inserted text) eingefügter Text	neu
`<kbd></kbd>`	(keybord) Eingabeaufforderung	
`<samp></samp>`	(sample) Beispiel für Programmausgaben etc.	
`<strong></strong>`	(strong emphasis) starke Betonung	
`<var></var>`	(variable) Variable	

Tabelle 12.1: HTML-Befehle zur logischen Textauszeichnung (Forts.)

Die Verwendung des `<cite>`-Tags wird in einem Beispiel in Kapitel 8.3 erläutert. Im folgenden Beispiel wurden die logischen Befehle `<em>`, `<strong>` und `<code>` eingesetzt.

```
<html>
<head>
<title>logische Textauszeichnung</title>
</head>
<body>
In dieser Datei werden logische Textauszeichnungen verwendet. Die
logischen HTML-Befehle k&ouml;nnen von jedem Browser interpretiert
werden, die Darstellung kann allerdings variieren. Hier sehen Sie die
Umsetzung eines <em>betonten</em> und eines <strong>st&auml;rker
betonten</strong> Ausdrucks. Der Quelltext des letzten Satzes lautet
wie folgt:
<p><code>
Hier sehen Sie die Umsetzung eines &lt;em&gt;betonten&lt;/em&gt; und
eines &lt;strong&gt;st&auml;rker betonten&lt;/strong&gt; Ausdrucks.
</code></p>
</body>
</html>
```

Die Darstellung dieser Datei im Browser sehen Sie in Abbildung 12.1.

Die erste logische Auszeichnung mit dem `<em>`-Tag erscheint im Browser kursiv. Dies ist zwar keine festgelegte Formatierung, das `<em>`-Tag wird aber im Allgemeinen von Browsern so interpretiert. Das `<strong>`-Tag führt in der Regel zu einer Darstellung in fetter Schrift, obwohl es sich auch hier nicht um eine feste Formatdefinition handelt. Schließlich sehen Sie, dass der Absatz mit Quellcode, der mit dem entsprechenden logischen Tag `<code>` ausgezeichnet ist, in dicktengleicher Schrift angezeigt wird (zu dicktengleicher Schrift siehe Kapitel 8.4). Da innerhalb des `<code>`-Tags befindliche

HTML-Befehle vom Browser interpretiert werden, müssen Sie die Maskierungskonventionen für HTML-spezifische Zeichen beachten (siehe dazu Kapitel 7.2).

Bild 12.1: Die Interpretation verschiedener logischer Auszeichnungen

Auch das <pre>-Tag, das wie in Kapitel 8.4 erläutert für vorformatierten Text verwendet wird, führt zu einer Browser-Darstellung in dicktengleicher Schrift. Im Gegensatz zum <pre>-Tag, bleiben im ausgezeichneten Bereich enthaltene zusätzliche Leerzeichen, Umbrüche und Absätze beim <code>-Tag jedoch nicht erhalten, und der mit <code> ausgezeichnete Bereich wird auch nicht in einem eigenen Absatz dargestellt. Mit <code> legen Sie lediglich fest, dass der umschlossene Bereich eines Textes in dicktengleicher Schrift angezeigt wird.

Die beiden Befehle <del> für gelöschten und <ins> für eingefügten Text werden von älteren Browsern (einschließlich 4.x) nicht unterstützt. Der Internet Explorer zeigt mit diesen Tags ausgezeichnete Texte in der Version 5.5 jedoch gesondert an. Der folgende Quelltext enthält eine geänderte Textstelle.

```
<html>
<head>
<title>Die Tags &lt;del&gt; und &lt;ins&gt;</title>
</head>
<body>
<h3 align="center">&Auml;nderungen dokumentieren</h3>
Mithilfe der Attribute &lt;del&gt; und &lt;ins&gt; k&ouml;nnen
&Auml;nderungen auf einer HTML-Seite dokumentiert werden.
<p>
Die derzeit aktuelle HTML-Spezifikation ist <del>HTML 4.0</del>
<ins>HTML 4.01</ins>.
</p>
```

```
Mit den Attributen "datetime" und "cite" haben Sie die Möglichkeit,
diese Angaben zu spezifizieren.
</body>
</html>
```

Die Browser-Darstellung dieser Datei sehen Sie in der folgenden Abbildung 12.2.

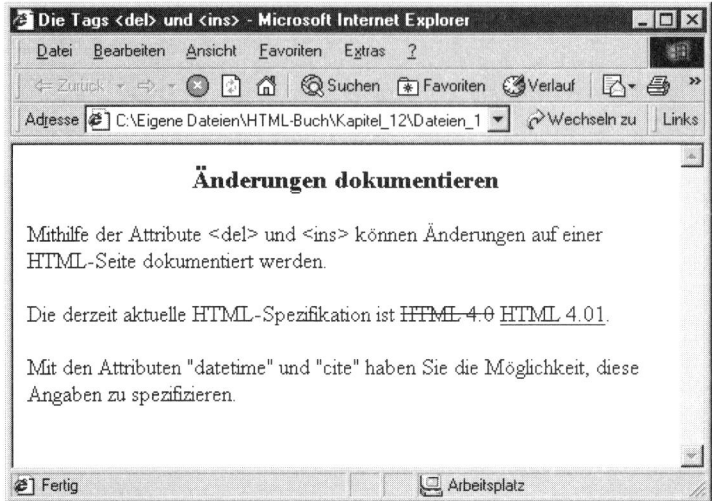

Bild 12.2: Eine geänderte Textstelle

Der Text »HTML 4.0« ist mit dem Befehl `<del>` als gelöscht ausgezeichnet, »HTML 4.01« wurde mit `<ins>` als neu eingefügt definiert. Im Browser wird der gelöschte Text durchgestrichen und der neue Text unterstrichen dargestellt. Mit den Attribute `datetime` (date and time of change = Datum und Uhrzeit der Änderung) und `cite` (Information zum Grund der Änderung) können Sie den Zeitpunkt bzw. den Anlass (oder eine Begründung) der Änderung konkretisieren. Beide Attribute können sowohl im `<del>`- als auch im `<ins>`-Tag notiert werden (in der Praxis wird vermutlich ein Änderungsdatum und eine Begründung ausreichen). Als Wert des Attributs `datetime` kann der Zeitpunkt der Änderung in verschiedenen Genauigkeiten festgehalten werden. Die Angabe

```
<ins datetime="2000-01-07">HTML 4.01</ins>
```

gibt als Zeitpunkt lediglich das Datum in der Reihenfolge Jahr, Monat, Tag an. Eine ausführlichere Angabe lautet beispielsweise `2000-01-07T18:00+01:00`, wobei folgende Regeln zu beachten sind.

→ Die ersten Angaben werden durch einen Mittelstrich voneinander getrennt.

→ Zuerst wird das Jahr in vierstelliger Form notiert (im Beispiel `2000`).

→ Auf das Jahr folgt der Monat in zweistelliger Form (im Beispiel `01`).

→ Anschließend wird der Tag zweistellig angegeben (im Beispiel `07`).

→ Ein T (time = Zeit) leitet die Zeitangabe ein.

→ Die Uhrzeit wird vierstellig notiert, Stunden und Minuten sind durch einen Doppelpunkt voneinander getrennt (im Beispiel 18:00).

→ Die in diesem Beispiel letzte Angabe gibt an, in welcher Relation die notierte lokale Zeit zur UTC (Coordinated Universal Time = koordinierte Weltzeit) steht. In Deutschland beträgt die Abweichung zur UTC plus eine Stunde, da wir uns eine Stunde östlich des Nullmeridians befinden. (Westlich dieses Längengrads muss der Zeitabweichung ein Minuszeichen vorangestellt werden.) Der wie die Uhrzeit vierstellig notierte Wert bekommt hier ein Pluszeichen vorangestellt. (Während der Sommerzeit muss +02:00 notiert werden.)

Falls eine noch exaktere Zeitangabe erforderlich ist, können auch Sekunden (zweistellig) oder sogar Zehntelsekunden angegeben werden.

Das Attribut cite nimmt eine URL auf, in der ein Dokument oder eine Website referenziert werden kann, die den Anlass der Änderung erläutert bzw. beinhaltet. Eine eingefügte Textstelle mit diesem Attribut lautet beispielsweise

```
<ins cite="http://www.w3.org/">HTML 4.01</ins>
```

In dieser URL wird auf die Homepage des W3-Konsortiums verwiesen, von der aus die geänderte HTML-Spezifikation zu erreichen ist.

Sie können auch direkt auf ein eigenes oder fremdes Dokument verweisen; die dazu nötigen Angaben werden in Kapitel 22, »Hyperlinks«, erläutert.

Derzeit werden die beiden Attribute datetime und cite vom Browser für den Anwender nicht sichtbar.

In allen HTML-Befehlen zur logischen Textauszeichnung können Universalattribute (siehe Kapitel 3.4) enthalten sein. Die Anwendung von Stylesheets erweitert die Möglichkeiten der logischen Textauszeichnung dahingehend, dass Sie zusätzlich die konkrete Formatierung der logisch ausgezeichneten Textbereiche festlegen können.

12.2 Physische Textauszeichnung

Konkrete Angaben zur Textauszeichnung können mit HTML-Tags zur logischen Textauszeichnung erreicht werden. Auch diese Befehle dienen einzig der Auszeichnung von Text, erzeugen also weder Umbrüche noch Absätze. Ein typischer Befehl dieser Art ist z.B. <b> für bold, um Schrift fett darzustellen. Der Browser erhält eine genaue Angabe darüber, wie ein derart ausgezeichneter Text darzustellen ist. Da alle Angaben, die das äußere Erscheinungsbild einer HTML-Datei betreffen, nach den Empfehlungen des W3-Konsortiums mit Stylesheets realisiert werden sollten, sind bereits einige Tags zur physischen Textauszeichnung als »deprecated« (unerwünscht) gekennzeichnet (siehe auch Kapitel 3.5). Wenn sie mit der entsprechenden DTD eingesetzt werden, ist ihre Verwendung jedoch (noch) möglich (siehe

Kapitel 4.1). Auch wenn nicht alle HTML-Befehle, die Informationen zur Schrifteigenschaft enthalten, unerwünscht sind, wird empfohlen, stattdessen mit Stylesheets zu arbeiten. Die Effekte der Befehle zur physischen Textauszeichnung sind so häufig präziser zu erreichen, und die Bandbreite der möglichen Angaben ist größer. Alle der in Tabelle 12.2 aufgeführten Befehle benötigen neben dem einleitenden Tag ein End-Tag und können Universalattribute enthalten.

Befehl	Bedeutung	Status in HTML 4.01
`<b></b>`	fett formatierte Schrift	
`<big></big>`	groß formatierte Schrift	
`<i></i>`	(italic) kursiv formatierte Schrift	
`<s></s>`	(strike-through) durchgestrichene Schrift	»deprecated«
`<small></small>`	klein formatierte Schrift	
`<strike></strike>`	(strike-through) durchgestrichene Schrift	»deprecated«
`<sub></sub>`	(subscript) tief gestellte Schrift	
`<sup></sup>`	(superscript) hoch gestellte Schrift	
`<tt></tt>`	(teletype) dicktengleiche Schrift	
`<u></u>`	(underlined) unterstrichene Schrift	»deprecated«

Tabelle 12.2: HTML-Tags zur physischen Textauszeichnung

Im folgenden Beispiel werden die physischen Befehle `<i>`, `<b>` und `<tt>` verwendet. Die Darstellung der so ausgezeichneten Textbestandteile entspricht der, die im vorigen Kapitel mit den Tags `<em>`, `<strong>` und `<code>` erreicht wurde (vergleichen Sie Abbildung 12.1 und 12.3). Der entscheidende Unterschied ist jedoch, dass die Formatierung des Textes bei der physischen Textauszeichnung fest vorgeschrieben ist, während diese bei der logischen Auszeichnung lediglich eine Umsetzung der zugewiesenen Bedeutungen darstellt.

```
<html>
<head>
<title>physische Textauszeichnung</title>
</head>
<body>
In dieser Datei werden physische Textauszeichnungen verwendet. Hier sehen Sie die Umsetzung einer <i>kursiven</i> und einer <b>fett formatierten</b> Schrift. Der Quelltext des letzten Satzes lautet wie folgt:
```

```
<p><tt>
Hier sehen Sie die Umsetzung einer &lt;i&gt;kursiven&lt;/i&gt; und
einer &lt;b&gt;fett formatierten&lt;/b&gt; Schrift.
</tt></p>
</body>
</html>
```

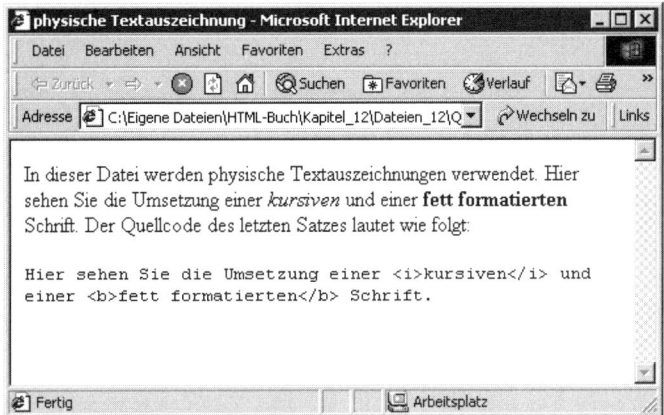

Bild 12.3: *Die Browser-Darstellung physischer Textauszeichnungen*

Weitere Anwendungsbeispiele der Befehle aus Tabelle 12.2 finden Sie in Kapitel 13.4 Schrifteigenschaft. Das Thema Stylesheets und deren Verwendung ist in den Kapiteln 41 bis 44 beschrieben.

 Die Befehle für fett und kursiv ausgezeichneten Text <b> *und* <i> *lassen sich auch kombinieren, die erwartete Formatierung (eine fette und kursive Schrift) wird von den neueren Browsern unterstützt.*

13 Schrift

Auf vielen Webseiten spielt Text zur inhaltlichen Strukturierung und zur Bereitstellung von Informationen eine große Rolle. Der wichtigste Aspekt bei Angaben zur Schrift sollte eine gute Lesbarkeit sein (es sei denn, Sie möchten mit Schrift experimentieren). Selbst ein normalsichtiger Anwender kann durch verschiedene Bildschirmgrößen, ein skaliertes Browser-Fenster oder vorgenommene Browser-Einstellungen verschiedene Ansichten einer Webseite erhalten. Behalten Sie bei der Gestaltung von Webseiten im Auge, dass die meisten Anwender täglich neue, bisher unbekannte Seiten aufrufen und sich möglichst schnell orientieren möchten. Die meisten HTML-Befehle zur Definition verschiedener Schriftangaben sind in der aktuellen Fassung HTML 4.01 als unerwünscht eingestuft. Unter Verwendung der korrekten DTD (siehe dazu Kapitel 4.1) sind sie zurzeit (noch) einsetzbar. In Hinblick auf die Bemühungen des W3-Konsortiums, den strukturellen Aufbau und den Inhalt von Webseiten von solchen Angaben zu trennen, die die äußere Erscheinung und das Layout betreffen, sollten die hier beschriebenen Effekte jedoch mit Stylesheets realisiert werden.

13.1 Schriftgröße

Für die Definition verschiedener Schriftgrößen stehen mehrere Möglichkeiten zur Verfügung, deren einfachste die Befehle <big> (groß) und <small> (klein) mit den entsprechenden End-Tags sind.

Auch mit den Überschriften-Tags lassen sich verschiedene Schriftgrößen erzeugen. Da es sich bei den Befehlen <h1> bis <h6> jedoch um logische Auszeichnungen handelt, wird ein derart ausgezeichneter Text als Überschrift erkannt und in einem eigenen Absatz dargestellt (siehe Kapitel 9, »Überschriften«).

Obwohl es sich nicht um logische, sondern um physische Befehle handelt, wird keine konkrete Schriftgröße angegeben. Die beiden Tags ermöglichen eine vergrößerte bzw. verkleinerte Darstellung relativ zur Basisschrift, die – sofern nicht anders festgelegt – vom Browser bestimmt wird.

```
<html>
<head>
<title>big und small</title>
</head>
<body>
<h3>big und small</h3>
Die Gr&ouml;&szlig;e der Basisschrift wird vom Browser bestimmt.
Mithilfe der Tags &lt;big&gt; und &lt;small&gt; werden bestimmte
Textstellen im Verh&auml;ltnis zur Basisschrift
<big>vergr&ouml;&szlig;ert</big> bzw. <small>verkleinert</small>
dargestellt.
</body>
</html>
```

In diesem Beispiel wurde das Wort »vergrößert« mit dem Befehl `<big>` und »verkleinert« mit `<small>` ausgezeichnet, zur Darstellung im Browser siehe Abbildung 13.1.

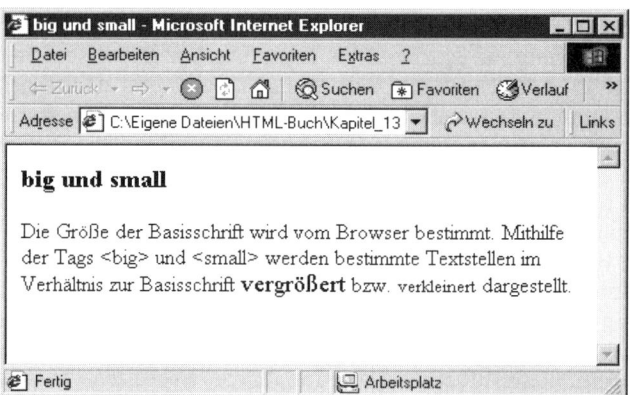

Bild 13.1: Die HTML-Tags <big> und <small>

Das größer dargestellte Wort ist in Abbildung 13.1 gut auszumachen, bei der Verkleinerung muss man hingegen schon ziemlich genau hinsehen. Mit einer anderen Einstellung des Schriftgrads im Browser kehrt sich dieser Effekt allerdings um, wie Sie in Abbildung 13.2 sehen können.

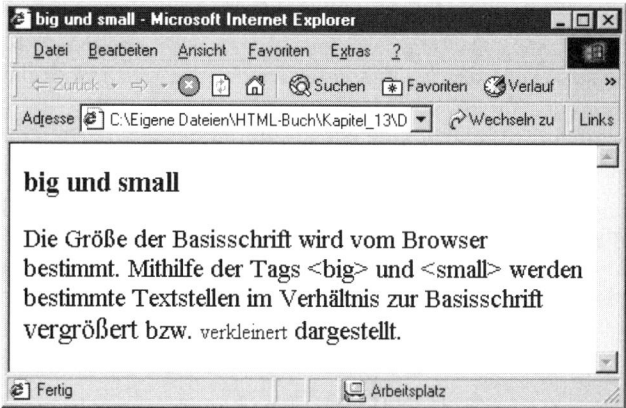

Bild 13.2: Der Schriftgrad wurde im Browser vergrößert.

Der vergrößerte Begriff ist nicht auf den ersten Blick zu erkennen, während das kleiner dargestellte Wort deutlich sichtbar ist.

Die im folgenden erläuterten Befehle und Attribute sind allesamt als »deprecated« eingestuft und sollten nicht mehr verwendet werden. Alle Angaben zur Schriftgröße sollten mithilfe einer Formatierungssprache (wie CSS) in Stylesheets definiert werden. Mehr darüber erfahren Sie in den Kapiteln 41 bis 44. Wenn Sie diese Tags trotzdem verwenden möchten, achten Sie auf die entsprechende DTD.

Mit dem Attribut `size` (Größe) im Befehl `<font>` (Schrift) stehen (im Gegensatz zu den beiden Größen, die mit `<big>` und `<small>` erreicht werden können) mehrere Werte zur Definition der Schriftgröße zur Verfügung. Dabei kann der Wert einmal die Ziffern 1 bis 7 für sieben verschieden große Schriftdarstellungen annehmen, oder es wird ein Verhältnis zur Basisschrift notiert. Die sieben verschiedenen Größen entsprechen in etwa den unter anderem aus Textverarbeitungssoftware bekannten Punktgrößen 8, 10 , 12, 14, 18, 24 und 36 Punkt. Die Größe der Basisschrift wird mit dem Attribut `size` im Befehl `<basefont>` (base font size) festgelegt und kann einen Wert zwischen 1 und 7 annehmen. Wenn Sie die Größe der Basisschrift nicht festlegen, wird die Größe 3 als Normalschriftgröße angenommen. Die relativen Verhältnisse zu der so definierten Basisschriftgröße können die Werte −7 bis +7 annehmen. Theoretisch stünden damit bezogen auf eine Basisgröße 14 Abstufungen zur Verfügung, Browser lassen jedoch nur sieben verschiedene Größen zu.

Im folgenden Quelltext kommen die Schriftgrößen 1 bis 7 vor.

```
<html>
<head>
<title>Schriftgr&ouml;&szlig;e 1 bis7</title>
</head>
<body>
Die sieben verschiedenen Schriftgr&ouml;&szlig;en werden nicht in
Punktgr&ouml;&szlig;en angegeben. Wenn nichts anderes definiert
wurde, stellt Gr&ouml;&szlig;e drei die Basisschrift dar.<br>
<font size="1">Gr&ouml;&szlig;e eins</font>
<font size="2">Gr&ouml;&szlig;e zwei</font>
<font size="3">Gr&ouml;&szlig;e drei</font>
<font size="4">Gr&ouml;&szlig;e vier</font>
<font size="5">Gr&ouml;&szlig;e f&uuml;nf</font>
<font size="6">Gr&ouml;&szlig;e sechs</font>
<font size="7">Gr&ouml;&szlig;e sieben</font>
</body>
</html>
```

Die Schriftgröße wird im einleitenden Tag `<font>` als Wert des Attributs `size` angegeben. Das schließende Tag lautet `</font>`. (Die grundsätzliche Syntax von Attributen und Werten ist in Kapitel 3.3 erläutert.) Vergessen Sie beim Eingeben des Quelltextes nicht, zwischen dem abschließenden Tag und dem nächsten Anfangs-Tag ein Leerzeichen einzugeben, da die beiden verschieden groß ausgezeichneten Textstellen ansonsten in der Browser-Darstellung ohne Leerzeichen nahtlos ineinander übergehen. In Abbildung 13.3 sehen Sie die vorstehende Datei im Browser.

Die Größe drei gilt als Basisgröße, sofern keine andere Größe als solche festgelegt wurde. Wird die Schriftgröße in Relation zur Basisgröße angegeben, erreichen Sie die gleiche Darstellung wie in Abbildung 13.3 mit den Werten −2, −1, +1, +2, +3 und +4, wobei zwischen −1 und +1 die Worte »Größe drei« nicht mit dem `<font>`-Tag ausgezeichnet werden, damit diese in der Basisgröße (Größe drei) angezeigt werden. Die kleinste Schrift ist im Verhältnis zur Basisgröße 3 beispielsweise im Verhältnis −2 verkleinert dargestellt.

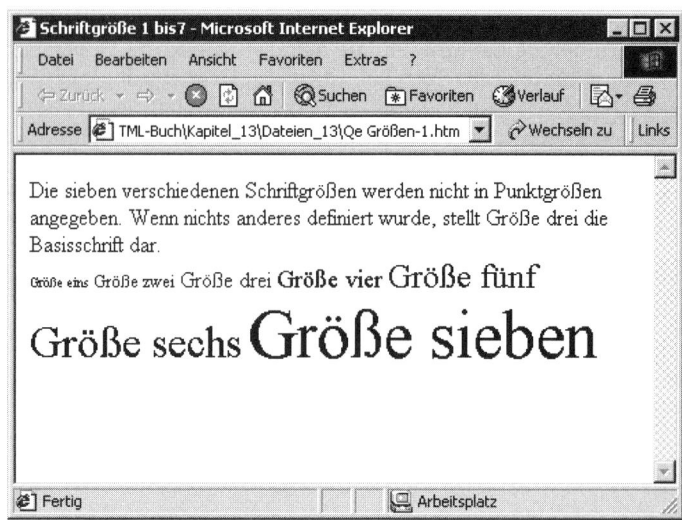

Bild 13.3: Sieben verschiedene Schriftgrößen

Wenn Sie eine andere Basisgröße festlegen, verändern sich die dargestellten Größen entsprechend. Auch wenn als Werte -7 bis +7 in Frage kommen, werden maximal sieben verschiedene Größen angezeigt. Die Größe der Grundschrift wird mit dem Attribut size im <basefont>-Tag definiert, das kein abschließendes Tag besitzt.

```
<html>
<head>
<title>relative Schriftgr&ouml;&szlig;e</title>
</head>
<body>
<basefont size="4">
Auch relative Schriftgr&ouml;&szlig;en werden nicht in
Punktgr&ouml;&szlig;en angegeben. Wenn nichts anderes definiert
wurde, stellt Gr&ouml;&szlig;e drei die Basisschrift dar. In diesem
Beispiel ist 4 die Basisschriftgr&ouml;&szlig;e.<br>
<font size="-5">Gr&ouml;&szlig;e eins</font>
<font size="-4">Gr&ouml;&szlig;e zwei</font>
<font size="-3">Gr&ouml;&szlig;e drei</font>
<font size="-2">Gr&ouml;&szlig;e vier</font>
<font size="-1">Gr&ouml;&szlig;e f&uuml;nf</font>
Gr&ouml;&szlig;e sechs
<font size="+1">Gr&ouml;&szlig;e sieben</font>
<font size="+2">Gr&ouml;&szlig;e acht</font>
<font size="+3">Gr&ouml;&szlig;e neun</font>
<font size="+4">Gr&ouml;&szlig;e zehn</font>
</body>
</html>
```

Nach diesem Quelltext ist die Basisgröße mit 4 festgelegt. Inklusive dieser Basisgröße wurden hier zehn verschiedene relative Größen definiert.

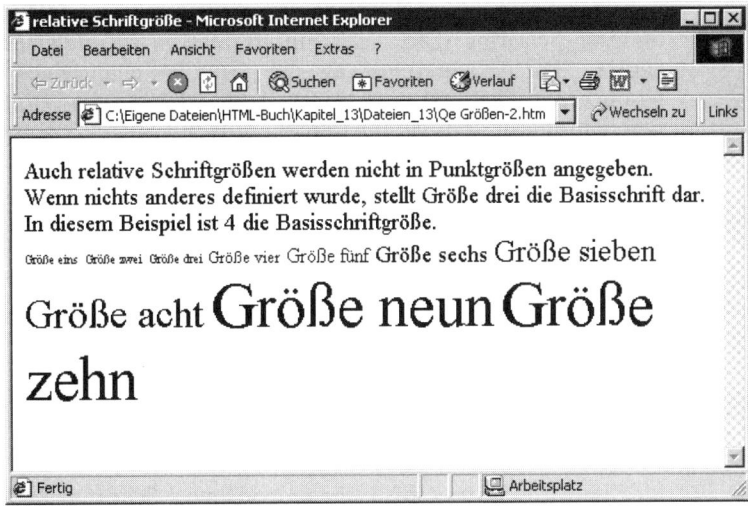

Bild 13.4: Schriftgrößen in Relation zur Basisgröße vier

Die Browser-Darstellung in Abbildung 13.4 zeigt, dass die Grundschrift insgesamt größer ist als in Abbildung 13.3. Da insgesamt zehn verschiedene Größen beschrieben wurden, werden drei davon vom Browser ignoriert und in der nächstmöglichen Größe angezeigt. In diesem Beispiel sind die relativen Werte –3 bis +3 umgesetzt worden, was zusammen mit der Basisgröße sieben unterschiedliche Größen ausmacht.

Bedenken Sie, dass eine große Basisschrift möglicherweise zu sehr großen bzw. eine sehr kleine Basisschrift zu einer sehr kleinen Bildschirmdarstellung führen kann. Sie sollten weder übertrieben große noch winzig kleine Schriften verwenden, da in beiden Fällen die Lesbarkeit stark beeinträchtigt sein kann.

13.2 Schriftart

Wie die Schriftgröße lässt sich auch die Schriftart mithilfe des `<font>`- oder `<basefont>`-Tags definieren. Die gewählte Schriftart wird dabei als Wert des Attributs `face` angegeben. Die Anzeige von den in einer Webseite definierten Schriftarten ist davon abhängig, ob diese tatsächlich auf dem Computer des Anwenders installiert sind. Da nicht jeder Anwender über die gleichen Schriften verfügt bzw. die Bezeichnung der Schriften je nach Betriebssystem verschieden ist, sollten Sie entweder auf den Einsatz dieses Attributs verzichten oder mehrere Schriftarten, die zu einer ähnlichen Darstellung führen, im Attribut `face` angeben. Eine Aufzählung serifenloser Schriften ist z.B. `<font face="Arial,Helvetica">`. Der Browser versucht bei der Interpretation zunächst, die zuerst erwähnte Schriftart (Arial) darzustellen. Sollte diese nicht vorhanden sein, greift er auf die nächste (hier: Helvetica) zurück und prüft deren Verfügbarkeit. Ist keine der definierten Schriften verfügbar, wird der textliche Inhalt der Seite in der Standardschrift angezeigt, was in der Regel Times New Roman ist.

Grundsätzlich wird bei Schriften zwischen Schriften mit Serifen und serifenlosen Schriften (Sans Serif) unterschieden. Im Allgemeinen bewirken Serifen (kurze Querstriche an den Grundstrichen eines Buchstabens) besonders in Fließtext eine bessere Lesbarkeit, da die Grundlinie und die Leserichtung optisch betont werden. Eine auf Computern weit verbreitete Schrift mit Serifen ist Times New Roman bzw. Times. In der Bildschirmdarstellung kann sich der positive Aspekt der Serifen vor allem bei kleinen Schriften (aber auch bei sehr großen) ins Gegenteil verkehren; durch die Rasterung der Bildpunkte werden die Serifen schlecht dargestellt. Für die Anzeige auf Bildschirmen eigenen sich also serifenlose Fonts, wie Arial, Helvetica oder Verdana, die auch als Groteskschriften bezeichnet werden. Diese Schriften haben keine Serifen und zeichnen sich durch eine einheitliche Strichstärke der Buchstaben aus. Da man die Verfügbarkeit sowohl von Schriften mit Serifen als auch von serifenlosen Schriften auf allen Betriebssystemen voraussetzen kann, lassen sich nur diese beiden Schrifttypen sicher voneinander abgrenzen.

Die Standardschriftart für nicht proportionale Schriften ist Courier, die zu den Serifenschriften gehört, für jedes ihrer Zeichen ist die gleiche Breite vorgesehen. Die Striche und Serifen der einzelnen Zeichen sind gleich stark ausgebildet (dicktengleich), die Schrift ist dadurch serifenbetont. Die Schriftart Courier wird zur Darstellung von Programmlistings benutzt und wird auch bei Textabschnitten verwendet, die mit den Tags `<pre>`, `<code>` und `<tt>` ausgezeichnet sind.

Da es sich bei dem `<font>`-Tag um ein unerwünschtes Element handelt, sollten Sie (falls Sie die Angabe der Schriftart auf diesem Wege machen) die Datei mit der entsprechenden Document Type Definition versehen, die auch solche Elemente einbezieht, die als »deprecated« gelten (siehe Kapitel 4.1). Das W3-Konsortium empfiehlt auch in diesem Fall die Verwendung von Stylesheets. Im folgenden Quellcode ist der Blindtext, der in der Browser-Darstellung zu sehen ist, der Übersichtlichkeit halber mit (...) abgekürzt.

```
<html>
<head>
<title>Schriftarten</title>
</head>
<body>
<font face="Times New Roman">
Lorem ipsum dolor (...)
</font>
<p><font face="Arial,Verdana">
Duis autem veleum (...)
</font></p>
</body>
</html>
```

Der erste Textabschnitt soll hier mit der Schriftart Times New Roman dargestellt werden. Falls diese Schriftart nicht oder unter einer etwas anderen Bezeichnung vorhanden ist, kann sie im Browser nicht dargestellt werden. Da keine alternative Schriftart angegeben ist, greift der Browser dann auf die Standardschrift zurück. Im zweiten Textabschnitt, der als Absatz ausgezeichnet ist, werden zwei Schriftarten aufgeführt, deren Bezeichnung durch ein Komma voneinander getrennt sind. Der Browser sucht in diesem Fall zuerst nach Arial, dann nach Verdana, und sollte auch diese Schriftart nicht installiert sein, wird wie im ersten Fall die Standardschriftart dargestellt.

Bei der Angabe von Schriftarten als Wert des Attributs face *sollten Sie sorgfältig auf die Schreibweise der definierten Schriftarten achten. Die einzelnen Bezeichnungen (Sie können auch mehrere alternative Schriftarten angeben) werden jeweils durch ein Komma voneinander getrennt.*

Wie die vorstehende HTML-Datei im Browser dargestellt wird, wenn die definierten Schriften vorhanden sind, sehen Sie in Abbildung 13.5.

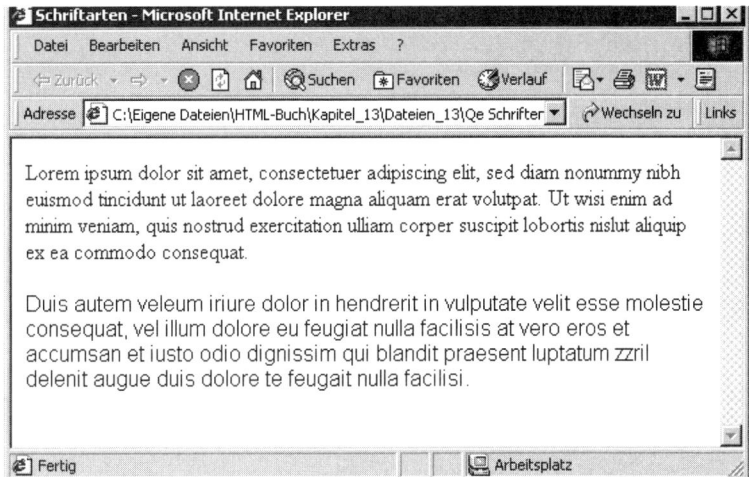

Bild 13.5: Zwei Textabschnitte in verschiedenen Schriftarten

Im Quelltext zu der Browser-Darstellung in Abbildung 13.5 wurden keine Angaben zur Schriftgröße gemacht. Die unterschiedlich große Darstellung resultiert aus den verwendeten Schriftarten. In der Bildschirmdarstellung können Serifenschriften (in Abbildung 13.5 der obere Textabschnitt) unruhiger wirken, da sie keine lineare Schriftdicke haben. Die serifenlose Schrift im unteren Absatz ist auf Anhieb besser zu lesen.

13.3 Schriftfarbe

Neben der dateiweiten Festlegung der Schriftfarbe, die in Kapitel 5.2 beschrieben ist, können Sie einzelnen Textteilen eine davon abweichende Schriftfarbe zuweisen. Auch diese Angabe wird im <font>-Tag gemacht, ist damit unerwünscht und sollte besser mit Stylesheets umgesetzt werden. Wie bei Schriftgrößen ist auch hier besonders auf die Lesbarkeit des als farbig ausgezeichneten Textes zu achten, siehe dazu empfehlenswerte Farbkombinationen in Kapitel 6, »Farbe in HTML«. Die gewünschte Schriftfarbe wird als Wert des Attributs color entweder in hexadezimaler Schreibweise oder unter der Verwendung des Farbnamens angegeben (in Kapitel 6 finden Sie eine Beschreibung beider Formen). Das End-Tag lautet auch hier </font>.

```
<html>
<head>
<title>Schriftfarben</title>
</head>
<body text="blue">
Der erste Satz wird in der dateiweit definierten Farbe
dargestellt.<br>
<font color="teal">Der zweite Satz wird in Petrol angezeigt.
</font><br>
<font color="navy">Der dritte Satz wird in Marineblau dargestellt.
</font><br>
Alle anderen Textabschnitte werden in blauer Farbe dargestellt,
sofern nicht mit &lt;font color="x"&gt; eine abweichende
Farbangabe gemacht wurde.
</body>
</html>
```

In vorstehendem Beispiel wurde im einleitenden <body>-Tag zunächst eine dateiweite Textfarbe definiert, die den gesamten Text der Datei blau darstellt. Die Farbangaben in den <font>-Tags weisen im Beispiel je einem Satz eine andere Farbe zu. Im Ergebnis wird der Text immer blau dargestellt, sofern keine andere Farbangabe gemacht wurde.

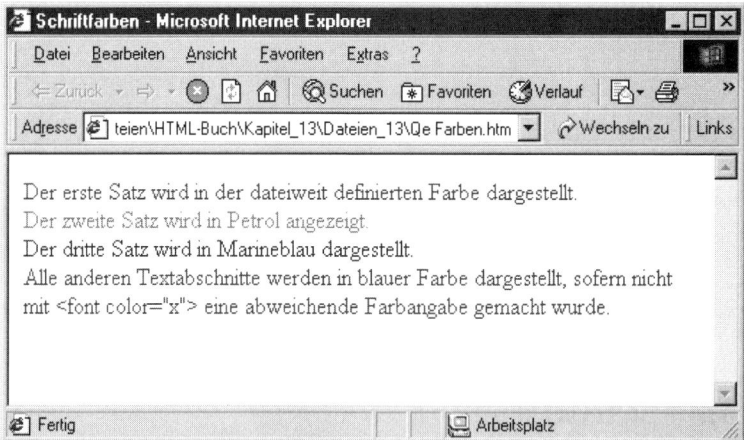

Bild 13.6: Farbangaben im <body>- und <font>-Tag

Mithilfe des Attributs color können Sie auch für einzelne Worte oder Buchstaben eigene Farben definieren. Bedenken Sie jedoch, dass zu viele verschiedene Farben unruhig wirken und vom eigentlichen Inhalt ablenken können. Mehrere Farbtöne aus einer Farbfamilie (wie beispielsweise Blautöne oder Rottöne) wirken harmonisch und nicht bunt.

Die verschiedenen im <font>-Tag möglichen Angaben können natürlich auch kombiniert werden. Die einzelnen Attribute werden dazu im <font>-Tag nacheinander notiert und dabei jeweils durch ein Leerzeichen voneinander getrennt (zur Syntax siehe Kapitel 3.3).

```
<head>
<title>Schriftarten, -grö&szlig;en und -farben</title>
</head>
<body>
<font face="Times New Roman" color="navy" size="4">
Lorem ipsum dolor (...)
</font>
<p><font face="Arial,Verdana" color="olive" size="2">
Duis autem veleum (...)
</font></p>
</body>
</html>
```

Der im Browser sichtbare Blindtext ist im Quelltext mit (...) abgekürzt. Die Browser-Darstellung sehen Sie in der folgenden Abbildung 13.7.

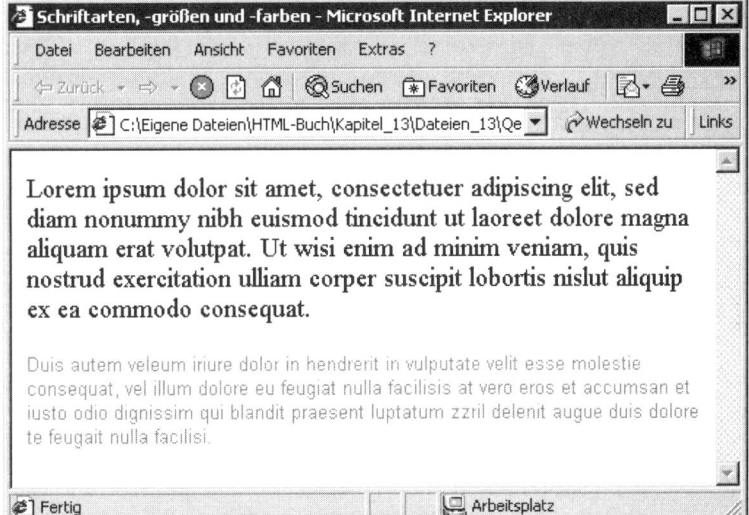

Bild 13.7: Im <font>-Tag wurden drei verschieden Attribute notiert.

Bedenken Sie, dass das <font>*-Tag selbst, sowie die das* <font>*-Tag betreffenden Attribute* size, face *und* color *als »deprecated« gelten. Die mit diesem Befehl bzw. diesen Attributen erzielten Ergebnisse lassen sich durch Stylesheets ersetzen; diese bieten darüber hinaus auch weitergehende Möglichkeiten der Formatierung. Für weitergehende Informationen siehe Kapitel 3.5, »Unerwünschte Elemente«, sowie die Kapitel 41 bis 44 zum Thema Stylesheets.*

13.4 Schrifteigenschaft

Die HTML-Befehle zur Definition verschiedener Schrifteigenschaften werden auch »physische Befehle« genannt, da sie (im Gegensatz zu logischen Befehlen) bestimmten Textstellen feste Formatierungen zuweisen. Auch wenn nach der aktuellen HTML-Spezifikation nicht alle Tags zu Schrifteigenschaften als unerwünscht eingestuft sind, wird die Verwendung von Stylesheets empfohlen. In Kapitel 12.2 finden Sie eine tabellarische Aufstellung der Tags zur physischen Textauszeichnung sowie deren Bedeutung.

Die Schrifteigenschaften fett, kursiv und unterstrichen dürften den meisten Anwendern aus einem Textverarbeitungsprogramm geläufig sein. In HTML werden diese Effekte mit den Tags <b> (bold = fett), <i> (italic = kursiv) und <u> (underlined = unterstrichen) erzeugt. In der folgenden HTML-Datei werden diese drei Tags eingesetzt.

```
<html>
<head>
<title>Eigenschaften</title>
</head>
<body>
<b>L</b>orem ipsum <b>dolor</b> sit amet, <b>consectetuer adipiscing
elit</b>, sed diam nonummy nibh euismod tincidunt ut laoreet dolore
magna aliquam erat volutpat. <i>U</i>t wisi enim ad minim <i>veniam</
i>, quis nostrud exercitation ulliam corper suscipit lobortis nislut
aliquip ex ea <i>commodo consequat</i>.
<p>Duis autem veleum iriure dolor in hendrerit in vulputate velit
esse molestie consequat, vel illum dolore eu <u>feugiat.</u> nulla
facilisis at vero eros et accumsan et iusto odio dignissim qui
blandit praesent luptatum zzril delenit augue duis dolore te
<u>feugait nulla facilisi.</u></p>
</body>
</html>
```

Die Tags für fette, kursive und unterstrichene Schrift können sowohl auf einzelne Buchstaben, einzelne Worte, Satzteile oder ganze Absätze angewandt werden.

Im Browser werden auch Leerzeichen, die als Wortzwischenraum mit dem <u>-Tag ausgezeichnet sind, unterstrichen. Bei automatischen Zeilenumbrüchen wird die Auszeichnung selbstverständlich auch in der nächsten Zeile interpretiert. Da im WWW Verweise auf andere Stellen oder Seiten in der Regel unterstrichen dargestellt sind, sollten Sie von dieser Auszeichnung nach Möglichkeit nur eingeschränkt Gebrauch machen. Anwender, die unterstrichene Textstellen als Hinweis auf einen Link verstehen, könnten enttäuscht oder sogar verwirrt sein, wenn eine Unterstreichung keine weitere Bedeutung hat.

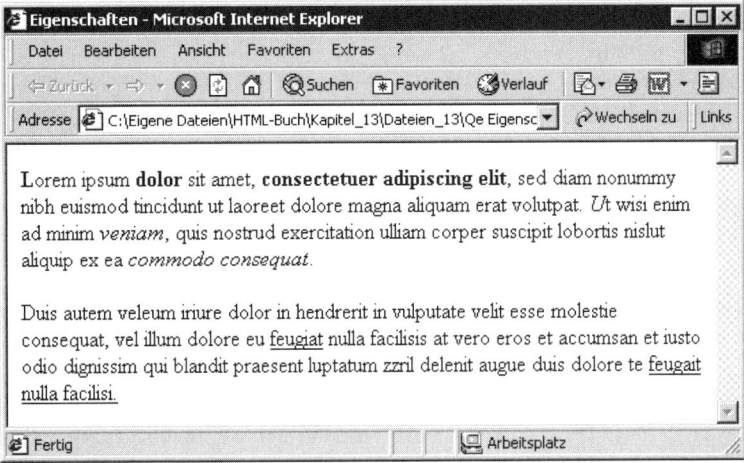

Bild 13.8: Verschiedene Texteigenschaften

Zur Darstellung durchgestrichener Schrift stehen zwei Tags zur Verfügung, die allerdings beide als »deprecated« gelten, <s> und <strike> (strike-through = durchstreichen). Mit diesen Befehlen können Sie beispielsweise ungültige Textstellen auszeichnen, deren Inhalt für den Anwender im Browser trotzdem sichtbar sein soll. Mit den HTML-Befehlen <sub> (subscript = tief gestellt) und <sup> (superscript = hoch gestellt) werden meist einzelne Zeichen in Bezug auf die (gedachte) Grundlinie (auf der die Schrift steht) vertikal nach oben oder unten verschoben. In der folgenden Abbildung 13.9 sehen Sie ein Anwendungsbeispiel für diese Befehle.

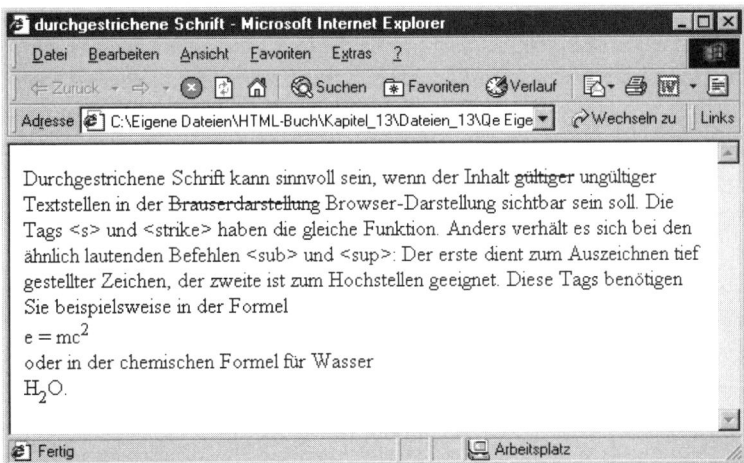

Bild 13.9: durchgestrichene Schrift und hoch bzw. tief gestellte Zeichen

Der Quelltext zu Abbildung 13.9 lautet wie folgt:

```
<html>
<head>
<title>durchgestrichene Schrift</title>
</head>
<body>
Durchgestrichene Schrift kann sinnvoll sein, wenn der Inhalt
<s>g&uuml;ltiger</s> ung&uuml;ltiger Textstellen in der
<strike>Brauserdarstellung</strike> Browser-Darstellung sichtbar sein
soll. Die Tags &lt;s&gt; und &lt;strike&gt; haben die gleiche
Funktion.
Anders verh&auml;lt es sich bei den &auml;hnlich lautenden Befehlen
&lt;sub&gt; und &lt;sup&gt;: der erste dient zum Auszeichnen tief
gestellter Zeichen, der zweite ist zum Hochstellen geeignet. Diese
Tags ben&ouml;tigen Sie beispielsweise in der Formel <br>e =
mc<sup>2</sup><br>
oder in der chemischen Formel für Wasser<br>
 H<sub>2</sub>O.
</body>
</html>
```

Der erste durchgestrichene Begriff wurde mit dem `<s>`-Tag ausgezeichnet, während der zweite mit `<strike>` erzeugt wurde. Entgegen der Darstellung in einer Textverarbeitungssoftware werden die hoch oder tief gestellten Zeichen in der gleichen Größe dargestellt wie die umgebende Schrift.

Ein Beispiel zu dem HTML-Befehl `<tt>`, der zur Darstellung in dicktengleicher Schrift führt, finden Sie in Kapitel 12.2.

14 Horizontale Linien

HTML-Dokumente haben keine festen seitlichen Begrenzungen. Die Zeilenumbrüche und damit die Darstellung einer HTML-Datei sind von der Größe des Browser-Fensters abhängig. Mithilfe von Überschriften verschiedener Kategorien und festen Umbrüchen sowie Absätzen können textliche Inhalte strukturiert werden. Horizontale Linien stellen ein weiteres Element zur Strukturierung einer Webseite dar. Sie werden mit dem <hr>-Tag (horizontal rule = horizontale Linie) erzeugt, zu dem kein End-Tag zulässig ist. Das <hr>-Tag fügt eine horizontale Linie in eine Seite ein, die einen eigenen Absatz bildet. Linien erscheinen unabhängig von der Größe des Browser-Fensters in einer eigenen Zeile, wobei auch der auf eine Linie folgende Text in einer neuen Zeile beginnt. Die Breite der Linie steht in Zusammenhang mit der Breite des Browser-Fensters; sie füllt bis auf einen schmalen Rand das gesamte Fenster aus. Die Stärke der mit dem <hr>-Tag generierten Linien beträgt standardmäßig 2 Pixel (Bildpunkte). Im folgenden Beispiel werden Trennlinien eingesetzt, abgesehen von der Überschrift ist der Text nicht weiter ausgezeichnet.

```
<html>
<head>
<title>horizontale Trennlinien</title>
</head>
<body>
<h3 align="center">horizontale Trennlinien</h3>
<hr>
Lorem ipsum dolor sit amet, consectetuer adipiscing elit, sed diam
nonummy nibh euismod tincidunt ut laoreet dolore magna aliquam erat
volutpat. Ut wisi enim ad minim veniam, quis nostrud exercitation
ulliam corper suscipit lobortis nislut aliquip ex ea commodo
consequat.
<hr>
Duis autem veleum iriure dolor in hendrerit in vulputate velit esse
molestie consequat, vel illum dolore eu feugiat nulla facilisis at
vero eros et accumsan et iusto odio dignissim qui blandit praesent
luptatum zzril delenit augue duis dolore te feugait nulla facilisi.
<hr>
Lorem ipsum dolor sit amet, consectetuer adipiscing elit, sed diam
nonummy nibh euismod tincidunt ut laoreet dolore magna aliquam erat
volutpat. Ut wisi enim ad minim veniam, quis nostrud exercitation
ulliam corper suscipit lobortis nislut aliquip ex ea commodo
consequat.
</body>
</html>
```

Die Darstellung im Browser sehen Sie in der folgenden Abbildung 14.1:

Bild 14.1: Horizontale Trennlinien im Text

Obwohl der Text weder vor noch nach der Linie als Absatz ausgezeichnet wurde, erscheint er durch die Absatzbildung der Linie optisch in mehrere Teile getrennt. Sie fügen derartige Trennlinien also (ähnlich wie bei Absätzen) an Positionen ein, die eine geschlossene Einheit bilden. Linien verstärken bzw. unterstreichen die Trennung in einzelne Textteile.

Durch den Einsatz der Befehle <br> und <p> können Sie die horizontale Position von Linien verändern. Ein Umbruch (<br>) direkt nach einer Linie bewirkt einen größeren Abstand zwischen Linie und nachfolgendem Text. Zeichnen Sie im vorstehenden Quelltext den ersten und den letzten Textabschnitt mithilfe des <p>-Tags als Absatz aus, erreichen Sie eine Browser-Darstellung wie in Abbildung 14.2.

Nachfolgende und vorstehende Linien werden demnach in einem größeren Abstand zum als Absatz ausgezeichneten Text dargestellt. Um gleichmäßige größere Abstände zu erzeugen, könnten die Textabschnitte jeweils als Absatz definiert werden. Den gleichen Effekt erzielen Sie allerdings, wenn Sie die Linie selber als Absatz auszeichnen. Diese hält dann einen größeren Abstand zum vor- und nachstehenden Text. In Abbildung 14.3 sehen Sie drei Trennlinien, von denen die ersten beiden mithilfe des <p>-Tags (in der Form <p><hr></p>) jeweils als Absatz ausgezeichnet sind.

Im <hr>-Tag können auch Universalattribute eingesetzt werden. Die zusätzlichen in den folgenden Abschnitten erwähnten Attribute gelten alle als unerwünscht und sollten zu Gunsten von Stylesheets nicht mehr verwendet werden.

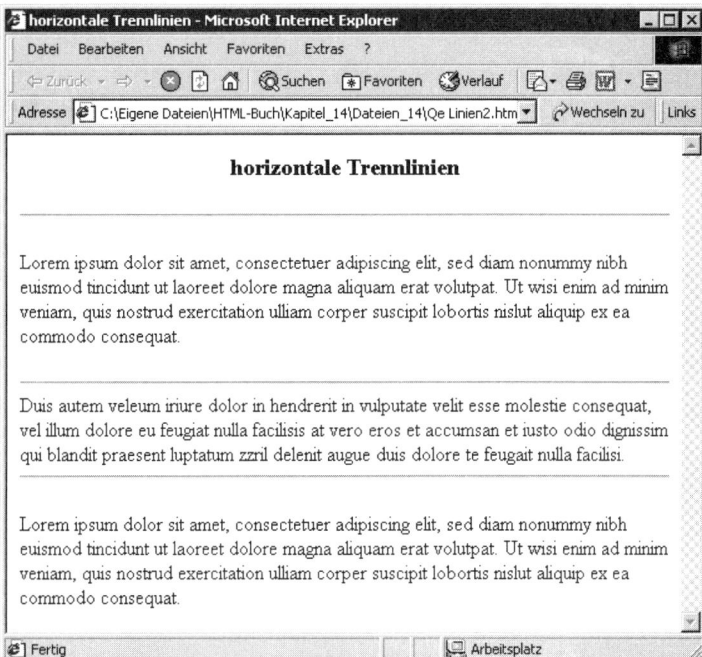

Bild 14.2: Der erste und dritte Textabschnitt wurden als Absätze definiert.

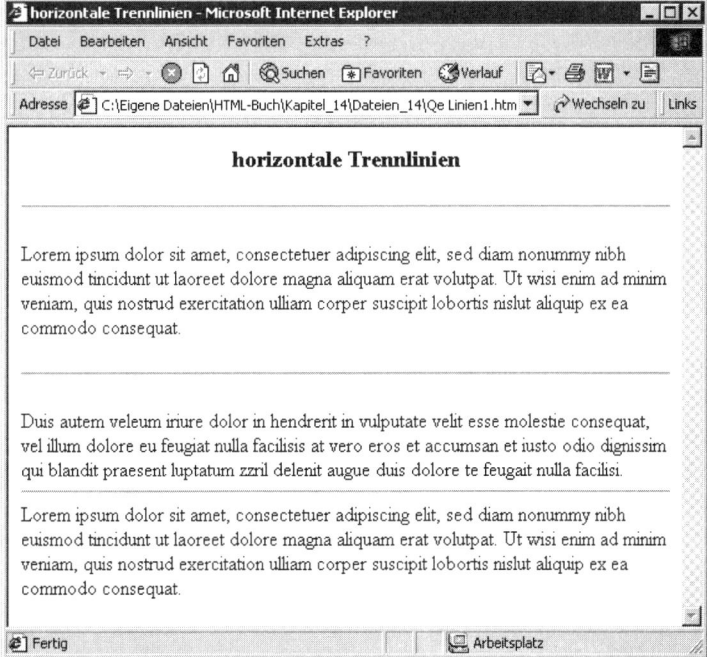

Bild 14.3: Die ersten beiden Linien wurden als Absatz definiert.

14.1 Breite und Stärke

Die Breite von Trennlinien wird mithilfe des Attributs `width` bestimmt. Als Wert kommt eine relative oder absolute Angabe in Frage. Ein relativer Wert definiert die Breite einer Linie prozentual zur gesamten Breite des Browser-Fensters. Der Vorteil prozentualer Angaben liegt darin, dass die Relation zwischen Linien und anderen Elementen (in diesem Fall Text) immer erhalten bleibt, egal wie groß das Browser-Fenster ist. Der absolute Wert wird in Pixel (Bildpunkte) angegeben. Unabhängig von der Breite des Browser-Fensters wird die einmal festgelegte Linienbreite angezeigt.

```
<html>
<head>
<title>Breite von Trennlinien bestimmen</title>
</head>
<body>
<h3 align="center">Breite horizontaler Trennlinien</h3>
<p><hr width="80%"></p>
Lorem ipsum dolor sit amet, consectetuer adipiscing elit, sed diam
nonummy nibh euismod tincidunt ut laoreet dolore magna aliquam erat
volutpat. Ut wisi enim ad minim veniam, quis nostrud exercitation
ulliam corper suscipit lobortis nislut aliquip ex ea commodo
consequat.
<p><hr width="220"></p>
Duis autem veleum iriure dolor in hendrerit in vulputate velit esse
molestie consequat, vel illum dolore eu feugiat nulla facilisis at
vero eros et accumsan et iusto odio dignissim qui blandit praesent
luptatum zzril delenit augue duis dolore te feugait nulla facilisi.
<hr>
Lorem ipsum dolor sit amet, consectetuer adipiscing elit, sed diam
nonummy nibh euismod tincidunt ut laoreet dolore magna aliquam erat
volutpat. Ut wisi enim ad minim veniam, quis nostrud exercitation
ulliam corper suscipit lobortis nislut aliquip ex ea commodo
consequat.
</body>
</html>
```

Die ersten beiden Trennlinien sind als Absatz definiert, ihre Breite ist mit 80 % der Fenstergröße bzw. dem absoluten Wert von 220 Pixel angegeben. Die dritte Linie hat weder Attribut noch Wert und wird in voller Breite dargestellt.

Probieren Sie aus, welche Breite die Trennlinien haben sollen. Auch sehr schmale Linien können Textpassagen optisch auflockern. Da das Attribut `width` als »deprecated« eingestuft ist, sollten Sie im Kopfteil der Datei die entsprechende DTD angeben bzw. die Verwendung von Stylesheets in Erwägung ziehen.

Bild 14.4: Trennlinien verschiedener Breiten

Die Stärke horizontaler Linien beträgt standardmäßig 2 Pixel. Um diese Stärke zu verändern geben Sie dem Attribut size einen anderen Wert.

```
<html>
<head>
<title>St&auml;rke von Trennlinien bestimmen</title>
</head>
<body>
<h3 align="center">St&auml;rke horizontaler Trennlinien</h3>
<hr>
<p><hr width="20%" size="1"></p>
<p><hr width="30%" size="2"></p>
<p><hr width="40%" size="3"></p>
<p><hr width="50%" size="4"></p>
<p><hr width="60%" size="5"></p>
<p><hr width="70%" size="6"></p>
<p><hr width="80%" size="7"></p>
</body>
</html>
```

Die erste Linie ist ohne Attribut, d.h., sie ist 2 Pixel stark und erstreckt sich über die gesamte Fensterbreite. Die zweite Linie füllt 20 % der Fensterbreite aus und ist nur 1 Pixel stark, die folgenden Linien nehmen in der Breite jeweils um 10 % und in ihrer Stärke um 1 Pixel zu.

Kapitel 14 · Horizontale Linien

Bild 14.5: Trennlinien verschiedener Breite und Stärke

Während die ein und zwei Pixel starke Linie massiv grau erscheint, werden die stärkeren Linien als graue Umrisslinie mit oben liegendem Schatten dargestellt.

Versuchen Sie, bei der Definition horizontaler Trennlinien die Breite und Stärke auf die Umgebung (in der Regel Text) abzustimmen. Zwei Absätze mit längerem Fließtext benötigen vermutlich eine andere Art der Trennung als zwei sehr kurze Sätze. Bedenken Sie dabei, dass Trennlinien Struktur bildende Elemente sind, die im Normalfall nicht den Inhalt einer Webseite ausmachen. Wenn Sie eine sehr gut strukturierte Webseite betrachten, fällt Ihnen dies angenehm auf, die Elemente, die diese Struktur bilden, treten jedoch in der Regel nicht in den Vordergrund.

14.2 Ausrichtung festlegen

Anhand der bisherigen Beispiele (siehe besonders Abbildung 14.5) konnten Sie erkennen, dass Trennlinien standardmäßig zentriert ausgerichtet werden. Um Linien anders als zentriert auszurichten, wird im `<hr>`-Tag dem Attribut `align` der Wert `left` für linksbündige und `right` für rechtsbündige Ausrichtung zugewiesen. Die Definition der Ausrichtung ist nur bei solchen Linien sinnvoll, die sich nicht über die gesamte Breite des Browser-Fensters erstrecken, die also einen prozentualen Wert unter 100 % oder einen niedrigen absoluten Wert haben. Im folgenden Beispiel wird eine der unterschiedlich langen Linien aus Abbildung 14.5 links- und eine rechtsbündig ausgerichtet.

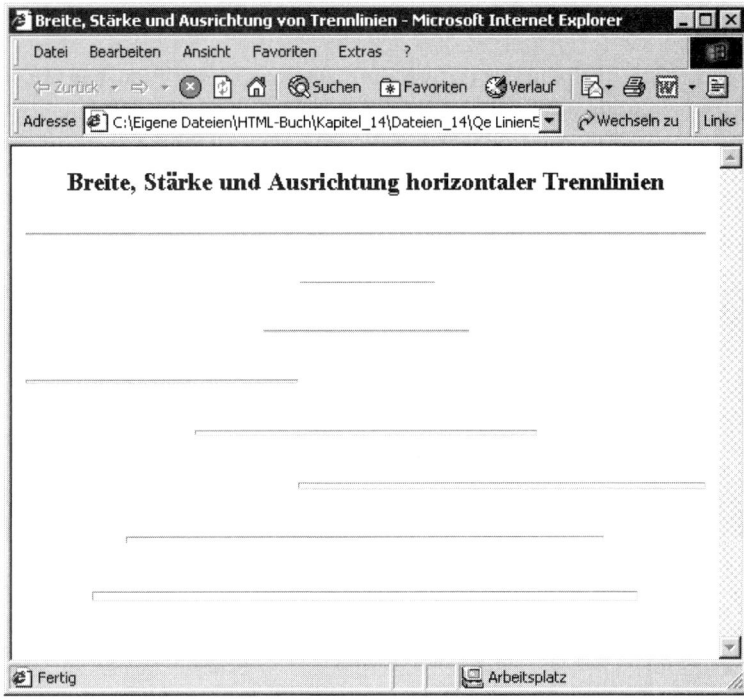

Bild 14.6: Linien verschiedener Breite, Stärke und Ausrichtung

```
<html>
<head>
<title>Breite, St&auml;rke und Ausrichtung von Trennlinien</title>
</head>
<body>
<h3 align="center">Breite, St&auml;rke und Ausrichtung horizontaler
Trennlinien</h3>
<hr>
<p><hr width="20%" size="1"></p>
<p><hr width="30%" size="2"></p>
<p><hr align="left" width="40%" size="3"></p>
<p><hr width="50%" size="4"></p>
<p><hr align="right" width="60%" size="5"></p>
<p><hr width="70%" size="6"></p>
<p><hr align="center" width="80%" size="7"></p>
</body>
</html>
```

Im Quelltext wurde der untersten Linie im Attribut align der Wert center zugewiesen. Die Browser-Darstellung dieser Linie unterscheidet sich nicht von der in Abbildung 14.5, die dieses Attribut nicht hat, da dieser Wert standardmäßig angenommen wird.

14.3 Schattierung

Wie in Kapitel 14.1 erwähnt, werden Trennlinien mit ein und zwei Pixel Stärke, grau und massiv dargestellt. Die stärkeren Linien werden vom Browser als Umrisslinie mit oben liegendem Schatten interpretiert. Diese Schattierung kann mithilfe des Attributs noshade (kein Schatten) verhindert werden, das keinen Wert enthält. Hier sehen Sie die Linien aus Abbildung 14.5 ohne Schattierung.

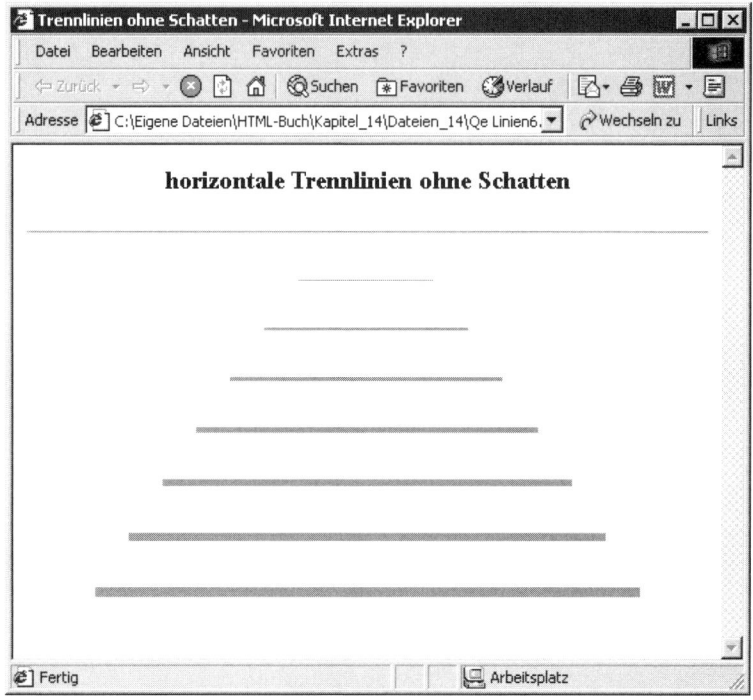

Bild 14.7: Interpretation des noshade-Attributs bei unterschiedlichen Linien

Geben Sie im Quellcode als weiteres Attribut des Befehls <hr> noshade an.

```
<html>
<head>
<title>Trennlinien ohne Schatten</title>
</head>
<body>
<h3 align="center">horizontale Trennlinien ohne Schatten</h3>
<hr>
<p><hr noshade width="20%" size="1"></p>
<p><hr noshade width="30%" size="2"></p>
<p><hr noshade width="40%" size="3"></p>
<p><hr noshade width="50%" size="4"></p>
<p><hr noshade width="60%" size="5"></p>
<p><hr noshade width="70%" size="6"></p>
```

```
<p><hr noshade width="80%" size="7"></p>
</body>
</html>
```

Wie bei den Attributen width, size *und* align *ist auch die Verwendung von* noshade *unerwünscht. Trennlinien können auch mithilfe von Stylesheets formatiert werden, was das W3-Konsortium empfiehlt. Weitere Informationen zu diesem Thema finden Sie in Kapitel 3.5, »Unerwünschte Befehle und Attribute«, und in den Kapiteln über Stylesheets.*

14.4 Farbe

Die Definition farbiger Trennlinien wird nur von Microsofts Internet Explorer unterstützt und ist nicht Bestandteil des offiziellen HTML 4.01-Standards. Die Darstellung farbiger Linien entspricht der, die das Attribut noshade bewirkt; die Linien erscheinen ohne Schatten und zusätzlich in der mittels des Attributs color definierten Farbe. Der Wert dieses Attributs kann (wie im folgenden Beispiel) in Form von Farbnamen, als Hexadezimalwert oder auch als Dezimalwert angegeben werden (siehe dazu Kapitel 6, »Farbe in HTML«).

```
<html>
<head>
<title>farbige Trennlinien</title>
</head>
<body>
<h3 align="center">farbige horizontale Trennlinien</h3>
<hr>
<p><hr color="aqua" width="20%" size="1"></p>
<p><hr color="lime" width="30%" size="2"></p>
<p><hr color="green" width="40%" size="3"></p>
<p><hr color="teal" width="50%" size="4"></p>
<p><hr color="blue" width="60%" size="5"></p>
<p><hr color="navy" width="70%" size="6"></p>
<p><hr color="black" width="80%" size="7"></p>
</body>
</html>
```

Wenn Sie farbige Trennlinien erstellen möchten, die auch von anderen Browsern angezeigt werden können, sollten Sie dazu Stylesheets verwenden. Eine weitere Alternative besteht darin, geeignete Grafiken als Trennleisten einzubinden (nähere Informationen hierüber erhalten Sie in Kapitel 19.2).

Kapitel 14 · Horizontale Linien

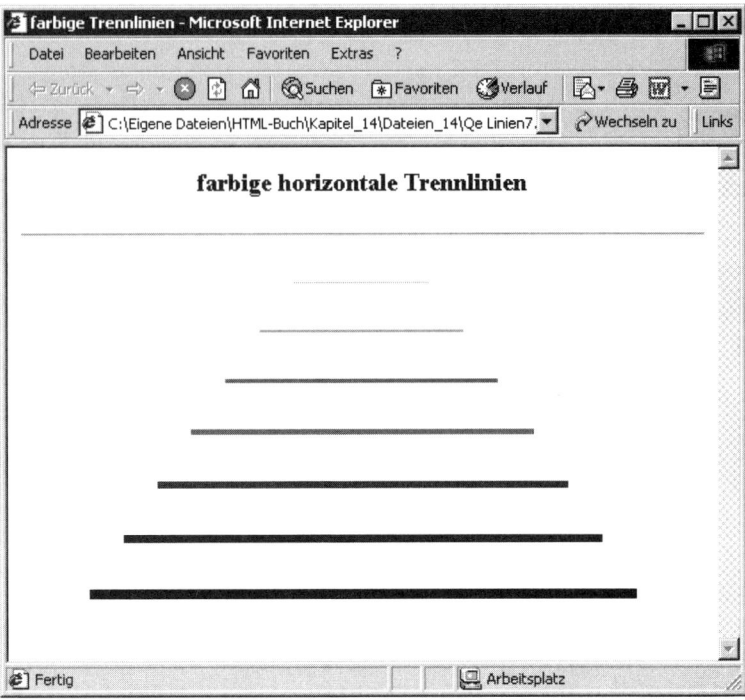

Bild 14.8: Nur der Internet Explorer unterstützt farbige Linien.

15 Listen

Bestimmte textliche Inhalte sind besonders für Darstellung in Form von Aufzählungen oder Listen geeignet. In dieser Form können Inhalte wesentlich besser erfasst werden, da sie untereinander stehen. Ein wohl jedem bekanntes Beispiel hierfür ist die Einkaufsliste. Würde man die Einkäufe als Fließtext notieren, ginge schnell die Übersicht verloren. Da die Darstellung im Browser keine unendliche Breite zulässt und um den positiven Effekt der Übersichtlichkeit zu erhalten, sollten die Einträge in Listen nicht zu umfangreich sein. In den folgenden Kapiteln werden die verschiedenen in HTML verfügbaren Arten von Listen erläutert.

15.1 Unsortierte Listen

Die einfachste Form der Liste stellt eine unsortierte Liste oder Aufzählung dar, in der es nicht auf eine bestimmte Reihenfolge der aufgezählten Punkte ankommt. Eine solche Aufzählung wird in HTML mit dem Tag <ul> (unordered list = unsortierte Liste) erzeugt, das auch ein abschließendes </ul>-Tag besitzt. Eine so erstellte Liste wird automatisch in einem eigenen eingerückten Absatz dargestellt. Die einzelnen Listeneinträge werden mit dem Befehl <li> (list item = Listeneintrag) ausgezeichnet, bei dem das abschließende Tag optional ist. Um SGML- bzw. XHTML-konform zu arbeiten, sollten Sie dieses Tag jedoch verwenden.

Unter Verwendung des <ul>-Tags kann ein Einzug erzeugt werden, der sich auf den ausgezeichneten Text erstreckt. Gleichzeitig wird dieser Text in einem eigenen Absatz dargestellt. Zeichnen Sie den Text nicht mit dem <li>-Tag aus, damit keine Aufzählungszeichen (Bullets) dargestellt werden. Weiterhin lassen sich Texteinzüge mithilfe von Tabellen oder Stylesheets realisieren. Mit einer transparenten GIF-Datei ohne Inhalt (einer unsichtbaren Grafik) können Einzüge einfacher realisiert werden. Diese Technik wird in Kapitel 19.1 erklärt.

Ein Beispiel für den Einsatz des <ul>-Tags mit dem Ziel, einen Absatz mit Einzug zu realisieren, sehen Sie in Abbildung 15.1. Nachfolgend der Quellcode.

```
<html>
<head>
<title>Aufz&auml;hlungen</title>
</head>
<body>
Vor dem Urlaub steht das Packen mit seinen endlosen T&uuml;cken.
Abgesehen davon m&uuml;ssen auch andere Dinge des t&auml;glichen
Lebens geregelt werden.
<ul>
Wer holt die Post? Blumen gie&szlig;en Tiere f&uuml;ttern und vieles
mehr
</ul>
```

```
Es hat sich bew&auml;hrt, zur Bew&auml;ltigung aller anfallenden
Themen mit Listen zu arbeiten.
</body>
</html>
```

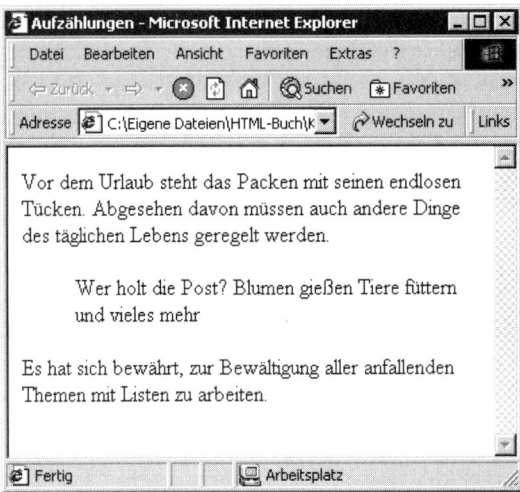

Bild 15.1: Der mittlere Textabschnitt ist mit <ul> ausgezeichnet.

Im folgenden Quellcode wird eine einfache unsortierte Liste zwischen zwei Textabschnitten definiert, die beide nicht besonders ausgezeichnet sind. Die einzelnen Einträge der Aufzählung sind mit dem <li>-Tag ausgezeichnet, damit der Browser ein Aufzählungszeichen (ein Bullet) darstellt.

```
<html>
<head>
<title>Aufz&auml;hlungen</title>
</head>
<body>
Vor dem Urlaub steht das Packen mit seinen endlosen T&uuml;cken.
Abgesehen davon m&uuml;ssen auch andere Dinge des t&auml;glichen
Lebens geregelt werden.
<ul>
<li>Wer holt die Post?</li>
<li>Blumen gie&szlig;en</li>
<li>Tiere f&uuml;ttern</li>
<li>Sind wir vor Ort erreichbar?</li>
<li>und vieles mehr</li>
</ul>
Es hat sich bew&auml;hrt, zur Bew&auml;ltigung aller anfallenden
Themen mit Listen zu arbeiten. Auch beim Packen der Koffer kann eine
Aufstellung der wichtigsten Gegenst&auml;nde helfen. Wenn am Ende
noch Platz &uuml;brig sein sollte, f&auml;llt Ihnen sicher noch etwas
ein.
</body>
</html>
```

Die folgende Abbildung 15.2 zeigt die Darstellung dieser Datei im Browser.

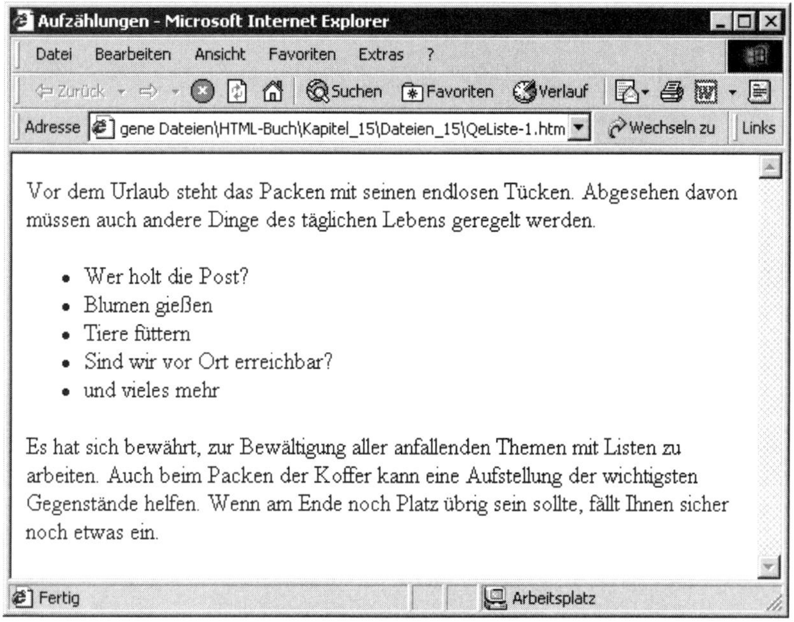

Bild 15.2: Eine mit den Tags <ul> und <li> erzeugte unsortierte Liste

Der Bereich der Liste ist deutlich eingerückt, hat also einen größeren Abstand zur linken Begrenzung des Browser-Fensters. Außerdem ist zu sehen, dass sowohl zum vorstehenden als auch zum nachfolgenden Text ein Abstand eingehalten wird, obwohl keiner der Textabschnitte als Absatz definiert ist. Zudem ist jedem einzelnen Eintrag ein Aufzählungspunkt vorangestellt, der optisch verdeutlicht, dass es sich hier um eine Liste handelt. Die Darstellung dieser Punkte, die auch Aufzählungszeichen oder Bullets genannt werden und die von den <li>-Tags erzeugt werden, ist abhängig vom verwendeten Browser.

*Die Distanz zwischen der Liste und dem nachfolgenden Text vergrößert sich, wenn direkt nach der Aufzählung ein Zeilenumbruch mit dem
-Tag eingefügt wird.*

Sind Sie der Ansicht, dass der zuletzt aufgeführte Punkt des Beispiels inhaltlich nicht so richtig in die Liste gehört? Mit der Erkenntnis aus Abbildung 15.1 lässt sich das ändern. Entfernen Sie im Quelltext zu Abbildung 15.2 das <li>-Tag, das »und vieles mehr« als Listeneintrag auszeichnet. Fügen Sie dann einen Zeilenumbruch ein, damit der Text in einer neuen Zeile angezeigt wird. Der geänderte Abschnitt der HTML-Datei sieht so aus:

```
<ul>
<li>Wer holt die Post?</li>
<li>Blumen gie&szlig;en</li>
<li>Tiere f&uuml;ttern</li>
```

```
<li>Sind wir vor Ort erreichbar?</li><br>
und vieles mehr
</ul>
```

Die dazu gehörige Browser-Darstellung sehen Sie in Abbildung 15.3.

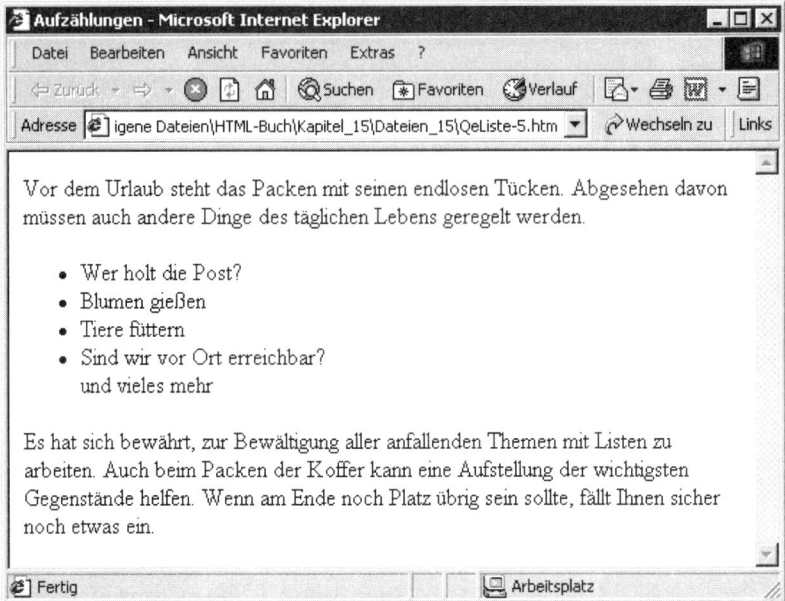

Bild 15.3: Der letzte Eintrag ist nicht mehr mit einem Punkt versehen.

Nach dem so erzeugten punktlosen Eintrag kann natürlich ein weiterer Eintrag notiert werden, dem wieder ein Punkt vorangestellt ist.

 Manche HTML-Editoren zeichnen alle Listeneinträge innerhalb einer unsortierten Liste mit den `<li>`-Tags aus, auch wenn das nicht immer erwünscht ist. In einem einfachen Text-Editor können Sie diese Tags manuell aus dem Quellcode entfernen.

Einzelne Einträge innerhalb einer Liste (und zwar unabhängig davon, ob sie mit `<li>` ausgezeichnet sind oder nicht) können mit dem `<p>`-Tag ausgezeichnet werden und weisen dann einen sowohl nach oben als auch nach unten vergrößerten Abstand zu den umgebenden Einträgen auf. Geraten die Einträge der Liste länger oder wird das Browser-Fenster verkleinert, stellt der Browser die betreffenden Einträge zweizeilig dar und rückt die zweite Zeile des Eintrags korrekt soweit ein, dass der Textanfang aller Einträge gleich ist. Folgende Abbildung zeigt ein Beispiel dazu.

Der Eintrag »Tiere füttern« wurde als Absatz ausgezeichnet. Der automatische Zeilenumbruch des langen Eintrags wird durch Skalieren des Browser-Fensters erreicht. Versuchen Sie, die einzelnen Listeneinträge möglichst kurz zu halten, da die Übersichtlichkeit unter umbrochenen Einträgen leidet.

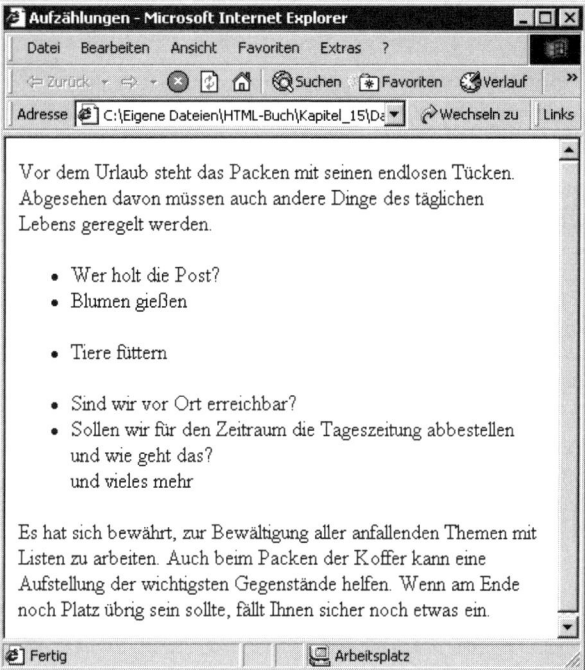

Bild 15.4: Ein Listeneintrag ist als Absatz definiert, ein anderer ist aufgrund seiner Länge umbrochen und erscheint zweizeilig.

Mithilfe des Befehls <nobr> (no break = kein Umbruch), der sowohl vom Netscape Navigator als auch von Microsofts Internet Explorer seit der Version 2.x unterstützt wird, kann der automatische Zeilenumbruch verhindert werden. Da dieses Tag nicht zur offiziellen HTML-Spezifikation gehört, wird es nicht von allen Browsern unterstützt. Im vorliegenden Beispiel wurde die gesamte Liste mit den Tags <nobr> und </nobr> eingefasst.

Die Vermeidung des automatischen Zeilenumbruchs führt dazu, dass am unteren Rand des Browser-Fensters ein Rollbalken eingeblendet wird, mit dessen Hilfe der momentan nicht sichtbare Listeneintrag betrachtet werden kann. Da es für den Anwender umständlich ist, zusätzlich zu eventuell vorhandenen vertikalen Rollbalken noch horizontal scrollen zu müssen, sollten Sie beim Einsatz dieses Befehls sorgfältig die Vor- und Nachteile abwägen. Da dieses Tag nicht offizieller Bestandteil von HTML ist, würde die Auszeichnung mit <nobr> ohnehin in manchen Browsern ignoriert.

Die Erscheinung des den einzelnen Einträgen vorangestellten Aufzählungszeichens kann mithilfe des Attributs type im einleitenden Befehl <ul> für alle in der Liste enthaltenen Einträge oder im <li>-Tag für den jeweiligen Eintrag verändert werden. Das Attribut type ist allerdings als »deprecated« eingestuft und sollte zu Gunsten von Stylesheets nicht mehr verwendet werden. Als Werte stehen circle (Kreis), square (Quadrat) und disc (Scheibe) zur Verfügung. Wird das Attribut nicht eingesetzt, wird standardmäßig ein gefüllter Punkt angezeigt, der dem Wert disc entspricht. Die exakte Darstellung dieser »Punkte« ist vom Browser abhängig.

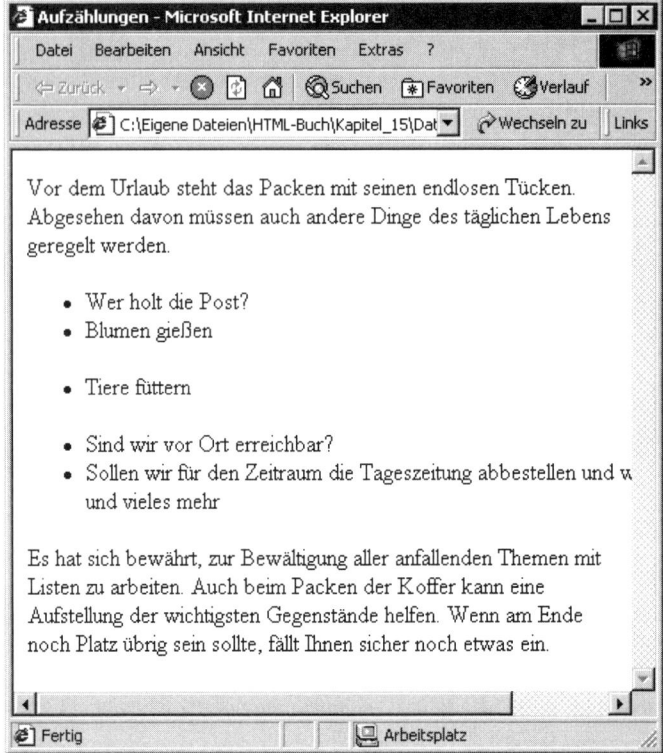

Bild 15.5: *Die Liste wurde mit dem <nobr>-Tag ausgezeichnet.*

Der folgende Ausschnitt des Quellcodes führt (in die Datei zu Abbildung 15.2 eingefügt) zu der in Abbildung 15.5 gezeigten Darstellung im Browser.

```
(...)
<ul>
<li>Wer holt die Post?</li>
<li>Blumen gie&szlig;en</li>
<li type="circle">Tiere f&uuml;ttern</li>
<li type="circle">Sind wir vor Ort erreichbar?</li>
<li type="square">Sollen wir f&uuml;r den Zeitraum die Tageszeitung
abbestellen und wie geht das?</li><br>
und vieles mehr
</ul>
```

Die ersten beiden Einträge der Liste besitzen kein Attribut. Den beiden mittleren Einträgen wurde der Wert `circle` und dem letzten der mit einem Bullet versehene Eintrag `square` zugewiesen.

Die verschiedenen Aufzählungszeichen sind auch bei verschachtelten Listen von Nutzen, die sich durch Einfügen weiterer `<ul>`-Tags innerhalb einer bereits vorhandenen Liste realisieren lassen. In Abbildung 15.6 sehen Sie ein Beispiel dazu.

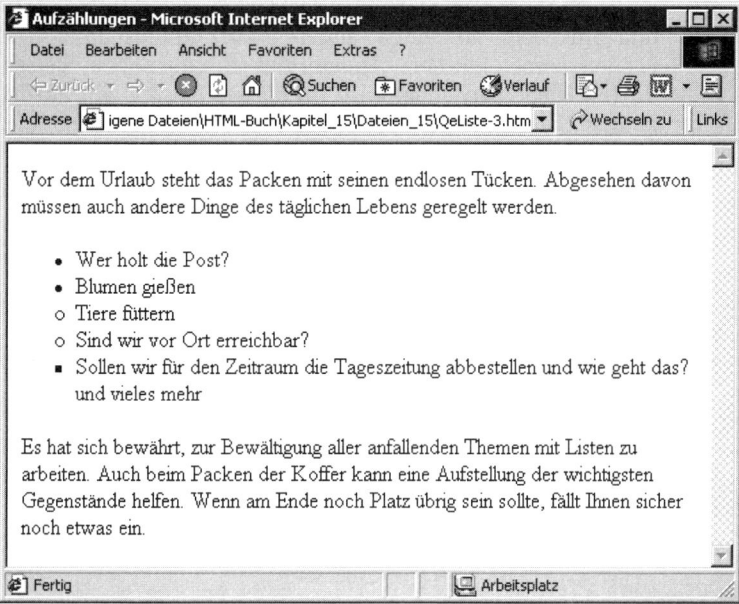

Bild 15.6: Den einzelnen Einträgen sind unterschiedliche Aufzählungszeichen vorangestellt.

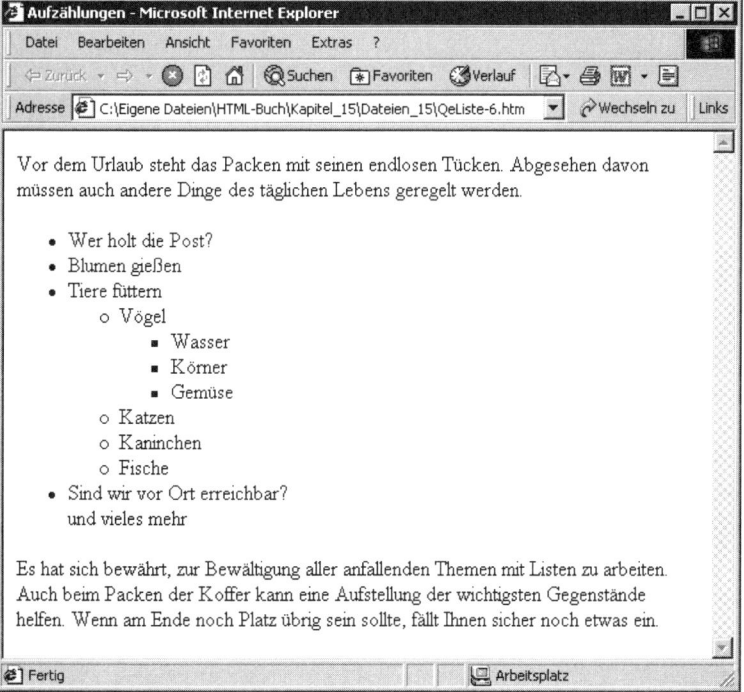

Bild 15.7: Eine verschachtelte Liste

Die ineinander verschachtelte Liste wird unterschiedlich tief eingezogen und pro Ebene mit einem anderen Aufzählungspunkt versehen. Weitere Ebenen werden mit dem gleichen Aufzählungszeichen versehen, das in der dritten Ebene verwendet wird (in diesem Beispiel ein Quadrat). Wahlweise können Sie die Art der Punkte pro Liste (im <ul>-Tag) oder in jedem einzelnen Eintrag (in den jeweiligen <li>-Tags) mit dem Attribut type (und den Werten disc, square und circle) selbst bestimmen. Hier ist die HTML-Datei zu Abbildung 15.6:

```
<html>
<head>
<title>Aufz&auml;hlungen</title>
</head>
<body>
Vor dem Urlaub steht das Packen mit seinen endlosen T&uuml;cken.
Abgesehen davon m&uuml;ssen auch andere Dinge des t&auml;glichen
Lebens geregelt werden.
<ul>
<li>Wer holt die Post?</li>
<li>Blumen gie&szlig;en</li>
<li>Tiere f&uuml;ttern</li>
<ul>
<li>V&ouml;gel</li>
<ul>
<li>Wasser</li>
<li>K&ouml;rner</li>
<li>Gem&uuml;se</li>
</ul>
<li>Katzen</li>
<li>Kaninchen</li>
<li>Fische</li>
</ul>
<li>Sind wir vor Ort erreichbar?</li><br>
und vieles mehr
</ul>
Es hat sich bew&auml;hrt, zur Bew&auml;ltigung aller anfallenden
Themen mit Listen zu arbeiten. Auch beim Packen der Koffer kann eine
Aufstellung der wichtigsten Gegenst&auml;nde helfen. Wenn am Ende
noch Platz &uuml;brig sein sollte, f&auml;llt Ihnen sicher noch etwas
ein.
</body>
</html>
```

Mithilfe des unerwünschten <font>-Tags können Sie die Farbe von Aufzählungen definieren (siehe Kapitel 13.3, »Schriftfarbe«). Dabei wird der Aufzählungspunkt in der gleichen Farbe angezeigt wie der Listeninhalt, wie in Abbildung 15.7 zu sehen.

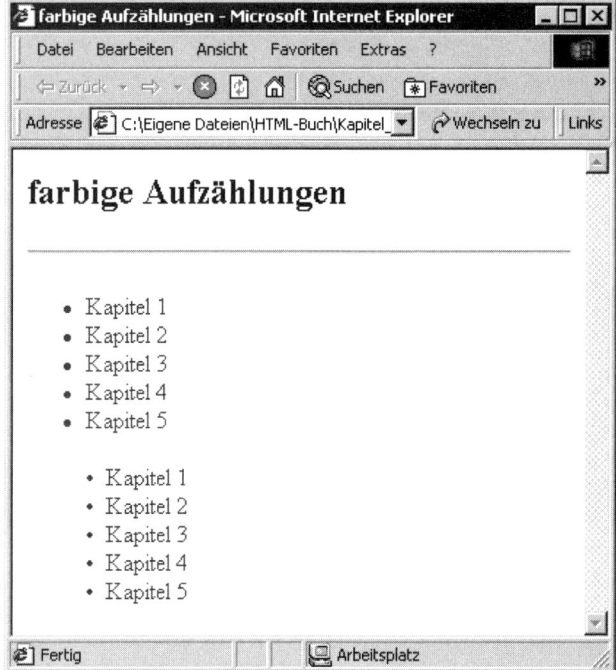

Bild 15.8: Verschieden erstellte unsortierte Listen

Wie Sie Abbildung 15.7 entnehmen können, ist die erste Liste nicht so weit eingerückt und besitzt andere Bullets als die zweite Liste. Anhand des folgenden Quelltextes sehen Sie, dass die Aufzählungszeichen auf unterschiedliche Art generiert wurden.

```
<html>
<head>
<title>farbige Aufz&auml;hlungen</title>
</head>
<body>
<h2>farbige Aufz&auml;hlungen</h2><hr>
<ul><font color="blue">
<li>Kapitel 1</li>
<li>Kapitel 2</li>
<li>Kapitel 3</li>
<li>Kapitel 4</li>
<li>Kapitel 5</li>
</font>
</ul>
<ul><font color="blue">
&#149;  Kapitel 1<br>
&#149;  Kapitel 2<br>
&#149;  Kapitel 3<br>
&#149;  Kapitel 4<br>
&#149;  Kapitel 5<br>
```

```
</font>
</ul>
</body>
</html>
```

Die erste Liste wird mit dem `<ul>`-Tag eingeleitet, anschließend wird mit dem Attribut `color` des Befehls `<font>` die Farbe für die Inhalte der Liste festgelegt. Die einzelnen Listeneinträge sind mit dem Befehl `<li>` ausgezeichnet, der im Browser für die Darstellung des Aufzählungszeichens sorgt. Die zweite Liste ist ebenfalls mit `<ul>` ausgezeichnet, auch die Farbbezeichnung folgt dem gleichen Schema wie bei der ersten Liste. Die einzelnen Listeneinträge sind jedoch nicht als solche ausgezeichnet, das Bullet wird also nicht angezeigt. Mit einem kleinen Trick können Sie trotzdem ein Aufzählungszeichen erzeugen. In diesem Beispiel wird ein gefüllter Punkt eingesetzt, der als Sonderzeichen mit der Zeichenfolge `&#149;` (oder hexadezimal `&#x95`) generiert wird. Da der Browser dieses Zeichen als Bestandteil der Liste direkt vor den Listeneintrag stellen würde, müssen manuell geschützte Leerzeichen eingefügt werden, um einen Abstand zwischen Bullet und Inhalt zu erzeugen. Außerdem müssen Sie Zeilenumbrüche einfügen, da diese vom Browser nicht automatisch erzeugt werden (zumindest nicht an der gewünschten Stelle). In Abbildung 15.7 erkennen Sie, dass der Browser die zweite Liste interpretiert (sie ist eingerückt dargestellt). Das Aufzählungszeichen wird in der zweiten Liste jedoch nicht automatisch angezeigt, sondern ist bereits Bestandteil des Listeneintrags und steht folglich in einer Flucht mit den Einträgen der ersten Liste. Die zweite Liste ist demnach insgesamt weiter eingerückt als die erste.

Die etwas umständliche Methode der zweiten Liste ermöglicht es nun, dem (manuell eingegebenen) Aufzählungszeichen eine andere Farbe zu geben als dem Listeneintrag. Im folgenden Quellcode-Auschnitt, der die zweite Liste beschreibt, sind die gefüllten Punkte der zweiten Liste grasgrün gefärbt.

```
<ul>
<font color="blue">
<font color="lime">&#149;</font>  Kapitel 1<br>
<font color="lime">&#149;</font>  Kapitel 2<br>
<font color="lime">&#149;</font>  Kapitel 3<br>
<font color="lime">&#149;</font>  Kapitel 4<br>
<font color="lime">&#149;</font>  Kapitel 5<br>
</font>
</ul>
```

Problematisch bei diesem Vorgehen ist, dass Einträge, die ohne Aufzählungszeichen erscheinen sollen, eine andere Einrückung haben als die anderen, was sich auch durch Einfügen eines weiteren geschützten Leerzeichens nicht korrigieren lässt. In diesem Fall können Sie sich mit einer Tabelle behelfen (wobei der gefüllte Punkt und der Listeninhalt in verschiedenen Spalten stehen, siehe dazu Kapitel 27, »Blinde Tabellen«).

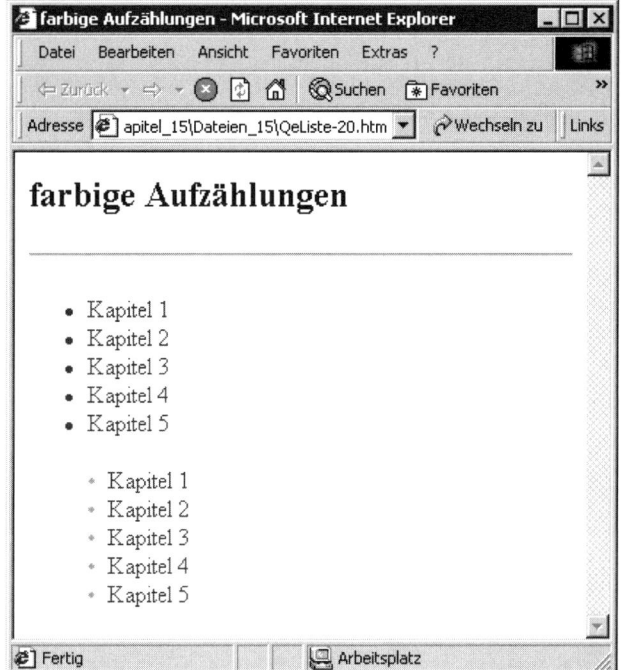

Bild 15.9: Die Aufzählungszeichen der zweiten Liste haben eine andere Farbe als der restliche Listeninhalt.

Das boolesche Attribut `compact` soll im Befehl `<ul>` zu einer kompakteren Darstellung der Liste führen. Dieses Attribut wird derzeit weder vom Netscape Navigator noch vom Internet Explorer unterstützt und ist ohnehin als »deprecated« eingestuft.

Neben den hier erwähnten Attributen können die Befehle `<ul>` und `<li>` Universalattribute enthalten. Das Attribut `type` sollte zu Gunsten von Stylesheets, die Ihnen weitere Möglichkeiten zur Formatierung von Listen bieten, nicht mehr verwendet werden. Weiterhin können Sie z.B. farbige Aufzählungspunkte einsetzen, indem Sie geeignete Grafiken einbinden (siehe dazu Kapitel 19.1).

Wie Sie die hier beschriebenen unsortierte Liste mit anderen Listenarten kombinieren können, erfahren Sie in Kapitel 15.5.

15.2 Numerische Listen – arabisch

Bei numerischen Listen ist im Gegensatz zu unsortierten Listen die Reihenfolge der einzelnen Einträge relevant. Der Befehl für numerische Listen heißt `<ol>` (ordered list = sortierte Liste) und besitzt ein End-Tag `</ol>`. Die einzelnen Einträge der Liste werden wie bei der unsortierten Liste mit dem `<li>`-Tag (list item = Listeneintrag) ausgezeichnet. Diese HTML-Datei erzeugt eine einfache Liste mit arabischer Nummerierung:

```
<html>
<head>
<title>Liste mit arabischer Nummerierung</title>
</head>
<body>
Die Tagesordnung für die Sitzung im n&auml;chsten Quartal ist
vorl&auml;ufig, Sie wird auf Antrag ge&auml;ndert oder erg&auml;nzt.
<h3>Tagesordnung</h3>
<ol>
<li>Begr&uuml;&szlig;ung und Protokoll</li>
<li>Tischvorlagen</li>
<li>Berichte</li>
<li>Antr&auml;ge</li>
<li>Beschl&uuml;sse</li>
<li>Verschiedenes</li>
</ol>
Antr&auml;ge zur &Auml;nderung der Tagesordnung richten Sie bitte wie
immer in schriftlicher Form (auch per Fax oder E-Mail) an das
Sekretariat.
</body>
</html>
```

Im Browser sieht diese Datei wie folgt aus:

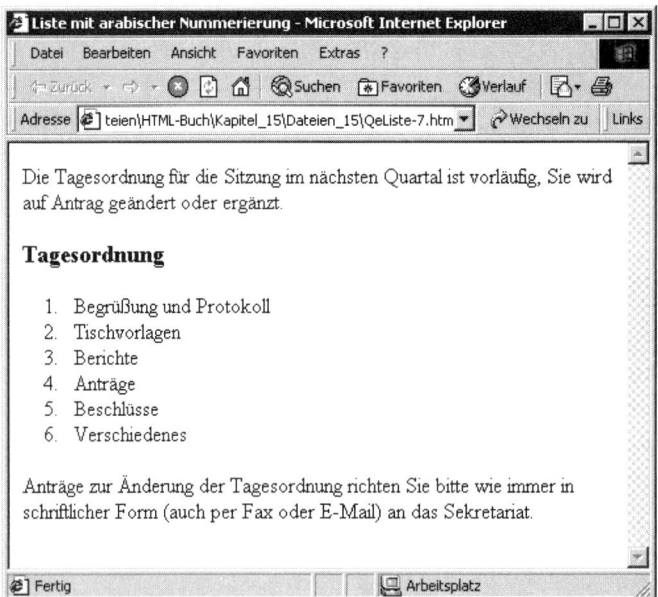

Bild 15.10: Eine nummerierte Liste

Wie bei der unsortierten Liste wird die Liste automatisch in einen eigenen Absatz gesetzt und eingezogen. Vorstehender oder nachstehender Text oder die Liste selbst müssen also nicht mit dem <p>-Tag als Absatz definiert werden. Es ist sogar so, dass die Auszeichnung der Liste als Absatz die Darstellung im Browser nicht verändert. Einen größeren Abstand zum nachfolgenden Text können Sie erreichen, wenn unmittelbar hinter dem letzten Listeneintrag ein Zeilenumbruch mit dem
-Tag notiert wird. Die Auszeichnung der einzelnen Listeneinträge mit dem <li>-Tag führt dazu, dass diese mit einer arabischen Zahl notiert werden. Möchten Sie Einträge in die Liste vornehmen, die nicht durchnummeriert werden sollen, zeichnen Sie diese nicht mit <li> aus. Damit ein solcher Eintrag in einer eigenen Zeile angezeigt wird, fügen Sie einen Zeilenumbruch ein. Der Ausschnitt aus dem Quellcode lautet beispielsweise wie folgt und wird wie in Abbildung 15.8 dargestellt:

```
<ol>
<li>Begr&uuml;&szlig;ung und Protokoll</li>
<li>Tischvorlagen</li>
<li>Berichte</li><br>
Pause
<li>Antr&auml;ge</li>
<li>Beschl&uuml;sse</li>
<li>Verschiedenes</li>
</ol>
```

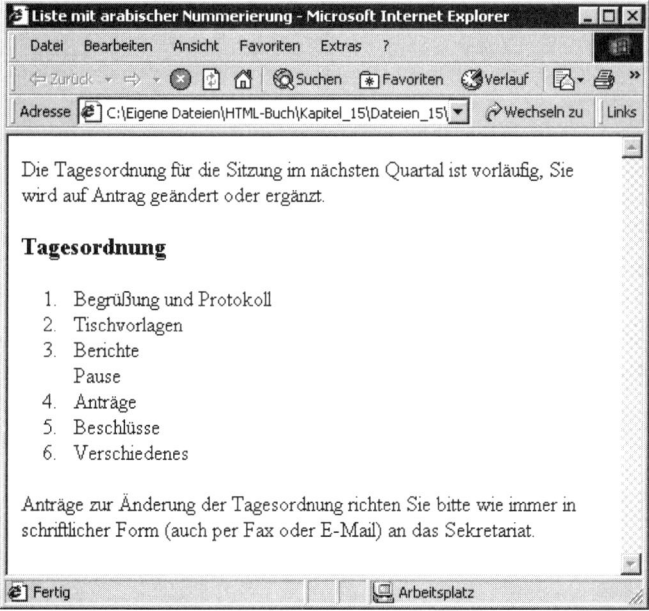

Bild 15.11: Ein Eintrag ist ohne Nummerierung.

Wie bei den im vorigen Kapitel beschriebenen unsortierten Listen können einzelne Einträge unabhängig davon, ob sie mit <li> ausgezeichnet sind oder nicht, mit dem <p>-Tag ausgezeichnet werden und weisen dann einen sowohl nach oben als auch nach unten vergrößerten Abstand zu den umgebenden

Einträgen auf. Der vor dem nicht nummerierten Eintrag notierte Zeilenumbruch ist nicht mehr nötig, wenn dieser als Absatz ausgezeichnet wird.

Wie bei unsortierten Listen kann es auch hier eine Überraschung geben, wenn ein HTML-Editor zum Einsatz kommt. Dieser zeichnet möglicherweise alle Einträge automatisch mit den `<li>`*-Tags aus. Diese können jedoch im Nachhinein in einem Text-Editor manuell entfernt werden.*

Die Nummerierung der mit `<li>` ausgezeichneten Listeneinträge wird beginnend bei 1. automatisch durchgeführt. Mit den Attributen `start` (im `<ol>`-Tag) und `value` (im `<li>`-Tag) kann die Nummerierung jedoch beeinflusst werden. Beide Attribute sind als »deprecated« eingestuft und sollten zu Gunsten von Stylesheets nicht mehr verwendet werden. Derzeit können diese Attribute noch zum Einsatz kommen, Sie sollten dann auf die Angabe der korrekten DTD im Kopfteil der Datei achten. Mit dem Attribut `start` im Befehl `<ol>` legen Sie als Wert die Zahl fest, bei der die Nummerierung beginnen soll. Die einzelnen Listeneinträge werden daraufhin beginnend mit dieser Zahl durchnummeriert. Im folgenden Ausschnitt des Quelltextes wird der Listeneintrag »Pause« in einen eigenen Absatz gesetzt und die gesamte Nummerierung beginnt mit 11.

```
(...)
<ol start="11">
<li>Begr&uuml;&szlig;ung und Protokoll</li>
<li>Tischvorlagen</li>
<li>Berichte</li>
<p>Pause</p>
<li>Antr&auml;ge</li>
<li>Beschl&uuml;sse</li>
<li>Verschiedenes</li>
</ol>
```

Tauschen Sie die DTD und die geänderte Liste im Quellcode zu Abbildung 15.7 aus. Das Ergebnis dieser Änderungen sehen Sie in Abbildung 15.9.

Mit der folgenden Beschreibung wird nur ein Teil der Nummerierung der gesamten Liste beeinflusst.

```
(...)
<ol>
<li>Begr&uuml;&szlig;ung und Protokoll</li>
<li>Tischvorlagen</li>
<li>Berichte</li>
<p>Pause</p>
<li value="10">Antr&auml;ge</li>
<li>Beschl&uuml;sse</li>
<li>Verschiedenes</li>
</ol>
```

Das Attribut `value` im `<li>`-Tag des Listeneintrags »Anträge« erhält den Wert 10. Sie sehen in Abbildung 15.10, dass der so ausgezeichnete Eintrag mit 10. nummeriert wird. Die Nummerierung der nachfolgenden Einträge nimmt diesen Wert als neue Ausgangszahl an und zählt von dort ab weiter.

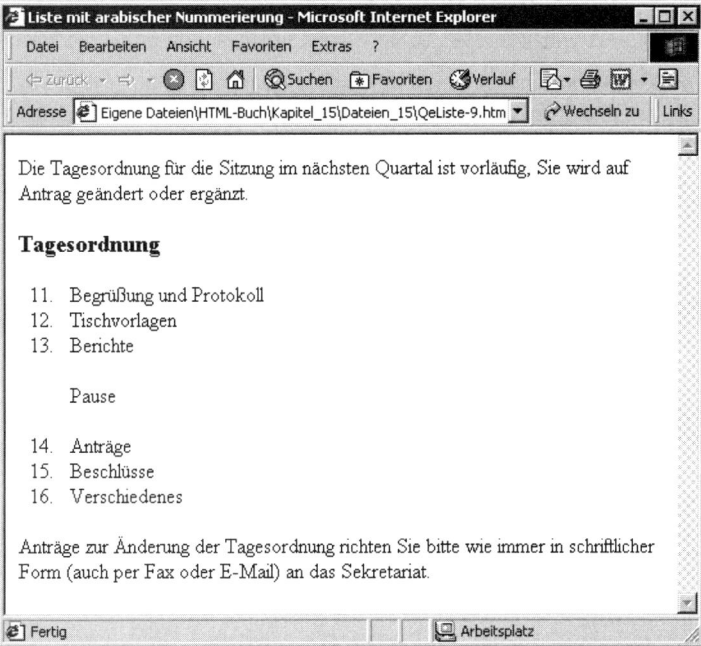

Bild 15.12: Die Nummerierung der Liste wurde geändert.

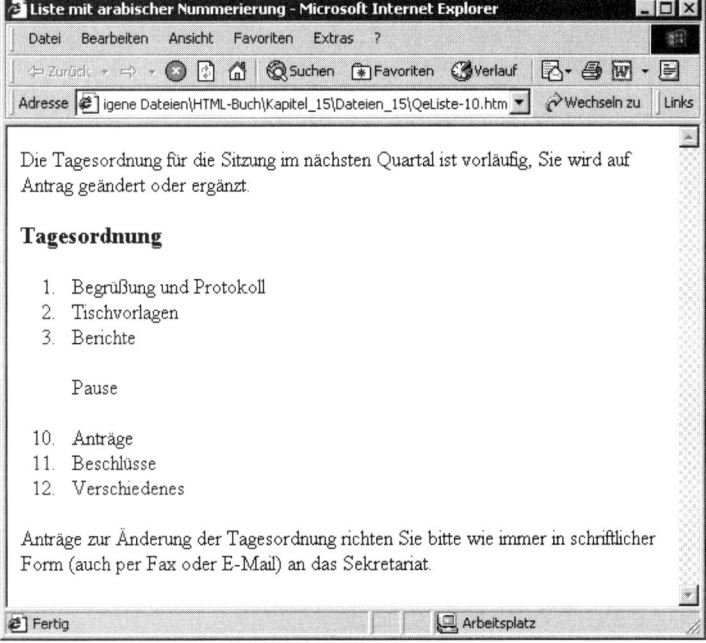

Bild 15.13: Die Nummerierung wechselt bei einem Listeneintrag.

Die beiden Methoden zur Änderung der Nummerierung können auch kombiniert werden, sodass Sie – falls nötig – jede Zahl frei wählen können.

Ebenso wie unsortierte können auch numerische Listen verschachtelt werden, indem weitere <ol>-Tags in eine bereits vorhandene nummerierte Liste eingefügt werden. In der folgenden Abbildung 15.11 sehen Sie ein Beispiel dazu.

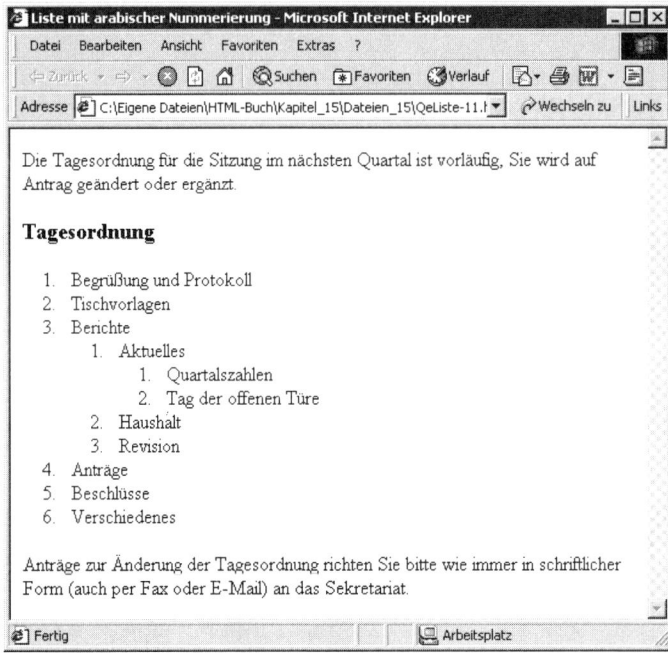

Bild 15.14: Eine numerische Liste mit verschiedenen Ebenen

Der die numerische Liste betreffende Ausschnitt aus dem Quelltext lautet wie folgt:

```
<ol>
<li>Begr&uuml;&szlig;ung und Protokoll</li>
<li>Tischvorlagen</li>
<li>Berichte</li>
<ol>
<li>Aktuelles</li>
<ol>
<li>Quartalszahlen</li>
<li>Tag der offenen T&uuml;re</li>
</ol>
<li>Haushalt</li>
<li>Revision</li>
</ol>
<li>Antr&auml;ge</li>
<li>Beschl&uuml;sse</li>
<li>Verschiedenes</li>
```

Die einzelnen Ebenen der verschachtelten Liste werden unterschiedlich tief eingezogen und beginnen jeweils mit einer neuen Nummerierung, die Sie wie beschrieben nach Bedarf verändern können. Eine mehrstufige Nummerierung in der Form 20.3.1 ist leider nicht möglich. Um die weiteren Ebenen mit einer anderen Nummerierung zu versehen, kann in den jeweiligen Listen-Tags das Attribut `type` eingesetzt werden. Neben der Nummerierung mit arabischen Ziffern stehen römische Ziffern sowie Buchstaben in Groß- und Kleinschreibung zur Verfügung, deren Einsatz in den folgenden Kapiteln erläutert wird. Die Kombination verschiedener Listentypen sowie unterschiedlicher Nummerierungen wird in Kapitel 15.5 erläutert. Wie alle numerischen Listen können solche mit arabischer Nummerierung neben den erwähnten Attributen in den Befehlen `<ol>` und `<li>` Universalattribute enthalten.

15.3 Numerische Listen – römisch

Der HTML-Befehl für sortierte Listen kann das Attribut `type` enthalten. Zwei der für dieses Attribut gültigen Werte generieren eine Nummerierung mit römischen Ziffern, dabei führt i zur Klein- und I zur Großschreibung. Das Attribut `type` sollte im Listen-Tag `<ol>` nach der aktuellen HTML-Spezifikation nicht mehr eingesetzt werden. Stattdessen wird die Arbeit mit Stylesheets empfohlen, die in den Kapiteln 41 bis 44 erläutert wird. Sollten Sie dieses Attribut dennoch benutzen, was auch (noch) durchaus möglich ist, geben Sie die entsprechende DTD an (siehe Kapitel 4.1).

```
<html>
<head>
<title>Liste mit r&ouml;mischer Nummerierung</title>
</head>
<body>
Die Tagesordnung für die Sitzung im n&auml;chsten Quartal ist
vorl&auml;ufig. Sie wird auf Antrag ge&auml;ndert oder erg&auml;nzt.
<h3>Tagesordnung</h3>
<ol type="I">
<li>Begr&uuml;&szlig;ung und Protokoll</li>
<li>Tischvorlagen</li>
<li>Berichte</li>
<p>Pause</p>
<li>Antr&auml;ge</li>
<li>Beschl&uuml;sse</li>
<li>Verschiedenes</li>
</ol>
Antr&auml;ge zur &Auml;nderung der Tagesordnung richten Sie bitte wie
immer in schriftlicher Form (auch per Fax oder E-Mail) an das
Sekretariat.
</body>
</html>
```

Im Beispiel wurde dem Attribut `type` im `<ol>`-Tag der Wert I zugewiesen, was im Browser so aussieht:

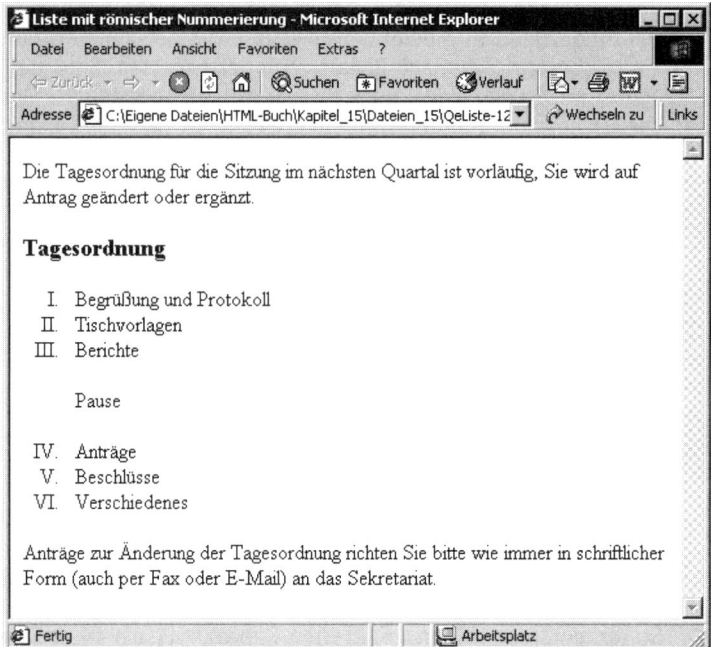

Bild 15.15: Liste mit römischer Nummerierung

Auch bei Listen mit römischen Ziffern kann die Nummerierung mithilfe der Attribute start (im <ol>-Tag) und value (im <li>-Tag) verändert werden. Der folgende die Liste betreffende Ausschnitt des Quelltextes definiert die Startnummer der Liste mit 5, was der römischen Ziffer V entspricht und legt außerdem mit dem Wert 20 fest, dass der letzte Listeneintrag die Nummer XX erhalten soll. Wie diese Datei im Browser dargestellt wird, ist in Abbildung 15.13 zu sehen.

```
<ol type="I" start="5">
<li>Begr&uuml;&szlig;ung und Protokoll</li>
<li>Tischvorlagen</li>
<li>Berichte</li>
<p>Pause</p>
<li>Antr&auml;ge</li>
<li>Beschl&uuml;sse</li>
<li value="20">Verschiedenes</li>
</ol>
```

Das Verschachteln von Listen mit römischer Nummerierung funktioniert wie bei Listen mit arabischer Nummerierung. Das Attribut type sollte zu Gunsten von Stylesheets, die Ihnen weitere Möglichkeiten zur Formatierung von Listen bieten, nicht mehr verwendet werden.

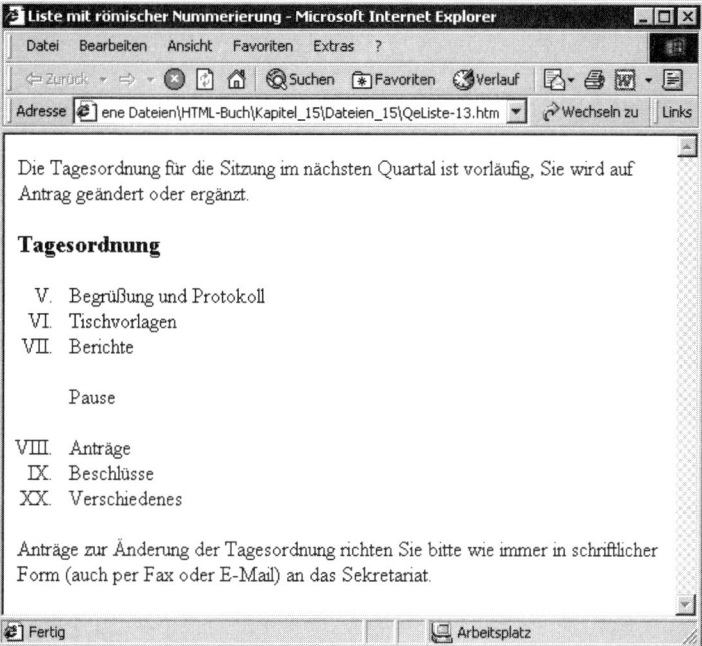

Bild 15.16: Die Nummerierung der Liste wurde geändert.

15.4 Numerische Listen – alphabetisch

Eine weitere Art der numerischen Liste ist die mit alphabetischer Nummerierung. Auch die Buchstaben des Alphabets geben eine bestimmte Reihenfolge vor, obwohl es sich hierbei nicht um Zahlzeichen handelt. Ebenso wie Listen, die mit römischen Ziffern nummeriert sind, wird die alphabetische Nummerierung mit dem Attribut type im <ol>-Tag definiert, das die Werte a für Kleinbuchstaben und A für Großbuchstaben annehmen kann. Im folgenden Beispiel, dessen Browser-Darstellung Sie in Abbildung 15.14 finden, wurden zwei ineinander verschachtelte Listen definiert.

```
<html>
<head>
<title>Liste mit alphabetischer Nummerierung</title>
</head>
<body>
Die Tagesordnung für die Sitzung im n&auml;chsten Quartal ist
vorl&auml;ufig, Sie wird auf Antrag ge&auml;ndert oder erg&auml;nzt.
<h3>Tagesordnung</h3>
<ol type="A">
<li>Begr&uuml;&szlig;ung und Protokoll</li>
<li>Tischvorlagen</li>
<li>Berichte</li>
<ol type="a">
<li>Aktuelles</li>
```

```
<li>Haushalt</li>
<li>Revision</li>
</ol>
<li>Antr&auml;ge</li>
<li>Beschl&uuml;sse</li>
<li value="15">Verschiedenes</li>
</ol>
Antr&auml;ge zur &Auml;nderung der Tagesordnung richten Sie bitte wie
immer in schriftlicher Form (auch per Fax oder E-Mail) an das
Sekretariat.
</body>
</html>
```

Die Liste der ersten Ebene soll mit alphabetischen Großbuchstaben, die darin enthaltene Liste mit Kleinbuchstaben durchnummeriert werden. Der Wert des letzten Listeneintrags wurde auf 15 gesetzt. Da der Buchstabe O an 15. Stelle im Alphabet steht, wird dieser als Nummerierung angezeigt.

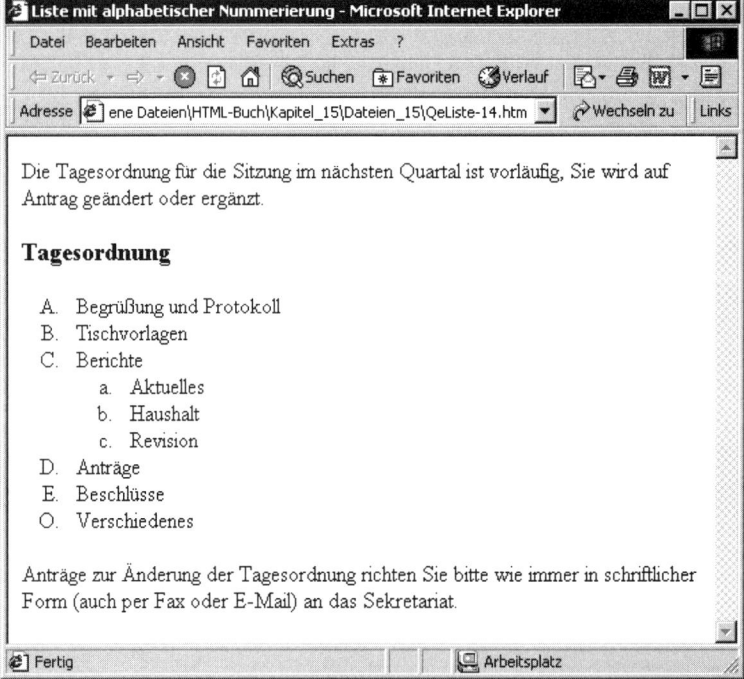

Bild 15.17: Eine verschachtelte alphabetische Liste

Wenn Sie bei alphabetischen Listen der zweiten oder dritten Ebene das Attribut type *nicht einsetzen, werden diese Ebenen mit arabischer Nummerierung dargestellt.*

15.5 Kombinierte Listen

Die verschiedenen Arten von nummerierten Listen lassen sich sowohl untereinander als auch mit unsortierten Listen kombinieren, was z.B. dann sinnvoll sein kann, wenn eine Liste viele Ebenen beinhaltet. Die den einzelnen Einträgen vorangestellten Nummerierungen bzw. Aufzählungszeichen können für jede enthaltene Liste einzeln definiert werden.

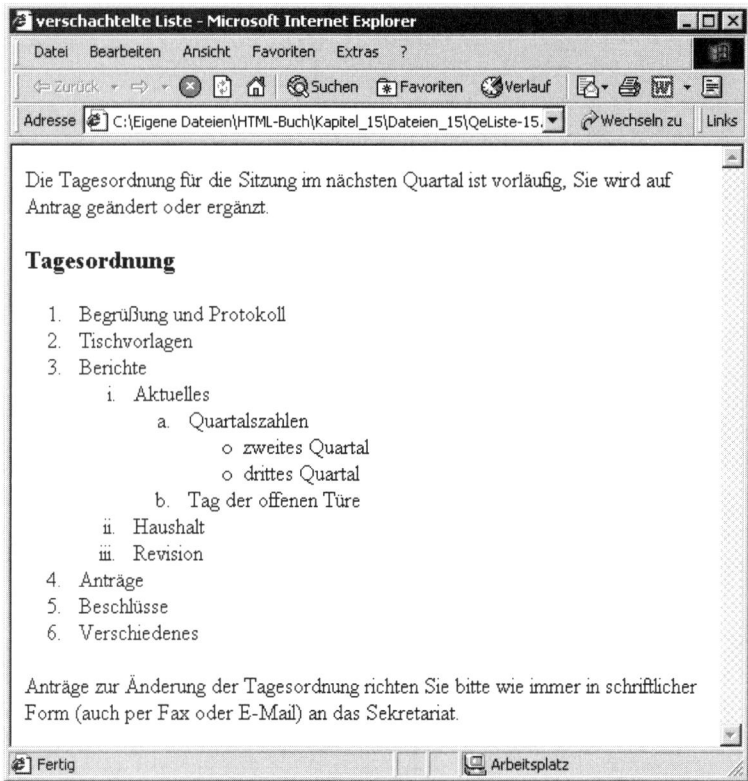

Bild 15.18: Verschiedene Nummerierungen und Listentypen

Der Quelltext zu Abbildung 15.15 lautet wie folgt:

```
<html>
<head>
<title>verschachtelte Liste</title>
</head>
<body>
Die Tagesordnung für die Sitzung im n&auml;chsten Quartal ist
vorl&auml;ufig, Sie wird auf Antrag ge&auml;ndert oder erg&auml;nzt.
<h3>Tagesordnung</h3>
<ol>
<li>Begr&uuml;&szlig;ung und Protokoll</li>
<li>Tischvorlagen</li>
```

```
<li>Berichte</li>
<ol type="i">
<li>Aktuelles</li>
<ol type="a">
<li>Quartalszahlen</li>
<ul type="circle">
<li>zweites Quartal</li>
<li>drittes Quartal</li>
</ul>
<li>Tag der offenen T&uuml;re</li>
</ol>
<li>Haushalt</li>
<li>Revision</li>
</ol>
<li>Antr&auml;ge</li>
<li>Beschl&uuml;sse</li>
<li>Verschiedenes</li>
</ol>
Antr&auml;ge zur &Auml;nderung der Tagesordnung richten Sie bitte wie
immer in schriftlicher Form (auch per Fax oder E-Mail) an das
Sekretariat.
</body>
</html>
```

Im vorliegenden Beispiel ist die obere Ebene der Liste mit arabischen Ziffern nummeriert. Die nächste Ebene hat kleine römische Ziffern vorangestellt, während die Nummerierung der nächsten Ebene mit Kleinbuchstaben angezeigt wird. Die vierte und letzte Ebene ist schließlich als unsortierte Liste definiert, als Bullet-Art wurde `circle` gewählt. Darüber hinaus wäre es möglich, den Beginn der verschiedenen Nummerierungen listenweit oder ab einem bestimmten Eintrag zu verändern. Alle Listenarten können miteinander kombiniert werden, also ineinander verschachtelt sein. Beachten Sie jedoch, dass jede neu eingefügte Liste (d.h. jede neue Ebene) im Browser eine eigene Einrückung erhält, die sich immer weiter vom linken Rand des Browser-Fensters entfernt. Versuchen Sie daher, die Länge der Listeneinträge nicht ausufern zu lassen. Anstelle einer fünften oder sechsten Ebene sollten Sie für weitere Inhalte eine eigenständige sortierte oder unsortierte Liste in Erwägung ziehen.

Möchten Sie eine Liste anders als mit den hier vorgestellten Aufzählungszeichen und Nummerierungsvarianten versehen, um beispielsweise einen zeitlichen Ablauf zu dokumentieren, gehen Sie folgendermaßen vor: Notieren Sie die Zeiten (die die Aufzählungszeichen oder Nummerierungen darstellen) und den Inhalt der Liste. Verwenden Sie geschützte Leerzeichen, um zwischen der Uhrzeit und dem Listeneintrag einen größeren Abstand zu definieren. Im nachfolgenden Beispiel ist zweimal der gleiche Zeitplan zu sehen, zuerst als normaler Text, danach wurde er mit dem `<ul>`-Tag als unsortierte Liste ausgezeichnet.

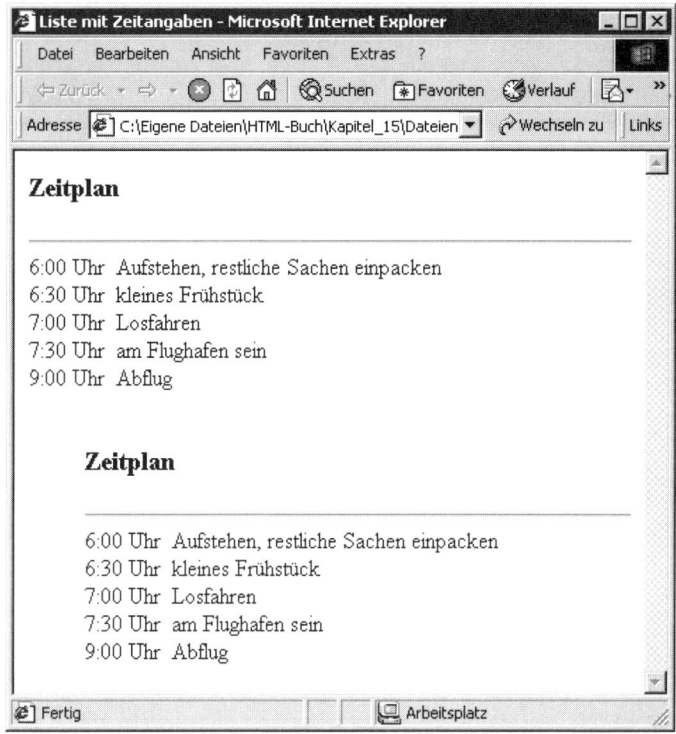

Bild 15.19: Der zweite Zeitplan wurde als Liste definiert.

Der Quellcode zu Abbildung 15.16 lautet:

```
<html>
<head>
<title>Liste mit Zeitangaben</title>
</head>
<body>
<h3>Zeitplan</h3><hr>
6:00 Uhr  Aufstehen, restliche Sachen einpacken<br>
6:30 Uhr  kleines Fr&uuml;hst&uuml;ck<br>
7:00 Uhr  Losfahren<br>
7:30 Uhr  am Flughafen sein<br>
9:00 Uhr  Abflug<br>
<ul>
<h3>Zeitplan</h3><hr>
6:00 Uhr  Aufstehen, restliche Sachen einpacken<br>
6:30 Uhr  kleines Fr&uuml;hst&uuml;ck<br>
7:00 Uhr  Losfahren<br>
7:30 Uhr  am Flughafen sein<br>
9:00 Uhr  Abflug<br>
</ul>
</body>
</html>
```

Der vorstehende Quellcode zu Abbildung 15.16 zeigt, dass hinter jedem »Listeneintrag« ein `<br>`-Tag für einen Zeilenumbruch steht. Diese Maßnahme ist erforderlich, weil es sich eben nicht um »echte«, mit einem `<li>`-Tag ausgezeichnete Einträge handelt. Wie Sie in Abbildung 15.16 sehen, werden auch die Überschrift und die Trennlinie eingerückt dargestellt, da sie sich innerhalb der durch das Tag `<ul>` ausgezeichneten Liste befinden. Um zwischen den einzelnen »Listeneinträgen« einen größeren Abstand zu erhalten, definieren Sie diese jeweils als Absatz.

In den folgenden Tabellen finden Sie eine Übersicht der Befehle, Attribute und Werte, die für unsortierte und numerischen Listen relevant sind.

Befehl	Attribut	Bedeutung	Status in HTML 4.01
`<ul></ul>`		(unordered list) unsortierte Liste	
	type	listenweite Definition der Aufzählungszeichen	»deprecated«
`<li></li>` (innerhalb von `<ul></ul>`)		(list item) Listeneintrag einer unsortierten Liste	
	type	Definition des Aufzählungszeichens eines Eintrags	»deprecated«
`<ol></ol>`		(ordered list) sortierte Liste	
	start	Listenweite Definition des Anfangswertes der Nummerierung	»deprecated«
	type	Listenweite Definition der Nummerierungsart	»deprecated«
`<li></li>` (innerhalb von `<ol></ol>`)		(list item) Listeneintrag einer sortierten Liste	
	value	Definition des Anfangswerts des Eintrags	»deprecated«
	type	Definition der Nummerierungsart des Eintrags	»deprecated«

Tabelle 15.1: Befehle und Attribute in unsortierten und sortierten Listen

Zusätzlich zu den in Tabelle 15.1 aufgeführten Attributen können die Befehle `<ul>`, `<ol>` und `<li>` Universalattribute enthalten. Die möglichen Werte des Attributs `type` unterscheiden sich je nachdem, in welcher Art von Liste es eingesetzt wird. In unsortierten Listen kann es die Werte `circle` für kreisförmige (oder genauer ringförmige) Bullets, `square` für quadratische oder `disc` für scheibenförmige Bullets (ein gefüllter Kreis) annehmen. Die möglichen Werte in sortierten Listen beziehen sich auf die Art der Nummerierung und sind in Tabelle 15.2 notiert.

Wert	Bedeutung
1	Nummerierung mit arabischen Ziffern
A	alphabetische Nummerierung mit Großbuchstaben
a	alphabetische Nummerierung mit Kleinbuchstaben
I	Nummerierung mit großen römischen Ziffern
i	Nummerierung mit kleinen römischen Ziffern

Tabelle 15.2: Erlaubte Werte des Attributs type in sortierten Listen.

Die in sortierten Listen einsetzbaren Attribute `start` und `value` können als Wert jeweils Zahlen enthalten. Werden sie zur Definition des Anfangswerts einer alphabetischen Nummerierung verwendet, muss demnach als Wert die Position des gewünschten Buchstabens im Alphabet angegeben werden, z.B. 7 für den Buchstaben H. Entsprechendes gilt für die Einflussnahme auf Nummerierungen mit römischen Ziffern; mit der Zahl 10 kann das römische Zahlzeichen X definiert werden.

Die in Tabelle 15.1 aufgeführten Attribute `start`, `value` und `type` sind in Zusammenhang mit den Befehlen <ul>, <ol> und <li> als »deprecated« eingestuft und sollten nicht mehr eingesetzt werden. Mit einer eigenen DTD (Transitional) wurde jedoch die Möglichkeit eingeräumt, nach HTML 4.01-Standard zu arbeiten und trotzdem unerwünschte Attribute (und Befehle) einzusetzen. Wenn Sie sich strikt an HTML 4.01 halten möchten, müssen Sie nicht auf die Effekte dieser Attribute verzichten. Für diese und weitergehende Formatierungen stehen Stylesheets zur Verfügung. Weitere Informationen zu diesem Thema finden Sie in den Kapiteln 3.5, »Unerwünschte Befehle und Attribute«, 4.1, »Document Type Definition« sowie in den Kapiteln 41 bis 44 über Stylesheets. Die Befehle für sortierte und unsortierte Listen sowie deren Einträge sind nach wie vor gültig.

15.6 Definitionslisten

Eine besondere Form der Liste stellt die Definitionsliste dar. Sie wird mit dem Befehl <dl> (definition list = Definitionsliste) erzeugt, der auch ein End-Tag </dl> hat. Die Einträge einer solchen Liste werden nicht wie bei unsortierten oder sortierten Listen mit dem Tag <li>, sondern mit zwei spezifischen Befehlen ausgezeichnet. Jeder Eintrag einer Definitionsliste besteht aus zwei Elementen: dem zu definierenden Teil, der mit dem Befehl <dt> (definition term = Ausdruck in der Definitionsliste) und der Definition des Ausdrucks, die mit <dd> (definition description = Beschreibung der Definition) ausgezeichnet wird. Das End-Tag ist sowohl bei <dt> als auch bei <dd> optional, sollte jedoch aus Gründen der SGML-Konformität gesetzt werden. In Abbildung 15.17 sehen Sie ein Beispiel für eine Definitionsliste im Browser, deren Quellcode sie hier sehen.

```
<html>
<head>
<title>Definitionsliste</title>
</head>
<body>
<h3>Definitionen</h3><hr>
Auf dieser Seite sehen Sie eine Definitionsliste, in der englische
Begriffe erl&auml;utert werden, die im Zusammenhang mit Listen in
HTML stehen.
<dl>
<dt><b>bullet</b></dt><dd>Aufz&auml;hlungszeichen, die in
unsortierten Listen (Aufz&auml;hlungen) den Listeneintr&auml;gen
vorangestellt werden.</dd>
<dt><b>list item</b></dt><dd>Listeneintrag, ein Listeneintrag wird in
einer eigenen Zeile und einger&uuml;ckt dargestellt.</dd>
<dt><b>ordered list</b></dt><dd>Sortierte Liste, im Gegensatz zu
Aufz&auml;hlungen haben die Listeneintr&auml;ge der sortierten Liste
eine durch verschiedene Nummerierungen abbildbare Reihenfolge.</dd>
<dt><b>unordered list</b></dt><dd>Unsortierte Liste, eine
Aufz&auml;hlung, die jedem Listeneintrag ein Aufz&auml;hlungszeichen
voranstellt.</dd>
</dl>
Nat&uuml;rlich ist die Liste hier noch nicht zu Ende.
</body>
</html>
```

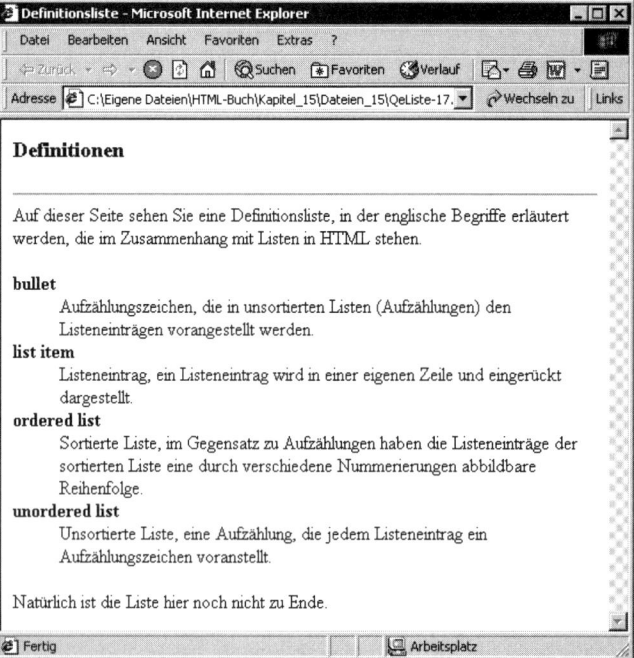

Bild 15.20: Eine Definitionsliste in der Browser-Darstellung

Wie Sie in Abbildung 15.17 sehen, wird auch eine Definitionsliste in einem eigenen Absatz dargestellt; der Abstand zu vorherigem und folgendem Fließtext ist vergrößert. Die mit dem HTML-Befehl <dt> ausgezeichneten Begriffe stehen jeweils in einer eigenen Zeile, die ihnen zugeordnete Definition ist mit einem Abstand zur linken Begrenzung des Browser-Fensters eingerückt. Zur Verdeutlichung der Struktur wurden die zu definierenden Begriffe fett ausgezeichnet. Sie erreichen größere Abstände zwischen den Definitionspaaren, wenn Sie diese jeweils als Absatz auszeichnen. Wie alle unsortierten und sortierten Listen lässt sich auch eine Definitionsliste verschachteln. Die innerhalb einer Definitionsliste erstellte Definitionsliste wird weiter nach rechts eingerückt dargestellt, wobei der zu erklärende Begriff genauso weit eingerückt ist wie die Definition der höheren Ebene. In Abbildung 15.18 sehen Sie ein Beispiel für eine verschachtelte Definitionsliste.

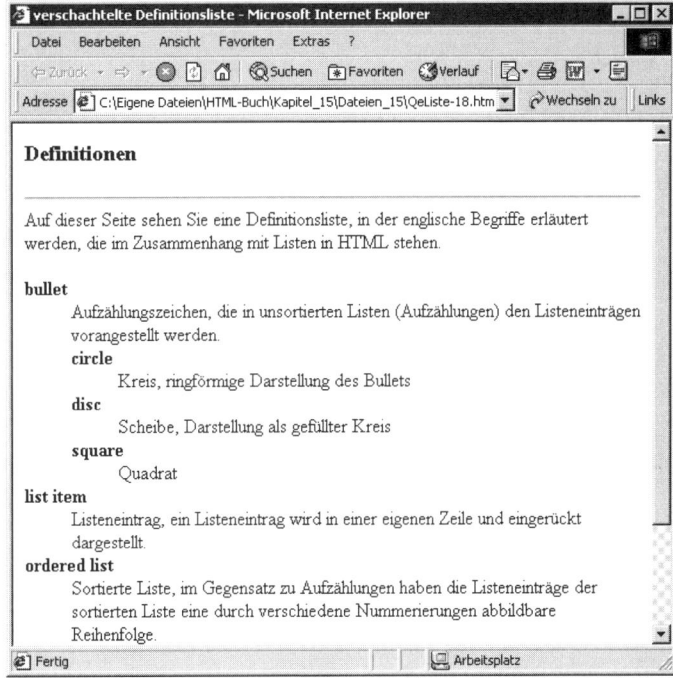

Bild 15.21: Eine verschachtelte Definitionsliste

In den Befehlen <dl>, <dt> und <dd> für Definitionslisten können Universalattribute enthalten sein. Wenn Sie Stylesheets verwenden, können Sie die zu definierenden Inhalte, die Definition oder ganze Definitionslisten formatieren.

15.7 Menülisten und Verzeichnislisten

Mit dem `<menu>`-Tag für Menülisten sowie mit `<dir>` (directory = Verzeichnis) erstellte Verzeichnislisten unterscheiden sich in der Darstellung aktueller Browser nicht von unsortierten Listen. Das W3-Konsortium bezeichnet diese Befehle daher als »deprecated« und empfiehlt, stattdessen den Befehl `<ul>` für unsortierte Listen zu benutzen.

16 Grafikarten

Grafiken lassen sich in verschiedene Arten unterteilen, die sich in ihrem Aufbau und damit in der Dateigröße und Verwendung voneinander unterscheiden.

16.1 Vektorgrafiken

Vektorgrafiken sind (wie der Name bereits vermuten lässt) aus Vektoren aufgebaut, das heißt, die einzelnen Elemente werden mathematisch beschrieben. Für eine Linie sind beispielsweise ein Startpunkt, die Richtung und die Länge anzugeben; ein Kreis wird durch seinen definierten Mittelpunkt und seinen Radius beschrieben. Durch diese Art der Beschreibung eignen sich Vektorgrafiken besonders für Strichzeichnungen, nicht hingegen für komplexere Grafiken wie Fotos oder Bilder. Diese könnte man zwar auch mit Vektoren beschreiben, was jedoch nicht sinnvoll wäre, da die Anzahl der einzelnen Vektoren in einem solchen Fall ins Unendliche gehen würde. Für komplexe Grafiken bietet sich ein anderes Grafikmodell an: die Rastergrafik. Der Vorteil von Vektorgrafiken liegt darin, dass sie völlig problemlos zu skalieren sind. Dabei werden die einzelnen Vektoren entsprechend der vorhandenen Größe neu errechnet und korrekt dargestellt. Außerdem können einzelne Elemente einer Vektorgrafik einfach bearbeitet werden. Ein definierter Kreis kann beispielsweise ganz einfach vergrößert werden; in der Datei werden lediglich die Daten geändert, die dieses Element betreffen. Diese Verfahrensweise ist nur möglich, weil in Vektorgrafiken die Elemente einer Datei getrennt beschrieben werden. Vektorgrafiken können auch farbig sein.

16.2 Rastergrafiken

Neben der Vektorgrafik existiert mit der Rastergrafik ein weiteres Grafikmodell, das auch unter den Bezeichnungen Bitmap-Grafik oder Pixelgrafik bekannt ist. In einer Rastergrafik werden einzelne Informationen über jeden Bildpunkt (Pixel) definiert, und nicht wie bei der Vektorgrafik über ganze Elemente. Die Aufteilung in Bildpunkte ist für die Bildschirmanzeige sehr gut geeignet, da diese auch auf einem Raster basiert. Strichzeichnungen können in jedem Fall besser als Vektorgrafik gespeichert werden, während die gleiche Datei als Rastergrafik wesentlich umfangreicher ist, da jeder einzelne Bildpunkt beschrieben wird. Umgekehrt sollten Grafiken mit einer hohen Dichte an wechselnden Bildinformationen als Rastergrafik abgespeichert werden. Würde man versuchen, beispielsweise ein Foto als Vektorgrafik zu beschreiben, wären extrem viele Vektoren nötig, da diese teilweise zur Beschreibung eines einzelnen Bildpunktes herhalten müssten. Bei sehr starker Vergrößerung von Rastergrafiken können Sie die einzelnen Bildpunkte erkennen.

Bild 16.1: Stark vergrößerter Buchstabe mit sichtbaren Bildpunkten

Die Größe der einzelnen Bildpunkte hängt immer von der Auflösung des Endgeräts ab, im WWW also von der Bildschirmauflösung des Anwenders. Die sichtbaren Bildpunkte sind letztlich von drei Faktoren abhängig:

→ Leistung der eingebauten Grafikkarte (Grafikadapter)

→ Leistung des Monitors

→ im Betriebssystem eingestellte Bildschirmauflösung

Eine größere Auflösung führt dazu, dass die dargestellten Elemente kleiner werden, umgekehrt ist die Darstellung bei extrem niedrigen Auflösungen sehr groß.

Beim Skalieren verhält sich eine Rastergrafik anders als eine Vektorgrafik; die Bildpunkte werden beim Vergrößern verdoppelt (was zu merkwürdigen Effekten führen kann) und beim Verkleinern halbiert, wobei die Punktgröße gleich bleibt. Ein Teil der Bildpunkte wird nicht mehr angezeigt (schlimmstenfalls können kleine Objekte verschwinden). Eine Bitmap-Grafik lässt sich also nicht ohne Qualitätsverlust skalieren.

Ein bisher unberücksichtigter Aspekt in Grafiken ist die Farbdefinition, die neben der Grafikgröße (in Pixel) die Dateigröße nicht unwesentlich beeinflussen kann. Die Farbtiefe gibt an, wie viele Bit pro Pixel für die Farbinformation zur Verfügung stehen.

→ Bei Schwarzweiß-Grafiken beträgt die Farbtiefe ein Bit pro Pixel. Jeder Bildpunkt kann einen der beiden Zustände Schwarz und Weiß annehmen, dabei ist der Hintergrund weiß und der Vordergrund schwarz.

→ Bei 16 verschiedenen Farben werden 4 Bit pro Bildpunkt für die Farbinformation benötigt (da jedes Bit zwei Zustände annehmen kann, errechnen sich bei vier Bit $2^4 = 16$ mögliche Werte). Der VGA-Standard (Video Graphics Array, Grafikstandard) ist der kleinste gemeinsame Nenner. Ein VGA-kompatibler Bildschirm kann mindestens 16 Grundfarben anzeigen, die mit den 16 benannten Farben in HTML identisch sind (siehe Kapitel 6.2, »Farbnamen«).

→ Zur Definition von 256 Farben sind 8 Bit pro Bildpunkt vonnöten ($2^8 = 256$).

→ Bei 16,7 Millionen Farben (genau genommen sind es noch einige mehr) sind bereits 24 Bit, also 3 Byte zur Farbangabe erforderlich ($2^{24} = 16.777.216$).

Eine Grafikdatei mit 16 Farben (Farbtiefe 4 Bit pro Pixel) hat die gleiche Größe, wenn sie in 16 Graustufen definiert wird, da es sich um 16 verschiedene Grautöne handelt.

Die Anzahl der Farben einer Grafikdatei, die den Anwender erreichen, ist nicht unbedingt von der definierten Farbtiefe abhängig. Vielmehr spielen (wie bei den sichtbaren Bildpunkten) mehrere Aspekte dabei eine Rolle:

→ die eingebaute Grafikkarte

→ der Bildschirm

→ die im Betriebssystem eingestellte Farbtiefe

Auch wenn eine Grafikdatei über eine große Farbtiefe verfügt, wird die Grafik im Browser entsprechend der eingestellten Farbtiefe angezeigt. Wenn Sie Ihre Farbtiefe z.B. auf 256 Graustufen eingestellt haben, wird eine Grafik in diesen Graustufen angezeigt, und zwar unabhängig davon, wie groß ihre definierte Farbtiefe ist.

Welche Farben der Anwender sieht, hängt von den in der Grafik verwendeten Farben ab. Soweit es sich um die 216 sicheren Standardfarben handelt, werden sie von den gängigen Browsern gleich interpretiert. Darüber hinaus verwendet der Netscape Navigator eine eigene Farbtabelle (CLUT, Color Look-Up Table), während der Internet Explorer auf die Windows-Farben zurückgreift. Unbekannte Farben werden entweder durch ähnliche vorhandene Farben ersetzt oder aus den vorhandenen Farben kombiniert (Dithering). Beim Dithering (auch Streuraster; to dither = zittern) werden beieinander liegenden Bildpunkten, die in der gleichen (unbekannten) Farbe definiert wurden, verschiedene (bekannte) Farben zugewiesen. Das menschliche Auge fasst diese einzelnen Farben ab einer bestimmten Distanz zu der definierten Farbe zusammen.

Bild 16.2: Dithering bei einer Farbtiefe von einem Bit

Auf diese Art werden auch farbige Bildpunkte zu anderen Farben zusammengesetzt. Der Nachteil des Dithering liegt darin, dass es zu Lasten der Auflösung geht. Gerade Linien erscheinen zittrig, was besonders bei Text zu einer schlechteren Lesbarkeit führt. Diese Methode kann in einer Grafiksoftware oder auch vom Browser verwendet werden.

Im WWW werden bislang hauptsächlich Rastergrafiken in verschiedenen Grafikformaten eingesetzt, die in Kapitel 17 beschrieben werden.

16.3 Meta-Grafiken

In Meta-Grafikformaten werden die Vorteile von Vektorgrafiken und Rastergrafiken vereint. Ein solches Format ist z.B. Windows Meta File mit der Dateierweiterung *.wmf*, dessen Verwendung bei kombinierten Grafiken sinnvoll sein kann. Eine kombinierte Grafik ist z.B. eine Vektorgrafik mit

Bereichen, die besser im Rasterformat gespeichert werden oder umgekehrt eine Rastergrafik wie z.B. ein Foto, die zusätzlich Linien und vielleicht einen Schriftzug enthält, die als Vektoren definiert werden können. Der Inhalt einer Meta-Grafik wird in der jeweils geeigneten Art als Vektoren oder als definierte Bildpunkte gespeichert.

17 Grafikformate in HTML

Die in HTML gebräuchlichsten Grafikformate sind derzeit GIF und JPEG, zukünftig empfiehlt das W3C, das noch relativ neue PNG zu verwenden. Allen drei Formaten ist gemein, dass sie Rastergrafiken unterstützen. Die Unterschiede der einzelnen Formate hinsichtlich der Farbtiefe und Datenkompression sowie die daraus resultierenden Vor- und Nachteile werden in den folgenden Kapiteln behandelt. Die Wahl des Grafik-Dateiformats entscheidet (neben anderen Faktoren, wie z.B. der Auflösung der Grafik) über die Qualität und die Ladezeit der Grafik.

Auch andere als die hier erwähnten Grafikformate können in HTML-Dateien eingebunden werden; für die Anzeige solcher Grafiken benötigt der jeweilige Browser jedoch das entsprechende Plug-In. In jedem Fall ist jedoch für HTML-konforme Grafiken das additive Farbmodell RGB maßgeblich und sollte – falls mehrere Farbmodelle zur Auswahl stehen – benutzt werden. Eine Möglichkeit zur Einbindung von Grafiken anderer Formate besteht darin, z.B. Vektorgrafiken zu konvertierten oder die in einem anderen Format als GIF oder JPEG vorliegende Grafik mithilfe eines Screenshots in einem der direkt unterstützten Formate zu speichern.

17.1 Das Grafikformat GIF

Das GIF-Format (Graphics Interchange Format, Format zum Austausch von Grafiken) wurde von dem Onlinedienst CompuServe entwickelt. Durch seine Möglichkeit der Datenkompression erlang es im WWW eine weite Verbreitung zur Speicherung und Übertragung von Grafiken. Alle Browser mit einer grafischen Oberfläche stellen GIF-Dateien problemlos dar, die derzeit aktuelle Version ist GIF89a. GIF unterstützt die Farbtiefen (die Anzahl der verschiedenen Farben, die jeder Bildpunkt annehmen kann) 2, 16 und 256, das sind 1, 4 und 8 Bit pro Bildpunkt. Die monochrome Darstellung in Schwarz und Weiß hat vermutlich nur in Ausnahmefällen Relevanz. Die Reduzierung auf 16 Farben stellt 100%ig sicher, dass jeder Anwender die gleichen Farben sieht (vor allem, wenn die 16 Farben des VGA-Standards gewählt werden). Die Darstellung in 256 Farben ist in der Praxis am weitesten verbreitet. Bei der Verwendung der 216 sicheren Webfarben (auch Standardfarbcodes oder Standardfarbschema genannt, siehe Kapitel 6.1) ist ebenfalls die gleiche Darstellung in verschiedenen Browsern gewährleistet. Die maximale Farbtiefe von 256 Farben in GIF-Grafiken erlaubt es jedoch auch, statt der 216 Standardfarben 256 selbst gewählte Farben zu definieren.

Die so genannten Echtfarben (True Color) bedeuten eine Farbtiefe von 16,7 Millionen Farben, was einer fotorealistischen Darstellung entspricht. Jeder einzelne Bildpunkt erhält dabei eine 3 Byte (8 Bit pro Farbe Rot, Grün und Blau, also 256^3) umfassende Farbinformation. Aus diesen Farben werden 256 Farben ausgewählt, die mit den in GIF maximal zur Verfügung stehenden 8 Bit definiert werden. Die 8 Bit zeigen in einer Farbtabelle auf die ausgewählten Farben. Mit jeder Grafik muss dann die jeweiligen Farbtabelle (auch Farbpalette) gespeichert werden. Eine selbst erstellte Grafik weist mitunter nicht die in dem Standard-Farbschema enthaltenen Farben auf. Für eine originalgetreue Darstellung werden möglicherweise mehr Töne der einen Farbfamilie und weniger Töne einer anderen benötigt. Mithilfe von Farbtabellen können Sie die 256 Farben auswählen, die zur realistischsten Darstellung des Bildes führen. Für die realitätsnahe Wiedergabe von Fotos reichen aber auch 256 selbst definierte Farben in der Regel nicht aus. GIF ist daher für Fotos ein ungünstiges Format. Die Verwendung von Farbpaletten ist unter Umständen problematisch, da Grafikkarten immer nur eine Farbpalette gleichzeitig darstellen können. Gibt es auf einer Seite jedoch zwei oder mehr Grafiken mit jeweils verschiedenen Farbtabellen, wird nur eine Grafik in den für sie definierten Farben angezeigt. Die anderen Grafiken werden »gedithert«, das heißt, ihre für den Browser unbekannten Farbdefinitionen werden durch ähnliche, bekannte Farben ersetzt, was zu einem Qualitätsverlust führt und oft auch sichtbar ist. (Weiteres zum Thema Dithering finden Sie in Kapitel 16.2.) Das Gleiche passiert, wenn beim Anwender (entweder aufgrund einer getroffenen Einstellung oder durch die Hardware bedingt) nur 256 Farben angezeigt werden können. Sie umgehen dieses Problem, indem Sie die 216 Standardfarben verwenden. Überprüfen Sie in jedem Fall, wie die Grafik im 256-Farben-Modus aussieht.

Da Rastergrafiken abhängig von ihrer Größe und Farbtiefe sehr umfangreich werden können, ist im Grafikformat GIF eine Kompressionsmethode enthalten, die zu einer geringeren Dateigröße führt. Die Kompression der Grafikdaten erfolgt auf der Basis des LZW-Algorithmus (Lempel-Ziv-Welch-Algorithmus), der sich die Wiederholung von Zeichenfolgen (Strings), also Bildpunkten mit der gleichen Farbinformation, zunutze macht. Diese Kompressionsmethode ist verlustfrei, denn aus der komprimierten Datei lässt sich ohne Qualitätseinbußen das Originalbild wieder herstellen. Da sich Fotos sich aus sehr vielen verschiedenen Farben zusammensetzen, ist für sie dieses Verfahren ungünstig. Die Datei kann nur geringfügig komprimiert werden, da nicht häufig Bildpunkte mit gleicher Farbinformation aufeinander folgen. Das gilt auch für Grafiken, die nicht auf Fotos basieren, aber dennoch eine hohe Dichte an wechselnden Bildinformationen beinhalten. Neben der beschränkten Farbtiefe spricht auch das verwendete Kompressionsverfahren dagegen, Fotos im GIF-Format abzuspeichern. Bei gleichfarbigen Elementen wie Linien oder Flächen können hingegen sehr gute Kompressionsfaktoren erreicht werden, weshalb sich GIF besonders für Navigationselemente wie Aufzählungspunkte, Schaltflächen und grafische Trennlinien eignet.

Auch andere Elemente wie z.B. Schriftzüge in einer besonderen Schriftart (die genau so beim Anwender angezeigt werden sollen) oder Logos eignen sich aufgrund ihrer Struktur für das GIF-Format. Das gilt jedoch nur für solche Elemente, die keine fotografischen Anteile beinhalten.

In der Version GIF89a können GIF-Dateien mit einem transparenten Hintergrund versehen werden (die ältere Version 87a unterstützt diese Funktion nicht). Das bedeutet, dass beispielsweise von einer quadratischen Grafik, in deren Mitte sich ein rundes Aufzählungszeichen befindet, nur dieser Punkt zu sehen ist, weil sich der transparente Hintergrund der momentanen Hintergrundfarbe anpasst. Solange die Hintergrundfarbe der Grafik mit der der HTML-Datei übereinstimmt, ist die Transparenz des Grafikhintergrunds nicht erforderlich. Ist in der HTML-Datei jedoch eine andere Farbe für den Hintergrund definiert, wird die gesamte GIF-Grafik inklusive ihres Hintergrunds sichtbar, was zu störenden Darstellungen führt.

Bild 17.1: Ein Kreis mit und ohne transparentem Hintergrund

Eine transparente GIF-Grafik bleibt in ihren Abmessungen zwar erhalten, ihr Hintergrund nimmt jedoch die Farbe der Webseite an, in die sie eingebunden ist. Der Nachteil an transparenten GIF-Grafiken beruht auf ebendieser Tatsache: Auch wenn der Hintergrund der Grafik in der Darstellung verschwindet, ist er beispielsweise für nebenstehenden oder umfließenden Text als Begrenzung relevant. Dieser Effekt kann bei der Gestaltung einer Seite bewusst genutzt werden, er kann jedoch auch zu unerwünschten Abständen einzelner Elemente führen. Die Verwendung einer speziellen transparenten GIF-Grafik ermöglicht es, alle möglichen Elemente einzurücken. Erstellen Sie eine GIF-Grafik, die 1 x 1 Pixel groß ist, und speichern Sie diese transparent ab. Mithilfe der in Kapitel 18.8 beschriebenen Attribute `width` und `height` kann diese transparente Grafik jede gewünschte Größe annehmen und so einen definierten Abstand erzeugen. (Zur Anwendung einer solchen Grafikdatei siehe auch Kapitel 19.1, »Aufzählungszeichen«.)

Eine Besonderheit des GIF-Formats stellt das Interlacing (to interlace = durchflechten) oder Zeilensprungverfahren dar; die resultierenden Dateien sind interlaced GIF-Dateien. Eine als »interlaced« gespeicherte Grafik wird nicht wie normalerweise üblich zeilenweise von links oben nach rechts unten geladen. Vielmehr wird zuerst ein grobes Bild dargestellt, das mit der Zeit immer schärfer wird, bis es vollständig geladen ist. Diese Art des Bildaufbaus ist für den Anwender insofern sinnvoll, als dass dieser bereits nach relativ kurzer Ladezeit in etwa erkennen kann, was die Grafik darstellt; entspricht der Bildinhalt nicht den Erwartungen, kann der Ladevorgang sofort abgebrochen werden. Beim herkömmlichen Bildaufbau muss dagegen unter Umständen fast das gesamte Bild geladen sein, bevor man den Bildinhalt erkennt. Die tatsächliche Ladezeit der Datei wird beim Interlacing nicht verkürzt; der Betrachter kann lediglich früher erkennen, was dargestellt wird und empfindet diese Form des Bildaufbaus als schneller. Im Einzelnen läuft der Bildaufbau nach folgendem Schema in vier Durchgängen ab:

1. Im ersten Durchgang wird (ausgehend von 0) jede achte Zeile dargestellt, also die Zeilen 0, 8, 16, 24 usw.

2. Wieder wird jede achte Zeile dargestellt, wobei Zeile 4 den Beginn darstellt, das entspricht den Zeilen 4, 12, 20 etc.

3. In diesem Schritt werden doppelt so viele Zeilen angezeigt wie in den vorigen Schritten, nämlich jede vierte Zeile, Ausgangspunkt ist hierbei Zeile 2. Das entspricht den Zeilen 2, 6, 10 usw.

4. Im letzten Durchgang wird die Anzahl der dargestellten Zeilen eines Bildes abermals verdoppelt. Ausgehend von Zeile 1 wird jede zweite Zeile geladen, was den Zeilen 1, 3, 5 usw. entspricht, der Bildaufbau ist mit diesem Schritt abgeschlossen.

Die folgende Grafik verdeutlicht den Bildaufbau.

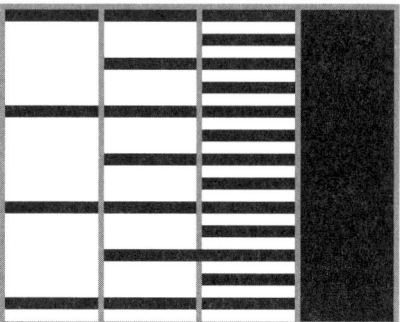

Bild 17.2: Schritte beim Aufbau einer interlaced GIF-Datei

Eine weitere besondere Funktion des GIF-Formats sind animierte GIF-Grafiken, die in Kapitel 38 beschrieben werden. Dabei werden mehrere Grafiken in einer GIF-Datei gespeichert und können als Abfolge angezeigt werden.

 Das Kompressionsverfahren LZW, das in GIF verwendet wird, ist patentiert, sodass der Patentinhaber (die Firma Unisys) von den Herstellern solcher Programme, die das GIF-Format (und damit das Komprimierungsverfahren) unterstützen, eine Gebühr erhält. Da der Patentinhaber davon ausgeht, dass nicht alle GIF-Grafiken mit originaler Software erstellt wurden (bei deren Kauf die Gebühr auf die Anwender umgelegt wird), müssen Betreiber von Webservern eine Gebühr entrichten, wenn diese nicht nachweisen können, dass Original-Software verwendet wurde.

17.2 Das Grafikformat JPEG

Das nach der Joint Photographic Experts Group benannte JPEG-Format unterstützt ebenso wie GIF Rastergrafiken. Einer der wesentlichen Unterschiede zu GIF liegt in der unterstützen Farbtiefe: JPEG arbeitet mit 16,7 Millionen Farben, also mit Echtfarben (True Color), während GIF eine maximale Farbtiefe von 8 Bit pro Bildpunkt (das entspricht 256 Farben) unterstützt. Eine JPEG-Grafik wird pro Bildpunkt mit 24 Bit definiert (2^{24} = 16.777.216), wovon jeweils 8 Bit (ein Byte, das entspricht 2^8 = 256 unterschiedlichen Werte) auf die drei Grundfarben Rot, Grün und Blau entfallen. JPEG-Grafiken können demnach pro Grundfarbe so viele verschiedene Werte annehmen, wie in GIF insgesamt zur Verfügung stehen. Die Dateierweiterung *.jpeg* kann – falls die 8.3 Namenskonvention eingehalten werden muss – in der verkürzten Form *.jpg* auftreten. Auch die Dateierweiterungen *.jfif* (für JPEG file interchange format) und deren Kurzform *.jif* bezeichnen JPEG-Dateien.

Die in JPEG verwendeten Verfahren zur Datenreduzierung und -kompression sind speziell darauf ausgerichtet, die Dateigrößen von Fotos (und ähnlichen Bildern) zu reduzieren, sodass JPEG-Grafiken, obwohl sie 16,7 Millionen Farben unterstützen, eine verhältnismäßig geringe Dateigröße haben. Wie GIF-Grafiken können auch Grafiken im JPEG-Format von den gebräuchlichen Browsern dargestellt werden.

Neben der grafischen Auflösung in dpi (dots per inch = Punkte pro Inch; ein Inch entspricht 2,54 cm) kann der Kompressionsfaktor bei JPEG-Dateien gewählt werden. Da die Datenkompression in JPEG mit einem gewissen Datenverlust verbunden ist, lässt sich aus einer einmal komprimierten Datei das Originalbild nur mit Einbußen an Qualität wieder herstellen. Das bedeutet, je stärker eine Datei komprimiert wird, desto größer ist der Datenverlust und der Unterschied zum Originalbild. Dieser Datenverlust liegt in der Verwendung eines Verfahrens begründet, das die Daten einer JPEG-Grafik in ihrem Umfang reduziert. Hierbei handelt es sich um die diskrete Kosinustransformation (DCT), die auf einer Schwäche des menschlichen Auges aufbaut. Bei der DCT werden unterschiedliche aber ähnliche Farben, die das menschliche Auge ohnehin nicht gut auflösen kann (d.h. sie werden als einheitlicher Farbton wahrgenommen) schlechter (bzw. gar nicht) codiert als andere, stärkere Farbunterschiede, was zu einer Reduktion der Datenmenge führt. Einfach ausgedrückt werden ähnliche Farbtöne zu einem zusammengefasst. Um diese Farbähnlichkeit zu beurteilen, wird der RGB-Farbwert jedes einzelnen Bildpunktes zunächst in ein anderes Farbmodell konvertiert, in dem neben dem Farbton die Sättigung und Helligkeit des Farbtons erfasst werden (Chrominanz und Luminanz). Das Bild wird dann in Quadrate von 8 x 8 Pixel zerlegt, die mit DCT komprimiert werden. Bei einem sehr hohen Kompressionsfaktor können diese Quadrate sogar auf dem Bildschirm sichtbar werden, wie in Abbildung 17.3 zu sehen ist.

Bild 17.3: Eine zu stark komprimierte JPEG-Grafik

Der Verlust bezieht sich auf mehr oder weniger überflüssige Daten, deren Abwesenheit im direkten Vergleich zwischen Originalbild und komprimierter Fassung (abhängig vom Kompressionsfaktor) kaum wahrnehmbar ist. Die komprimierte Fassung einer JPEG-Datei unterscheidet sich also relativ gering von der Originaldatei. Wird diese Datei allerdings dekomprimiert und dann erneut komprimiert, wird der Unterschied zur Originaldatei immer größer. Suchen Sie einen für Ihre Zwecke tragbaren Kompromiss zwischen

Bildqualität und Dateigröße, indem Sie verschiedene Komprimierungsfaktoren ausprobieren. Eine gute Qualität erreichen Sie mit einem Faktor zwischen 5 und 10, der Unterschied zur Originaldatei ist nicht zu groß.

Achten Sie bei der Verwendung von JPEG-Grafiken darauf, immer eine Originaldatei in einem anderen Dateiformat als JPEG zu behalten (z.B. TIFF), auf die Sie notfalls zurückgreifen können, da bereits einmal komprimierte JPEG-Dateien keine Reproduktion des Originals zulassen.

Die mittels der DCT verringerte Datenmenge wird mithilfe des Huffman-Algorithmus komprimiert. Da die Kompression bei JPEG-Grafiken komplexer ist als beim GIF-Format, haben sie längere Ladezeiten. Sie sollten daher nur dann JPEG-Grafiken einsetzen, wenn sie erforderlich sind, z.B. bei Fotos.

Ähnlich dem Interlacing beim GIF-Format können JPEG-Grafiken so abgespeichert werden, dass sie beim Anwender schrittweise dargestellt werden, wenn erst ein Teil der Datei geladen ist. Diese progressiven JPEG-Dateien werden von älteren Browsern nicht unterstützt.

17.3 Das Grafikformat PNG

Das verhältnismäßig neue Grafikformat PNG (Portable Network Graphics) ist ein Hersteller übergreifendes Format, dass die Vorteile von GIF und JPEG in sich vereint. Es wurde als Nachfolger von GIF entwickelt, um die lizenzrechtlichen Probleme mit dem in GIF verwendeten Kompressionsverfahren zu umgehen. PNG unterstützt Graustufen, 256 Farben mit Farbpalette (Farbtiefe 8 Bit), 16,7 Millionen Farben (Echtfarben, Farbtiefe 24 Bit bzw. drei Byte, d.h., ein Byte pro Farbe Rot, Grün, Blau) und 281 Billionen Farben (Farbtiefe 48 Bit = 6 Byte, das entspricht zwei Byte pro Farbe Rot, Grün, Blau. Für jede der Grundfarben können 65.536 verschiedene Werte angegeben werden). Darüber hinaus dürfen alle Farbangaben einen Alpha-Kanal enthalten, der die Transparenz der Farbe definiert. Zum verlustfreien Komprimieren wird ein lizenzfreies Verfahren eingesetzt. Die resultierenden Dateigrößen sind bei gutem Ergebnis kleiner als GIF-Dateien, PNG stellt also zukünftig sicher eine sehr gute Alternative zu GIF dar. Bei Fotos sieht die Sache hingegen etwas anders aus; für sie ist JPEG nach wie vor das richtige Format.

Wie bei GIF-Grafiken kann auch im PNG-Format mit transparenten Hintergründen sowie Interlacing gearbeitet werden. Weiterhin besteht die Möglichkeit, zusätzliche Informationen zu einer Datei, etwa bezüglich eines Copyrights oder des Autors, abzuspeichern.

Das Format PNG wird erst ab den Browser-Versionen 4.x von Netscape und Microsoft direkt unterstützt, ältere Browser benötigen ein Plug-In. Daher sollten Sie den Einsatz dieses Formats sorgfältig abwägen.

18 Grafiken verwenden

Allgemein gilt, dass Fotos und fotoähnliche Bilder als JPEG- und alle anderen Grafiken als GIF-Datei abgespeichert werden sollten (in Kapitel 17 werden diese Grafikformate erläutert). Das Dateiformat ist jedoch nur ein Aspekt von vielen, die bei der Verwendung von Grafiken beachtet werden sollten. Grundsätzlich sollten Grafiken sinnvoll eingesetzt werden, denn für den Anwender kann es umständlich sein, zuerst den Aufbau der Bilder abzuwarten und dann erst entscheiden zu können, ob diese Seite die richtige für ihn ist. Verbinden Sie daher wichtige grafische Inhalte mit textlichen Inhalten durch gegenseitige Bezugnahme. Auch das Bereitstellen von Grafiken verschiedener Qualität kann sinnvoll sein, so kann der Interessierte z.B. mittels eines Hyperlinks zu einer besseren Darstellung gelangen. Denkbar ist auch, auf ein anderes Dateiformat (wie etwa PNG) zu verweisen. Die folgende Tabelle bietet eine Übersicht der in Zusammenhang mit Grafiken benutzten Befehle und Attribute; über die hier aufgeführten Attribute von `<img>` hinaus können auch Universalattribute enthalten sein.

Befehl	Attribut	Bedeutung	Status in HTML 4.01
`<img>`		Bindet eine Grafik ein.	ohne End-Tag
	`align`	Ausrichtung der Grafik	»deprecated«
	`alt`	Alternativer Text, kurze Beschreibung der Grafik	
	`border`	Grafikrahmen in Pixel	»deprecated«
	`height`	Höhe der Grafik in Pixel oder Prozent	
	`hspace`	Abstand zu umgebenden Elementen in horizontaler Richtung (nach links und rechts) in Pixel	»deprecated«
	`longdesc`	Beschreibung der Grafik, ergänzend zu `alt`	neu
	`name`	Bezeichnung der Grafik	
	`src`	Absolute oder relative URL der Grafik	
	`vspace`	Abstand zu umgebenden Elementen in vertikaler Richtung (nach oben und unten) in Pixel	»deprecated«
	`width`	Breite der Grafik in Pixel oder Prozent	
` `	`clear`	Beendet das Umfließen einer Grafik.	kein End-Tag

Tabelle 18.1: Befehle und Attribute bei Grafiken

18.1 Grafiken erstellen

Für die Herkunft von Grafiken einer Webseite gibt es verschiedene Möglichkeiten. So können beispielsweise Fotos eingescannt (oder Dateien mit fotografischem Inhalt aus einer anderen Quelle bezogen) oder eigene Grafiken in einem geeigneten Programm erstellt werden. Für bestimmte Grafikelemente wie z.B. Trennlinien stellt das WWW selbst eine Fundgrube dar. Bei der Verwendung von Grafiken, die Sie nicht selbst erstellt haben, sollten Sie immer ein eventuell bestehendes Copyright beachten. Bei vielen Bildquellen sind die Verwendungsbedingungen notiert, wobei die private Nutzung häufig kostenlos ist. Auch bei Fotos können Nutzungsbeschränkungen bestehen. Selbst wenn Sie eigene Fotos verwenden, empfiehlt es sich, abgelichtete Personen nach ihrem Einverständnis zur Veröffentlichung im Internet zu fragen.

Sie sollten alle Bemühungen daran setzen, den Umfang der Grafikdateien so gering wie möglich zu halten, denn für den Anwender ist nichts sinnloser, als scheinbar endlos auf den Aufbau einer Grafik zu warten, vor allem, wenn der Informationsgehalt eher gering ist. Verwenden Sie in Grafikprogrammen immer von Anfang an den RGB-Modus, um Web-gerechte Grafiken zu erstellen. Arbeiten Sie mit der bestmöglichen Qualität (z.B. bei Fotos), und komprimieren Sie die Datei erst nach der Bearbeitung.

Versuchen Sie, im letzten Arbeitsschritt die Farbtiefe zu beschränken. Navigationselemente wie z.B. Schaltflächen kommen in der Regel mit 256 Farben aus (siehe auch Kapitel 19). Da Schaltflächen nur als GIF-Datei mit transparentem Hintergrund abgespeichert werden können, sind Sie ohnehin auf die von GIF unterstützten 256 Farben »beschränkt«. Auch Grafiken, die Sie nicht selbst erstellt haben, kann nachträglich in einem Grafikprogramm eine reduzierte Farbtiefe zugewiesen werden. Öffnen Sie eine Grafik beispielsweise in Jascs Grafikprogramm Paint Shop Pro 7.0 (das via Internet als Testversion herunter geladen werden kann) und wählen Sie aus dem Menü FARBEN den Befehl FARBTIEFE VERRINGERN. Aus dem Untermenü können verschiedene Farbtiefen gewählt werden. Das Dialogfeld *Farbtiefe verringern* bietet verschiedene Optionen an, welche Farbpalette und welche Reduktionsmethode angewandt wird. Welche Optionen zur Verfügung stehen, hängt davon ab, welche Farbtiefe erreicht werden soll. Informieren Sie sich (mit den Hilfethemen) über die verschiedenen Möglichkeiten, und probieren Sie aus, wie das für Ihre Zwecke beste Ergebnis erzielt werden kann.

Überprüfen Sie, wie eingesetzte Echtfarbengrafiken (Fotos) dargestellt werden, wenn Sie im Betriebssystem die Farbanzeige auf 256 reduzieren. Bei Anwendern, die diese Einstellung gewählt haben oder deren Hardware (Grafikadapter und Monitor) nicht mehr als 256 Farben unterstützt, werden solche Dateien entweder vom Browser oder vom Betriebssystem »gedithert«. Bei diesem Vorgang wird versucht, die Anzeige von Farben, die nicht direkt darstellbar sind, durch eine Mischung vorhandener Farben zu erreichen. Die dabei entstehenden Probleme sind in Kapitel 16.2 erwähnt. Überlegen Sie angesichts dieser Tatsache, ob Sie die Datei nicht von vornherein auf 256 bzw. 216 Farben reduzieren (siehe dazu auch Kapitel 6).

Beim Scannen gilt, dass die Auflösung nicht zu hoch sein sollte. Eine Auflösung zwischen 70 und 100 dpi ist für die Bildschirmbetrachtung normalerweise ausreichend, da die Auflösung des Monitors (abhängig von der Größe) diese Auflösung nicht übersteigt. Die Rasterweite beträgt bei einer Auflösung von 70 dpi etwa $^1/_3$ Millimeter, 100 dpi ergeben mit 0,25 mm ein Viertel eines Millimeters. Geben Sie nach Möglichkeit bereits beim Scannen die endgültige Grafikgröße an. Bei selbst erstellten Grafiken (oder auch bei Grafiken aus einer anderen Quelle) besteht die Kunst darin, einen guten Mittelweg zwischen der Farbtiefe, der Auflösung und der resultierenden Dateigröße zu finden. Bei JPEG-Grafiken ist außerdem der Kompressionsfaktor zu definieren, der bei geringem Qualitätsverlust 5-10 betragen kann.

Verwenden Sie Grafiken reduzierter Qualität (Vorschau-Grafiken), die auf ein besseres bzw. größeres Bild verweisen (wie in Kapitel 18.11 beschrieben). Der Besucher der Seite kann anhand der Vorschau-Grafik entscheiden, ob er die Grafikdatei herunterladen möchte oder nicht. Geben Sie im Quelltext die Maße der eingebundenen Grafiken an. Da der textliche Inhalt einer Webseite im Normalfall schneller geladen wird als Grafiken, kann der Browser diesen bereits anzeigen, obwohl die Grafiken noch fehlen. Dazu benötigt der Browser allerdings die Maße der Grafik, damit er diesen Platz freihalten und für die später geladene Grafik reservieren kann. Wie Sie diese Maßangaben machen, wird in Kapitel 18.8 behandelt.

Nutzen Sie bei GIF-Grafiken den »interlaced«-Modus, der dazu führt, dass der Bildaufbau schrittweise so erfolgt, dass der Anwender bereits nach relativ kurzer Zeit ein grobes Bild erkennen kann. Dieses Verfahren ändert zwar nichts an der tatsächlichen Ladezeit, die Wartezeit wird jedoch subjektiv als kürzer empfunden, weil man schon sehr bald überhaupt etwas sieht. Normal gespeicherte GIF-Dateien werden erst dann im Browser dargestellt, wenn die kompletten Bilddaten beisammen sind. Eine ähnliche Methode existiert auch für JPEG-Dateien; diese können im so genannten »pogressive«-Modus allerdings nicht von allen Browsern angezeigt werden. Näheres zu diesem Thema finden Sie in Kapitel 17.

ACHTEN SIE DARAUF, GRAFIKDATEIEN, DIE ZUR STRUKTURIERUNG EINER SEITE DIENEN, WIE AUFZÄHLUNGSZEICHEN ODER TRENNLINIEN, MIT TRANSPARENTEM HINTERGRUND ABZUSPEICHERN. Legen Sie alle in einer HTML-Datei eingebundenen Grafiken im selben Verzeichnis ab, sodass der Browser nur auf dieses zugreifen muss, um Grafiken darzustellen. Zur Bezeichnung von Grafikdateien siehe Kapitel 2.4, »Dateibezeichnung«.

18.2 Grafiken einbinden

Grafiken werden mithilfe des `<img>`-Tags in eine HTML-Datei eingebunden (img steht als Abkürzung für image = Bild). Um die Quelle der Grafik anzugeben, wird als Wert des Attributs src (Abkürzung für source = Quelle) ein relativer oder absoluter Pfad angegeben. Die Syntax lautet also `<img src="Pfadangabe">`. Stößt der Browser in einer HTML-Datei auf das `<img>`-Tag mit dem Attribut src, so versucht er, die angegebene Datei (z.B. mit der Endung *.gif* oder *.jpg*) nach dem angegebenen Pfad zu finden und an der entsprechenden Stelle im Dokument anzuzeigen. Der Befehl `<img>`

besitzt kein End-Tag und kann Universalattribute enthalten. Die für Grafiken in Webseiten geeigneten und gebräuchlichen Formate sind GIF und JPEG. Im einfachsten Fall befindet sich die Grafik im gleichen Verzeichnis wie die HTML-Datei, in die sie eingebunden werden soll. Die Grafikreferenz lautet in einem solchen Fall beispielsweise `<img src="wiese.jpg">`. Im folgenden Beispiel wird diese Grafikreferenz verwendet.

```
<html>
<head>
<title>Grafiken einbinden</title>
</head>
<body>
<h2 align="center">Grafiken einbinden</h2>
Auf dieser Seite wird eine kleine Grafik eingebunden.
<img src="wiese.jpg">
Wie man sieht, wird die Grafik in den Textverlauf integriert, sofern
keine anderen Angaben gemacht werden.
</body>
</html>
```

Die Browser-Darstellung dieser Datei sehen Sie in der folgenden Abbildung 18.1.

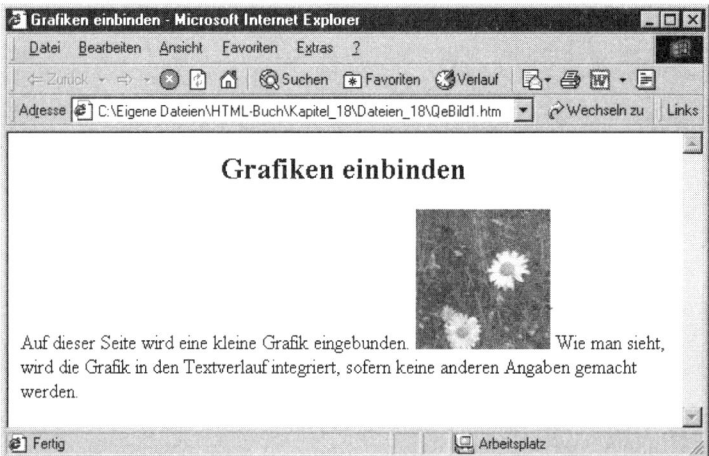

Bild 18.1: Eine eingebundene JPEG-Grafik

Der Browser fügt die Grafik an der Stelle ein, an der sich im Quelltext die Grafikreferenz befindet, in diesem Beispiel zwischen den beiden Sätzen. Die Grafik wird mehr oder weniger nahtlos in den Text integriert, weil im Quelltext weder vor noch nach der Grafikreferenz ein Absatz bildender Befehl notiert ist. Die Anzeige der HTML-Datei kann sich im Browser je nach gewählter Fenstergröße daher stark voneinander unterscheiden. In Abbildung 18.1 steht die Grafik auf derselben (gedachten) Grundlinie wie der Text. Aufgrund ihrer Größe wird der Abstand zwischen Text und Überschrift stark vergrößert. In Abbildung 18.2 sehen Sie dieselbe Datei in einem kleineren Browser-Fenster.

Bild 18.2: Das Browser-Fenster aus Abbildung 18.1 wurde skaliert.

Da die Grafik nicht mehr in die erste Zeile des Fließtextes passt, wird sie automatisch umbrochen, also in der nächsten Zeile dargestellt. Der auf die Grafik folgende Text steht wie in Abbildung 18.1 auf der gleichen Grundlinie wie die Grafik, bündig zu ihrer unteren Begrenzung. Wenn Sie die Position der Grafik kontrollieren möchten, müssen im Quelltext zusätzliche Angaben gemacht werden. Fügen Sie unmittelbar vor der Grafikreferenz einen Zeilenumbruch mit dem
-Tag ein, erhalten Sie die gleiche Anzeige wie in Abbildung 18.2, mit dem Unterschied, dass die Grafik auch bei einem größer skalierten Fenster fest in einer neuen Zeile beginnt. Der folgende Text steht auch hier bündig mit der Grafikunterkante. Je ein Zeilenumbruch vor und nach der Grafik lässt diese in einer eigenen »Zeile« stehen, der Text fängt erst unterhalb der Grafik wieder an.

Anders verhält es sich, wenn Sie die Grafik mit dem <p>-Tag in einen eigenen Absatz setzen, wie im betreffenden Ausschnitt des Quellcodes zu sehen ist.

```
<p>
<img src="wiese.jpg">
</p>
```

Im Gegensatz zu Abbildung 18.2 wird ein Abstand zum oberhalb und unterhalb der Grafik stehenden Text dargestellt, die Grafik steht linksbündig in einem eigenen Absatz. Wie Sie Text neben der Grafik in mehreren Zeilen darstellen können, erfahren Sie in Kapitel 18.4, »Umfließender Text«.

Grafiken können auch innerhalb von Überschriften eingesetzt werden, setzen Sie dazu einfach das <img>-Tag innerhalb des entsprechenden Befehls ein. In Abbildung 18.4 sehen Sie ein Beispiel, in dem die gleiche Grafik am Anfang und am Ende der Überschrift steht.

Bild 18.3: Die Grafik bildet einen eigenen Absatz.

Bild 18.4: Eine Überschrift mit zwei eingebundenen Grafiken

Der Quelltext zu Abbildung 18.4 lautet wie folgt:

```
<html>
<head>
<title>Grafiken einbinden</title>
</head>
<body>
```

```
<h1 align="center">
<img src="wieseklein.jpg"> Meine Sommerwiese <img
src="wieseklein.jpg">
</h1>
Lorem ipsum dolor (...)
</body>
</html>
```

Beachten Sie, dass zwischen der Grafikreferenz und der Überschrift jeweils ein Leerzeichen eingegeben wurde, ohne das die Grafiken näher an der Überschrift stehen würden. Um einen größeren Abstand zwischen Grafik und Überschrift herzustellen oder den automatischen Zeilenumbruch zwischen Grafik und Überschrift zu unterbinden, notieren Sie anstelle der Leerzeichen ein oder mehrere geschützte Leerzeichen ( ). Wenn Sie innerhalb einer zentrierten Überschrift eine linksbündig ausgerichtete Grafik einbinden möchten, haben Sie verschiedene Möglichkeiten. Definieren Sie für die verschiedenen Elemente eine Tabelle, wobei Grafik und Überschrift in verschiedene Spalten einer Tabellenzeile eingebunden werden, oder benutzen Sie ein Stylesheet.

In den vorstehenden Beispielen wurde eine Grafik eingebunden, die im gleichen Verzeichnis abgespeichert ist wie die HTML-Datei, in der sie dargestellt werden soll. In der Praxis ist es jedoch üblich, einen eigenen Ordner für die auf einer Webseite verwendeten Grafiken zu erstellen. Dem Autor der Seite wird dadurch die Pflege der Grafiken erleichtert, da er sicher alle Grafiken an einem Ort finden und bearbeiten kann. Außerdem ist es günstiger bezüglich der Ladezeiten der Grafiken, dass der Browser nur auf ein Verzeichnis zugreifen muss. Häufiger und an verschiedenen Stellen des Dokuments verwendete Grafiken können so – nachdem Sie einmal angezeigt wurden – aus dem Browser-Cache bezogen werden. Sind dieselben Grafiken an verschiedenen Orten gespeichert, bedeutet das erstens zusätzliche Speicherkapazität und zweitens werden solche Grafiken, obwohl sie identisch sind, einzeln in den Browser-Cache geladen, da sie einen unterschiedlichen Pfad haben. Vor allem bei Navigationselementen und strukturierenden Grafiken (z.B. grafische Trennlinien) sollten Sie daher darauf achten, sich zunächst auf wenige Elemente zu beschränken, die immer wieder verwendet werden (was auch der Gestaltung gut tut), und diese Elemente nur einmal zu speichern.

Bedenken Sie, dass für die Veröffentlichung einer Web-Site je nach Provider verschiedene Regeln gelten können, sodass unter Umständen nur ein Verzeichnis auf dem Webserver gespeichert werden darf. Erkundigen Sie sich daher rechtzeitig nach den jeweiligen Rahmenbedingungen, bevor Sie ihre Daten ins Web stellen.

Website (Verzeichnis)

    HTML-Datei

    wiese.jpg (Grafikdatei)

Die in den Beispielen benutzte relative Pfadangabe `<img src="wiese.jpg">` wird vom Browser automatisch um den absoluten Teil ergänzt. Als absoluter Teil wird die bekannte URL der Seite eingefügt, sodass der Browser nur die HTML-Datei durch die im Attribut SRC angegebene Datei ersetzt. Sofern die angegebene Grafikdatei sich tatsächlich im gleichen Verzeichnis befindet wie die HTML-Datei, kann die Grafik angezeigt werden. Ist die Grafik in einem anderen Verzeichnis als die HTML-Datei gespeichert, muss der Pfad so angegeben werden, dass der Browser die Grafikdatei ausgehend von der HTML-Datei bzw. deren Verzeichnis finden kann. Befindet sich die Grafikdatei in einem Verzeichnis, das unterhalb des Ausgangsverzeichnisses liegt, muss dieses in der Pfadangabe notiert werden.

Website (VERZEICHNIS)

   HTML-Datei

   Bilder (VERZEICHNIS)

      wiese.jpg (GRAFIKDATEI)

Liegt die Grafikdatei *wiese.jpeg* beispielsweise in dem Verzeichnis *Bilder*, das sich auf der gleichen Ebene befindet wie die HTML-Datei, in welche die Grafik eingebunden werden soll, lautet die Grafikreferenz `<img src="Bilder/wiese.jpg">`. Liegt die Grafikdatei weitere Ebenen von dem Ausgangsverzeichnis entfernt, werden diese jeweils durch einen Schrägstrich voneinander getrennt angegeben.

Liegt die Grafikdatei in einem Verzeichnis, das sich oberhalb des Ausgangsverzeichnisses oder auf gleicher Ebene in einem anderen Verzeichnis befindet, werden für den Schritt in die nächst höhere Ebene zwei Punkte angegeben.

Website (Verzeichnis)

   Bilder (Verzeichnis)

      wiese.jpg (Grafikdatei)

   Seiten (Verzeichnis)

      HTML-Datei

Hier befindet sich die Grafikdatei im Verzeichnis *Bilder*, das wiederum ein Unterverzeichnis von *Website* ist. Ein anderes Unterverzeichnis von *Website*, *Seiten*, enthält die HTML-Datei. Der Browser muss hier ausgehend vom Verzeichnis *Seiten* zum Verzeichnis *Website* zurück und dann den Pfad *Bilder/wiese.jpg* einschlagen. Die Grafikreferenz lautet in diesem Fall `<img src="../Bilder/wiese.jpg">`. Liegt die Grafik weitere Ebenen über dem Ausgangsverzeichnis, sodass der Browser mehrere Schritte zurück machen muss, werden diese jeweils durch zwei Punkte repräsentiert, die durch einen Schrägstrich voneinander getrennt in der Pfadangabe stehen (`"../../Bilder/wiese.jpg"`).

Der Vorteil dieser relativen Pfadangaben liegt in ihrer Einsatzmöglichkeit. Selbst wenn das gesamte Projekt auf einen anderen Server umgeschichtet wird, bleiben alle internen Pfade erhalten und lediglich die URL der Seite wird geändert. Die neue URL fügt der Browser beim Aufrufen der Seite mit den vorhandenen relativen Grafikreferenzen zusammen und kann so alle

Grafiken darstellen. Sie kommen allerdings nur dann in den Genuss dieses Vorteils, wenn Sie die Lage der Dateien untereinander zwischenzeitlich nicht ändern.

Auch wenn die Anführungszeichen, die den Wert des Attributs src *einfassen, nicht unbedingt erforderlich sind, sollten Sie diese dennoch benutzen. Auf der einen Seite bleiben Sie damit XHTML-konform und andererseits verursachen Grafikbezeichnungen, die Leerzeichen beinhalten, ansonsten bei der Interpretation Probleme. Da die einzelnen Attribute eines Befehls stets durch ein Leerzeichen voneinander getrennt sind, interpretiert der Browser den zweiten Teil einer Dateibezeichnung als Attribut. Steht die relative Pfadangabe in Anführungszeichen, erkennt der Browser diese als Wert und versucht nicht, diesen als Attribut zu verstehen.*

Liegen die Grafikdateien auf einem anderen Server, müssen sie mit einer absoluten Pfadangabe referenziert werden. Als Wert des Attributs src wird dann die entsprechende URL in der Form http://www.irgendwas.de/Verzeichnis/Verzeichnis/Grafikdatei.jpg angegeben. Der Nachteil derart eingebundener Grafiken liegt darin, dass Sie als Gestalter einer Seite keine Kontrolle darüber haben, ob die Grafik geändert bzw. vielleicht sogar aus dem angegebenen Verzeichnis entfernt wird. Beim Anwender verursachen solche Grafiken möglicherweise zusätzliche Wartezeiten, da der Browser zum Anzeigen der Grafik zuerst Kontakt mit dem anderen Server aufnehmen muss. Nach Möglichkeit sollten Sie also auf Grafiken fremder Server verzichten.

Beachten Sie bei der Vergabe von Bezeichnungen für Grafiken, dass diese – sofern sie die Länge von acht Zeichen übersteigen – von älteren Betriebssystemen (Windows 3.x, DOS) unter Umständen nicht angezeigt werden können. Das bedeutet, dass die Dateien eines Webprojekts nicht ohne Weiteres auf solche Systeme übertragen werden können, da längere Bezeichnungen auf acht Zeichen reduziert werden. Wenn mehrere Bezeichnungen in den ersten acht Zeichen übereinstimmen, weiß der Browser nicht, welche Datei geladen werden soll. Wenn Sie den Beschränkungen der 8.3-Namenskonvention entsprechen möchten, dürfen die Dateibezeichnungen maximal acht alphanumerische Zeichen enthalten; dabei ist als einziges Sonderzeichen der Unterstrich gestattet. Die Dateierweiterung muss dreistellig sein (siehe auch Kapitel 2.4, »Dateibezeichnung«).

Ein falscher Pfad oder eine fehlende Grafikdatei hat die Darstellung eines Grafik-Platzhalters zur Folge. Der Browser erkennt zwar, dass an dieser Stelle eine Grafik darzustellen ist, wenn er diese jedoch unter der angegebenen Adresse nicht ausfindig machen kann, setzt er einen Platzhalter ein. Im Quellcode zur folgenden Abbildung 18.5 wurde in der ersten Grafikreferenz zwischen dem Dateinamen und der Dateierweiterung ein Komma anstelle eines Punktes notiert. Der Browser kann unter dieser Angabe keine Grafik finden.

Diese Platzhalter werden auch dann sichtbar, wenn eine Seite viele Grafiken enthält, sodass sie erst langsam aufgebaut wird, oder wenn der Anwender im Browser die Option *Bilder anzeigen* deaktiviert hat.

Bild 18.5: Die erste Grafikreferenz ist fehlerhaft, sodass keine Grafik dargestellt werden kann.

18.3 Grafikbeschriftung

Mithilfe des Attributs align (von alignment = Ausrichtung) im Befehl <img> kann festgelegt werden, dass neben einer Grafik Text als Beschriftung angezeigt wird. Das Attribut kann hierbei verschiedene Werte annehmen, welche die Ausrichtung der Beschriftung in Relation zur Grafik definieren. Der Wert top (oben) steht für Text, der bündig mit der oberen Grafikkante dargestellt wird, middle (Mitte) für die Darstellung auf Höhe der Mitte der Grafik und bottom (Boden) für Text, der auf Höhe der unteren Grafikkante steht. Das Attribut gilt als »deprecated«, kann jedoch mit der entsprechenden DTD (noch) eingesetzt werden. Das W3C empfiehlt stattdessen den Einsatz von Stylesheets.

```
<html>
<head>
<title>Grafiken einbinden</title>
</head>
<body>
<h2 align="center">Grafiken einbinden</h2>
Auf dieser Seite werden zwei Grafiken eingebunden.
<p>
<img src="wiese.jpg" align="top">
Eine Bauernwiese mit Blumen
</p>
<img src="wiese.jpg" align="bottom">
Eine Bauernwiese mit Blumen
</body>
</html>
```

Das Attribut steht neben `src` im `<img>`-Tag; der Beschriftungstext steht im Quellcode hinter der Grafikreferenz. Die Grafik mit ihrer Beschriftung ist als Absatz ausgezeichnet, damit ein Abstand zum Fließtext dargestellt wird. In Abbildung 18.6 sehen Sie die Datei im Browser.

Bild 18.6: Die Grafikbeschriftung ist einmal mit der oberen und einmal mit der unteren Grafikkante bündig.

Die Beschriftung der unteren Grafik, die bündig mit der Unterkante der Grafik ist, wird genauso wie in Abbildung 18.6 dargestellt, wenn Sie das Attribut `align` mit dem Wert `bottom` nicht verwenden. Wie Sie in Abbildung 18.2 sehen, wird der auf die Grafik folgende Text bündig mit der Grafikunterkante angezeigt.

Problematisch wird die Darstellung, wenn der Beschriftungstext relativ lang gerät oder das Browser-Fenster klein skaliert wird. In der folgenden Abbildung wurde der Wert des Attributs `align` auf `middle` gesetzt und der Beschriftungstext verlängert.

Wie man Abbildung 18.7 entnehmen kann, wird Beschriftungstext, der aufgrund mangelnden Platzes nicht mehr neben der Grafik angezeigt werden kann, unter der Grafik fortgesetzt. Diesen unschönen Effekt kann man umgehen, indem wirklich kurze Beschriftungen gewählt werden. Allerdings spielt auch die Größe der Grafik eine Rolle, bei relativ breiten Grafiken sollten Sie daher auf eine nebenstehende Beschriftung verzichten oder einen anderen Weg wählen (z.B. eine blinde Tabelle, siehe Kapitel 27).

171

Bild 18.7: Die Bildbeschriftung beginnt auf der Höhe der Mitte der Grafik.

18.4 Umfließender Text

Um Fließtext auch neben einer Grafik anzuzeigen, stehen dem Attribut align zwei weitere mögliche Werte zur Verfügung. Auch diese gelten als unerwünscht und sollten durch Stylesheets ersetzt werden. Mit dem Ausdruck align="left" (left = links) im <img>-Tag definieren Sie, dass die Grafik linksbündig ausgerichtet ist und dass der folgende Text neben der Grafik dargestellt wird. Entsprechend sorgt align="right" (right = rechts) dafür, dass der Text links um die (rechtsbündig ausgerichtete) Grafik fließt. Im Quelltext zu Abbildung 18.8 wurde der Blindtext durch (...) abgekürzt.

```
<html>
<head>
<title>Grafiken einbinden</title>
</head>
<body>
<h2 align="center">Grafiken einbinden</h2>
Lorem ipsum dolor (...) consequat.
<img src="wiese.jpg" align="left">
Duis autem veleum (..)
</body>
</html>
```

Im Browser wird diese Datei wie folgt dargestellt:

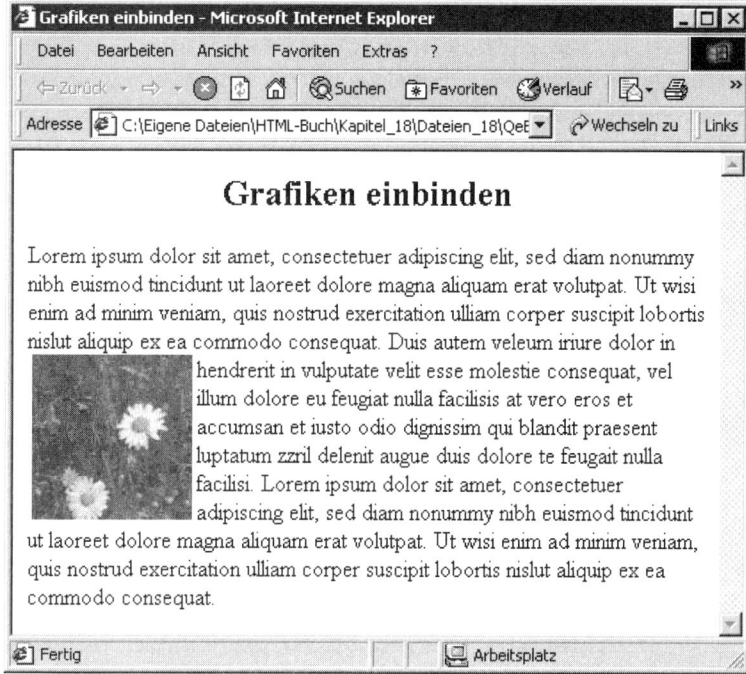

Bild 18.8: Eine linksbündige Grafik, die von Text umflossen wird

Wie Sie Abbildung 18.8 entnehmen können, wird die Grafik linksbündig ausgerichtet und vom Text umflossen. Im Quelltext wurde die Grafik nach dem Wort »consequat« des Blindtextes eingebunden (in Abbildung 18.8 befindet es sich etwa in der Mitte der Zeile, die sich über der Grafik befindet). Der Browser ist zunächst irritiert: Einerseits ist die Grafik zwar an einer bestimmten Textstelle eingebunden, andererseits wird mit `align="left"` jedoch die linksbündige Darstellung der Grafik definiert. Im Ergebnis stellt der Browser die Grafik so bald wie möglich nach der festgelegten Textstelle linksbündig dar. Die Abstände zwischen Grafik und umfließendem Text sind extrem klein, auffällig ist allerdings der größere Abstand zwischen Text und unterem Grafikrand. Die Höhe der Grafik entspricht in der dargestellten Schriftgröße nicht genau den Zeilen des Fließtextes. Sie können die Höhe der Grafik verändern, um diesen Effekt zu mildern, bedenken Sie jedoch, dass schon die Veränderung der Schriftgröße im Browser die Darstellung beeinflusst. Sinnvoll ist es jedoch, Grafiken auf die standardmäßig angezeigte Schriftgröße hin zu optimieren. Zur Definition der Abstände zwischen Grafik und Umgebung existieren spezielle Attribute, die im folgenden Kapitel 18.6 behandelt werden.

Der Wert `right` führt bei nicht weiter formatiertem Text zu einem Flatterrand wie in Abbildung 18.9, da der Text standardmäßig links ausgerichtet ist und rechts in Richtung Grafik unterschiedlich endet. Zeichnen Sie den umfließenden Text als Absatz aus, den Sie mit `align="justify"` im Blocksatz anzeigen lassen, um diesem Effekt entgegenzuwirken.

Kapitel 18 · Grafiken verwenden

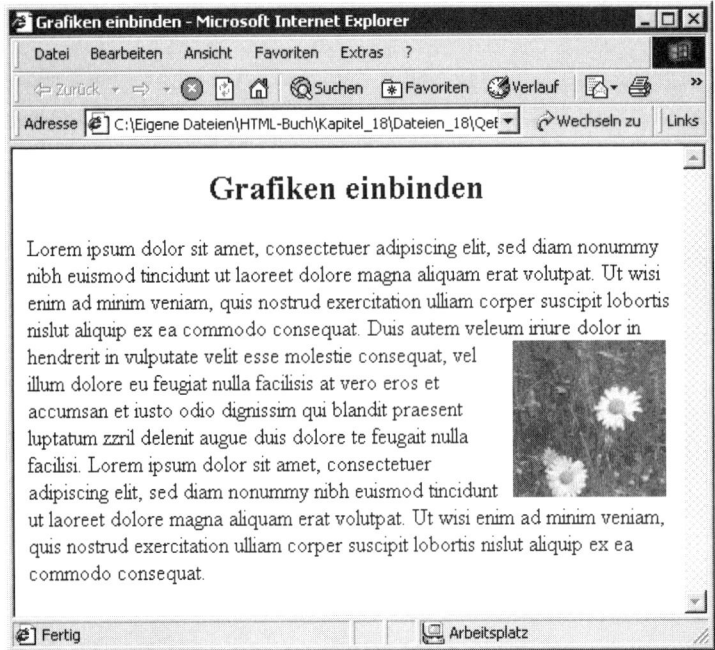

Bild 18.9: Die Grafik wurde rechtsbündig ausgerichtet.

Um das Umfließen einer Grafik an einer bestimmten Stelle zu beenden, weil sich der Text beispielsweise inhaltlich nicht mehr auf die Grafik bezieht, kann das Attribut clear (clear = löschen) im Befehl <br> für einen Zeilenwechsel enthalten sein. Zulässige Werte sind left, all (ALLE), right und none (keiner). Auch dieses die äußere Erscheinungsform der Webseite beeinflussende Instrument ist "deprecated" und sollte zu Gunsten von Stylesheets nicht mehr verwendet werden. Allerdings ist die Benutzung (noch) nicht verboten, sodass Sie mit diesem Attribut arbeiten können. Im folgenden Beispiel ist die Grafik links ausgerichtet, um das Umfließen dieser Grafik zu beenden, fügen Sie an der gewünschten Stelle ein
-Tag mit dem Attribut clear und dem Wert left oder all ein (beide Werte führen zu der gleichen Darstellung).

```
<html>
<head>
<title>Grafiken einbinden</title>
</head>
<body>
<h2 align="center">Grafiken einbinden</h2>
Lorem ipsum dolor (...) dignissim.
<img src="wiese.jpg" align="left">
Duis autem veleum (...) facilisi.
<br clear="left">
Lorem ipsum dolor (...) consequat.
</body>
</html>
```

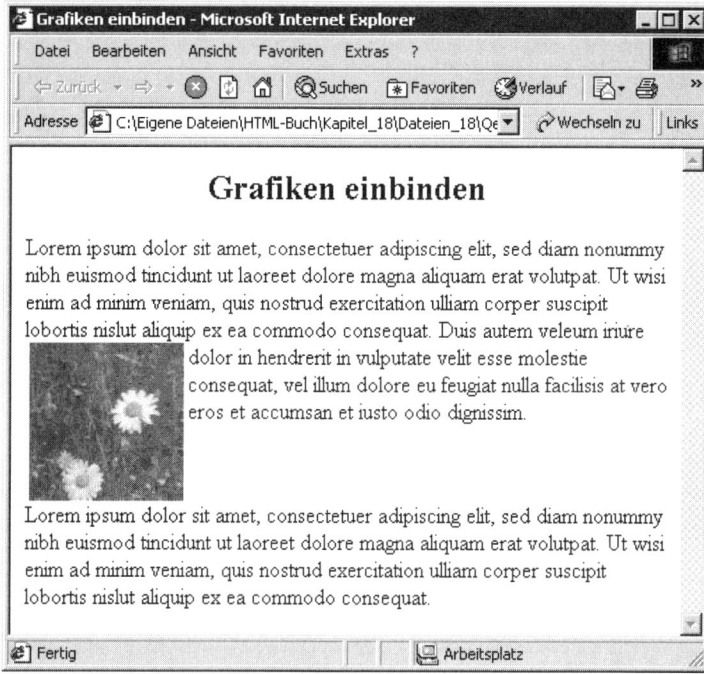

Bild 18.10: Das Umfließen der Grafik wurde beendet.

Der Ausdruck `<br clear="left">` führt dazu, dass der Text an dieser Stelle umbrochen, d.h., in einer neuen Zeile dargestellt wird. Das Attribut `clear` beendet das Umfließen der Grafik und legt mit dem Wert `left` fest, dass der Text in der nächstmöglichen Zeile unterhalb der Grafik linksbündig angezeigt wird. Da der gesamte Text im Beispiel standardmäßig linksbündig ausgerichtet ist, führt auch der Wert `all` (beide Zeilenränder) zur gleichen Darstellung wie in Abbildung 18.10. Der Wert `right` bewirkt, dass der unter der Grafik fortgesetzte Text rechtsbündig erscheint; dies zeigt aber nur dann Wirkung, wenn der Text insgesamt rechtsbündig ausgerichtet ist. Mit `<br clear="none">` wird lediglich ein Zeilenumbruch eingefügt, der Text der nächsten Zeile umfließt die Grafik weiter. Den gleichen Effekt erzielen Sie, indem Sie einen einfachen Zeilenumbruch ohne Attribut einsetzen (`<br>`).

18.5 Allein stehende Grafiken ausrichten

Im vorigen Kapitel wurde die Grafik immer im Verhältnis zum umgebenden Text ausgerichtet. Soll eine Grafik nicht von Text umflossen werden, kann Sie als Absatz ausgezeichnet werden (siehe Kapitel 18.2). Dieser Absatz kann wiederum, wie in Kapitel 11.2 erläutert, mit dem Attribut `align` links- oder rechtsbündig bzw. zentriert ausgerichtet werden, die entsprechenden Werte lauten `left`, `right` und `center`.

```
<html>
<head>
<title>Grafiken einbinden</title>
</head>
<body>
<h2 align="center">Grafiken ausrichten</h2>
Lorem ipsum dolor sit amet, consectetuer adipiscing elit, sed diam
nonummy nibh euismod tincidunt ut laoreet dolore magna aliquam erat
volutpat.
<p align="center">
<img src="wiese.jpg">
</p>
Ut wisi enim ad minim veniam, quis nostrud exercitation ulliam corper
suscipit lobortis nislut aliquip ex ea commodo consequat.
</body>
</html>
```

Die Grafikreferenz wird mit dem Befehl <p> als Absatz ausgezeichnet, wobei im einleitenden Tag das Attribut align den Wert center erhält. Die Browser-Darstellung dieser HTML-Datei sehen Sie in Abbildung 18.11.

Bild 18.11: Eine zentriert ausgerichtete Grafik

Demnach wird die Grafik rechts ausgerichtet, wenn die Ausrichtung des Absatzes mit right angegeben wurde. Der Wert left für die Ausrichtung am linken Rand muss nicht angegeben werden, da ein Absatz ohne besondere Angaben zur Ausrichtung standardmäßig links ausgerichtet dargestellt wird.

Mit dem Befehl `<center>` können Sie ebenfalls eine zentrierte Darstellung einer Grafik erreichen. Je nachdem, ob der Abstand zum vorherigen und folgenden Text kleiner oder größer sein soll, kann die mit `<center>` ausgezeichnete Grafik als Absatz definiert werden oder nicht. Der Quelltext

```
<center>
<p>
<img src="wiese.jpg">
</p>
</center>
```

zur Auszeichnung der Grafikreferenz führt zu der gleichen Darstellung wie in Abbildung 18.11 zu sehen.

Die in diesem Kapitel genannten Möglichkeiten beziehen sich entweder auf das Attribut `align` oder den Befehl `<center>` (der lediglich eine Kurzform von `align="center"` darstellt). Mit Ausnahme von Tabellenelementen ist dieses Attribut als »deprecated« eingestuft und sollte nach Empfehlung des W3C nicht verwendet werden. Die Ausrichtung von allein stehenden Grafiken soll zukünftig ausschließlich unter der Verwendung von Stylesheets realisiert werden.

18.6 Abstand zu umgebenden Elementen

Der Abstand zu umgebenden Elementen, wie z.B. umfließendem Text, kann mit den Attributen `hspace` (für horizontal space, Zwischenraum in horizontaler Richtung) und `vspace` (vertical space, Zwischenraum in vertikaler Richtung) im `<img>`-Tag definiert werden. Der Wert und damit die Größe der Abstände wird in Pixel (Bildpunkte) angegeben. Allerdings sind auch diese Attribute nur mit der entsprechenden DTD zu verwenden, da ihre weitere Verwendung nicht befürwortet wird. Anstelle dieser Attribute sollen Stylesheets verwendet werden; bislang ist der Einsatz aber noch nicht verboten.

Der Einsatz dieser Attribute ist nur dann sinnvoll, wenn sich überhaupt Elemente in der Nähe einer Grafik befinden. Im folgenden Beispiel wird die Grafik rechts von Text umflossen.

```
<html>
<head>
<title>Grafiken einbinden</title>
</head>
<body>
<h2 align="center">Grafiken einbinden</h2>
Lorem ipsum dolor (...)
<img src="wiese.jpg" align="left" hspace="30">
Duis autem veleum (...)
</body>
</html>
```

Dieser Quelltext weist der Grafik aus Abbildung 18.8 einen seitlichen Abstand von jeweils 30 Pixel zu, wobei dieser auch zum linken Rand hin eingehalten wird. Die Darstellung im Browser sehen Sie in der folgenden Abbildung.

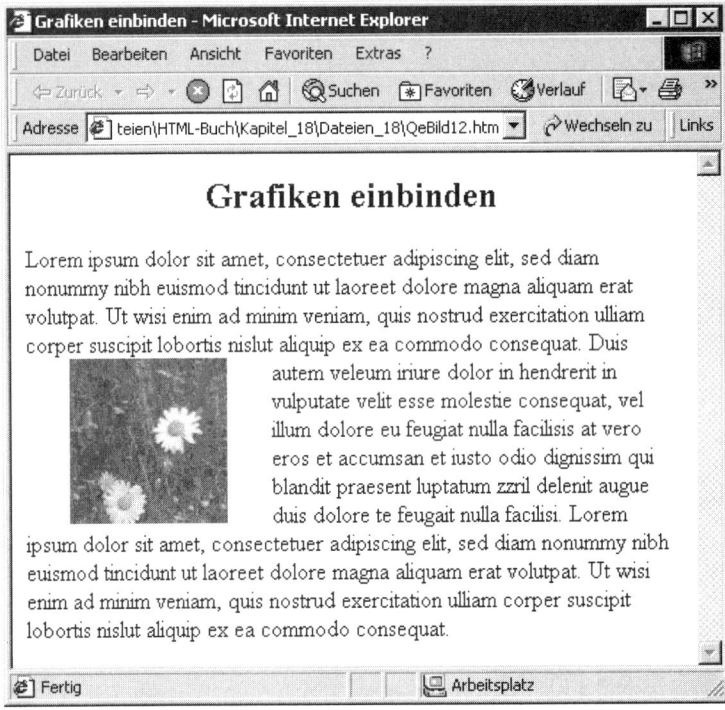

Bild 18.12: Die Grafik besitzt einen seitlichen Abstand.

Das Attribut vspace umgibt die Grafik oben und unten mit einem Leerraum. Die um dieses Attribut erweiterte Grafikreferenz lautet:

```
<img src="wiese.jpg" align="left" hspace="30" vspace="30">
```

Setzen Sie diese Referenz in den Quellcode zu Abbildung 18.12 ein, ergibt dies die Browser-Anzeige aus Abbildung 18.13.

Der in Kapitel 18.4 beschriebene Effekt, dass der Abstand zwischen Grafikunterkante und darunter befindlichem Text größer ist als der entsprechende Abstand oberhalb der Grafik, bleibt wie in Abbildung 18.12 auch hier erhalten. Das Auge vergibt diese Ungleichheit jedoch großzügiger, weil die Wahrnehmung des die Grafik umgebenden Abstands als weißes Quadrat dominant ist.

Steht die Grafik beispielsweise in einer eigenen Zeile, weil unmittelbar vor und hinter der Grafikreferenz ein Zeilenumbruch eingefügt wurde, lassen sich die Attribute hspace und vspace einsetzen, um den Abstand zu dem oberhalb und unterhalb der Grafik befindlichen Text zu definieren. Seitlich wird der Wert für hspace in einer Einrückung vom linken Rand des Browser-Fensters sichtbar. Nach rechts ist der definierte Abstand nicht wahrnehmbar, da sich dort keine Elemente befinden.

```
<html>
<head>
<title>Grafiken einbinden</title>
</head>
<body>
<h2 align="center">Grafiken einbinden</h2>
Auf dieser Seite wird eine kleine Grafik eingebunden.<br>
<img src="wiese.jpg" vspace="30" hspace="30"><br>
Die Grafik wird durch das erste &lt;br&gt;-Tag in einer neuen Zeile
angezeigt, der weitere Text wird aufgrund des zweiten &lt;br&gt;-Tags
ebenfalls in einer neuen Zeile dargestellt. Die Abstände zwischen
Grafik und der linken Begrenzung des Browser-Fensters sowie zu dem
oberhalb und unterhalb befindlichen Text wurde mit hspace und vspace
festgelegt.
</body>
</html>
```

Bild 18.13: Die Grafik hat definierte Abstände.

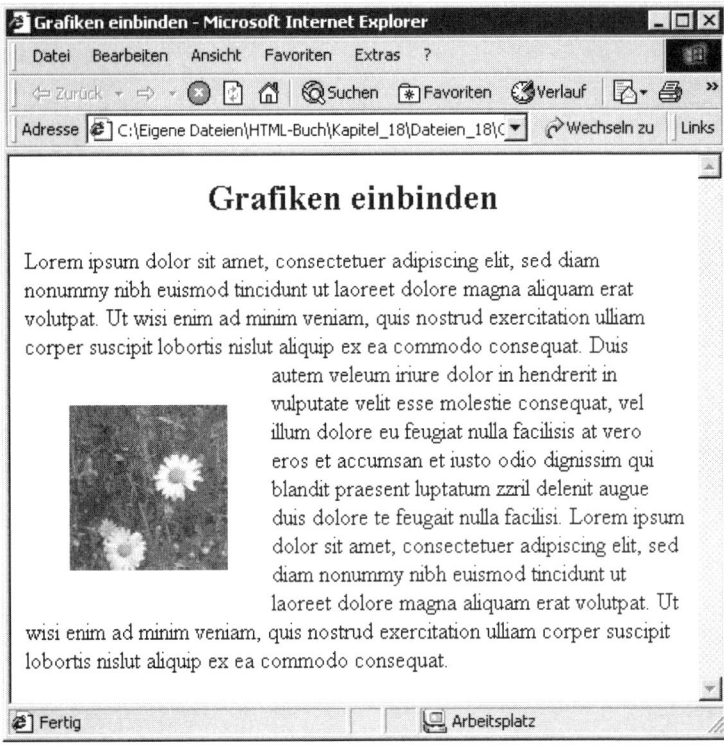

Bild 18.14: Die Grafik hat nach allen Seiten einen Abstand von 30 Pixel.

Die beiden Attribute hspace und vspace lassen sich ebenfalls einsetzen, um den Abstand zwischen Grafiken festzulegen. Im folgenden Beispiel wurden den ersten beiden Grafiken jeweils die gleichen Werte für hspace und vspace zugewiesen, die rechte Grafikreferenz beinhaltet lediglich einen vspace-Wert. Der Quelltext zu diesem Beispiel ist nach Abbildung 18.15 notiert.

```
<html>
<head>
<title>Grafiken einbinden</title>
</head>
<body>
<h2 align="center">Grafiken einbinden</h2>
<img src="wiese.jpg" hspace="25" vspace="25">
<img src="wiese.jpg" hspace="25" vspace="25">
<img src="wiese.jpg" vspace="25"><br>
Der Abstand zwischen den ersten beiden Grafiken addiert sich auf 50
Pixel. Der Abstand zwischen der mittleren und der rechten Grafik
beträgt 25 Pixel, die als Wert des Attributs hspace f&uuml;r die
mittlere Grafik definiert wurden.
</body>
</html>
```

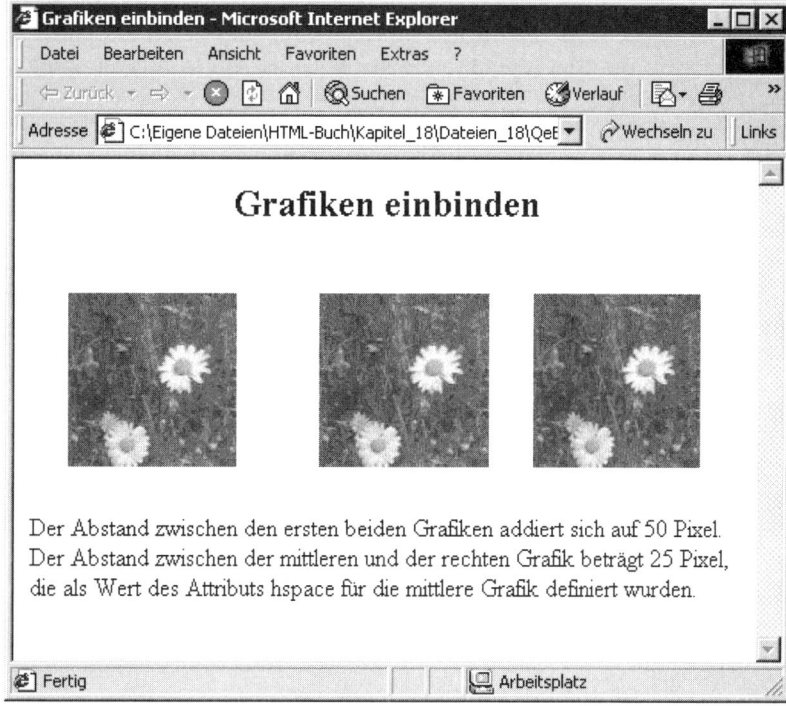

Bild 18.15: Die Abstände der Grafiken addieren sich.

Wie Sie in Abbildung 18.15 sehen, ist der Abstand zwischen der linken Grafik und dem linken Rand des Browser-Fensters geringer als der Abstand zur mittleren Grafik. Da sowohl die linke als auch die mittlere Grafik mit einem Abstand in horizontaler Richtung von jeweils 25 Pixel ausgezeichnet wurden, addieren sich diese Angaben dort, wo die beiden Grafiken aneinander grenzen. Die rechte Grafik besitzt keinen horizontalen Abstand; der Zwischenraum zwischen mittlerer und rechter Grafik resultiert aus den Werten der mittleren Grafik.

Auch wenn Sie keine horizontalen Abstände angeben, werden zwei aufeinander folgende Grafiken nicht direkt aneinander gestellt; ein kleiner Abstand zur optischen Trennung wird vom Browser automatisch angezeigt.

18.7 Alternativer Text

Mithilfe des Attributs alt lässt sich im <img>-Tag die kurze Beschreibung einer Grafik für den Fall hinterlegen, dass diese nicht angezeigt werden kann. Die Kurzbeschreibung wird dabei als Wert des Attributs alt angegeben. Eine nicht dargestellte Grafik kann verschiedene Ursachen haben. So kann z.B. die Grafikreferenz fehlerhaft oder die Grafik nicht vorhanden sein. Ebenso führen Betriebssysteme ohne grafische Benutzeroberfläche oder eine entsprechend vorgenommene Einstellung im Browser dazu, dass

Webseiten ohne Grafiken dargestellt werden. Die textliche Alternative wird neben dem Platzhalter für die Grafik angezeigt, z.B. auch dann, wenn die Grafik zwar geladen werden kann, dies jedoch aufgrund weiterer umfangreicher Grafiken nur langsam fortschreitet. Eine besondere Funktion haben diese kurzen Bildbeschreibungen für Blinde und Sehbehinderte, die mit einem System zur Sprachausgabe arbeiten. Gerade die beiden letztgenannten Situationen verdeutlichen, wie wichtig dieser Text ist. Während einer langen Ladezeit kann der Anwender so vielleicht schon anhand der Kurzbeschreibung entscheiden, dass er den Ladevorgang abbrechen möchte. Machen Sie daher von dieser Möglichkeit Gebrauch, und hinterlegen Sie sinnvolle Angaben. Auf eine Kurzbeschreibung »Grafik« kann beispielsweise getrost verzichtet werden, weil diese Information redundant ist, denn bereits anhand eines Grafik-Platzhalters wird klar, dass hier eine Grafik fehlt. Verzichten Sie aber dennoch nicht auf das `alt`-Attribut und geben Sie bei dekorativen Grafiken (wie z.B. Trennlinien) keinen Wert an (`alt=""`).

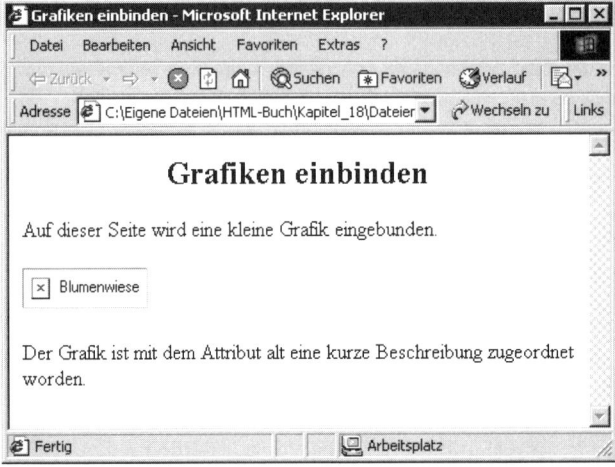

Bild 18.16: Anstelle der Grafik steht ein Platzhalter mit der hinterlegten Kurzbeschreibung

Der Quellcode zu Abbildung 18.16 lautet wie folgt:

```
<html>
<head>
<title>Grafiken einbinden</title>
</head>
<body>
<h2 align="center">Grafiken einbinden</h2>
Auf dieser Seite wird eine kleine Grafik eingebunden.
<p>
<img src="wiese.jph" alt="Blumenwiese">
</p>
Der Grafik ist mit dem Attribut alt eine kurze Beschreibung
zugeordnet worden.
</body>
</html>
```

Da die Grafik aufgrund einer fehlerhaften Referenz nicht dargestellt werden kann, zeigt der Browser in Abbildung 18.16 einen Platzhalter und die notierte Kurzbeschreibung.

Manche Browser zeigen – wie in Abbildung 18.17 zu sehen – die Kurzbeschreibung in einem kleinen Fensterchen an, sobald man mit dem Mauszeiger über die geladene und sichtbare Grafik fährt.

Bild 18.17: Die Kurzbeschreibung der Grafik wird in einem ToolTipp-Fenster angezeigt.

Die genaue Position der Kurzbeschreibung ist hierbei von der überfahrenen Stelle abhängig und kann nicht festgelegt werden.

Mit dem Attribut longdesc (von long description = lange Beschreibung) kann das Attribut alt, welches nur eine kurze Beschreibung des Grafikinhalts zulässt, sinnvoll ergänzt werden. Der Wert dieses Attributs verweist auf eine andere Stelle desselben Dokuments, oder auch auf ein anderes Dokument, wo sich weitere Informationen zu der Grafik befinden. Ein solcher Link kann z.B. auch für den Fall hilfreich sein, dass die Grafik nicht angezeigt werden kann. Als mögliche Werte kommen ein Anker, der auf eine bestimmte Stelle im gleichen Dokument verweist, eine Dateibezeichnung, die zu dem Beginn der Datei führt (wobei sich diese im gleichen Verzeichnis befindet wie die Ausgangsseite) oder eine absolute URL in Frage, die auf eine andere Webseite verweist. Weitere Informationen zum Thema Hyperlinks finden Sie in Kapitel 22. Da das Attribut longdesc derzeit weder vom Netscape Navigator noch vom Internet Explorer unterstützt wird, obwohl es Bestandteil der HTML 4.01-Spezifikation ist, sollten Sie bei Bedarf einen »normalen« Verweis auf die Grafik legen. Das Verweisziel könnte dann weiterführende Informationen über die Grafik enthalten.

18.8 Breite und Höhe definieren

Zwei weitere Attribute des Befehls `<img>` nehmen die Maße der Grafik auf; dabei steht `width` für die Breite, und `height` für die Höhe der Grafik. Diese Angaben sollten Sie bei jeder verwendeten Grafik machen, da sie die Browser-Anzeige während der Ladezeit erheblich beeinflussen. Im Normalfall erhält der Browser im Kopfteil der zu ladenden Grafikdatei Informationen über deren Größe. Sobald er diese hat, kann er die bereits erhaltenen Daten – wie etwa Fließtext – bereits anzeigen, da bekannt ist, wo wie viel Platz für die Grafik gelassen werden muss. Wenn sich mehrere umfangreiche Grafiken auf einer Seite befinden, wird die Seite erst dann angezeigt, wenn die Header aller Grafiken eingelesen sind. Die im `<img>`-Tag notierten Abmessungen erhält der Browser früher und kann so die restlichen Inhalte der Seite schneller anzeigen. Wenn ein Anwender anhand der Texte feststellt, dass er die Seite wieder verlassen möchte, braucht er nicht den weiteren Ladevorgang abzuwarten. Die Werte von `width` und `height` werden in Pixel angegeben, Sie müssen also die Größe der jeweiligen Grafik in Pixel kennen. Benutzen Sie zur Ermittlung der Größe ein Grafikprogramm; bei gescannten Grafiken gibt die Scan-Software diese Werte an. HTML-Editoren lesen die Größenangaben im Dateikopf der Grafiken ein und notieren diese selbstständig im `<img>`-Tag.

Die endgültige Anzeige im Browser ändert sich durch die Größenangaben der Grafik(en) nicht. Folgender Quellcode führt zu gleichen Darstellung wie in Abbildung 18.17 zu sehen, enthält jedoch die unerlässlichen Größenangaben im `<img>`-Tag. In den bisherigen Beispielen dieses Kapitels wurde die Grafikgröße aus Gründen der Übersichtlichkeit nicht angegeben. Neben den Attributen `src` und `alt` sollten die Breite und Höhe jedoch in keiner Grafikreferenz fehlen.

```
<html>
<head>
<title>Grafiken einbinden</title>
</head>
<body>
<h2 align="center">Grafiken einbinden</h2>
Auf dieser Seite wird eine kleine Grafik eingebunden.
<p>
<img src="wiese.jpg" alt="Blumenwiese" width="110" height="110">
</p>
Der Grafik ist mit dem Attribut alt eine kurze Beschreibung
zugeordnet worden.
</body>
</html>
```

Im `<img>`-Tag sind die Werte für `width` und `height` mit jeweils 110 Pixel angegeben. Geben Sie bewusst andere Werte als die der Originalgrafik an, wird die Grafik im Browser skaliert dargestellt. Im folgenden Beispiel wurde die ursprüngliche Größe von 110 x 110 Pixel einmal verkleinert und einmal vergrößert. Die Browser-Darstellung sehen Sie in Abbildung 18.18.

```
<p>
<img src="wiese.jpg" alt="Blumenwiese" width="55" height="55">
<img src="wiese.jpg" alt="Blumenwiese" width="110" height="110">
<img src="wiese.jpg" alt="Blumenwiese" width="140" height="140">
</p>
```

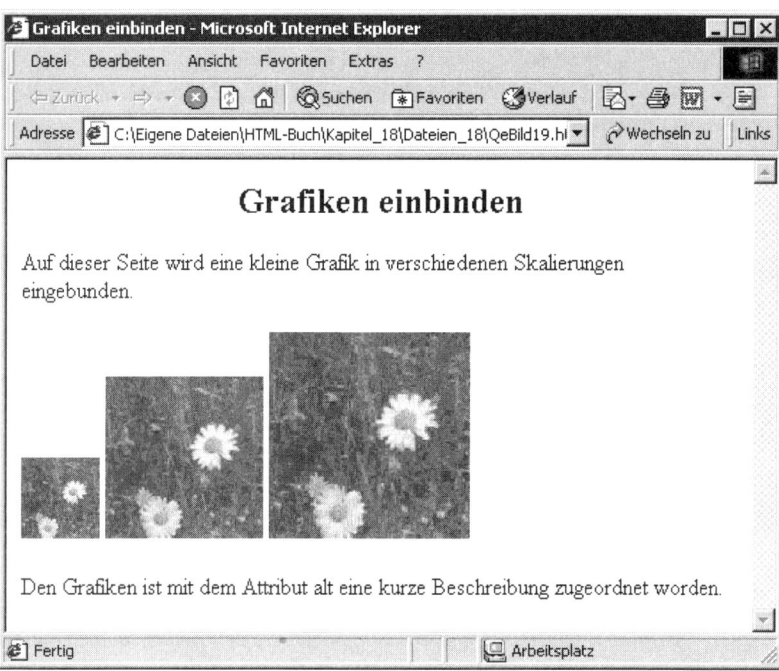

Bild 18.18: Verschieden skalierte Grafik

Die Abmessungen der Grafiken wurden proportional verändert; die gleiche Grafik wird vom Browser mit weniger Pixel (55 x 55, in Abbildung 18.18 links zu sehen) oder mehr Pixel (140 x 140, in der Abbildung rechts) dargestellt. Die mittlere Grafik zeigt zum Vergleich die Grafik in ihrer Originalgröße. Diese Art der Skalierung hat natürlich Grenzen, da die Originalgrafik in einer bestimmten Größe vorliegt. Diese kann zwar vergrößert werden, ähnlich wie bei einem Fotokopierer verliert die Grafik jedoch bei steigendem Vergrößerungsfaktor an Qualität, da die vergrößerte Darstellung dieselben Bildinformationen zur Grundlage hat wie das Original. Wenn allerdings nicht zu stark vergrößert wird, kann diese Grafikskalierung im Browser helfen, den Umfang einer HTML-Datei inklusive Grafiken gering zu halten. Der Browser muss nur eine Grafik laden und diese verschieden skaliert anzeigen. Da die Werte manuelle eingegeben werden können, sind auch nichtproportionale Angaben möglich, die zu einer verzerrten Darstellung führen. Im Beispiel aus Abbildung 18.19 wurde einmal die Breite der Originalgrafik und einmal die Höhe halbiert. In der Mitte ist zum Vergleich die Originalgrafik zu sehen.

```
<p>
<img src="wiese.jpg" alt="Blumenwiese" width="55" height="110">
<img src="wiese.jpg" alt="Blumenwiese" width="110" height="110">
<img src="wiese.jpg" alt="Blumenwiese" width="110" height="55">
</p>
```

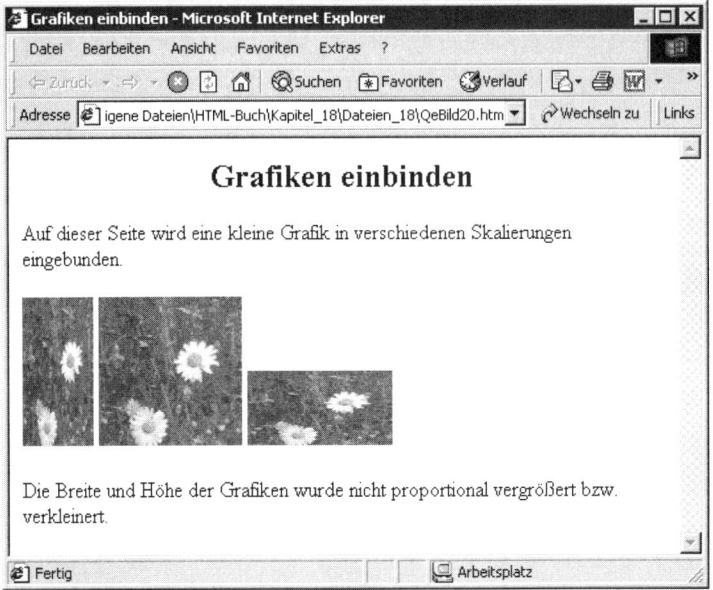

Bild 18.19: Nicht-proportionale Breiten- oder Höhenangaben führen zu Verzerrungen.

Wird eine Grafik in der Breite vergrößert und in der Höhe verkleinert (oder umgekehrt), wird die Verzerrung noch verstärkt. Auch die Angabe prozentualer Werte führt häufig zu Verzerrungen und unerwarteten Ergebnissen, da sie sich nicht auf die Originalgröße der Grafik, sondern auf den zur Verfügung stehenden Platz im Dokument beziehen. Prozentuale Angaben werden nicht von allen Browsern unterstützt.

Mit dem Wissen darum, dass die Attribute width und height das Skalieren einer Grafik ermöglichen, lassen sich mit einem einfachen Trick Einrückungen und feste Abstände herstellen. Erstellen Sie dazu in einem Grafikprogramm eine 1 x 1 Pixel große Grafik, die Sie als transparente GIF-Datei abspeichern. Diese unsichtbare Grafik lässt sich mit width und height genau skalieren und kann dann als unsichtbarer Abstandhalter verwendet werden. Ein Beispiel für die Verwendung einer solchen Grafik finden Sie in Kapitel 19.1.

18.9 Grafikrahmen

Mithilfe des Attributs border können Sie festlegen, dass eine Grafik im Browser mit einem Rahmen dargestellt wird. Die Rahmenstärke wird als Wert des Attributs in Pixel angegeben. Das Attribut border gilt als unerwünscht und sollte zukünftig zu Gunsten von Stylesheets nicht mehr benutzt werden. Im folgenden Beispiel ist die erste Grafik ohne Rahmen definiert, die Rahmen der folgenden Grafiken variieren von einem bis vier Pixel.

```
<html>
<head>
<title>Grafiken einbinden</title>
</head>
<body>
<h2 align="center">Grafiken einbinden</h2>
Auf dieser Seite wird eine kleine Grafik eingebunden.
<p>
<img src="wiese.jpg" alt="Blumenwiese" width="90" height="90"
hspace="10">
<img src="wiese.jpg" alt="Blumenwiese" width="90" height="90"
hspace="10" border="1">
<img src="wiese.jpg" alt="Blumenwiese" width="90" height="90"
hspace="10" border="2">
<img src="wiese.jpg" alt="Blumenwiese" width="90" height="90"
hspace="10" border="3">
<img src="wiese.jpg" alt="Blumenwiese" width="90" height="90"
hspace="10" border="4">
</p>
Die Grafik hat einen Rahmen, dessen Stärke im Attribut border
definiert wird.
</body>
</html>
```

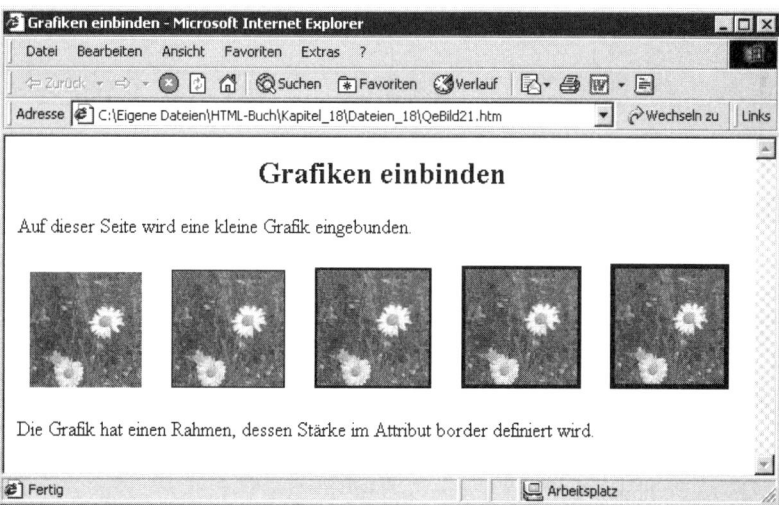

Bild 18.20: Grafiken mit Rahmen verschiedener Stärke

Mit dem Attribut `hspace` wurde ein seitlicher Abstand von 10 Pixel um jede Grafik definiert, der sich in der Reihung auf 20 Pixel addiert. Da kein Abstand in vertikaler Richtung angegeben ist, würden die bei einer kleineren Skalierung des Browser-Fensters umbrochenen Grafiken (bis auf einen minimalen Abstand) direkt unter den ersten Grafiken angezeigt, wie in der folgenden Abbildung 18.21 zu sehen ist.

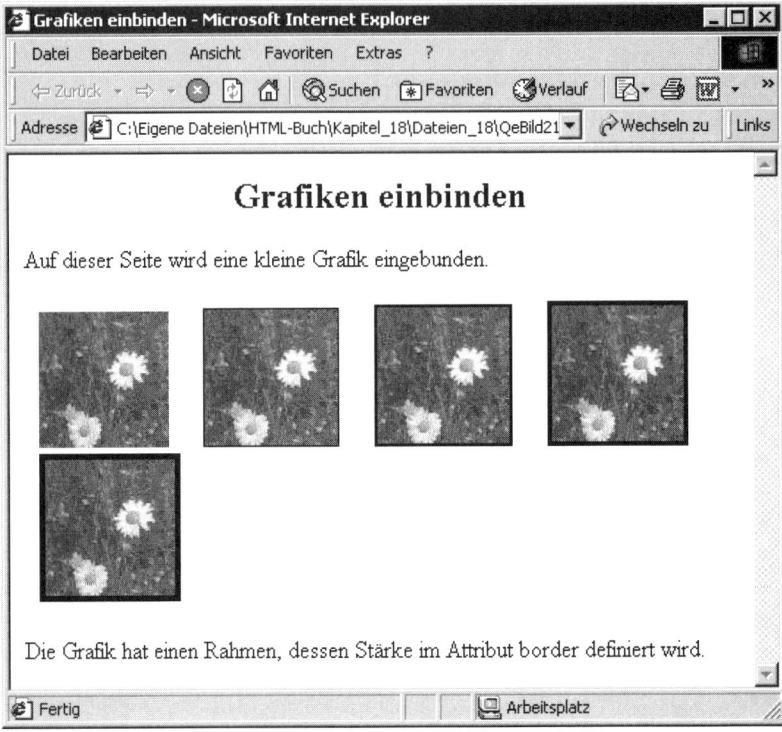

Bild 18.21: Das Browser-Fenster aus Abbildung 18.20 wurde skaliert.

Zusätzlich wird jedoch ein anderer Effekt sichtbar: Der Rahmen wird in der definierten Stärke als zur Grafik gehörig behandelt. Der umlaufend definierte Abstand von 10 Pixel wird, wie in Abbildung 18.21 zu sehen, vom Rahmen aus und nicht von der eigentlichen Grafik aus eingehalten. Grafiken mit und ohne Rahmen werden standardmäßig links ausgerichtet, sodass sich an der rechten Seite der Grafiken eine doppelte Rahmenbreite ergibt. Auch aus anderen gestalterischen Erwägungen sollten Sie, sofern Sie Rahmen einsetzen, einheitliche Stärken wählen. Falls Sie Grafiken gleicher Größe und Art auf einer Seite unterbringen, ist ein einheitliches Äußeres dieser Grafiken nahe liegend. Rahmen können vor allem bei solchen Grafiken sinnvoll sein, die im Verhältnis zum Hintergrund in ihren Randbereichen kontrastschwach sind. Ein Rahmen unterstützt dann die Wahrnehmung der tatsächlichen Grafikgröße.

Da Grafiken standardmäßig vom Browser mit einem Rahmen versehen werden, wenn sie als Verweis dienen, sollten Sie den Einsatz dieses Attributs sorgfältig abwägen. Der Anwender ist daran gewöhnt, dass eine Grafik mit Rahmen als Verweis auf einen anderen Ort funktioniert.

18.10 Grafiken als Verweis definieren

Das Thema Hyperlinks wird als zentraler Bestandteil von HTML-Dokumenten in einem gesonderten Kapitel behandelt. Hier geht es um einen besonderen Effekt, der bei Grafiken, die als Verweis definiert sind, auftritt: Sie werden automatisch mit einem Rahmen versehen. Grundsätzlich wird das Element, das als Verweis dienen soll, mit dem <a>-Tag (von anchor = Anker) ausgezeichnet, das Verweisziel wird als Wert des Attributs href (hyperlink reference = Verweisziel) angegeben. Der Befehl <a> besitzt ein wichtiges End-Tag. Vergisst man nämlich, dieses zu notieren, werden alle folgenden Elemente als Verweis ausgezeichnet und speziell dargestellt. Außerdem verweisen sie alle auf den gleichen Ort, der im einleitenden <a>-Tag referenziert ist. Grafiken können wie andere Verweise auf eine andere Stelle im gleichen Dokument oder auf andere Dokumente verweisen. Diese HTML-Dokumente können entweder auf demselben oder auf einem anderen Server gespeichert sein. Die Angabe, die als Wert im Attribut href zu machen ist, hängt davon ab, wo sich das Verweisziel befindet. In diesem Beispiel wird auf eine Datei verwiesen, die sich im gleichen Verzeichnis befindet wie die Ausgangsdatei. Als Verweisziel von Grafiken sind beispielsweise weitere Grafiken zum gleichen Thema oder die gleiche Grafik in einem anderen Dateiformat denkbar. Selbstverständlich kann auch auf bestimmte Textstellen verwiesen werden, die sich z.B. inhaltlich mit der Grafik befassen.

```
<html>
<head>
<title>Grafiken einbinden</title>
</head>
<body>
<h2 align="center">Grafiken einbinden</h2>
Auf dieser Seite wird eine kleine Grafik eingebunden.
<p>
<a href="QeBild21.htm">
<img src="wiese.jpg" alt="Blumenwiese" width="110" height="110">
</a>
</p>
Der Grafik ist mit dem Attribut alt eine kurze Beschreibung
zugeordnet worden.
</body>
</html>
```

Im Quellcode ist die Grafikreferenz vom <a>-Tag umschlossen. Im einleitenden <a>-Tag wird mit "QeBild21.htm" auf eine Datei verwiesen, die sich im gleichen Verzeichnis befindet wie diese Datei. In Abbildung 18.22 sehen Sie die Darstellung dieser Datei im Browser.

Kapitel 18 · Grafiken verwenden

Bild 18.22:   Die Grafik ist als Verweis definiert.

Der Grafik wurde automatisch ein Rahmen gegeben, damit sie als Verweis erkennbar ist. Die Stärke dieses Rahmens ist Browser-abhängig, die Farbe hingegen kann vom Anwender bestimmt werden, da es sich um die im Browser eingestellte Farbe für Verweise handelt. Allerdings gibt es darauf noch weitere Hinweise. So verwandelt sich beispielsweise der Mauszeiger in ein Hand-Symbol mit ausgestrecktem Zeigefinger, sobald seine Spitze einen Teil der Grafik berührt. Außerdem ist in der Statuszeile am unteren Rand des Browser-Fensters der Pfad zu sehen, der zu dem referenzierten Verweisziel führt. Die Angabe `file:///` bedeutet, dass es sich dabei um einen lokalen Pfad handelt. Wäre diese Seite im Internet veröffentlicht, würde die relative Pfadangabe `"QeBild21.htm"` vom Browser automatisch um einen absoluten Teil in Form der bekannten URL der Seite ergänzt. Die Statuszeile setzte sich dann aus den Teilen `http://www.domainname.de/Verzeichnis/` und der relativen Adresse `QeBild.htm` zusammen. Weiteres zu relativer und absoluter Adressierung erfahren Sie in Kapitel 22, »Hyperlinks«.

Das Attribut `border` bietet die Möglichkeit, die automatische Darstellung des Rahmens einer als Verweis definierten Grafik zu unterdrücken. Setzen Sie dazu im `<img>`-Tag den Wert von `border` auf Null. Der die Grafik betreffende Ausschnitt aus dem Quelltext lautet:

```
<p>
<a href="QeBild21.htm">
<img src="wiese.jpg" alt="Blumenwiese" width="110" height="110" border="0">
</a>
</p>
```

Wie in Abbildung 18.23 ersichtlich ist, wird die Grafik nicht mehr mit Rahmen dargestellt. Der Mauszeiger verändert weiterhin seine Gestalt, wenn die Grafik überfahren wird, und in der Statuszeile erscheint das Verweisziel.

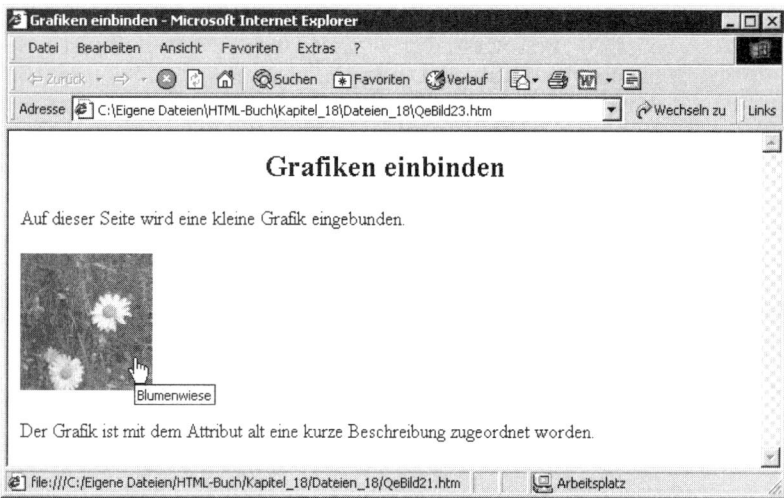

Bild 18.23: *Die Grafik fungiert auch ohne Rahmen als Verweis.*

Da mit dem Verweisrahmen einer der Hinweise darüber fehlt, dass es sich um einen Verweis handelt (immerhin muss der Anwender zufällig den Mauszeiger über die Grafik bewegen), sollten sie den Rahmen nur dann unterdrücken, wenn die Grafik als Verweis erkennbar bleibt. (Das kann beispielsweise eine Beschriftung innerhalb der Grafik sein.) Das Attribut border ist auch in diesem Zusammenhang unerwünscht und sollte zukünftig nicht mehr verwendet werden.

18.11 Vorschau-Grafiken

Bei umfangreichen Grafiken wie z.B. größeren Fotos ist es sinnvoll, zunächst nur eine Vorschau dieser Grafik einzubinden, die auf die Originaldatei verweist. Diese Vorschau-Grafiken werden auch als Thumbnail (Daumennagel) bezeichnet, weil sie gerade so groß sein sollten, dass erkennbar ist, worum es sich handelt. (Bei dem Vergleich muss es sich wahrscheinlich um einen ziemlich großen Daumennagel gehandelt haben.) Ist der Anwender an einer größeren Darstellung einer Grafik interessiert, klickt er die Vorschau-Grafik an, die auf die umfangreichere Grafik verweist. Der Unterschied zwischen Vorschau-Grafik und verknüpfter Grafik sollte in der Größe, der Auflösung und damit dem erforderlichen Speicherplatz bestehen; der Inhalt der Grafiken sollte gleich sein. Für eine Vorschau-Grafik benötigen Sie eine in einem Grafikprogramm erstellte proportionale Verkleinerung der Originalgrafik. Die Vorschau-Grafik wird in das HTML-Dokument eingebunden und als Verweis definiert, wobei die umfangreichere Grafikdatei das Verweisziel darstellt. Die entsprechende Anweisung lautet in HTML beispielsweise:

```
<a href="wiese.jpg">
<img src="wieseklein.jpg" alt="Blumenwiese" width="60" height="60">
</a>
```

Der Browser zeigt im Dokument die Grafik *wieseklein.jpg* an, die lediglich 60 x 60 Pixel misst. Der Verweis zielt auf die Grafikdatei *wiese.jpg*, in der die gleiche Grafik in besserer Auflösung, und vor allem größer zu sehen ist. Beim Anklicken der Vorschau-Grafik lädt der Browser die größere Grafik und zeigt im aktuellen Fenster diese Grafik separat an. Um wieder auf die Ausgangsseite zu gelangen, müssen Sie die Funktion *zurück* im Browser benutzen. Wenn Sie der größeren Grafik weitere Informationen hinzufügen, oder eigene Navigationselemente einsetzen möchten, wird die größere Grafik in eine eigene HTML-Datei eingebettet. Das Verweisziel ist dann nicht mehr die einzelne Grafik, sondern ein HTML-Dokument, in dem diese referenziert ist. Der Quellcode lautet dementsprechend:

```html
<a href="wiese.htm">
<img src="wieseklein.jpg" alt="Blumenwiese" width="60" height="60">
</a>
```

In der als Verweisziel angegebenen HTML-Datei *wiese.htm* ist die größere Grafik eingebunden. Zusätzlich kann diese Seite z.B. textliche Informationen zur Grafik enthalten. Sie können auf dieser Seite auch eigene Navigationselemente einbinden, die dem Anwender mehrere Möglichkeiten bieten, sofern dies sinnvoll ist. Wenn auf der Ausgangsseite beispielsweise zwanzig Vorschau-Grafiken eingebunden sind, die auf größere Fotos in jeweils eigenen HTML-Dateien verweisen, könnte auf diesen Seiten mehrere Verweise sinnvoll sein. Ein Verweis führt z.B. auf die Ausgangsseite zurück. Der Anwender kann dort ein anderes Foto aussuchen, das er sich genauer anschauen möchte. Weitere Verweise könnten jeweils das vorige und nächste Foto zum Ziel haben, sodass alle Grafiken nacheinander in guter Qualität betrachtet werden können, ohne dass zwischendurch immer wieder eine Rückkehr zur Ausgangsseite mit den Vorschau-Grafiken erforderlich ist.

19 Grafische Elemente

Webseiten mit textlastigem Inhalt können mithilfe von grafischen Elementen aufgelockert werden. So können Symbole beispielsweise die Orientierung innerhalb eines Dokuments erleichtern, indem bestimmte Inhalte immer mit dem gleichen grafischen Element gekennzeichnet sind. So könnte ein Symbol z.B. Beispiele kennzeichnen oder besonders wichtige Informationen. Derartige Symbole sollten einen geringen Umfang haben und innerhalb der gesamten Website beibehalten werden. Benutzen Sie auch allgemein bekannte Symbole, wie z.B. ein Stopp-Zeichen. Die Bedeutung eines solchen Symbols erschließt sich dem Anwender auf Anhieb, da er es aus einem anderen Zusammenhang kennt. Auch grafische Illustrationen können zur Auflockerung einer Seite beitragen und Inhalte transportieren. Im WWW finden Sie unzählige Seiten, die sich ausschließlich mit solchen Grafiken beschäftigen und diese zum Herunterladen anbieten. Vergewissern Sie sich dabei jedoch immer, ob die angebotenen Objekte lizenzfrei sind und kostenlos genutzt werden dürfen. Websites mit Grafiksammlungen enthalten in der Regel entsprechende Hinweise. Je nachdem, womit sich eine Website inhaltlich befasst, kommen schließlich auch Fotos als grafische Elemente in Frage. Bei umfangreichen Dateien sollten Sie zur Verkürzung der Ladezeiten Vorschau-Grafiken einsetzen (siehe auch Kapitel 18.11).

Vergessen Sie beim Einsatz von grafischen Elementen jedoch nicht, dass jede Grafik die Ladezeit der Seite verlängert, und setzen Sie Grafiken aller Art sinnvoll ein.

In den folgenden Kapiteln geht es darum, was bei verschiedenen strukturierenden Grafiken zu beachten ist. Unter strukturierenden Grafiken versteht man solche Grafiken, deren Inhalt nicht Gegenstand der Betrachtung ist, wie beispielsweise Aufzählungspunkte oder Schaltflächen. Sie sollten solche Grafiken immer wieder einsetzen, sodass diese nur einmal geladen werden müssen. Außerdem bringen sich wiederholende Elemente (wie beispielsweise eine rote Trennlinie zwischen größeren Absätzen) Ruhe in das grafische Gesamtbild einer Site. Gerade bei Schaltflächen sollten beispielsweise Form und Positionierung nach Möglichkeit auf jeder Einzelseite beibehalten werden.

19.1 Aufzählungszeichen

Da die Darstellung der in unsortierten Listen verwendeten Aufzählungszeichen (auch Bullets = Kugeln oder Dots = Punkte genannt) je nach Browser variiert, werden auch Grafiken als Aufzählungszeichen eingesetzt. Dazu muss eine entsprechende Grafikdatei in die Liste eingebunden werden. Das Einbinden von Grafiken wird in Kapitel 18.2 ausführlich behandelt.

```
<html>
<head>
<title>Liste</title>
</head>
```

```
<body>
Vor dem Urlaub steht das Packen mit seinen endlosen T&uuml;cken.
Abgesehen davon m&uuml;ssen auch andere Dinge des t&auml;glichen
Lebens geregelt werden.
<ul>
<img src="Listenpunkttr.gif" alt="" width="9" height="9"> Wer holt
die Post?<br>
<img src="Listenpunkttr.gif" alt="" width="9" height="9"> Blumen
gie&szlig;en<br>
<img src="Listenpunkt2.gif" alt="" width="9" height="9"> Tiere
f&uuml;ttern<br>
<img src="Listenpunkt2.gif" alt="" width="9" height="9"> Sind wir vor
Ort erreichbar?<br>
und vieles mehr
</ul>
Es hat sich bew&auml;hrt, zur Bew&auml;ltigung aller anfallenden
Themen mit Listen zu arbeiten.
</body>
</html>
```

Die Grafikreferenzen wurden innerhalb der definierten unsortierten Liste eingefügt. Da die Darstellung der Standard-Aufzählungszeichen verhindert werden soll, dürfen die einzelnen Listeneinträge nicht mit dem `<li>`-Tag ausgezeichnet werden. Daher muss hinter jedem Listeneintrag manuell ein Zeilenumbruch notiert werden.

Wenn Sie einen HTML-Editor verwenden, kann es passieren, dass dieser alle Einträge innerhalb einer sortierten oder unsortierten Liste automatisch mit den `<li>`*-Tags auszeichnet.*

Beachten Sie, dass zwischen der jeweiligen Grafikreferenz und den Listeneinträgen ein Leerzeichen steht, das hier den Abstand zwischen Grafik und Schrift definiert. Manche Browser fügen automatisch einen Abstand zwischen Grafiken und Text ein.

In Abbildung 19.1 sehen Sie die Darstellung der Datei im Browser. Die ersten beiden Aufzählungszeichen werden korrekt angezeigt, wohingegen die beiden unteren Aufzählungszeichen einen merkwürdigen störenden Rand aufweisen. Dieser resultiert aus der Tatsache, dass die referenzierte Grafik *Listenpunkt2.gif* nicht als transparente GIF-Datei abgespeichert wurde. Die beiden oberen Aufzählungszeichen zeigen die gleiche Datei, mit dem einzigen, aber entscheidenden Unterschied, dass beim Speichern die Option *transparent* gewählt wurde. Anhand der nicht transparenten GIF-Grafik können Sie gut erkennen, dass die Grundlinie der neben der Grafik stehenden Schrift der Unterkante der Grafik entspricht. Obwohl diese nicht sichtbar ist, besitzt die transparente GIF-Grafik die gleiche Unterkante. Versuchen Sie daher, die Größe des (möglichst transparenten) Hintergrunds so festzulegen, dass das Aufzählungszeichen sich etwa in der Mitte der später verwendeten Schrift befindet. Die Größe des Aufzählungszeichens selbst muss ebenfalls proportional zu der verwendeten Schrift sein; zu große Zeichen stehen zu sehr im Vordergrund.

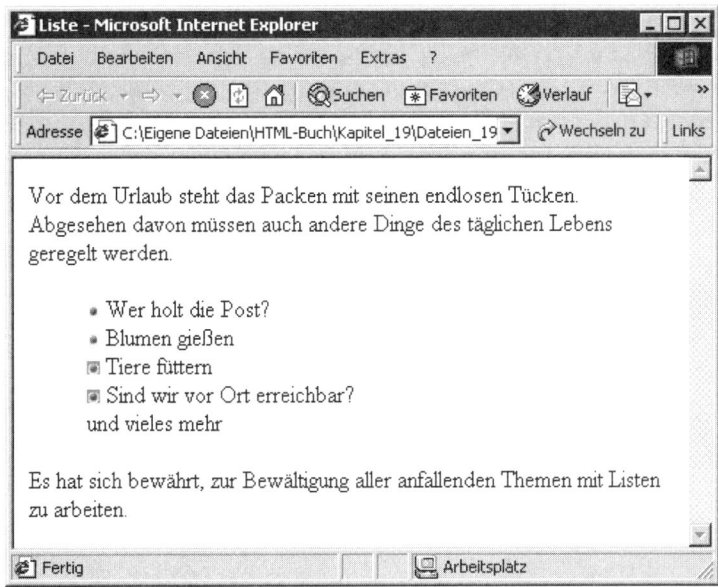

Bild 19.1: Die grafischen Aufzählungszeichen wurden unterschiedlich abgespeichert.

 Diese Abstimmung zwischen Schrift und Hintergrundgröße der Grafikdatei kann nicht verhindern, dass die Darstellung im Browser unproportional erscheint. Stellt der Anwender z.B. einen größeren Schriftgrad im Browser ein, wird zwar die Schrift, jedoch nicht die Grafiken vergrößert dargestellt. Die vorher in den Dimensionen und der Relation zur Schrift gut abgestimmten Aufzählungszeichen können dadurch plötzlich winzig erscheinen.

Der durch ein Leerzeichen gebildete Abstand zwischen den Aufzählungszeichen und den Listeneinträgen kann vergrößert werden, indem Sie anstelle des Leerzeichens mehrere geschützte Leerzeichen ( ) eingeben. Der Abstand hängt auch davon ab, wie groß der nicht sichtbare Hintergrund der Datei ist. Außerdem kann der Abstand zwischen Grafik und nachfolgendem Text in verschiedenen Browsern variieren. Der letzte Listeneintrag aus Abbildung 19.1 wurde nicht mit einem Aufzählungszeichen versehen. In einer regulären unsortierten Liste (mit den standardmäßigen Aufzählungszeichen) wird ein solcher Eintrag automatisch genauso weit eingerückt, als hätte er ein Aufzählungszeichen. Das passiert hier im Prinzip auch, nur dass der Browser bereits die Grafik als Bestandteil der Listeneinträge behandelt. Dieser Versprung kann mit einem kleinen Trick ausgeglichen werden. Legen Sie in einem Grafikprogramm eine 1 x 1 Pixel große Grafik an und speichern Sie diese als transparente GIF-Datei. Dieses Pixel wird sich in seiner Farbe stets an die verwendete Hintergrundfarbe der Seite anpassen. Skalieren Sie nun diese Grafikdatei mithilfe der Attribute width und height auf die gleiche Größe wie die als Aufzählungszeichen eingesetzte Grafik. Referenzieren Sie diese transparente leere Grafik vor dem Listeneintrag, der kein Aufzählungszeichen erhalten soll. Das Ergebnis sehen Sie in der folgen Abbildung 19.2.

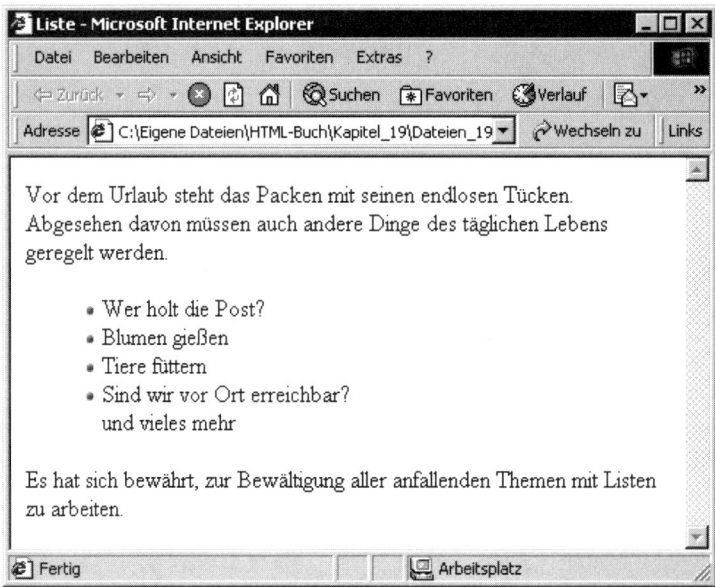

Bild 19.2: Eine leere Grafikdatei rückt den letzten Eintrag ein.

Der die Liste betreffende Ausschnitt aus dem Quellcode lautet wie folgt:

```
<ul>
<img src="Listenpunkttr.gif" alt="" width="9" height="9">
Wer holt die Post?<br>
<img src="Listenpunkttr.gif" alt="" width="9" height="9">
Blumen gie&szlig;en<br>
<img src="Listenpunkttr.gif" alt="" width="9" height="9">
Tiere f&uuml;ttern<br>
<img src="Listenpunkttr.gif" alt="" width="9" height="9">
Sind wir vor Ort erreichbar?<br>
<img src="pixel.gif" alt="" width="9" height="9"> und vieles mehr
</ul>
```

Alle grafischen Aufzählungszeichen werden nun von einer transparenten GIF-Datei gebildet. Die aus einem einzigen transparenten Pixel bestehende Datei *pixel.gif* wurde mit der Breiten- und Höhenangabe von jeweils 9 Pixel skaliert.

Die 1 Pixel große transparente Grafikdatei kann beliebig skaliert werden. Mit diesem Trick können Sie auch Textabschnitte, Grafiken oder andere Elemente einrücken.

Damit der Abstand zur linken Begrenzung des Browser-Fensters genauso groß dargestellt wird wie bei den anderen Listeneinträgen, muss auch hier nach der Grafikreferenz ein Leerzeichen eingegeben werden.

Grafiken, die als Aufzählungszeichen verwendbar sind, finden Sie in großer Auswahl im WWW, wobei immer abzuklären ist, unter welchen Bedingungen die angebotenen Grafiken eingesetzt werden dürfen. Eine andere

Quelle sind Programme, in deren Lieferumfang teilweise sehr umfangreiche Grafiksammlungen enthalten sind. Bei grafischen Aufzählungszeichen sollten Sie jedoch stets darauf achten, dass diese als transparente GIF-Datei vorliegen. Mit der Wahl des Grafik-Formats GIF ist zwar die Anzahl der Farben auf 256 beschränkt, alleine aufgrund der Größe von Aufzählungszeichen sollte dies jedoch ausreichen. In dem Grafikprogramm Paint Shop Pro von Jasc finden Sie beispielsweise die Optionen für transparente Dateien im *Speichern*-Dialogfeld. Wählen Sie zunächst als Dateityp *GIF* aus, und klicken Sie dann auf *Optionen...* Nachdem die Speicheroptionen ausgewählt sind, betätigen Sie die Schaltfläche *GIF-Optimierung...* Auf der Registerkarte *Transparenz* können Sie schließlich festlegen, ob und welche Bereiche transparent geschaltet werden sollen.

Wenn die Grafikdatei mit dem Aufzählungszeichen aus irgendeinem Grund nicht angezeigt werden kann, wird wie auch bei anderen Grafiken, ein Platzhalter dargestellt.

Wenn Sie plastische Effekte wie Schattierungen und Aufhellungen einsetzen möchten, achten Sie auf die Lichtrichtung. Da wir in unserer Wahrnehmung auf das Sonnenlicht eingestellt sind, schattieren Sie Grafiken so, dass das Licht stets von oben auf sie zu fallen scheint. Aufgrund unserer Leserichtung von links nach rechts sollten sich Schattierungen weiterhin rechts vom Objekt befinden, die Lichtrichtung sollte also genauer von links oben angenommen werden, damit Objekte plastisch hervorgehoben erscheinen.

Setzen Sie innerhalb einer Website möglichst wenige verschiedene grafische Aufzählungszeichen ein. Es spricht nichts dagegen, auf jeder Seite dieselbe Grafik als Aufzählungszeichen einzubinden. Der Anwender findet sich so auf Folgeseiten schneller zurecht, da gleichartige Elemente auch gleich aussehen. Außerdem wird die Grafik nur einmal geladen und kann dann aus dem Browser-Cache bezogen werden. Werden verschiedene (und damit verschieden große) grafische Aufzählungszeichen innerhalb einer Liste verwendet, ist es schwierig, einen gleich bleibenden Abstand zu den jeweiligen Listeneinträgen herzustellen. Aufzählungszeichen, die in der Browser-Darstellung gleich groß erscheinen, können einen verschieden großen transparenten Hintergrund haben.

Wie in Kapitel 18.10 beschrieben, werden Grafiken, die als Verweis dienen, standardmäßig mit einem Rahmen dargestellt. Dies gilt auch für solche Grafiken, die nur Teil eines Verweises sind. Möchten Sie Listeneinträge inklusive des grafischen Aufzählungszeichens als Verweis definieren und keinen Rahmen um die Grafik angezeigt bekommen, setzen Sie den Wert des Attributs `border` auf Null.

Der Quellcode zu Abbildung 19.3 lautet wie folgt:

```
<html>
<head>
<title>Liste</title>
</head>
<body>
```

```
Vor dem Urlaub steht das Packen mit seinen endlosen T&uuml;cken.
Abgesehen davon m&uuml;ssen auch andere Dinge des t&auml;glichen
Lebens geregelt werden.
<ul>
<a href="QeAufz1">
<img src="Listenpunkttr.gif" alt="" width="9" height="9"> Wer holt
die Post?<br>
</a>
<a href="QeAufz2">
<img src="Listenpunkttr.gif" alt="" width="9" height="9" border="0">
Blumen gie&szlig;en<br>
</a>
<img src="Listenpunkttr.gif" alt="" width="9" height="9" border="0">
 <a href="QeAufz4">
Tiere f&uuml;ttern<br>
</a>
<img src="Listenpunkttr.gif" alt="" width="9" height="9"> Sind wir
vor Ort erreichbar?<br>
<img src="pixel.gif" alt="" width="9" height="9"> und vieles mehr
</ul>
Es hat sich bew&auml;hrt, zur Bew&auml;ltigung aller anfallenden
Themen mit Listen zu arbeiten.
</body>
</html>
```

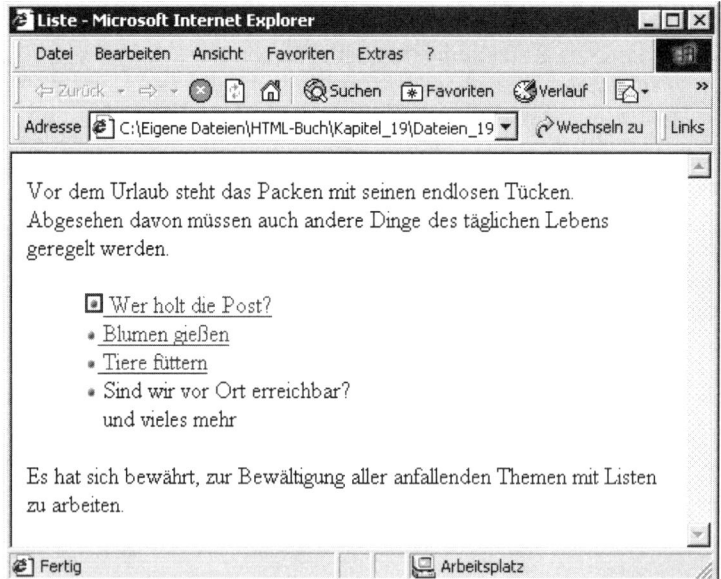

Bild 19.3: Listeneinträge sind als Verweise definiert

Der erste Listeneintrag wurde mit dem grafischen Aufzählungszeichen als Verweis definiert; die Grafik wird mit einem Rand dargestellt. Auch der zweite Listeneintrag verweist auf eine andere Datei, in der Grafikreferenz wurde jedoch das Attribut `border="0"` notiert. Wie Sie in Abbildung 19.3 sehen, wird die Grafik ohne Rahmen dargestellt; der Text des Listeneintrags wird weiterhin unterstrichen dargestellt und ist somit als Verweis zu erkennen. Der dritte Listeneintrag ist in der Browser-Darstellung vom zweiten nicht zu unterscheiden. Im Quelltext sehen Sie jedoch, dass der grafische Aufzählungspunkt nicht innerhalb des Verweises liegt. Dies sollten Sie nicht benutzen, da es eindeutig anwenderfreundlicher ist, den Bereich des Verweises auf das Aufzählungszeichen auszuweiten. Der Anwender muss so nicht genau auf den Text des Eintrags klicken, um zum Verweisziel zu gelangen.

19.2 Grafische Trennlinien

Da bereits einfache farbige Trennlinien nicht zum offiziellen Sprachstandard von HTML 4.01 gehören, werden diese (und weitere Effekte) mithilfe von Grafiken realisiert. Ebenso wie bei grafischen Aufzählungszeichen sollten auch Trennlinien mit transparentem Hintergrund gespeichert werden. Sie finden unzählige Seiten mit strukturierenden Grafiken im Internet, die für private Homepages meistens kostenlos heruntergeladen werden dürfen. Fehlt ein solcher Hinweis, klären Sie ab, ob und unter welchen Voraussetzungen die Grafik verwendet werden darf. Wenn Sie sich nicht sicher sind, ob eine grafische Linie (auch bar = Riegel genannt) einen transparenten Hintergrund hat, referenzieren Sie diese in eine Seite, deren Hintergrundfarbe eine andere ist. Passt sich die Linie in ihrer Hintergrundfarbe an, ist diese transparent. Ist dies nicht der Fall, müssen Sie die Linie in ein Grafikprogramm laden und dort als transparente GIF-Datei speichern.

Die bei dem Grafikformat GIF zur Verfügung stehenden 256 Farben dürften für grafische Linien normalerweise ausreichen; der Umfang von Grafikdateien sollte ohnehin so gering wie möglich gehalten werden. Verzichten Sie daher zu Gunsten der Ladezeit auf zu viele Effekte bzw. setzen Sie diese nur dann ein, wenn diese wesentlich für Ihre Seite sind. Die Einbindung und Ausrichtung von Grafiken wird in Kapitel 18 behandelt.

Wie bei Aufzählungszeichen sollten Sie keine bzw. möglichst wenige unterschiedliche Trennlinien einsetzen. Dadurch wirkt das Erscheinungsbild der Website ruhiger, und die Grafik muss nur einmal in den Browser-Cache geladen werden. Im Gegensatz zu dem `<hr>`-Tag, das automatisch in einer eigenen Zeile angezeigt wird, müssen bei grafischen Trennlinien die Zeilenumbrüche mithilfe des `<br>` oder `<p>`-Tags manuell eingegeben werden.

```
<html>
<head>
<title>Liste</title>
</head>
<body>
Vor dem Urlaub steht das Packen mit seinen endlosen T&uuml;cken.
Abgesehen davon m&uuml;ssen auch andere Dinge des t&auml;glichen
Lebens geregelt werden.
<ul>
```

```
<img src="Listenpunkttr.gif" alt="" width="9" height="9">
Wer holt die Post?<br>
<img src="Listenpunkttr.gif" alt="" width="9" height="9">
Blumen gie&szlig;en<br>
<img src="Listenpunkttr.gif" alt="" width="9" height="9">
Tiere f&uuml;ttern<br>
<img src="Listenpunkttr.gif" alt="" width="9" height="9">
Sind wir vor Ort erreichbar?<br>
<img src="pixel.gif" alt="" width="9" height="9"> und vieles mehr
</ul>
Es hat sich bew&auml;hrt, zur Bew&auml;ltigung aller anfallenden
Themen mit Listen zu arbeiten.<br>
<img src="trenn3.gif" alt="" width="500" height="4">
</body>
</html>
```

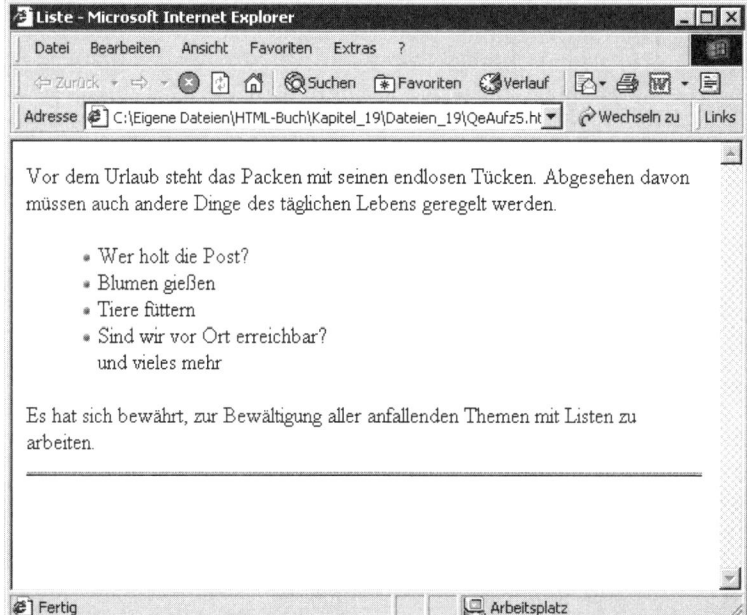

Bild 19.4: Eine grafische Trennlinie

Wie Sie dem Quellcode entnehmen können, wurde zwischen Text und Trennlinie ein `<br>`-Tag eingefügt, damit die Grafik in einer eigenen Zeile angezeigt wird. Die grafische Trennlinie wird wie alle Grafikelemente mit dem `<img>`-Tag eingebunden.

Bei der Wahl horizontaler Linien sollten Sie bedenken, dass Grafikdateien eine feste Größe haben. Trennlinien sollten einerseits nicht zu kurz sein, damit sie in großen Browser-Fenstern nicht verloren wirken. Andererseits dürfen sie auch nicht zu lang sein, da sie ansonsten in klein skalierten Browser-Fenstern dazu führen, dass am unteren Rand des Browsers ein Rollbalken eingeblendet wird. Ein solcher Rollbalken zeigt dem Anwender, dass es über die derzeitige Anzeige hinaus noch weitere Elemente gibt. Wenn es sich dabei allerdings ausschließlich um eine (zu) lange Trennlinie handelt, ist der Anwender wahrscheinlich verärgert. Sie können diesen Effekt auch dazu nutzen, etwas zu »verstecken«, sodass der Anwender ganz nach rechts scrollen muss, um ein bestimmtes Element zu sehen. In der Regel sollten Sie das Auftauchen horizontaler Rollbalken jedoch vermeiden. Gerade bei umfangreicheren Texten sind sie sehr lästig, da man ja nicht weiß, ob relevante Informationen sich im nicht sichtbaren Bereich verbergen.

19.3 Schaltflächen

Unter Schaltflächen (auch Button = Knopf) versteht man Elemente, auf die der Anwender klicken kann, um eine Aktion auszulösen. Auf Websites dienen Schaltflächen als Bedienelemente zur Navigation und haben eine besondere Bedeutung. Schaltflächen sollten daher stets sehr sorgfältig ausgewählt und eingesetzt werden Bei einer umfangreichen Site ist es beispielsweise sicher von Vorteil, die Navigationselemente an einer gleich bleibenden Position anzuordnen. Der Anwender versteht das Prinzip schnell und weiß, wo sich Navigationselemente und die eigentlichen Inhalte der Seite befinden. Das Gleiche gilt in Bezug auf die äußere Erscheinung von Schaltflächen; nach Möglichkeit sollten sich von Seite zu Seite nicht zu viele Merkmale ändern. Wenn sich beispielsweise mehrere Schaltflächen der gleichen Farbe und Form im linken Bereich des Browser-Fensters befinden, sollten diese auf den Folgeseiten entweder genauso oder ähnlich eingebunden sein. Wenn eine andere Farbe besser zu einer bestimmten Seite passt, ist das kein Problem, da der Anwender aufgrund der anderen übereinstimmenden Faktoren schnell erkennt, worum es sich handelt. Auch Schaltflächen in einer anderen Form oder Größe sind möglich, sofern handfeste Gründe für deren Einsatz sprechen. Werden jedoch von einer auf die andere Seite mehrere derartige Veränderungen vorgenommen, wird es kritisch. Schlimmstenfalls ist der Anwender nicht mehr sicher, ob er sich noch auf der gleichen Site befindet. Wie bei den Aufzählungszeichen und Trennlinien führt eine einheitliche Behandlung gleichartiger Elemente auf allen Einzelseiten einer Web-Präsenz zu einem geschlossenen Erscheinungsbild.

Gerade Schaltflächen können die Navigation innerhalb einer Website enorm erleichtern, indem sie über die Möglichkeiten des Browsers hinausgehen. Bei umfangreichen Texten ist es beispielsweise denkbar, auf jeder Seite auf eine Art Inhaltsverzeichnis und die vorige bzw. nächste Seite zu verweisen. Ob und welche gleich bleibenden Schaltflächen verwendet werden, hängt natürlich von den Inhalten der Site ab. Mindestens jedoch sollten – mehrere Einzelseiten vorausgesetzt – Schaltflächen für die vorige und nächste Seite sowie die Startseite vorhanden sein. Ausnahmen bestätigen wie immer die Regel: Unter experimentellen Gesichtspunkten kann es sehr lustig sein, Schaltflächen regelrecht suchen zu müssen. Versuchen Sie schon während der Planung einer Website die benötigten Schaltflächen und deren etwaige Position zu berücksichtigen. Nachfolgend sehen Sie einen Ausschnitt des zu Abbildung 19.4 gehörenden Quellcodes. Der gesamte Quelltext ist hinter Abbildung 19.3 notiert.

```
<hr>
<a href="QeAufz2.htm">
<img src="Button.gif" alt="weiter" width="64" height="64" border="0">
</a>
```

Die im `<img>`-Tag angegebene Grafikdatei ist durch die Umklammerung der beiden `<a>`-Tags als Verweis aufgezeichnet (ausführliche Informationen zum Thema Links erhalten Sie in Kapitel 22). Der Wert des Attributs `alt` legt den Text fest, der beim Überfahren der Grafik mit dem Mauszeiger zu sehen ist bzw. für den Fall, dass die referenzierte Grafik nicht dargestellt werden kann. Das Attribut `border` stellt mit dem Wert `"0"` sicher, dass die Grafik nicht (wie standardmäßig üblich) mit einem Rahmen versehen wird.

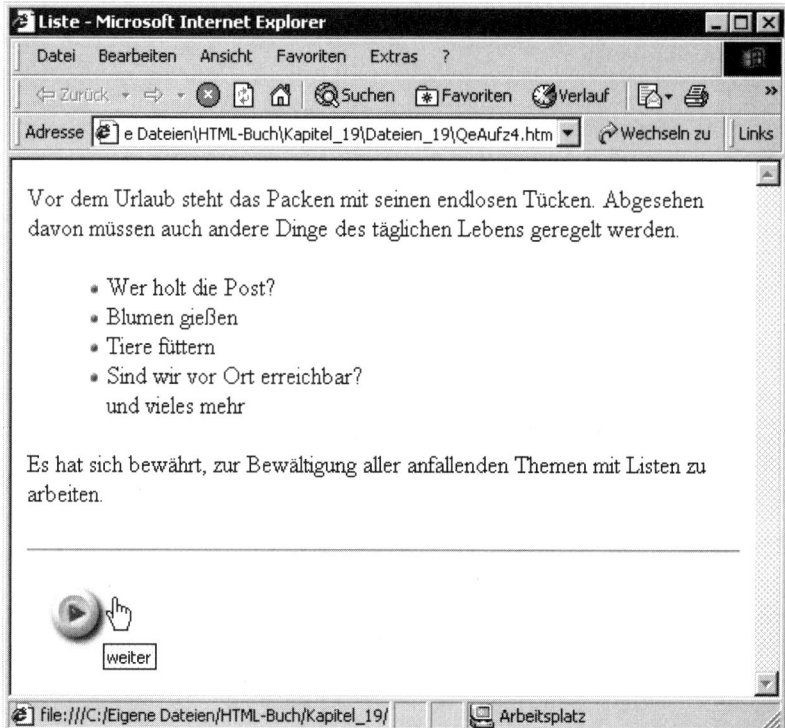

Bild 19.5: Eine Schaltfläche mit ToolTipp-Fenster

Wie Sie Abbildung 19.4 entnehmen können, ist auch der im Browser nicht sichtbare transparente Teil der Grafik als Verweis definiert. Der Anwender braucht also mit dem Mauszeiger nur in die Nähe der Schaltfläche zu kommen, um dem Verweis folgen zu können. Durch die Anzeige des alternativen Textes wird die Symbolik der Schaltfläche unterstützt. Bedenken Sie jedoch, dass dieser eigentlich die textliche Alternative zur Grafik darstellt, falls diese aus den verschiedensten Gründen einmal nicht angezeigt werden kann. Nur neuere Browser zeigen diesen Text auch dann an, wenn die geladene Grafik überfahren wird.

Einige Grafikprogramme bieten eigene Funktionen an, die beim Erstellen von Schaltflächen hilfreich sein können. Speichern Sie Schaltflächen nach Möglichkeit als transparente GIF-Dateien ab. Lassen Sie – wenn die Position der Schaltflächen es zulässt – einen etwas größeren (transparenten) Hintergrund, damit Anwender nicht genau auf die Grafik zielen müssen. Wie für andere Elemente gilt auch hier, dass Schattierungen rechts unten platziert werden sollten, sodass das Licht von links oben zu kommen scheint.

Schaltflächen, die zu bereits besuchten Links führen, können meistens nicht von gerade angeklickten oder noch nicht besuchten Verweisen unterschieden werden. Anhand der Farbe des Rahmens, den Browser automatisch um Grafiken ziehen, die als Verweis dienen, könnte der Anwender erkennen, ob es sich um einen bereits besuchten Verweis handelt oder nicht. Die Darstellung dieses Rahmens wird allerdings zu Gunsten des optischen Gesamteindrucks bei Schaltflächen meist unterdrückt. Abhilfe schaffen hier JavaScript-Schaltflächen, die verschiedene Zustände annehmen können. Ein hierfür geeigneter Schaltflächen-Editor ist beispielsweise in dem Programm Fireworks des Herstellers Macromedia enthalten.

Halten Sie sich bei der Gestaltung von Schaltflächen stets vor Augen, dass auf einer Webseite nur begrenzt Platz zur Verfügung steht. Schaltflächen sollten eindeutig sein, sodass sie intuitiv benutzt werden. Vermeiden Sie die Verwechslungsgefahr mit anderen Elementen, indem Sie Schaltflächen verwenden, die sich deutlich absetzen. Auf einer Seite, deren Hintergrund aus pastellfarbenen Kreisen besteht, sollten die eingesetzten Schaltflächen sicher nicht kreisförmig und pastellfarben sein. Wenn es unbedingt runde Flächen sein sollen, sollte sich die Größe und Farbe signifikant von den Kreisen des Hintergrunds unterscheiden.

Schaltflächen sollen vor allem funktionieren und müssen nicht unbedingt auffallen. Anwender sehen sich häufig in sehr kurzen Zeitabständen wechselnden Bedienungsoberflächen gegenüber. Versuchen Sie daher, den Erwartungen der Anwender entgegenzukommen, indem Sie Schaltflächen so gestalten, dass diese auch wie Schaltflächen aussehen und deren Bedeutung intuitiv richtig interpretiert wird.

20 Hintergrundgrafik

Mithilfe des Attributs `background` kann innerhalb des `<body>`-Tags eine Grafik als dokumentweites Hintergrundbild definiert werden. Die hierfür geeigneten Dateiformate sind GIF, JPEG und zukünftig PNG (siehe Kapitel 17, »Grafikformate in HTML«). Vorausgesetzt, die Grafikdatei befindet sich im selben Verzeichnis wie die HTML-Datei, muss als Wert des Attributs `background` lediglich der Dateiname mit der Dateierweiterung angegeben werden. Liegt die Grafik in einem anderen Verzeichnis, gelten die in Kapitel 18.2 erläuterten Regeln. Die Syntax zum Einbinden einer Grafikdatei als Hintergrund lautet:

```
<body background="Grafikdatei">
```

Da sich dieses Attribut auf das äußere Erscheinungsbild eines HTML-Dokuments bezieht, gilt es als »deprecated« und sollte zu Gunsten von Stylesheets nicht mehr verwendet werden. Mit Stylesheets können Sie Hintergrundeffekte realisieren, die über die des `background`-Attributs hinausgehen.

Grafische Hintergründe können das Erscheinungsbild einer Website stark beeinflussen, und zwar sowohl im positiven als auch im negativen Sinne. Positiv ist ein Hintergrundbild dann, wenn es kaum ins Auge fällt und textliche Inhalte sehr gut lesbar bleiben. Enthält eine Seite kaum Text, darf eine Hintergrundgrafik auch stärker in den Vordergrund treten. Es sollte allerdings immer vermieden werden, dass Hintergrund und Vordergrund in Konkurrenz zueinander treten. Darüber hinaus sollte eine Hintergrundgrafik in der Farbauswahl und Formensprache dem Inhalt der Site entsprechen. Eine negative Auswirkung von Hintergrundgrafiken ist zunächst die zusätzlich benötigte Ladezeit beim Aufrufen der Seite. Häufig leidet die Lesbarkeit von Texten selbst bei dezenten Hintergrundgrafiken. Besonders für Texte ist ein guter Kontrast zwischen Hintergrund und Schrift wichtig; schon verhältnismäßig kleine »Störungen« lassen die Augen des Betrachters schneller ermüden (Lesen am Bildschirm ist auch mit gutem Kontrast anstrengend für das menschliche Auge).

Wenn Sie selbst Hintergrundgrafiken erstellen, sollten Sie diese nicht im interlaced- (GIF) bzw. progressive-Modus (JPEG) abspeichern, da diese Optionen den Aufbau der Seite verlangsamen. Bei Hintergrundgrafiken ist ganz besonders darauf zu achten, dass die Dateigröße der Grafik möglichst gering ist. Sofern Text im Vordergrund einer Seite stehen wird, sollten Sie die Hintergrundgrafik schon während des Entwurfs zusammen mit Text betrachten und abwägen, ob der positive Effekt zu sehr zu Lasten der Lesbarkeit geht. Eine gute Hintergrundgrafik steht eindeutig im Hintergrund und verhält sich anderen Elementen gegenüber nicht dominant.

20.1 Hintergrundbild aus Einzelgrafiken

Die Größe von Hintergrundgrafiken stellt den Gestalter vor ein Problem: Ist die Grafik sehr groß (sodass sie im größtmöglichen Browser-Fenster formatfüllend ist), fehlen in kleineren Darstellungen Teile des Bildes. Der Browser beginnt bei der Anzeige der Seite in der linken oberen Ecke und zeigt eine Grafik so weit an, wie Platz im aktuellen Browser-Fenster verfügbar ist. Ist die Grafik allerdings zu klein, wiederholt der Browser diese so oft, bis das aktuelle Browser-Fenster ausgefüllt ist. Diese Tatsache wird genutzt, um die Dateigröße von Hintergrundgrafiken gering zu halten. Es wird eine sehr kleine Grafik als Hintergrundbild referenziert, die in der Browser-Darstellung addiert wird. Das Hintergrundbild setzt sich damit aus vielen kleinen Einzelgrafiken zusammen. Der Vorteil ist einmal in der deutlich verringerten Dateigröße zu sehen, gleichzeitig werden immer alle Bildinformationen dargestellt, egal wie groß das Browser-Fenster skaliert ist. Diese aus Einzelbildern zusammengesetzten Hintergründe werden auch Wallpaper (Tapete) genannt, weil dasselbe Muster immer wiederholt wird. Im folgenden Quelltext wird die Grafikdatei *grau2.gif* als dateiweites Hintergrundbild definiert.

```
<html>
<head>
<title>Hintergr&uuml;nde</title>
</head>
<body background="grau2.gif">
<center>
<p>Lorem ipsum dolor (...)<p>
<p>Duis autem veleum (...)<p>
</center>
</body>
</html>
```

Wie diese Datei im Browser dargestellt wird, ist in Abbildung 20.1 zu sehen. Der Blindtext wurde durch (...) abgekürzt. Die Originalgrafik hat eine Größe von 200 x 200 Pixel und wird so oft aneinander gelegt, bis das Browser-Fenster gefüllt ist.

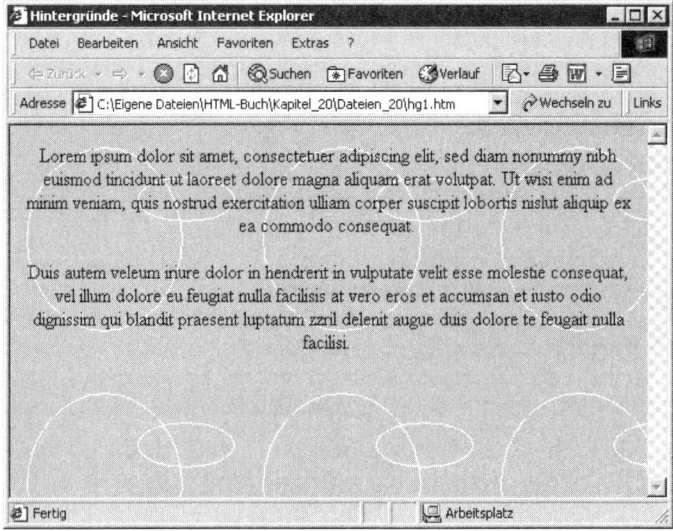

Bild 20.1: Eine Datei mit Hintergrundgrafik

Häufig sind die so verwendeten Grafiken noch kleiner, da die Datei nur einen Rapport des Musters beinhalten muss. Abbildung 20.2 zeigt die gleiche HTML-Datei wie Abbildung 20.1, es wurde lediglich eine andere Grafik als Hintergrund definiert.

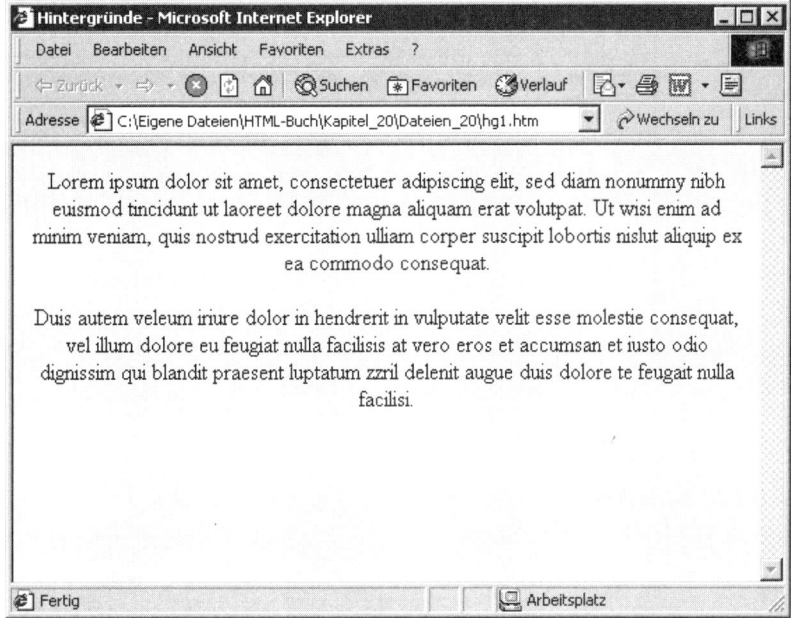

Bild 20.2: Die Hintergrundgrafik ist 40 x 40 Pixel groß.

Diese Grafik ist nur noch 40 x 40 Pixel groß und tritt deutlicher in den Hintergrund als die aus Abbildung 20.1. Da kleine Grafiken von links oben beginnend Zeilenweise aneinander gefügt werden, bilden sich bei kleinen Mustern immer Raster. Wer diesen Effekt verhindern möchte, kann flächige Grafiken einsetzen oder gezielt Anschlusspunkte beachten. In der folgenden Abbildung sehen Sie ein geschlossen wirkendes Hintergrundmuster, das sich aus Einzelgrafiken zusammensetzt, die wie in Abbildung 20.2 nur 40 x 40 Pixel groß sind. Beim Erstellen dieser Grafik wurde auf horizontale und vertikale Anschlüsse geachtet.

In Abbildung 20.4 sehen Sie die einzelne Grafik, die im Browser zu einem geschlossenen Hintergrundbild zusammengesetzt wurde.

Sie können die Wiederholung der Hintergrundgrafik in nur eine Richtung provozieren, indem Sie Grafiken erstellen, die entweder in horizontaler oder vertikaler Richtung so groß wie das größte anzunehmende Browser-Fenster sind. Die Grafik zu Abbildung 20.4 ist lediglich 8 Pixel hoch, die Breite beträgt jedoch 1500 Pixel.

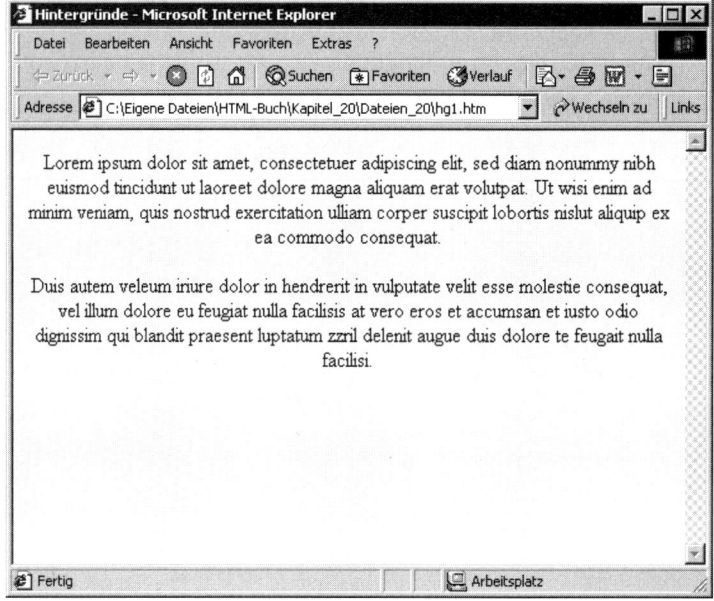

Bild 20.3: Aneinander gefügte Grafiken bilden ein geschlossenen Bild.

Bild 20.4: Die in Abbildung 20.3 referenzierte Grafik

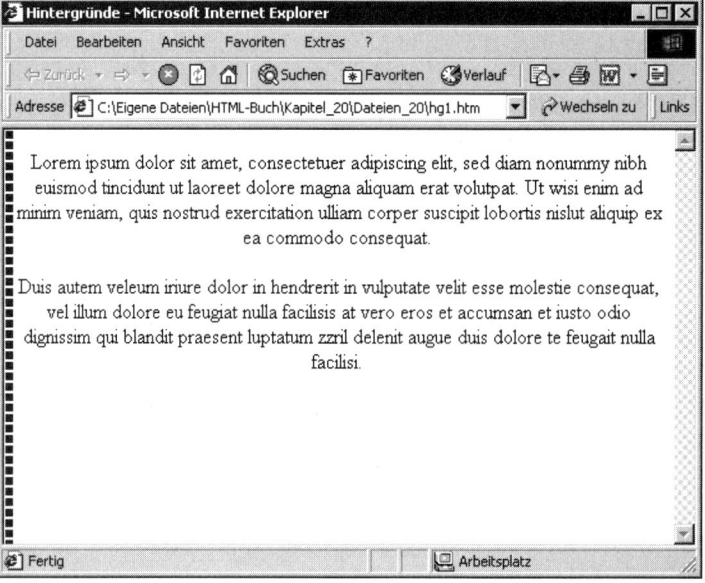

Bild 20.5: Eine sehr flache Grafik bildet das Hintergrundbild.

Wenn der Abstand zwischen dem durch die Hintergrundgrafik gebildeten Rand und dem Text zu klein ist, können Sie z.B. den Text in eine Tabelle einbinden, deren erste Spalte leer bleibt. Handelt es sich um wenige kurze Texte, wie beispielsweise eine Aufzählung, kann auch eine unsichtbare Grafik als Abstandhalter eingesetzt werden (dieses Vorgehen ist in Kapitel 19.1 erklärt).

Experimentieren Sie in einem Grafikprogramm mit kleinen Grafiken, die sich zu einem Gesamtbild addieren lassen. Wählen Sie eine möglichst kleine Grafikgröße, damit die Datei schnell geladen werden kann. Obwohl der Browser diese Grafikdatei nur einmal laden muss, sollten Sie auch auf die Farbtiefe achten und wenn möglich im GIF-Format speichern. Vergessen Sie nicht, dass der Hintergrund zu Gunsten der Lesbarkeit nicht zu stark strukturiert sein sollte. Betrachten Sie Hintergrundbilder zusammen mit Text, um die Wirkung zu überprüfen.

20.2 Statisches Hintergrundbild

Durch ein zusätzliches Attribut, das nicht zum offiziellen Sprachstandard von HTML 4.01 gehört und nur vom Internet Explorer unterstützt wird, kann ein Hintergrundbild statisch angezeigt werden. Beim Scrollen der Seite wird die Hintergrundgrafik nicht mitbewegt, sie wird statisch dargestellt. Der im Vordergrund befindliche Text bewegt sich also vor dem unbeweglichen Hintergrund. Für diesen Effekt wird das Attribut bgproperties im <body>-Tag notiert und nimmt den Wert fixed an (was so viel heißt wie fixieren).

```
<html>
<head>
<title>Hintergr&uuml;nde</title>
</head>
<body background="grau2.gif" bgproperties="fixed">
<center>
<p>Lorem ipsum dolor (...)<p>
<p>Duis autem veleum (...)<p>
<p>Lorem ipsum dolor (...)<p>
<p>Duis autem veleum (...)<p>
</center>
</body>
</html>
```

Bis auf das zusätzliche Attribut im einleitenden <body>-Tag (und zwei weiteren Textabsätzen) stimmt der Quelltext mit dem überein, der zu Abbildung 20.1 führt.

Vergleichen Sie Abbildung 20.6 mit Abbildung 20.1. Die Hintergrundgrafik stimmt genau überein, obwohl das Dokument in Abbildung 20.6 nach unten gescrollt wurde. Dieser Effekt lässt sich mit dem Abspann nach einem Film im Kino oder Fernsehen vergleichen: Im Hintergrund ist eine eingefrorene Szene zu sehen, während sich im Vordergrund die Schrift bewegt.

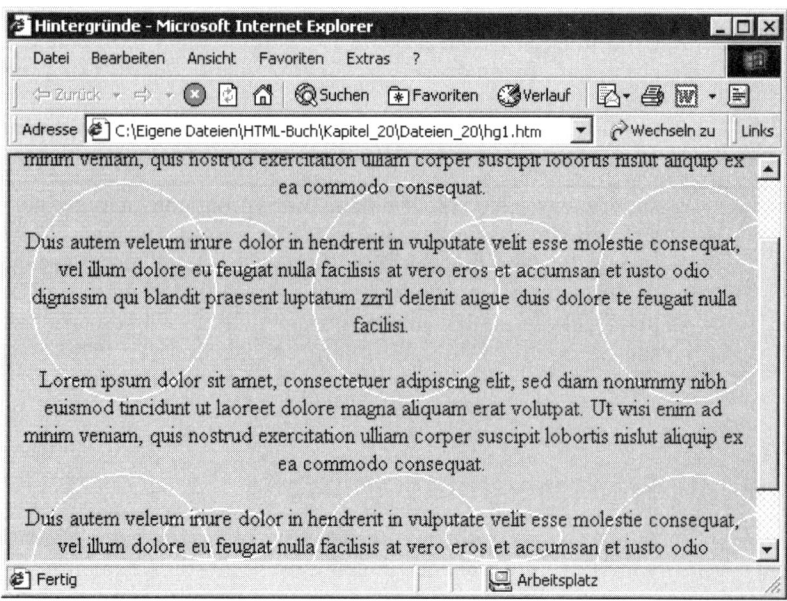

Bild 20.6: Das Hintergrundbild ist statisch.

21 Zusammenfassen von Elementen

Mithilfe des `<div>`-Tags (als Abkürzung von division = Bereich) können unterschiedliche Elemente zu einem Bereich zusammengefasst werden, wobei ein End-Tag erforderlich ist. Die so zusammengefassten Elemente beginnen im Browser in einer eigenen Zeile. Nach einem mit `<div>` ausgezeichneten Bereich wird ebenfalls automatisch ein Zeilenumbruch durchgeführt. Die in einem Bereich enthaltenen Elemente können unterschiedlicher Art sein, wie beispielsweise Text, eine Grafik oder eine Tabelle. In Kapitel 21.1 wird beschrieben, wie Sie mit dem `<div>`-Tag Bereiche ausrichten können. Der Befehl kann auch im Zusammenhang mit Ereignisattributen und Stylesheets benutzt werden.

21.1 Bereiche ausrichten

Zur Ausrichtung eines Bereichs wird das Attribut `align` (von alignment = Ausrichtung) im `<div>`-Tag notiert, das die Werte `left` für linksbündige Ausrichtung, `center` für zentrierte Darstellung, `right` für rechtsbündige Ausrichtung und `justify` für Blocksatz annehmen kann. Mit Ausnahme von HTML-Befehlen, die sich auf Tabellen beziehen, ist das Attribut `align` jedoch als »deprecated« eingestuft und sollte nicht mehr benutzt werden. Derzeit ist die Verwendung allerdings (noch) nicht verboten. Unter der Verwendung von Stylesheets lassen sich Effekte realisieren, die über die Ausrichtung von Bereichen hinausgehen.

Im folgenden Quelltext wurden zwei Bereiche definiert, die jeweils Text und eine Grafik beinhalten.

```
<html>
<head>
<title>Bereiche</title>
</head>
<body>
<p>
Lorem ipsum dolor (...) <br>
<img src="wiese.jpg"alt="Blumenwiese" width="110" height="110"><br>
Ut wisi enim (...)
</p>
<p>
<div align="center">
Lorem ipsum dolor (...) <br>
<img src="wiese.jpg"alt="Blumenwiese" width="110" height="110"><br>
Ut wisi enim (...)
</div>
</p>
<p>
<div align="right">
Lorem ipsum dolor (...) <br>
<img src="wiese.jpg"alt="Blumenwiese" width="110" height="110"><br>
Ut wisi enim (...)
```

```
        </div>
      </p>
      <p>
      <center>
      Lorem ipsum dolor (...) <br>
      <img src="wiese.jpg"alt="Blumenwiese" width="110" height="110"><br>
      Ut wisi enim (...)
      </center>
      </p>
      </body>
      </html>
```

Der in der Browser-Darstellung sichtbare Blindtext wurde mit (...) abgekürzt. Die folgende Abbildung zeigt den ersten Absatz und den ersten Bereich des Quellcodes.

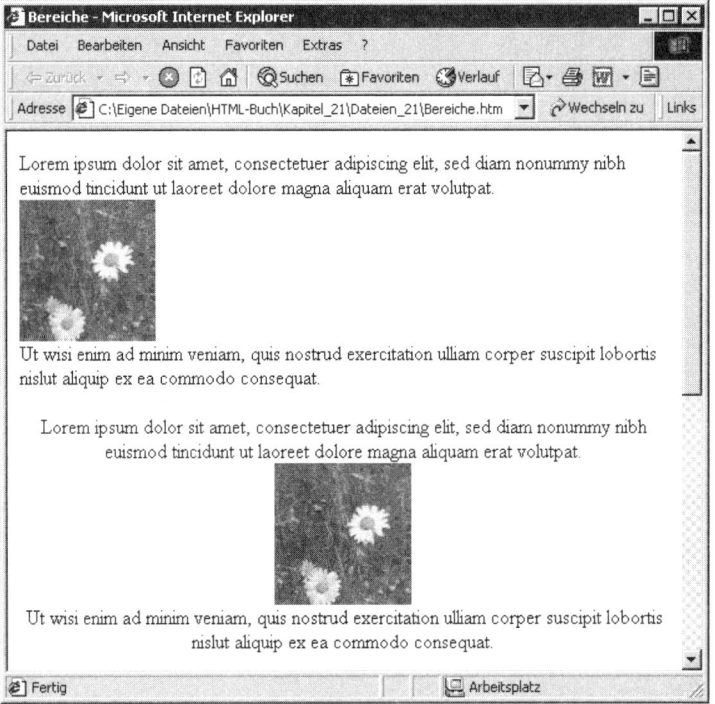

Bild 21.1: Ein herkömmlicher Absatz und ein Bereich mit verschiedenen Elementen

Der erste Textabschnitt, der eine Grafik enthält, ist lediglich als Absatz ausgezeichnet. Da keine weiteren Angaben zur Ausrichtung gemacht wurden, werden Text und Grafik (da diese sich in einer eigenen Zeile befindet) linksbündig ausgerichtet dargestellt. Eine Auszeichnung des Absatzes bzw. der in ihm enthaltenen Elemente mit `<div align="left">` und `</div>` sieht im Browser identisch aus. Da der Wert `left` die Standardeinstellung ist, führt auch die schlichte Definition des Bereichs mit `<div>` ohne Attribut zu dem gleichen Ergebnis.

Im unteren Teil der Abbildung wurden die in einem Absatz enthaltenen Elemente mit der Angabe <div align="center"> zentriert. Auch hier steht die Grafik in einer eigenen Zeile.

Die Darstellung der anderen Absätze sehen Sie in Abbildung 21.2.

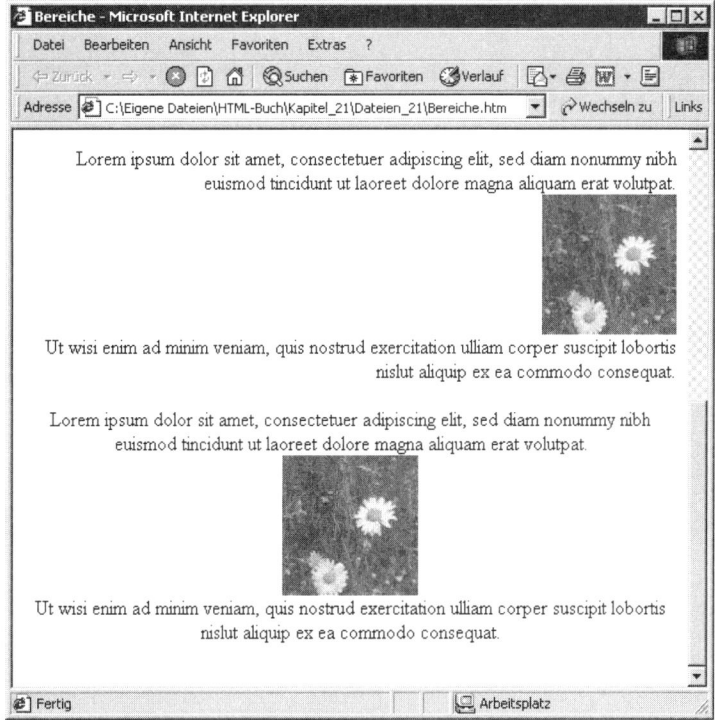

Bild 21.2: Ein rechtsbündig ausgerichteter Bereich und ein zentrierter Absatz

In vorstehender Abbildung 21.2 sehen Sie oben den Bereich, der im Quelltext mit <div align="right"> rechtsbündig ausgerichtet wurde. Die Grafik wird wie erwartet ebenfalls rechtsbündig ausgerichtet, da sie in einer eigenen Zeile steht. Der letzte Abschnitt der HTML-Datei wird im Browser wieder zentriert dargestellt, obwohl er nicht als Bereich definiert und ausgerichtet ist. Die gesamten vom Befehl <center> eingeschlossenen Elemente werden nämlich ebenfalls zentriert dargestellt. Die Darstellung eines zentriert ausgerichteten Bereichs unterscheidet sich also nicht von der, die mit dem Befehl <center> erreicht wurde, allerdings ist auch dieser Befehl auf Empfehlung des W3C zukünftig nicht mehr zu verwenden.

 Abweichend von diesem Beispiel können auch mehrere Absätze mit verschiedenen Elementen als Bereich definiert werden.

22 Hyperlinks

Mithilfe von Verweisen, die auch unter den Bezeichnungen Hyperlinks, der abgekürzten Form Links oder Verknüpfungen bekannt sind, können Sie Informationen miteinander vernetzen, die sich an verschiedenen Stellen eines Dokuments oder auch auf anderen Webseiten und Webservern befinden. Ziel eines Verweises können bestimmte Stellen innerhalb eines Dokuments, andere Dokumente (auch auf anderen WWW-Servern), eine E-Mail-Adresse oder andere Dateien sein. Das jeweilige Verweisziel wird dabei in Form einer relativen oder absoluten URL bzw. eines Ankers (für eine bestimmte Stelle innerhalb eines Dokuments) definiert. Die Verknüpfung (man spricht auch von der Verlinkung) von Dokumentteilen oder Dokumenten bildet die Struktur einer Site ab. Durch sinnvolle und ausreichende Verknüpfung können Anwender gezielt auf für sie relevante Informationen zugreifen. Das WWW besteht aus unzähligen Informationen, auf die Anwender weltweit zugreifen können. Die Erreichbarkeit dieser Informationen hängt dabei wesentlich davon ab, wie gut diese intern (innerhalb eines umfangreichen Dokuments) und extern (z.B. Suchmaschinen) vernetzt sind.

Zu wenige interne und externe Verknüpfungen können eine HTML-Datei isolieren und das Ansteuern bestimmter Inhalte erschweren bis unmöglich machen. Andererseits kann durch zu viele Verweise möglicherweise der Überblick verloren gehen. Versuchen Sie daher, die eingebundenen Verknüpfungen auf ein sinnvolles Maß zu beschränken.

Die Vernetzung der Inhalte einer Site sollte bereits in der Planungsphase berücksichtigt werden. Eine gute Benutzeroberfläche sollte abhängig von der Struktur der Site geeignete Möglichkeiten zur Navigation enthalten, die über die des Browsers hinausgehen. Bei sehr umfangreichen Texten ist z.B. die Möglichkeit zur direkten Ansteuerung einzelner Abschnitte oder eines Index wünschenswert. Vergessen Sie nicht, dass der potenzielle Besucher der Site die Inhalte nicht kennt. Um gezielte Informationen zu erhalten, ist er auf aussagekräftige Verweise angewiesen, die das Verweisziel möglichst klar beschreiben.

Verweise werden in HTML mit dem Befehl `<a>` (für anchor = Anker) definiert. Zum besseren Verständnis dieses Begriffs kann auch von Quellankern und Zielankern gesprochen werden, mit denen zwei Webdateien (oder auch zwei Stellen innerhalb einer Datei) unidirektional verbunden werden.

Obwohl die Ausgangsdatei mithilfe der Browser-Funktion Zurück zu erreichen ist, hat ein Verweis stets eine Richtung, in der die beiden Enden eines Verweises miteinander verbunden sind. Um ohne die Browser-Funktion Zurück von einem Verweisziel wieder zur Ausgangsdatei zu gelangen, muss ein weiterer Verweis definiert werden, der die umgekehrte Richtung hat.

Das Verweisziel wird im einleitenden Tag als Wert des Attributs `href` (hyperlink reference = Verweisziel) angegeben. Der Wert dieses Attributs wird in Form einer gültigen relativen oder absoluten URL angegeben, die von der Lage des Verweisziels in Relation zum Ausgangsdokument abhängt. Ohne weitere Angaben führt jeder Verweis zum Beginn der Datei bzw. zum Anfang der Seite, das heißt, es ist kein Zielanker erforderlich. Um jedoch ein bestimmtes Element (wie etwa eine Überschrift, eine Grafik oder eine Tabelle) innerhalb der als Verweisziel definierten Datei zu verknüpfen, muss dieses zunächst als Zielanker definiert werden. Der Quellanker enthält dann die Information, dass das Ziel des Verweises ein bestimmter Zielanker innerhalb der referenzierten Datei ist. Wie solche Zielanker installiert werden und der entsprechende Quellanker aussieht, wird in Kapitel 22.1 erläutert.

Das End-Tag `</a>` ist unbedingt erforderlich, da ansonsten alle dem einleitenden `<a>`-Tag folgenden Elemente als Verweis ausgezeichnet sind und alle auf den gleichen Ort verweisen. Die Syntax eines Quellankers (also die Stelle, von der aus auf eine andere verwiesen wird) lautet bei einem Verweis auf eine Datei innerhalb des WWW wie folgt:

```
<a href="http://www.Domainname.Toplevel-Domain/Verzeichnis/Datei.htm">
Text oder Element, das als Verweis dienen soll</a>
```

`<a>`-*Tags dürfen nicht ineinander verschachtelt werden und nur im Rumpfteil (Body) einer HTML-Datei eingesetzt werden.*

Im einleitenden `<a>`-Tag wird als Wert des Attributs `href` das Verweisziel in Form einer gültigen relativen oder absoluten Pfadangabe notiert, wie sie auch beim Einbinden von Grafiken erforderlich ist. Soweit möglich sollten Sie dabei relative Pfadangaben bevorzugen. Solange Dateien auf einem Laufwerk gespeichert sind, können ihre Verknüpfungen untereinander relativ angegeben werden. Die relativen Angaben werden dabei vom Browser jeweils um die (dem Browser bekannte) aktuelle URL der Ausgangsdatei so ergänzt, dass eine komplette, gültige URL entsteht. Der Vorteil dieses Verfahrens liegt darin, dass relative Verweise ihre Gültigkeit beispielsweise auch dann behalten, wenn die gesamte Website auf einem anderen Server gespeichert oder umbenannt wird. Da die Verknüpfungen sich auf die Lage der Verweisziele in Relation zur Ausgangsdatei beziehen, können die Verweise in umfangreichen Einzeldokumenten oder einer gesamten Website auch dann nachvollzogen werden, wenn ein Anwender die Seiten heruntergeladen und lokal auf seinem Computer abgespeichert hat. Sind die Verweise absolut notiert, ist für jeden Link eine Internetverbindung erforderlich, und zwar auch dann, wenn die verknüpften Dateien sich auf einem lokalen Laufwerk befinden.

Standardmäßig bezieht der Browser relative Angaben auf die URL der aktuellen Seite. Um eine andere URL als Basis für die im Dokument referenzierten relativen Angaben zu definieren, wird das Tag `<base>` (Basis) ohne End-Tag im Kopfteil der HTML-Datei notiert (und zwar vor jedem anderen Element, das zu einer externen Quelle führt). Die Syntax zur Angabe einer anderen als der aktuellen URL als Bezug für relative Verweise lautet:

```
<base href="http://www.Domainname.Toplevel-Domain.de/">
```

Als Wert des Attributs href wird eine absolute URL notiert. Sind in einem Dokument relative Verweise enthalten, sucht der Browser die Basis-URL zunächst in einem <base>-Befehl. Ist ein solcher nicht vorhanden, sucht er nach bestimmten Meta-Daten im HTTP-Header. Geben auch diese keine Basis-URL an, wird standardmäßig die URL des derzeitigen Dokuments als Ausgangsadresse verwendet.

Die relativen Pfadangaben im href-Attribut unterscheiden sich je nachdem, wo sich die Zieldatei in Relation zur Ausgangsdatei befindet.

→ Ein Zielanker verweist auf eine bestimmte Stelle derselben Datei (siehe Kapitel 22.1).

→ Eine Dateibezeichnung mit Dateierweiterung verweist auf eine andere Datei (die sich im selben Verzeichnis befindet wie die Ausgangsdatei, siehe Kapitel 22.2).

→ Eine Dateibezeichnung mit Dateierweiterung und Zielanker verweist auf einen Zielanker in einer anderen Datei (die sich im selben Verzeichnis befindet wie die Ausgangsdatei, siehe Kapitel 22.2).

→ Auch solche Dateien, die sich auf einer höheren oder niedrigeren Ebene in der Verzeichnisstruktur befinden, können mit relativen URLs angesteuert werden. Die genaue Notation hängt von der konkreten Lage in Relation zur Ausgangsdatei ab (die verschiedenen Optionen werden in Kapitel 22.3 beschrieben).

Möchten Sie auf Dateien verweisen, die auf einem anderen Webserver liegen als die Ausgangsdatei, kommen Sie nicht umhin, Pfadangaben in Form von absoluten URLs vorzunehmen (weitere Informationen hierzu finden Sie in Kapitel 22.4).

Die genaue Einhaltung der Syntax ist dabei besonders wichtig, da der Link den Anwender ansonsten in die Leere führt. Sie sollten grundsätzlich auf die Groß- und Kleinschreibung achten und einmal benutzte Bezeichnungen in derselben Form beibehalten, wobei die durchgängige Kleinschreibung vorzuziehen ist. (Zum Thema Dateibezeichnungen siehe auch Kapitel 2.4.)

Notieren Sie den Wert von href in Anführungszeichen, damit eventuell im Dateinamen enthaltene Leerzeichen den Browser nicht irritieren können. Da mehrere Attribute innerhalb eines Befehls durch ein Leerzeichen voneinander getrennt sind, könnte der Browser ansonsten versuchen, Teile der Pfadangabe als Attribut zu interpretieren. Darüber hinaus bleiben Sie mit dieser Schreibweise XHTML-konform. Zwischen dem einleitenden und abschließenden <a>-Tag muss mindestens ein Zeichen stehen, damit der Verweis korrekt interpretiert wird.

Die Browser-Anzeige des jeweiligen Verweisziels kann entweder im aktuellen Fenster oder in einem neuen Fenster erfolgen. Im Internet Explorer 5.x finden Sie beispielsweise auf der Registerkarte Erweitert *(die über den Menübefehl* EXTRAS/INTERNETOPTIONEN *erreicht werden kann) im Bereich* Browsing *die Option* Verknüpfung im gleichen Fenster öffnen. *Ist diese Option deaktiviert, werden Verweisziele in einem eigenen Browser-Fenster angezeigt; das ursprüngliche Fenster mit dem Quellanker bleibt im Hintergrund erhalten.*

Nach derzeitiger Rechtsauffassung sind Sie durch das Verweisen auf eine externe Datei für deren Inhalt mitverantwortlich. In einem neueren Urteil wurde dies sogar auf die Verweisziele ausgeweitet, die auf der verlinkten externen Seite eingebunden sind. Um einen Haftungsausschluss zu erreichen, sollten Sie einen so genannten Disclaimer bzw. eine Haftungsfreizeichnungsklausel anbringen. Dabei reicht es nicht aus, auf die Verantwortung des jeweiligen Autors zu verweisen, vielmehr muss man sich ausreichend von den Inhalten distanzieren. Um den Hinweis mit dem entsprechenden Urteil zu bringen, wird der nachfolgende Text im WWW häufig verwendet.

Das Landgericht Hamburg hat mit Urteil vom 12. Mai 1998 entschieden, dass man durch die Ausbringung eines Links die Inhalte der gelinkten Seite ggf. mitzuverantworten hat. Dies kann – so das LG – nur dadurch verhindert werden, dass man sich ausdrücklich von diesen Inhalten distanziert.

Ich habe auf meiner Site Links zu anderen Seiten im Internet gelegt. Für alle diese Links gilt:

Ich möchte ausdrücklich betonen, dass ich keinerlei Einfluss auf die Gestaltung und die Inhalte der gelinkten Seiten habe. Deshalb distanziere ich mich hiermit ausdrücklich von allen Inhalten aller auf meiner Site gelinkten Seiten inklusive aller Unterseiten. Diese Erklärung gilt für alle auf meiner Site ausgebrachten Links und für alle Inhalte der Seiten, zu denen Links oder Banner führen.

Unter der URL `http://www.disclaimer.de` *finden Sie ausführlichere Haftungsausschlussklauseln, deren Inhalt an die jeweils aktuelle Rechtslage angepasst wird.*

In Tabelle 22.1 finden Sie eine Übersicht über die in Zusammenhang mit Verweisen verwendeten Befehle und Attribute.

Befehl	Attribut	Bedeutung	Status in HTML 4.01
`<a></a>`		definiert einen Anker	
	`accesskey`	definiert ein Zeichen, das in Kombination mit der Alt-Taste den Verweis ansteuert	neu
	`charset`	definiert den vom Verweisziel unterstützten Zeichensatz	neu
	`href`	definiert einen Quellanker, Verweisziel ist die als Wert angegebene URL	
	`hreflang`	bezeichnet die Sprache des Verweisziels, als Wert wird ein Länderkürzel notiert	neu
	`name`	bezeichnet einen Zielanker	

Tabelle 22.1: HTML-Befehle und Attribute für Verweise

Befehl	Attribut	Bedeutung	Status in HTML 4.01
	rel	definiert vorwärts gerichtete Verweisarten	
	rev	definiert rückwärts gerichtete Verweisarten	
	tabindex	gibt die Position an, in der ein Anker angesteuert werden kann	neu
	target	legt den Zielframe des Verweisziels fest	neu
	title	nimmt die Bezeichnung eines Verweises auf	
	type	definiert den MIME-Typ des Verweisziels	neu
`<base>`	href	legt im Kopfteil der Datei eine URL als Basisadresse für die in der Datei notierten relativen Verweise fest	ohne End-Tag
	target	legt im Kopfteil der Datei bei Frames das Zielfenster des Verweises fest	neu
`<link>`	wie bei `<a>`, außer accesskey, name, tabindex	wird wie `<base>` im Kopfteil der Datei notiert, definiert die logischen Beziehungen einzelner Dokumente einer Site	ohne End-Tag
	MEDIA	definiert das oder die Ausgabemedien	

Tabelle 22.1: HTML-Befehle und Attribute für Verweise (Forts.)

Über die hier notierten Attribute hinaus können in den Befehle auch Universalattribute enthalten sein. In den folgenden Kapiteln werden die verschiedenen Arten von Verweiszielen beschrieben, wobei jede einen eigenen Abschnitt bildet. Neben den in den Kapiteln 22.1 bis 22.11 beschriebenen Attributen kann das `<a>`-Tag auch Universalattribute enthalten. Wie Sie auf andere Ziele als HTML-Dateien verweisen können, erfahren Sie in den Kapiteln 22.5 bis 22.8.

22.1 Verweise innerhalb einer HTML-Datei

Sofern kein lokaler Anker definiert ist, zeigt der Browser stets den Beginn einer referenzierten Datei an. Der einfachste Verweis innerhalb einer Datei besteht also aus einem relativen Verweis, der auf den Anfang desselben Dokuments verweist. Der folgende Quelltext beinhaltet ein solches Beispiel.

```
<html>
<head>
<title>Verweise innerhalb einer Datei</title>
```

```
</head>
<body>
<h3>Erste Datei</h3>
<p>
Lorem ipsum dolor (…)
</p>
Hier geht es zum <a href="Qelintern01.htm">Anfang</a> der Datei.
</body>
</html>
```

Der Fließtext geht in seiner Länge über den im Browser sichtbaren Bereich hinaus, da ein Verweis zum Anfang der Datei nur dann sinnvoll ist, wenn der Dokumentbeginn nicht mehr im Sichtfeld des Anwenders liegt. Zur besseren Übersicht ist der Blindtext im Quellcode mit (...) abgekürzt.

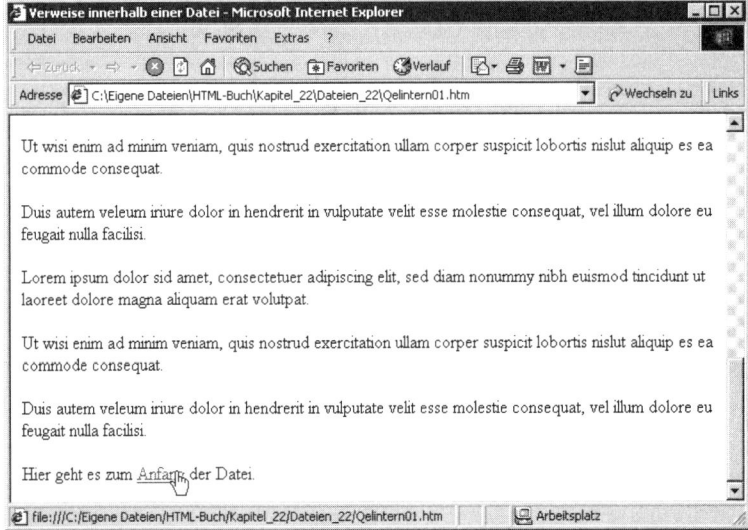

Bild 22.1: Der Verweis führt zum Anfang des Dokuments.

Wie Sie Abbildung 22.1 entnehmen können wird der als Quellanker ausgezeichnete Begriff »ANFANG« in der Browser-Darstellung hervorgehoben. In der Regel bedeutet das bei textlichen Verweisen, dass die Schriftfarbe eine andere ist und der Text unterstrichen wird. Beim Überfahren dieses Verweises ändert sich das Aussehen des Mauszeigers und gleichzeitig wird am unteren Rand des Browser-Fensters in der Statuszeile das Ziel des Verweises angezeigt. Wie Verweise betont werden, ist abhängig vom verwendeten Browser und den Einstellungen, die der Anwender in Bezug auf Verweise im Browser getroffen hat.

Als Wert des Attributs href wurde im Quelltext eine Datei inklusive ihrer Dateierweiterung als relative URL angegeben. Ein solcher Verweis kann nur dann funktionieren, wenn die referenzierte Datei sich im selben Verzeichnis wie die Ausgangsdatei befindet. Im vorigen Abschnitt wurde darauf hingewiesen, dass der Wert von href eine gültige URL sein muss. Relative Angaben werden vom Browser automatisch um die Bestandteile ergänzt, die zu einer gültigen URL fehlen. In diesem Beispiel weiß der Browser anhand der relativen Angabe, dass sich das Verweisziel im selben Verzeichnis befindet wie die Ausgangsdatei. Die URL der Ausgangsdatei wird also vor die relative Angabe aus dem `href`-Attribut gesetzt. Zu Beginn weist `file:///` in der Statuszeile darauf hin, dass auf eine lokale Datei zugegriffen wird. Im folgenden wird der Pfad zu dieser Datei notiert; sie befindet sich auf Laufwerk *C* im Verzeichnis *Eigene Dateien*. Dessen hier relevante Unterverzeichnisse lauten *Kapitel_22* und *Dateien_22*. Das Verzeichnis *Dateien_22* beinhaltet sowohl die Ausgangsdatei als auch das Verweisziel (in diesem Beispiel sind diese Dateien identisch). Der Browser setzt die aktuelle URL mit der in `href` angegebenen Datei zu der URL `file:///C:/Eigene Dateien/Kapitel_22/Dateien_22/Qelintern01.htm` zusammen, die in der Statuszeile des Browsers zu sehen ist.

Die in Abbildung 22.1 in der Statuszeile sichtbare URL des Verweisziels kann auch in dieser absoluten Form im Quellanker angegeben werden. Solche absoluten Verweise auf lokale Dateien sollten Sie allerdings vermeiden, da sie im Gegensatz zu relativen URLs nicht ohne Weiteres Veränderungen an der Ausgangsdatei erlauben. Wird das Ausgangsverzeichnis z.B. umbenannt oder an einen anderen Speicherort verschoben, läuft der Verweis ins Leere. Bei relativen Verweisen ergänzt der Browser die relative Angabe um die jeweils aktuelle URL der Ausgangsdatei. Ändert sich diese aus irgendeinem Grund, wird die veränderte URL mit den relativen Angaben zusammengefasst.

Wenn Sie wie im vorstehenden Beispiel innerhalb eines Dokuments auf den Anfang verweisen möchten, sollten Sie dazu einen Zielanker setzen. Der Browser weiß sofort, dass er einen Anker anzeigen muss, der sich im selben Dokument befindet. Wenn als Verweisziel der Dateiname notiert ist, sucht der Browser diese Datei im gleichen Verzeichnis, in dem das Ausgangsdokument gespeichert ist. Wenn Sie einen Zielanker benutzen, dürfte die Anzeige also etwas schneller zustande kommen.

Um einen Quellanker mit einem bestimmten Element (z.B. einem Absatz im Text, einer Überschrift oder einer Grafik) zu verknüpfen, muss zunächst ein Zielanker gesetzt werden. Ebenso wie ein Quellanker wird auch dieser mithilfe des `<a>`-Tags ausgezeichnet, wobei als Attribut statt `href` `name` notiert wird. Ein lokaler Anker wird also mit der Kombination aus dem Befehl `<a>` und dem Attribut `name` ausgezeichnet. Als Wert dieses Attributs geben Sie eine dateiweit eindeutige Bezeichnung an, die bestimmten Regeln unterliegt.

→ Die Bezeichnung darf maximal 71 Stellen umfassen (ungeachtet dessen sollten die Namen so kurz wie möglich sein).

→ In einer Bezeichnung dürfen neben alphanumerischen Zeichen lediglich Punkt, Komma, Bindestrich und Unterstrich enthalten sein. Sonderzeichen wie etwa Umlaute sind zu vermeiden, können jedoch als benannte Zeichenreferenz notiert werden (die Bezeichnung »ÜBUNG1« lautete z.B. `&Uuml;bung1`). Einfacher ist es sicherlich, gänzlich auf solche Zeichen zu verzichten.

→ Das erste Zeichen des Namens sollte ein Buchstabe sein.

→ Die Bezeichnung darf sich nicht ausschließlich in der Schreibweise unterscheiden ("Abschnitt1", "abschnitt1", "ABSCHNITT1"). Die in der Definition des Zielankers gewählte Schreibweise sollte auch im Quellanker verwendet werden.

Die Syntax eines Zielankers lautet:

```
<a name="dateiweit eindeutige Bezeichnung">Verweisziel</a>
```

Der zu diesem Zielanker führende Quellanker folgt der Syntax:

```
<a href="#dateiweit eindeutige Bezeichnung">Verweistext</a>
```

Ein Element, in dessen `<a>`-Tag sich das Attribut `name` befindet, wird vom Browser als Zielanker erkannt und nicht wie ein Verweis hervorgehoben angezeigt. Wenn der Zielanker sich in derselben Datei befindet wie der Quellanker, reicht als relative Referenz im Quellanker der Wert des Attributs `name`, dem eine Raute vorangestellt wird. Ein Zielanker kann das Ziel mehrerer Verweise sein, die auch in anderen Dateien oder Verzeichnissen notiert sein können. Diese Varianten werden in den Kapiteln 22.2 und 22.3 behandelt.

```
<html>
<head>
<title>Verweise innerhalb einer Datei</title>
</head>
<body>
<h3>Zweite Datei</h3>
Dieser Verweis hat das <a href="#Ende">Ende dieser Datei</a> zum Ziel.
<p>
Lorem ipsum dolor (...)
</p>
Hier ist das <a name="Ende">Ende der Datei.</a>
</body>
</html>
```

Der Blindtext ist auch hier aus Gründen der Übersichtlichkeit abgekürzt. Der Text »ENDE DIESER DATEI« ist als Verweis bzw. Quellanker definiert und wird im Browser hervorgehoben dargestellt. Als Verweisziel ist im Attribut `href` der Anker `#Ende` angegeben. Weiter unten ist der Text »ENDE DER DATEI« als Zielanker mit dem Namen `Ende` ausgezeichnet. Die Browser-Darstellung dieser HTML-Datei sehen Sie in Abbildung 22.2.

Wie Sie der Statuszeile in Abbildung 22.2 entnehmen können, ist dem Zielanker `#Ende`, der einen relativen Pfad darstellt, die aktuelle URL vorangestellt worden.

Einmal gesetzte Zielanker können auch von anderen Dateien aus angesteuert werden, siehe dazu Kapitel 22.2 und 22.3.

Verweise innerhalb einer HTML-Datei

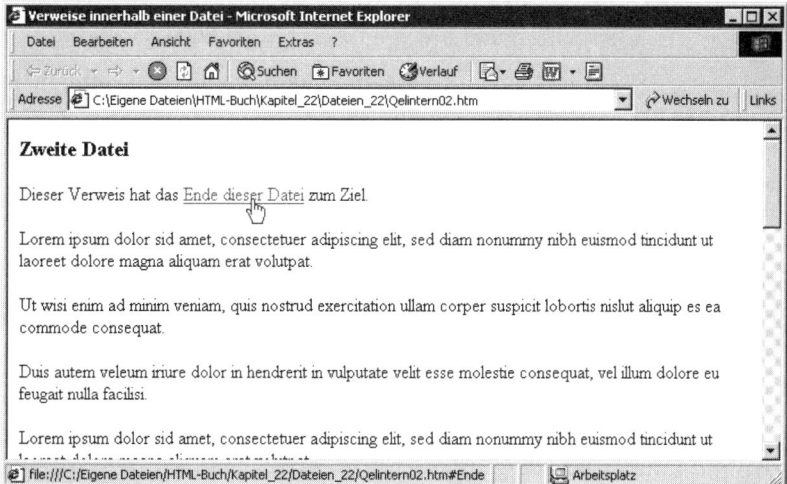

Bild 22.2: Das Verweisziel ist ein Anker innerhalb derselben Datei.

Alternativ zum Attribut name im <a>-Tag kann auch das Universalattribut ID, das bis auf wenige Ausnahmen in allen HTML-Befehlen enthalten sein darf, als Zielanker fungieren. Der folgende Quelltext entspricht dem zu Abbildung 22.2 mit dem Unterschied, dass hier das Verweisziel als Absatz ausgezeichnet wurde und der Zielanker durch das in dem <p>-Tag notierte Attribut id definiert ist.

```
<html>
<head>
<title>Verweise innerhalb einer Datei</title>
</head>
<body>
<h3>Dritte Datei</h3>
Dieser Verweis hat das <a href="#Ende">Ende dieser Datei</a> zum Ziel.
<p>
Lorem ipsum dolor (...)
</p>
<p id="Ende">
Hier ist das Ende der Datei.
</p>
</body>
</html>
```

Der Quellanker enthält das Verweisziel in Form des Ankernamens, dem eine Raute vorangestellt ist. Der Zielanker wird hier allerdings nicht durch das name-Attribut in einem <a>-Tag, sondern durch das Attribut id gesetzt, das sich in diesem Beispiel in einem einleitenden <p>-Tag befindet. Der Verweis funktioniert auf gleiche Weise wie im vorigen Beispiel, allerdings sind bei Verwendung des Attributs id als Anker folgende Punkte zu beachten:

→ Im Gegensatz zu name kann das Attribut id keine benannten Zeichen enthalten und beschränkt damit die Wahl der Bezeichnung.

→ Mithilfe von id gesetzte Anker werden von älteren Browsern nicht unterstützt.

→ Der als Zielanker zu definierende Inhalt muss mit einem Befehl ausgezeichnet sein, in dem das Attribut id notiert werden kann.

Da die Attribute name und id beide zur Bezeichnung eines Zielankers dienen können, dürfen sie keine identischen Namen definieren. Anders ausgedrückt darf die Bezeichnung eines Zielankers dateiweit nur einmal vorkommen, und zwar unabhängig davon, ob diese im Attribut name oder id notiert ist. Da das Attribut id außer zur Definition eines Zielankers auch als Selektor von Stylesheets dienen kann (und sich damit in seiner Funktion von name unterscheidet), können beide Attribute auch gemeinsam in einem Tag stehen. Wenn sich beide Attribute auf dasselbe Element beziehen, muss der Wert bei beiden Attributen identisch sein.

22.2 Verweise innerhalb eines Verzeichnisses

Eine Verknüpfung zwischen zwei Dateien, die im selben Verzeichnis gespeichert sind, funktioniert wie die im Quelltext zu Abbildung 22.1 notierte relative Pfadangabe. Wenn die beiden miteinander zu verknüpfenden Dokumente im selben Verzeichnis liegen, reicht als relative Pfadangabe der Dateiname mit der Dateierweiterung *.htm* oder *.html* aus. Im Unterschied zum vorigen Kapitel wird im folgenden Beispiel auf eine andere Datei verwiesen.

```
<html>
<head>
<title>Verweise innerhalb eines Verzeichnisses</title>
</head>
<body>
<h3>Vierte Datei</h3>
<p>
Lorem ipsum dolor (...)
</p>
Hier geht es zum <a href="Qelintern02.htm">Anfang der referenzierten Datei.</a>
</body>
</html>
```

Am Ende dieses Dokuments wird der Text »ANFANG DER REFERENZIERTEN DATEI«. als Verweis ausgezeichnet. Dieser Quellanker ist relativ mit der Datei *Qelintern01.htm* verknüpft, sodass der Browser bei Benutzung des Verweistextes den Anfang dieses Dokuments zeigt. In der folgenden Abbildung 22.3 sehen Sie, dass beim Überfahren die im Quelltext referenzierte Datei in der Statuszeile angezeigt wird.

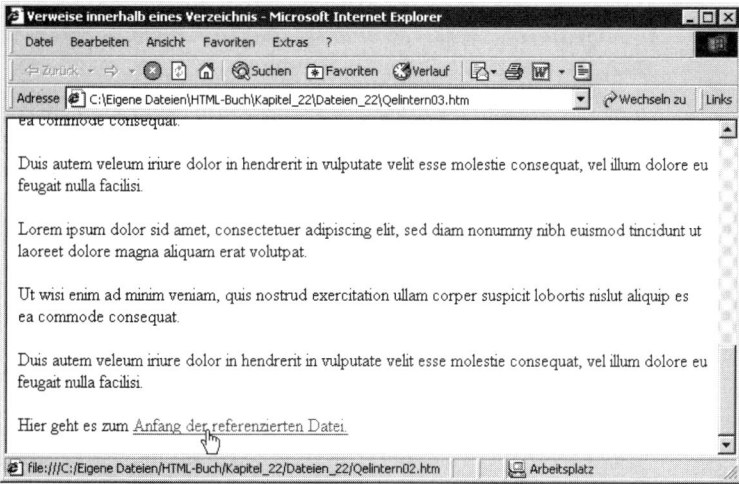

Bild 22.3: Der Verweis führt zu einer anderen Datei im selben Verzeichnis.

Ein solcher Verweis führt zum Anfang einer anderen Datei, die im selben Verzeichnis gespeichert ist und könnte beispielsweise auch mit »WEITER« oder »WEITER MIT ABSCHNITT ZWEI« als Verweistext ausgestattet sein, falls die beiden Dokumente zueinander in linearer Reihenfolge stehen. Selbstverständlich können Sie auch Schaltflächen als Verweis auszeichnen, siehe dazu Kapitel 18.10, »Grafiken als Verweis«.

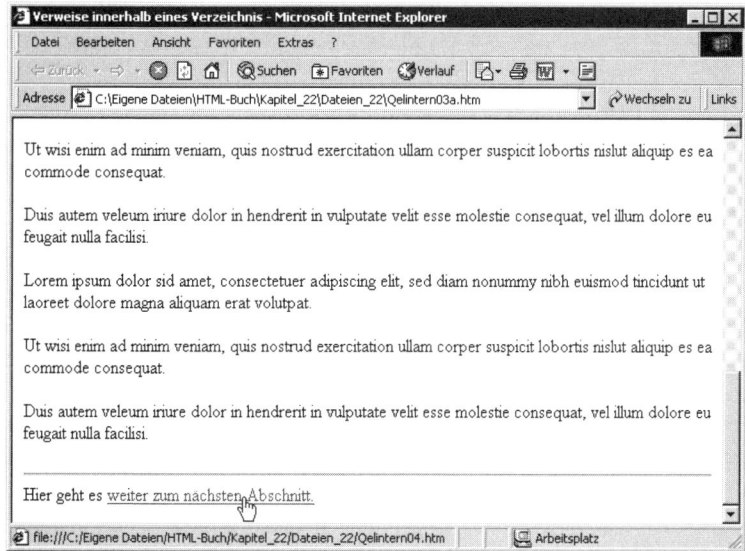

Bild 22.4: Der Link führt zur logisch folgenden Seite.

Angenommen, Sie bieten eine Verknüpfung zwischen zwei logisch aufeinander folgenden Dokumenten an. Der Quellcode lautet ähnlich dem zu

Abbildung 22.3, der Verweis ist lediglich durch eine Trennlinie vom Inhalt des Dokuments abgeteilt worden und hat einen anderen Text, außerdem ist die referenzierte Datei eine andere.

Folgt der Anwender diesem Verweis, wird – da kein spezieller Zielanker gesetzt wurde – der Anfang der folgenden Seite angezeigt. Um von dieser Seite wieder auf die Ausgangsseite zu gelangen, muss die Schaltfläche *Zurück* des Browsers betätigt werden. Komfortabler ist für den Benutzer jedoch ein Verweis, der am Anfang der Zieldatei die Möglichkeit bietet, zur vorherigen Seite zurückzukehren. In der folgenden Abbildung sehen Sie den Anfang der Datei *Qelintern02b.htm,* auf die in Abbildung 22.4 verwiesen wird.

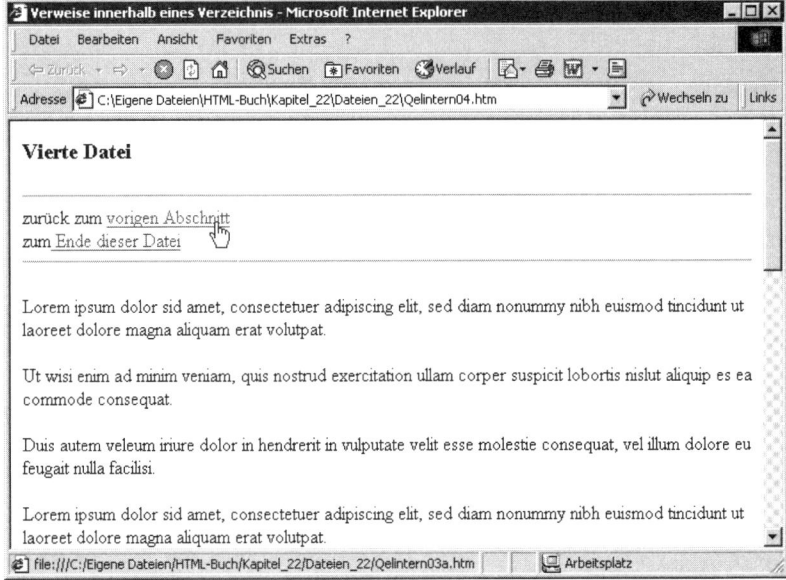

Bild 22.5: Der Anfang der in Abbildung 22.4 referenzierten Datei

Am Anfang dieser Datei wurden zwei Links eingebunden. Der erste führt zu der vorherigen Seite, der zweite zum Ende des aktuellen Dokuments. Dort könnte es dann z.B. wiederum einen Verweis zur folgenden Seite geben usw. Der Quelltext zu Abbildung 22.5 (mit abgekürztem Blindtext) lautet wie folgt:

```
<html>
<head>
<title>Verweise innerhalb eines Verzeichnisses</title>
</head>
<body>
<h3>Vierte Datei</h3>
<hr>
zurück zum <a href="Qelintern03a.htm">vorigen Abschnitt</a><br>
zum<a href="#Ende"> Ende dieser Datei</a>
<hr>
```

```
<p>
Lorem ipsum dolor (...)
</p>
Hier ist das <a name="Ende">Ende der Datei.</a>
<hr>
Hier geht es <a href="Qelintern05.htm">weiter zum f&uuml;nften
Abschnitt</a>
</body>
</html>
```

Auf diese Weise können Dokumente, die logisch aufeinander folgen, einfach miteinander verbunden werden. Meistens ist es sinnvoll, über die hier beispielhaft eingebundenen Links hinaus zusätzliche Verweise anzubieten, so ist z.B. eine Verknüpfung zur Einstiegsseite (Homepage) Standard. Die folgenden Verweise stellen die Basis für Verknüpfungen von Webseiten dar.

- → Verweis zur Startseite (auch Einstiegsseite oder Homepage)
- → Verweis zur logisch folgenden Seite
- → Verweis zur logisch vorhergehenden Seite
- → Verweis zum Ende der Seite
- → Verweis zum Anfang der Seite

Letztlich ist die Verwendung dieser Links natürlich von der individuellen Struktur der jeweiligen Website abhängig. So muss beispielsweise in kurzen Einzeldokumenten nicht auf das Ende (bzw. den Anfang) der Datei verwiesen werden. Bei sehr umfangreichen Einzelseiten kann es hingegen von Vorteil sein, mehrmals an verschiedenen Stellen des Dokuments auf dasselbe Ziel zu verweisen.

Eine Verknüpfung mit der vorherigen Seite kann z.B. am Beginn und am Ende eines umfangreichen Dokuments eingebunden sein. Der erste Link wird eher in Situationen benutzt, in denen der Anwender nach Aufrufen der Seite schnell bemerkt, dass diese nicht seinen Vorstellungen entspricht und eine andere Verknüpfung ausprobieren möchte. Der Verweis Zurück am Ende eines Dokuments wird eher dann benutzt, wenn die Seite betrachtet oder gelesen wurde und der Anwender danach wieder zur vorhergehenden Seite gelangen möchte.

Wenn Einzeldokumente einer Site nicht untereinander in linearem Zusammenhang stehen, machen Verweise mit dem Text »WEITER« oder »ZURÜCK« keinen Sinn. Stattdessen sollte genauer spezifiziert werden, wohin der Anwender von solchen Seiten aus gelangen kann. Auch Verweise, die linear aufeinander folgende Dokumente verbinden, werden durch eine genauere Bezeichnung verständlicher. So ist beispielsweise »ZURÜCK ZUR ÜBERSICHT« für jeden Anwender verständlich, während »ZURÜCK« das konkrete Ziel verschweigt.

Problematisch sind Rückverweise, wenn von mehreren Dateien auf ein Zieldokument verwiesen wird. Ein Link hat immer nur ein einziges Ziel; der Anwender hingegen kann das Zieldokument von verschiedenen Dokumenten aus erreicht haben. Der im Zieldokument eingebundene Rückverweis kann demnach nur für den Fall korrekt sein, dass der Anwender tatsächlich von der im Rückverweis referenzierten Seite aus zum Zieldokument gelangt ist. Bei derartigen Mehrfachverweisen können Sie im Zieldokument den Rückverweis entweder vermeiden und stattdessen z.B. auf eine Übersicht verweisen, oder Sie bieten so viele verschiedene Rückverweise an, wie Möglichkeiten existieren, auf die Zielseite zu gelangen.

Wie bei Verweisen innerhalb eines Dokuments können auch bei Verweisen auf andere Dateien definierte Anker Ziel eines Links sein, vorausgesetzt, ein solcher Zielanker ist in der anderen Datei ausgezeichnet worden (in Kapitel 22.1 wird erläutert, wie Zielanker gesetzt werden). Wenn sich der Zielanker in einer anderen Datei befindet und diese Datei im selben Verzeichnis liegt wie das Ausgangsdokument, hat der Quellanker folgende Syntax:

```
<a href="Datei.htm#Zielanker">Verweistext</a>
```

Der Quelltext zu Abbildung 22.6 ist ähnlich dem zu Abbildung 22.4. Der hinzugefügte Code, der den Verweis auf einen Zielanker enthält, lautet:

```
Hier geht es zu einer bestimmten Stelle in einem anderen Dokument, in
diesem Beispiel an das <a href="Qelintern04.htm#Ende">Ende der
folgenden Datei.</a>
```

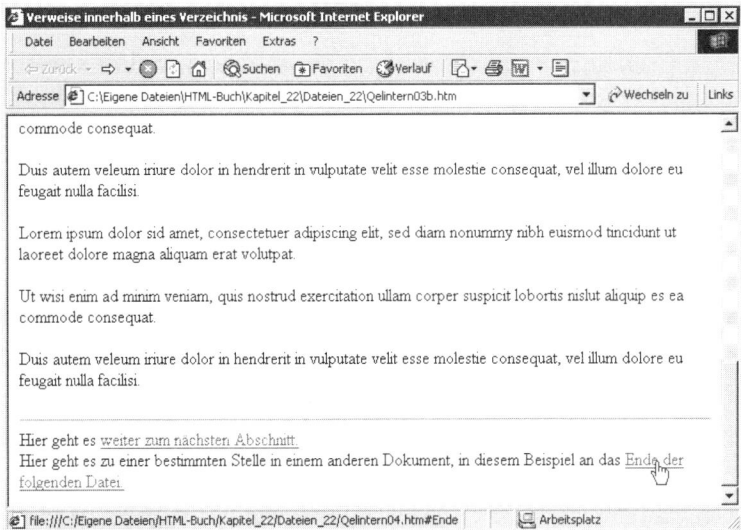

Bild 22.6: In der Statuszeile werden Zieldokument und Zielanker angezeigt.

Der Browser benötigt zunächst die Angabe über die zu ladende Datei. Da sich diese im selben Verzeichnis befindet wie die Ausgangsdatei, reicht die relative Angabe *Qelintern04.htm* aus. Um nun den gesetzten Anker als Zielpunkt des Verweises festzulegen, muss dieser ohne Leerzeichen an die Dateibezeichnung angehängt werden, wobei der Bezeichnung des Zielankers eine Raute voranzustellen ist. In Abbildung 22.6 sehen Sie in der Statuszeile, dass beim Überfahren des Verweistextes »ENDE DER FOLGENDEN DATEI«

sowohl die Zieldatei als auch der Zielanker erscheint. Benutzt der Anwender diesen Link, wird die Zieldatei geladen und so dargestellt, dass der Zielanker im sichtbaren Bereich des Browser-Fensters liegt.

Der Befehl <a> kann sowohl das Attribut href, das ein Verweisziel in Form einer Datei oder eines Zielankers beinhaltet, als auch name enthalten, das einen Zielanker auszeichnet. Mit anderen Worten kann ein Quellanker auch ein Zielanker sein. Im folgenden Beispiel enthält die Datei *Qellintern03c.htm* im unteren Bereich eine Verknüpfung mit einem Zielanker, der in der Datei *Qelintern04a.htm* enthalten ist. Der relevante Abschnitt des Quellcodes der Datei *Qelintern03c.htm* lautet:

```
Hier geht es <a href="Qelintern04a.htm">weiter zum n&auml;chsten
Abschnitt.</a><br>
Hier geht es zu einer bestimmten Stelle in einem anderen Dokument, in
diesem Beispiel an den <a href="Qelintern04a.htm#Anfang">Anfang der
folgenden Datei.</a>
```

In der Browser-Darstellung dieser Datei (der vorstehende Quellcode wurde in eine vollständige HTML-Datei integriert) sehen Sie zwei Verweise, die ein ähnliches Ziel haben. Der erste Verweis zielt auf eine Datei; beim Verfolgen dieses Links gelangt man automatisch an den Anfang dieser Datei. Der zweite Link zielt auf dieselbe Datei, allerdings auf einen bestimmten Zielanker mit der Bezeichnung »ANFANG«.

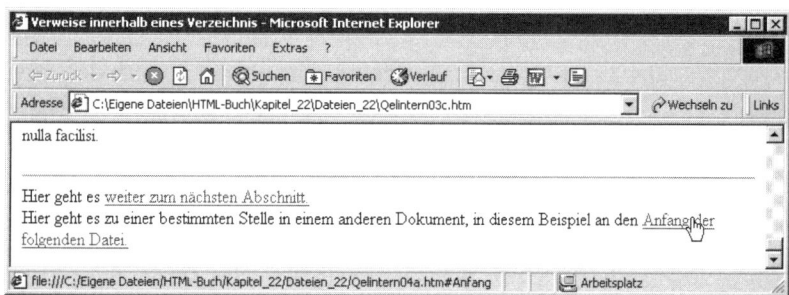

Bild 22.7: Der Mauszeiger berührt einen Verweis, der zu einem Zielanker führt.

Soweit stimmt dieses Beispiel mit dem vorherigen überein. Wird diesem Verweis nachgegangen, zeigt der Browser den referenzierten Zielanker wie folgt an:

In Abbildung 22.8 können Sie anhand des Rollbalkens auf der rechten Seite des Browser-Fensters erkennen, dass keineswegs der Anfang der Datei angezeigt wird. Die Ursache hierfür kann dem nachfolgenden Ausschnitt des Quelltextes entnommen werden.

```
<html>
<head>
<title>Verweise innerhalb eines Verzeichnisses</title>
</head>
<body>
<h3>Vierte Datei</h3>
```

```
<hr>
zurück zur <a href="Qelintern03c.htm" name="Anfang">dritten Seite
</a><br>
zum<a href="#Ende"> Ende dieser Datei</a>
<hr>
```

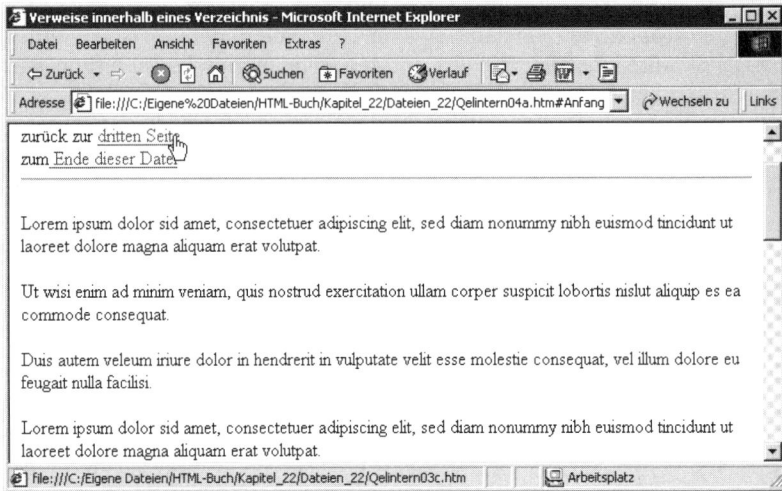

Bild 22.8: Der Browser zeigt den Zielanker #Anfang an.

Der Zielanker Anfang wurde zwar im oberen Bereich der Datei definiert, die Überschrift »VIERTE DATEI« wird beim Verweis auf diesen Anker allerdings schon nicht mehr angezeigt. Der Browser zeigt die referenzierte Datei gerade so an, dass der Zielanker zu sehen ist. Wählen Sie also möglichst ein Element, das sich am absoluten Beginn einer Datei befindet, wenn Sie diesen mit einem Zielanker ansteuerbar machen möchten, wie in unserem Beispiel die Überschrift selbst. Hier ist der Zielanker Anfang in einem <a>-Tag notiert, das gleichzeitig als Wert des Attributs href einen Quellanker enthält. Dieser Verweis bringt Sie in diesem Fall wieder auf die Ausgangsseite zurück, wie in Abbildung 22.8 in der am unteren Rand des Browsers befindlichen Statuszeile angezeigt wird.

Fehlt der im Quellanker angegebene Zielanker, wird der Anfang des Zieldokuments angezeigt.

Im Quelltext zu Abbildung 22.5 wird am Ende der Datei auf ein Dokument mit der Bezeichnung *Qelintern05.htm* verwiesen, obwohl eine solche Datei gar nicht existiert. Der Browser sucht im aktuellen Verzeichnis nach dieser Datei und kann sie nicht finden und damit nicht darstellen. Er macht den Anwender darauf aufmerksam, indem er einen entsprechenden Hinweis anzeigt. Das konkrete Aussehen ist dabei vom verwendeten Browser abhängig. Die folgende Abbildung 22.9 zeigt einen derartigen Hinweis.

Verweise auf andere Verzeichnisse

Bild 22.9: Der Browser kann eine referenzierte Datei nicht anzeigen.

Ein solcher Hinweis kann verschiedene Ursachen haben. Möglicherweise existiert wie in diesem Beispiel die als Verweisziel angegebene Datei nicht im angegebenen Verzeichnis (oder sie wurde umbenannt). Genau so kann auch ein minimaler Fehler im Quellanker die Ursache sein. Gerade bei Verweisen ist die Einhaltung der korrekten Syntax und die exakte Übereinstimmung der Datei- oder Ankerbezeichnungen äußerst wichtig. Probieren Sie daher jeden einzelnen Link einer Website aus und überprüfen Sie, ob tatsächlich die Seite angezeigt wird, die nach dem Verweistext zu erwarten war.

 Eine besondere Problematik ergibt sich aus der Verwendung absoluter Verweise, die sich auf externe Server beziehen, da dort ohne Ihr Wissen Dateien verschoben oder gelöscht werden können, auf die Sie verweisen (siehe auch Kapitel 22.4, »Verweise auf andere WWW-Server«).

22.3 Verweise auf andere Verzeichnisse

Auch Verweise auf Dateien, die in anderen Verzeichnissen gespeichert sind, können in Form einer relativen Pfadangabe notiert werden, sofern sich die Verweisziele auf demselben Laufwerk befinden. Bei umfangreichen Websites sollten Sie zum besseren Überblick die Dateien strukturieren und in verschiedenen Verzeichnissen speichern. Die Syntax der relativen URL unterscheidet sich je nachdem, ob das Verweisziel in einem übergeordneten oder untergeordneten Verzeichnis gespeichert ist. Bei Verweiszielen, die sich im Verhältnis zur Ausgangsdatei in untergeordneten Verzeichnissen befinden, werden in der Pfadangabe die Unterverzeichnisse bis hin zur Zieldatei notiert. Ausgangspunkt ist das Verzeichnis, in dem die Ausgangsdatei liegt (Ausgangsverzeichnis). Die Syntax lautet

```
<a href="Unterverzeichnis/Datei.htm">Verweistext</a>
```

Befindet sich das Verweisziel mehrere Ebenen vom Ausgangsverzeichnis entfernt, werden ausgehend vom Ausgangsverzeichnis alle Unterverzeichnisse notiert und durch Schrägstriche voneinander abgetrennt, bis das Verzeichnis erreicht ist, in dem die Zieldatei liegt.

Ausgangsverzeichnis

Ausgangsdatei (mit Quellanker)

   Verzeichnis_2

   Datei_2

     Verzeichnis_3

     Datei_3 (Verweisziel)

Der Quellanker, der in der Ausgangsdatei auf die *Datei_3* verweist, lautet wie folgt:

```
<a href="Verzeichnis_2/Verzeichnis_3/Datei_3.htm">Verweistext</a>
```

Der Browser wird ausgehend von dem Verzeichnis, in dem sich die Ausgangsdatei befindet, über ein oder mehrere Unterverzeichnisse zur Zieldatei geführt.

Befinden sich Ausgangsdatei und Verweisziel in parallelen Verzeichnissen, muss der Browser zunächst zum nächsthöheren Verzeichnis zurück, um von dort aus das Zielverzeichnis zu erreichen.

Verzeichnis_2

Dateien

   Ausgangsverzeichnis

   Ausgangsdatei (mit Quellanker)

   Verzeichnis_3

   Datei_3 (Verweisziel)

Ausgangsdatei und Verweisziel liegen in parallelen Verzeichnissen. Der Quellanker führt zuerst zurück zum übergeordneten *Verzeichnis_2* und gibt von dort aus den Pfad zur Zieldatei an.

```
<a href="../Verzeichnis_3/Datei_3.htm">Verweistext</a>
```

Die Zeichenfolge ../ weist den Browser an, in das übergeordnete Verzeichnis (hier *Verzeichnis_2*) zu wechseln. Dann folgt er der Pfadangabe bis zur Zieldatei.

Verzeichnis_2

Datei_2

    Verzeichnis_3

    Datei_3

        Ausgangsverzeichnis

        Ausgangsdatei (mit Quellanker)

Verweisen Sie auf eine Datei, die sich in einem übergeordnetem Verzeichnis befindet, wie beispielsweise auf *Datei_3* der vorstehenden Verzeichnisstruktur, muss der Browser (wie bei einem Verweisziel in einem parallelen Verzeichnis) in das übergeordnete Verzeichnis wechseln und dann zur Zieldatei weitergehen. Der Quellanker lautet in diesem Fall:

```
<a href="../Datei_3.htm">Verweistext</a>
```

Soll *Datei_2* Ziel des Verweises sein, müsste der Browser zwei Schritte zu jeweils übergeordneten Verzeichnissen machen. Der Quellanker lautet dann:

```
<a href="../../Datei_2.htm">Verweistext</a>
```

Für jedes weitere übergeordnete Verzeichnis ist erneut die Zeichenfolge ../ zu notieren.

Achten Sie darauf, dass sich die Verzeichnisse, deren Dateien Sie miteinander verknüpfen möchten, tatsächlich auf demselben Laufwerk befinden. Wenn Sie mit einem HTML-Editor arbeiten, kann dieser ansonsten nur absolute Verweise einfügen. Sofern es sich bei den Verweiszielen nicht um Dateien eines anderen Webservers handelt, sollten Sie relative Verweise benutzen.

Einmal gesetzte Zielanker können auch von anderen Verzeichnissen aus angesteuert werden. Um einen bestimmten Zielanker zu erreichen, muss unmittelbar nach der Dateierweiterung der Zieldatei eine Raute und anschließend die Bezeichnung des Ankers notiert werden.

22.4 Verweise auf andere WWW-Server

Möchten Sie auf Dateien verweisen, die auf anderen Laufwerken bzw. anderen Webservern gespeichert sind, kommen Sie nicht umhin, das jeweilige Verweisziel mit einer Pfadangabe in Form einer absoluten URL anzugeben. Dabei muss als Wert des Attributs href im <a>-Tag eine gültige URL notiert werden. Der erste Teil der URL enthält den Protokolltyp, im Bereich des WWW ist das zuständige Protokoll HTTP. Ein absoluter Verweis auf eine Datei eines anderen Servers folgt der nachstehenden Syntax:

```
<a href="http://www.Domainname.Top-Level-Domain/Verzeichnis/
Datei.htm">
Verweistext
</a>
```

Die URL kann wie relative Verweise auch weitere Unterverzeichnisse beinhalten oder auf einen Anker zielen. Sobald der Verweis auf der Ausgangsseite angeklickt wird, nimmt der Browser Kontakt zu dem referenzierten Server auf und zeigt die Zieldatei an. Hier liegt auch schon das Problem absoluter URLs. Die Zieldatei kann nur angezeigt werden, wenn sie auf dem angegebenen Server an genau dem Ort liegt, der in der Pfadangabe des href-Attributs angegeben wurde. Wird die Datei verschoben, umbenannt oder gar entfernt, führt der Verweis ins Leere. Gestalter von Webseiten sollten deswegen absolute Pfadangaben in Verweisen weitestgehend vermeiden. Ist eine absolute URL jedoch unumgänglich, sollte die Funktionalität der Verknüpfung regelmäßig überprüft werden.

Wird in einem absoluten Link eine URL angegeben, die nicht auf eine bestimmte Datei in einem bestimmten Verzeichnis verweist (href="www.Domainname.Toplevel-Domain"), sucht der Server eine Datei, die mit *index.htm(l)* oder *welcome.htm(l)* bezeichnet ist. So kann auf eine Einstiegsseite verwiesen werden, die weitere Verknüpfungen enthält. Voraussetzung hierfür ist, dass die Website über eine solche Datei verfügt. Möchten Sie auf eine vorhandene Index- oder Welcome-Seite verweisen, notieren Sie hinter der URL einen abschließenden Schrägstrich (Slash). Der Browser erkennt daran, dass tatsächlich eine derartige Seite verknüpft ist. Die Syntax lautet demnach:

```
<a href="www.Domainname.Top-Level-Domain/">Verweistext</a>
```

Befindet sich die Einstiegsseite in einem Unterverzeichnis, muss die URL ebenfalls mit einem Schrägstrich abgeschlossen werden. Die Syntax lautet dann

```
<a href="www.Domainname.Top-Level-Domain/Verzeichnis/">
```

Der Browser erkennt so, dass er nach einem Verzeichnis sucht, in dem eine Index- oder Welcome-Seite liegt. Ohne diesen Schrägstrich sucht er zunächst erfolglos nach einer Datei, die den Namen des Verzeichnisses trägt.

Wenn in einem lokalen Webprojekt z.B. auf einer CD-ROM eine absolute URL ohne konkrete Datei Ziel eines Verweises ist, öffnet sich ein Fenster mit dem Inhalt des angesprochenen Verzeichnisses.

22.5 Verweise auf E-Mail-Adressen

Neben HTML-Dateien oder definierten Zielankern in HTML-Dateien können Verweise auch andere Ziele haben, die ebenfalls mithilfe des Befehls <a> und des Attributs href notiert werden. Die Verknüpfung zu einer E-Mail-Adresse bietet für den Anwender eine bequeme Möglichkeit, Kontakt zur vorgegebenen Adresse aufzunehmen. Aus dem Verweistext sollte in der Browser-Darstellung hervorgehen, dass eine E-Mail-Adresse das Verweisziel ist.

Ein Link auf eine E-Mail-Adresse hat die folgende Syntax:

```
<a href="mailto:E-Mail-Adresse">Verweistext</a>
```

Im Unterschied zu anderen Verweiszielen wird hinter dem Doppelpunkt kein Doppelslash notiert. Die E-Mail-Adresse hat folgende Zusammensetzung:

```
Name@Domainname.Top-Level-Domain
```

Der Verweis auf eine E-Mail-Adresse kann nur dann funktionieren, wenn der Anwender über ein entsprechendes Programm (als Bestandteil des Browsers oder als separates E-Mail-Programm) verfügt. Wenn die Zieladresse Bestandteil des Verweistexts ist, ist sie für Anwender, die momentan keine Mails versenden können, sichtbar und kann für eine spätere Verwendung notiert werden. Der folgende Ausschnitt eines Quellcodes verweist auf eine fiktive Mail-Adresse.

```
Hier k&ouml;nnen Sie eine
<a href="mailto:sekretariat@vereinxy.de">
Nachricht an den Verein
</a> senden.
```

Die Browser-Darstellung einer HTML-Datei, die diesen Abschnitt enthält, sehen Sie in Abbildung 22.10.

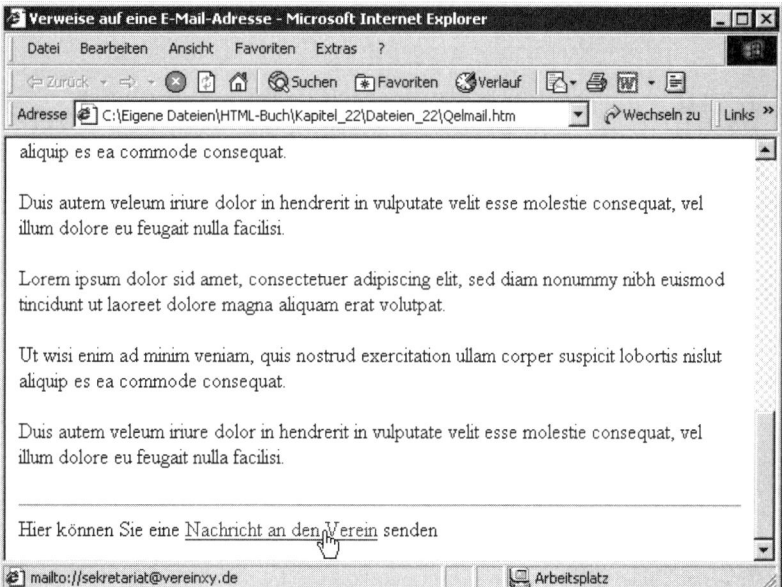

Bild 22.10: Der Verweis hat eine E-Mail-Adresse zum Ziel.

In der Statuszeile am unteren Rand des Fensters ist wie bei anderen Verknüpfungen das Verweisziel zu sehen. Wird dieser Verweis angeklickt, öffnet sich automatisch ein Fenster des beim Anwender installierten E-Mail-Programms (Mail-Client).

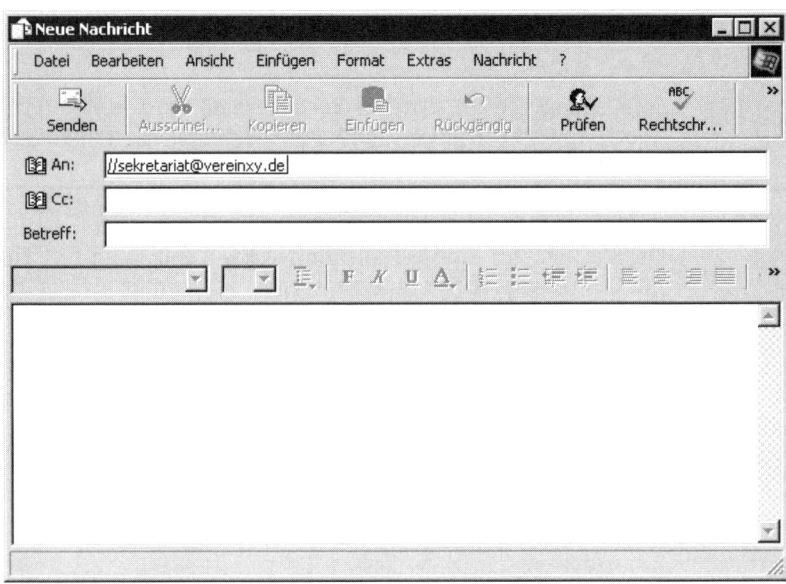

Bild 22.11: Das E-Mail-Programm wurde automatisch gestartet.

In diesem Fenster ist als Empfänger der Nachricht bereits die im Quellanker referenzierte Mail-Adresse eingetragen. Der Anwender braucht lediglich seine Nachricht einzugeben und diese abzusenden.

Mithilfe der folgenden Angaben können Sie die über einen Verweis zu erwartenden E-Mails genauer spezifizieren. Diese Möglichkeiten gehören zwar nicht zur offiziellen HTML 4.01-Spezifikation, werden jedoch vom W3C geduldet, da sie herstellerübergreifend funktionieren. Diese zusätzlichen Funktionen werden von aktuellen Browsern ab Version 4.0. unterstützt.

Um zu definieren, dass eine E-Mail an mehrere Empfänger (oder verschiedene Mail-Adressen eines Empfängers) versandt wird, geben Sie die zusätzlichen E-Mail-Adressen als Wert des href-Attributs mit an. Ein Verweis auf zwei zusätzliche Empfänger hat folgende Syntax:

```
<a href="E-Mail-Adresse_1?cc=E-Mail-Adresse_2;E-Mail-Adresse_3">
Verweistext
</a>
```

Zuerst wird der Hauptempfänger der E-Mail genannt, an dessen Adresse sich unmittelbar ein Fragezeichen anschließt. Direkt nach dem Fragezeichen notieren Sie cc= (cc ist die Abkürzung für carbon copy = Durchschlag; der Ausdruck wird für weitere Adressaten benutzt) und schließen daran die E-Mail-Adresse des zweiten Empfängers an. Möchten Sie einen weiteren (also dritten) Empfänger angeben, trennen Sie die zweite von der dritten Adresse durch einen Strichpunkt (Semikolon). Alle weiteren Empfänger-Adressen werden ebenso behandelt wie die dritte Adresse. In dem automatisch geöffneten Fenster des E-Mail-Programms sieht der Anwender die E-Mail-Adresse des oder der weiteren Adressaten. Mit dem Ausdruck bcc

(= blind carbon copy) können neben dem Hauptempfänger der Nachricht wie im vorigen Beispiel mehrere Adressaten angegeben werden, deren Adressen der Anwender im verwendeten E-Mail-Programm sieht. Der Unterschied zu cc besteht darin, dass der Hauptempfänger der Nachricht nicht sieht, ob und wenn ja welche anderen Adressaten die Nachricht außer ihm hat.

Weiterhin kann ein Betreff vorgegeben werden, der für den Anwender im Fenster des E-Mail-Programms sichtbar ist. Wie bei cc und bcc wird auch hier ein Fragezeichen unmittelbar an die referenzierte E-Mail-Adresse angeschlossen, dem der Ausdruck subject= (subject = Thema) folgt. Hier notieren Sie den Betreff für die zu erwartenden Mails, sodass die Syntax wie folgt lautet:

```
<a href="mailto:E-Mail-Adresse?subject=Betreff">Verweistext</a>
```

Der festgelegte Betreff ist für den Anwender bereits in der Statuszeile des Browsers zu sehen, wenn der Verweis überfahren wird. In Abbildung 22.12 sehen Sie ein automatisch geöffnetes E-Mail-Fenster für eine neue Nachricht, bei der der Betreff bereits eingetragen ist.

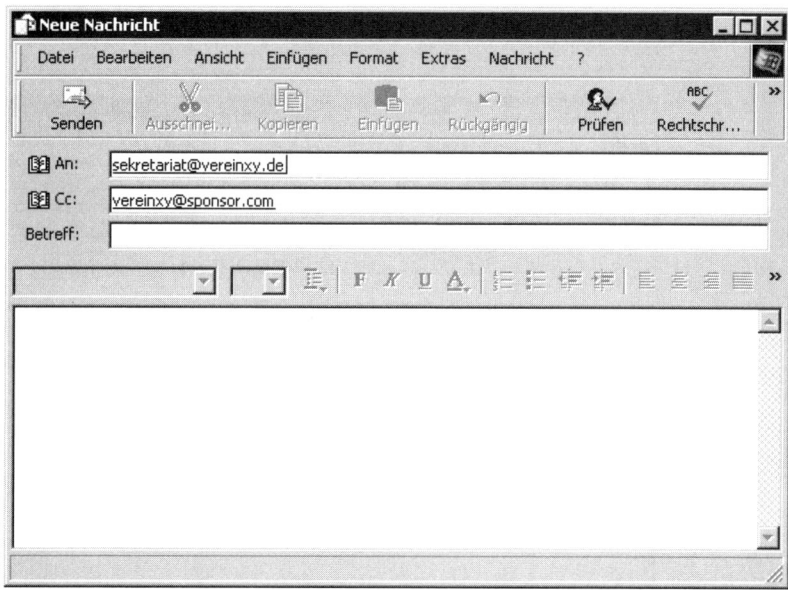

Bild 22.12: Der Betreff erscheint ohne Zutun des Anwenders.

Der Ausschnitt des Quellcodes, der für diese Anzeige verantwortlich ist, lautet:

```
Hier k&ouml;nnen Sie eine
<a
href="mailto:sekretariat@vereinxy.de?cc=vereinxy@sponsor.com&subject=
Informationsmaterial">
Nachricht an den Verein
</a> senden
```

Wie Sie vorstehendem Quellcode und Abbildung 22.12 entnehmen können, wurden sowohl ein Betreff als auch ein weiterer Empfänger definiert. Verschiedene Angaben, die E-Mails in Verweisen spezifizieren, werden durch ein kaufmännisches Und (&) voneinander getrennt. Die in diesem Beispiel notierten Angaben sind für den Anwender bei Überfahren des Verweises in der Statuszeile des Browsers zu sehen. Sollte also aus einem Verweistext nicht hervorgehen, dass das Verweisziel eine E-Mail-Adresse ist, kann der Anwender dies anhand der Statuszeile erkennen, die mit mailto: beginnt.

Schließlich können Sie auch den Inhalt einer Verweis-Mail vorbestimmen. Die Syntax eines solchen Verweises entspricht derjenigen der Angaben zu cc, bcc und subject, mit dem Unterschied, dass der Inhalt dem Ausdruck body= folgt.

Im folgenden Beispiel wurden Angaben zu einem weiteren Empfänger, dem Betreff und dem Inhalt der Mail gemacht.

```
Hier k&ouml;nnen Sie eine
<a href="mailto:sekretariat@vereinxy.de?cc=verein@sponsor.com&subject
=Informationsmaterial&body=Bitte senden Sie mir Unterlagen zu
folgenden Themen:">
Nachricht an den Verein
</a> senden
```

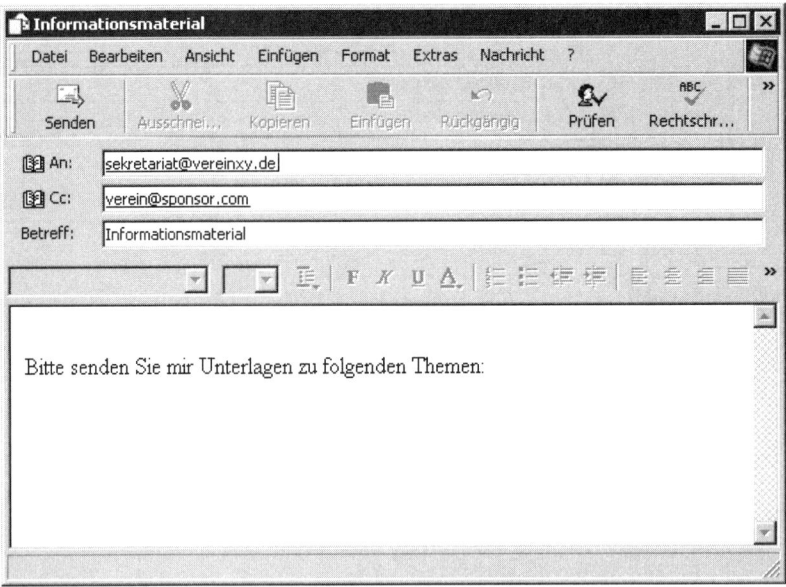

Bild 22.13: Die Mail hat einen Hauptempfänger, einen weiteren Empfänger, einen Betreff und einen definierten Inhalt.

Der ersten Angabe bezüglich einer Verweis-Mail wird stets ein Fragezeichen vorangestellt, mehrere weitere Adressaten trennt jeweils ein Semikolon. Weitere Angaben sind mit einem kaufmännischen Und von den anderen zu trennen.

*Die Angaben zu weiteren Empfängern (*cc=*), weiteren beim Hauptempfänger nicht sichtbaren Adressaten (*bcc=*), sowie zum Betreff (*subject=*) und Inhalt (*body=*) der Mail sind nicht Bestandteil des offiziellen HTML-Sprachstandards. Wenn Sie diesem strikt entsprechen möchten, muss auf diese Angaben verzichtet werden.*

22.6 Verweise auf Nicht-HTML-Dateien

Als Verweisziel kommen auch andere Dateiformate als *.htm* bzw. *.html* in Frage. Sie müssen lediglich die Dateibezeichnung mit der dazugehörigen Dateierweiterung im href-Attribut referenzieren. Dabei ist es einerlei, ob diese Dateien auf demselben Webserver wie die Ausgangsdatei zur Verfügung stehen oder anderswo, solange die jeweilige Syntax eingehalten wird. Anhand der Dateierweiterung (die vom Server als MIME-Typ im Dateikopf geliefert wird) stellt der Browser fest, ob ihm das Format der verknüpften Datei bekannt ist.

Ist dem Browser der Dateityp bekannt, kann die Datei (z.B. eine Grafik im JPEG-Format) in einem Browser-Fenster angezeigt werden. Mithilfe des Attributs title kann für dieses Fenster eine eigene Titelzeile angegeben werden, was allerdings leider nur von wenigen Browsern unterstützt wird (der IE 5.5 gehört z.B. nicht dazu).

`<a href="wiese.jpg" title="Blumenwiese.jpg">Wiese</a>`

Andere Dateiformate, die Browser direkt anzeigen können, sind die Grafikformate *.gif*, *.jpg*, *.jpeg* und *.png* sowie das Textformat *.txt*.

Verfügt der Browser über ein Plug-In, mit dessen Hilfe die verknüpfte Datei angezeigt werden kann, oder ist beim Anwender ein Programm installiert, das den Dateityp darstellen kann, wird ein Fenster mit den entsprechenden Funktionen geöffnet bzw. die geeignete Anwendung gestartet. Für dieses Vorgehen müssen die beteiligten Programme (das vom Anwender verwendete Betriebssystem, der Browser und das jeweilige Programm) den dynamischen Datenaustausch unterstützen (was für den Netscape Navigator, den Internet Explorer sowie das Betriebssystem Windows zutrifft). Vereinfacht dargestellt müssen diese Programme wie im nachfolgenden Szenario miteinander kommunizieren, um zu einem Ergebnis zu kommen. Wenn der Internet Explorer beispielsweise eine Dateierweiterung nicht direkt darstellen kann, »fragt« er beim Betriebssystem nach, ob es in dieser Sache helfen kann. Damit die geeignete installierte Software gefunden werden kann, muss diese »mitreden«, und bestätigen, dass sie das Dateiformat kennt und darstellen kann. Erst dann weiß der Browser, welche Anwendung geeignet ist und kann damit beginnen, diese zu starten. Kann auf dem Computer des Anwenders kein passendes Programm ausgemacht werden, sollte der Browser zumindest die Option anbieten, die betreffende Datei herunter zu laden.

*Achten Sie bei absoluten Verknüpfungen zu andere Dateiformate darauf, in der Referenz den korrekten Protokolltypen anzugeben (*http://* oder* ftp://*) im nächsten Abschnitt erfahren Sie mehr zu FTP.*

Mit einem zusätzlichen Attribut können Sie die Art des Verweisziels spezifizieren, näheres dazu erfahren Sie im Abschnitt 22.8, »Dateityp des Verweisziels angeben«.

Im WWW sind unzählige meist kostenlose Plug-Ins zu finden, die von unterschiedlicher Bedeutung sind. Zu den am weitesten verbreiteten Plug-Ins gehören folgende Produkte:

→ Der Acrobat Reader von Adobe, der Anzeige und Drucken sowie die Navigation innerhalb formatierter Dokumente ermöglicht. Das PDF-Format (Adobes Portable Document Format) wird z.B. häufig für teilweise recht umfangreiche Dokumentationen genutzt. Die derzeit aktuelle Version Acrobat Reader 5 ist kostenlos über das WWW herunterzuladen.

→ Der RealPlayer des Herstellers RealNetworks, der neben Audio- und Videodateien (im Format RA bzw. RAM) auch MP3-Dateien und Flash-Animationen wiedergeben kann. Zurzeit kann der RealPlayer in der Version 8 kostenlos aus dem Web heruntergeladen werden.

→ Macromedias Flash-Player ist momentan kostenlos in der Version 5 zu bekommen und zeigt vektorbasierte Animationen, die z.B. für animierte Benutzeroberflächen genutzt werden.

22.7 Verweise auf Download-Dateien

Verweise auf Dateien, die dem Anwender zum Herunterladen zur Verfügung stehen, folgen grundsätzlich der üblichen Syntax für Verweise, die abhängig von der Lage des Verweisziels in Relation zur Ausgangsdatei ist. Wie im vorigen Abschnitt erwähnt, können auch solche Dateien, die nicht direkt im Browser angezeigt werden können, Ziel eines Verweises sein, wie beispielsweise ZIP-Dateien. Dateien im PKZIP-Format sind komprimiert und werden von fast allen Browsern als herunterladbare Dateien interpretiert, sodass in einem Dialogfenster der Download angeboten wird. Um ZIP-Dateien öffnen zu können, müssen diese nach dem Download dekomprimiert werden. Der folgende Verweis führt zu dem in Abbildung 22.14 gezeigten Dialogfeld *Dateidownload*.

```
<a href="Dateiname.zip">ZIP-Datei</a>
```

In diesem Dialogfeld wird im oberen Bereich der Pfad zu der referenzierten Datei gezeigt. Aktivieren Sie einen der Optionsknöpfe, um die Datei entweder von ihrem Speicherort aus zu öffnen oder lokal zu speichern und damit herunterzuladen. Ist die Sicherheitsoption im unteren Bereich des Fensters deaktiviert, startet der Browser (falls verfügbar) direkt ein Programm, das die ZIP-Datei dekomprimiert. Nur wenn diese Option aktiviert ist, haben Sie die Wahl zwischen den beiden Optionen des Dialogfelds *Dateidownload*.

Haben sie die Sicherheitsoption Öffnen von Dateien dieses Typs immer bestätigen deaktiviert und möchten dies rückgängig machen, müssen Sie die Sicherheitsstufe wieder auf die Standardeinstellungen zurücksetzen. Im Explorer finden Sie die Registerkarte Sicherheit im Menü EXTRAS/INTERNETOPTIONEN.

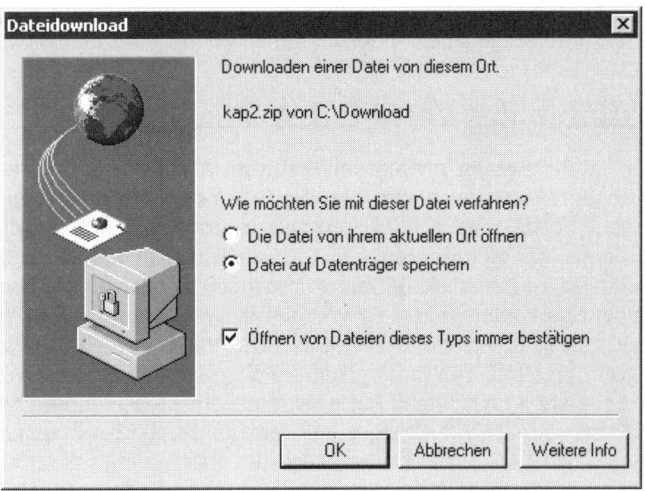

Bild 22.14: Dialogfeld zum Download einer Datei

Download-Dateien können im Unterschied zu der bisher beschriebenen Variante (Dateien zum Herunterladen auf dem eigenen oder einem anderen Webserver) auch auf einem FTP-Server gespeichert sein. Mit dem Protokoll FTP (File Transfer Protocol = Übertragungsprotokoll für Dateien) lassen sich verschiedenartige Dateien anzeigen bzw. herunterladen und lokal abspeichern. Ist im href-Attribut als Dateityp ftp:// und nachfolgend eine gültige FTP-Adresse notiert, zeigt der Browser den Inhalt des Root-Verzeichnis (auch Wurzelverzeichnis, die oberste Verzeichnisebene) an. Die Verknüpfung zu einem FTP-Verzeichnis folgt der Syntax:

```
<a href="ftp://ftp.Serveradresse/">Verweistext</a>
```

Natürlich kann nach dem abschließenden Schrägstrich ebenso eine Pfadangabe bis hin zu einer Zieldatei erfolgen. Dem Anwender wird bei Benutzung der Verknüpfung eines Verzeichnisses im Browser dessen Inhalt angezeigt. Je nach Dateierweiterung wird eine referenzierte Datei direkt im Browser angezeigt oder zum Herunterladen angeboten. Bei dem Browser unbekannten Dateitypen wird ein Dialogfeld geöffnet, in dem der Anwender entscheiden kann, ob eine Anwendung gestartet werden soll, die den Dateityp kennt, oder ob die Datei heruntergeladen werden soll. Bietet der Browser den Download einer Datei von einem FTP-Server an, sehen Sie das Dialogfeld aus Abbildung 22.14 mit dem Unterschied, dass ein anderer Pfad (und ein anderer Dateityp) genannt ist.

Für durchschnittliche Anwender, die hin und wieder Dateien von einem FTP-Server herunterladen, reichen die Funktionen, die aktuelle Browser im Hinblick auf FTP bieten, aus. Um eigene FTP-Dateien zu verwalten, sollten Sie jedoch über ein reines FTP-Programm (FTP-Client) verfügen.

Normalerweise muss sich für den Zugriff auf einen FTP-Server jeder Benutzer mit einem Benutzernamen und Kennwort identifizieren. Besonders definierte Bereiche von FTP-Servern können jedoch als Gast anonym angesteuert werden.

Mit dem Attribut type kann der Dateityp einer zum Herunterladen verfügbaren Datei angegeben werden (siehe dazu Kapitel 22.8).

22.8 Dateityp des Verweisziels angeben

Der Dateityp eines Verweisziels kann im Attribut type notiert werden. Als Wert dieses Attributs wird der MIME-Typ der Datei angegeben. Die MIME-Typen (MIME steht für Multipurpose Internet Mail Extensions), die jeweils aus einer übergeordneten und untergeordneten Kategorie bestehen, sind eindeutig bestimmten Dateierweiterungen zugeordnet. Dieses Schema zur eindeutigen Identifizierung von Dateien wird sowohl von Webservern als auch von Browsern benutzt. Beim Aufrufen einer Webseite liefert der Webserver den MIME-Typ im Kopfteil der Datei an den Browser, sodass dieser in seiner Liste »nachsehen« kann, wie mit einer Datei diesen Typs zu verfahren ist. MIME-Type-Kategorien sind beispielsweise *application*, *audio*, *image*, *text*, *video*. Die Unterkategorien spezifizieren dann einen eindeutigen Dateityp innerhalb der jeweiligen Kategorien. Der MIME-Typ einer HTML-Datei ist beispielsweise *text/html*, die zugeordneten Dateierweiterungen sind *.htm* und *.html*. Der folgende Verweis beinhaltet den MIME-Typ des Verweisziels:

```
<a href="coll01.tif" type="image/tiff">
Grafik im TIFF-Format</a>
```

Der MIME-Typ der Datei *coll01.tif* ist im Attribut type mit *image/tiff* angegeben. Die übergeordnete Kategorie *image* (= Bild) ist durch das Dateiformat TIFF (Tagged Image File Format) spezifiziert. Die diesem Typ zugeordneten Dateierweiterungen sind *.tif* und *.tiff*.

22.9 Verweise auf andere Internetdienste

Auch andere Internet-Dienste wie beispielsweise Newsgroups können Ziel eines Verweises sein. Dabei kann auf eine gesamte Newsgroup oder auf einen bestimmten Beitrag verwiesen werden. Voraussetzung dafür, dass der Anwender die referenzierte Nachricht oder Newsgroup angezeigt bekommt, ist zunächst einmal entweder ein eigenständiges Newsgroup-Programm (Newsreader) oder ein aktueller Browser (Netscape Navigator ab 3.x oder Internet Explorer ab 4.x), der automatisch ein E-Mail-Programm startet, in dem ein Newsgroup-Client integriert ist. Weiterhin muss in dem verwendeten Programm eingestellt werden, von welchem News-Server die Daten bezogen werden (in der Regel ist dies der Newsserver des ISP). Ein Link auf eine Newsgroup folgt der Syntax:

```
<a href="news:Top-Level-Kategorie.Bezeichnung der Newsgroup">
Verweistext</a>
```

Im Unterschied zu anderen Verweiszielen wird hinter dem Doppelpunkt kein Doppelslash notiert. Der Browser startet zwar auch dann den Newsreader (beim Internet Explorer 5.x ist das Outlook Express 5), wenn zwei Schrägstriche auf den Doppelpunkt folgen, es wird jedoch nicht auf eine bestimmte, im Verweis definierte Newsgroup hingewiesen. Der folgende

Quellcode enthält einen Verweis auf die Newsgroup *de.rec.garten*, die Nachrichten zum Thema Garten beinhaltet. Obwohl die (im Gegensatz zu URLs am Anfang der Bezeichnung befindliche) Top-Level-Endung in diesem Beispiel die aus anderen Zusammenhängen bekannte Endung *.de* (für deutschsprachige Newsgroups) ist, werden bei Newsgroups auch andere Endungen verwendet. Diese Top-Level-Kategorien strukturieren die verschiedenen Themenbereiche in übergeordnete Kategorien, die ihrerseits wieder Unterkategorien enthalten können. Eine solche Unterkategorie ist in diesem Beispiel *rec*, die (als Abkürzung für recreation = Erholung) Themen beinhaltet, die sich rund um die Bereiche Freizeit, Hobbys und Sport drehen. Der gezielte Verweis auf einen einzelnen Newsgroup-Eintrag ist mit Vorsicht zu genießen, da ältere Beiträge nach einer gewissen Zeit nicht mehr aufgeführt werden. Wie lange einzelne Beiträge einsehbar sind, ist abhängig davon, wie viele Einträge eingehen und wie viele Beiträge der Betreuer der Newsgroup (auch Moderator) in der Newsgroup behält.

```
<html>
<head>
<title>Verweise auf eine Newsgroup</title>
</head>
<body>
<p>
Lorem ipsum dolor (...)
</p>
<hr>
Hier k&ouml;nnen Sie eine <a href="news:de.rec.garten"> Newsgroup zum Thema Garten</a> besuchen.
</body>
</html>
```

In der Browser-Darstellung dieser Datei in Abbildung 22.15 sehen Sie in der Statuszeile die referenzierte Newsgroup.

Geht der Anwender diesem Verweis nach, öffnet sich automatisch der installierte Newsreader, in diesem Beispiel das zusammen mit dem Internet Explorer erhältliche E-Mail-Programm Outlook Express, das Funktionen eines Newsreaders beinhaltet.

Wie in Abbildung 22.16 zu sehen ist, legt der Newsreader sofort, nachdem er gestartet ist, die referenzierte Newsgroup an. Der Anwender kann sich nun aus den verfügbaren Einträgen die für ihn interessanten auswählen und anzeigen lassen.

Wenn Verweise auf Newsgroups nicht funktionieren, kann dies mehrere Ursachen haben. Abgesehen davon, dass kein Newsreader vorhanden ist, ist die Newsgroup möglicherweise nicht mehr unter der im Verweis angegebenen Bezeichnung zu finden oder der Anwender muss in seinem Newsreader einen anderen Newsserver angeben. Da Sie auf den vom Anwender gewählten Newsserver keinen Einfluss haben, sollten Sie – falls Sie auf Newsgroups verweisen, die nicht auf den üblichen Newsservern der ISPs liegen – einen Hinweis auf den oder die Newsserver geben, über die die Newsgroup erreichbar ist.

Kapitel 22 · Hyperlinks

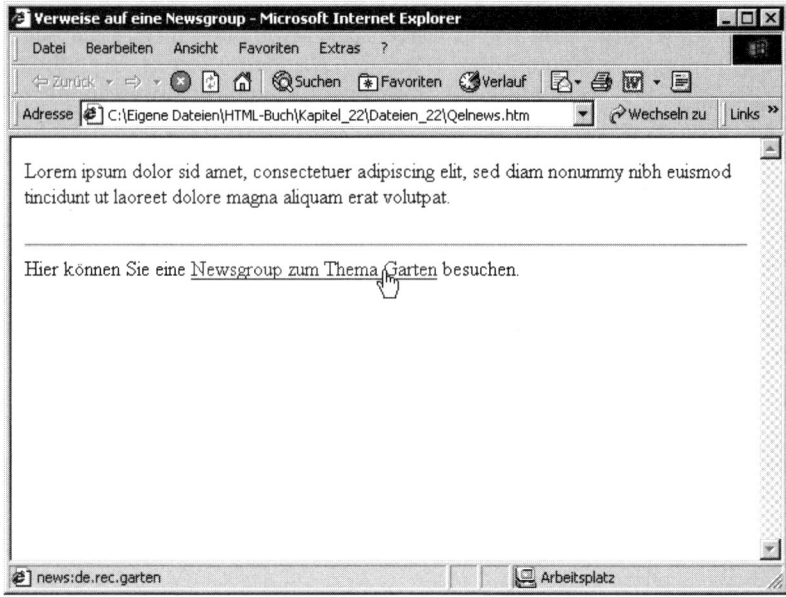

Bild 22.15: Das Verweisziel ist eine Newsgroup.

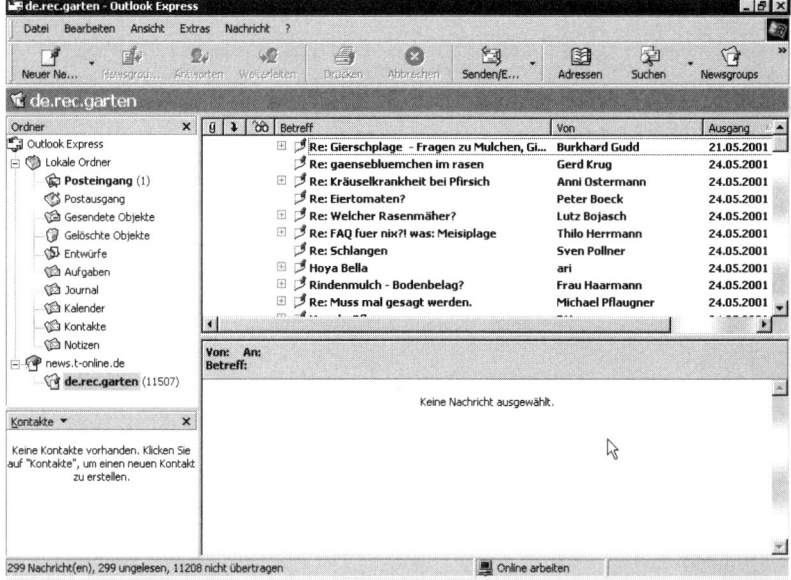

Bild 22.16: Der Newsreader in Outlook Express wird automatisch gestartet.

22.10 Verweise betiteln

Mit dem Attribut title, das innerhalb der Befehls <a> notiert wird, kann einem Verweis eine Bezeichnung als zusätzliche Information gegeben werden. Dieser Titel kann vom Browser z.B. als kleines ToolTipp-Fenster angezeigt werden, eine Software zur Sprachausgabe könnte diese Bezeichnung möglicherweise aussprechen. Im folgenden Quellcode ist für jeden Verweis ein Titel definiert worden.

```
<html>
<head>
<title>Verweise betiteln</title>
</head>
<body>
<h2 align="center">Verweise betiteln</h2>
<a href="Qelmail.htm" title="gehe zu Seite 1">Verweis 1</a><br>
<a href="Qelnews.htm"title="gehe zu Seite 2">Verweis 2</a><br>
<a href="Qeljpg.htm"title="gehe zu Seite 3">Verweis 3</a><br>
</body>
</html>
```

Wie diese Datei im Browser dargestellt wird, sehen Sie in Abbildung 22.17.

Bild 22.17: Der Titel des Verweises wird im Browser angezeigt.

22.11 Sprache und Zeichensatz des Verweisziels angeben

Die HTML 4.0 Spezifikation sieht eine Möglichkeit vor, die verwendete Sprache sowie den Zeichensatz eines Verweisziels anzugeben. Das Attribut zur Angabe der benutzten Sprache lautet hreflang (hyperlink reference language = Sprache des Verweisziels), als Wert notieren Sie ein zweistelliges Länderkürzel, wie es auch für die Länder-Top-Level-Domains benutzt wird. Diese Angabe ist vor allem dann interessant, wenn die Sprache der

Zieldatei von der Sprache der Ausgangsdatei abweicht. Der folgende Link zielt auf eine Datei, die in russischer Sprache vorliegt (das Länderkürzel *.ua* steht für die Ukraine).

```
<a href="http://www.kiew.ua/" hreflang="ua">Verweistext</a>
```

Der im Zieldokument verwendete Zeichensatz wird mit dem Attribut `charset` (character set = Zeichensatz) angegeben. Im vorstehenden Beispiel wäre der entsprechende Zeichensatz iso-8859-5, der die kyrillischen Zeichen der russischen Sprache enthält. Ein Verweis mit Angaben zur Sprache und zum Zeichensatz lautet beispielsweise:

```
<a href=http://www.kiew.ua/ hreflang="ua" charset="iso-8859-5">
Verweistext</a>
```

Die Angabe des Zeichensatzes für kyrillische Schriftzeichen ist für den Browser bestimmt. Ob diese Datei angezeigt werden kann, hängt jedoch davon ab, ob der Anwender eine für diesen Zeichensatz geeignete Schriftart installiert hat.

Der in unseren Breiten relevante Zeichensatz für westeuropäische und amerikanische Sprachen ist ISO-8859-1, auch Latin-1 oder Western Latin-1 genannt (siehe auch Kapitel 7). Die Zeichensätze der ISO-8859-Gruppe, die auf der lateinische Schrift basieren, werden neben der ISO-Nummerierung auch mit Latin-1 bis Latin-6 bezeichnet. Die ersten 128 Zeichen (0 bis 127) der ISO-8859-Zeichensätze stimmen mit dem einfachen ASCII-Zeichensatz überein. Erst die über dem Wert 159 liegenden Zeichen sind mit individuellen Sonderzeichen verschiedener Sprachen belegt. (Die Werte 128 bis 159 sind wie die ersten 32 ASCII-Zeichen nicht darstellbare Zeichen.) Eine (ziemlich trockene) Aufstellung gültiger Angaben zum Zeichensatz finden Sie im Web unter der Adresse der IANA (Internet Assigned Numbers Authority):

```
http://www.iana.org/assignments/character-sets
```

Für den Anwender sind die Angaben bezüglich der Sprache und des Zeichensatzes bei den derzeit aktuellen Browsern nicht sichtbar, bislang es gibt keine Regelung darüber, in welcher Form dies erfolgen könnte.

22.12 Verweise ansteuern und Zieltypen angeben

Die auf einer Webseite eingebundenen Verweise können mithilfe der Tabulatortaste angesteuert werden. Dabei wird zuerst die Adresszeile und danach alle vorhandenen Links (in der Reihenfolge ihres Erscheinens in der HTML-Datei) aktiviert. Der jeweils aktive Verweis ist von einer dünnen gepunkteten Linie umgeben und kann mit der Eingabetaste (Enter) verfolgt werden. Das Attribut `tabindex` lässt die Definition einer eigenen Reihenfolge für die mittels Tabulatortaste angesteuerten Verweise zu. Als Wert wird die neue Position in der Reihenfolge notiert.

```
<a href="datei_1.htm">Verweistext 1</a>
<a href="datei_2.htm">Verweistext 2</a>
<a href="datei_3.htm">Verweistext 3</a>
```

Verweise ansteuern und Zieltypen angeben

Diese drei Verweise werden normalerweise in der Reihenfolge ihres Erscheinens angesteuert. Mit dem Attribut `tabindex` kann diese Reihenfolge verändert werden.

```
<a href="datei_1.htm" tabindex="3">Verweistext 1</a>
<a href="datei_2.htm" tabindex="1">Verweistext 2</a>
<a href="datei_3.htm" tabindex="2">Verweistext 3</a>
```

In den vorstehenden Verweisen wurde die Reihenfolge geändert. Die zuerst notierte Verknüpfung wird als letzte angesteuert, die mittlere als erste und der zuletzt im HTML-Dokument eingebundene Link als zweites.

Dieses Attribut wird erst von sehr neuen, aktuellen Browsern wie dem Internet Explorer 5.5 unterstützt. Setzen Sie daher keine allzu großen Hoffnungen darauf, dass diese Funktion für die meisten Anwender verfügbar ist.

Ein denkbarer Ansatz wäre z.B., die Reihenfolge so festzulegen, dass zuerst die Verweise auf andere Seiten der eigenen Website und erst danach die Links zu anderen Webservern angesteuert werden.

Ein anderer Ansatz zum direkten Ansteuern von Verweisen per Tastatur besteht darin, mit dem Attribut `accesskey` (accessibility key character = Zugänglichkeit über Taste) ein Zeichen auf der Tastatur festzulegen, dessen Benutzung in Kombination mit der `Alt`-Taste den Verweis ansteuert und nach Betätigen der `Enter`-Taste zu dem Verweisziel führt. Verwenden Sie nur solche Zeichen, die über jede Tastatur eingegeben werden können, wie alphanumerische Zeichen und Interpunktionszeichen. Die Syntax für einen Link, der über eine Taste erreichbar ist, lautet:

```
<a href="//Datei.htm" acceskey="Tastaturzeichen"> Verweistext </a>
```

Auch das Attribut `accesskey` von nur von neuesten Browsern wie dem IE 5.5 unterstützt. Geben Sie dem Anwender einen Hinweis darauf, dass ein oder mehrere Verweise mit einem Tastaturkürzel angesteuert werden können, indem Sie beispielsweise ein Zeichen des Verweistextes hervorheben. Dieses Zeichen sollte als Wert des Attributs `accesskey` notiert werden.

Da auch andere Elemente einer Webseite in die Tabulator-Reihenfolge einbezogen werden, sollten Sie bei der Festlegung einer eigenen Reihenfolge alle Elemente berücksichtigen. Insbesondere sind dies Formularelemente (siehe Kapitel 30) sowie die Elemente `<area>` und `<object>`.

Mit den Attributen `rel` (relation = Beziehung, für vorwärts gerichtete Verweise) und `rev` (reverse für rückwärts gerichtete Verweise) bzw. deren Werten, kann angegeben werden, in welcher Relation das Verweisziel zur Ausgangsdatei steht. Es ist nicht festgelegt, wie derartige Angaben zukünftig für den Anwender sichtbar gemacht werden, möglicherweise könnte beim Überfahren eines Verweises der Zieltyp in einem kleinen Fensterchen (ToolTipp) angezeigt werden. Die im Folgenden aufgestellten möglichen Werte können den Attributen `rel` oder `rev` zugeordnet werden. Die Angabe dieser Attribute ist (sobald sie unterstützt werden) nur in Zusammenhang mit einem im Attribut `href` definierten Verweisziel sinnvoll. Der folgende Verweis enthält das Attribut `href` mit einem gültigen Wert:

```
<a href="Datei.htm" rel="next">n&auml;chste Seite</a>
```

Wert	Bedeutung
alternate	Verweisziel sind alternative Versionen des Ausgangsdokuments (zusammen mit dem Attribut media = Version für anderes Medium, mit Attribut lang = Version in anderer Sprache).
appendix	Ziel der Verknüpfung ist ein Anhang.
bookmark	Die Angabe dieses Werts führt zu einer bestimmten Stelle.
chapter	Ein als Kapitel fungierendes Dokument wird angesteuert
contents	Ziel des Links ist ein Dokument, das als Inhaltsverzeichnis der Site dient.
copyright	Die Zieldatei beinhaltet einen Hinweis auf das Copyright.
glossary	Ziel des Verweises ist ein Glossar, in dem Begriffe des aktuellen Dokuments enthalten sind.
help	Führt zu einer Datei, die weitere Informationen oder weitere Verweise enthält.
index	Verweisziel ist der Index des aktuellen Dokuments.
next	Führt bei Sites mit einer logischen Reihenfolge zum nächsten Dokument (die jeweils nächste Seite könnte z.B. vom Browser vorab geladen werden).
prev	Der Link führt bei Sites mit einer logischen Reihenfolge zum vorhergehenden Dokument.
section	Führt zu einem bestimmten Abschnitt.
start	Der Verweis führt zur Startseite einer Website (informiert Suchmaschinen über die Einstiegsseite der Site).
stylesheet	Ziel der Verknüpfung ist ein externes Stylesheet (zusammen mit alternate für vom Anwender wählbare Stylesheets).
subsection	Verweisziel ist ein Unterabschnitt.

Tabelle 22.2: Definierte Verweistypen

Die logischen Beziehungen einzelner Dokumente einer Website können auch im <link>-Tag notiert werden. Leider wird auch dieser Befehl derzeit von Browsern und Suchmaschinen kaum bzw. nicht unterstützt. Im Gegensatz zu dem <a>-Tag, das ausschließlich im Rumpf (Body) einer Datei erscheint, darf das <link>-Tag nur im Kopfteil einer HTML-Datei notiert werden. Der Befehl <link> kann unter anderem die Attribute href, hreflang, type, rel, rev, title, charset und media enthalten. Der Einsatz dieses Befehls ist nur dann sinnvoll, wenn unter href ein Verweisziel definiert wird, welches durch weitere Attribute spezifiziert werden kann.

Auch wenn im <link>-*Tag als Wert des Attributs* href *ein Verweisziel definiert wird, kann dieses vom Anwender nicht direkt angeklickt werden. Die in* <link> *notierten Angaben haben nur dann Einfluss auf die Browser-Darstellung, wenn dieser den Befehl unterstützt.*

Die Attribute href, hreflang, type und charset im Tag <link> haben die gleiche Bedeutung wie im <a>-Tag, wie auch für rel und rev die gleichen möglichen Werte gelten (siehe Tabelle 22.1). Das Attribut title enthält als Wert die Bezeichnung des Verweisziels, die beispielsweise sichtbar werden könnte, wenn der Browser eine Art Navigationsleiste bereitstellt, um die definierten Dokumente anzusteuern. Das Attribut media definiert, wenn das Verweisziel ein externes Stylesheet ist, ein Medium (im Attribut type kann die verwendete Stylesheet-Sprache notiert werden). Die verschiedenen definierten Medientypen werden in Kapitel 42.7 beschrieben. Nachfolgend finden Sie ein Beispiel, in dem Informationen über Ausführungen des Dokuments in verschiedenen Sprachen sowie eine Startseite notiert sind.

```
<head>
<title>Titel der aktuellen Seite</title>
<link rev="start" type="text/html" title="Startseite"
href="index.htm">
<link rel="alternate" type="text/html" title="english version"
hreflang="en" href="enab1.htm">
<link rel="alternate" type="text/html" title="version française"
hreflang="fr" href="frab1.htm">
</head>
```

Das erste <link>-Tag gibt einen Rückverweis (rev) auf die Einstiegsseite der Site an, die im Dateiformat HTML vorliegt (*text/html*). Der Titel der Seite ist »STARTSEITE«, die relative URL lautet index.htm. Die beiden anderen <link>-Tags beziehen sich vorwärts gerichtet (rel) auf eine alternative Version des aktuellen Dokuments (alternate). Das Verweisziel ist auch hier eine HTML-Datei mit einem bestimmten Titel. Im Attribut hreflang ist die Sprache des in HREF referenzierten Verweisziels angegeben.

Weitere Funktionen in HTML

Teil 2

23 Lauftext

Unter Lauftext, der auch unter den Bezeichnungen Laufschrift und Marquee bekannt ist, versteht man Text, der sich in horizontaler Richtung bewegt, er »läuft« über den Bildschirm. Der Befehl zum Erzeugen dieses Effekts gehört nicht zum offiziellen Sprachstandard von HTML 4.01 und wird ausschließlich von Microsofts Internet Explorer (ab Version 2.0) unterstützt. Andere Browser zeigen die als Lauftext ausgezeichneten Bereiche statisch an. Machen Sie sich beim Einsatz dieses Befehls bewusst, dass der Effekt der bewegten Schrift nicht von allen Anwendern wahrgenommen werden kann. In Tabelle 23.1 finden Sie den für Lauftext relevanten Befehl und dessen Attribute.

Befehl	Attribut	Bedeutung	Status in HTML 4.01
`<marquee>` `</marquee>`		zeichnet enthaltenen Text als Lauftext aus	nicht offiziell
	align	richtet den Lauftext aus	nicht offiziell
	behavior	Verhalten der Laufschrift	nicht offiziell
	bgcolor	Hintergrundfarbe des Lauftext-Bereichs	nicht offiziell
	direction	Laufrichtung der Laufschrift	nicht offiziell
	height	Höhe des Lauftext-Bereichs	nicht offiziell
	hspace	Abstand zu umgebenden Elementen in horizontaler Richtung (links und rechts)	nicht offiziell
	loop	Anzahl der Wiederholungen	nicht offiziell
	scrollamount	Schrittgröße in Pixel	nicht offiziell
	scrolldelay	Verzögerung in Millisekunden	nicht offiziell
	vspace	Abstand zu umgebenden Elementen in vertikaler Richtung (oben und unten)	nicht offiziell
	width	Breite des Lauftext-Bereichs	nicht offiziell

Tabelle 23.1: Der Befehl <marquee> und seine Attribute

Wenn Sie den Effekt der Laufschrift auch für andere Browser realisieren möchten, können Sie ein Java-Applet einfügen (siehe dazu Kapitel 46).

23.1 Lauftext definieren

Der Befehl <marquee> zeichnet Textstellen als Lauftext aus, wobei sich der Text standardmäßig von rechts nach links bewegt. Der Text erscheint nach Aufrufen des Dokuments am rechten Rand des Browser-Fensters und »verschwindet« an der linken Browser-Begrenzung. Nach kurzer Zeit taucht der Text erneut von rechts auf und läuft durch das Browser-Fenster. Der folgende Quellcode enthält einen Lauftext.

```
<html>
<head>
<title>Lauftext definieren</title>
</head>
<body>
<h3 align="center">Laufschrift definieren</h3>
Auf dieser Seite wird ein Satz mit dem Befehl &lt;marquee&gt; als
Laufschrift ausgezeichnet, der nur vom Explorer unterst&uuml;tzt
wird.
<marquee>Der Text l&auml;uft von rechts nach links.</marquee>
Danach steht wieder ganz normaler Flie&szlig;text, der nicht
besonders ausgezeichnet ist.
</body>
</html>
```

Die Abbildungen 23.1 bis 23.3 zeigen verschiedene »Stationen« der Laufschrift im Browser.

Bild 23.1: Der Text läuft von rechts in das Fenster.

Bild 23.2: Der Lauftext ist komplett zu sehen.

Bild 23.3: Die Schrift läuft nach links aus dem Fenster hinaus.

In Abbildung 23.1 taucht der Lauftext gerade am rechten Rand des Browser-Fensters auf, danach ist er wie in Abbildung 23.2 für kurze Zeit komplett zu sehen und verlässt das Fenster anschließend an linken Begrenzung des Browsers (Abbildung 23.3). Obwohl im Quelltext der vor der Laufschrift stehende Text nicht mit einem Zeilenumbruch <br> abgeschlossen wurde (und auch nicht als Absatz definiert ist), wird die Laufschrift in einer eigenen Zeile angezeigt. Auch nachfolgender Text wird automatisch in einer neuen Zeile angezeigt.

Es können auch Grafiken innerhalb eines Textes oder allein stehende Grafiken als »Lauftext« definiert werden. Die Grafikreferenz muss sich dazu nur zwischen den Tags <marquee> und </marquee> befinden.

Folgender Quelltext-Ausschnitt zeichnet eine Grafik als »Lauftext« aus:

```
<marquee><img src="wieseklein.jpg"></marquee>
```

Wie in Abbildung 23.4 zu sehen, erscheint die Grafik wie der Text des ersten Beispiels am rechten Bildrand und bewegt sich über den Bildschirm.

Bild 23.4: Eine Grafik wurde mit <marquee> ausgezeichnet.

In den folgenden Abschnitten erfahren Sie, wie die Eigenschaften der Laufschrift verändert werden.

23.2 Laufrichtung festlegen

Standardmäßig läuft mit <marquee> ausgezeichnete Schrift von rechts nach links, was unserer Leserichtung entgegenkommt. Das Attribut direction (= Richtung) lässt mit dem Wert right (= rechts) die Änderung dieser Laufrichtung zu. Der Text erscheint links und bewegt sich nach rechts. Das <marquee>-Tag (und der ausgezeichnete Text) des Quelltexts zu Abbildung 23.1 wurden durch folgende Angabe ersetzt:

```
<marquee direction="right">
Der Text l&auml;uft von links nach rechts.
</marquee>
```

Bild 23.5: Die Laufschrift erscheint auf der linken Seite und läuft nach rechts.

Mithilfe des Attributs behavior (= Verhalten) lässt sich mit dem Wert alternate (= abwechselnd) definieren, dass die Laufrichtungen sich abwechseln sollen. Eine Laufschrift mit wechselnder Laufrichtung hat folgende Syntax:

<marquee behavior="alternate">Text der Laufschrift</marquee>

Ein derart ausgezeichneter Text wechselt die Laufrichtung, sobald die Begrenzung des Browser-Fensters erreicht wird. Mit dem Wert slide (= gleiten) im Attribut BEHAVIOR legen Sie fest, dass der Lauftext die Bewegung stoppt, sobald der Rand des Browsers erreicht wird. Der Lauftext steht je nach Laufrichtung an einem Browser-Rand und bleibt sichtbar. Standardmäßig ist der Wert dieses Attributs SCROLL, der Lauftext verschwindet und taucht nach kurzer Zeit wieder an derselben Seite auf wie beim ersten Durchgang.

23.3 Geschwindigkeit definieren

Die Geschwindigkeit, mit der Lauftext sich bewegt, kann entweder über die Schrittgröße oder über die Verzögerung beeinflusst werden. Die Schrittgröße bezeichnet das Maß, um das der Lauftext jeweils verspringt. Das Attribut scrollamount (= Scroll-Wert) hat als Wert die Anzahl an Pixel, um die der Text in den einzelnen Schritten verschoben wird. Außerdem entsteht eine Pause, bevor der Text anfängt zu laufen. Ohne weitere Angaben wird der Lauftext jeweils um 6 Pixel verschoben angezeigt, das heißt, er ändert seine Position auf dem Bildschirm in so kleinen Schritten, dass der Eindruck einer fließenden Bewegung (Laufen) entsteht. Stellen Sie sich einen menschlichen Läufer vor, der bei gleich bleibender Geschwindigkeit größere Schritte macht – je größer die Schritte sind, desto eher ist das Ziel erreicht. Die Verzögerung wird im Attribut SCROLLDELAY (= Scroll-Verzögerung) in der Zeiteinheit Millisekunden notiert. Verfügt das `<marquee>`-Tag über keine Attribute, beträgt die Verzögerung 80 Millisekunden. Bezogen auf einen laufenden Menschen bedeutet dies, dass bei gleich großen Schritten verschiedene Geschwindigkeiten gelaufen werden können – je größer die Geschwindigkeit, desto eher ist das Ziel erreicht. Im folgenden Beispiel sind drei Laufschriften ausgezeichnet, die sich verschieden schnell bewegen.

```
<html>
<head>
<title>Lauftext definieren</title>
</head>
<body>
<h3 align="center">Laufschrift definieren</h3>
Auf dieser Seite wird ein Satz mit dem Befehl &lt;marquee&gt; als
Laufschrift ausgezeichnet, der nur vom Explorer unterst&uuml;tzt
wird.
<marquee>Der Text l&auml;uft von rechts nach links.</marquee>
<marquee scrollamount="3">Der Text l&auml;uft von rechts nach
links.</marquee>
<marquee scrolldelay="50">Der Text l&auml;uft von rechts nach
links.</marquee>
Danach steht wieder ganz normaler Flie&szlig;text, der nicht
besonders ausgezeichnet ist.
</body>
</html>
```

Bild 23.6: Die Lauftexte bewegen sich unterschiedlich schnell.

Der erste Lauftext besitzt kein Attribut im einleitenden `<marquee>`-Tag. Der mittlere Lauftext hat 3 als Wert des Attributs `scrollamount`. Er bewegt sich langsamer über den Bildschirm als der Standard-Lauftext, weil er bei gleicher Geschwindigkeit kleinere Schritte macht. Die untere Laufschrift ist schneller als die Standard-Anzeige, da sie bei gleich bleibender Schrittgröße alle 50 Millisekunden vorwärts kommt. Anhand der Browser-Darstellung in Abbildung 23.6 können Sie erkennen, dass die Texte auf ihrem Weg vom rechten zum linken Browser-Rand unterschiedlich weit gekommen sind.

23.4 Häufigkeit der Wiederholungen

Mit dem Attribut `loop` (= Schleife) können Sie festlegen, wie oft die Laufschrift erscheinen soll. Sofern Sie dieses Attribut nicht einsetzen wird der Lauftext endlos wiederholt, da der voreingestellte Wert `infinite` (= endlos) ist. Mit

```
<marquee loop="1">Lauftext</marquee>
```

definieren Sie, dass der Lauftext nur einmal erscheint. Im Gegensatz zu dem Attribut `behavior`, das mit dem Wert `slide` auch zur einmaligen Anzeige der Laufschrift führt (siehe Kapitel 23.2), ist die mit `loop` ausgezeichnete Laufschrift nicht mehr sichtbar, nachdem sie entsprechend häufig, wie als Wert angegeben, gelaufen ist.

23.5 Hintergrundfarbe definieren

Das Attribut `bgcolor` ermöglicht es, eine eigene Hintergrundfarbe für Lauftext zu definieren und den Bereich der Laufschrift damit optisch von der restlichen Seite abzuheben. Als mögliche Farbwerte kommen die 16 Farbnamen bzw. 216 Standard-Farbcodes in Frage (siehe dazu Kapitel 6, »Farbe in HTML«).

```
<html>
<head>
<title>Lauftext definieren</title>
</head>
<body>
<h3 align="center">Laufschrift definieren</h3>
Auf dieser Seite wird ein Satz mit dem Befehl &lt;marquee&gt; als
Laufschrift ausgezeichnet, der nur vom Explorer unterst&uuml;tzt
wird.
<p>
<marquee bgcolor="silver">Der Text l&auml;uft von rechts nach
links.</marquee>
</p>
<font color="white">
<marquee bgcolor="navy">Der Text l&auml;uft von rechts nach links.
</marquee>
</font>
Danach steht wieder ganz normaler Flie&szlig;text, der nicht
besonders ausgezeichnet ist.
</body>
</html>
```

Im vorstehenden Quelltext bildet die erste Laufschrift einen eigenen Absatz, da die Hintergründe der beiden Lauftexte ansonsten nahtlos aneinander stoßen würden. Der Hintergrund der oberen Laufschrift hat die Farbe Silber, der untere Hintergrund ist dunkelblau. Im Quellcode wurde die Farbe der Schrift im <font>-Tag mit white angegeben. Diese Veränderung der Textfarbe können Sie in der Browser-Darstellung in Abbildung 23.7 erkennen.

Achten Sie darauf, dass Laufschrift und Hinterrundfarbe einen ausreichend großen Kontrast bilden, damit die Lesbarkeit nicht leidet.

Bild 23.7: Zwei Laufschriften mit Hintergrundfarben

Den Hintergrund bildet ein Balken über die gesamte Breite des aktuell sichtbaren Browser-Fensters, die Laufschrift bewegt sich innerhalb dieses Balkens.

23.6 Breite und Höhe definieren

Die Breite und Höhe des Laufschrift-Bereichs können mit den Attributen width (= Breite) und height (= Höhe) verändert werden. Die Werte dieser Attribute geben Sie entweder als absolute Maße in Pixel oder als Prozentwerte in Bezug auf den aktuell verfügbaren Platz an. Standardmäßig beträgt die Höhe eines Laufschrift-Bereichs (der bei einer definierten Hintergrundfarbe sichtbar wird) 20 Pixel. Der folgende Quelltext-Ausschnitt beinhaltet eine Laufschrift mit veränderter Breite und Höhe, die entsprechende Browser-Darstellung sehen Sie in Abbildung 23.8.

```
<p>
<marquee bgcolor="silver">Der Text l&auml;uft von rechts nach
links.</marquee>
</p>
<marquee bgcolor="silver" height="40" width="300">Der Text l&auml;uft
von rechts nach links.</marquee>
```

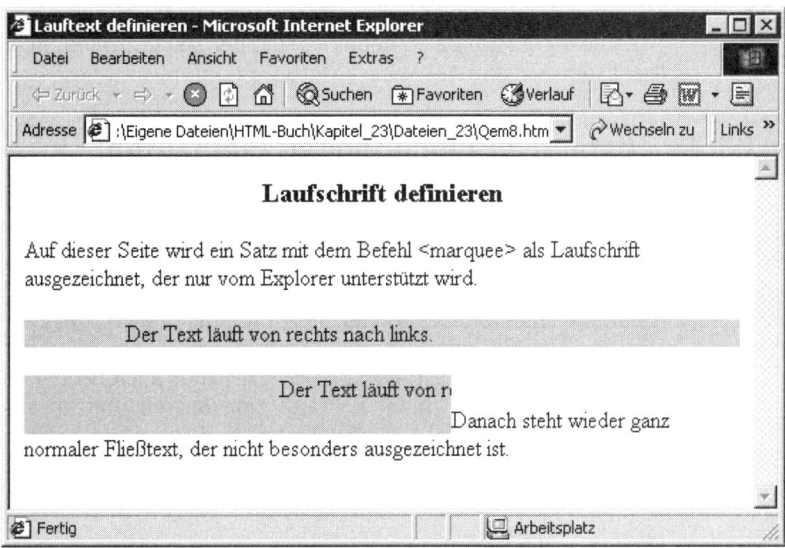

Bild 23.8: Die untere Laufschrift hat eine andere Breite und Höhe.

Bild 23.9: Ein Lauftext steht im Fließtext.

Wie Sie in Abbildung 23.8 sehen, bewirkt die verminderte Breite des für die Laufschrift reservierten Bereichs, dass der nachfolgende Text nicht mehr in einer eigenen Zeile dargestellt wird. Sie können also kürzere Laufschriftbereiche auch in eine Zeile mit normalem Fließtext integrieren. Soll der Lauftext in einer eigenen Zeile stehen, muss nach dem mit `<marquee>` ausgezeichneten Bereich entweder mit `<br>` ein Zeilenumbruch eingefügt werden oder die Laufschrift muss als Absatz ausgezeichnet sein.

Wie Sie die Abstände zu dem umgebenden Text optimieren, erfahren Sie im nächsten Abschnitt.

23.7 Abstand zu umgebenden Elementen

Der Abstand zwischen dem Lauftextbereich und umgebenden Elementen (in diesem Beispiel ist das Fließtext) wird mithilfe der Attribute `hspace` (horizontal space = Abstand in horizontaler Richtung, also links und rechts) und `vspace` (vertical space = Abstand in vertikaler Richtung, also oberhalb und unterhalb) definiert. In folgendem Quellcode sind für den ersten Lauftext keine Abstände festgelegt. Der zweite Lauftext hat links und rechts einen Abstand von 15 Pixel zum umgebenden Text. Die dritte Laufschrift ist mit einem Abstand zum oberen und unteren Text ausgezeichnet, der ebenfalls 15 Pixel beträgt. Der untere Lauftext hat schließlich beide Attribute, er hat umlaufend einen Abstand von 15 Pixel zu dem umgebenden Text.

```
<html>
<head>
<title>Lauftext definieren</title>
</head>
<body>
<h3 align="center">Laufschrift definieren</h3>
<p>
Auf dieser Seite wird ein Satz mit dem Befehl &lt;marquee&gt; als
Laufschrift ausgezeichnet, der nur vom Explorer unterst&uuml;tzt
wird. Der Lauftext
<marquee bgcolor="silver" height="20" width="200">Der Text
l&auml;uft von rechts nach links.</marquee>
 l&auml;uft von rechts nach links. Danach steht wieder ganz normaler
Flie&szlig;text, der nicht besonders ausgezeichnet ist.
</p>
<p>
Auf dieser Seite wird ein Satz mit dem Befehl &lt;marquee&gt; als
Laufschrift ausgezeichnet, der nur vom Explorer unterst&uuml;tzt
wird. Der Lauftext
<marquee bgcolor="silver" height="20" width="200" hspace="15">Der
Text l&auml;uft von rechts nach links.</marquee>
 l&auml;uft von rechts nach links. Danach steht wieder ganz normaler
Flie&szlig;text, der nicht besonders ausgezeichnet ist.
</p>
```

```
Auf dieser Seite wird ein Satz mit dem Befehl &lt;marquee&gt; als
Laufschrift ausgezeichnet, der nur vom Explorer unterst&uuml;tzt
wird. Der Lauftext
<marquee bgcolor="silver" height="20" width="200" vspace="15">Der
Text l&auml;uft von rechts nach links.</marquee>
 l&auml;uft von rechts nach links. Danach steht wieder ganz normaler
Flie&szlig;text, der nicht besonders ausgezeichnet ist.
<p>
Auf dieser Seite wird ein Satz mit dem Befehl &lt;marquee&gt; als
Laufschrift ausgezeichnet, der nur vom Explorer unterst&uuml;tzt
wird. Der Lauftext
<marquee bgcolor="silver" height="20" width="200" hspace="15"
vspace="15">Der Text l&auml;uft von rechts nach links.</marquee>
 l&auml;uft von rechts nach links. Danach steht wieder ganz normaler
Flie&szlig;text, der nicht besonders ausgezeichnet ist.
</p>
</body>
</html>
```

Die Browser-Darstellung zu dieser Datei ist in Abbildung 23.10 zu sehen.

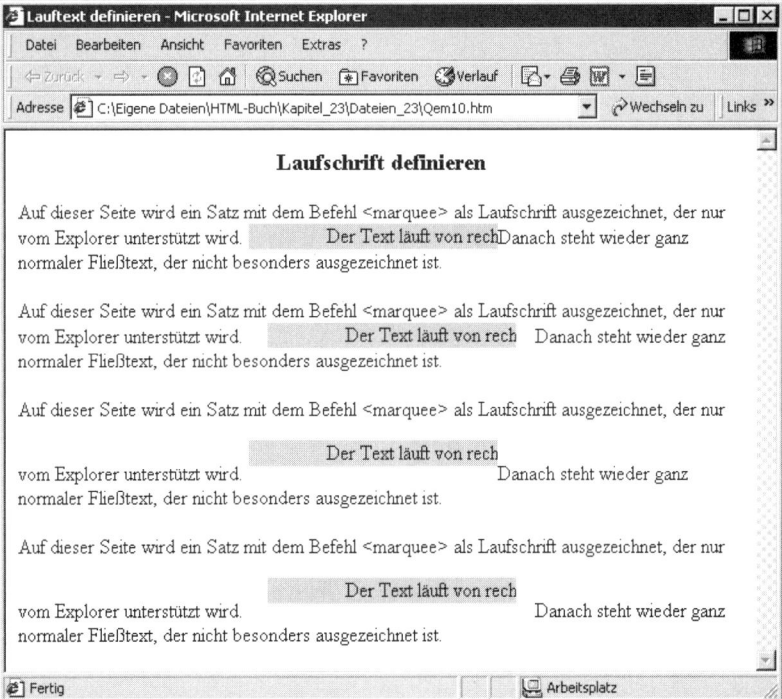

Bild 23.10: Lauftext mit unterschiedlichen Abständen zum umgebenden Text

24 Tabellen aufbauen

Mithilfe von Tabellen lassen sich Bezüge zwischen einzelnen Informationen übersichtlich darstellen, sodass diese für den Anwender schnell zu erfassen sind. Den Einsatz von Tabellen in HTML-Dokumenten sollten Sie gründlich planen, sodass beim Erstellen des Quelltextes klar ist, wie die fertige Tabelle aussehen soll. In den folgenden Kapiteln geht es um den strukturellen Aufbau von Tabellen, die Formatierung innerhalb von Tabellen sowie die Formatierung von Tabellen selbst werden in den Kapiteln 25 und 26 gesondert behandelt. Eine Sonderform der Tabelle nehmen die so genannten blinden Tabellen ein, bei denen der Anwender im Browser nicht direkt erkennen kann, dass es sich um Tabellen handelt, weil keine Linien zwischen den einzelnen Bestandteilen der Tabelle zu sehen sind. Diese Tabellen können unter anderem zur Ausrichtung von Elementen genutzt werden und sind in Kapitel 27 beschrieben. Der Befehl `<table>` (= Tabelle) zeichnet eine Tabelle aus; ein End-Tag ist erforderlich. Neben den in den folgenden Kapiteln erwähnten Befehlen und Attributen können Tabellen auch Universalattribute enthalten. Der Einsatz von Stylesheets bietet Möglichkeiten in der Tabellengestaltung, die über die HTML-Befehle und Attribute hinausgehen. In Tabelle 24.1 finden Sie eine Übersicht über die in Tabellen verwendeten Befehle und Attribute, die in den folgenden Kapiteln behandelt werden.

Befehl	Attribut	Bedeutung	Status in HTML 4.01
`<table></table>`		zeichnet eine Tabelle aus	
	`align`	horizontale Ausrichtung der Tabelle	»deprecated«
	`background`	Hintergrundgrafik einer Tabelle	nicht offiziell
	`bgcolor`	Hintergrundfarbe der gesamten Tabelle	»deprecated«
	`border`	äußerer Tabellenrahmen und Zellenbegrenzungen	
	`bordercolor`	Farbe des Tabellenrahmens	nicht offiziell
	`cellpadding`	Abstand zwischen Zelleninhalt und Zellenbegrenzung	
	`cellspacing`	Abstand zwischen einzelnen Zellen	
	`dir`	Schreib- und Leserichtung des Textes	

Tabelle 24.1: HTML-Befehle und Attribute für Tabellen

Befehl	Attribut	Bedeutung	Status in HTML 4.01
	frame	legt fest, welche Teile des Tabellenrahmens dargestellt werden	neu
	height	Höhe der gesamten Tabelle	nicht offiziell
	rules	legt fest, welche Teile der Zellenbegrenzungen dargestellt werden	neu
	summary	Zusammenfassung des Tabelleninhalts	neu
	width	Breite der gesamten Tabelle	
`<thead></thead>` `<tbody></tbody>` `<tfoot></tfoot>`		zeilengruppierende Elemente, für einen Kopf- Rumpf- und Fußbereich der Tabelle	End-Tags optional neu
	align	horizontale Ausrichtung der Zelleninhalte der Gruppe	
	valign	vertikale Ausrichtung der Zelleninhalte der Gruppe	
`<col>` `<colgroup></colgroup>`		definiert Spalten bzw. Spaltengruppen	kein End-Tag bei `<col>`, bei `<colgroup>` optional, neu
	align	horizontale Ausrichtung der Zelleninhalte der Spalte bzw. Spaltengruppe	
	span	Spannweite der für eine Spalte oder Spaltengruppe definierten Attribute	
	valign	vertikale Ausrichtung der Zelleninhalte der Spalte bzw. Spaltengruppe	
	width	Breite der Spalte bzw. Spaltengruppe	
`<tr></tr>`		definiert eine Tabellenzeile, in der Kopf- und Datenzellen enthalten sein können	End-Tag optional

Tabelle 24.1: HTML-Befehle und Attribute für Tabellen (Forts.)

Befehl	Attribut	Bedeutung	Status in HTML 4.01
	align	Ausrichtung der Inhalte der Tabellenzeile	
	height	Höhe der Tabellenzeile	»deprecated«
	valign	vertikale Ausrichtung der Zeileninhalte	
`<th></th>` `<td></td>`		Kopf- bzw. Datenzelle	End-Tags optional
	abbr	Abkürzung des Zelleninhalts	neu
	align	horizontale Ausrichtung des Zelleninhalts	
	axis	Kategorien von Tabelleninhalten	neu
	background	Hintergrundgrafik von Tabellenzellen	nicht offiziell
	bgcolor	Hintergrundfarbe für Tabellenzellen	»deprecated«
	colspan	legt fest, wie viele Spalten überspannt werden	
	char	Zeichen, nach dem Zelleninhalte ausgerichtet werden	
	charoff	Position des unter char definierten Zeichens	
	colspan	legt fest, wie viele Spalten überspannt werden	
	headers	Bezug zu Tabellenzellen	neu
	height	Höhe der Tabellenzelle bzw. -zeile	»deprecated«
	nowrap	verhindert den automatischen Umbruch in Tabellenzellen	»deprecated«
	rowspan	legt fest, wie viele Zeilen überspannt werden	
	scope	Bezug zu einer Gruppe von Tabellenzellen	

Tabelle 24.1: HTML-Befehle und Attribute für Tabellen (Forts.)

Befehl	Attribut	Bedeutung	Status in HTML 4.01
	valign	vertikale Ausrichtung des Zelleninhalts	
	width	Breite der Tabellenzellen	»deprecated«
`<caption>` `</caption>`		Tabellenbeschriftung	
	align	Position der Beschriftung	»deprecated«

Tabelle 24.1: HTML-Befehle und Attribute für Tabellen (Forts.)

24.1 Struktur einer Tabelle

Eine Tabelle besteht aus einzelnen Feldern, die als Tabellenzellen bezeichnet werden. Diese Tabellenzellen beherbergen den Inhalt der Tabelle, wobei sich neben Text auch Grafiken, Links oder weitere Tabellen in einer Tabellenzelle befinden können. Nebeneinander liegende Tabellenzellen bilden eine Tabellenzeile, untereinander befindliche Zellen werden als Tabellenspalte bezeichnet. Die folgende Abbildung zeigt eine einfache leere Tabelle mit zwei Spalten und drei Zeilen.

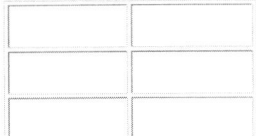

Bild 24.1: Eine leere Tabelle

Der Befehl `<table>` umschließt alle eine Tabelle betreffenden Auszeichnungen und Inhalte. Innerhalb einer Tabelle werden die einzelnen Tabellenzellen zeilenweise notiert. Der Rahmen bildet die äußere Begrenzung einer Tabelle, die trennenden Linien innerhalb einer Tabelle heißen üblicherweise Gitternetzlinien, setzen sich in HTML jedoch aus den Begrenzungen der einzelnen Tabellenzellen zusammen. In HTML 4.01 stehen zusätzliche Befehle zur Verfügung, mit denen Kopf- und Fußbereich definiert werden können; die eigentliche Tabelle kann auch als Tabellenkörper bezeichnet werden.

24.2 Zeilen und Zellen definieren

Eine Tabelle besteht zunächst aus den Tags `<table>` und `</table>`, die alle die Tabelle betreffenden Angaben umschließen. Ohne weitere Angaben ist im Browser allerdings nichts zu sehen; ein Text zwischen diesen beiden Tags wird genauso dargestellt, als wären die Befehle nicht vorhanden. Um eine Tabellenstruktur sichtbar zu machen, muss die Tabelle mindestens eine Zeile und diese wiederum mindestens eine Zelle enthalten. Der Befehl für Tabellenzeilen lautet <tr> (als Abkürzung für table row = Tabellenzeile). Einzelne Zellen einer Tabelle werden mit dem Tag <td> (als Abkürzung von table data cell = Zelle mit Tabellendaten) ausgezeichnet. Obwohl die Verwendung der abschließenden Tags bei den Befehlen <tr> und <td> optional ist, sollten Sie diese trotzdem einsetzen. Nachfolgend sehen Sie den Quelltext einer »Minimaltabelle«.

```
<html>
<head>
<title>Zeilen und Zellen definieren</title>
</head>
<body>
<table>
    <tr>
    <td>Tabellenzelle</td>
    </tr>
</table>
</body>
</html>
```

Die Tags <table> und </table> umfassen die Tabelle, <tr> zeichnet eine Tabellenzeile aus und <td> eine Tabellenzelle. Sofern Sie den Quelltext zu Tabellen manuell in einem Text-Editor erstellen, bietet sich das Einrücken der einzelnen Tabellenbestandteile an, da der Quellcode ansonsten leicht unübersichtlich wird. Auf die Darstellung der Datei haben derartige Formatierungen keinerlei Einfluss. Bei umfangreicheren Tabellen empfiehlt es sich, die Tabellenzellen gegenüber den Tags für die Tabellenzeilen nochmals abzusetzen. (Da im ersten Beispiel nur eine Tabellenzelle in einer Zeile steht, wurde hier keine zweite Einrückungsebene benutzt.) Abbildung 24.2 zeigt die Darstellung dieser minimalen Tabelle im Browser.

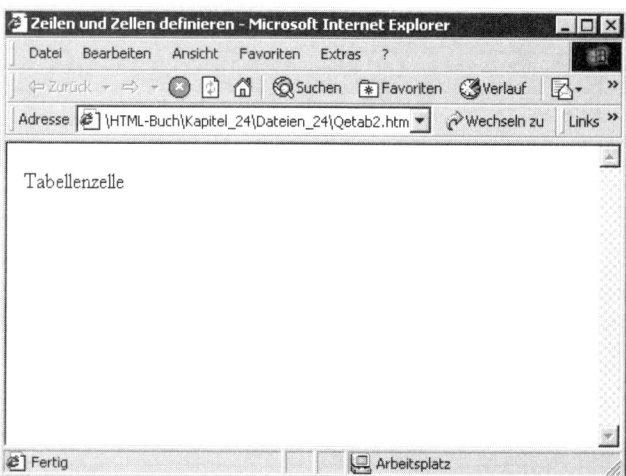

Bild 24.2: Eine Tabelle, die nur aus einer Zeile und einer Zelle besteht

Im Gegensatz zu Abbildung 24.1 umgibt die Tabellenzelle keine Begrenzung. Das liegt daran, dass zur Anzeige dieser Linien das Attribut border (= Rand) im einleitenden <table>-Tag erforderlich ist. In der Praxis macht eine solche Tabelle wohl keinen Sinn, das Beispiel diente lediglich dazu, das Prinzip der Tabellennotation zu erläutern.

Nach diesem Prinzip kann nun eine Tabelle zusammengestellt werden, die mehrere Zeilen und pro Zeile mehrere Zellen enthält. Damit die einzelnen Zellen besser zu erkennen sind, ist im folgenden Beispiel das Attribut border im einleitenden <table>-Tag ohne Angabe eines Werts notiert. Der Quelltext umfasst nur den die Tabelle betreffenden Teil der HTML-Datei.

```
<table border="">
<tr>
  <td>Tabellenzelle</td>
  <td>Tabellenzelle</td>
</tr>
<tr>
  <td>Tabellenzelle</td>
  <td>Tabellenzelle</td>
</tr>
<tr>
  <td>Tabellenzelle</td>
  <td>Tabellenzelle</td>
</tr>
</table>
```

Die jeweils zwischen den einleitenden und abschließenden <tr>-Tags befindlichen Tabellenzellen bilden den Inhalt einer Zeile.

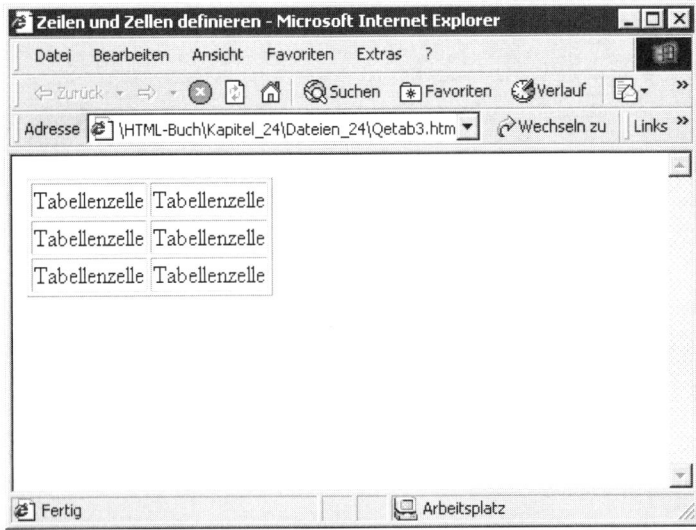

Bild 24.3:   Eine Tabelle mit zwei Spalten und drei Zeilen

Wie Sie dem Quellcode zu Abbildung 24.3 entnehmen können, wurde das Tag <tr> für drei Tabellenzeilen eingesetzt, die jeweils zwei Tabellenzellen beinhalten. Das Attribut border sorgt dafür, dass die einzelnen Tabellenzellen von einer begrenzenden Linie umgeben sind.

Bei dieser Art des Tabellenaufbaus müssen Sie darauf achten, dass die einzelnen Tabellenzeilen gleich viele Zellen enthalten, sodass Spalten entstehen. Die folgende Abbildung enthält eine Tabelle, die in einer Zeile eine zusätzliche Zelle hat.

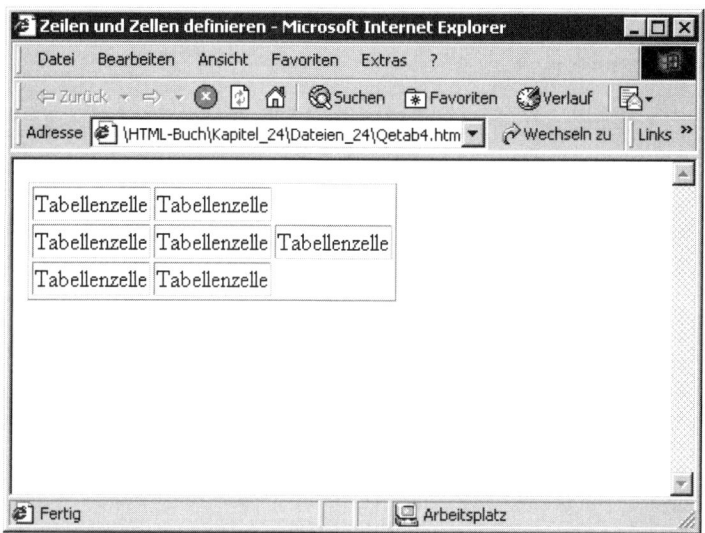

Bild 24.4: Eine Zeile enthält eine zusätzliche Zelle.

 Zur besseren Übersichtlichkeit sollten Sie darauf achten, dass alle Zeilen einer Tabelle über die gleiche Anzahl von Zellen verfügen. Sollen eine oder mehrere Tabellenzellen leer bleiben, müssen trotzdem deren Tags notiert und mit einem Platzhalter gefüllt werden.

Geeignete Platzhalter für Tabellenzellen, die dargestellt werden sollen, jedoch keinen Inhalt haben, sind beispielsweise ein mit der Zeichenfolge   (hexadezimal) oder   (dezimal) erzeugtes Leerzeichen oder das geschützte Leerzeichen . Die Tabelle in Abbildung 24.1 enthält keines dieser Zeichen, die Größe der leeren Tabellenzellen wurde durch Einbinden einer leeren skalierten Grafik erreicht, die auch zur Ausrichtung von Elementen benutzt werden kann (siehe Kapitel 18.8 und 19.1). Normalerweise werden zur Definition fester Breiten und Höhen von Tabellenzellen die Attribute width und height verwendet, deren Einsatz in den Kapiteln 24.6 bis 24.8 beschrieben ist.

```
<table border="">
<tr>
  <td>Tabellenzelle</td>
  <td>Tabellenzelle</td>
  <td> </td>
```

```
  </tr>
  <tr>
    <td>Tabellenzelle</td>
    <td>Tabellenzelle</td>
    <td>Tabellenzelle</td>
  </tr>
  <tr>
    <td>Tabellenzelle</td>
    <td>Tabellenzelle</td>
    <td> </td>
  </tr>
</table>
```

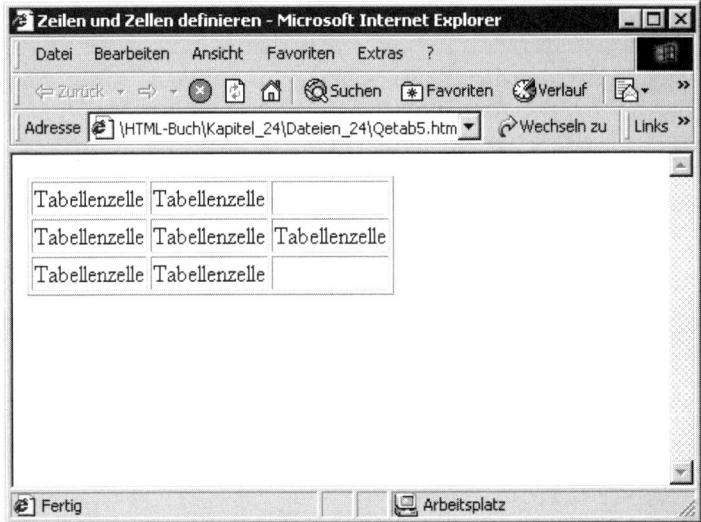

Bild 24.5: Zwei Tabellenzellen werden dargestellt, sind aber leer.

Im Gegensatz zu Abbildung 24.4, die für den Betrachter irritierend ist, enthält die Tabelle aus Abbildung 24.5 gleich viele Zellen in jeder Tabellenzeile, in denen Leerzeichen als Platzhalter eingesetzt sind. Die Breite der einzelnen Tabellenspalten wird jeweils durch das längste enthaltene Element gebildet. In diesem Beispiel wird die Breite der dritten Spalte ausschließlich durch den Inhalt der in der mittleren Zeile befindlichen Zelle definiert.

Ein weiterer in Tabellen relevanter Befehl lautet <th> (abgekürzte Form von table header cell = Kopfzelle einer Tabelle) mit dem optionalen End-Tag </th>, mit dem Kopfzellen einer Tabelle ausgezeichnet werden können. Der Browser stellt Text, der innerhalb dieses Tags steht, besonders dar (meistens in fetter Schrift und innerhalb der Tabellenzelle zentriert). Der folgende Quellcode zeigt die Verwendung dieses Befehls.

```
<table border="">
<tr>
  <th>Kopfzelle</th>
  <th>Kopfzelle</th>
```

```
    <th>Kopfzelle</th>
  </tr>
  <tr>
    <td>Tabellenzelle</td>
    <td>Tabellenzelle</td>
    <td> </td>
  </tr>
  <tr>
    <td>Tabellenzelle</td>
    <td>Tabellenzelle</td>
    <td>Tabellenzelle</td>
  </tr>
  <tr>
    <td>Tabellenzelle</td>
    <td>Tabellenzelle</td>
    <td> </td>
  </tr>
</table>
```

Die erste Zeile der Tabelle besteht aus Kopfzellen, die weiteren aus einfachen Tabellenzellen.

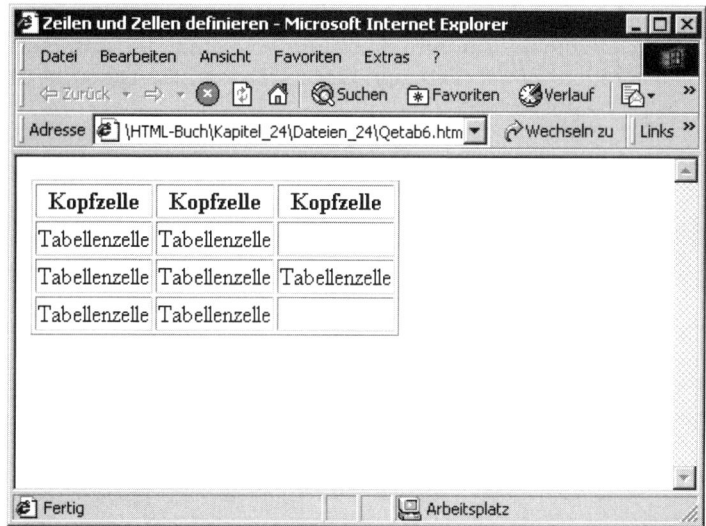

Bild 24.6: Die erste Tabellenzeile besteht aus Kopfzellen.

Wie Sie in Abbildung 24.6 sehen, wird der als Kopfzelle ausgezeichnete Text im Browser hervorgehoben dargestellt; das exakte Aussehen kann also je nach verwendetem Browser variieren. Kopfzellen stellen in Tabellen die Überschriften der einzelnen Spalten dar.

 Natürlich können Sie auch Überschriften für Tabellenzeilen definieren, wobei in jeder Tabellenzeile die erste Tabellenzelle eine Kopfzelle sein muss.

Die Auszeichnung von Kopfzellen kann auch mithilfe des Tags `<thead>` (table head = Kopfbereich der Tabelle) erreicht werden. Dieses Tag gehört zu einer Gruppe von Befehlen, mit denen Tabellen in bestimmte Zeilen gruppierende Bereiche aufgeteilt werden können. Die möglichen Bereiche sind der bereits erwähnte Kopfbereich, der Rumpf oder Tabellenkörper `<tbody>` (table body = Tabellenkörper) und der Fußbereich `<tfoot>` (table foot = Fußbereich einer Tabelle). Das End-Tag ist bei allen genannten Befehlen optional, sollte jedoch verwendet werden (bei `<tbody>` ist sogar auch das einleitende Tag optional, wenn kein Kopf- oder Fußbereich definiert ist und nur ein Rumpf in der Tabelle enthalten ist). Entgegen der Reihenfolge in der Tabelle muss der von den Tags `<tfoot>` und `</tfoot>` eingeschlossene Fußbereich einer Tabelle vor dem Tabellenrumpf notiert werden. Bei sehr umfangreichen Tabellen kann der Browser so die festen Bestandteile wie Kopf und Fuß der Tabelle bereits anzeigen, während die Daten des mit `<tbody>` gebildeten Rumpfteils noch eintrudeln.

Die Tags für den Kopf, Rumpf und Fuß einer Tabelle sorgen nicht dafür, dass die einzelnen Bereiche im Browser unterschiedlich dargestellt werden. Damit der Inhalt einer Kopfzelle fett erscheint, muss diese entweder mit `<th>` oder ihr Inhalt mit dem Befehl für `<b>` für fette Schrift ausgezeichnet sein. Damit sich der Fußbereich optisch von dem Tabellenkörper abhebt, muss auch hier eine weitere Auszeichnung vorgenommen werden. Im folgenden Beispiel wird eine Tabelle mit Kopfbereich, Rumpfteil und Fußbereich definiert. Zur optischen Unterscheidung der einzelnen Bereiche sind die Zellen im Tabellenkopf durch `<th>` und die Zellen im Fußbereich mit `<small>` ausgezeichnet.

```
<table border="">
   <thead>
<tr>
  <th>Zelle im Kopfbereich</th>
  <th>Zelle im Kopfbereich</th>
  <th>Zelle im Kopfbereich</th>
</tr>
   </thead>
   <tfoot>
<tr>
  <td><small>Zelle im Fu&szlig;bereich</small></td>
  <td><small>Zelle im Fu&szlig;bereich</small></td>
  <td><small>Zelle im Fu&szlig;bereich</small></td>
</tr>
   </tfoot>
   <tbody>
<tr>
  <td>Tabellenzelle</td>
  <td>Tabellenzelle</td>
  <td> </td>
</tr>
<tr>
  <td>Tabellenzelle</td>
  <td>Tabellenzelle</td>
```

```
      <td>Tabellenzelle</td>
   </tr>
      </tbody>
</table>
```

Die Darstellung dieser Tabelle sehen Sie in der folgenden Abbildung 24.7.

Bild 24.7: Eine Tabelle mit definierten Bereichen

Obwohl die Aufteilung einer Tabelle in Bereiche zunächst überflüssig erscheint, ist sie dennoch sinnvoll. In Abschnitt 24.4 erfahren Sie unter anderem, wie Gitternetzlinien für einzelne Bereiche definiert werden können. Beim Ausdrucken einer sehr umfangreichen Tabelle wird auf jeder Seite je einmal der Kopf (im oberen Bereich der Tabelle) und der Fuß (am Ende der Tabelle) dargestellt, damit die dort notierten Daten in Zusammenhang mit den Tabelleninhalten des Rumpfes zu sehen sind. Eine Tabelle kann nur je einen Kopf- und Fußbereich, hingegen mehrere Rumpfbereiche enthalten.

24.3 Rahmen definieren

Das Attribut BORDER (= Rahmen) wurde im vorigen Kapitel ohne Wert notiert (`border=""`). Der Browser zeigt die Tabelle mit einem Rahmen in voreingestellter Breite an, und zwar 1 Pixel breit. Wird das Attribut `border` nicht im einleitenden `<table>`-Tag eingesetzt, stellt der Browser die Tabelle sowohl ohne äußeren Rahmen als auch ohne interne Trennlinien bzw. die Umrandung der einzelnen Tabellenzellen dar. Die folgende Abbildung enthält die gleiche Tabelle einmal mit und einmal ohne Linien.

Bei der oberen Tabelle in Abbildung 24.8. lautet der einleitende Tabellenbefehl `<table border="">` während in der HTML-Datei der unteren Tabelle das Attribut `border` nicht in `<table>` notiert ist. Da die standardmäßig dargestellte Stärke der Tabellenlinien 1 Pixel beträgt, hat die Angabe `<table border="1">` exakt die gleiche Darstellung zur Folge wie die Angabe keines Werts. Die untere Tabelle kann auch mit der Angabe `border="0"` erreicht werden.

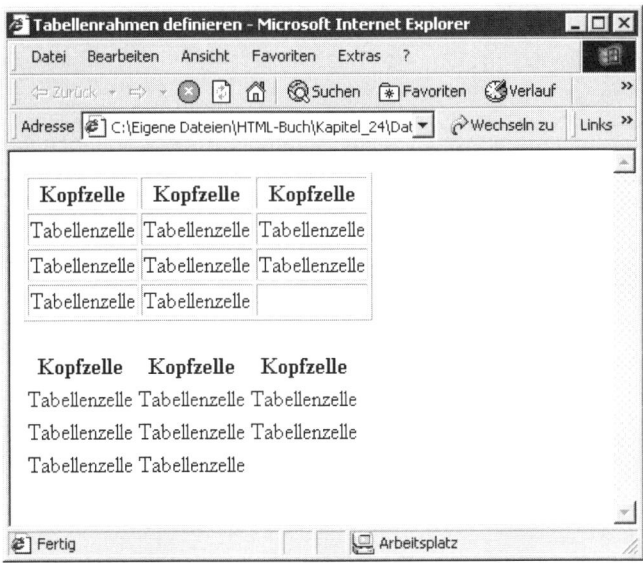

Bild 24.8: *Oben eine Tabelle mit, unten eine Tabelle ohne Linien*

Die obere Tabelle in Abbildung 24.8 scheint eine Rahmenstärke zu haben, die mit der Stärke der internen Trennlinien übereinstimmt. Genau genommen besteht der Rahmen jedoch aus einer 1 Pixel starken Linie, die einen standardmäßigen Abstand zu den ebenfalls 1 Pixel starken Begrenzungen der einzelnen Tabellenzellen hat. Wie Sie diesen Abstand verändern können, erfahren Sie in Kapitel 24.4.

In Abbildung 24.9 sehen Sie Tabellen mit einem definierten Rand von 2, 4 und 8 Pixel Stärke.

Wie Sie in Abbildung 24.9 sehen, bleiben die Begrenzungslinien der einzelnen Tabellenzellen von der Änderung des Werts im border-Attribut unberührt. Allein das Vorhandensein von border im einleitenden <table>-Tag bewirkt die Darstellung der Linien, die stets ein Pixel breit sind. Mit dem Attribut border im einleitenden <table>-Tag wird also die Breite des die gesamte Tabelle begrenzenden Rahmens beeinflusst, fehlt das Attribut oder ist sein Wert mit Null angegeben, werden sowohl kein Tabellenrahmen als auch keine Zellenrahmen dargestellt. Der räumliche Eindruck des Rahmens (in Abbildung 24.9 besonders bei den breiteren Rahmen der mittleren und unteren Tabelle gut sichtbar), der durch dessen Zweifarbigkeit hervorgerufen wird, wird vom Browser automatisch generiert und bedarf keiner besonderen Angaben.

Mit dem neuen Attribut frame (Rahmen) kann im einleitenden <table>-Tag definiert werden, welche Teile des äußeren Tabellenrahmens dargestellt werden sollen. Ist im Tabellenbefehl <table> das Attribut border vorhanden, wird dessen Darstellung durch das Attribut frame genauer spezifiziert. Die folgende Tabelle beschreibt die gültigen Werte des Attributs frame.

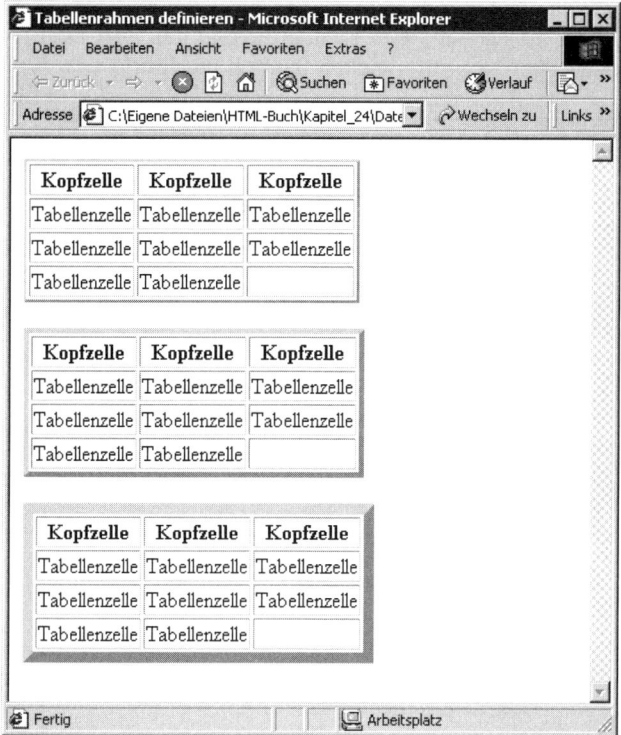

Bild 24.9: Der Tabellenrahmen ist von oben nach unten 2, 4 und 8 Pixel breit.

Wert	Bedeutung
border	Rahmen; der Rahmen umfasst die gesamte Tabelle
box	Kasten; Darstellung wie border
above	oberhalb; der Rahmen wird nur oberhalb der Tabelle dargestellt
below	unterhalb; der Rahmen wird nur unterhalb der Tabelle dargestellt
hsides	horizontal sides = horizontaler Rand; der Rahmen wird ober- und unterhalb der Tabelle dargestellt
vsides	vertical sides = vertikaler Rand; der Rahmen wird links- und rechtsseitig der Tabelle angezeigt
lhs	left hand side = linke Seite; der Rahmen wird nur am linken Tabellenrand dargestellt
rhs	right hand side = rechte Seite; der Rahmen wird nur am rechten Tabellenrand dargestellt
void	ohne; die Tabelle wird ohne Rahmen dargestellt

Tabelle 24.2: Gültige Werte des Attributs frame im einleitenden <table>-Tag

Kapitel 24 · Tabellen aufbauen

Enthält das einleitende <table>-Tag das Attribut border und ist für frame kein Wert angegeben, wird standardmäßig der Wert border angenommen, wobei der Wert box zur gleichen Darstellung führt.

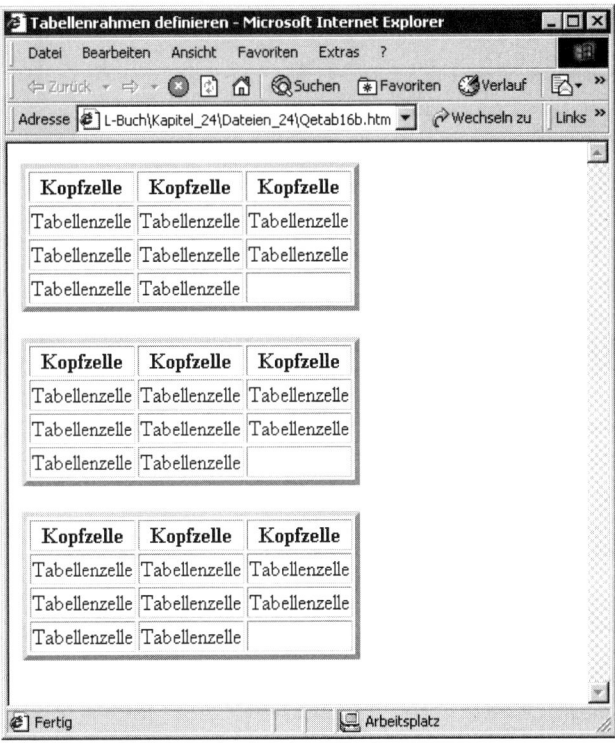

Bild 24.10: Das Attribut frame enthält bei allen drei Tabellen einen anderen Wert.

Die einleitenden Tabellenbefehle der Tabellen in Abbildung 24.10 lauten wie folgt:

→ für die erste Tabelle `<table border="4" frame="">`

→ für die mittlere Tabelle `<table border="4" frame="border">`

→ für die untere Tabelle `<table border="4" frame="box">`

Setzt man die frame-Attribute mit den gleichen Werten, jedoch ohne gleichzeitig notiertes border-Attribut ein, werden die Tabellen – wie in Abbildung 24.11 zu erkennen – anders dargestellt. Die einleitenden Tabellenbefehle lauten hier von oben nach unten:

```
<table frame="">
<table frame="border">
<table frame="box">
```

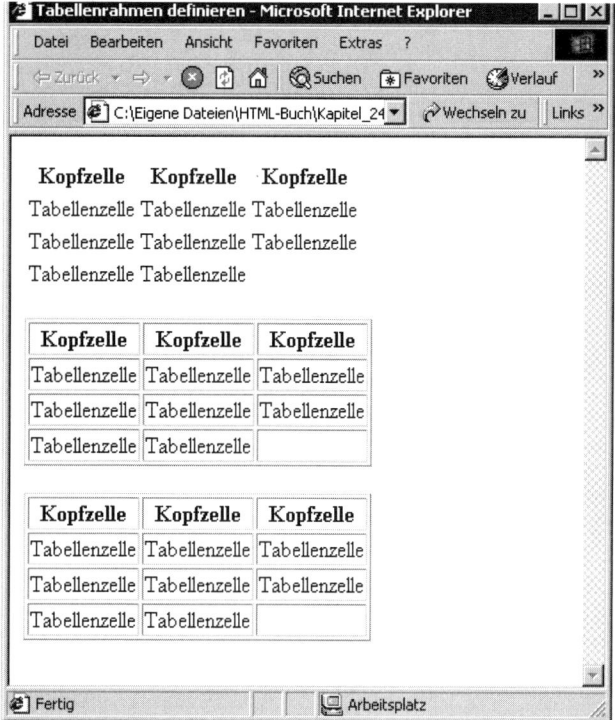

Bild 24.11: Tabellen ohne border-Attribut; als frame-Werte sind von oben nach unten kein Wert, border und box notiert

Die obere Tabelle in vorstehender Abbildung 24.11 enthält kein `border`-Attribut im <table>-Tag. Das `frame`-Attribut ohne Wert wird standardmäßig mit `void` interpretiert. Daraus resultiert die Darstellung der oberen Tabelle ohne Rahmen und ohne interne Linien. Die beiden unteren Tabellen verfügen zwar wegen des fehlenden `border`-Attributs über keinen Außenrahmen, die inneren Linien werden jedoch vollständig dargestellt.

Mit den Werten `above` und `below` werden, wie in Abbildung 24.12 zu sehen, nur der oberhalb bzw. unterhalb der Tabelle befindliche Teil des Tabellenrahmens dargestellt, die Darstellung sowohl des unteren als auch des unteren Rahmens wird mit `frame="hsides"` erreicht. In allen drei Tabellen ist das Attribut `border` im <table>-Tag notiert, die einleitenden <table>-Tags für Abbildung 24.12 lauten von oben nach unten:

```
<table border="4" frame="above">
<table border="4" frame="below">
<table border="4" frame="hsides">
```

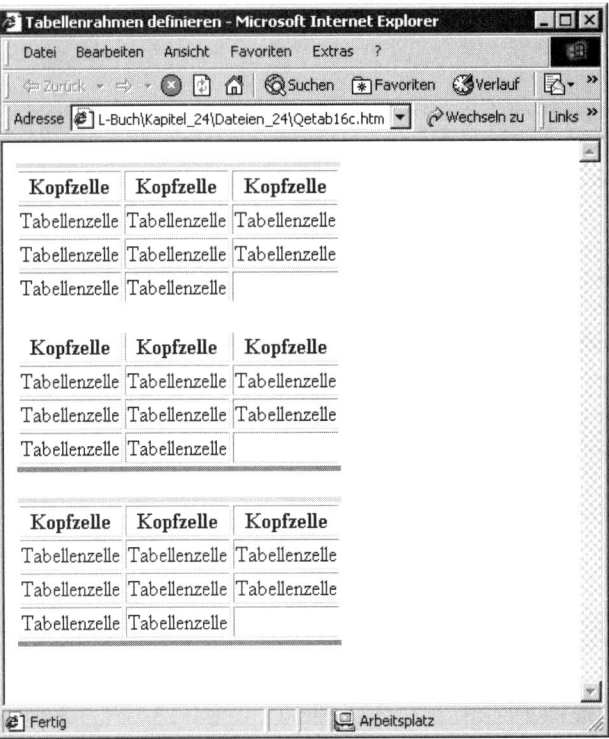

Bild 24.12: Tabellen, deren frame-Attribut bei gleichzeitig notiertem border-Attribut von oben nach unten die Werte above, below und hsides hat

Wie Sie in Abbildung 24.12 erkennen, fehlen jeweils Teile der äußeren Tabellenbegrenzung. Die dargestellten Rahmenteile werden wie in der räumlichen Standard-Darstellung angezeigt, das heißt, der untere Rahmen ist dunkler als der obere. Ohne das Attribut border im einleitenden Tabellenbefehl sehen diese drei Tabellen im Browser anders aus (siehe Abbildung 24.13). Die Tabellenbefehle sind wie folgt notiert:

```
<table frame="above">
<table frame="below">
<table frame="hsides">
```

Erwartungsgemäß ist kein äußerer Rahmen um die Tabellen zu sehen, die definierten Attribute wirken sich allerdings auf das Innere der Tabellen aus. In der oberen Tabelle werden alle inneren Linien dargestellt, die sich oberhalb der Tabellenzellen befinden (above), in der mittleren Tabelle diejenigen unterhalb (below) der Tabellenzellen. Die untere Tabelle zeigt alle horizontalen Trennlinien (hsides) im Inneren der Tabelle. Die Anzeige der Vertikalen wird in allen drei Tabellen unterdrückt.

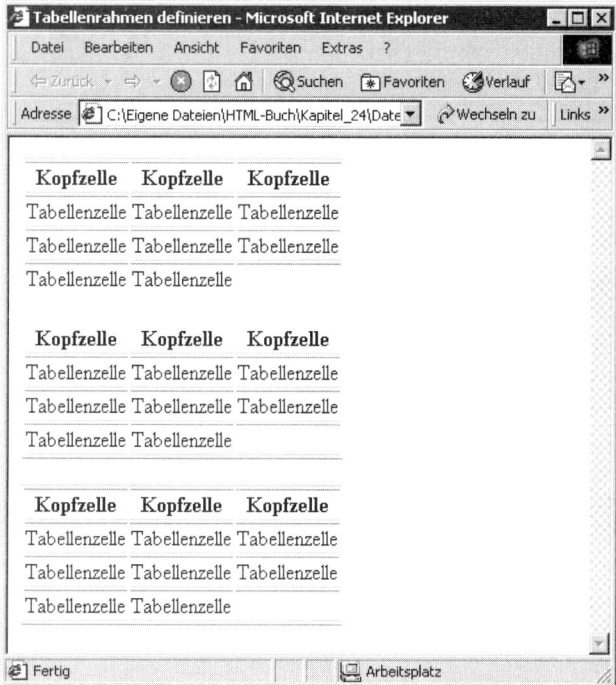

Bild 24.13: In <table> sind die Werte above, below und hsides notiert.

Mit den Werten `lhs`, `rhs` und `vsides` erreichen Sie die entsprechenden Rahmendarstellungen in vertikaler Richtung. Die einleitenden Tabellenbefehle zu den in Tabellen in Abbildung 24.14 lauten von oben nach unten:

```
<table border="4" frame="lhs">
<table border="4" frame="rhs">
<table border="4" frame="vsides">
```

Bei allen drei Tabellen in Abbildung 24.14 ist der äußere Tabellenrahmen 4 Pixel stark, er ist allerdings nur links (`lhs`), rechts (`rhs`) bzw. links und rechts (`vsides`) zu sehen. Die Begrenzungen der einzelnen Tabellenzellen sind in allen drei Tabellen dargestellt. Notieren Sie das Attribut `frame` mit den gleichen Werten, jedoch ohne die gleichzeitige Anwesenheit des `border`-Attributs, wird kein Teil des äußeren Tabellenrahmens dargestellt, und die Werte des Attributs `frame` wirken sich auf das Innere der Tabelle aus. Die Tabellen aus nachfolgender Abbildung 24.15 haben von oben nach unten folgende einleitenden <table>-Befehle:

```
<table frame="lhs">
<table frame="rhs">
<table frame="vsides">
```

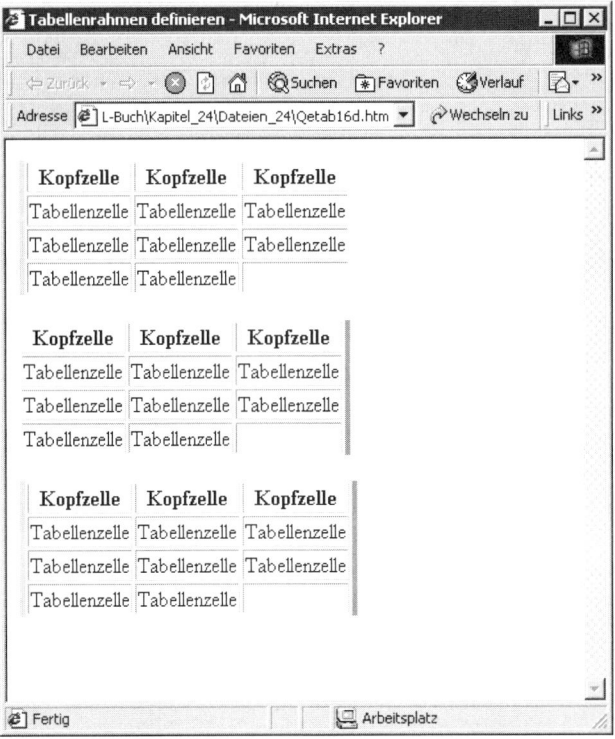

Bild 24.14: Die Werte des Attributs frame sind von oben nach unten lhs, rhs, vsides

Keine der Tabellen hat einen Außenrahmen, und es wird keine horizontale Linie innerhalb der Tabellen gezeigt. Die vertikalen Linien entsprechen den Angaben des frame-Attributs, die obere Tabelle zeigt alle links von den Tabellenzellen liegenden Linien (lhs), die mittlere Tabelle die rechten Tabellenzellenbegrenzungen (rhs). In der unteren Tabelle werden alle vertikalen innen liegenden Linien (vsides) dargestellt.

Wenn Sie erreichen möchten, dass zwar innerhalb der Tabelle die Linien zwischen den einzelnen Tabellenzellen, nicht jedoch der äußere Tabellenrahmen dargestellt wird, setzen Sie den Wert des Attributs frame auf void.

Das erste <table>-Tag zu Abbildung 24.16 lautet <table border="4" frame="void">. Das Attribut border sorgt dafür, dass ein Tabellenrahmen und interne Trennlinien dargestellt werden. Im Attribut frame wird jedoch festgelegt, dass kein Teil des Außenrahmens sichtbar sein soll. Als Folge dieser Angaben wird der äußere Tabellenrahmen komplett weggelassen, während die inneren Linien sichtbar bleiben, wie in Abbildung 24.16 zu sehen. Wenn das border-Attribut nicht vorkommt, ergibt sich eine andere Browser-Darstellung. Da von vornherein keine inneren Trennlinien auftreten und der Wert von frame mit void angegeben ist, werden weder der äußere Tabellenrahmen noch innere Trennlinien dargestellt.

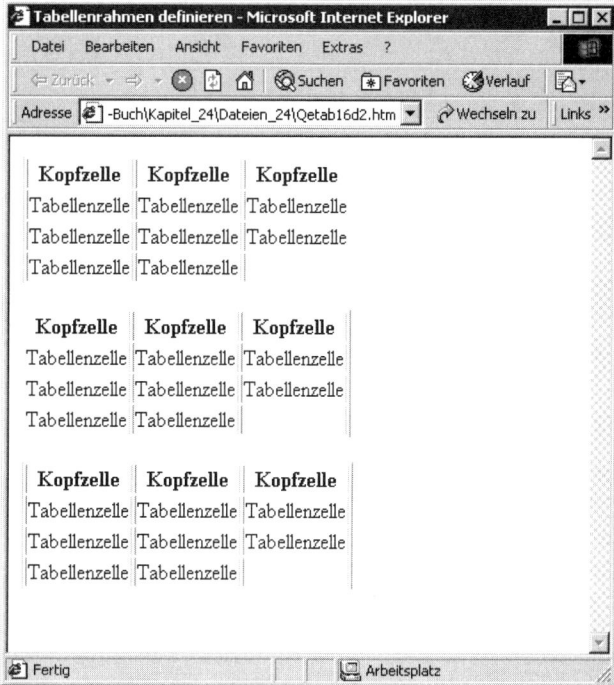

Bild 24.15: Ohne border-Attribut beziehen sich die Angaben im frame-Attribut auf die inneren Linien der Tabellen.

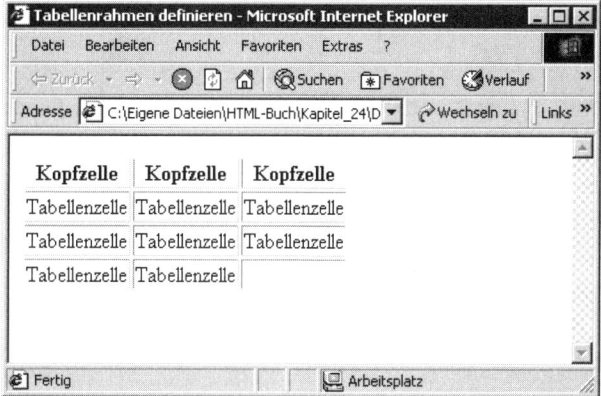

Bild 24.16: Eine Tabelle ohne äußeren Rahmen

Die gleiche Darstellung kann einfacher erreicht werden, indem weder das border-, noch das frame-Attribut im einleitenden <table>-Tag der Tabelle notiert werden.

Wie Sie über die hier beschriebenen Möglichkeiten hinaus die Darstellung der internen Trennlinien beeinflussen erfahren Sie im folgenden Abschnitt.

Kapitel 24 · Tabellen aufbauen

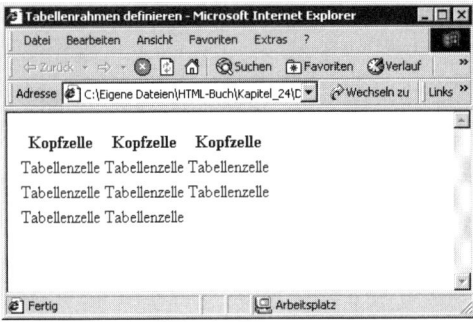

Bild 24.17: Die Tabelle hat weder innere noch äußere Linien.

24.4 Abstände zwischen Tabellenzellen

Das für innerhalb einer Tabelle liegende Linien zuständige Attribut ist `cellspacing` (= Abstand zwischen Zellen), es definiert den Abstand zwischen den einzelnen Tabellenzellen und zwischen Tabellenzellen und dem Rahmen der Tabelle. Standardmäßig wird eine Tabelle mit dem Attribut `cellspacing="2"` versehen, was man an dem 2 Pixel breiten Abstand zwischen den einzelnen Zellenrändern und zwischen den außen liegenden Tabellenzellen und dem Tabellenrahmen (als äußere Begrenzung der gesamten Tabelle) sehen kann. Bleibt der Wert von `cellspacing` leer, wird der Abstand von Null Pixel angenommen, die inneren Linien der Tabelle fallen zu Gitternetzlinien zusammen und zwischen Tabellenzellen in Randlage und dem Tabellenrahmen besteht kein Abstand mehr.

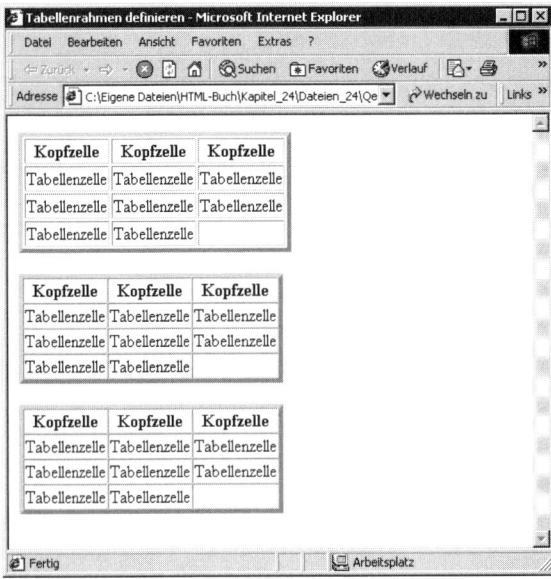

Bild 24.18: Die beiden unteren Tabellen besitzen das Attribut cellspacing.

Die obere Tabelle in Abbildung 24.14 hat außen einen 4 Pixel breiten Tabellenrahmen, die Begrenzungen der einzelnen Zellen liegen 2 Pixel auseinander. In den beiden darunter befindlichen Tabellen wurde für cellspacing einmal gar kein Wert und ganz unten der Wert 0 notiert, was jeweils die gleiche Darstellung im Browser nach sich zieht. Die einleitenden Tabellen-Tags für die drei Tabellen in Abbildung 24.14 lauten von oben nach unten:

```
<table border="4">
<table border="4" cellspacing="">
<table border="4" cellspacing="0">
```

Ohne gleichzeitiges Auftreten des Attributs border werden alle drei Tabellen ohne innere und ohne äußere Linien dargestellt.

Das hier beschriebene Attribut cellspacing*, das den Abstand zwischen Tabellenzellen untereinander und zwischen Zellen und Tabellenrahmen definiert, ist nicht zu verwechseln mit dem Attribut* cellpadding *(= auspolstern), mit dem der Abstand zwischen Inhalt und Begrenzung einer Tabellenzelle verändert werden kann. Das Attribut* cellpadding *wird in Kapitel 25.1 beschrieben.*

Je höher der Wert von cellspacing gesetzt wird, desto deutlicher wird seine genaue Bedeutung. Die Stärke der Begrenzung von Tabellenzellen beträgt immer ein Pixel, während der Abstand dieser Begrenzungen zueinander bzw. zum äußeren Tabellenrahmen mit cellspacing beeinflusst werden kann. In der folgenden Abbildung sehen Sie Beispiele für Tabellen mit cellspacing-Werten von 1, 4 und 8 Pixel; die jeweiligen Befehle lauten entsprechend von oben nach unten:

```
<table border="4" cellspacing="1">
<table border="4" cellspacing="4">
<table border="4" cellspacing="8">
```

Wie der vorstehenden Abbildung 24.19 entnommen werden kann, verändert sich mit dem Abstand zwischen den einzelnen Zellen der Tabellen logischerweise auch die Distanz zwischen den Inhalten benachbarter Tabellenzellen (in diesem Beispiel das Wort »TABELLENZELLE«). Diese Tatsache wird deutlich, wenn die gleichen cellspacing-Werte in Tabellenbefehlen notiert werden, in denen das border-Attribut nicht auftritt.

Die Tabellen aus Abbildung 24.20 haben folgende einleitenden Befehle:

```
<table cellspacing="1">
<table cellspacing="4">
<table cellspacing="8">
```

Man kann deutlich erkennen, dass der Abstand zwischen den einzelnen Tabellenzellen sich von oben nach unten vergrößert, obwohl die begrenzenden Linien nicht zu sehen sind.

Analog zu dem Attribut frame, mit dem das Attribut border spezifiziert werden kann, erlaubt das ebenfalls neue Attribut rules (= Linien) die Definition, welche Teile der Zellenbegrenzungen im Browser dargestellt werden sollen. Folgende Tabelle enthält die gültigen Werte für das Attribut rules im einleitenden <table>-Tag.

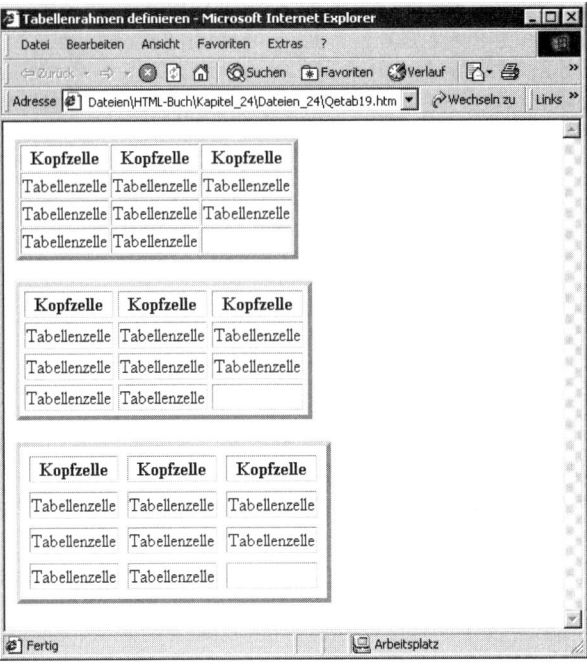

Bild 24.19: Der Abstand zwischen den Tabellenzellen beträgt von oben nach unten 1, 4 und 8 Pixel.

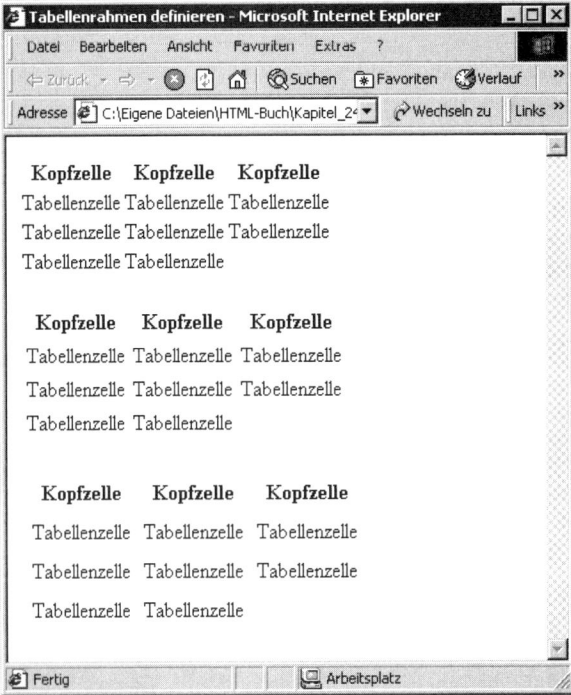

Bild 24.20: Verschieden große Abstände zwischen Tabellenzellen ohne border-Attribut

Wert	Bedeutung
all	alle; alle Begrenzungen der Tabellenzellen werden dargestellt
none	keine; die Tabellenzellen erhalten keine begrenzenden Linien
rows	Zeilen; nur Zeilen bildende Linien werden dargestellt
cols	Spalten; nur Spalten bildende Linien werden dargestellt
groups	Gruppen; es werden nur solche Linien dargestellt, die verschiedene Bereiche der Tabelle trennen

Tabelle 24.3: Gültige Werte des Attributs rules im einleitenden <table>-Tag

In den <table>-Tags der drei Tabellen in Abbildung 24.21 sind von oben nach unten folgende Angaben enthalten:

```
<table border="4">
<table border="4" rules="">
<table border="4" rules="all">
```

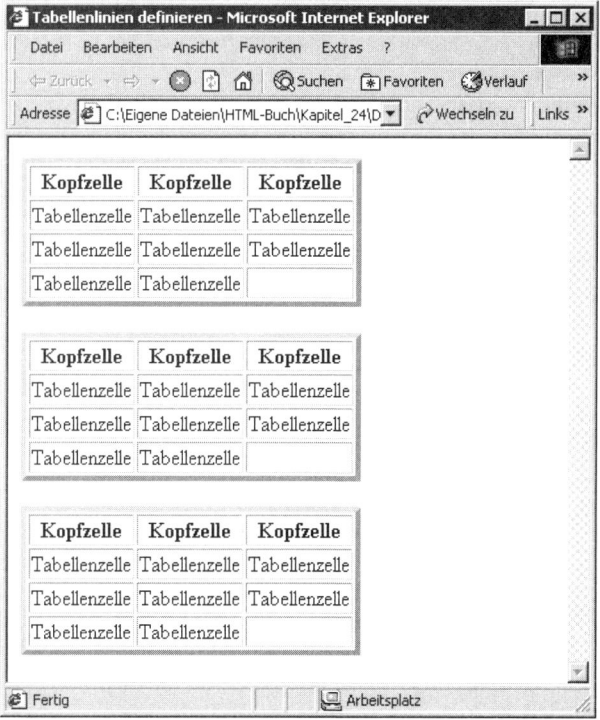

Bild 24.21: Die beiden unteren Tabellen verfügen über das Attribut rules.

Die Darstellung der drei Tabellen ist gleich, resultiert jedoch aus verschiedenen Angaben. Die obere Tabelle hat einen definierten Außenrand von vier Pixel, das Attribut border ist gleichzeitig dafür verantwortlich, dass die begrenzenden Linien der einzelnen Tabellenzellen dargestellt werden. In der mittleren Tabelle ist der Tabellenrahmen ebenfalls 4 Pixel stark, mit rules="" wird den inneren Linien der standardmäßige Wert all zugewiesen, der auch in der unteren Tabelle definiert ist. Ohne gleichzeitiges Vorhandensein des Attributs border sehen die drei Tabellen im Browser anders aus. Die einleitenden <table>-Tags lauten dann von oben nach unten wie folgt:

```
<table>
<table rules="">
<table rules="all">
```

Die beiden oberen Tabellen haben keinen äußeren Rahmen und keine innen liegenden Linien. Da in der unteren Tabelle mit rules="all" die Darstellung aller inneren Linien definiert ist, werden dieses trotz Abwesenheit des Attributs border wie gewünscht dargestellt.

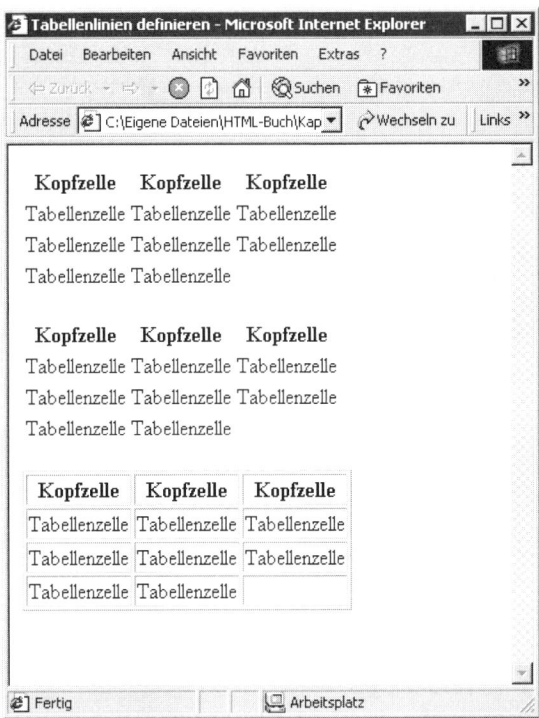

Bild 24.22: Die Tabellen aus Abbildung 24.21 ohne border-Attribut

Die Werte none, rows und cols führen bei gleichzeitiger Definition eines Tabellenrahmens zu folgender Darstellung im Browser:

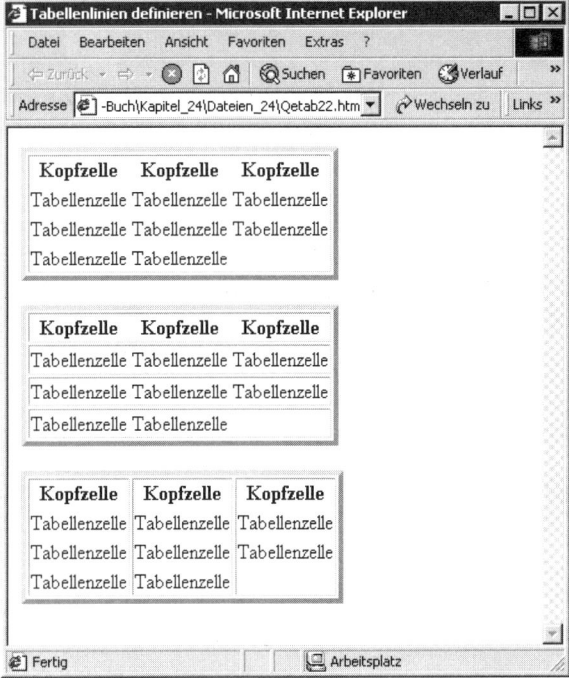

Bild 24.23: Das rules-Attriubt hat die Werte none, rows und cols.

Die einleitenden Tabellenbefehle für die Tabellen aus Abbildung 24.23 lauten von oben nach unten:

```
<table border="4" rules="none">
<table border="4" rules="rows">
<table border="4" rules="cols">
```

Alle drei Tabellen werden mit dem definierten 4 Pixel starken Rahmen dargestellt, die inneren Linien werden gar nicht (none), nur zwischen den Zeilen der Tabelle (rows) bzw. nur zwischen den Spalten der Tabelle (cols) angezeigt. Tritt das Attribut border nicht in den <table>-Tags auf, werden die Tabellen bei gleicher Notation des Attributs rules wie in folgender Abbildung 24.24 angezeigt.

Wie erwartet werden in der oberen Tabelle keine inneren Linien, in der mittleren nur Zeilen trennende und unten nur Spalten trennende Linien gezeigt. Zusätzlich wird jedoch bei allen Tabellen eine Art äußerer Rahmen dargestellt, der allerdings in seinem Erscheinungsbild wie eine innere Tabellenlinie aussieht.

Mit dem Wert 0 erreichen Sie die Browser-Darstellung einer Tabelle, bei der nur die verschiedenen Bereiche der Tabelle durch innere Linien voneinander getrennt sind. Der Einsatz dieses Wertes ist nur dann sinnvoll, wenn die Tabelle tatsächlich über verschiedene Bereiche verfügt. Wie Sie die Bereiche Kopf, Rumpf und Fuß einer Tabelle definieren, ist in Kapitel 24.2 beschrieben.

Kapitel 24 · Tabellen aufbauen

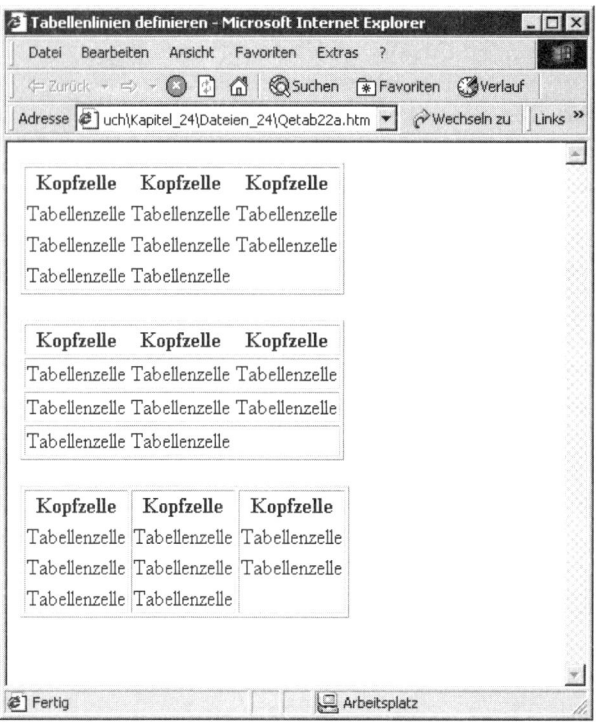

Bild 24.24: Die Tabellen aus Abbildung 24.23 ohne border-Attribut

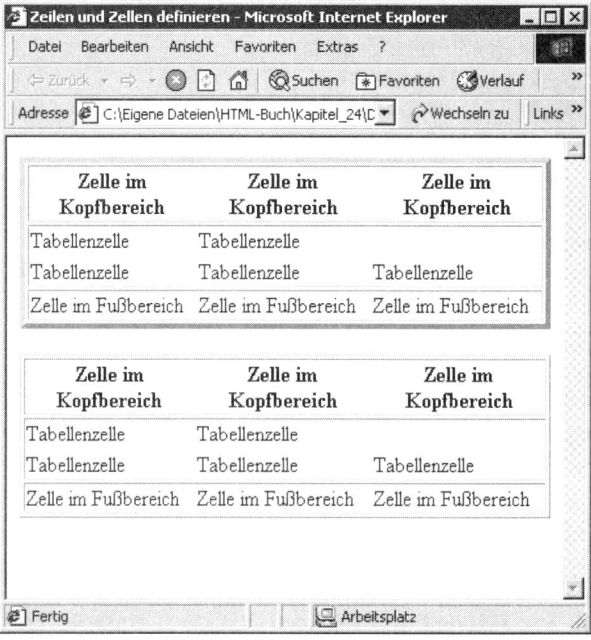

Bild 24.25: Der Wert des Attributs rules ist bei beiden Tabellen groups.

Der die obere Tabelle aus Abbildung 24.25 betreffende Ausschnitt aus der HTML-Datei ist im Folgenden notiert.

```
<table border="4" rules="groups">
   <thead>
<tr>
<th>Zelle im Kopfbereich</th>
<th>Zelle im Kopfbereich</th>
<th>Zelle im Kopfbereich</th>
</tr>
   </thead>
   <tbody>
<tr>
<td>Tabellenzelle</td>
<td>Tabellenzelle</td>
<td> </td>
</tr>
<tr>
<td>Tabellenzelle</td>
<td>Tabellenzelle</td>
<td>Tabellenzelle</td>
</tr>
   </tbody>
   <tfoot>
<tr>
<td>Zelle im Fu&szlig;bereich</td>
<td>Zelle im Fu&szlig;bereich</td>
<td>Zelle im Fu&szlig;bereich</td>
</tr>
   </tfoot>
</table>
```

Im Browser werden die einzelnen Bereiche der Tabelle durch horizontale Linien voneinander getrennt, vertikale Linien werden unterdrückt. Entfernen Sie das Attribut BORDER aus dem einleitenden <table>-Tag, wird die Tabelle wie in Abbildung 24.25 unten angezeigt.

Das in diesem Abschnitt benutzte Attribut rules *wird nur von neueren Browsern unterstützt. Testen Sie bei seiner Verwendung daher die HTML-Datei auch mit älteren Browsern, um die Effekte auf Tabellen abschätzen zu können.*

Ist in dem einleitenden <table>-Tag das Attribut border nicht notiert (oder ist als Wert 0 oder gar kein Wert angegeben), heißt das für die Attribute frame und rules, dass deren standardmäßige Werte void (kein Außenrahmen) und none (keine inneren Linien) gelten. Tritt border jedoch mit einem anderen Wert als Null auf, sind die Werte der Attribute frame und rules automatisch border (Außenrahmen) und all (alle innen liegenden Linien).

24.5 Zeilenhöhe festlegen

Ohne nähere Angaben ergibt sich die Höhe der Tabellenzellen und damit die Zeilenhöhe automatisch in Abhängigkeit von den jeweiligen Inhalten. Mithilfe des in Zusammenhang mit den Tags <th> und <td> als »deprecated« eingestuften Attributs height können Sie die Höhe von Tabellenzellen beeinflussen. Der Wert von height wird in Pixel angegeben. In der folgenden Abbildung sehen Sie unten eine Tabelle, deren Zellen- bzw. Zeilenhöhe teilweise mit dem height-Attribut verändert wurde.

Bild 24.26: In der unteren Tabelle wurden die Zeilenhöhen verändert.

Die in Abbildung 24.28 obere Tabelle ist hinsichtlich der Höhe der einzelnen Tabellenzellen bzw. der Zeilen nicht beeinflusst und wird vom Browser automatisch entsprechend den Zelleninhalten dargestellt. Die untere Tabelle enthält in der Kopfzeile sowie der darunter liegenden Zeile größere Höhen. Der Quellcode der unteren Tabelle lautet:

```
<table border="4">
  <tr>
    <th>Kopfzelle</th>
    <th>Kopfzelle</th>
    <th height="40">Kopfzelle</th>
  </tr>
  <tr>
    <td>Tabellenzelle</td>
    <td height="40">Tabellenzelle</td>
    <td>Tabellenzelle</td>
```

```
    </tr>
    <tr>
      <td>Tabellenzelle</td>
      <td>Tabellenzelle</td>
      <td>Tabellenzelle</td>
    </tr>
    <tr>
      <td>Tabellenzelle</td>
      <td>Tabellenzelle</td>
      <td> </td>
    </tr>
</table>
```

In der oberen Tabellenzeile ist die letzte Kopfzelle mit dem Attribut `height` versehen, der Wert ist mit `40` angegeben. In der darauf folgenden Zeile ist die mittlere Tabellenzelle ebenfalls mit `height="40"` definiert. Sie sehen anhand dieses Beispiels, dass sich die im Attribut `height` definierte größere Höhe einer einzigen Tabellenzelle auf die Höhe der gesamten Zeile auswirkt, wobei es egal ist, in welcher Zelle die veränderte Höhe notiert wird. Standardmäßig wird der Zelleninhalt innerhalb einer in der Höhe vergrößerten Zelle mittig dargestellt. Wie Sie Zelleninhalte anders ausrichten, wird in Kapitel 25.3 beschrieben.

Wird im `height`-Attribut ein Wert für die Zellenhöhe angegeben, der kleiner ist als der bei standardmäßiger Darstellung erforderliche Platz, wird dieser ignoriert und die Zelle (und damit die gesamte Zeile) wird so dargestellt, als wäre das Attribut nicht vorhanden.

24.6 Spaltenbreite festlegen

Ähnlich wie die Höhe von Tabellenzellen und -zeilen kann auch die Breite einzelner Tabellenzellen (und damit ganzer Spalten) verändert werden. Das für die Definition der Spaltenbreite zuständige Attribut `width` wird wie `height` im einleitenden `<th>`- oder `<td>`-Tag notiert. Ebenso wie `height` ist auch das Attribut `width` in der Kombination mit `<th>` bzw. `<td>` »deprecated«. In Abbildung 24.29 sehen Sie unten eine Tabelle, deren Spaltenbreiten teilweise verändert wurden, oben ist zum Vergleich eine Tabelle mit automatisch ermittelten Spaltenbreiten dargestellt.

```
<table border="4">
  <tr>
    <th width="120">Kopfzelle</th>
    <th>Kopfzelle</th>
    <th>Kopfzelle</th>
  </tr>
  <tr>
    <td>Tabellenzelle</td>
    <td>Tabellenzelle</td>
    <td>Tabellenzelle</td>
  </tr>
  <tr>
```

```
      <td>Tabellenzelle</td>
      <td>Tabellenzelle</td>
      <td width="120">Tabellenzelle</td>
   </tr>
   <tr>
      <td>Tabellenzelle</td>
      <td>Tabellenzelle</td>
      <td> </td>
   </tr>
</table>
```

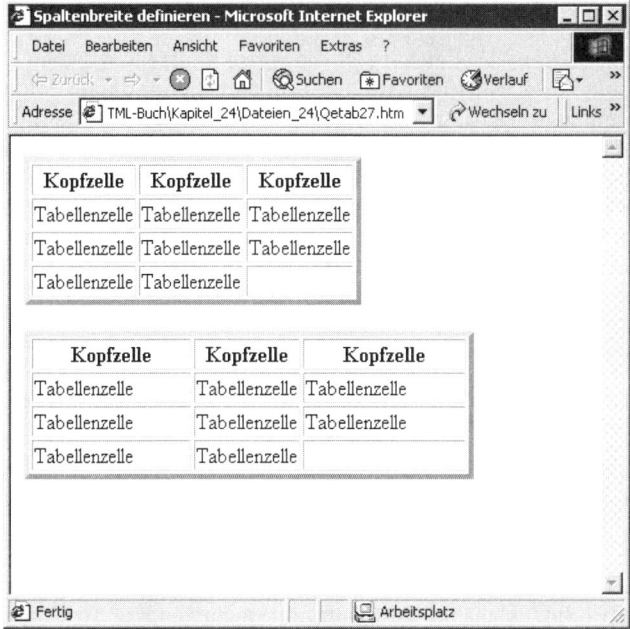

Bild 24.27: Die erste und letzte Spalte der unteren Tabelle haben eine veränderte Breite.

In der ersten Kopfzelle wurde mit 120 Pixel eine breitere Darstellung der Zelle definiert. Da sich diese Zelle in der ersten Spalte der Tabelle befindet, wird die gesamte erste Spalte mit einer Breite von 120 Pixel dargestellt. Die verbreiterte Anzeige der letzten Spalte geht auf die dritte Zelle der dritten Zeile zurück, deren Breite ebenfalls mit 120 Pixel angegeben ist. Der Inhalt der in der Breite veränderten Spalten wird automatisch linksbündig ausgerichtet. In Kapitel 25.3 erfahren Sie, wie Sie die Ausrichtung von Zelleninhalten beeinflussen können.

Ähnlich wie bei dem Attribut height *aus dem vorigen Abschnitt spielt es also auch hier keine Rolle, in welcher Zeile die Definition der Breite einer Zelle erfolgt, die Angabe bezieht sich in jedem Fall auf die gesamte Spalte der Tabelle.*

Wird eine Breite angegeben, die kleiner als der für den Zelleninhalt mindestens benötigte Platz ist, wird das Attribut width ignoriert und die betreffende Spalte mit standardmäßiger Breite dargestellt.

Die beiden Attribute height und width können (innerhalb einer Tabelle oder auch innerhalb eines Tags) auch miteinander kombiniert werden, um sowohl die Zeilenhöhe als auch die Spaltenbreite einer Tabelle zu verändern. Bei der in Abbildung 24.30 dargestellten Tabelle sind die mittlere Spalte und die dritte Zeile der Tabelle in Breite respektive Höhe anders als standardmäßig definiert.

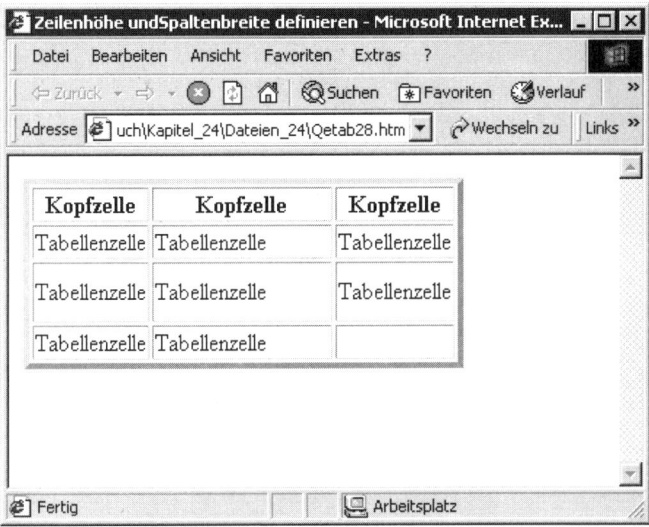

Bild 24.28: Die Breite einer Spalte und die Höhe einer Zeile wurden vergrößert.

24.7 Breite und Höhe der Tabelle festlegen

Mit den im vorigen Kapitel beschriebenen Attribut width kann neben der Spaltenbreite auch die gesamte Breite einer Tabelle angegeben werden. Dazu wird das Attribut width im einleitenden <table>-Tag notiert und mit einem absoluten Wert in Pixel oder einem relativen Wert in Prozent versehen. In Zusammenhang mit dem <table>-Tag ist das width-Attribut vom W3C nicht als unerwünscht eingestuft. Im Gegenteil ist diese Angabe besonders sinnvoll, da sie dem Browser helfen kann, einen bestimmten Bereich für die zu erwartende Tabelle frei zu halten und den weiteren Inhalt der Tabelle Zeilenweise (je nach Eingang der Daten) wiederzugeben. Ist als Gesamtbreite der Tabelle ein absolutes Maß angegeben, das kleiner ist als der für die Tabelleninhalte mindestens benötigte Platz, wird die Angabe ignoriert und die Tabelle standardmäßig dargestellt. Liegt ein absoluter Wert jedoch über der Mindestbreite, wird der zusätzliche Platz gleichmäßig auf die vorhandenen Tabellenspalten aufgeteilt.

Tabellen, deren Gesamtbreite als absoluter Wert in Pixel festgelegt ist, verändern ihre Breite auch dann nicht, wenn der Anwender das Browserfenster skaliert. Das kann vor allem bei solchen Zelleninhalten sinnvoll sein, die z.B. aus mehreren Worten bestehen. Die Inhalte werden in keinem Fall umbrochen. Wird ein Browser-Fenster mit einer Tabelle, deren Breite prozentual zur Gesamtfensterbreite angegeben ist, kleiner skaliert, werden die Inhalte der Tabellenzellen automatisch umbrochen. Dieser Effekt kann die Übersichtlichkeit der Tabelle beeinflussen.

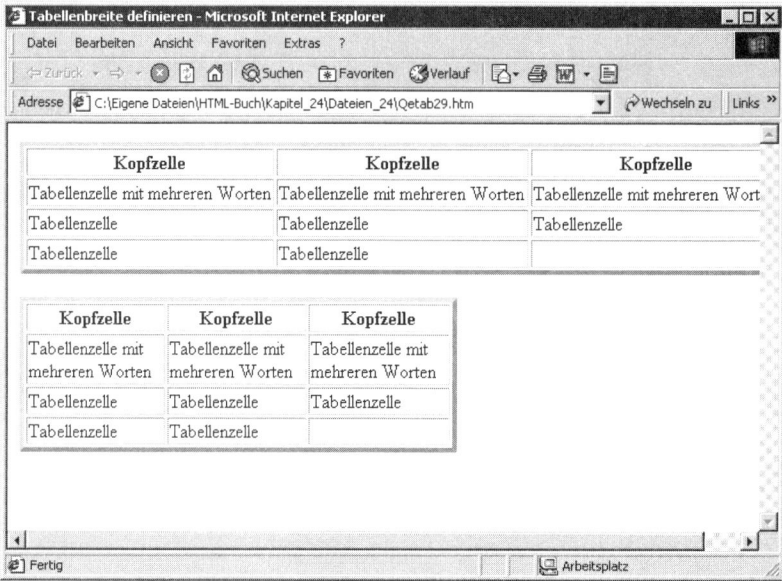

Bild 24.29: Tabellen mit definierter Gesamtbreite

Die in Abbildung 24.31 oben dargestellte Tabelle hat eine feste Breite, die mit 660 Pixel angegeben ist. Der einleitende Befehl zur oberen Tabelle lautet:

`<table border="4" width="660">`

Unabhängig von der Größe des Browser-Fensters beim Anwender (was von der Bildschirmgröße und der gewählten Fenstergröße abhängig ist) werden die Inhalte einer Tabelle mit absoluter Breitenangabe nicht umbrochen. Ragt eine derartige Tabelle über den sichtbaren Bereich des Browser-Fensters hinaus, wird am unteren Rand des Browsers automatisch ein Rollbalken eingeblendet, mit dessen Hilfe sich der sichtbare Bereich verschieben lässt. Die Gesamtbreite der in Abbildung 24.31 unteren Tabelle ist hingegen in Relation zur aktuellen Größe des Browser-Fensters definiert. Das einleitende `<table>`-Tag lautet hier:

`<table border="4" width="60%">`

Der Browser erhält also die Anweisung, dass die Tabelle 60% der Breite des aktuellen Browser-Fensters einnehmen soll. Da der Inhalt mancher Tabellenzellen nicht mehr in einer einzigen Zeile dargestellt werden kann, werden diese automatisch umbrochen, wie in der unteren Tabelle in Abbildung 24.31 zu sehen ist.

Die Tabellenzelleninhalte werden – sofern es die Breite des Browser-Fensters erfordert – auch dann automatisch umbrochen, wenn keine prozentuale Gesamtbreite angegeben ist. Wie Sie den automatischen Umbruch innerhalb von Tabellenzellen unterdrücken, erfahren Sie in Kapitel 25.2.

Die Gesamthöhe von Tabellen kann entsprechend mithilfe des Attributs `height` im einleitenden `<table>`-Tag entweder in Pixel oder als prozentualer Wert definiert werden.

Das Attribut `height` ist in Zusammenhang mit dem Befehl `<table>` jedoch nicht offizieller Bestandteil der HTML 4.01-Spezifikation und wird speziell von Netscape Navigator und Internet Explorer unterstützt.

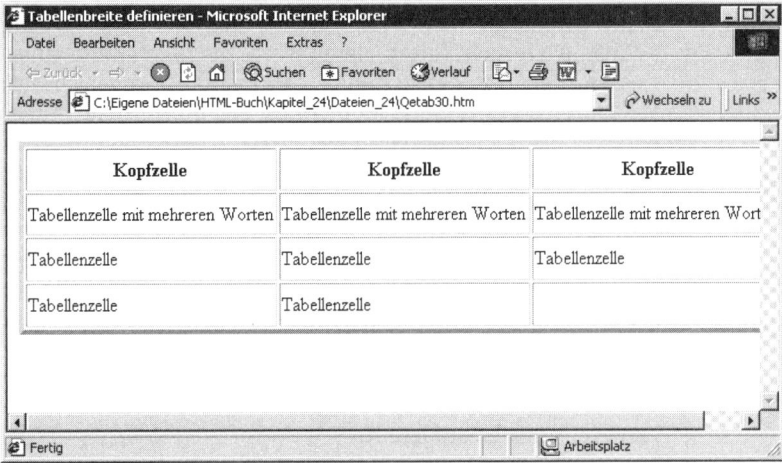

Bild 24.30: Die Tabelle hat eine absolute Gesamtbreite und -höhe.

Die Höhe der Tabelle ist absolut mit 160 Pixel angegeben, der einleitende Tabellenbefehl zu Abbildung 24.32 lautet wie folgt:

```
<table border="4" width="660" height="160">
```

Der Inhalt der Tabellenzellen wird automatisch mittig und linksbündig angezeigt. Wie Sie Inhalte von Tabellenzellen anders ausrichten, wird in Kapitel 25.3 beschrieben.

24.8 Tabellenspalten definieren

Die einzelnen Spalten einer Tabelle werden abhängig vom breitesten enthaltenen Element dargestellt. Der Browser muss beim Laden einer Webseite mit einer Tabelle alle eine Tabelle betreffenden Daten beisammen haben, bevor er den Inhalt »überschauen« und diesen darstellen kann. Dies kann besonders bei umfangreichen Tabellen zu längeren Wartezeiten führen, ehe die Seite aufgebaut ist. Damit Browser Tabellen schneller darstellen können, werden die Befehle zur Definition von Tabellen durch zusätzliche Angaben ergänzt. Ist der Browser über die Anzahl und Breite der darzustellenden Tabellenspalten informiert, müssen keineswegs alle Daten übertragen sein, ehe die Darstellung einer Tabelle beginnen kann. Die Daten der Tabelle können zeilenweise dargestellt werden, sobald sie eintreffen. Diese Angaben bezüglich Tabellenspalten werden mithilfe der Befehle `<col>` (table column = Tabellenspalte) und `<colgroup>` (table column group = Gruppe von Tabellenspalten) vorgenommen und stellen eine strukturelle Information für Browser dar. Sie werden vor den Befehlen für Tabellenzeilen und -zellen und nach dem einleitenden `<table>`-Tag notiert. Sofern die Tabelle eine Beschriftung (`<caption>`) hat, muss diese dem einleitenden `<table>`-Tag unmittelbar folgen; die in diesem Abschnitt beschriebenen Befehle schließen sich dann an dieses Tag an. Das `<col>`-Tag besitzt kein End-Tag und wird als einzelnes Tag notiert, das End-Tag von `<colgroup>` ist optional, sollte aber verwendet werden.

Des Weiteren können beide Tags die Attribute `width` (= Breite) und `span` (= Spannweite) enthalten, deren Werte die Darstellung einer Tabelle beeinflussen. Der Wert des Attributs `width` wird entweder absolut in Pixel oder als Prozentwert notiert, wobei sich die prozentuale Angabe auf den in horizontaler Richtung verfügbaren Platz bezieht (z.B. `width="80%"`). Weiterhin kann die Breite von Tabellenspalten relational angegeben werden, dabei wird die Verhältniszahl mit einem Sternchen versehen, damit der Browser nicht versucht, die Angabe als Pixel zu interpretieren. Die Angabe `width="1*2*"` besagt, dass von zwei Tabellenspalten die erste ein Drittel und die zweite zwei Drittel der Gesamtbreite der Tabelle einnimmt. Wenn Sie relationale Angaben verwenden, sollte die Gesamtbreite der Tabelle in absoluten Werten festgelegt sein. Sind diese Angaben innerhalb einer Tabelle kombiniert, werden zunächst die absoluten Werte berücksichtigt, der restliche verfügbare Platz wird entsprechend der prozentualen oder relativen Angabe aufgeteilt.

Das `<col>`-Tag erlaubt es, die in ihm enthaltenen Attribute und deren Werte auf andere (und zwar die folgenden) Spalten zu übertragen, wobei die Anzahl der weiteren Spalten im Attribut `span` notiert wird. Im folgenden Beispiel wird einer Tabelle mit drei Spalten und vier Zeilen allen Spalten eine Breite von 100 Pixel zugewiesen.

```
<table border="">
  <col width="100">
  <col width="100">
  <col width="100">
<tr>
  <th>Kopfzelle</th>
  <th>Kopfzelle</th>
  <th>Kopfzelle</th>
</tr>
<tr>
  <td>Tabellenzelle</td>
  <td>Tabellenzelle</td>
  <td>Tabellenzelle</td>
```

```
  </tr>
  <tr>
    <td>Tabellenzelle</td>
    <td>Tabellenzelle</td>
    <td>Tabellenzelle</td>
  </tr>
  <tr>
    <td>Tabellenzelle</td>
    <td>Tabellenzelle</td>
    <td>Tabellenzelle</td>
  </tr>
</table>
```

Bild 24.31: Die Tabelle hat drei Spalten definierter Breite.

Im Vergleich mit Abbildung 24.6 ist erkennbar, dass hier die einzelnen Zellen (und damit auch die Spalten) breiter dargestellt werden (hinter dem Wort »TABELLENZELLE« ist etwas mehr Platz). Diese Darstellung wird durch die drei Tags `<col width="100">` hervorgerufen, in dem mit `width="100"` eine Spaltenbreite von 100 Pixel absolut festgelegt ist.

 Gerät die absolute Angabe der Spaltenbreite in Pixel kleiner, als der Inhalt der Tabellenzellen erfordert, wird die Angabe im Attribut `width` *vom Browser ignoriert.*

Die dreimalige Angabe `<col width="100">` des Beispiels kann – da alle Spalten die gleiche Breite haben – unter Verwendung des `span`-Attributs abgekürzt werden. Notieren Sie anstelle der drei `<col>`-Tags folgenden Befehl:

`<col width="100" span="3">`

In diesem Fall wird die Darstellung der Datei genauso ausfallen, wie in Abbildung 24.33 zu sehen ist. Mit `span="3"` legen Sie fest, dass die weiteren Attribute (hier das Attribut `width`) dieses `<col>`-Tags sich insgesamt auf drei Spalten beziehen soll, in diesem Beispiel wirkt sich also die Breite von 100 Pixel auf alle drei Spalten aus. Wird im Attribut `span` kein Wert angegeben oder enthält das `<col>`-Tag dieses Attribut nicht, wird der Wert für span standardmäßig mit 1 angenommen. Vergessen Sie beispielsweise im vorangegangenen Beispiel, für span den Wert 3 zu notieren, nimmt der Browser 1 als gültigen Wert an und bezieht die Angabe der Spaltenbreite lediglich auf eine, und zwar die erste Spalte der Tabelle, wie in Abbildung 24.34 zu sehen ist.

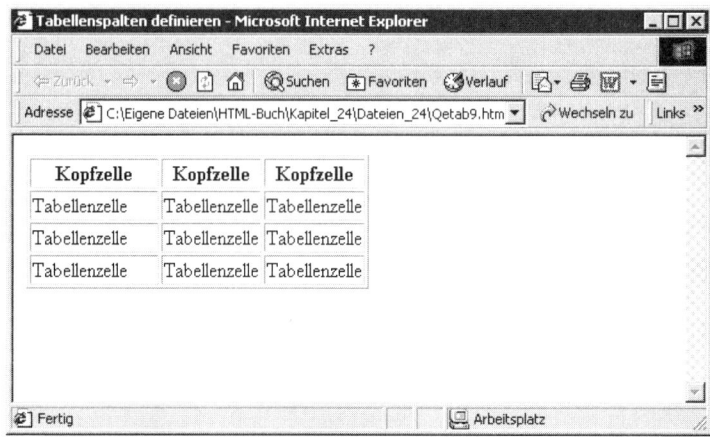

Bild 24.32: Nur die erste Tabellenspalte ist 100 Pixel breit.

Die erste Tabellenspalte ist, wie im `<col>`-Tag festgelegt, 100 Pixel breit, die weiteren Spalten werden entsprechend ihres Inhalts dargestellt.

Das `<colgroup>`-Tag fasst mehrere Tabellenspalten strukturell zu einer Gruppe zusammen (wobei die »Gruppe« auch aus einer einzigen Spalte bestehen kann). Notieren Sie (anstelle von dreimal `<col width="100">`) folgende Tags hinter den einleitenden `<table>`-Befehl, ist die Browser-Darstellung wiederum mit der in Abbildung 24.33 identisch.

```
<colgroup>
  <col width="100">
  <col width="100">
  <col width="100">
</colgroup>
```

Die definierte Spaltengruppe beinhaltet drei Spalten, deren Breite jeweils 100 Pixel beträgt. Auch diese Notation kann abgekürzt werden, da alle Spalten die gleiche Breite aufweisen. Die benötigten Tags lauten wie folgt:

```
<colgroup>
  <col width="100" span="3">
</colgroup>
```

Doch selbst diese Variante lässt sich noch etwas verkürzen, indem die Breite und die Anzahl der betroffenen Spalten als Attribute des `<colgroup>`-Tags notiert werden.

```
<colgroup width="100" span="3"></colgroup>
```

In den beiden letztgenannten Versionen wurden die Attribute width *und* span *einmal im* <col>*-Tag und einmal im* <colgroup>*-Tag notiert; das Ergebnis beider Angaben ist die gleiche Browser-Darstellung. Wenn diese Attribute in beiden Tags gleichzeitig auftreten und unterschiedliche Werte beinhalten, ist für den Browser die Angabe im* <col>*-Tag bindend.*

Ähnliches gilt auch für den Fall, dass in einem <colgroup>-Tag mittels des span-Attributs z.B. zwei Spalten als Mitglied dieser Spaltengruppe definiert sind, nachfolgend jedoch drei Spalten mit dem <col>-Tag festgelegt werden. Für den Browser ist auch in dieser Situation maßgeblich, wie viele <col>-Tags sich tatsächlich im <colgroup>-Befehl befinden, auch wenn in dessen span-Attribut eine andere Anzahl notiert ist.

```
<colgroup width="100" span="2">
  <col>
  <col>
  <col>
</colgroup>
```

Auch dieser Quellcode-Ausschnitt führt zur bekannten Darstellung in Abbildung 24.33. Der Browser registriert die Spaltenbreite mit 100 Pixel wie im <colgroup>-Tag angegeben. Da drei Spalten als Spaltengruppe ausgezeichnet sind, wird die Breitenangabe auch auf drei Spalten angewandt.

Sobald ein oder mehrere <col>*-Tags in* <colgroup> *enthalten sind, wird das* span*-Attribut in* <colgroup> *ignoriert.*

Dementsprechend hat auch das Attribut width im <col>-Tag bei gleichzeitigem Auftreten Vorrang gegenüber width in <colgroup>. Unter Berücksichtigung dieser Regeln können auch innerhalb einer Spaltengruppe verschieden breite Spalten beschrieben werden.

```
<colgroup> width="150">
  <col>
  <col width="100" span="2">
</colgroup>
```

Die vorstehenden Angaben widersprechen einander nicht. Die erste Breitenangabe von 100 Pixel bezieht sich, da kein span-Attribut notiert ist, standardmäßig auf eine Spalte. Die erste mit <col> definierte Spalte hat kein eigenes width-Attribut, sodass auf den ersten Wert zurückgegriffen wird. Das nächste <col>-Tag definiert eine andere Breite und erstreckt sich über zwei Spalten.

Mit <colgroup> können auch mehrere Spaltengruppen innerhalb einer Tabelle definiert werden. Folgende Angabe bildet zwei Spaltengruppen, die sich jeweils über eine bzw. über zwei Spalten erstrecken. Die Breite der ersten Gruppe ist mit 100, die der zweiten mit 150 Pixel angegeben. Der weitere Tabelleninhalt entspricht dem zu Abbildung 24.33 notierten Quelltext-Ausschnitt.

```
<colgroup width="100" span="1"></colgroup>
<colgroup width="150" span="2"></colgroup>
```

Kapitel 24 · Tabellen aufbauen

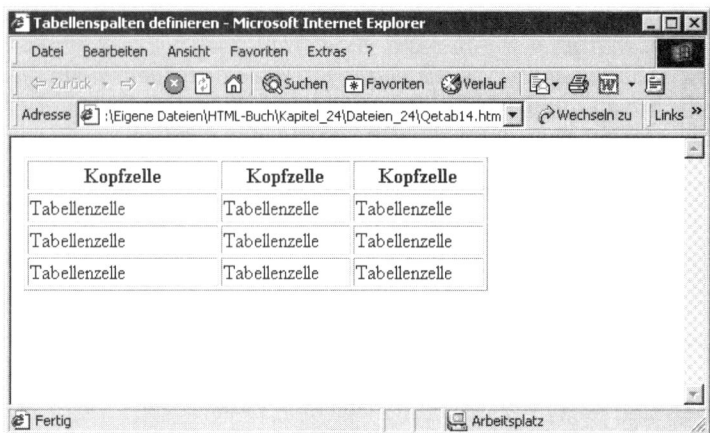

Bild 24.33: Verschiedene Spaltenbreiten innerhalb einer Spaltengruppe

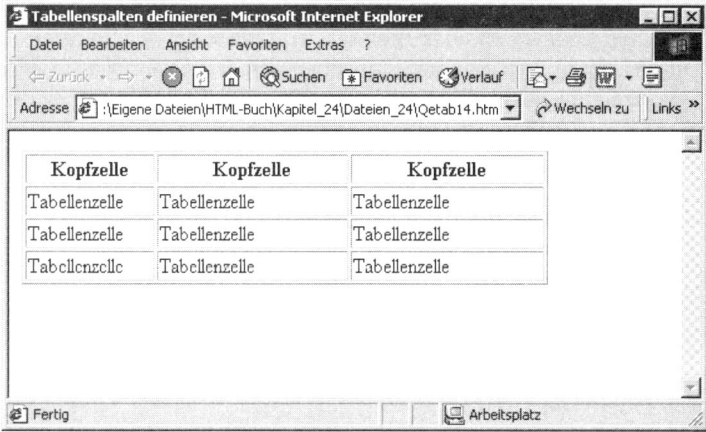

Bild 24.34: Tabelle mit zwei Spaltengruppen

In der Praxis ist das Anlegen mehrerer Spalten bzw. Spaltengruppen unterschiedlicher Breite vor allem vom Inhalt der einzelnen Tabellenzellen abhängig. Die Inhalte der Tabellenzellen einer Spalte oder einer Spaltengruppe lassen sich mit dem Attribut align gemeinsam ausrichten (siehe dazu Kapitel 25.3, »Zelleninhalte ausrichten«).

1. Die Angaben in Tabellen werden von Browsern in Abhängigkeit des Auftretens von <col> und <colgroup> zur Ermittlung der Spaltenanzahl in folgender Reihenfolge interpretiert:

2. Der Wert des Attributs span jedes verwendeten <col>-Tags wird ermittelt, ohne span-Attribut (bzw. ohne angegebenen Wert) wird standardmäßig der Wert 1 angenommen. Die Tabelle enthält also mindestens eine Tabellenspalte pro <col>-Tag, je nach Angaben in dem oder den span-Attributen auch mehr.

3. Enthält eine Spaltengruppe mindestens ein `<col>`-Tag, wird der Wert des `span`-Attributs im `<colgroup>`-Tag ignoriert. Die tatsächlich vorhandenen `<col>`-Tags und deren eventuelle Spannweite haben Vorrang vor der Angabe der Spaltenanzahl innerhalb des `<colgroup>`-Tags.

4. Einer Spaltengruppe (`<colgroup>`) ohne `span`-Attribut (bzw. ohne angegebenen Wert) oder ohne enthaltene `<col>`-Tags wird per Voreinstellung mit `span="1"` angenommen, repräsentiert also mindestens eine Spalte.

5. Sind keine `<col>` oder `<colgroup>`-Tags notiert, wird die Spaltenanzahl der Tabelle auf der Grundlage der notierten Zellen pro Zeile ermittelt. In diesem Fall muss der Browser zuerst alle Daten der Tabelle geladen haben, bevor er mit der Anzeige beginnen kann.

Versuchen Sie, mit den Befehlen `<col>` und `<colgroup>` die Breite der Tabellenspalten mit dem geringsten Aufwand zu notieren. Die in den Beispielen dieses Kapitels verwendeten absoluten Werte in Pixel führen im Gegensatz zu proportionalen Angaben zu einer schnelleren Ladezeit bzw. der Browser kann eingehende Tabellendaten nach und nach darstellen und muss nicht den Erhalt der kompletten Daten abwarten. Diese Angaben können durch die Angabe der Gesamtbreite der Tabelle unterstützt werden, wie in Kapitel 24.7 beschrieben ist.

25 Formatierung innerhalb von Tabellen

Nachdem in Kapitel 24 der Aufbau von Tabellen und deren Struktur thematisiert wurden, geht es hier um die Möglichkeiten der Formatierung innerhalb von Tabellen. So können beispielsweise nicht nur die Abstände zwischen den einzelnen Tabellenzellen, sondern auch die Abstände zwischen Tabellenzellenbegrenzung und Inhalt der Zelle verändert werden (siehe Kapitel 25.1). In den Kapiteln 25.4 bis 25.6 erfahren Sie, wie Sonderformen von Tabellen erstellt werden, deren Zellen sich über mehrere Spalten oder Zeilen erstrecken.

25.1 Abstände zwischen Zelleninhalt und Zellenbegrenzung

In Kapitel 24.4 wurde das Attribut cellspacing beschrieben, mit dem die Abstände zwischen einzelnen Tabellenzellen verändert werden können. Mit dem ähnlich klingenden Attribut cellpadding (= Zellen auspolstern) kann der standardmäßig relativ geringe Abstand zwischen Zelleninhalt und Zellenbegrenzung vergrößert werden. Um den Unterschied zwischen cellspacing und cellpadding zu verdeutlichen, sehen Sie in Abbildung 25.2 Tabellen, die einmal nur das Attribut cellspacing und einmal nur cellpadding im einleitenden <table>-Tag aufweisen.

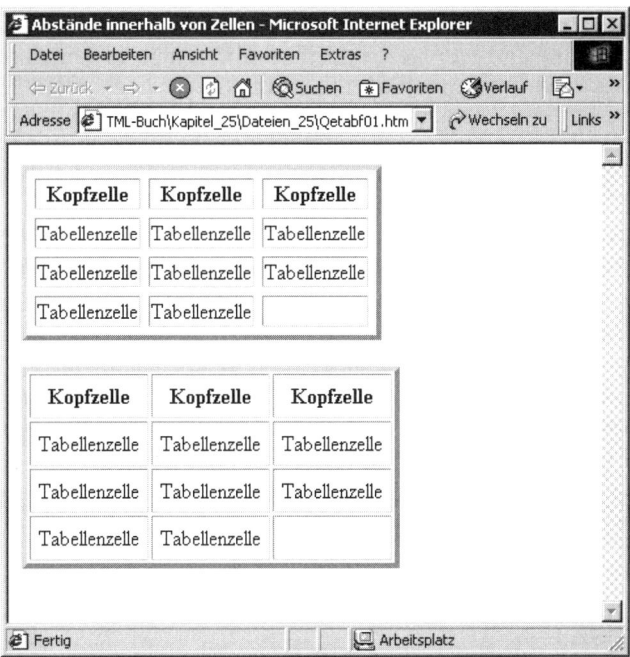

Bild 25.1: Tabellen mit den Attributen cellspacing und cellpadding

Der einleitende Tabellenbefehl zu der in Abbildung 25.1 oberen Tabelle lautet:

```
<table border="4" cellspacing="6">
```

Sie sehen, dass der Inhalt der einzelnen Tabellenzellen relativ eng von dem Rand der Tabellenzelle umschlossen ist. Zwischen den einzelnen Tabellenzellen (bei den Zellen in Randlage auch zwischen Zellenbegrenzung und äußerem Tabellenrahmen) wird jedoch der definierte Abstand von 6 Pixel eingehalten. Anders verhält es sich bei der unteren Tabelle in der Abbildung: Der Abstand zwischen den Tabellenzellen ist nicht näher definiert und wird mit den standardmäßigen 2 Pixel Abstand dargestellt. Zwischen den Inhalten der Zellen und der Zellenbegrenzung ist allerdings ein größerer Leerraum auszumachen, der im Attribut cellpadding definiert ist. Das <table>-Tag zur unteren Tabelle lautet:

```
<table border="4" cellpadding="6">
```

Die mit dem cellpadding-Attribut ausgestattete Tabelle ist, wie in Abbildung 25.1 zu sehen, sowohl in der Breite als auch in der Höhe größer als die mit dem cellspacing-Attribut, obschon bei beiden Attributen der Wert 6 Pixel beträgt. Dies liegt an der unterschiedlichen Wirkung dieser beiden Attribute. Die cellspacing-Angabe wirkt sich auf die Abstände zwischen den Tabellenspalten und den Tabellenzeilen aus. Berücksichtigt man auch die Abstände zum äußeren Tabellenrahmen, sind das in der Beispieltabelle 2 x 6 Pixel zwischen den Spalten plus 2 x 6 Pixel zum vertikalen Tabellenrand. In der anderen Richtung sind es 3 x 6 Pixel zwischen den Tabellenzeilen zuzüglich zwei mal sechs Pixel zum horizontalen Tabellenrand. Die Standardtabelle mit border-Atribut wird damit in horizontaler Richtung um 16 Pixel und in vertikaler Richtung um 20 Pixel vergrößert. Bei der mit dem cellpadding-Attribut versehen Tabelle wird der angegebene Abstand von 6 Pixel in jeder Tabellenzelle zweimal in horizontaler und zweimal in vertikaler Richtung hinzugefügt, nämlich jeweils vor, hinter, über und unter dem Zelleninhalt. Damit vergrößert sich diese Tabelle gegenüber einer mit dem Attribut border versehen Standardtabelle in horizontaler Richtung um 36 Pixel (pro Zelle 2 x 6 Pixel) und in vertikaler Richtung um 48 Pixel.

Da sich die beiden Attribute also auf unterschiedliche Art bemerkbar machen, lassen sie sich ohne Weiteres auch kombinieren. In der folgenden Abbildung sehen Sie eine Tabelle, die sowohl einen definierten Abstand zwischen den Zellen als auch einen Abstand zwischen Inhalt und Begrenzung der Tabellenzellen aufweist.

Nachfolgend finden Sie den kompletten Quelltext zu Abbildung 25.2.

```
<html>
<head>
<title>Abst&auml;nde innerhalb von Zellen</title>
</head>
<body>
<table border="4" cellspacing="6" cellpadding="6">
  <tr>
```

```
          <th>Kopfzelle</th>
          <th>Kopfzelle</th>
          <th>Kopfzelle</th>
      </tr>
      <tr>
          <td>Tabellenzelle</td>
          <td>Tabellenzelle</td>
          <td>Tabellenzelle</td>
      </tr>
      <tr>
          <td>Tabellenzelle</td>
          <td>Tabellenzelle</td>
          <td>Tabellenzelle</td>
      </tr>
      <tr>
          <td>Tabellenzelle</td>
          <td>Tabellenzelle</td>
          <td> </td>
      </tr>
  </table>
  </body>
</html>
```

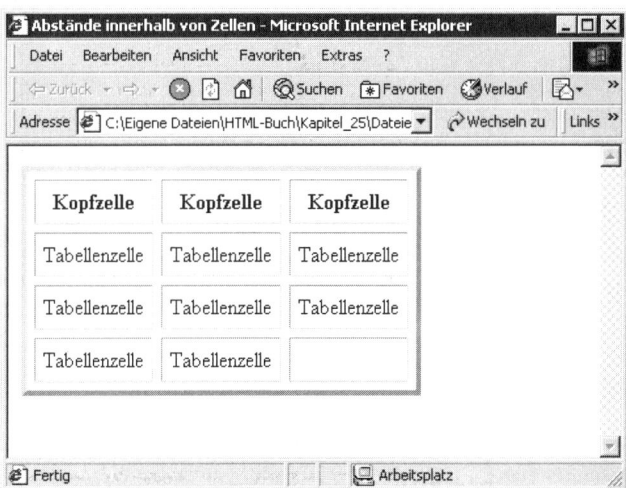

Bild 25.2: Tabelle mit cellspacing- und cellpadding-Attribut

Im einleitenden <table>-Tag wurden sowohl für cellspacing als auch für cellpadding 6 Pixel als Wert angegeben. Die Tabelle hat also sowohl einen 6 Pixel breiten Abstand zwischen den Begrenzungen der einzelnen Tabellenzellen als auch einen 6 Pixel breiten Abstand zwischen Inhalt und Begrenzung der Tabellenzellen.

Wird das Attribut cellpadding nicht notiert, wird der Abstand zwischen Zelleninhalt und Zellenbegrenzung mit 1 Pixel dargestellt. Geben Sie hingegen keinen Wert oder den Wert 0 an, rückt die Zellenbegrenzung dem Inhalt auf die Pelle, in horizontaler Richtung bleibt kein Pixel Abstand zum Zellenrand.

Die Auswirkungen der Attribute cellspacing und cellpadding sind auch dann sichtbar, wenn das border-Attribut nicht gesetzt und somit kein Rahmen und keine inneren Linien dargestellt werden.

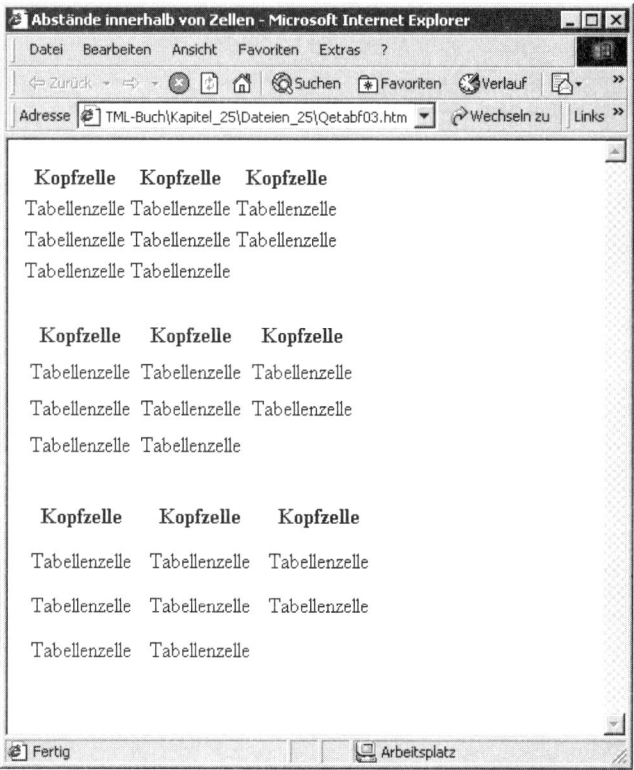

Bild 25.3: Blinde Tabellen oben ohne Attribut, in der Mitte mit cellspacing- und unten mit cellpadding-Attribut

In Abbildung 25.3 sehen Sie in der Mitte und unten die Tabellen aus 25.1, bei denen das Attribut border aus dem einleitenden <table>-Tag entfernt wurde. Die obere Tabelle in Abbildung 25.3 wurde weder mit cellspacing noch mit cellpadding ausgestattet und repräsentiert somit die Standarddarstellung einer blinden Tabelle. Wie Sie sehen stehen bei der unteren Tabelle (die über das Attribut cellpadding mit dem Wert 6 verfügt) die Inhalte weiter auseinander als bei der mittleren Tabelle (mit dem Attribut cellspacing ="6"). Die hinter Abbildung 25.1 erörterten unterschiedlichen Wirkungsweise der beiden Attribute gelten bei blinden Tabellen entsprechend. Analog zu sichtbaren Tabellenrahmen und inneren Linien können auch bei blinden Tabellen die beiden Attribute cellspacing und cellpadding kombiniert notiert werden. In nachfolgender Abbildung 25.4 sehen Sie die Tabelle aus

Abbildung 25.2, in deren Quellcode das `border`-Attribut aus dem einleitenden `<table>`-Tag entfernt wurde. 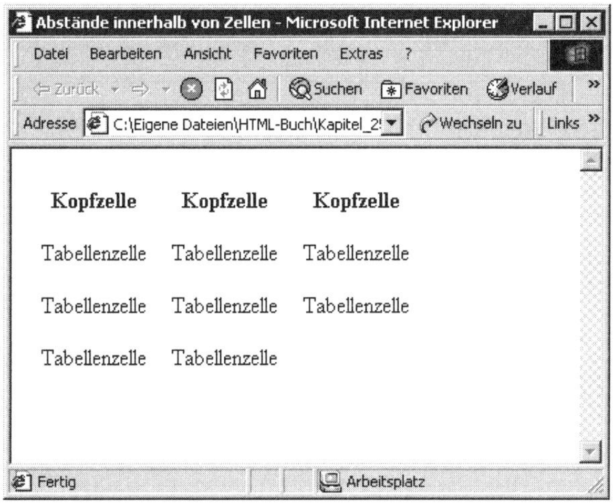

Bild 25.4: Eine blinde Tabelle mit cellspacing- und cellpadding-Attribut

25.2 Umbruch von Zelleninhalten

Grundsätzlich werden Tabellen so angezeigt, dass die Zelleninhalte komplett sichtbar sind. Bestehen die Zelleninhalte einer umfangreichen Tabelle jeweils nur aus einem Wort oder kommt kein Leerzeichen innerhalb des Zelle vor, wird der Zelleninhalt nicht umbrochen. Sollte aufgrund eines klein skalierten Browser-Fensters nicht die gesamte Tabelle sichtbar sein, wird am unteren Browser-Rand automatisch ein Rollbalken eingeblendet, mit dessen Hilfe sich die über das aktuelle Fenster hinausragenden Inhalte der Tabelle betrachten lassen.

Wenn in einer oder mehreren Tabellenzellen jedoch Inhalte notiert sind, die aus mehreren Worten bestehen, oder innerhalb des Zelleninhalts Leerzeichen auftreten, wird der Zelleninhalt je nach verfügbarem Platz im Browser-Fenster automatisch umbrochen.

In Kapitel 24.8 ist beschrieben, wie Sie die Gesamttabellenbreite als absoluten Wert in Pixel festlegen, was zur Folge hat, dass die Zelleninhalte nicht umbrochen werden und bei Bedarf ein Rollbalken erscheint. Wenn Ihnen diese Möglichkeit zu weit geht, weil beispielsweise nur wenige Zelleninhalte umfangreicher sind, benutzen Sie das Attribut `nowrap`. Das boolesche Attribut `nowrap` (= Unterdrücken des Umbruchs) kann in den Tags `<th>` und `<td>` verwendet werden, allerdings ist es vom W3C als »deprecated« eingestuft und sollte zukünftig nicht mehr benutzt werden. In der folgenden Abbildung 25.6 sehen Sie zweimal die gleiche Tabelle, mit dem Unterschied, dass die letzte Zelle der zweiten Zeile einmal ohne und einmal mit dem Attribut `nowrap` ausgestattet ist.

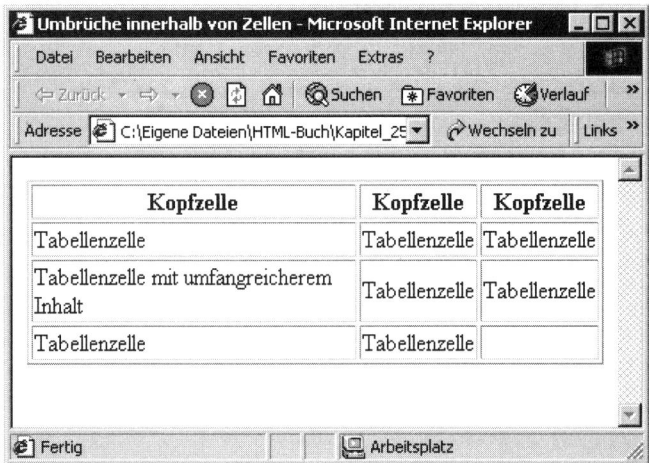

Bild 25.5: Der längere Zelleninhalt wird vom Browser automatisch umbrochen.

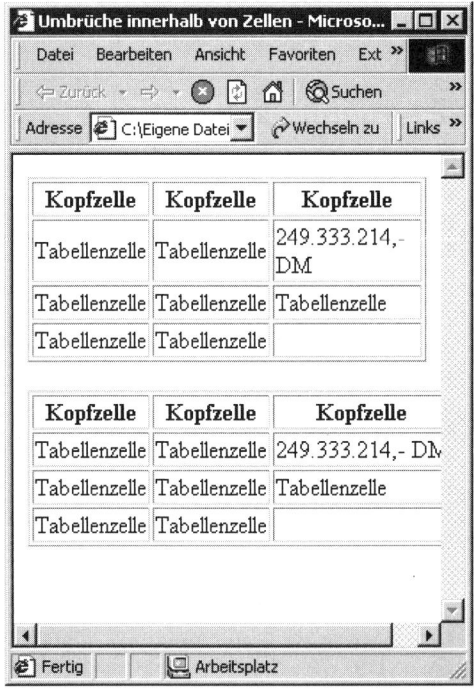

Bild 25.6: Eine Zelle der unteren Tabelle besitzt das Attribut nowrap.

Gerade bei Zahlwerten, denen eine Einheit zugeordnet ist, trägt ein Zeilenumbruch nicht zur Leserlichkeit bzw. Übersichtlichkeit bei. In der unteren Tabelle wurde in der entsprechenden Tabellenzelle das Attribut nowrap eingesetzt; auch bei einem klein skalierten Fenster wird dieser Zelleninhalt nicht umbrochen. Der Zusammenhang zwischen der Zahl und der Einheit bleibt so in jeden Fall erhalten. Nachfolgend finden Sie den Quelltext der in Abbildung 25.6 unten abgebildeten Tabelle.

```
<table border="">
  <tr>
    <th>Kopfzelle</th>
    <th>Kopfzelle</th>
    <th>Kopfzelle</th>
  </tr>
  <tr>
    <td>Tabellenzelle</td>
    <td>Tabellenzelle</td>
    <td nowrap>249.333.214,- DM</td>
  </tr>
  <tr>
    <td>Tabellenzelle</td>
    <td>Tabellenzelle</td>
    <td>Tabellenzelle</td>
  </tr>
  <tr>
    <td>Tabellenzelle</td>
    <td>Tabellenzelle</td>
    <td> </td>
  </tr>
</table>
```

25.3 Zelleninhalte ausrichten

Innerhalb einer Tabellenzelle wird der Inhalt vom Browser automatisch platziert. Ist eine Zelle in ihrer Breite gegenüber der Standarddarstellung vergrößert, erscheint der Inhalt standardmäßig linksbündig ausgerichtet, der Inhalt von Kopfzellen wird hingegen zentriert dargestellt. Mithilfe des Attributs `align`, das in Zusammenhang mit Tabellenelementen nicht als »deprecated« gilt und nach wie vor eingesetzt werden darf, können Sie die Ausrichtung von Tabelleninhalten verändern. Mögliche Werte von `align` sind `left` (linksbündige Ausrichtung, bei mit dem `<td>`-Tag ausgezeichneten Datenzellen ist diese Ausrichtung voreingestellt), `right` (für rechtsbündige Ausrichtung), `center` (für zentrierte Darstellung von Zelleninhalten, Standard bei Kopfzellen), `justify` (Blocksatz) und `char` (für character = Zeichen).

In Abbildung 25.7 sehen Sie Tabellen, deren Gesamtbreite auf 400 Pixel festgelegt ist. Die obere Tabelle zeigt die standardmäßige Ausrichtung der Kopf- bzw. Datenzellen. In der unteren Tabelle sind die Zellen der linken Spalte (inklusive der Kopfzelle) linksbündig, in der mittleren Spalte zentriert und in der rechten Spalte rechtsbündig ausgerichtet.

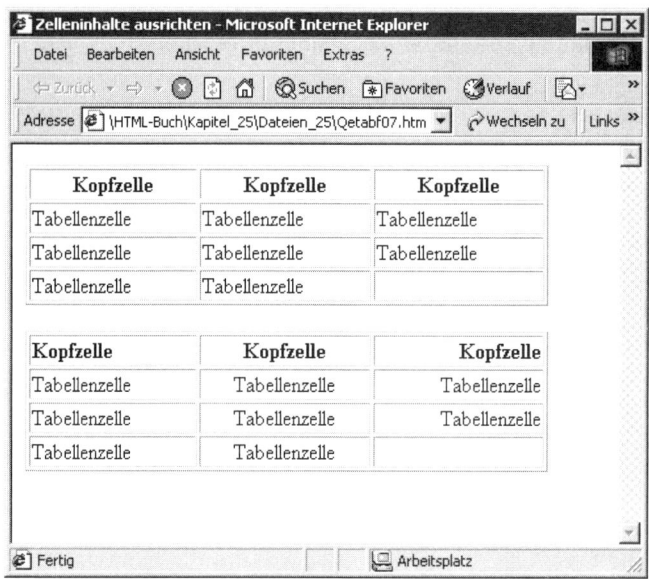

Bild 25.7: In der unteren Tabelle wurde die Ausrichtung der Inhalte verändert.

Der die untere Tabelle betreffende Quelltext lautet wie folgt:

```
<table border="" width="400">
  <tr>
    <th align="left">Kopfzelle</th>
    <th>Kopfzelle</th>
    <th align="right">Kopfzelle</th>
  </tr>
  <tr>
    <td>Tabellenzelle</td>
    <td align="center">Tabellenzelle</td>
    <td align="right">Tabellenzelle</td>
  </tr>
  <tr>
    <td>Tabellenzelle</td>
    <td align="center">Tabellenzelle</td>
    <td align="right">Tabellenzelle</td>
  </tr>
  <tr>
    <td>Tabellenzelle</td>
    <td align="center">Tabellenzelle</td>
    <td> </td>
  </tr>
</table>
```

Da die Inhalte von Kopfzellen ohnehin zentriert dargestellt werden, muss hier kein Attribut eingesetzt werden, ebenso verhält es sich in der ersten Spalte bei den Datenzellen. Um wie in diesem Beispiel ganze Spalten einheitlich auszurichten, kann das align-Attribut auch in einem <col>- oder für Spaltengruppen im `<colgroup>`-Tag eingesetzt werden. (Zur Definition von Spalten und Spaltengruppen siehe Kapitel 24.9.)

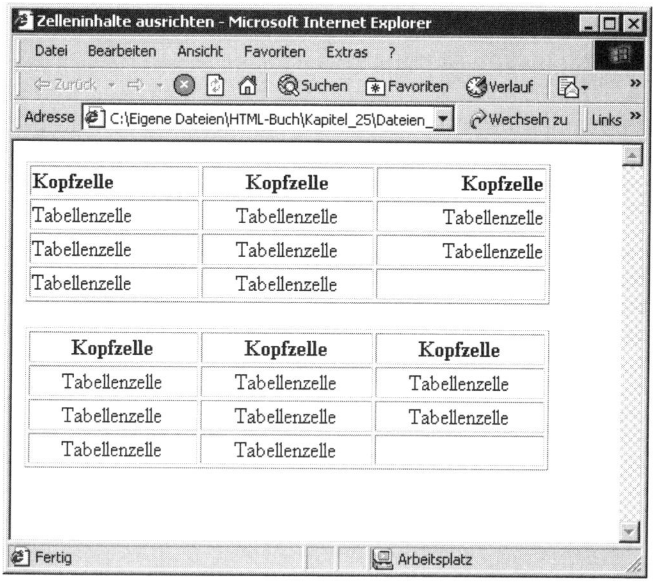

Bild 25.8: Ausgerichtete Spalten (oben) und eine ausgerichtete Spaltengruppe (unten)

Die in Abbildung 25.8 oben dargestellte Tabelle entspricht der unteren Tabelle aus Abbildung 25.7. Der Quelltext ist hingegen insofern vereinfacht, als das Attribut align nicht insgesamt sieben Mal in den jeweiligen `<th>`- bzw. `<td>`-Tags notiert ist. Der Anfang des Quelltextes der in Abbildung 25.8 oberen Tabelle lautet:

```
<table border width="400">
<col align="left">
<col align="center">
<col align="right">
```

Gefolgt wird dieser Ausschnitt von den definierten Zeilen und Zellen der Tabelle. Pro Spalte muss das Attribut align (eine spaltenweise einheitliche Ausrichtung vorausgesetzt) nur einmal notiert werden. Noch kürzer geht es, wenn der Inhalt ganzer Spaltengruppen gleich ausgerichtet werden soll: Definieren Sie die Spaltengruppe(n) und geben Sie die Ausrichtung im `<colgroup>`-Tag an. In der in Abbildung 25.8 unten abgebildeten Tabelle sind alle vorhandenen Spalten als Spaltengruppe definiert. Der Beginn des Quellcodes dieser Tabelle lautet wie folgt:

```
<table border width="400">
<colgroup span="3" align="center">
</colgroup>
```

Das Attribut span legt fest, über wie viele Spalten sich die Gruppe erstrecken soll, alle weiteren Attribute werden auf alle zu dieser Gruppe gehörigen Spalten angewendet.

Mehrere Spalten können auch ohne das <colgroup>*-Tag mithilfe des* span*-Attributs gleich ausgerichtet werden. Notieren Sie* <col span="3" align= "center"> *nach dem einleitenden Tabellenbefehl, erreichen Sie die gleiche Tabellendarstellung wie in Abbildung 25.8 unten.*

Wenn Sie Inhalte von Tabellenzellen zeilenweise gleich ausrichten möchten, setzen Sie das Attribut align mit dem jeweiligen Wert im <tr>-Tag der betreffenden Zeile ein. Wie in Kapitel 24.2 beschrieben, kann eine Tabelle in die verschiedenen Bereiche Kopf, Rumpf und Fuß aufgeteilt werden. Die entsprechenden Befehle lauten <thead>, <tbody> und <tfoot>.

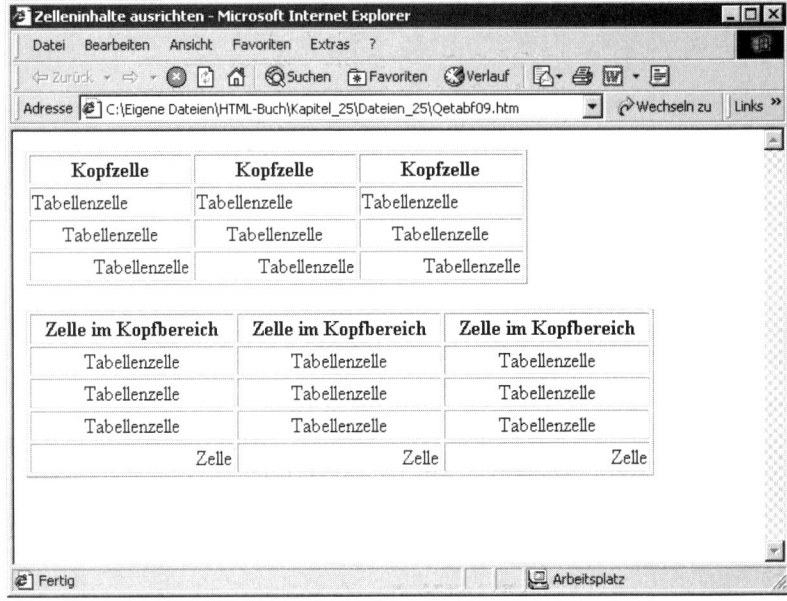

Bild 25.9: Die Inhalte der oberen Tabelle sind zeilenweise, die der unteren nach Bereichen ausgerichtet.

Die obere Tabelle in Abbildung 25.9 ist zeilenweise gleich ausgerichtet. Der Inhalt der Kopfzellen wird standardmäßig zentriert, die zweite Zeile der mit <td> ausgezeichneten Zellen linksbündig. Die dritte Zeile enthält im <tr>-Tag das align-Attribut mit dem Wert center, der letzten Tabellenzeile ist align="right" zugewiesen.

Die unten abgebildete Tabelle ist nach den definierten Bereichen Kopf, Rumpf und Fuß ausgerichtet, wobei der Kopf sich aus Kopfzellen zusammensetzt, deren Inhalt bereits standardmäßig wie in Abbildung 25.9 zentriert dargestellt wird. Der Rumpf der Tabelle wird zentriert angezeigt und der Tabellenfuß rechtsbündig. Das Grundgerüst der Tabelle besteht aus folgenden Angaben, wobei innerhalb der einzelnen Bereiche die Zeilen bzw. Zellen eingefügt werden müssen.

```
<table>
<thead>
```

Zeile(n) und Zellen einfügen

```
</thead>
<tfoot align="right">
```

Zeile(n) und Zellen einfügen

```
</tfoot>
<tbody align="center">
```

Zeile(n) und Zellen einfügen

```
</tbody>
</table>
```

Beachten Sie, dass der mit `<tfoot>` ausgezeichnete Bereich unbedingt vor dem Rumpfteil `<tbody>` notiert wird; im Browser wird er korrekt am Ende der Tabelle angezeigt.

Die Ausrichtung an einem bestimmten Zeichen mit dem Wert `char` (für character = Zeichen) wird vom Internet Explorer 5.5 nicht unterstützt. Eine derartige Ausrichtung ist z.B. bei Zahlenwerten sinnvoll, die unterschiedlich viele Vor- oder Nachkommastellen aufweisen. Um derartige Daten an einem Zeichen wie beispielsweise dem Komma ausrichten zu können, muss dieses Zeichen in dem zusätzlichen Attribut `char` notiert werden. Folgendes Tag bezieht die Ausrichtung an dem Kommazeichen auf eine ganze Spalte:

```
<col align="char" char=",">
```

Das Attribut `align` legt fest, dass der Spalteninhalt an einem Zeichen ausgerichtet werden soll, als Wert des Attributs `char` wird das betreffende Zeichen angegeben. Prinzipiell kann diese Angabe in den Tabellen-Tags `<th>`, `<td>`, `<tr>`, den Befehlen für Tabellenbereiche `<thead>`, `<tbody>` und `<tfoot>` sowie in `<col>` und `<colgroup>` eingesetzt werden. Mithilfe des Attributs `charoff` (= character offset) kann der Abstand vom linken Rand der Zelle bis zum im Attribut `char` angegebenen Zeichen angegeben werden; es kann in den gleichen Tags auftreten, die auch das Attribut `char` aufnehmen.

Da das Attribut `align` in verschiedenen Befehlen notiert werden kann, gibt es eine festgelegte Reihenfolge, nach der die (möglicherweise widersprüchlichen) Angaben interpretiert werden:

1. Der Wert von solchen `align`-Attributen, die sich auf Elemente innerhalb einer Zelle beziehen, z.B. auf einen Absatz,
2. die `align`-Werte, die in Kopf- oder Datenzellen notiert sind (`<th>` und `<td>`),
3. `align`-Attribute in Spalten oder Spaltengruppen (`<col>` und `<colgroup>`),
4. `align` in einzelnen Zeilen (`<tr>`) oder Zeilen gruppierenden Elementen (`<thead>`, `<tbody>`, `<tfoot>`),
5. `align`-Angaben, die sich auf die gesamte Tabelle beziehen (`<table>`, siehe Kapitel 26.2),
6. die voreingestellten Ausrichtungen.

Die vertikale Ausrichtung von Zelleninhalten erfolgt über das Attribut valign (VERTICAL ALIGNMENT = AUSRICHTUNG IN VERTIKALER RICHTUNG), das ebenfalls in den Befehlen <th>, <td>, <tr>, den Befehlen für Tabellenbereiche <thead>, <tbody> und <tfoot> sowie in <col> und <colgroup> notiert werden kann. Für dieses Attribut gültige Werte sind top (= OBEN, AUSRICHTUNG AM OBEREN ZELLENRAND), middle (= MITTE, VOREINGESTELLTE AUSRICHTUNG), bottom (= Boden, Ausrichtung am unteren Zellenrand) und baseline (= GRUNDLINIE; DIE ERSTE ZEILE ALLER MIT DIESEM WERT AUSGESTATTETEN ZELLEN ERSCHEINT AUF DER GLEICHEN HÖHE). Werden keine Angaben zur vertikalen Ausrichtung der Zelleninhalte gemacht, platziert der Browser die Inhalte mittig. Sofern die Tabellenzellen nicht in der Höhe verändert sind (durch entsprechende Angaben für einzelne Zeilen oder die gesamte Tabelle), ist eine Ausrichtung in vertikaler Richtung nur bei unterschiedlich langen Zelleninhalten relevant.

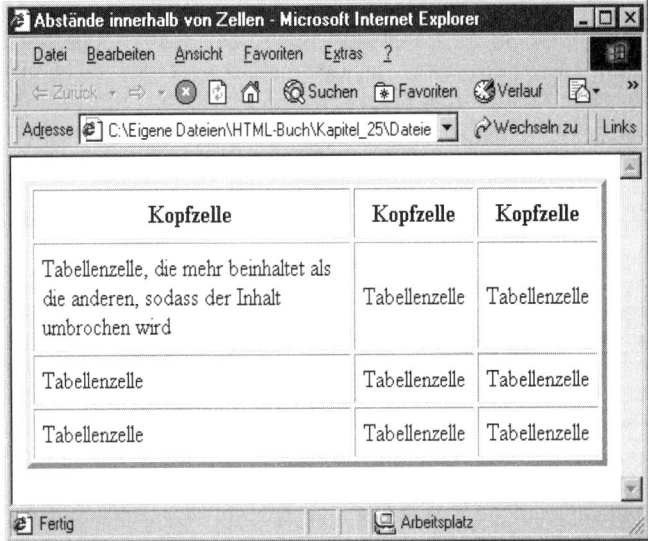

Bild 25.10: Die Höhe der zweiten Zeile ist durch einen längeren Zelleninhalt vergrößert.

Wie in Abbildung 25.10 zu sehen, werden Zelleninhalte in vertikaler Richtung mittig ausgerichtet, sofern keine anders lautende Angabe gemacht wird. In der folgenden Abbildung wurde die vertikale Ausrichtung der zweiten und dritten Zelle der zweiten Zeile auf top und bottom gesetzt.

Der Quellcode der Zelle, deren Inhalt am oberen Zellenrand ausgerichtet ist, lautet:

```
<td valign="top">Tabellenzelle</td>
```

Der am unteren Zellenrand ausgerichtete Inhalt ist mit nachstehendem Befehl ausgezeichnet:

```
<td valign="bottom">Tabellenzelle</td>
```

Bild 25.11: Zwei Zellen sind anders als standardmäßig vertikal ausgerichtet.

 Der in diesem Beispiel verbleibende Abstand zum oberen bzw. unteren Zellenrand ist auf das gleichzeitig notierte cellpadding*-Attribut zurückzuführen, in dem ein umlaufender Abstand von 6 Pixel definiert ist.*

Der Wert baseline bewirkt, dass auch bei unterschiedlich langen Zelleninhalten die jeweils erste Zeile eine gemeinsame Grundlinie hat. Normalerweise werden wie in Abbildung 25.10 alle Inhalte mittig in der Zelle ausgerichtet. In der folgenden Abbildung beginnen die Inhalte der zweiten Zeile auf einer gemeinsamen Grundlinie. Da die Ausrichtung die gesamte Zeile betrifft, ist das Attribut align="baseline" im Befehl für die Tabellenzeile notiert.

```
<tr valign="baseline">
```

Für das Attribut valign gelten etwas andere Prioritäten als für align. Die mit align angegebene horizontale Ausrichtung wird durch Spalten bestimmt, während bei der mit valign festgelegten Ausrichtung in vertikaler Richtung Zeilen vorrangig sind. Die Prioritäten für das Attribut valign entsprechen folgender Reihenfolge:

1. valign eines Elements innerhalb einer Tabellenzelle,
2. valign in einem Befehl für Tabellenzellen (<th> oder <td>),
3. die Angabe in Zeilen oder Zeilen gruppierenden Tags (<tr> sowie <thead>, <tbody> und <tfoot>),
4. valign in Spalten und Spaltengruppen (<col> und <colgroup>),
5. align-Angaben, die sich auf die gesamte Tabelle beziehen (<table>, siehe Kapitel 26.2),
6. die voreingestellten Standardausrichtungen.

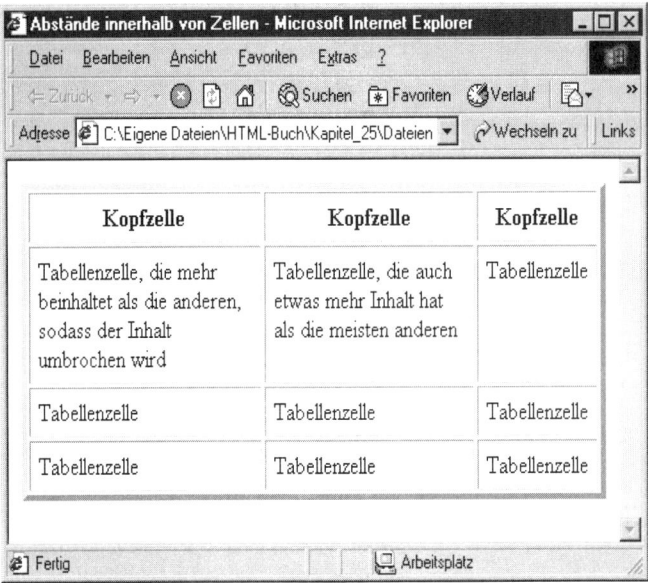

Bild 25.12: Die Inhalte der zweiten Zeile beginnen auf einer Grundlinie.

25.4 Zellen innerhalb einer Zeile verbinden

Mithilfe des Attributs `colspan` (Spannweite einer Zelle) in den Befehlen `<th>` und `<td>` können Sie Zellen einer Zeile miteinander verbinden. Als Wert wird die Anzahl von Zellen angegeben, die verbunden werden soll, bzw. die Anzahl der Spalten, die mit der Zelle überspannt werden sollen. Ausgehend von einer Tabelle mit drei Spalten und insgesamt vier Zeilen, die normalerweise 12 Zellen enthält, werden im Beispiel die drei Kopfzellen zu einer Kopfzelle zusammengefasst, die sich über alle drei Spalten erstreckt.

Die in Abbildung 25.13 oben dargestellte Tabelle dient zum Vergleich und stellt die Ausgangstabelle dar, deren Zellen verändert werden. Der Quelltext zur unteren Tabelle lautet wie folgt:

```
<table border="4" cellpadding="6">
  <tr>
    <th colspan="3">Kopfzelle</th>
  </tr>
  <tr>
    <td>Tabellenzelle</td>
    <td>Tabellenzelle</td>
    <td>Tabellenzelle</td>
  </tr>
  <tr>
    <td>Tabellenzelle</td>
    <td>Tabellenzelle</td>
    <td>Tabellenzelle</td>
```

```
    </tr>
    <tr>
      <td>Tabellenzelle</td>
      <td>Tabellenzelle</td>
      <td>Tabellenzelle</td>
    </tr>
</table>
```

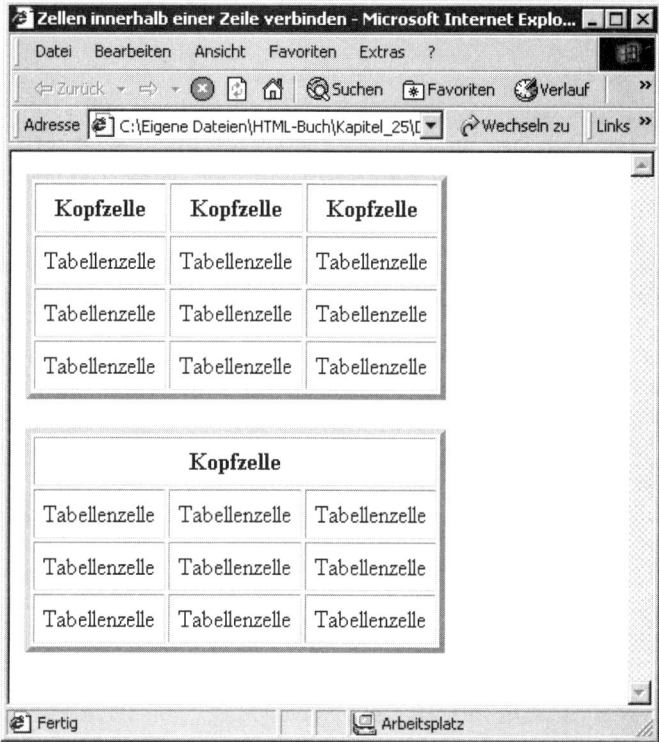

Bild 25.13: Die untere Tabelle hat eine Kopfzelle, die sich über drei Spalten erstreckt.

Mit `<th colspan="3">Kopfzelle</th>` legen Sie fest, dass sich diese Kopfzelle über drei Spalten erstreckt. Die erste Zeile der Tabelle hat damit nur diesen einen Eintrag. Anders sieht es aus, wenn nicht alle Zellen einer Zeile miteinander verbunden werden: Die vor- bzw. nachstehenden Zellen werden wie gewohnt definiert und in ihrer Anzahl um den in `colspan` angegebenen Wert verringert. Im folgenden Quellcode werden weitere Tabellenzellen miteinander verbunden.

```
<table border="4" cellpadding="6">
  <tr>
    <th colspan="3">Kopfzelle</th>
  </tr>
  <tr>
    <td>Tabellenzelle</td>
    <td>Tabellenzelle</td>
```

```
      <td>Tabellenzelle</td>
    </tr>
    <tr>
      <td>Tabellenzelle</td>
      <td colspan="2">Tabellenzelle</td>
    </tr>
    <tr>
      <td colspan="2">Tabellenzelle</td>
      <td>Tabellenzelle</td>
    </tr>
</table>
```

Wie im vorigen Beispiel ist in der ersten Zeile der Tabelle das Attribut colspan mit dem Wert 3 notiert, die Kopfzelle erstreckt sich also über drei Spalten. Die zweite Zeile besteht aus drei Zellen, während in der dritten Zeile wieder ein colspan-Attribut auftaucht. Die erste Zelle dieser Zeile ist nicht weiter definiert, erst in der zweiten Zelle steht colspan="2". Das bedeutet, dass die erste Zelle dieser Zeile normal dargestellt wird, erst ab der zweiten Zelle beginnt die Zellenverbindung, die sich hier auf zwei Zellen erstreckt. In der letzten Zeile der Tabelle ist das colspan-Attribut in der ersten Zelle mit dem Wert 2 definiert, die erste Zelle dieser Zeile überspannt also zwei Spalten. Danach folgt eine herkömmliche Zelle. Die Darstellung dieser Tabelle im Browser sehen Sie in Abbildung 25.14.

Bild 25.14: Drei Zellen dieser Tabelle besitzen das Attribut colspan.

Skizzieren Sie die Struktur der herkömmlichen Tabelle, deren Zellen Sie verändern möchten, um einen Überblick darüber zu bekommen, welche Zellen bereits durch colspan-Attribute abgedeckt sind. Damit können Sie die mehrfache Definition von Zellen vermeiden, die in der Browser-Ansicht zu unangenehmen Überraschungen führen kann.

25.5 Zellen innerhalb einer Spalte verbinden

Analog zu der im vorigen Abschnitt beschriebenen Verbindung von Zellen einer Zeile können auch Zellen einer Spalte miteinander verschmolzen werden. Das hierzu erforderliche Attribut heißt rowspan (Spannweite von Zeilen) und nimmt als Wert die Anzahl der Zeilen auf, über die sich die Zelle erstrecken soll. In Abbildung 25.15 sehen Sie oben eine Tabelle ohne rowspan-Attribute, in der unteren Tabelle wurden in der ersten Spalte drei und in der dritten Spalte zwei Zellen miteinander verbunden.

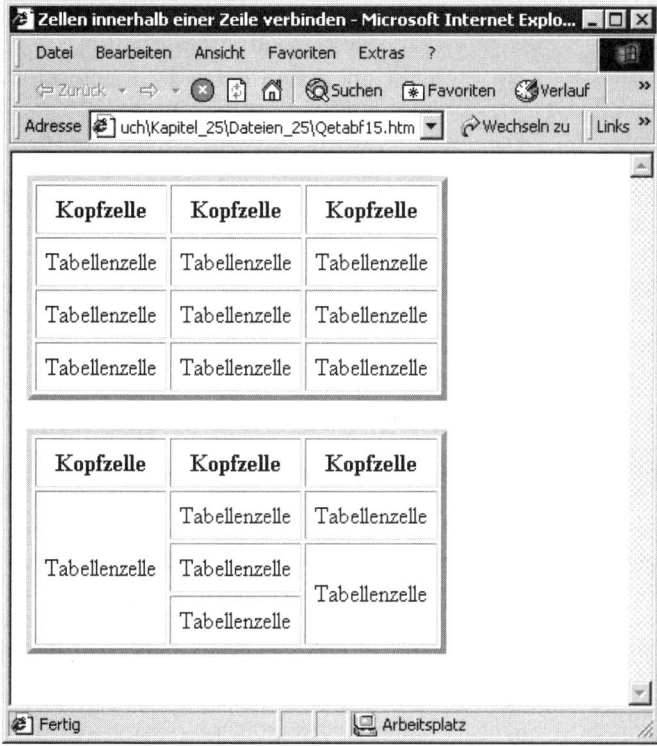

Bild 25.15: In der unteren Tabelle sind zwei rowspan-Attribute notiert.

Im nachfolgenden Quelltext der unteren Tabelle sehen Sie, dass das Attribut rowspan zweimal auftaucht.

```
<table border="4" cellpadding="6">
  <tr>
    <th>Kopfzelle</th>
    <th>Kopfzelle</th>
    <th>Kopfzelle</th>
  </tr>
  <tr>
    <td rowspan="3">Tabellenzelle</td>
    <td>Tabellenzelle</td>
```

```
        <td>Tabellenzelle</td>
    </tr>
    <tr>
        <td>Tabellenzelle</td>
        <td rowspan="2">Tabellenzelle</td>
    </tr>
    <tr>
        <td>Tabellenzelle</td>
    </tr>
</table>
```

In der zweiten Zeile steht im ersten `<td>`-TAG `rowspan="3"`, was zur Folge hat, dass die erste Datenzelle der ersten Spalte sich nach unten über insgesamt drei Zeilen ausdehnt. Die ersten Zellen der nachfolgenden zwei Zeilen sind damit bereits abgedeckt und werden in den entsprechenden Zeilen (drei und vier) nicht definiert. In der dritten Zeile der Tabelle ist die zweite Zelle (von der Position in der Tabelle her eigentlich die dritte Zelle, da die erste Zelle jedoch bereits in der zweiten Zeile definiert wurde, ist es hier die zweite Zelle) mit dem Attribut `rowspan` und dem Wert 2 ausgestattet. Die Tabellenzellen der letzten Tabellenspalte fallen somit ab der dritten Zeile zusammen. Auch bei diesem Attribut empfiehlt es sich, die Struktur der zugrunde liegenden Tabelle zu skizzieren und zu verfolgen, welche Zellen bereits durch `rowspan`-Attribute definiert sind.

25.6 Zellen über mehrere Zeilen und Spalten verbinden

Die Attribute `colspan` (zum Verbinden mehrerer Zellen einer Zeile) und `rowspan` (für Zellen einer Spalte, die sich über mehrere Zeilen erstrecken) lassen sich miteinander kombinieren, um Zellen sowohl über mehrere Spalten als auch über mehrere Zeilen hinweg zu definieren. Da Zellen, die bereits durch Attribute definiert sind, in ihren »eigentlichen« Zeilen nicht mehr notiert werden, ist es wie bei den einzeln auftretenden Attributen besonders wichtig, den Überblick zu behalten, auf welche Stelle der Tabelle sich welches Attribut auswirkt. Skizzieren Sie beispielsweise die Ausgangstabelle, deren Zellen Sie verändern möchten oder notieren Sie den Quellcode zu dieser Ausgangstabelle und entfernen Sie solche Zellen-Tags, die durch Attribute überflüssig geworden sind. Im folgenden Beispiel wurden insgesamt vier Zellen einer Tabelle miteinander verbunden.

```
<table border="4" cellpadding="6">
    <tr>
        <th>Kopfzelle</th>
        <th>Kopfzelle</th>
        <th>Kopfzelle</th>
    </tr>
    <tr>
        <td>Tabellenzelle</td>
        <td colspan="2" rowspan="2">Tabellenzelle</td>
    </tr>
    <tr>
        <td>Tabellenzelle</td>
```

```
    </tr>
    <tr>
      <td>Tabellenzelle</td>
      <td>Tabellenzelle</td>
      <td>Tabellenzelle</td>
    </tr>
</table>
```

Die erste mit `<tr>` ausgezeichnete Zeile der Tabelle enthält drei Kopfzellen. Die zweite Zeile beginnt mit einer einfachen Zelle, der eine Zelle folgt, die sowohl mit dem `colspan`- als auch mit dem `rowspan`-Attribut versehen ist. Der `colspan`-Wert 2 legt fest, dass diese Zelle sich über zwei Spalten erstrecken soll, im `rowspan`-Attribut wurde definiert, dass die Zelle zwei Zeilen überspannt. Insgesamt deckt diese Zelle also zwei Spalten und zwei Zeilen ab, was vier einzelnen Zellen entspricht. Da diese vier Zellen bereits definiert sind, werden (im Vergleich zur Ausgangstabelle mit insgesamt 12 Zellen) in den verbleibenden Zeilen der Tabelle entsprechend weniger Zellen definiert. Für die dritte Zeile bedeutet das, dass lediglich eine Tabellenzelle notiert wird, da die beiden letzten Zellen schon abgedeckt sind. Die letzte Zeile der Tabelle enthält drei einfache Tabellenzellen. In Abbildung 25.16 sehen Sie unten diese Tabelle in der Browser-Darstellung, die obere Tabelle stellt die Ausgangstabelle dar.

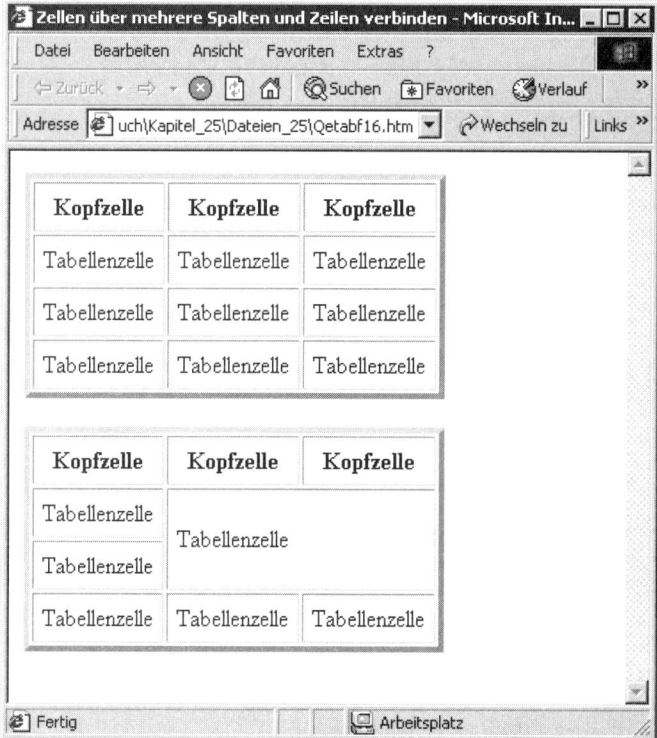

Bild 25.16: In der unteren Tabelle erstreckt sich eine Zelle über zwei Spalten und zwei Zeilen.

25.7 Hintergrundfarbe von Tabellen definieren

Mithilfe des Attributs bgcolor (background color = Hintergrundfarbe) kann für einzelne Tabellenzellen in den Tags <th> und <td>, für ganze Zeilen im <tr>-Tag oder für die gesamte Tabelle im <table>-Tag eine Hintergrundfarbe definiert werden. Als Wert wird die gewünschte Farbe entweder als Farbname oder als hexadezimaler RGB-Wert angegeben. Bei der Verwendung von Farben im Zusammenhang mit Text ist stets darauf zu achten, dass der Kontrast zwischen Textfarbe und Hintergrundfarbe ausreicht und die Lesbarkeit des Textes nicht leidet. Das Attribut bgcolor ist vom W3C als »deprecated« eingestuft und sollte zu Gunsten von Stylesheets nicht mehr eingesetzt werden. Da es allerdings (noch) nicht verboten ist, kann es mit der entsprechenden DTD verwendet werden. Im folgenden Beispiel wurden die zweite, vierte und sechste Zeile der Tabelle mit einer Hintergrundfarbe versehen. Die Befehle dieser Zeilen lauten jeweils:

```
<tr bgcolor="silver">
```

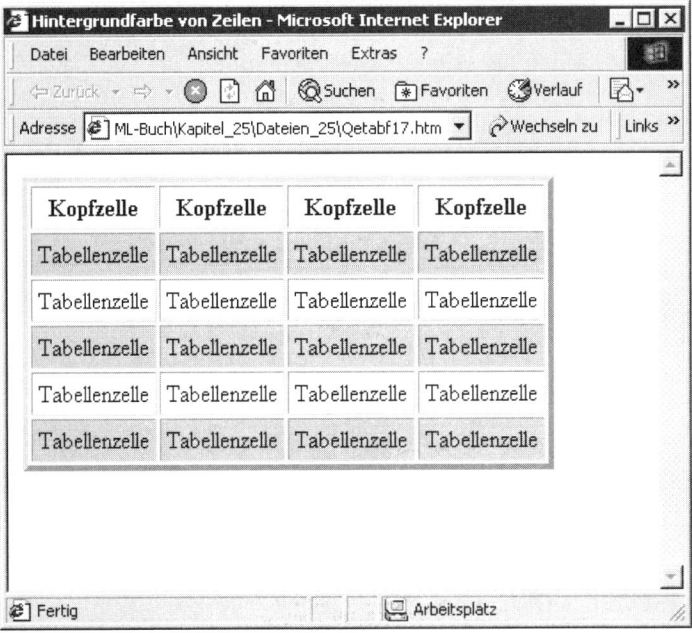

Bild 25.17: Jede zweite Zeile hat eine Hintergrundfarbe.

Bei Tabellen mit vielen Spalten, kleiner Schrift und sehr flachen Zellen können abwechselnde Zeilenfarben (in diesem Fall Weiß und Silber) dem Leser helfen, in einer Zeile zu bleiben. Die farblich abgehobenen Hintergründe dienen so als Orientierungshilfe in der Tabelle. In Abbildung 25.18 sehen Sie eine Tabelle, deren einzelne Zellen abwechselnd mit und ohne Hintergrundfarbe ausgestattet sind.

Hintergrundfarbe von Tabellen definieren

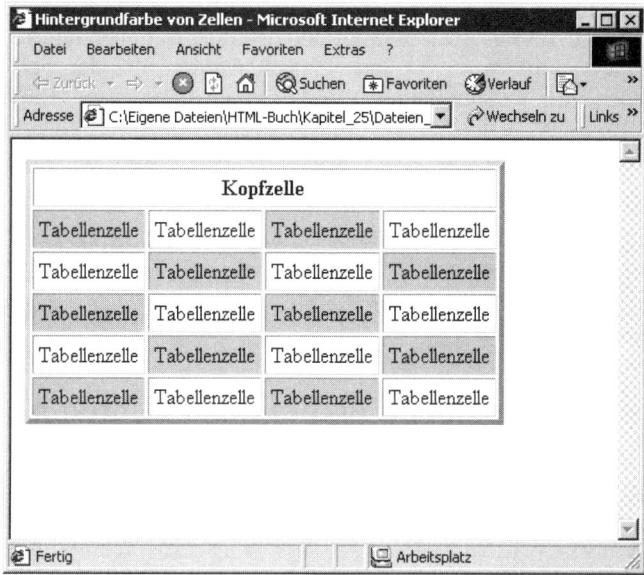

Bild 25.18: Die Tabellenzellen sind abwechselnd mit einer Hintergrundfarbe versehen.

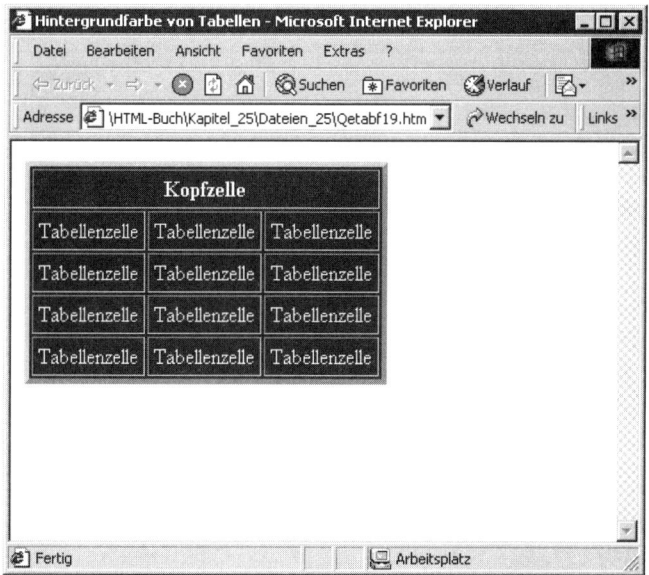

Bild 25.19: Das bgcolor-Attribut ist im <table>-Tag notiert.

Im Quelltext zu Abbildung 25.19 steht die Farbangabe für die tabellenweite Hintergrundfarbe im einleitenden <table>-Tag.

```
<table border="4" cellpadding="4" bgcolor="navy">
```

Bei dunklen Hintergrundfarben kann es (wie in diesem Beispiel) erforderlich sein, die Schriftfarbe innerhalb der Tabelle zu verändern. Eine derartige Angabe kann im <font>-Tag gemacht werden, das den betreffenden Text einschließt. In Tabellen muss diese Angabe in jeder einzelnen Zelle wiederholt werden, in der die Textfarbe erscheinen soll. Die einzelnen Datenzellen der vorstehend abgebildeten Tabelle lauten entsprechend jeweils:

<td><font color="white">Tabellenzelle</font></td>

Bedenken Sie bei der Definition der Schriftfarbe in Tabellen, dass sowohl das Tag <font> *als auch das enthaltene Attribut* color *unerwünscht sind und dass die Änderung der Schriftfarbe zukünftig mithilfe von Stylesheets erfolgen soll.*

25.8 Farbe von Rahmen und Linien definieren

Der Internet Explorer interpretiert ein zusätzliches Attribut, das die Farbdefinition der Zellenbegrenzungen und des Tabellenrahmens ermöglicht. Das Attribut bordercolor (= Randfarbe) gehört nicht zum offiziellen Sprachstandard von HTML 4.01. Der Tabelle aus Abbildung 25.20 wurde im einleitenden Tabellenbefehl als Wert des Attributs bordercolor der Wert navy zugewiesen.

<table border="4" cellpadding="4" bordercolor="navy">

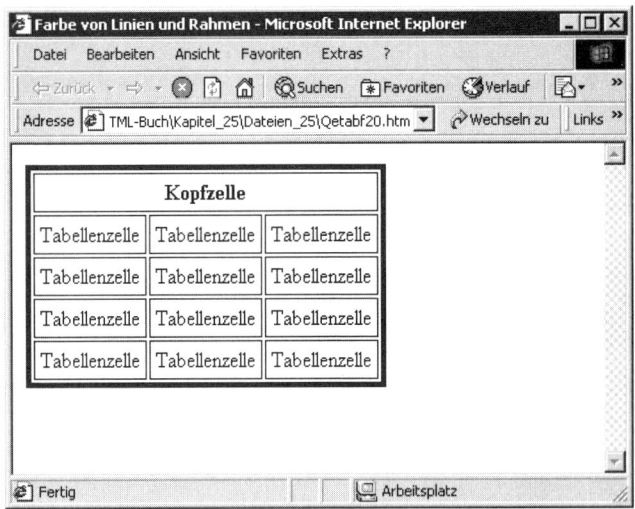

Bild 25.20: Die Tabelle verfügt über das inoffizielle Attribut bordercolor.

Durch den Einsatz dieses Attributs geht der dreidimensionale Effekt des herkömmlichen Tabellenrahmens verloren, bei dem der untere und rechte Teil des Tabellenrahmens dunkler dargestellt ist als der linke und obere Teil. Diesen Effekt können Sie auch bei farbigen Tabellenrahmen erzeugen, indem Sie anstelle des Attributs bordercolor die ebenfalls nicht dem offiziellen HTML-Standard entsprechenden Attribute bordercolordark (dunkle Randfarbe) und bordercolorlight (helle Randfarbe) verwenden.

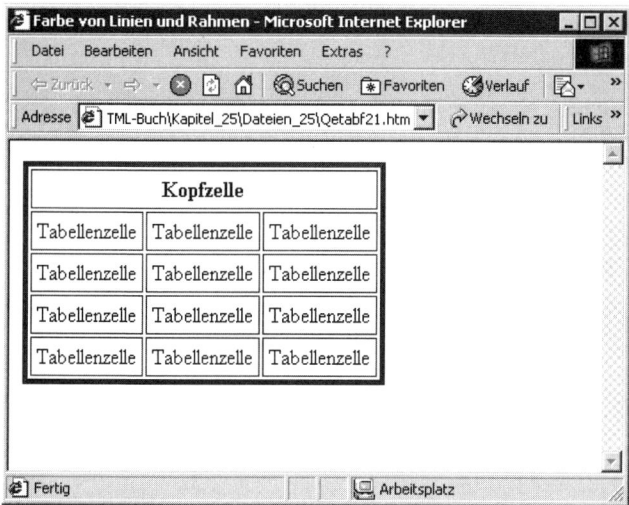

Bild 25.21: Eine Tabelle mit dreidimensionalem farbigem Rahmen

Die im Inneren der Tabelle liegenden Linien werden (wie bei Standardtabellen) in der helleren Farbe dargestellt, die dunklere Farbe wird lediglich im unteren und rechten Teil des äußeren Tabellenrahmens dargestellt. Das einleitende <table>-Tag der Tabelle aus Abbildung 25.21 lautet:

```
<table border="4" cellpadding="4" bordercolordark="navy"
bordercolorlight="blue">
```

Bedenken Sie, dass die Attribute bordercolor, bordercolordark *und* bordercolorlight *für farbige Tabellenrahmen und Linien nur vom Internet Explorer unterstützt werden. Überprüfen Sie, wie eine mit diesen Attributen ausgerüstete Tabelle mit Linien und Rahmen in Standardfarben wirkt.*

25.9 Hintergrundbild einer Tabelle oder Zelle

Mit einem weiteren inoffiziellen Attribut, das vom Netscape Navigator (ab Version 4.0) und vom Internet Explorer (ab Version 3.0) unterstützt wird, lassen sich Hintergrundbilder in Tabellen oder auch einzelne Tabellenzellen einfügen. Um die gesamte Tabelle mit einer Hintergrundgrafik zu versehen, notieren Sie das Attribut background im einleitenden <table>-Tag. Als Wert des Attributs geben Sie die URL der Grafik an, die angezeigt werden soll. In diesem Beispiel befindet sich die Grafikdatei im gleichen Verzeichnis wie die HTML-Datei und kann daher mit einer kurzen relativen Angabe referenziert werden. Der relevante Befehl zur Tabelle in Abbildung 25.22 lautet:

```
<table border="4" cellpadding="6" background="gelb.gif">
```

Die Regeln zum Einbinden von Grafiken sowie Hinweise darüber, was bei Hintergrundgrafiken zu beachten ist, finden Sie in Kapitel 18 bzw. 20.

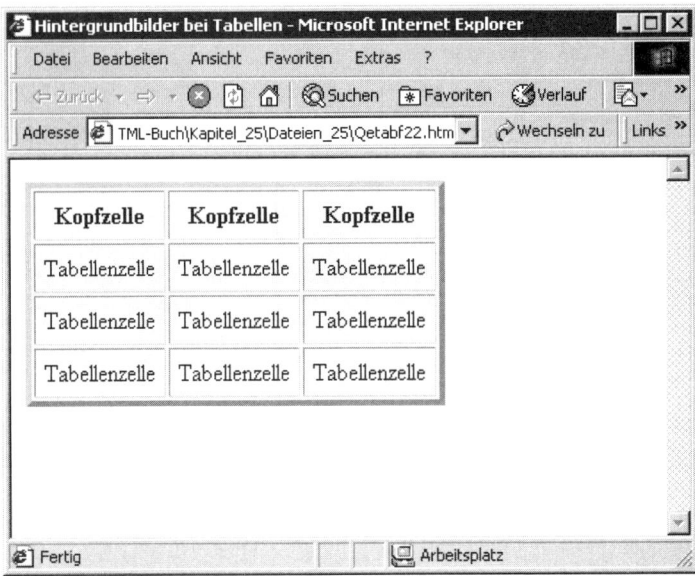

Bild 25.22: Tabelle mit Hintergrundbild

Da die referenzierte Grafik nur 40 x 40 Pixel groß ist, wird sie so oft aneinander gelegt, bis die gesamte Tabelle ausgefüllt ist (siehe dazu auch Kapitel 20.1, »Hintergrundbild aus Einzelbildern«). Im folgenden Beispiel ist die Tabelle so verändert, dass eine Kopfzelle über alle drei Spalten reicht; in diese Zelle ist eine Grafik als Hintergrund eingefügt.

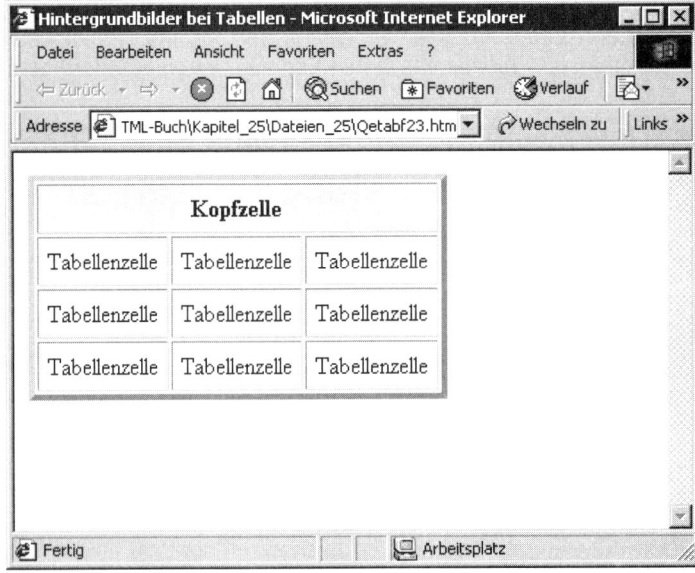

Bild 25.23: Die Kopfzelle hat eine Hintergrundgrafik.

Der Befehl für die Kopfzelle mit Hintergrundgrafik lautet:

```
<th colspan="3" background="gelb2.gif">Kopfzelle</th>
```

So kann jeder Tabellenzelle eine Hintergrundgrafik zugewiesen werden, für verschiedenartige Zellen könnten z.B. auch unterschiedliche Hintergründe eingebunden sein. Bedenken Sie jedoch, dass die Inhalte der Tabelle durch eine unruhige oder zu viele verschiedene Hintergrundgrafiken möglicherweise schlechter wahrzunehmen sind.

Ist im einleitenden <table>*-Befehl einer Tabelle sowohl das Attribut* bgcolor *zur Angabe einer tabellenweiten Hintergrundfarbe als auch das Attribut* background *zur Referenzierung einer Hintergrundgrafik notiert, hat – sofern beide Attribute über gültige Werte verfügen – das Attribut* background *die höhere Priorität. Vereinfacht ausgedrückt hat eine Hintergrundgrafik Vorrang vor einer Hintergrundfarbe.*

Da das Attribut background nicht Bestandteil der HTML-Spezifikation ist, sollten Sie, um HTML-konform zu bleiben, stattdessen Stylesheets verwenden.

In ihren neueren Versionen (ab 4.x) unterstützen sowohl der Netscape Navigator als auch der Internet Explorer auch animierte GIF-Grafiken als Hintergrund für Tabellen.

26 Formatierung von Tabellen

Nachdem in Kapitel 24 der Aufbau und in Kapitel 25 die Formatierung innerhalb von Tabellen behandelt wurden geht es in diesem Abschnitt um die gesamte Tabelle, also deren Beschriftung und Ausrichtung.

26.1 Tabellen beschriften

Mit dem Befehl <caption> (= Überschrift, Titel) und dem entsprechenden End-Tag </caption> kann ein kurzer Text als Tabellenbeschriftung ausgezeichnet werden. Dabei ist zu beachten, dass dieses Tag unmittelbar hinter dem ersten <table>-Tag stehen sollte und dass pro Tabelle nur eine Beschriftung, also auch nur ein <caption>-Tag zulässig ist. Die folgende Abbildung enthält beschriftete Tabellen.

Bild 26.1: Tabellen mit Beschriftung

Der Anfang des Quellcodes zu der oberen Tabelle lautet wie folgt:

```
<table border="4">
<caption>Tabelle 1.4</caption>
```

Auf diese Befehle folgen die einzelnen Tabellenzeilen mit ihren Zellen.

Die Schrift der mit <caption> *ausgezeichneten Tabellenbeschriftung entspricht dem Standard-Fließtext. Möchten Sie die Schrifteigenschaften verändern, müssen Sie diese Angaben innerhalb des* <caption>*-Tags notieren. Eine Alternative besteht darin, eine Stylesheet-Angabe für das Tag zu definieren.*

Standardmäßig wird die Beschriftung wie in Abbildung 24.26 oberhalb der Tabelle zentriert dargestellt, mithilfe des Attributs align lässt sich die Position jedoch verändern. Bei der unteren Tabelle lauten die beiden ersten Befehle folgendermaßen:

```
<table border="4">
<caption align="bottom">Tabelle 1.4</caption>
```

Die so erzeugte Beschriftung wird unterhalb der Tabelle zentriert dargestellt.

In folgender Abbildung lautet das einleitende <caption>-Tag <caption align="left"> **für die obere und** <caption align="right"> **für die untere Tabelle.**

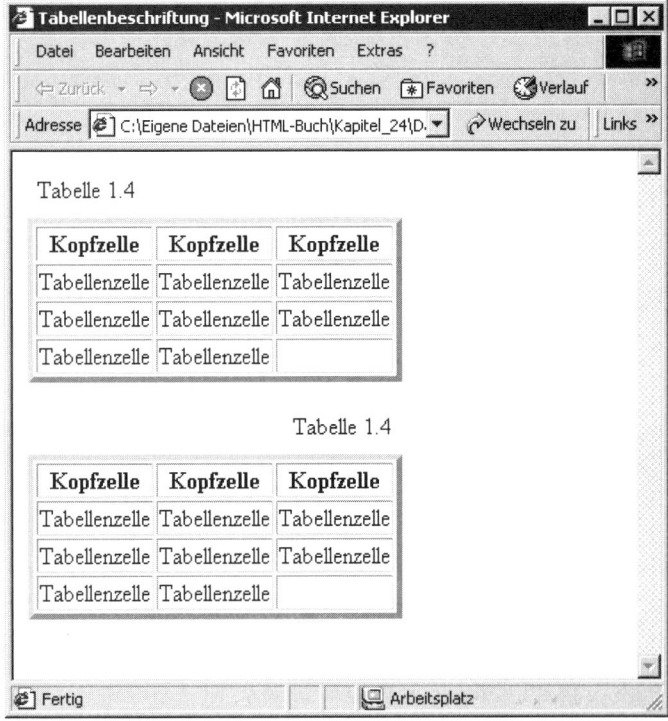

Bild 26.2: Die Tabellenbeschriftung ist links- bzw. rechtsbündig ausgerichtet.

 *Das Attribut* align *gilt wie auch in anderen Zusammenhängen als »deprecated« und sollte zukünftig nicht mehr verwendet werden.*

26.2 Tabellen ausrichten

Standardmäßig werden Tabellen innerhalb des Browser-Fensters wie in Abbildung 26.2 linksbündig ausgerichtet. Mithilfe des Attributs align können Sie eine Tabelle jedoch auch zentrieren bzw. rechtsbündig positionieren. Align ist auch in diesem Zusammenhang als »deprecated« eingestuft und sollte damit zu Gunsten von Stylesheets nicht mehr eingesetzt werden. In Abbildung 26.3 ist die obere Tabelle zentriert und die untere rechtsbündig ausgerichtet.

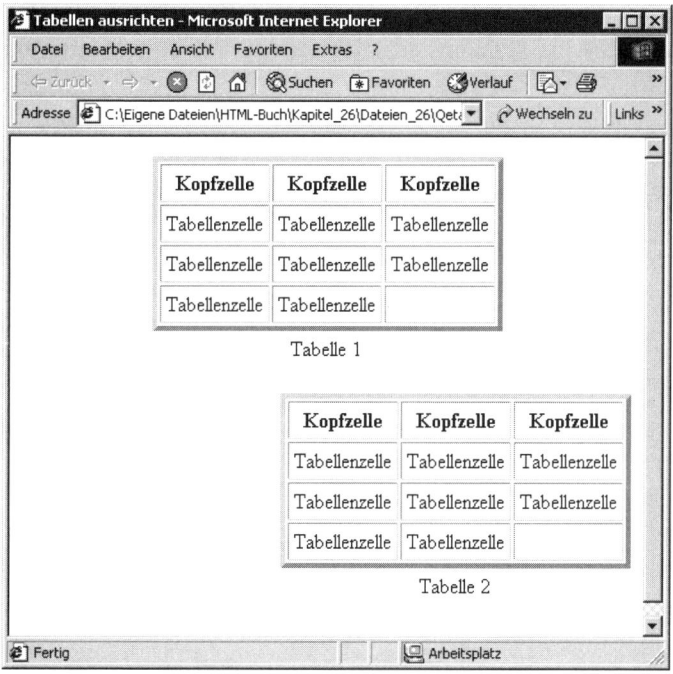

Bild 26.3: Eine zentrierte und eine rechtsbündig ausgerichtete Tabelle

Die einleitenden `<table>`-Tags zu den abgebildeten Tabellen lauten wie folgt:

```
<table border="4" cellpadding="4" align="center">
```

für die obere Tabelle und

```
<table border="4" cellpadding="4" align="right">
```

für die untere Tabelle.

Das Zentrieren einer Tabelle lässt sich auch mit dem ebenfalls unerwünschten Tag `<center>` realisieren, das die gesamte Tabelle einschließen muss.

Das Attribut `align` kann im `<table>`-Tag die Werte `left`, `center` und `right` annehmen, wobei `left` die standardmäßige Ausrichtung ist. Die Ausrichtung spielt auch beim Umfließen von Tabellen eine Rolle, was im nächsten Abschnitt beschrieben ist.

26.3 Umfließen von Tabellen

Wenn eine linksbündig ausgerichtete Tabelle auf ihrer rechten Seite von Text umgeben sein soll, muss sie mit dem Attribut `align="left"` ausgezeichnet werden, auch wenn die Tabelle ohne diese Angabe linksbündig dargestellt wird. Im folgenden Beispiel ist durch das `align`-Attribut im `<table>`-Tag definiert, dass der nach der Tabelle notierte Text rechts neben der Tabelle dargestellt wird.

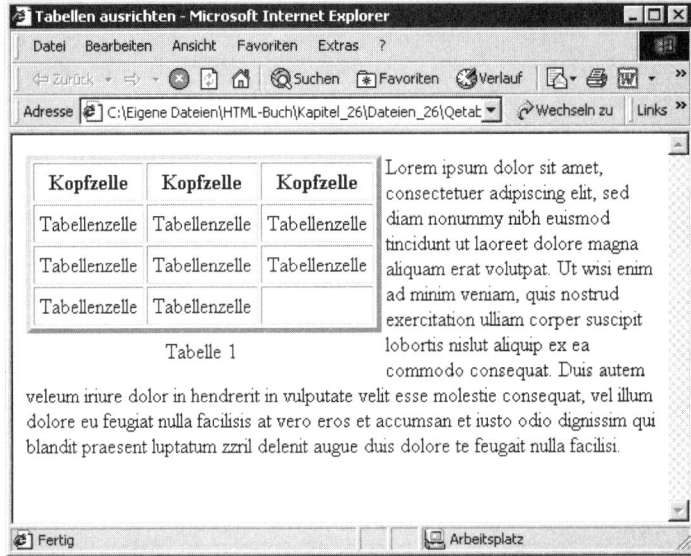

Bild 26.4: Eine linksbündige Tabelle wird auf der rechten Seite umflossen.

Der Quellcode zu der Datei aus Abbildung 26.4 lautet wie folgt:

```
<html>
<head>
<title>Tabellen ausrichten</title>
</head>
<body>
<table border="4" cellpadding="4" align="left">
<caption align="bottom">Tabelle 1</caption>
  <tr>
    <th>Kopfzelle</th>
    <th>Kopfzelle</th>
    <th>Kopfzelle</th>
  </tr>
  <tr>
```

```
        <td>Tabellenzelle</td>
        <td>Tabellenzelle</td>
        <td>Tabellenzelle</td>
      </tr>
      <tr>
        <td>Tabellenzelle</td>
        <td>Tabellenzelle</td>
        <td>Tabellenzelle</td>
      </tr>
      <tr>
        <td>Tabellenzelle</td>
        <td>Tabellenzelle</td>
        <td> </td>
      </tr>
    </table>
Lorem ipsum dolor (...)
</body>
</html>
```

Der die Tabelle umfließende Blindtext ist zur besseren Übersicht mit (...) abgekürzt. Das im einleitenden `<table>`-Tag notierte `align`-Attribut sorgt dafür, dass der Fließtext neben der Tabelle dargestellt wird. Je nach Skalierung des Browser-Fensters bzw. je nach Länge des Textes wird dieser unterhalb der Tabelle fortgesetzt. In Abbildung 26.5 ist ein Teil des Textes vor und ein Teil des Textes nach der diesmal rechtsbündig ausgerichteten Tabelle notiert.

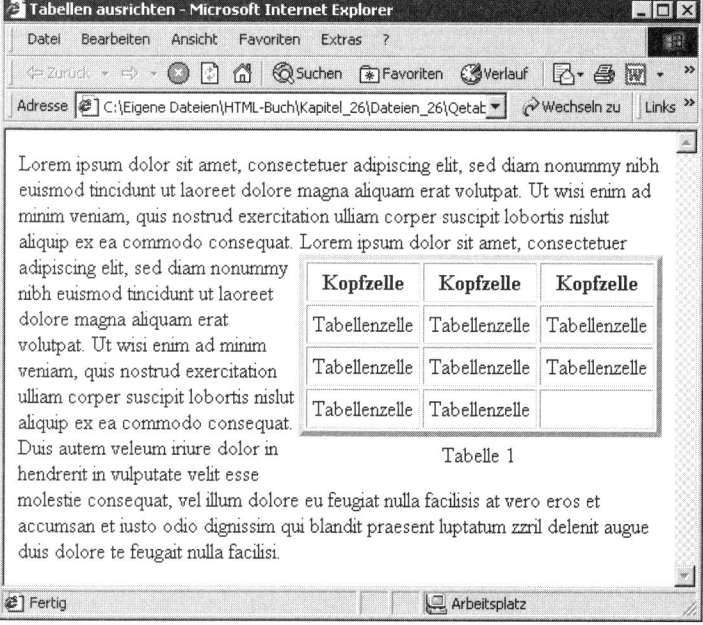

Bild 26.5: Eine rechtsbündige Tabelle wird auf drei Seiten von Text umflossen.

Obwohl im Quelltext der vor der Tabelle eingefügte Text mit einem Punkt endet, füllt der Browser den in der Zeile verbleibenden Platz mit dem nach der Tabelle notierten Text auf. Es entsteht so der Eindruck, der Text fließe nahtlos um die Tabelle herum.

Zentrierte Tabellen werden vom vor- oder nachstehend notierten Text nicht umflossen. Der im Quellcode vor der Tabelle eingefügte Text wird oberhalb und der nach der Tabelle notierte Text unterhalb der Tabelle dargestellt. Die Tabelle selbst wird automatisch in einem eigenen Absatz dargestellt, der allerdings standardmäßig einen sehr geringen Abstand zu vorhergehenden und nachfolgenden Elementen erzeugt. In Abbildung 26.6 ist dieser Effekt zumindest am unteren Rand der Tabelle entschärft, da dort die Tabellenbeschriftung für eine etwas größere Distanz sorgt. Wie Sie die Abstände zwischen einer Tabelle und umgebenden Elementen verändern können, ist in Kapitel 26.4 beschrieben.

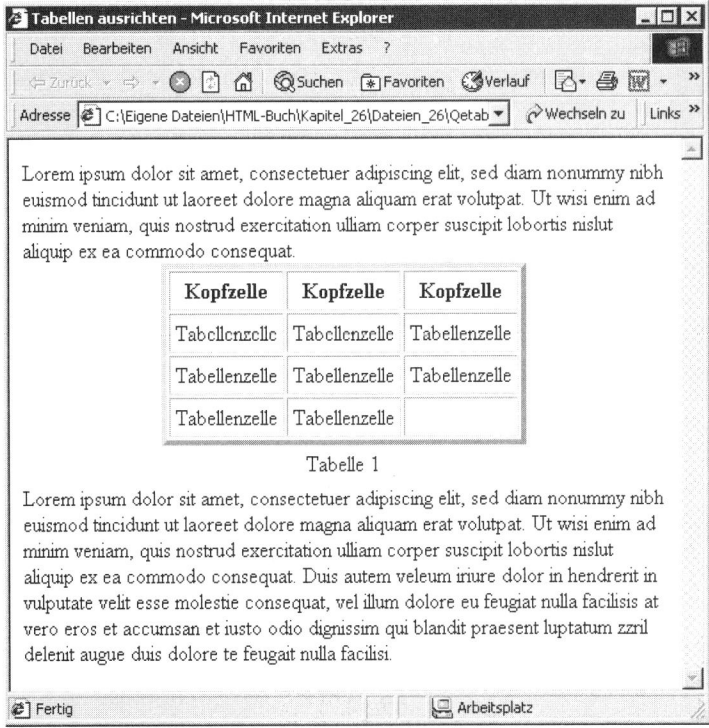

Bild 26.6: Eine zentrierte Tabelle mit vor- und nachstehendem Text

Möchten Sie eine Tabelle mit umfangreichen Zelleninhalten umfließen lassen, sollten Sie die Gesamtbreite der Tabelle entweder absolut in Pixel oder relativ als Prozentangabe definieren. Ansonsten nimmt die Tabelle den entsprechend der Zelleninhalte benötigten Platz ein und bricht die Zelleninhalte um, wenn die Breite des aktuellen Browser-Fensters ausgeschöpft ist. Für umfließenden Text steht dann möglicherweise kein Platz mehr zur Verfügung. Zur Definition der Tabellenbreite siehe Kapitel 24.8.

Ähnlich dem Umfließen bei Grafiken kann auch bei Tabellen das Umfließen beendet werden. Das kann beispielsweise dann sinnvoll sein, wenn der neben der Tabelle positionierte Text sich auf die Tabelle bezieht und unter der Tabelle ein Abschnitt mit anderen inhaltlichen Bezügen beginnt. Das Attribut clear (= löschen) im
-Tag kann die Werte left, right, all und none annehmen und gilt als »deprecated«. Im folgenden Beispiel wird eine linksbündig ausgerichtete Tabelle auf der rechten Seite von Text umflossen. Nach einem Satz Blindtext ist ein
-Tag notiert, dessen alleiniges Auftreten lediglich dafür sorgt, dass der nachfolgende Text in einer neuen Zeile beginnt. Zusammen mit dem Attribut clear und dem Wert left bewirkt dieses Tag allerdings, dass der folgende Text in einer neuen Zeile unterhalb der Tabelle dargestellt wird.

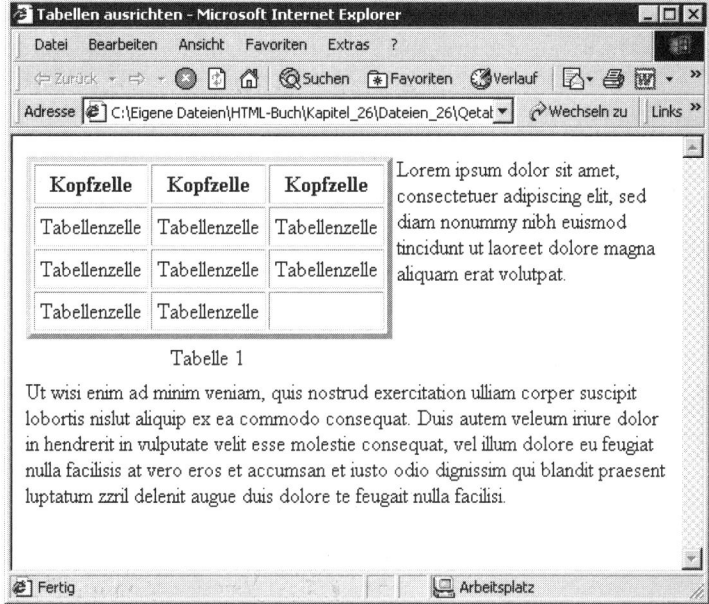

Bild 26.7: Das Umfließen der Tabelle wurde beendet.

Der einleitende Tabellenbefehl zu der in Abbildung 26.7 dargestellten Tabelle lautet:

```
<table border="4" cellpadding="4" align="left">
```

und wird gefolgt von dem Tag zur Beschriftung der Tabelle sowie den einzelnen Zeilen und Zellen. Nach der Tabelle ist der in der Abbildung seitlich neben der Tabelle dargestellte Text notiert, dessen Umfließen der Tabelle mit der Angabe

```
<br clear="left">
```

beendet wird. Das Umfließen einer rechtsbündig ausgerichteten Tabelle wird dementsprechend mit der Angabe

```
<br clear="right">
```

beendet. Der Wert none (= kein) ist voreingestellt, wird also dann interpretiert, wenn das Attribut clear gar nicht oder ohne Wert notiert ist. Mit dem Wert all können Sie das Umfließen einer Tabelle in jedem Fall beenden, egal ob die Tabelle links ausgerichtet ist und rechts umflossen wird oder umgekehrt.

26.4 Abstand zu umgebenden Elementen

Der standardmäßig dargestellte Abstand zwischen einer Tabelle und umfließendem Text ist sehr gering, was das Gesamtbild einer Seite stören kann. Da die Attribute hspace und vspace nicht auf das <table>-Tag angewendet werden können (jedenfalls nicht offiziell, der Navigator unterstützt die genannten Attribute), greifen Sie zu einem kleinen Trick. Da Tabellen weitere Tabellen enthalten können, nutzen Sie das Attribut cellpadding, das innerhalb einer Tabellenzelle rundherum für eine festgelegte Distanz sorgt. Fügen Sie die gesamte Tabelle in eine zweite Tabelle ein, die nur aus einer einzigen Zelle besteht. Im cellpadding-Attribut dieser Tabelle legen Sie den gewünschten Abstand in Pixel fest.

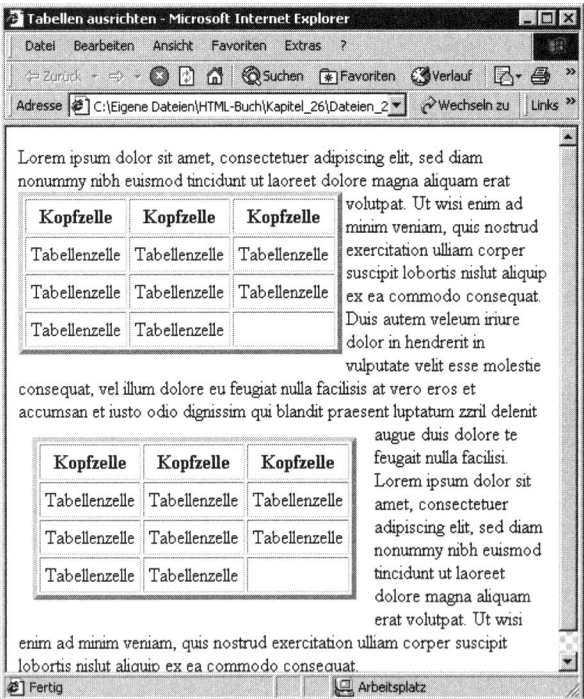

Bild 26.8: Die untere Tabelle stellt den Zelleninhalt einer weiteren Tabelle dar.

In Abbildung 26.8 hat die obere Tabelle einen sehr geringen Abstand zum umgebenden Text. Die nach unten größere Distanz hängt damit zusammen, dass die Tabellenhöhe nicht exakt der Höhe der nebenstehenden Textzeilen entspricht. Der Text wird erst dann unterhalb der Tabelle weitergeführt, wenn er dort komplett (also auch mit eventuellen Großbuchstaben) dargestellt werden kann. Die untere Tabelle ist Bestandteil einer weiteren Tabelle, die aus nur einer Zelle besteht. Im Folgenden sehen Sie den Quelltext der unteren Tabelle.

```
Blindtext
<table cellpadding="10" align="left">
<tr>
 <td>
    <table border="4" cellpadding="4">
     <tr>
      <th>Kopfzelle</th>
      <th>Kopfzelle</th>
      <th>Kopfzelle</th>
     </tr>
     <tr>
      <td>Tabellenzelle</td>
      <td>Tabellenzelle</td>
      <td>Tabellenzelle</td>
     </tr>
     <tr>
      <td>Tabellenzelle</td>
      <td>Tabellenzelle</td>
      <td>Tabellenzelle</td>
     </tr>
     <tr>
      <td>Tabellenzelle</td>
      <td>Tabellenzelle</td>
      <td> </td>
     </tr>
    </table>
 </td>
</tr>
</table>
Blindtext
```

Das erste `<table>`-Tag leitet die unsichtbare Tabelle ein, mit deren Hilfe der Abstand zum umgebenden Text verändert wird. Ohne `border`-Attribut werden weder interne Linien noch der äußere Tabellenrahmen angezeigt. Mit `cellpadding="10"` ist der Abstand zwischen dem Zelleninhalt und dem nicht sichtbaren Zellenrand definiert, der im Browser als Distanz zum Text sichtbar ist. Das Attribut `align` muss nun in dieser Tabelle notiert werden, da sie vom Text umflossen werden soll. Weiterhin enthält diese Tabelle eine einzige Zeile und eine Datenzelle, deren Inhalt die andere Tabelle darstellt. Wie in Abbildung 26.8 zu sehen, hat die untere Tabelle einen umlaufenden Abstand zu anderen Elementen (auch von der Begrenzung des Browser-Fensters) von 10 Pixel.

Achten Sie darauf, dass die Ausrichtung in der äußeren Tabelle notiert sein muss.

27 Blinde Tabellen

Unter blinden Tabellen versteht man solche Tabellen, deren innere Linien und Tabellenränder nicht sichtbar sind; korrekter müsste es also eigentlich unsichtbare Tabellen heißen. Da mithilfe von Tabellen verschiedene Inhalte sowohl in Spalten als auch in Zeilen gruppiert werden können, dienen blinde Tabellen unter anderem dazu, Texteinzüge zu realisieren oder Grafiken sauber zu platzieren. In Kapitel 26.4 finden Sie ebenfalls ein Beispiel für die Verwendung einer blinden Tabelle; dort wurde der Abstand zwischen einer (weiteren) Tabelle und umfließendem Text mithilfe einer blinden Tabelle definiert. Der Vorteil in der Verwendung blinder Tabellen liegt darin, dass der Anwender sie nicht sehen kann, nur das Ergebnis ist wahrnehmbar. Gegen den Einsatz blinder Tabellen spricht, dass Browser normalerweise zuerst den gesamten Inhalt einer Tabelle laden müssen, bevor sie mit der Anzeige beginnen können. Um diesen Effekt zu minimieren, sollten Sie auch bei blinden Tabellen die Gesamtbreite der Tabelle bzw. die Spalten der Tabelle definieren (siehe Kapitel 24.8 und 24.9). Die mit blinden Tabellen realisierten Effekte können mittlerweile mit Stylesheets erreicht werden.

27.1 Platzieren von Grafiken

Mit blinden Tabellen lassen sich mehrere Grafiken auf einer Seite genau positionieren. Auch Grafiken, die in der gleichen Zeile angezeigt werden sollen, wie eine Überschrift, können mit einer blinden Tabelle ausgerichtet werden. In Kapitel 18.2 wurden zwar zwei Grafiken in eine Überschrift eingebunden, sie standen allerdings sehr dicht vor bzw. hinter der Überschrift. Der Abstand zur Überschrift wurde lediglich durch ein geschütztes Leerzeichen gebildet. In einer Tabelle können Grafiken innerhalb ihrer Zelle genau wie textliche Inhalte mit dem Attribut align rechtsbündig oder zentriert (linksbündig ist die Standardeinstellung) und mit valign am oberen oder unteren Zellenrand ausgerichtet werden. Im folgenden Beispiel wurde eine blinde Tabelle benutzt, die aus einer Zeile und drei Zellen besteht.

Im unteren Bereich der Abbildung 27.1 sehen Sie die Begrenzungen der Zellen und der Tabelle, da dort das Attribut border notiert ist. Der Quelltext der blinden Tabelle lautet wie folgt:

```
<table width="100%" height="60">
  <tr>
    <td width="60"><img src="wieseklein.jpg"></td>
    <td align="center" valign="bottom"><h1>Blinde Tabelle</h1></td>
    <td  width="60"><img src="wieseklein.jpg"></td>
  </tr>
</table>
```

Der Abstand zum nachfolgenden Text muss, da die Überschrift ihren Absatz mit in die Tabellenzelle genommen hat, manuell mit einem <p>-Tag eingegeben werden.

Bild 27.1: Eine blinde Tabelle mit zwei Grafiken und einer Überschrift, unten ist die Tabelle mit sichtbaren Linien zu sehen

Bei der Verwendung der Überschriften-Tags ergibt sich das Problem, dass diese sich zwar wie im Beispiel am unteren Zellenrand ausrichten lassen, die Schrift aber dennoch eher zentriert erscheint. Das liegt daran, dass Überschriften einen eigenen Absatz erzeugen, der die Distanz zum nachfolgenden Text vergrößert. Dieser unsichtbare Absatz befindet sich mit der Überschrift in der Tabellenzelle. Versuchen Sie daher, Grafik und Überschrift so auszurichten, dass sich der gewünschte Effekt ergibt. Eine andere Alternative besteht darin, kein Überschriften-Tag zu verwenden und stattdessen mit dem `<font>`-Tag die Schrift zu formatieren. Allerdings geht dann auch die logische Auszeichnung verloren.

Eine blinde Tabelle kann ebenso dazu dienen, mehrere Grafiken zueinander auszurichten bzw. Text in Bezug auf Grafiken auszurichten. Im folgenden Beispiel besteht die blinde Tabelle aus zwei Zeilen und vier Spalten.

Die Texte, die sich links neben den Grafiken befinden, sind jeweils rechtsbündig ausgerichtet, die vertikale Ausrichtung ist standardmäßig mittig. Die Texte auf der rechten Seite sind standardgemäß linksbündig ausgerichtet, in vertikaler Richtung hat der obere den Wert `top` und der untere den Wert `bottom`. Der Abstand zwischen den Grafiken bzw. zwischen den einzelnen Zellen wurde mit dem Attribut `cellspacing="10"` auf 10 Pixel festgelegt.

Platzieren von Grafiken

Bild 27.2: Eine blinde Tabelle mit mehreren Grafiken und einer Überschrift, die nicht mit einem <h>-Tag ausgezeichnet ist

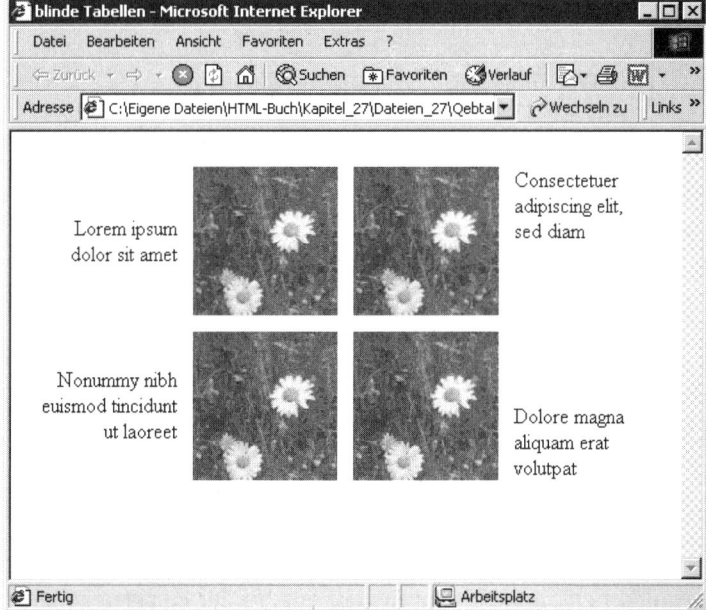

Bild 27.3: Grafiken und Text sind Bestandteil einer blinden Tabelle.

Weiterhin können Sie mit blinden Tabellen Fließtext mehrspaltig darstellen. Der folgende Ausschnitt eines Quellcodes betrifft die blinde Tabelle in Abbildung 27.4.

```
<table cellpadding="6">
 <col width="33%" span="3">
  <tr>
    <td colspan="3" align="center">
    <h1>Lorem ipsum dolor sit amet</h1>
    </td>
  </tr>
  <tr valign="top">
    <td> Lorem ipsum dolor(...)</td>
    <td> quis nostrud exercitation(...)</td>
    <td> dolore eu feugiat(...)</td>
  </tr>
</table>
```

Bild 27.4: Mehrspaltiger Text in einer blinden Tabelle

Da sich sowohl einzelne Tabellenzellen als auch ganze Tabellen mit einer Hintergrundfarbe ausstatten lassen, können Sie mithilfe blinder Tabellen auch farbige Flächen erzeugen, die eine festgelegte Position auf der Seite einnehmen. Definieren Sie beispielsweise die Breite der Tabelle mit 80% und richten Sie diese zentriert aus. In der einzigen Zelle der Tabelle definieren Sie im einleitenden Tag die gewünschte Hintergrundfarbe. Damit der farbig hinterlegte Text sich noch besser vom umgebenden Fließtext abhebt, ist im Beispiel die gesamte Tabelle als Absatz ausgezeichnet.

```
<html>
<head>
<title>blinde Tabellen</title>
</head>
<body>
```

```
Lorem ipsum dolor (...)
<p>
<table width="80%" align="center">
  <tr>
    <td bgcolor="#ccffcc">
Lorem ipsum dolor (...)
    </td>
  </tr>
</table>
</p>
Duis autem veleum (...)
</body>
</html>
```

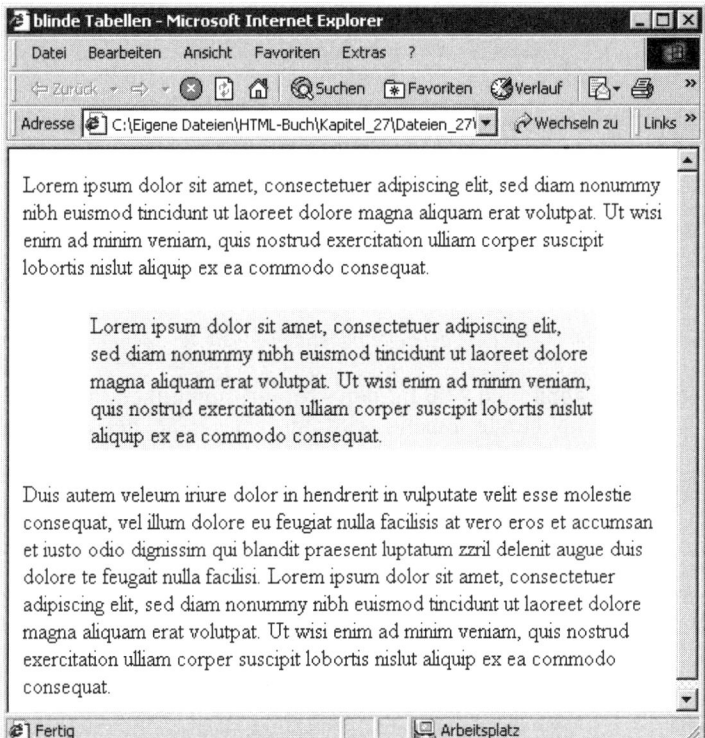

Bild 27.5: Der farbig hinterlegte Text ist Bestandteil einer blinden Tabelle.

27.2 Seitenränder definieren

Texteinzüge lassen sich mit blinden Tabellen realisieren, indem der ersten (leeren) Spalte einer zweispaltigen Tabelle eine festgelegte Breite zugewiesen wird, während sich der gesamte Inhalt der Seite in der zweiten Spalte befindet. Diese Methode wurde in der Datei zu Abbildung 27.6 angewandt.

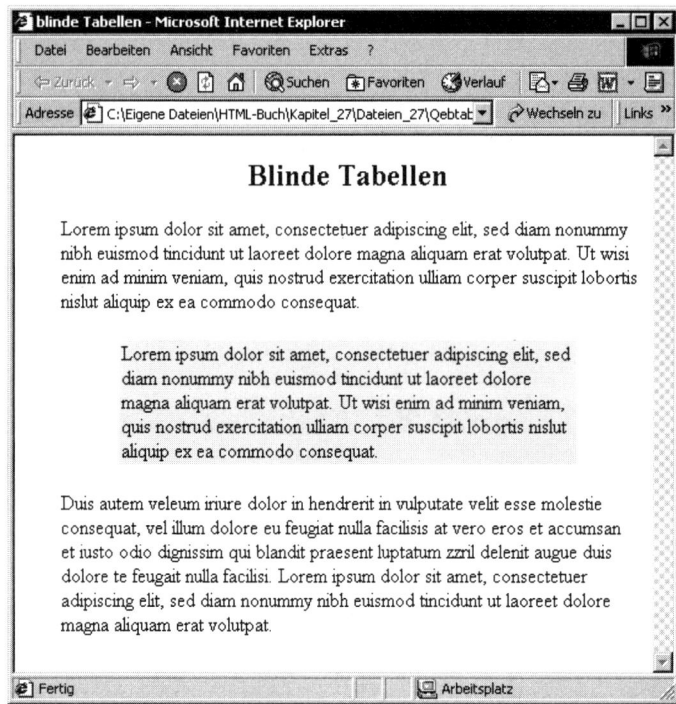

Bild 27.6: Der gesamte Quelltext der Seite bildet den Inhalt der zweiten Zelle einer Tabelle.

Die in Abbildung 27.6 für den Abstand zum linken Browser-Fenster verantwortliche blinde Tabelle wird im <body>-Tag der HTML-Datei wie folgt notiert:

```
<table>
  <tr>
    <td width="20">
    </td>
    <td>
      <h2 align="center">Blinde Tabellen</h2>
      Lorem ipsum dolor (...)
      <p>
       <table width="80%" align="center">
        <tr>
         <td bgcolor="#ccffcc">
           Lorem ipsum dolor (...)
         </td>
        </tr>
       </table>
      </p>
      Duis autem veleum (...)
    </td>
  </tr>
</table>
```

Die in der ersten Tabellenzelle angegebene Breite von 20 Pixel stellt den Einzug zur linken Begrenzung des Browsers dar. Da die eingebundene Tabelle bereits einen seitlichen Abstand von jeweils 10% der Breite hat, addiert sich der Abstand zwischen Browser-Begrenzung und Grafik an dieser Stelle.

Einen beidseitigen Abstand zwischen Seiteninhalt und Begrenzung des Browsers können Sie mit einer blinden Tabelle erreichen, deren Breite beispielsweise mit 90% im einleitenden `<table>`-Tag angegeben ist und deren gesamte Ausrichtung ebenfalls im `<table>`-Tag mit `align="center"` definiert wurde. Die Tabelle muss nur eine Zelle enthalten, in die der gesamte Quelltext der Seite eingefügt wird. Diese eine Tabellenzelle nimmt nun 90% der aktuell verfügbaren Breite ein und ist zentriert ausgerichtet, sodass sowohl links als auch rechts neben dem eigentlichen Seiteninhalt je 5% der insgesamt verbleibenden 10% des Browserfensters leer bleiben.

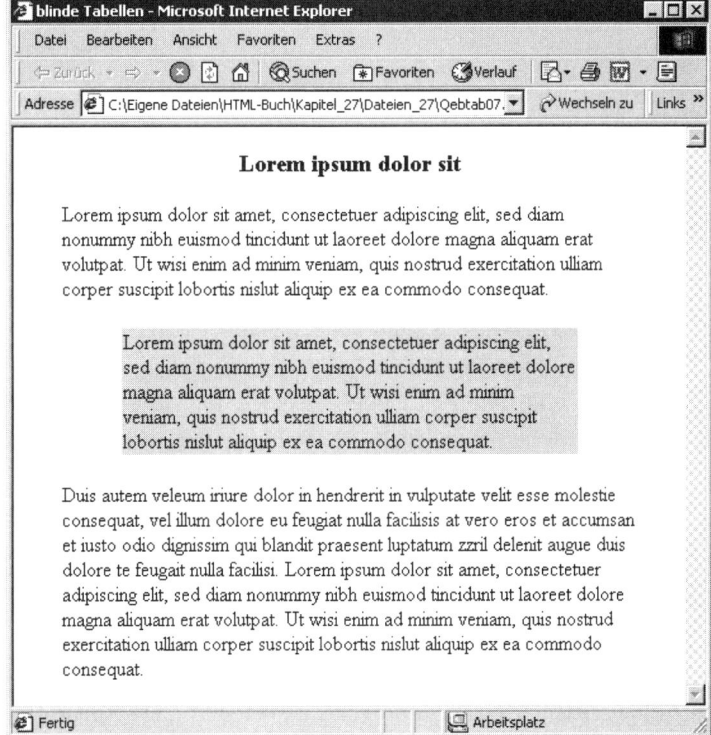

Bild 27.7: Eine Tabelle mit farbigem Hintergrund enthält eine weitere Tabelle mit farbigem Hintergrund.

```
<html>
<head>
<title>blinde Tabellen</title>
</head>
<body>
<table width="90%" align="center" bgcolor="#ffffcc">
```

```
    <tr>
     <td>
      <h3 align="center">Lorem ipsum dolor sit </h3>
      Lorem ipsum dolor (...)
      <p>
       <table width="80%" align="center">
        <tr>
         <td bgcolor="#ffcc66">
   Lorem ipsum dolor (...)
         </td>
        </tr>
       </table>
      </p>
      Duis autem veleum (...)
     </td>
    </tr>
   </table>
  </body>
 </html>
```

Der Quelltext zu Abbildung 27.7 enthält zwei blinde Tabellen, die jeweils mit einer Hintergrundfarbe versehen sind. Der einleitende Befehl der äußeren Tabelle

```
<table width="90%" align="center" bgcolor="#ffffcc">
```

gibt die relative Breite von 90% der gesamten Fensterbreite an. Diese Breite wird in der definierten Farbe zentriert dargestellt, sodass links und rechts davon weiße Ränder übrig bleiben.

Einen ähnlichen Effekt erzielen Sie, wenn Sie den gesamten Quelltext einer Seite in eine blinde Tabelle einfügen, die nur aus einer einzigen Zelle besteht. Mit dem Attribut `cellpadding`, das den Abstand zwischen dem Inhalt einer Zelle und der Zellenbegrenzung festlegt, sind Sie in die Lage versetzt, einen umlaufenden Rand in Pixel zu definieren. Im Gegensatz zu dem in Abbildung 27.6 dargestellten Einzug ist ein durch das `cellpadding`-Attribut hervorgerufener Abstand zusätzlich auch jeweils zwischen dem eigentlichen Inhalt der Seite und der rechten, oberen und unteren Begrenzung des Browser-Fensters zu sehen. Zusammen mit einer Hintergrundfarbe der äußeren Tabelle ergibt sich folgender Effekt:

Die äußere aus einer einzigen Zelle bestehende Tabelle hat mit `cellpadding` einen definierten Abstand von 30 Pixel zum unsichtbaren Zellenrand. Den umlaufend sichtbaren weißen Rand können Sie nur verhindern, indem Sie die Hintergrundfarbe der äußeren Tabelle auch als dateiweite Hintergrundfarbe definieren, wie in Abbildung 27.9 zu sehen.

Auch wenn die hier verwendeten Tags und Attribute (mit Ausnahme des `align`-Attributs im `<table>`-Tag) nicht als »deprecated« gelten, sollten Sie zur Ausrichtung und Definition von Rändern zukünftig auf Stylesheets zurückgreifen. In Kapitel 44 erfahren Sie, wie Sie mithilfe von Stylesheets verschiedene Formateigenschaften definieren können.

Seitenränder definieren

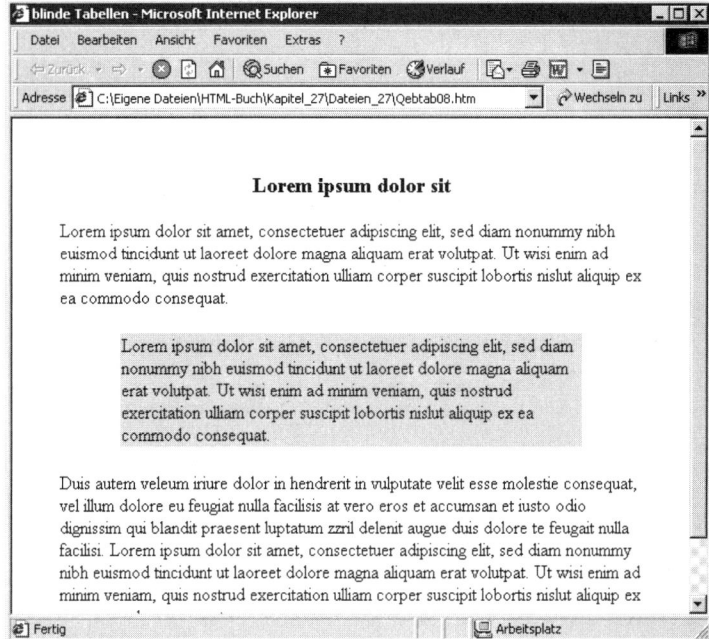

Bild 27.8: Der Fließtext der äußeren Tabelle hat einen Abstand zum Rand der farbigen Fläche.

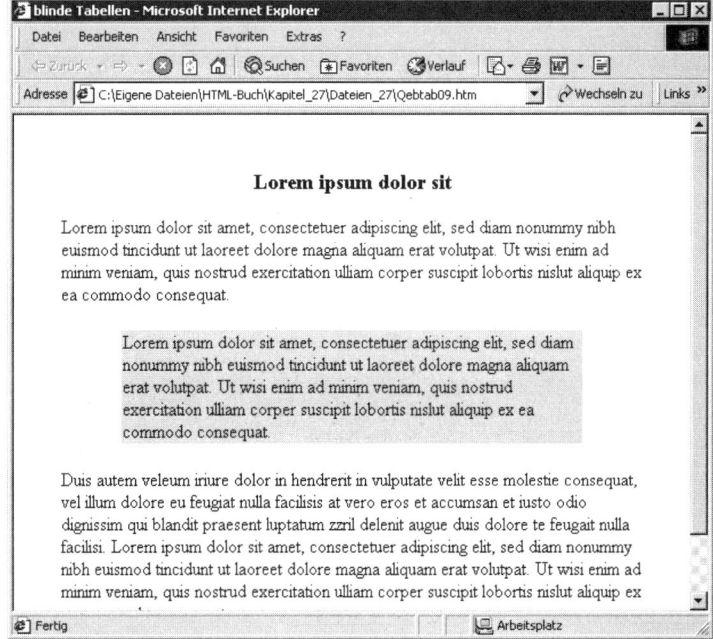

Bild 27.9: Im <body>-Tag wurde eine dateiweite Hintergrundfarbe definiert.

28 Besonderheiten bei Tabellen

Tabellen stellen für Sehbehinderte, die mit nicht visuellen Ausgabemedien wie z.B. einer Sprachausgabe arbeiten, ein Problem dar, da die Bezüge der einzelnen Daten nicht ohne Weiteres klar werden. Um Tabellen für nicht visuelle Medien besser interpretierbar zu machen, wurden in der aktuellen Version HTML 4.01 spezielle Attribute spezifiziert, die in den folgenden Abschnitten beschrieben werden.

28.1 Kurzbeschreibung von Zellen

Das Attribut `abbr` (abgekürzt von abbreviation = Abkürzung) ermöglicht Ihnen, im einleitenden Zellentag `<th>` oder `<td>` eine verkürzte Form des Zelleninhalts anzugeben. Die kurze Beschreibung des Zelleninhalts stellt den Wert dieses Attributs dar.

Bild 28.1: Die Datei zu dieser Tabelle enthält zusätzliche Angaben.

Im einleitenden Zellenbefehl der ersten Zelle in der zweiten Zeile aus Abbildung 28.1 heißt es beispielsweise

```
<td abbr="Arten bestimmen">
```
,

gefolgt von dem in der Abbildung sichtbaren Zelleninhalt. Eine Kurzbeschreibung ist vor allem für solche Tabellenzellen sinnvoll, deren Inhalt verhältnismäßig umfangreich ist.

28.2 Bezüge zwischen Kopf- und Datenzellen

Damit ein nicht visuelles Ausgabemedium Bezüge zwischen Kopf- und Datenzellen herstellen kann, werden die Kopfzellen zunächst mithilfe des Universalattributs id individuell bezeichnet. Diese Bezeichnungen können nun als Werte des Attributs headers (= Überschriften) notiert werden. Die in Abbildung 28.2 dargestellte Tabelle enthält derartige Abgaben; der Quelltext der Tabelle ist im Anschluss an die Abbildung notiert.

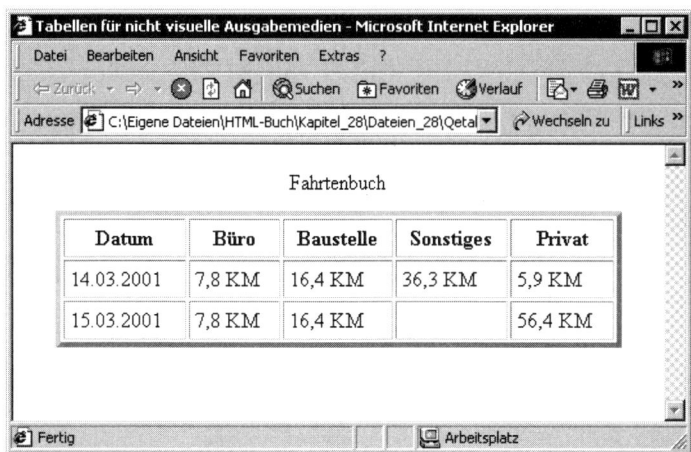

Bild 28.2: Die Tabelle enthält Bezüge zwischen den Kopf- und Datenzellen.

```
<table border="4" cellpadding="4" align="center" width="440">
<caption>Fahrtenbuch</caption>
  <tr>
    <th id="fb1">Datum</th>
    <th id="fb2">B&uuml;ro</th>
    <th id="fb3">Baustelle</th>
    <th id="fb4">Sonstiges</th>
    <th id="fb5">Privat</th>
  </tr>
  <tr>
    <td headers="fb1">14.03.2001</td>
    <td headers="fb2">7,8 KM</td>
    <td headers="fb3">16,4 KM</td>
    <td headers="fb4">36,3 KM</td>
    <td headers="fb5">5,9 KM</td>
  </tr>
  <tr>
    <td headers="fb1">15.03.2001</td>
    <td headers="fb2">7,8 KM</td>
    <td headers="fb3">16,4 KM</td>
    <td headers="fb4"> </td>
    <td headers="fb5">56,4 KM</td>
  </tr>
</table>
```

In der ersten Zeile der Tabelle erhalten die Kopfzellen mit dem Attribut id eine dateiweit eindeutige Bezeichnung. In den einleitenden Tags der einzelnen Datenzellen sind diese festgelegten Bezeichnungen als Werte des Attributs headers notiert.

Bezieht sich der Inhalt einer Tabellenzelle auf mehr als eine Kopfzelle, werden die einzelnen mit dem Attribut id definierten Bezeichnungen durch Leerzeichen voneinander getrennt als Werte des headers*-Attributs aufgezählt.*

Da die als Beispiel benutzte Tabelle sehr einfach strukturiert ist, kann der Bezug zwischen Kopf- und Datenzellen auch mithilfe des Attributs scope (= Reichweite) hergestellt werden. Für dieses Attribut kommen folgende Werte in Frage:

→ row (= Zeile)

Die mit scope="row" ausgezeichnete Kopfzelle bezieht sich auf die weiteren Zellen der aktuellen Zeile.

→ col (= Spalte)

Der Wert col im Attribut scope legt fest, dass die Kopfzelle sich auf die weiteren Zellen der aktuellen Spalte bezieht.

→ rowgroup (= Zeilengruppe)

Die Kopfzelle bezieht sich auf die weiteren Zellen der aktuellen Zeilengruppe. Voraussetzung für diesen Wert ist, dass in der Tabelle verschieden Zeilengruppen oder Bereiche definiert sind (siehe dazu Kapitel 24.2).

→ colgroup (= Spaltengruppe)

Die mit diesem Wert des Attributs scope ausgezeichnete Kopfzelle bezieht sich auf die weiteren Zellen der aktuellen Spaltengruppe. Voraussetzung hierfür ist, dass eine entsprechende Spaltengruppe definiert ist (siehe Kapitel 24.9).

Der Quelltext zu den einleitenden Tags der in Abbildung 28.2 dargestellten Kopfzellen könnte also vereinfacht lauten:

`<th scope="col">`

Die id-Attribute in den Kopfzellen sowie weitere Angaben in den Tags der Datenzellen mit dem Attribut headers sind damit überflüssig. Ein nicht visuelles Ausgabemedium könnte mit dieser Angabe beispielsweise den Inhalt der Kopfzelle bei jeder Zelle wiederholen, die dieser Spalte angehört.

28.3 Kategorien für Zellen

Zellen können bestimmten Kategorien zugeordnet werden. Als Wert des Attributs axis (= Achse) notieren Sie eine oder mehrere Kategorien, wobei die Angaben mehrerer Kategorien durch Kommata getrennt werden. Die Tabelle aus Abbildung 28.2 könnte beispielsweise wie folgt kategorisiert werden.

```
<table border="4" cellpadding="4" align="center" width="440">
<caption>Fahrtenbuch</caption>
  <tr>
    <th id="fb1" axis="Datum">Datum</th>
    <th id="fb2" axis="gefahrene Kilometer">B&uuml;ro</th>
    <th id="fb3" axis="gefahrene Kilometer">Baustelle</th>
    <th id="fb4" axis="gefahrene Kilometer">Sonstiges</th>
    <th id="fb5" axis="gefahrene Kilometer">Privat</th>
  </tr>
  <tr>
    <td id="fb6" headers="fb1">14.03.2001</td>
    <td headers="fb2 fb6">7,8 KM</td>
    <td headers="fb3 fb6">16,4 KM</td>
    <td headers="fb4 fb6">36,3 KM</td>
    <td headers="fb5 fb6">5,9 KM</td>
  </tr>
  <tr>
    <td id="fb7" headers="fb1">15.03.2001</td>
    <td headers="fb2 fb7">7,8 KM</td>
    <td headers="fb3 fb7">16,4 KM</td>
    <td headers="fb4 fb7"> </td>
    <td headers="fb5 fb7">56,4 KM</td>
  </tr>
</table>
```

Zusätzlich zu den im vorigen Abschnitt zugewiesenen IDs wird die erste Kopfzelle der Kategorie Datum und die weiteren der Kategorie gefahrene Kilometer zugeordnet. Weiterhin erhalten auch die beiden Zellen, die in der Spalte Datum notiert sind, eine eigene ID. In den einleitenden Tags der einzelnen Zellen können nun als Wert des Attributs headers die IDs der Zellen angegeben werden, auf die sich die jeweilige Zelle bezieht. Die einzelnen IDs werden dabei durch Leerzeichen voneinander getrennt. Die im vorstehenden Quellcode zuletzt notierte Zelle bezieht sich beispielsweise auf die IDs fb5 und fb7. fb5 ist die ID der Kopfzelle mit dem Inhalt Privat, die der Kategorie gefahrene Kilometer angehört, mit FB7 ist die letzte Datenzelle der ersten Spalte bezeichnet, die der Kategorie Datum angehört und deren Inhalt 15.03.2001 lautet. Ein nicht visuelles Ausgabemedium könnte mit diesen Angaben beispielsweise ermitteln, wie viele Kilometer am 15.03. privat gefahren wurden.

28.4 Tabellen zusammenfassen

Das Attribut summary (= Zusammenfassung) erlaubt als Wert eine Beschreibung des Zwecks und der Struktur der Tabelle. Mit dieser Angabe kann ein nicht visuelles Ausgabemedium dem Anwender genauer als z.B. mit der Tabellenbeschriftung mitteilen, worum es in der Tabelle geht. Notiert wird dieses Attribut im einleitenden <table>-Tag. Für die in Abbildung 28.2 dargestellte Tabelle könnte diese Angabe beispielsweise wie folgt lauten:

```
<table border="4" cellpadding="4" align="center" width="440"
summary="Diese Tabelle beinhaltet die gefahrenen Kilometer zum Büro,
zur Baustelle, zu sonstigen beruflichen Zielen und zu privaten
Zwecken an verschiedenen Tagen">
```

Mit dieser Zusammenfassung der Tabelle wird klar, welche Art von Daten die Tabelle enthält und wie die Grundstruktur aussieht.

29 Formulare aufbauen

Formulare als Bestandteil eines HTML-Dokuments eröffnen Möglichkeiten im Kontakt zwischen Anwender und Betreiber einer Website, die über den einfachen Verweis auf eine E-Mail-Adresse hinausgehen (siehe dazu Kapitel 22.5). Die Formular-spezifischen Elemente oder Steuerelemente wie Optionsknöpfe, Kontrollkästchen, Eingabefelder und Schaltflächen erlauben dem Anwender, individuelle Formulardaten einzugeben und diese zu versenden. Bei Eingabefeldern können dies ein frei wählbarer Eintrag oder eingeschränkte Eingaben aus einer Auswahlliste sein. Darüber hinaus können in Formularen auch herkömmliche Elemente wie Texte, Grafiken oder Objekte enthalten sein. Allen Formularen ist gemein, dass sie – nachdem der Anwender seine Eingaben getroffen hat – an einen Server übertragen werden. Mit Formularen können Sie gleichartige Daten erheben, die den Vergleich verschiedener Datensätze erheblich erleichtern. Dadurch sind Formulare auch für Datenbankabfragen geeignet, deren Ergebnis dem Anwender direkt übermittelt werden kann. Derart strukturierte Daten können auch mithilfe von speziellen Programmen ausgewertet werden, die sich auf dem Server befinden. Die Angaben dazu, wie von Seiten des Servers mit Formulardaten umgegangen werden soll, werden in einem speziellen Attribut notiert. Nachfolgende Tabelle bietet Ihnen eine Übersicht über die in Formularen relevanten Befehle und deren Attribute. Die verschiedenen Steuerelemente in Formularen werden in den folgenden Kapiteln beschrieben. Einzelheiten zur Auswertung von Formulardaten erfahren Sie in Kapitel 31.

Befehl	Attribut	Bedeutung	Status in HTML 4.01
`<button>` `</button>`		erzeugt Schaltflächen	neu
	accesskey	Definition des Zeichens, das in Kombination mit der Alt -Taste das `<button>`-Element ansteuert	neu
	disabled	deaktiviert die Schaltfläche	neu
	name	Bezeichnung der Schaltfläche; wird mit den Formulardaten übertragen	
	tabindex	Position in der Reihenfolge, in der die Elemente einer Seite per Tabulator-Taste angesteuert werden können	neu
	type	Art der Schaltfläche mit den gültigen Werten button, submit und reset	
	value	Wert, der bei Übertragung der Formulardaten an den Server gesendet wird	

Tabelle 29.1: HTML-Befehle und Attribute für Formulare

Befehl	Attribut	Bedeutung	Status in HTML 4.01
`<fieldset>` `</fieldset>`		zeichnet eine Gruppe von Formularelementen aus	neu
`<form>` `</form>`		definiert ein Formular	
	accept	definiert eine Liste von MIME-Typen, die der empfangende Server verarbeiten kann (wenn der Anwender Dateien mit dem Formular versenden kann, also wenn ein Formularelement `<input type="file">` existiert)	
	accept-charlist	definiert eine Liste von Zeichensätzen, die der empfangende Server unterstützt	
	action	nimmt die URL eines Auswertungsprogramms oder eine E-Mail-Adresse auf	
	enctype	gibt die Art der Codierung an, die bei der Übertragung der Formulardaten verwendet wird	
	method	HTTP-Methode, die zur Übertragung der Formulars benutzt wird	
	name	Bezeichnung des Formulars, sodass Stylesheets oder Skripts darauf bezogen werden können	
	target	bei Webseiten mit Frames kann ein Zielframe für Server-Antworten angegeben werden	
`<input>`		erzeugt ein einzeiliges Eingabefeld	kein End-Tag
	accept	definiert eine Liste von MIME-Typen, die der empfangende Server verarbeiten kann (wenn im Attribut `type="file"` definiert ist)	
	acceskey	Definition des Zeichens, das in Kombination mit der [Alt]-Taste das `<input>`-Element ansteuert	neu
	checked	aktiviert Optionsknöpfe und Kontrollkästchen per Voreinstellung	
	disabled	deaktiviert das Formularelement	

Tabelle 29.1: HTML-Befehle und Attribute für Formulare (Forts.)

Befehl	Attribut	Bedeutung	Status in HTML 4.01
	maxlength	legt die maximale Länge von Texteingabefeldern in Zeichen fest	
	name	Bezeichnung des <input>-Elements, wird mit den Formulardaten übertragen	
	readonly	wenn im type-Attribut text oder password angegeben ist, kann der Anwender den vordefinierten Text nur lesen, aber nicht verändern	
	size	gibt bei einzeiligen Eingabefeldern die Breite des Eingabefelds in Zeichen an	
	src	wenn im type-Attribut image angegeben ist, wird als Wert von src die URL der Grafik notiert	
	tabindex	Position des <input>-Elements in der Tabulator-Reihenfolge der Seite	neu
	type	Art des Eingabefelds; gültige Werte sind button, checkbox, file, hidden, image, password, radio, reset, submit, text (Standardeinstellung)	
	value	Wert, der beim Übertragen der Formulardaten versendet wird, muss bei Optionsknöpfen und Kontrollkästchen angegeben werden; bei einzeiligen Eingabefeldern definiert der Wert den vorgegebenen Text, bei Schaltflächen zum Übertragen und Zurücksetzen der Formulardaten gibt der Wert die Beschriftung der Schaltflächen an	
<label> </label>		zeichnet die Beschriftung für Formularelemente aus	neu
	for	bezieht die Beschriftung auf ein bestimmtes Formularelement, dessen ID als Wert notiert wird	
<legend> </legend>		definiert die Beschriftung einer Gruppe von Elementen	neu
	align	richtet die Beschriftung einer Elementgruppe aus (im IE 5.5 werden die Werte left und right unterstützt)	»deprecated«

Tabelle 29.1: HTML-Befehle und Attribute für Formulare (Forts.)

Befehl	Attribut	Bedeutung	Status in HTML 4.01
`<optgroup>` `</optgroup>`		definiert eine Untergruppe einer Auswahlliste	neu
`<option>` `</option>`		definiert einen Eintrag innerhalb einer Auswahlliste	End-Tag optional
	selected	der Eintrag der Auswahlliste ist vorausgewählt und wird im Browser markiert	
`<select>` `</select>`		zeichnet eine Auswahlliste aus	neu
	multiple	erlaubt dem Anwender, mehrere Einträge der Auswahlliste gleichzeitig zu markieren	
	name	definiert die Bezeichnung der Auswahlliste, die mit den Werten der aktivierten Einträge an den Server übertragen wird	
	size	Anzahl der im sichtbaren Bereich der Auswahlliste befindlichen Einträge	
	tabindex	Position der Auswahlliste in der Tabulator-Reihenfolge der gesamten Webseite	
`<textarea>` `</textarea>`		definiert mehrzeilige Eingabefelder	
	accesskey	Zeichen, mit dem das mehrzeilige Eingabefeld (in Kombination mit der Alt -Taste) angesteuert werden kann	
	cols	ungefähre Anzahl der Zeichen, die in einem mehrzeiligen Eingabefeld nebeneinander dargestellt werden	
	name	Bezeichnung des mehrzeiligen Eingabefelds, die zusammen mit den Eingaben des Anwenders übertragen wird	
	readonly	der vorgegebene Text des Eingabefelds kann vom Anwender nicht verändert werden	
	rows	Anzahl der sichtbaren Zeilen des mehrzeiligen Eingabefelds	
	tabindex	Position des mehrzeiligen Eingabefelds in der Ansteuerung per Tabulator-Taste	

Tabelle 29.1: HTML-Befehle und Attribute für Formulare (Forts.)

Neben den in Tabelle 29.1 aufgeführten Attributen können die verschiedenen Befehle für Formulare Universalattribute sowie so genannte Ereignisattribute enthalten, mit denen Sie einem bestimmten Ereignis (wie z.B. dem Absenden des Formulars) JavaScript-Anweisungen zuordnen können.

29.1 Struktur von Formularen

Formulare werden mithilfe der Tags `<form>` (= Formular) und `</form>` ausgezeichnet. Innerhalb dieses Tags können verschiedenartige Steuerelemente sowie herkömmliche Elemente enthalten sein. Mit Steuerelement oder Formularelement werden solche Elemente bezeichnet, die dem Anwender eine Möglichkeit bieten, eigene Eingaben zu machen oder vorgegebene Werte zu modifizieren. Auch Schaltflächen, die das Löschen der eingegebenen Daten bzw. deren Übertragung zur Folge haben, sind Formularelemente. Formulare können keine weiteren Formulare enthalten, das Schachteln von `<form>`-Tags ist also unzulässig. Ein Formular enthält mindestens ein Steuerelement und eine Schaltfläche zum Senden der Formulardaten.

Das Attribut `action` (= Wirkung) enthält als Wert in Form einer URL die Angabe für den Webserver, was mit den Formulardaten geschehen soll. Mögliche Werte sind hier eine E-Mail-Adresse oder der Pfad zu einem Programm, das die Formulardaten auswerten soll. Eine E-Mail-Adresse wird in folgender Syntax notiert:

```
action="mailto:Name@Domainname.Toplevel-Domain"
```

Die Formulardaten werden vom Browser codiert und an die angegebene Mail-Adresse gesendet. Da die Formulardaten standardmäßig für die Auswertung durch spezielle Programme formatiert sind (die zwar für diesen Zweck gut geeignet, für lesende Menschen jedoch eher ungeeignet sind), sollten Sie zusätzlich das Attribut `enctype` (encoding type = Art der Codierung) mit dem Wert `text/plain` angeben. Damit ist der MIME-Typ der Daten definiert, und die Daten werden entsprechend formatiert.

Die Pfadangabe zu einem Auswertungsprogramm (CGI-Skript) entspricht den in Kapitel 22 beschriebenen Regeln für Verweise. Die Syntax lautet in diesem Fall:

```
action="Pfadangabe"
```

Da die standardmäßige Codierung für Auswertungsprogramme geeignet ist, brauchen Sie keine weiteren Angaben im `enctype`-Attribut zu machen, es sei denn, das Formular enthält ein Element, das dem Anwender gestattet, Dateien mit den Formulardaten zu übertragen. In diesem Fall lautet die Angabe `enctype="multipart/form-data"`, da neben den Formulardaten auch eine Datei versendet wird (siehe auch Kapitel 30.1 Dateien übertragen).

In einem weiteren Attribut muss die Methode angegeben werden, die zur Übertragung der Formulardaten benutzt wird. Die gültigen Werte für das Attribut `method` (= Methode) sind `get` (= erhalten) und `post` (= versenden).

`get`

Beim Absenden eines Formulars mit der Angabe `method="get"` codiert der Browser die Formulardaten wie voreingestellt bzw. wie im Attribut `enctype` angegeben. Ist das `enctype`-Attribut nicht notiert, codiert der Browser so, dass ein Auswertungsprogramm die Daten verarbeiten kann. Weiterhin ermittelt der Browser die als Wert des Attributs `action` angegebene URL und fügt die Formulardaten hinzu, wobei URL und Formulardaten durch ein Fragezeichen voneinander getrennt sind. Anschließend wird diese neue URL zum Server geschickt, wo ein Auswertungsprogramm die Formulardaten verarbeiten kann.

`post`

Die Übertragungsmethode `post` bedeutet zunächst ebenfalls, dass die Formulardaten vom Browser codiert werden wie im Attribut `enctype` angegeben. Die Formulardaten werden dann direkt als eigenständiger Datenstrom an die im `action`-Attribut notierte URL gesendet, ohne zuerst an die URL angehängt zu werden. Damit die Übertragung der Daten auf diese Art funktioniert, muss beim Anwender ein E-Mail-Client installiert sein; außerdem wird diese Methode der Übertragung nur von neueren Browsern unterstützt.

Verwenden Sie ein Auswertungsprogramm zur Verarbeitung der Formulardaten, geben Sie als Übertragungsmethode `get` an. Der Quelltext lautet beispielsweise:

```
<form action="/cgi-bin/auswertung.pl" method="get">
Formularelemente und Inhalt des Formulars
</form>
```

Die im `action`-Attribut angegebene relative URL führt zu einem CGI-Skript, das (wie an der Dateierweiterung *.pl* zu erkennen ist) in diesem Beispiel in der Skriptsprache Perl erstellt wurde. Als Übertragungsmethode ist im `method`-Attribut `get` angegeben, die Formulardaten werden also so versendet, dass sie von einem Auswertungsprogramm (hier `auswertung.pl`) verarbeitet werden können. Im Attribut `accept-charset` (= akzeptierte Zeichensätze) können Sie eine Liste derjenigen Zeichensätze angeben, die der Server, der die Daten empfängt, unterstützt. Der Zeichensatz ISO-8859-1 (auch Latin-1 genannt) deckt weite Teile des europäischen Sprachraums ab.

Um die Formulardaten per E-Mail an die im Attribut `action` als Wert angegebene Adresse gesendet zu bekommen, notieren Sie den Wert `post`. Der Quellcode lautet in diesem Fall z.B.:

```
<form action=mailto:sekretariat@vereinxy.de enctype="text/plain" method="post">
Formularelemente und Inhalt des Formulars
</form>
```

Die Formulardaten werden vom Browser aufgrund der Angabe `text/plain` im Attribut `enctype` als reine Textdatei codiert und direkt an die im `action`-Attribut angegebene Mail-Adresse versendet.

Mit der Angabe subject="Betrefftext", *die durch ein Fragezeichen von der eigentlichen E-Mail-Adresse getrennt ist, lässt sich ein Betreff für die zu erhaltende Mail definieren. Das* <form>-*Tag würde dann wie folgt lauten:*

```
<form action=mailto:sekretariat@vereinxy.de?subject=
"Informationsmaterial" enctype="text/plain" method="post">
```

Anschließend folgen die Steuerelemente des Formulars und schließlich das abschließende Tag </form>.

Einige Steuerelemente in Formularen werden mit dem Befehl <input> (= Eingabe) erzeugt, dessen Attribut type (= Art) festlegt, um welche Art von Formularelement es sich handelt. Mithilfe des Attributs value (= Wert) lassen sich voreingestellte Werte definieren, die auch beim Löschen der Eingaben des Anwenders erhalten bleiben.

Webserver, die kostenlosen Speicherplatz zur Verfügung stellen, erlauben in der Regel keine CGI-Skripts. Einzelheiten zu Erstellung und Verarbeitung von Formulardaten und wie Sie auch ohne CGI-Skript Formulardaten erhalten können, erfahren Sie in Kapitel 31.

Das <form>-Tag kann Universalattribute enthalten, die Formatierung von Formularen kann (und sollte in Zukunft) über Stylesheets erfolgen.

Formularelemente können auch außerhalb von Formularen notiert werden, um beispielsweise als Elemente der Benutzeroberfläche zu fungieren. Solche Elemente werden mit Skripts verbunden, die eine bestimmte Aktion nach sich ziehen, wie beispielsweise das Öffnen der jeweils vorherigen Seite.

29.2 Einzeilige Eingabefelder

Einfache, das heißt einzeilige Eingabefelder in Formularen werden mit dem Befehl <input> (Eingabe) ausgezeichnet, der kein abschließendes Tag besitzt. Ein mit diesem Befehl erzeugtes Eingabefeld wird im Browser linksbündig ausgerichtet dargestellt und hat zunächst keinerlei Bezeichnung. Damit der Anwender eine Ahnung davon bekommt, was er mit diesem Feld anfangen soll, notieren Sie eine Beschriftung des Eingabefelds (bzw. dessen, was dort eingegeben werden soll) als einfachen Text innerhalb des mit <form> und </form> definierten Formulars. Der folgende Quelltext enthält ein Eingabefeld ohne und zwei mit Beschriftung.

```
<html>
<head>
<title>Formulare</title>
</head>
<body>
<center><h2>Einzeilige Eingabefelder</h2></center>
<form action="/cgi-bin/auswertung.pl" method="get">
<input>
<p>E-Mail-Adresse: <input></p>
<input> E-Mail-Adresse
</form>
</body>
</html>
```

Das erste <input>-Tag führt zu einem standardmäßigen Eingabefeld, dem im nächsten Absatz notierten <input>-Tag wurde der Text E-Mail-Adresse: vorangestellt, der in der Browser-Darstellung vor dem Eingabefeld zu sehen ist. Bei dem dritten <input>-Befehl ist die Beschriftung nachfolgend angegeben. Die Browser-Darstellung dieser Datei sehen Sie in Abbildung 29.1.

*Die Eingabefelder und die voran- oder nachgestellte Beschriftung sind hier in eigene Absätze gesetzt worden. Ohne eine derartige Trennung (mit <p>- bzw.
-Tags) würden die Eingabefelder und die Beschriftungen entsprechend dem aktuell vorhandenen Platz wie Fließtext nacheinander dargestellt. Um die einzelnen Elemente eines Formulars wunschgemäß ausrichten zu können, empfiehlt sich der Einsatz von blinden Tabellen oder die Verwendung von Stylesheets.*

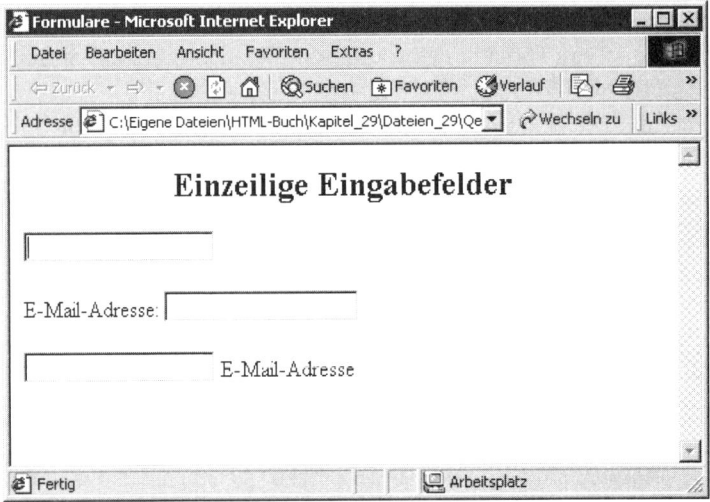

Bild 29.1: *Ein Formular mit drei Eingabefeldern*

Das <input>-Tag kann neben einfachem Text, wie er im vorigen Beispiel verwendet wurde, auch eine logische Beschriftung enthalten. Der Vorteil dieser Art der Beschriftung liegt darin, dass ein echter Bezug zwischen der Beschriftung und dem Eingabefeld hergestellt wird. Bei herkömmlichem Text sind die Beschriftung und das Eingabefeld selbst zwei völlig unabhängige Teile des Formulars. Die logische Beschriftung von Formularelementen wird mit dem Befehl <label> (= Bezeichnung) definiert. Das Attribut for (= für) stellt den Bezug zum Eingabefeld dar; dabei wird als Wert die ID des zu beschriftenden Elements angegeben, die im einleitenden Tag des Elements definiert sein muss. Zwischen dem einleitenden und abschließenden <label>-Tag wird der Beschriftungstext des Eingabefelds eingegeben.

Da das <label>-Tag von älteren Browsern nicht unterstützt wird, sollten Sie logische Beschriftungen so anordnen, dass sie auch dann an geeigneter Stelle dargestellt werden, wenn der Browser das <label>-Tag nicht interpretiert.

Einzeilige Eingabefelder

Im folgenden Beispiel sind drei Eingabefelder in eine blinde Tabelle eingefügt. Das dritte Eingabefeld wurde mit einer logischen Beschriftung versehen. Der Ausschnitt des Quelltextes zu der in Abbildung 29.2 dargestellten Datei lautet wie folgt:

```html
<html>
<head>
<title>Formulare</title>
</head>
<body>
<center><h2>Einzeilige Eingabefelder</h2></center>
<form action="/cgi-bin/auswertung.pl" method="get">
 <table align="center">
  <tr>
   <td></td>
   <td><input></td>
  </tr>
  <tr>
   <td>E-Mail-Adresse:</td>
   <td><input></td>
  </tr>
  <tr>
   <td><label for="mail">E-Mail-Adresse:</label></td>
   <td><input id="mail"></td>
  </tr>
 </table>
</form>
</body>
</html>
```

Die ersten beiden Eingabefelder haben keine bzw. keine logische Beschriftung, im Unterschied zum vorhergehenden Beispiel sind sie in eine blinde Tabelle eingebunden. Das <label>-Tag bezieht sich auf das als Wert des Attributs for in Form einer ID angegebene Formularelement. Im einleitenden Tag des dritten Eingabefelds wird hier mail als ID festgelegt.

Der Wert des Universalattributs id *unterliegt bestimmten Regeln; Sie dürfen ausschließlich alphanumerische Zeichen sowie Unterstriche verwenden, wobei das erste Zeichen ein Buchstabe sein sollte.*

Das in Abbildung 29.2 untere Eingabefeld ist mit einer logischen Beschriftung ausgestattet; die für das Eingabefeld definierte ID ist im Browser nicht sichtbar.

Das zu beschriftende Steuerelement kann auch innerhalb des <label>*-Tags vor oder nach dem Beschriftungstext notiert werden. Allerdings können Sie bei diesem Vorgehen keine blinde Tabelle zur Ausrichtung der Formularelemente benutzen.*

Kapitel 29 · Formulare aufbauen

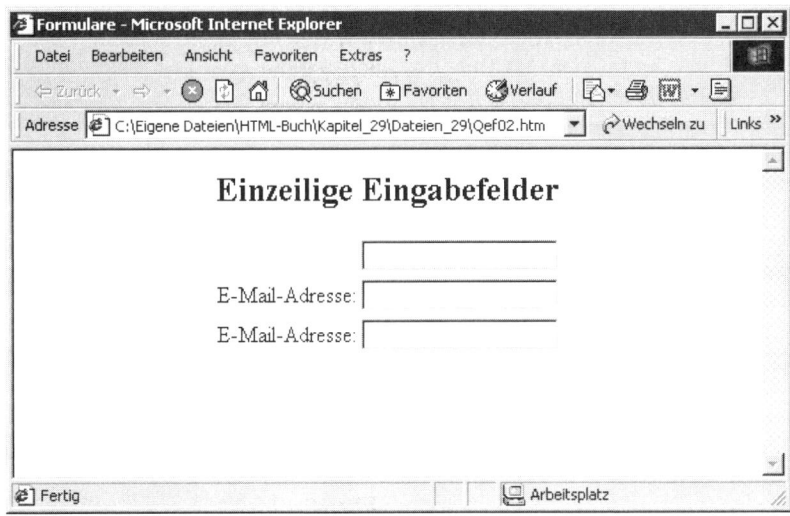

Bild 29.2: Eingabefelder innerhalb einer blinden Tabelle

Mithilfe des Attributs name lassen sich Bezeichnungen für die einzelnen Formularelemente definieren, die anders als die mit <label> ausgezeichneten Beschriftungen jedoch im Browser nicht sichtbar werden. Der als Wert des Attributs name festgelegte Name des Steuerelements spielt bei der Auswertung der Formulardaten eine Rolle. Namen, die im <input>-Tag definiert wurden, werden beim Absenden des Formulars zusammen mit den Formulardaten übertragen. Die Reichweite des in einem Steuerelement notierten name-Attributs geht nicht über das Formular hinaus, in dem es sich befindet. Wählen Sie daher für die im Formular enthaltenen Steuerelemente eine Bezeichnung, die formularweit eindeutig ist.

Das Attribut type (= Art) im <input>-Tag legt fest, um welche Art von Eingabe es sich handelt. Da der Wert dieses Attributs standardmäßig mit text definiert ist, müssen Sie es bei Eingabefeldern nicht notieren.

Mit dem Attribut size (= Größe) können Sie die Breite des Eingabefelds verändern. Der Wert dieses Attributs wird im Allgemeinen in Pixel angegeben; wenn Sie jedoch kein type-Attribut (oder den ohnehin interpretierten Wert text) notieren, wird die im size-Attribut notierte Zahl als Anzahl von Zeichen interpretiert. Ohne anders lautende Angaben im size-Attribut werden einfache Eingabefelder mit size="20" dargestellt, was einer Breite von 20 Zeichen entspricht.

Bei der Anzahl von Zeichen, die ein Eingabefeld in seinem sichtbaren Bereich aufnehmen kann, handelt es sich um einen gemittelten Wert. Wenn Sie besonders schmale Zeichen eingeben, werden sicherlich mehr als 20, bei breiteren Zeichen eher weniger Zeichen in den sichtbaren Bereich passen.

Gerade bei Eingabefeldern für Adressdaten sollten Sie die Breite der Eingabefelder nicht zu gering wählen und im Attribut size einen höheren als den voreingestellten Wert von 20 Zeichen angeben.

Ein weiteres Attribut ermöglicht es Ihnen, die maximale Länge von Eingabefeldern zu bestimmen. Auch wenn per Voreinstellung 20 Zeichen in einem Eingabefeld sichtbar sind, heißt das nicht, dass auch nur 20 Zeichen notiert werden können. Wenn der Anwender eine längere Eingabe macht als die im size-Attribut angegebene Anzahl von Zeichen, wird der Inhalt des ausgefüllten Eingabefeldes gescrollt. Mithilfe der Pfeiltasten können die momentan nicht sichtbaren Bereiche des Felds angesteuert werden. Die Voreinstellung des Attributs maxlength (= maximale Länge) ist unendlich, um die Eingabe unsachgemäßer Eingaben zu vermeiden bzw. diese abzukürzen legen Sie eine maximal einzugebende Anzahl von Zeichen fest. Die im Attribut maxlength festgelegte Zeichenanzahl kann durchaus niedriger sein als die im Attribut size angegebene Zahl, da mit size lediglich definiert wird, wie breit der sichtbare Bereich des Eingabefelds ist. Ist die in maxlength angegebene Anzahl von Zeichen eingegeben, werden keine weiteren Eingaben mehr angenommen, auch wenn die sichtbare Breite des Eingabefelds dies zulassen würde.

Zusätzlich zu den in den vorigen Beispielen eingesetzten Attributen werden im folgenden Beispiel die Attribute name, size und maxlength verwendet.

```html
<html>
<head>
<title>Formulare</title>
</head>
<body>
<center><h2>Einzeilige Eingabefelder</h2></center>
<form action="/cgi-bin/auswertung.pl" method="get">
 <table align="center">
  <tr>
   <td><label for="vname">Vorname:</label></td>
   <td><input id ="vname" name="Vorname" size="40"></td>
  </tr>
  <tr>
   <td><label for="nname">Nachname:</label></td>
   <td><input id="nname" name="Nachname" size="40"
   maxlength="10"></td>
  </tr>
  <tr>
   <td><label for="str">Strasse:</label></td>
   <td><input id="str" name="Strasse" size="40" maxlength="40"></td>
  </tr>
  <tr>
   <td><label for="ort">Ort:</label></td>
   <td><input id="ort" name="Ort" size="40"></td>
  </tr>
 </table>
</form>
</body>
</html>
```

Die folgende Abbildung 29.3 zeigt, wie diese Datei im Browser dargestellt wird.

Kapitel 29 · Formulare aufbauen

Bild 29.3: Eingabefelder eines Formulars mit size- und maxlength-Attribut

Alle Eingabefelder haben einen sichtbaren Bereich von 40 Zeichen Länge, der im jeweiligen `size`-Attribut der Steuerelemente definiert ist. Das mit Nachname betitelte Eingabefeld hat eine begrenzte maximale Länge von zehn Zeichen; weitere Eingaben werden nicht angenommen, obwohl das Eingabefeld ebenfalls die Eingabe von 40 Zeichen erlaubt. Sie können so die Anzahl der Zeichen beschränken und trotzdem ein einheitliches Erscheinungsbild der einzelnen Eingabefelder wahren. Die als Werte des Attributs `name` notierten Bezeichnungen sind im Browser nicht zu sehen, sie werden bei der Übermittlung des Formulars mit den Inhalten der Eingabefelder kombiniert.

Der Wert des Attributs `value` (= Wert) kann eingesetzt werden, um den Inhalt von Eingabefeldern vorzubestimmen. Unter Umständen kann ein derart vorgegebener Wert verdeutlichen, welche Art von Daten in das Eingabefeld notiert werden kann. In der Quelldatei zu Abbildung 29.4 ist das zuletzt notierte Steuerelement mit einem bestimmten Inhalt vorbelegt. Der entsprechende Befehl lautet:

```
<input id="mail" name="E-Mail" size="40"
value="Ihr Name@Domainname.de">
```

Der als Wert des Attributs `value` eingegebene Text erscheint in dem dazu gehörigen Eingabefeld. Der Anwender kann diesen Text mit seinen eigenen Angaben überschreiben.

Der vom Anwender im Eingabefeld notierte Text gilt als aktueller Wert, der beim Abschicken des Formulars übertragen wird.

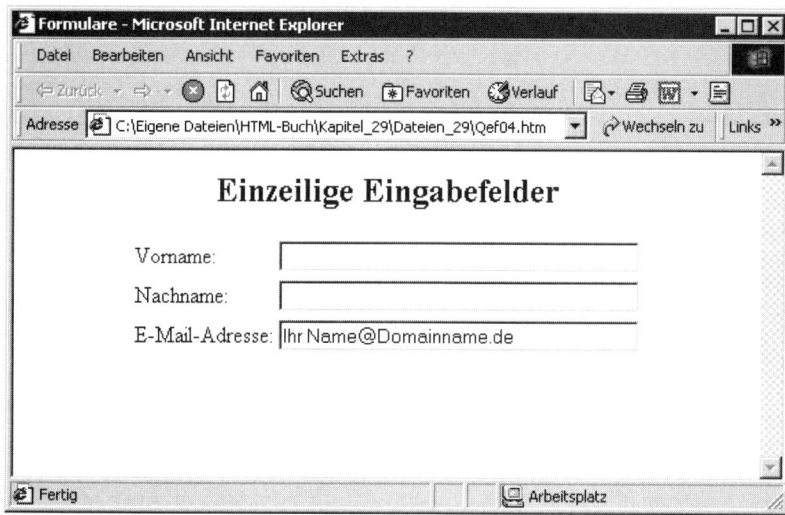

Bild 29.4: *Ein Eingabefeld mit vordefiniertem Inhalt*

29.3 Eingabefelder für Passwörter

Eine besondere Form von Eingabefeldern sind solche für Passwörter oder Kennworte. Um ein Eingabefeld für die Aufnahme von Passwörtern zu erstellen, geben Sie im Attribut type den Wert password an. Gibt der Anwender sein Kennwort in ein solches Feld ein, werden die Zeichen im Browser nicht sichtbar. Stattdessen werden Platzhalter dargestellt, die Aufschluss darüber geben, wie viele Zeichen eingegeben wurden. Das so getarnte Passwort kann von anderen Personen nicht vom Bildschirm abgelesen werden.

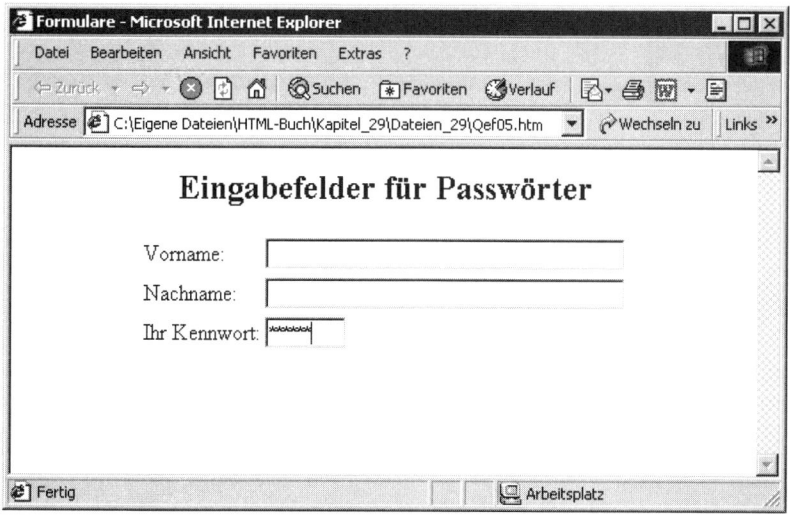

Bild 29.5: *Das untere Eingabefeld nimmt Passwörter auf.*

Der Befehl für das in Abbildung 29.5 untere Eingabefeld lautet:

```
<input type="password" name="Kennwort" id="pass" maxlength="6"
size="6">
```

Die einzelnen Zeichen, die als Kennwort eingegeben wurden, werden durch einzelne Sternchen repräsentiert.

Ein Passwort macht noch keine sichere Webseite aus. Kennworte werden unverschlüsselt mit dem Formular über das Internet verschickt und können auf diesem Weg abgelesen werden.

29.4 Mehrzeilige Eingabefelder

Eingabefelder, die sich über mehrere Zeilen erstrecken werden, nicht mit dem `<input>`-Tag, sondern dem Befehl `<textarea>` (= Textbereich) erzeugt, der im Gegensatz zu `<input>` über ein abschließendes Tag verfügt. Standardmäßig werden mehrzeilige Eingabefelder mit zwei Zeilen und einer Breite von 20 Zeichen dargestellt.

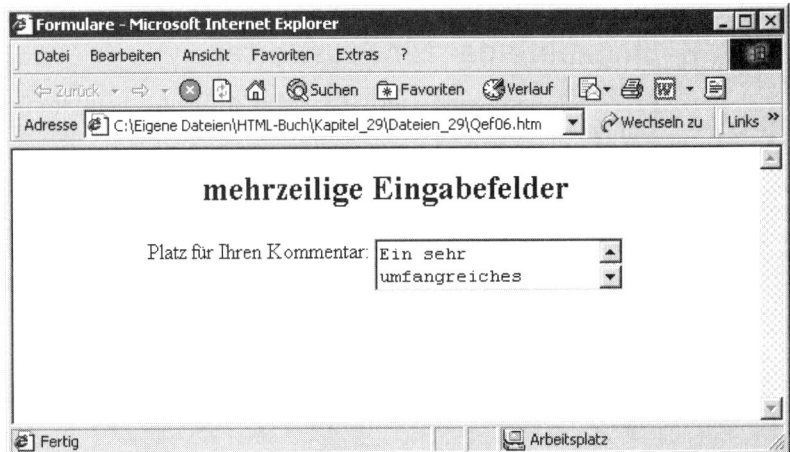

Bild 29.6: Ein mehrzeiliges Eingabefeld

Der Quellcode zu der in Abbildung 29.6 dargestellten Datei lautet:

```
<html>
<head>
<title>Formulare</title>
</head>
<body>
<center><h2>mehrzeilige Eingabefelder</h2></center>
<form action="/cgi-bin/auswertung.pl" method="get">
 <table align="center">
  <tr>
   <td valign="top">Platz f&uuml;r Ihren Kommentar: </td>
   <td><textarea name="Kommentar"></textarea></td>
```

```
  </tr>
 </table>
</form>
</body>
</html>
```

Die Beschriftung des mehrzeiligen Eingabefelds ist in diesem Beispiel nicht mit dem `<label>`-Tag ausgezeichnet. Die im Browser sichtbare Breite des Eingabefelds beträgt 20 Zeichen und zwei Zeilen in der Höhe. Der unsichtbare Bereich des Felds befindet sich in weiteren Zeilen, die mit den automatisch erscheinenden Scrollpfeilen angesteuert werden können. Ähnlich dem `size`-Attribut beim `<input>`-Tag kann bei mehrzeiligen Feldern die Größe des sichtbaren Bereichs mit den Attributen `cols` (von columns = Spalten) und `rows` (= Zeilen) verändert werden. Obwohl das Attribut mit `cols` bezeichnet ist, ist hier als Wert keine Spaltenanzahl, sondern die Anzahl der nebeneinander sichtbaren Zeichen einzugeben. Das Eingabefeld aus Abbildung 29.7 enthält im einleitenden `<textarea>`-Tag die Angaben `cols="40"` und `rows="10"`.

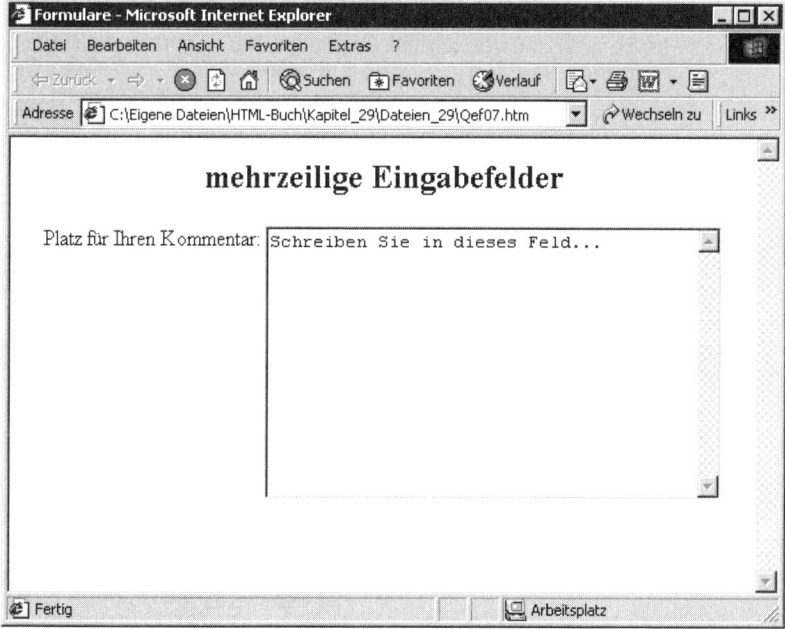

Bild 29.7: Ein mehrzeiliges Eingabefeld, dessen Größe mit den Attributen rows und cols definiert wurde

Wie bei einzeiligen können Sie auch bei mehrzeiligen Eingabefeldern Text eingeben, der innerhalb des Steuerelements sichtbar wird und vom Anwender verändert (oder auch gelöscht) werden kann. Bei mehrzeiligen Eingabefeldern wird dieser Text nicht wie bei einzeiligen Feldern als Wert des Attributs `value`, sondern einfach zwischen die Tags `<textarea>` und `</textarea>`

geschrieben. Das vollständige <textarea>-Tag für das in Abbildung 29.7 dargestellte Eingabefeld lautet:

```
<textarea cols="40" rows="12" name="kommentar">
Schreiben Sie in dieses Feld...
</textarea>
```

Das boolesche Attribut readonly (= nur lesen), dem kein Wert zugewiesen wird, sorgt dafür, dass das Steuerelement vom Anwender nicht verändert werden kann. Das Attribut kann in den Befehlen <input> und <textarea> eingesetzt werden und macht Eingabefelder im Prinzip zu Ausgabefeldern. Das kann z.B. dann sinnvoll sein, wenn die Ausgabe einer Antwort in einem Formularfeld erfolgen soll. Das Attribut readonly wird nur von den neuesten Browsern unterstützt.

29.5 Auswahllisten

Sie können innerhalb eines Formulars mithilfe von Auswahllisten dem Anwender vorgegebene Einträge zur Auswahl anbieten. Eine solche Auswahlliste wird von den Tags <select> (von selection = Auswahl) und </select> ausgezeichnet. Die einzelnen für den Anwender auswählbaren Optionen der Liste werden mit dem <option>-Tag ausgezeichnet, dessen abschließendes Tag optional verwendet werden kann. Standardmäßig wird die Auswahlliste als Pull-down-Liste dargestellt, was bedeutet, dass in dem Listenfeld nur eine Option sichtbar ist. Die weiteren Einträge sind über einen neben dem Listenfeld angeordneten Pfeil zu erreichen. Eine solche Auswahlliste sehen Sie in Abbildung 29.8.

Bild 29.8: Eine Auswahlliste in einem Formular

Klickt der Anwender auf den in Abbildung 29.8 rechts neben dem Listenfeld befindlichen Pfeil, klappt eine Liste mit allen definierten Optionen der Liste auf.

Bild 29.9: Durch Klicken auf den Pfeil wird die Liste der Einträge sichtbar.

Die Liste in Abbildung 29.9 stellt nur einen Teil der Listeneinträge dar. Der Browser zeigt jedoch automatisch einen Rollbalken an, mit dem die momentan nicht sichtbaren Optionen in den sichtbaren Bereich geholt und damit angesteuert werden können. Der Quelltext der in den Abbildungen 29.8 und 29.9 gezeigten HTML-Datei lautet:

```
<html>
<head>
<title>Formulare</title>
</head>
<body>
<center><h2>Auswahllisten</h2></center>
<form action="/cgi-bin/auswertung.pl" method="get">
 <table align="center">
  <tr>
   <td valign="top">W&auml;hlen Sie eine Sprache aus: </td>
   <td>
    <select name="Sprache">
    <option>Arabisch</option>
    <option>Chinesisch</option>
    <option>D&auml;nisch</option>
    <option>Deutsch</option>
    <option>Englisch</option>
    <option>Finnisch</option>
    weitere Optionen (...)
```

```
        </select>
      </td>
    </tr>
  </table>
</form>
</body>
</html>
```

Mit `<select name="Sprache">` wird die Auswahlliste innerhalb eines Formulars eingeleitet, deren Bezeichnung »Sprache« ist. Die einzelnen Einträge der Auswahlliste werden jeweils durch das Tag `<option>` ausgezeichnet; beendet wird die Auswahlliste durch das Tag `</select>`. Die Breite des Listenfelds ist abhängig vom längsten enthaltenen Listeneintrag.

Mit dem Attribut `size` (= Größe) können Sie festlegen, wie viele Einträge der Liste im sichtbaren Bereich des Auswahlfelds liegen sollen. Per Voreinstellung wird `size="1"` angenommen, was zu der in den beiden vorigen Abbildungen gezeigten Browser-Darstellung führt. Fügen Sie dem vorstehenden Quelltext im einleitenden `<select>`-Tag das Attribut `size` mit dem Wert `6` hinzu, wird das Listenfeld so erweitert, dass sechs Einträge im sichtbaren Bereich liegen.

Bild 29.10: Eine Auswahlliste mit sechs sichtbaren Einträgen

Da die Auswahlliste insgesamt jedoch mehr als sechs Einträge hat, wird automatisch ein Rollbalken eingeblendet, mit dem die restlichen Einträge in den sichtbaren Bereich geholt werden können.

Normalerweise kann der Anwender aus einer Auswahlliste genau einen Eintrag auswählen. Wenn Sie die Auswahl mehrerer Einträge ermöglichen möchten, notieren Sie das boolesche Attribut `multiple` im einleitenden `<select>`-Tag.

Bild 29.11: Die Auswahlliste verfügt über das Attribut multiple.

Das einleitende <select>-Tag zu der in Abbildung 29.11 dargestellten Auswahlliste lautet

`<select name="Sprache" size="8" multiple>`

Da sich die äußere Erscheinung nicht voneinander unterscheidet, kann der Anwender nicht auf Anhieb erkennen, ob ein oder mehrere Einträge ausgewählt werden können. Weisen Sie daher ausdrücklich darauf hin, wenn bei einer Auswahlliste mehrere Einträge markiert werden können.

Das boolesche Attribut selected (= ausgewählt) ermöglicht es Ihnen, einen oder mehrere Einträge einer Auswahlliste vorauszuwählen. Notieren Sie dieses Attribut in den entsprechenden <option>-Tags der Einträge, die Sie selektieren möchten. Wenn die Auswahlliste wie in Abbildung 29.8 und 29.9 als Pull-down-Liste darstellen, bestimmen Sie mit dem Attribut selected, welcher Eintrag anfänglich im Listenfeld zu sehen ist. Bei einer Darstellung als mehrzeiliges Listenfeld wird der sichtbare Bereich so gewählt, dass der vorausgewählte Eintrag sich darin befindet.

In Abbildung 29.12 sehen Sie die gleiche Auswahlliste wie in Abbildung 29.8, der einzige Unterschied besteht darin, dass hier das Attribut selected im <option>-Tag für die Option *Deutsch* eingesetzt ist.

Im Unterschied zur vorherigen Abbildung ist die Auswahlliste aus Abbildung 29.13 nicht als Pull-down-Liste, sondern als Listenfeld mit sechs sichtbaren Einträgen definiert. Der Browser rückt den Teil der Liste in den sichtbaren Bereich, in dem der markierte Eintrag liegt.

Kapitel 29 · Formulare aufbauen

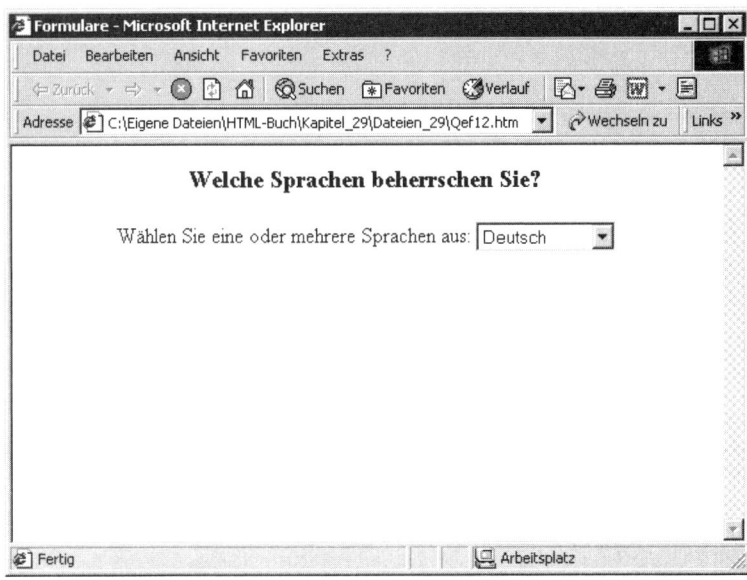

Bild 29.12: Der Eintrag Deutsch ist vorausgewählt.

Bild 29.13: Auch hier ist der Eintrag Deutsch vorausgewählt.

Um mehrere Einträge vorauszuwählen, muss zunächst im einleitenden Befehl für die Auswahlliste das Attribut multiple gesetzt werden. Dann können Sie in den <option>-Tags, deren Inhalt Sie markieren möchten, jeweils das Attribut selected notieren. Der Browser zeigt einen der ausgewählten Einträge in einem einzeiligen bzw. mindestens einen der markierten Einträge in einem mehrzeiligen Listenfeld an.

Eine weitere Möglichkeit zur Anzeige von Auswahllisten besteht darin, die Optionen als Menü mit verschiedenen Ebenen darstellen zu lassen. Die einzelnen Ebenen werden dabei durch das Tag <optgroup> (option group = Gruppe von Optionen) ausgezeichnet, das auch über ein abschließendes Tag verfügt. Im <optgroup>-Tag wird das Attribut label (= Bezeichnung) eingesetzt, als dessen Wert der Name der Ebene eingetragen wird. Die einzelnen Optionen werden wie bei einer herkömmlichen Auswahlliste mit dem <option>-Tag ausgezeichnet, allerdings enthält auch dieses Tag das Attribut label. Hier gibt der Wert von label den Inhalt des Eintrags an. Notieren Sie jedoch zusätzlich den Inhalt der Option wie gehabt nach dem <option>-Tag, falls der Browser die Darstellung als Menüstruktur nicht unterstützt. Zum Anlegen weiterer Ebenen werden <optgroup>-Tags miteinander verschachtelt. Leider wird diese Art der Darstellung bei Auswahllisten momentan noch nicht unterstützt.

Sofern nicht anders vermerkt, wird beim Übertragen des Formulars die Angabe als Wert des Steuerelements Auswahlliste gesendet, die den Inhalt des jeweiligen <option>-Tags ausmacht. Wäre wie in Abbildung 29.13 die Option »Deutsch« aktiviert, würde diese Angabe der im Attribut name festgelegten Bezeichnung der Auswahlliste als aktueller Wert zugeordnet. Die Aufbereitung der Formulardaten unterscheidet sich je nach verwendetem Auswertungsprogramm. Prinzipiell wird jedoch der Name des Steuerelements mit dem oder den aktuellen Werten übertragen und verarbeitet, in diesem Beispiel ist das die Kombination *Sprache* UND *Deutsch*.

Mit dem Attribut value (= Wert) können Sie in jedem <option>-Tag einen anderen als den für den Anwender sichtbaren Wert definieren. Bei der Übertragung des Formulars werden dann die Werte des Attributs value zusammen mit der Bezeichnung des Steuerelements (hier *Sprache*) gesendet. Lautet das <option>-Tag des vom Anwender ausgewählten Eintrags Deutsch **beispielsweise**

```
<option value="01">Deutsch</option>,
```

so wird nicht der Inhalt des <option>-Tags, sondern der Wert des Attributs value kombiniert mit der Bezeichnung des Formularelements als aktuelle Formulardaten versendet. In diesem Fall wäre dies die Kombination *Sprache* und *01*.

29.6 Schaltflächen

Für die Übertragung eines Formulars ist mindestens eine Schaltfläche erforderlich. Eine solche Schaltfläche wird mit dem Befehl <input> eingebunden, wobei als Wert des Attributs type submit (= übertragen) angegeben wird. Der folgende Quelltext enthält eine Schaltfläche zum Versenden des Formulars; die Darstellung dieser Datei im Browser sehen Sie anschließend in Abbildung 29.14.

```
<html>
<head>
<title>Formulare</title>
</head>
```

```
<body>
<center><h3>Welche Sprachen beherrschen Sie?</h3></center>
<form action="/cgi-bin/auswertung.pl" method="get">
 <table align="center">
  <tr>
   <td valign="top">W&auml;hlen Sie eine oder mehrere Sprachen aus:
   </td>
   <td>
    <select name="Sprache" size="6" multiple>
    <option>Arabisch</option>
    <option>Chinesisch</option>
    <option>D&auml;nisch</option>
    <option selected>Deutsch</option>
    <option>Englisch</option>
    <option>Finnisch</option>
    weitere Optionen (...)
    </select>
   </td>
  </tr>
  <tr>
   <td></td>
   <td align="right"><input type="submit" name="send"></td>
  </tr>
 </table>
</form>
</body>
</html>
```

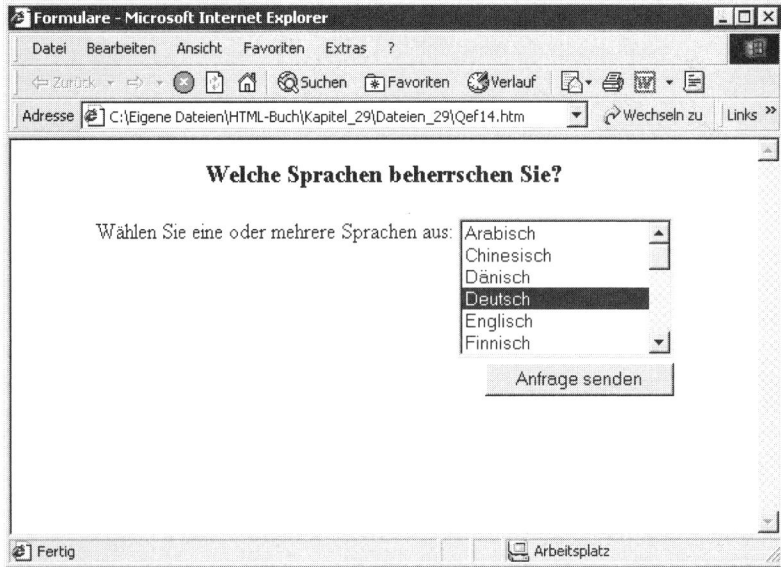

Bild 29.14: Das Formular kann versendet werden.

Die unterhalb der Auswahlliste angeordnete Schaltfläche *Anfrage senden* wird durch den Befehl

```
<input type="submit" name="send">
```

erzeugt. Die Beschriftung kann je nach verwendetem Browser differieren, mithilfe des Attributs `value` können Sie jedoch erreichen, dass die Schaltfläche in allen Browsern gleich benannt wird. Geben Sie dazu die gewünschte Beschriftung als Wert des Attributs `value` im `<input>`-Tag an.

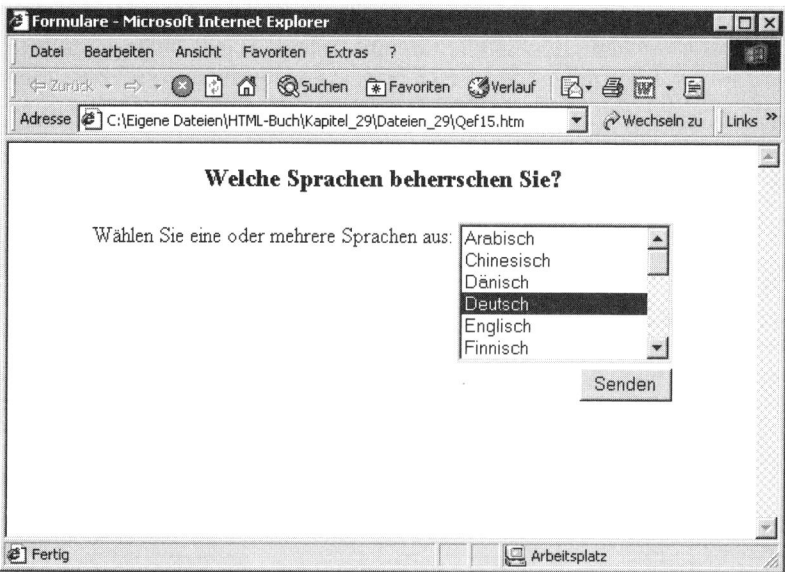

Bild 29.15: Die Schaltfläche zum Übertragen des Formulars ist mit dem Wert des Attributs value beschriftet.

Der für die Anzeige der Schaltfläche in Abbildung 29.15 zuständige Befehl lautet wie folgt:

```
<input type="submit" name="send" value="Senden">
```

Wählen Sie bei der Beschriftung von Schaltflächen, die zur Übertragung des Formulars bzw. der Formulardaten dienen, immer eine eindeutige Bezeichnung. Der Anwender sollte erkennen können, dass ein Klick auf eine Schaltfläche den Versand der Daten zur Folge hat.

 *Pro Formular können mehrere Schaltflächen zum Übertragen der Daten enthalten sein.*

Alternativ dazu können Sie mit der Angabe `type="image"` eine Grafik als Schaltfläche zur Übertragung definieren. Die Grafik wird wie gewohnt mit dem Attribut `src` eingebunden, in dem als Wert die URL der Grafik notiert wird. Geben Sie wie bei anderen Grafikreferenzen auch hier einen alternativen Text für den Fall an, dass die Grafik nicht angezeigt werden kann.

Die Syntax einer grafischen Schaltfläche zum Übertragen eines Formulars lautet:

```
<input type="image" src="relative oder absolute URL"
alt="alternativer Text" name="send">
```

Neben der Schaltfläche zum Übertragen der Formulardaten kann eine weitere Schaltfläche eingebunden werden, mit deren Hilfe die getroffenen Einstellungen oder eingegebenen Daten des gesamten Formulars verworfen werden. Sind bei verschiedenen Formularelementen bestimmte Werte voreingestellt, so erscheinen diese Ausgangswerte nach dem Zurücksetzen wieder. Der Befehl für eine solche Schaltfläche lautet wie bei der zum Übertragen der Daten <input>, allerdings wird durch den Wert reset (= Zurücksetzen) des Attributs type eine Schaltfläche zum Verwerfen der Eingaben erzeugt.

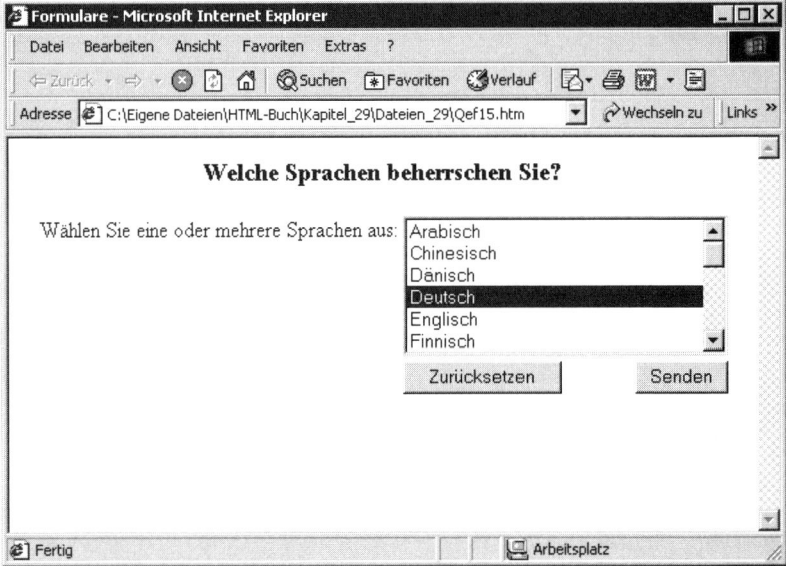

Bild 29.16: Die Schaltfläche Zurücksetzen wurde eingebunden.

Das Tag für die in Abbildung 29.16 dargestellte Schaltfläche Zurücksetzen lautet wie folgt:

```
<input type="reset">
```

Klickt der Anwender auf die Schaltfläche Zurücksetzen, werden alle seine Eingaben dieses Formulars entfernt bzw. auf die vordefinierten Werte gesetzt. Die Daten werden nicht an einen Server übertragen. Wie bei der Schaltfläche zum Senden der Formulardaten können Sie auch hier die Beschriftung der Schaltfläche verändern bzw. sicherstellen, dass in jedem Browser die gleiche Bezeichnung dargestellt wird. Notieren Sie die gewünschte Beschriftung als Wert des Attributs value im <input>-Tag der Schaltfläche.

Mit dem <input>-*Tag lassen sich in Verbindung mit* type="button" *auch Schaltflächen erzeugen, die kein vordefiniertes Verhalten haben. Notieren Sie dazu im* <input>-*Tag zusätzlich ein Ereignisattribut und den Befehl einer Scriptsprache.*

In HTML 4.01 ist neben dem hier beschriebenen <input>-Tag ein weiterer Befehl spezifiziert, mit dem Schaltflächen generiert werden können. Das Tag <button> (= Schaltfläche) eröffnet Darstellungsmöglichkeiten für Schaltflächen, die über die des <input>-Tags hinausgehen. Anders als das <input>-Tag besteht dieser Befehl sowohl aus einem einleitenden als auch aus einem abschließenden Tag. Zwischen diesen Tags können neben Text für die Beschriftung der Schaltfläche auch Grafiken eingebunden werden. Damit kann je nach Grafik eine solche Schaltfläche eine frei gewählte Gestalt annehmen. Eine mit dem <button>-Tag erzeugte Schaltfläche kann verschiedene Funktionen haben. Wie bei herkömmlichen Schaltflächen kann der Befehl das Attribut type mit den Werten submit (= übertragen) oder reset (= zurücksetzen) enthalten. Darüber hinaus definieren Sie mit der Angabe

```
<button type="button">Inhalt der Schaltfläche</button>
```

eine Schaltfläche ohne bestimmtes Verhalten. Eine solche Schaltfläche kann beispielsweise mithilfe des Ereignisattributs onclick mit einem Script verbunden werden, das eintritt bzw. abläuft, wenn die Schaltfläche angeklickt wird.

Die folgende Abbildung zeigt die Browser-Darstellung einer Datei, die eine Schaltfläche zum Übertragen des Formulars mit dem <button>-Tag enthält.

Bild 29.17: Die Schaltfläche zum Senden des Formulars enthält Grafiken.

Der Ausschnitt des Quellcodes zu der in vorstehender Abbildung dargestellten Schaltfläche lautet wie folgt:

```
<button type="submit" name="send">
<img src="punkt.gif">
Abschicken
<img src="punkt.gif">
</button>
```

Der im einleitenden <button>-Tag notierte Wert submit des Attributs type definiert das Verhalten der Schaltfläche. Mit name wird dem Formularelement Schaltfläche eine Bezeichnung gegeben. Zwischen einleitendem und abschließendem <button>-Tag ist die Beschriftung der Schaltfläche angegeben, im Beispiel wurde vor und hinter der Beschriftung »Abschicken« eine kleine Grafik eingebunden.

Sofern das Verhalten der Schaltfläche für den Anwender ersichtlich ist, kann eine mit dem <button>-Tag erzeugte Schaltfläche auch ausschließlich aus einer Grafik bestehen. Notieren Sie einfach die Grafikreferenz innerhalb der <button>-Tags des Formulars.

Der Befehl <button> wird nur von neueren Browsern wie dem Internet Explorer ab Version 4.x unterstützt, der Netscape Navigator 4.x interpretiert ihn (noch) nicht.

29.7 Kontrollkästchen

Ein weiteres Formularelement stellen die Kontrollkästchen dar, die einzeln oder als Gruppe Bestandteil eines Formulars sein können. Die im Englischen mit »checkbox« bezeichneten Elemente bestehen aus einem Feld und der dazugehörigen Beschriftung. Durch Anklicken kann das Feld markiert werden (was meist mit einem kleinen Haken oder einem Kreuz geschieht). Ein Kontrollkästchen wird durch den Befehl <input> erzeugt, in dessen type-Attribut checkbox (= Kontrollkästchen) notiert ist. Im folgenden Beispiel ist die Beschriftung der Kästchen mit einfachem Text rechts von den Kästchen realisiert; analog zu Eingabefeldern kann die Beschriftung von Kontrollkästchen auch mithilfe des Attributs id und dem <label>-Tag erfolgen.

Da die Beschriftungen der einzelnen Kontrollkästchen meistens von unterschiedlicher Länge sind, sollte der Beschriftungstext rechts neben den Kästchen stehen. Ist nur ein Einzelnes vorhanden, kann die Beschriftung auch links von dem Kästchen stehen, allerdings sollte klar werden, welcher Text sich auf das Kästchen bezieht.

Der Quelltext zu der in Abbildung 29.18 dargestellten Datei lautet:

```
<html>
<head>
<title>Formulare</title>
</head>
<body>
<center><h3>Welche Sprachen beherrschen Sie?</h3></center>
```

```
<form action="/cgi-bin/auswertung.pl" method="get">
 <table align="center">
  <tr>
   <td valign="bottom" width="160">W&auml;hlen Sie eine oder mehrere
    Sprachen aus: </td>
   <td valign="bottom">
     <input type="checkbox" name="Sprache" value="dk">D&auml;nisch
</td>
  </tr>
  <tr>
   <td></td>
   <td><input type="checkbox" name="Sprache" value="de">Deutsch</td>
  </tr>
  <tr>
   <td></td>
   <td><input type="checkbox" name="Sprache" value="en">Englisch</td>
  </tr>
  weitere Tabellenzeilen (...)
  <tr>
   <td></td>
   <td></td>
   <td align="right"><input type="submit" name="send"
    value="Senden"></td>
  </tr>
 </table>
</form>
</body>
</html>
```

Bild 29.18: Das Steuerelement Kontrollkästchen

Zur Ausrichtung der einzelnen Elemente zueinander steht das gesamte Formular in einer blinden Tabelle. In diesem Beispiel gehören alle Kontrollkästchen demselben Steuerelement mit der im Attribut name angegebenen Bezeichnung Sprache an. Beim Übertragen der Formulardaten werden ausschließlich der oder die im Attribut value festgelegten Werte gesendet, deren Kästchen markiert sind.

Eine logische Beschriftung von Kontrollkästchen erfolgt mithilfe des Befehls <label> und des Attributs id. Das Kästchen muss in seinem Tag eine eindeutige ID erhalten, auf die sich der <label>-Befehl bezieht. Ein Eintrag aus obigem Beispiel lautet beispielsweise:

```
<input type="checkbox" name="Sprache" value="en" id="en">
<label for="en">Englisch</label>
```

Mit input wird ein Formularelement erstellt, das Attribut type spezifiziert es als Kontrollkästchen. Name gibt die Bezeichnung und value den zu übertragenden Wert an, die an den Server gesendet werden, wenn dieses Kästchen aktiviert ist. Im Attribut id wird dem Kästchen eine eindeutige Bezeichnung gegeben, auf die sich andere Angaben beziehen können. Der Befehl label erzeugt eine Beschriftung, die mit dem Wert des Attributs for (= für) mit einem bestimmten Formularelement verknüpft wird. Als Wert muss hier die ID des Elements eingegeben werden, auf das sich die Beschriftung beziehen soll.

Um ein oder mehrere Kontrollkästchen per Voreinstellung zu aktivieren, fügen Sie das boolesche Attribut checked in das jeweilige Tag ein.

Bild 29.19: Das zweite Kontrollkästchen ist per Voreinstellung aktiviert.

Der Befehl zu dem abgehakten Kontrollkästchen lautet:

```
<input type="checkbox" name="Sprache" value="de" checked>
```

29.8 Optionsknöpfe

Im Unterschied zu Kontrollkästchen, bei denen eines oder mehrere aktiviert werden können, kann bei einer Gruppe von Optionsknöpfen immer nur einer gleichzeitig aktiv sein. Die Zugehörigkeit zu einer Gruppe wird über das Attribut name hergestellt. Im Englischen nennt man diese Elemente »radio buttons« (etwa Radio-Knöpfe), weil diese Schaltflächen sich wie ein Senderknopf an Radios verhält, man kann immer nur einen Sender gleichzeitig anwählen (und hören). Optionsknöpfe haben in aller Regel eine runde Form, die bei der aktivierten Option gefüllt dargestellt werden. Um einen Optionsknopf in ein Formular einzubinden, geben Sie als Wert des Attributs type im Befehl <input> radio an. Die Beschriftung von Optionsknöpfen kann wie bei Kontrollkästchen mit einfachem Text vor oder nach dem Element selbst notiert werden. Bei mehreren Optionen empfiehlt es sich, die Knöpfe vor den Beschriftungen anzuordnen, damit eine bessere Übersichtlichkeit erreicht wird.

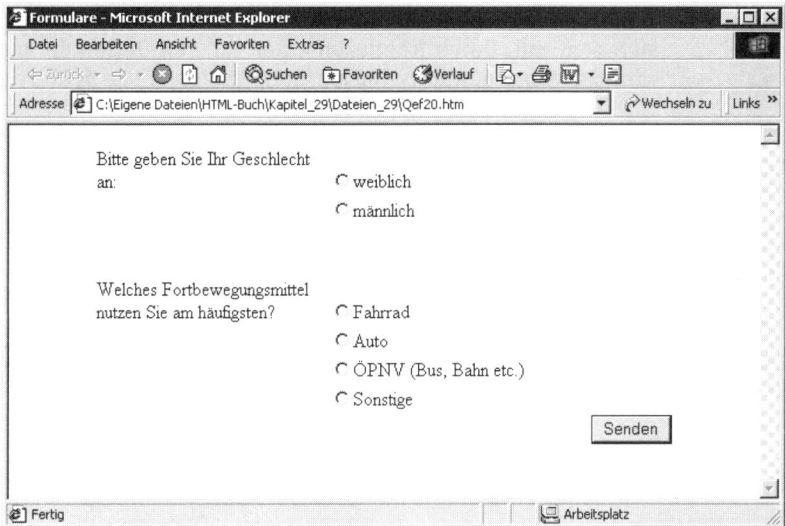

Bild 29.20:   Zwei Gruppen von Optionsknöpfen

Nachfolgend sehen Sie den Ausschnitt des Quelltextes zu der oben abgebildeten Gruppe von Optionsknöpfen:

```
<tr>
 <td valign="bottom">Bitte geben Sie Ihr Geschlecht an: </td>
 <td valign="bottom">
  <input type="radio" name="geschl" value="w">weiblich</td>
</tr>
<tr><td></td>
 <td><input type="radio" name="geschl" value="m">m&auml;nnlich</td>
</tr>
```

Die Formularelemente sind auch hier in einer blinden Tabelle angeordnet. Der Wert des name-Attributs ist entscheidend für die Zugehörigkeit zu einer Gruppe von Optionsknöpfen, hier haben beide Optionsknöpfe den gleichen name-Wert. Von den zu einer Gruppe gehörenden Optionsknöpfen kann stets nur einer aktiv sein. Klickt der Anwender auf einen weiteren Knopf, so wird dieser markiert; gleichzeitig verliert der vorher markierte seinen aktiven Status. Werden die Formulardaten abgeschickt, wird bei Optionsknöpfen (ähnlich wie bei Kontrollkästchen) mit der im Attribut name definierten Bezeichnung des Formularelements derjenige Wert des Attributs value übertragen, dessen zugehöriger Knopf markiert wurde. Damit der Anwender bei dem in Abbildung 29.20 gezeigten Beispielformular auch im unteren Bereich eine Option markieren kann, müssen diese Knöpfe zu einer anderen Gruppe gehören. Damit auch aus dieser Gruppe nur eine Option gültig ist, wird in den Tags aller vier Optionsknöpfe im name-Attribut der gleiche Wert notiert.

Auch bei Optionsknöpfen können Sie einen bestimmen, der bereits beim Aufrufen des Formulars markiert dargestellt wird. Notieren Sie dazu einfach das boolesche Attribut checked im Tag des Optionsknopfes, der aktiviert sein soll. Durch Anklicken einer anderen Option der gleichen Gruppe wird der vorausgewählte Optionsknopf automatisch deaktiviert.

30 Besonderheiten bei Formularen

In Ergänzung zu den im vorigen Kapitel behandelten Formularelementen werden in diesem Kapitel weitere Formularfunktionen beschrieben.

30.1 Dateien übertragen

Mithilfe besonderer Schaltflächen können Sie ermöglichen, dass der Anwender zusammen mit einem Formular eine Datei abschicken kann. Nach Betätigen einer solchen Schaltfläche öffnet sich ein Dialogfenster, in dem die anzuhängende Datei bestimmt werden kann. Voraussetzung für die Übertragung von Dateien mit einem Formular ist, dass der empfangende Server über ein geeignetes CGI-Skript verfügt, das die eingehenden Daten verarbeiten kann.

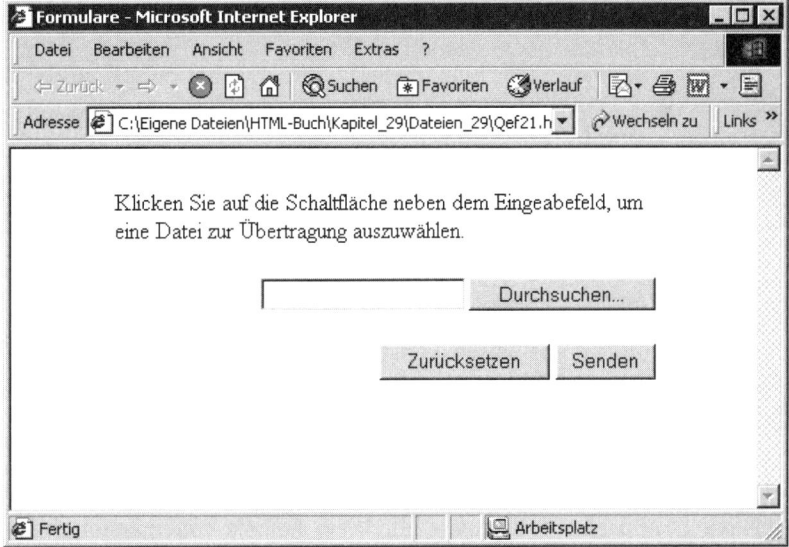

Bild 30.1: Das Formular enthält ein Element zum Versenden einer Datei.

Eine Schaltfläche zum Versenden einer Datei (bzw. zum Auswählen derselben) sowie ein Eingabefeld für die Dateibezeichnung wird mit dem Befehl `<input>` erstellt, in dessen `type`-Attribut Sie `file` (= Datei) angeben. Im `name`-Attribut geben Sie dem Formularelement eine Bezeichnung. Geben Sie im `enctype`-Attribut des einleitenden `<form>`-Tags `multipart/form-data` an, damit die gesendeten Daten entsprechend codiert werden.

Zusätzlich zu der Angabe `multipart/form-data` *als Wert des Attributs* `enctype` *muss bei Formularen, die das Versenden von Dateien ermöglichen, im Attribut* `method` *der Wert* `post` *notiert werden.*

Der Quellcode zu der in Abbildung 30.1 dargestellten Datei lautet wie folgt:

```
<html>
<head>
<title>Formulare</title>
</head>
<body>
<form action="/cgi-bin/data.pl" method="post" enctype="multipart/
form-data">
 <table cellpadding="10" align="center" width="80%">
  <tr>
   <td>Klicken Sie auf die Schaltfl&auml;che neben dem Eingeabefeld,
um eine Datei zur &Uuml;bertragung auszuw&auml;hlen.</td>
  </tr>
  <tr>
   <td align="right">
     <input type="file" name="datei"></td>
  </tr>
  <tr>
   <td align="right"><input type="reset"> <input type="submit"
     name="send" value="Senden"></td>
  </tr>
 </table>
</form>
</body>
</html>
```

Das mit dem Befehl `<input type="file" name="datei">` erzeugte Eingabefeld ist standardmäßig 20 Zeichen breit. Mit dem Attribut `size` (= Größe) können Sie diese Einstellung verändern. Außerdem lässt sich mit `maxlength` festlegen, wie viele Zeichen die Dateibezeichnung insgesamt haben darf. Mit dem Attribut `accept` (= akzeptieren) können Sie festlegen bzw. einschränken, welche Art von Dateien übertragen werden können. Das Attribut kann im `<form>`- oder im `<input>`-Tag notiert werden. Geben Sie als Wert des Attributs einen oder mehrere MIME-Typen an, mehrere Angaben sind jeweils durch ein Komma voneinander zu trennen. Im folgenden Tag sind diese zusätzlichen Attribute enthalten:

```
<input type="file" name="datei" size="35" maxlength="300"
accept="image/*">
```

Das Attribut `size` legt fest, dass der sichtbare Bereich des Eingabefeldes 35 Zeichen umfassen soll, maximal können 300 Zeichen eingegeben werden. Als akzeptierter MIME-Typ ist `image/*` angegeben, was bedeutet, dass alle Typen der Kategorie `image` akzeptiert werden. Das können unter anderem die MIME-Typen `image/gif`, `image/jpeg` oder `image/tiff` sein. Äußerlich unterscheidet sich dieses Formularelement nur dadurch, dass der sichtbare Bereich des Eingabefelds größer ist.

Nach Betätigen der Schaltfläche *Durchsuchen...* öffnet sich ein Dialogfeld, in dem die gewünschte Datei angesteuert werden kann.

Bild 30.2: Das Eingabefeld des Formularelements ist vergrößert worden.

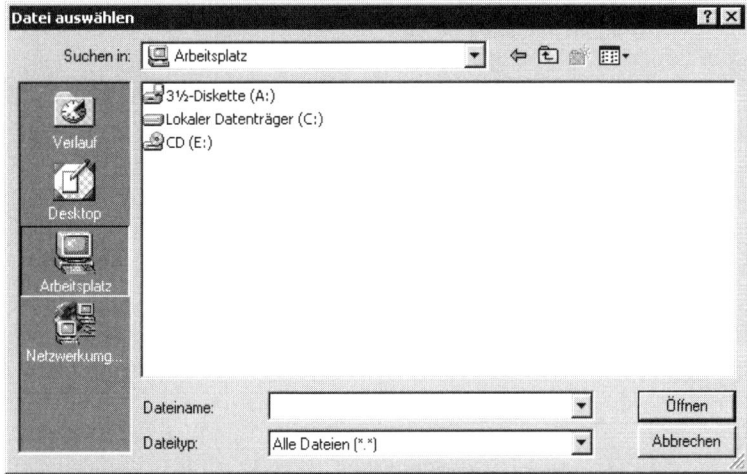

Bild 30.3: Das Dialogfeld zum Auswählen einer Datei unter Windows 2000 Professional

30.2 Verborgene Formularelemente

Formularelemente, die für den Anwender nicht sichtbar sind, deren Wert jedoch beim Absenden des Formulars mit übertragen werden, können mit dem `<input>`-Tag erstellt werden. Geben Sie als Wert des Attributs `type` `hidden` (= versteckt) an. Den Wert eines verborgenen Elements geben Sie im `value`-Attribut an.

```
<input type="hidden" name="version" value="umfrage03">
```

Mit diesem Befehl wird ein Formularelement erzeugt, das für den Anwender unsichtbar ist. Beim Übertragen der Formulardaten wird die im `name`-Attribut definierte Bezeichnung des Formularelements sowie der im Attribut `value` angegebene Wert übertragen. In diesem Beispiel erfährt der Empfänger, welches Formular ausgefüllt wurde und kann so bei verschiedenen Umfragen die eingegangenen Daten auseinander halten.

30.3 Formularelemente deaktivieren

Mithilfe des booleschen Attributs `disabled` (= unbrauchbar) können Sie einzelne Einträge außer Gefecht setzen, sodass diese vom Anwender nicht ausgewählt werden können. Grundsätzlich kann das Attribut `disabled` in den Tags `<button>`, `<input>`, `<option>`, `<optgroup>`, `<textarea>` und `<select>` notiert werden. Zurzeit funktioniert dieses Attribut im IE 5.5 bei einzeiligen und mehrzeiligen Eingabefeldern sowie bei Feldern zur Passwortangabe (das Feld unterscheidet sich zwar äußerlich nicht von funktionierenden Feldern, es kann aber keine Eingabe gemacht werden). Bei Optionsknöpfen und Kontrollkästchen werden die Kästchen bzw. Knöpfe der deaktivierten Einträge ausgegraut und können nicht markiert werden. Formularelemente zum Senden bzw. Zurücksetzen der Formulardaten sowie Schaltflächen, die mit dem Befehl `<button>` erstellt wurden, werden, wenn Sie mit dem Attribut `disabled` versehen sind, im Browser inaktiv dargestellt und können ebenfalls nicht betätigt werden. Entsprechendes gilt für Elemente zur Übertragung einer Datei.

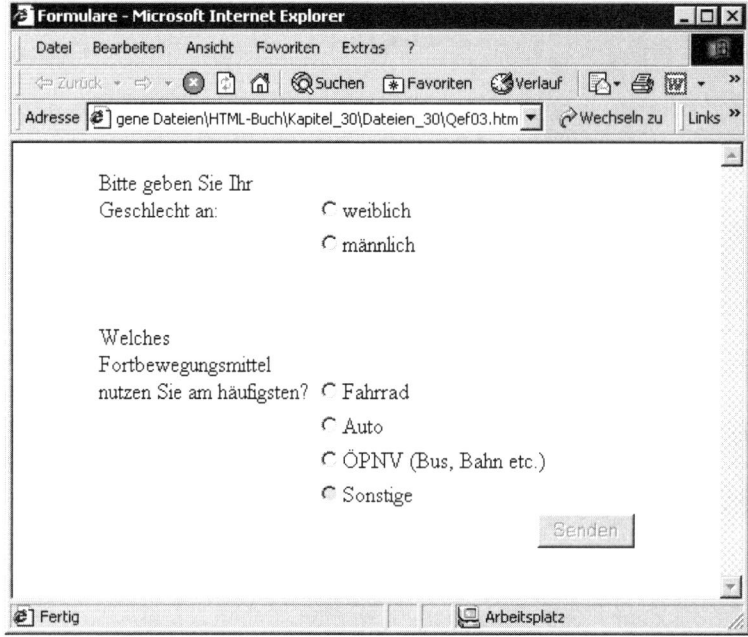

Bild 30.4: Ein Optionsknopf und eine Schaltfläche sind inaktiv.

In Abbildung 30.4 sehen Sie einen inaktiven Optionsknopf und eine deaktivierte Schaltfläche. Die entsprechenden Tags lauten

`<input disabled type="radio" name="mobil" value="sonst">Sonstige`

für den ausgegrauten Optionsknopf sowie

`<input type="submit" name="send" value="Senden" disabled>`

für die inaktive Schaltfläche *Senden*.

Bei Auswahllisten wird das Attribut nicht unterstützt. Wie deaktivierte Elemente dargestellt werden, kann je nach verwendetem Browser variieren. Sofern das Attribut unterstützt wird, werden Elemente, die mit dem `disabled`-Attribut versehen sind beim Ansteuern per Tabulator-Taste übergangen (mehr zu diesem Thema im folgenden Abschnitt). Sinnvoll ist der Einsatz dieses Attributs vor allem in Verbindung mit Skripts, die z.B. einander ausschließende Angaben des Anwenders unmöglich machen.

30.4 Formularelemente ansteuern

Die einzelnen Elemente eines Formulars können vom Anwender mithilfe der Tabulator-Taste angesteuert werden. Die Reihenfolge entspricht dabei genau der derjenigen, in der die Elemente in der HTML-Datei definiert sind. Um diese Reihenfolge zu ändern, notieren Sie das Attribut `tabindex` und als Wert die gewünschte Position in der Reihenfolge. Das Attribut kann in den Formularelement-Tags `<button>`, `<input>`, `<textarea>` und `<select>` eingesetzt werden.

Das Attribut `tabindex` *wird nur von neueren Browsern unterstützt, der Internet Explorer interpretiert es ab Version 4.x, der Netscape Navigator 4.x allerdings (noch) nicht.*

Bild 30.5: Ein Formular mit veränderter Tabulator-Reihenfolge

Bei dem in Abbildung 30.5 dargestellten Formular wurde die Tabulator-Reihenfolge verändert. Nachfolgend sehen Sie den Quelltext zu dieser Datei.

```html
<html>
<head>
<title>Formulare</title>
</head>
<body>
<center><h2>Einzeilige Eingabefelder</h2></center>
<form action="/cgi-bin/auswertung.pl" method="get">
<table align="center">
 <tr>
  <td><label for="vname">Vorname:</label></td>
  <td colspan="3"><input id ="vname" name="Vorname" size="40"
    tabindex="2"></td>
 </tr>
 <tr>
  <td><label for="nname">Nachname:</label></td>
  <td colspan="3"><input id="nname" name="Nachname" size="40"
    maxlength="10" tabindex="1"></td>
 </tr>
 <tr>
  <td><label for="str">Strasse:</label></td>
  <td><input id="str" name="Strasse" size="25" maxlength="40"
    tabindex="3"></td>
  <td><label for="nr">Nr.:</label></td>
  <td><input id="nr" name="Hausnr" size="5" tabindex="4"></td>
 </tr>
 <tr>
  <td><label for="ort">Ort:</label></td>
  <td><input id="ort" name="Ort" size="25" maxlength="40"
    tabindex="6"></td>
  <td><label for="plz">PLZ:</label></td>
  <td><input id="plz" name="plz" size="5" tabindex="5"></td>
 </tr>
 <tr>
  <td></td>
  <td><input type="reset" value="Eingaben l&ouml;schen"
    tabindex="8"></td>
  <td colspan="2" align="right"><input type="submit" name="send"
    value="Senden" tabindex="7"></td>
 </tr>
</table>
</form>
</body>
</html>
```

Wenn Sie nach Aufrufen dieser Datei die Tabulator-Taste benutzen, wird zuerst die Adresszeile des Browsers aktiviert. Danach werden die einzelnen Formularelemente in der mit `tabindex` definierten Reihenfolge angesteuert. Im vorliegenden Beispiel ist die Reihenfolge wie folgt definiert:

1. Eingabefeld *Nachname*
2. Eingabefeld *Vorname*
3. Eingabefeld *Strasse*
4. Eingabefeld *Nr.*
5. Eingabefeld *PLZ*
6. Eingabefeld *Ort*
7. Schaltfläche *Senden*
8. Schaltfläche *Eingaben löschen*

Häufig ist jedoch die Reihenfolge, in der die Elemente notiert sind, auch für die Ansteuerung günstig.

Da auch Verweise und Objekte per Tabulator-Taste angesteuert werden, sollten Sie alle derartigen Elemente in die gewünschte Reihenfolge bringen, sofern sie gemeinsam in einer Datei erscheinen.

Eine andere Möglichkeit, Formularelemente anzusteuern, besteht darin, einzelnen Elementen ein Zeichen der Tastatur zuzuweisen. Der Anwender gelangt zu einem bestimmten Element, indem er eine Tastenkombination bestehend aus der Alt-Taste und dem entsprechende Zeichen eingibt. Das Attribut zur Definition von Tasten, die den Zugriff auf bestimmte Elemente ermöglichen, ist accesskey (accessibility key character = Zugänglichkeit über Taste). Als Werte dieses Attributs kommen nur solche Zeichen infrage, die mit jeder Tastatur einzugeben sind, also hauptsächlich alphanumerische Zeichen, Interpunktionszeichen und einige Sonderzeichen. Damit der Anwender erfährt, dass ein oder mehrere Elemente per Tastatureingabe anzusteuern sind, müssen Sie darauf in geeigneter Weise hinweisen. Zeichnen Sie beispielsweise einen Buchstaben der Element-Beschriftung fett oder unterstrichen aus, den Sie als Taste im Attribut accesskey angegeben haben.

Der die Beschriftung und das eigentliche Eingabefeld betreffende Ausschnitt aus dem Quellcode zu der in Abbildung 30.6 dargestellten Datei lautet:

```
<label for="ort"<u>O</u>rt:</label>
<input id="ort" name="Ort" size="25" maxlength="40" tabindex="6" accesskey="o">
```

Innerhalb der Beschriftung des Eingabefelds wurde der Buchstabe »O« unterstrichen ausgezeichnet. Als Wert des Attributs accesskey ist im <input>-Tag "o" angegeben. Der Anwender kann die Tastenkombination Alt und O benutzen, um zu diesem Eingabefeld zu gelangen.

Das Attribut accesskey *wird nur von neuesten Browsern wie dem IE 5.5 interpretiert.*

Bild 30.6: Das Eingabefeld Ort kann über eine Tastenkombination erreicht werden.

30.5 Zielframe festlegen

Wenn Sie in einer HTML-Datei mit Frames ein Formular in ein Fenster einbinden, dessen Übermittlung eine Antwort des Servers nach sich zieht, wird diese Antwort normalerweise im selben Frame angezeigt. Um einen anderen Frame für die Ausgabe zu definieren, geben Sie dessen Bezeichnung als Wert des Attributs target im einleitenden <form>-Tags an.

```
<form action="/cgi-bin/auswertung.pl" method="get" target="Frame-
name">
Formularelemente und Inhalt des Formulars
</form>
```

30.6 Formularelemente gruppieren

HTML 4.01 enthält einen Befehl, mit dem Sie innerhalb eines Formulars Elemente thematisch gruppieren können. So kann es z.B. sinnvoll sein, persönliche Daten von anderen Angaben zu trennen. Um Formularelemente als Gruppe oder Bereich zu definieren, zeichnen Sie diese mit dem Befehl <fieldset> (= Gruppe von Feldern) aus, der auch ein abschließendes Tag besitzt. Innerhalb einer mit <fieldset> ausgezeichneten Gruppe von Elementen können Sie mithilfe des Tags <legend> eine Beschriftung der Elementgruppe erzeugen. Diese Art der Gruppierung soll dem Anwender den Zweck der einzelnen Formularelemente verdeutlichen und die Ansteuerung für nicht visuelle Ausgabemedien erleichtern. Das folgende Beispiel enthält drei definierte Bereiche, von denen die ersten beiden eine Überschrift besitzen.

Formularelemente gruppieren

Bild 30.7: Das Formular besteht aus drei Bereichen.

```
<html>
<head>
<title>Formulare</title>
</head>
<body>
 <table width="60%" align="center">
 <tr>
  <td>
   <form action="/cgi-bin/auswertung.pl" method="get">
    <fieldset>
     <table>
      <tr>
       <td colspan="4"><legend><b>pers&ouml;nliche
        Angaben</b></legend></td>
      </tr>
      <tr>
       <td><label for="vname">Vorname:</label></td>
       <td colspan="3"><input id ="vname" name="Vorname"
        size="40"></td>
      </tr>
      <tr>
       <td><label for="nname">Nachname:</label></td>
       <td colspan="3"><input id="nname" name="Nachname" size="40"
        maxlength="10"></td>
```

395

```
      </tr>
      <tr>
       <td><label for="str">Strasse:</label></td>
       <td><input id="str" name="Strasse" size="25"
        maxlength="40"></td>
       <td><label for="nr">Nr.:</label></td>
       <td><input id="nr" name="Hausnr" size="5"></td>
      </tr>
      <tr>
       <td><label for="ort">Ort:</label></td>
       <td><input id="ort" name="Ort" size="25" maxlength="40"></td>
       <td><label for="plz">PLZ:</label></td>
       <td><input id="plz" name="plz" size="5"></td>
      </tr>
     </table>
    </fieldset>
    <fieldset>
     <table>
      <tr>
       <td><legend><b>Antwort</b></legend></td>
      </tr>
      <tr>
       <td><input type="radio" name="antw" value="a">a</td>
      </tr>
      <tr>
       <td><input type="radio" name="antw" value="b">b</td>
      </tr>
      <tr>
       <td><input type="radio" name="antw" value="c">c</td>
      </tr>
     </table>
    </fieldset>
    <fieldset>
     <table width="100%">
      <tr>
       <td><input type="reset" value="Eingaben l&ouml;schen"></td>
       <td align="right"><input type="submit" name="send"
        value="Senden">
       </td>
      </tr>
     </table>
    </fieldset>
   </form>
  </td></tr></table>
 </body>
</html>
```

Im Quelltext zu Abbildung 30.7 enthalten die mit `<fieldset>` ausgezeichneten Elementgruppen jeweils blinde Tabellen zur Ausrichtung der Elemente und deren Beschriftungen. Die Beschriftung der Formularbereiche werden durch das `<legend>`-Tag zwar logisch ausgezeichnet, müssen jedoch zur Hervorhebung mit weiteren Tags ausgezeichnet werden, wie hier mit <b> für fette Schrift. Die untere Elementgruppe hat keine Beschriftung. Die standardmäßig linksbündig zum Formularbereich ausgerichtete Beschriftung kann mit dem Attribut `align` verändert werden. Der Internet Explorer 5.5 unterstützt hierbei die Werte `left` und `right`, allerdings ist das `align`-Attribut in diesem Zusammenhang als »deprecated« eingestuft und sollte zukünftig nicht mehr verwendet werden. Ebenso wie die Ausrichtung der Formularelemente (die hier mit blinden Tabellen umgesetzt ist) sollte auch die Ausrichtung der Gruppenbeschriftung mit Stylesheets realisiert werden.

30.7 Externer Zugriff auf Suchmaschinen

Mithilfe von Formularen ist es möglich, von Ihrer Website aus auf eine existierende Suchmaschine zuzugreifen. Rufen Sie dazu zunächst die gewünschte Suchmaschine im Browser auf und suchen Sie den Quellcode des Suchformulars (dieser Quellcode ist z.B. unter »xy auf Ihrer Homepage« oder einer Service-Rubrik zu finden). Dort sind in der Regel auch die Bedingungen vermerkt, wie beispielsweise die Zustimmung zu den AGBs oder ob Sie das Formular modifizieren dürfen. Kopieren Sie dann den angegebenen Quelltext, und fügen Sie ihn in Ihre HTML-Datei ein. In Abbildung 30.8 sehen Sie als Beispiel die eingebundenen Formulare zu den Suchmaschinen von Yahoo, Google und Lycos.

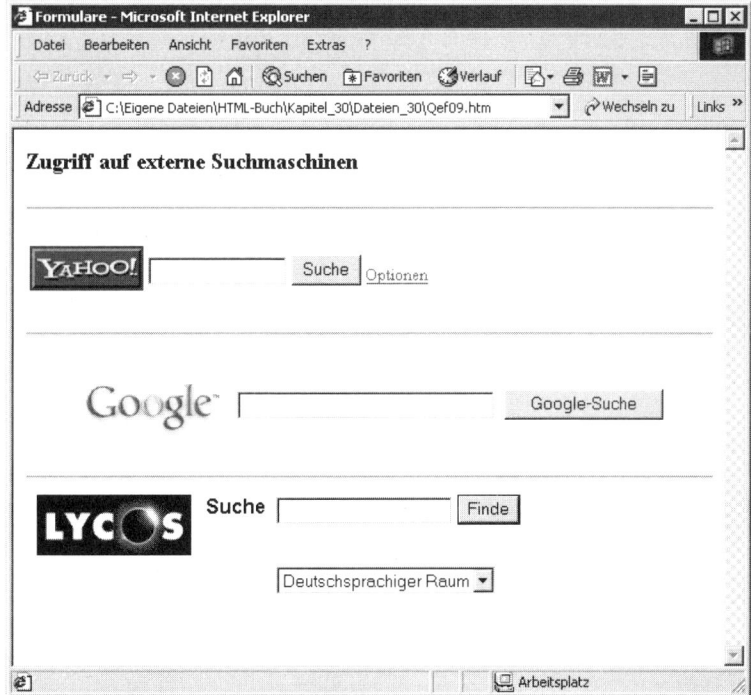

Bild 30.8: Die Formulare verschiedener Suchmaschinen

31 Formulardaten auswerten

Jedes Formularelement hat einen ursprünglichen oder anfänglichen Wert (= initial value) und einen aktuellen Wert (= current value), der die Eingaben des Anwenders widerspiegelt. Der aktuelle Wert eines Formularelements ist zunächst entweder leer oder ein im Quelltext festgelegter Wert. Bei einzeiligen Eingabefeldern ist dies der im `value`-Attribut notierte Wert, bei mehrzeiligen Eingabefeldern der Text innerhalb der `<textarea>`-Tags. Optionsknöpfe und Kontrollfelder können mit dem Attribut `checked` markiert und Optionen einer Auswahlliste mit dem `selected`-Attribut vorausgewählt werden. Diese per Voreinstellung definierten anfänglichen Werte sind unveränderlich und werden auch nach dem Zurücksetzen der Formulardaten wieder angezeigt. Durch die Interaktion des Anwenders (oder auch durch bestimmte Skripts) kann der aktuelle Wert von Formularelementen verändert werden. Zur Übertragung sind nur »erfolgreiche« Steuerelemente (successful controls) gültig, die innerhalb eines mit `<form>` definierten Formulars liegen und eine im `name`-Attribut festgelegte Bezeichnung haben.

Erfolgreiche Steuerelemente sind:

→ ein- oder mehrzeilige Eingabefelder mit enthaltenem Text

→ bei Optionsknöpfen eine aktivierte Option

→ bei Kontrollkästchen eine oder mehrere aktivierte Optionen

→ bei Auswahllisten eine oder mehrere ausgewählte Einträge

→ eine zur Übertragung vorgesehene Datei bzw. deren Bezeichnung

Bei erfolgreichen Formularelementen wird der Name des Elements zusammen mit dem aktuellen Wert übertragen.

Sind in einem Formular mehrere Schaltflächen zur Übertragung eingebunden, so kann nur diejenige erfolgreich sein, die aktiviert wurde. Mit dem Attribut `disabled` versehene Formularelemente können nicht erfolgreich sein. Schaltflächen zum Zurücksetzen der Formulardaten können ebenfalls nicht erfolgreich sein, ebenso solche Steuerelemente, die keinen aktuellen Wert besitzen. Es werden weder die Bezeichnung des Elements noch eventuelle Angaben im `value`-Attribut übertragen.

Grundsätzlich beginnt die Verarbeitung von Formulardaten mit folgenden Schritten:

1. Der Browser identifiziert die erfolgreichen Formularelemente.

2. Der Browser bildet den Formulardatensatz als paarweise Abfolge von Namen und aktuellen Werten der einzelnen Formularelemente.

3. Der Browser codiert den Formulardatensatz wie im Attribut `enctype` angegeben.

4. Der Browser überträgt den codierten Formulardatensatz mit der im Attribut `method` definierten Übertragungsmethode an den im `action`-Attribut angegebenen Empfänger (eine Mail-Sdresse oder die URL eines Auswertungsprogramms).

31.1 E-Mail mit Formulardaten

Ist im action-Attribut des einleitenden <form>-Tags nach der Angabe mailto: eine E-Mail-Adresse notiert, werden die Formulardaten vom Browser codiert und an die angegebene Mail-Adresse gesendet. Geben Sie im Attribut enctype an, dass die Daten nicht wie voreingestellt, sondern entsprechend dem MIME-Type text/plain codiert werden, sodass die Formulardaten lesbar sind. Der Browser wandelt die Formulardaten zunächst in einen Formulardatensatz um, codiert diesen als lesbaren Text und sendet ihn an den angegebenen Mail-Server.

Kann der Browser die enctype-*Angabe nicht interpretieren, können Sie die (standardmäßig nach dem MIME-Typ* application/x-www-form-urlencoded *codierten) Daten auch im Nachhinein mit einer Software in lesbaren Text umwandeln.*

Problematisch an der Versendung von Formulardaten per E-Mail ist, dass sie nicht von allen Browsern unterstützt wird und der Anwender ein Mail-Programm installiert haben muss. Um diese Klippen zu umschiffen, können Sie einen Service in Anspruch nehmen, der die Formulardaten mit einem CGI-Programm entgegen nimmt, verarbeitet und Ihnen als E-Mail zukommen lässt. So sind Sie unabhängig von der verwendeten Browser-Version des Anwenders und dem dort installierten Mail-Programm. Für die nicht gewerbliche private Nutzung sind diese Dienste oft kostenlos; suchen Sie im Internet nach dem Begriff »formmailer« (etwa = Formular-Versender).

31.2 CGI-Schnittstelle

Enthält das Attribut action im einleitenden <form>-Tag eine relative oder absolute Pfadangabe, werden die Formulardaten vom Browser kodiert und an die angegebene URL gesendet. Dort nimmt ein Auswertungsprogramm die Formulardaten entgegen und verarbeitet diese. Da die Formulardaten standardmäßig entsprechend dem MIME-Typ application/x-www-form-urlencoded für die Auswertung durch spezielle Programme codiert werden, muss im enctype-Attribut keine Angabe erfolgen. Bei dieser Art der Kodierung werden alle nicht alphanumerischen Zeichen durch ein Prozentzeichen und einen zweistelligen Hexadezimalwert ersetzt, was die resultierenden Daten für Menschen ziemlich unübersichtlich macht. Die einzelnen Formulardaten werden in der Reihenfolge ihres Erscheinens aufgeführt, wobei die im name-Attribut des Formularelements angegebene Bezeichnung von dem übertragenen Wert mit einem Gleichheitszeichen und die einzelnen Formularelemente durch ein kaufmännisches Und getrennt werden. Die Formulardaten entsprechen also folgender Syntax:

name=value&name=value&name=value&name=value

Die Aufbereitung dieser Daten ist abhängig vom verwendeten Auswertungsprogramm; meist erzeugt ein solches Programm auch eine Bestätigung über den Erhalt der Daten. Auf dem Server wird die CGI-Schnittstelle (CGI = Common Gateway Interface) angesprochen, weswegen Auswertungsprogramme auch als CGI-Skripts bezeichnet werden. CGI-Skripts können in verschiedenen Sprachen erstellt werden, wobei Sie sicherstellen sollten, dass die verwendete Sprache eines fertigen oder selbst erstellten Skripts von der eingesetzten Webserver-Software unterstützt wird. Da Webserver mit kostenlosem Speicherplatz meist keinen Zugriff auf die CGI-Schnittstelle und somit keine CGI-Skripts erlauben, sollten Sie sich in diesem Fall für den Erhalt der Formulardaten per E-Mail entscheiden (siehe vorheriges Kapitel).

32 Framesets

Mit Frames (= Rahmen oder Fenster) werden in Zusammenhang mit HTML einzelne voneinander unabhängige Bereiche einer Webseite bezeichnet. In den einzelnen Fenstern oder Frames kann jeweils eine HTML-Datei angezeigt werden, sodass gleichzeitig mehrere verschiedene Dateien dargestellt werden. Dadurch eröffnet die Verwendung von so genannten Framesets, also einer Kombination aus mehreren Frames, völlig neue Möglichkeiten der Seitengestaltung. Häufig wird beispielsweise ein Frame zur Navigation auf jeder Einzelseite gleich angezeigt, während in einem größeren Frame die vom Anwender angesteuerten Inhalte sichtbar werden. Verweisziele können also in einem anderen als dem Ausgangs-Frame dargestellt werden. Der Anwender hat so einen guten Überblick über die (ständig sichtbaren) Navigationselemente und behält die Orientierung. Natürlich ist die Frame-Technik nicht ganz neu, sie wurde jedoch erst mit HTML 4.01 herstellerübergreifend spezifiziert. Um eine HTML-Datei mit Framesets darstellen zu können, muss der Anwender über einen Frame-fähigen Browser verfügen, der die Angaben zum Frameset bzw. zu den einzelnen Frames korrekt interpretieren kann. Da der Navigator bereits in seiner Version 2.0 Frames einführte und der Explorer seit der Version 3.0 Frames unterstützt, sollten die meisten Anwender Framesets angezeigt bekommen. Für Anwender, deren Browser keine Frames unterstützen, sollten Sie einen alternativen Inhalt oder zumindest eine Nachricht hinterlegen, warum sie die Seite nicht angezeigt bekommen. Bei umfangreichen Projekten kann es ziemlich aufwändig sein, die kompletten Inhalte alternativ aufzubereiten und zu pflegen. Weiterhin können zu viele Frames auf einer Seite solche Anwender in Verzweiflung stürzen, die einen kleinen Monitor besitzen oder deren Browser-Fenster aus irgendeinem Grund klein skaliert ist. Nachfolgende Tabelle bietet eine Übersicht über die in Zusammenhang mit Frames und Framesets verwendeten Befehle und Attribute.

Befehl	Attribut	Bedeutung	Status in HTML 4.01
`<frameset>` `</frameset>`		definiert einen Frameset-Bereich innerhalb einer HTML-Datei	neu
	`border`	definiert die Stärke von Frame-Rahmen	nicht offiziell, NN-spezifisch
	`cols`	definiert einzelne Spalten eines Framesets; ohne weitere Angabe nimmt eine Spalte 100% der verfügbaren Breite ein	
	`frameborder`	definiert, ob die Frames eines Framesets mit oder ohne Rahmen dargestellt werden	innerhalb des `<frameset>`-Tags nicht offiziell

Tabelle 32.1: Befehle und Attribute für Framesets und Frames

Befehl	Attribut	Bedeutung	Status in HTML 4.01
	framespacing	legt den Abstand zwischen einzelnen Frames und damit die Stärke eines Frame-Rahmens fest	nicht offiziell, IE-spezifisch
	rows	definiert einzelne Zeilen eines Framesets; ohne weitere Angabe nimmt eine Zeile 100% der verfügbaren Höhe ein	
<frame>		definiert einen Frame innerhalb eines Framesets	neu, ohne End-Tag
	frameborder	definiert, ob die Frames eines Framesets mit oder ohne Rahmen dargestellt werden	
	longdesc	nimmt den Verweis zu einer Beschreibung des Frames auf	
	marginheight	beschreibt den Abstand zwischen Frame-Inhalt und dem oberen bzw. unteren Frame-Rahmen in Pixel	
	marginwidth	bezeichnet den Abstand zwischen dem Frame-Inhalt und den seitlichen Begrenzungen des Frames in Pixel	
	name	bezeichnet den Frame; dieser Name kann als Wert des Attributs target einen Ziel-Frame benennen	
	noresize	definiert feste Frame-Größen; die Rahmen können vom Anwender nicht verschoben werden	
	scrolling	definiert das Vorhandensein von Rollbalken	
	src	definiert die Datei, die in den Frame geladen werden soll	
<iframe> </iframe>		definiert einen eingebetteten Frame ohne Frameset	neu
	alle Attribute des <frame>-Tags außer noresize		

Tabelle 32.1: Befehle und Attribute für Framesets und Frames (Forts.)

Befehl	Attribut	Bedeutung	Status in HTML 4.01
	align	richtet den eingebetteten Frame aus; Text kann ihn umfließen	»deprecated«
	height	gibt die Höhe des eingebetteten Frames an	
	hspace	definiert den seitlichen Abstand zu umgebenden Elementen	nicht offiziell, IE-spezifisch
	vspace	gibt den Abstand zu Elementen an, die sich ober- bzw. unterhalb des Frames befinden	nicht offiziell, IE-spezifisch
	width	definiert die Breite eines eingebetteten Frames	
`<noframes>` `</noframes>`		zeichnet einen Bereich aus, dessen Inhalt nur für solche Anwender sichtbar wird, deren Browser keine Frames darstellen	

Tabelle 32.1: Befehle und Attribute für Framesets und Frames (Forts.)

32.1 HTML-Dateien mit Framesets

Grundsätzlich wird die Definition eines Framesets innerhalb einer HTML-Datei notiert. Die Inhalte, die in den frei definierbaren Frames angezeigt werden sollen, werden als einzelne Dateien ähnlich wie Grafiken in den entsprechenden Frame eingebunden. Die Struktur einer HTML-Datei, die die Aufteilung der Browser-Anzeige definiert, gleicht im Aufbau der herkömmlichen Grundstruktur. Im Unterschied zu einer HTML-Datei ohne Frames wird jedoch unmittelbar nach dem mit dem `</head>`-Tag abgeschlossenen Kopfteil der Datei anstelle des `<body>`-Tags das Tag `<frameset>` eingefügt, das auch über ein abschließendes Tag verfügt. Innerhalb dieser Tags werden die einzelnen Frames oder auch mehrere Framesets definiert, die als rechteckige Bereiche innerhalb des verfügbaren Browser-Fensters dargestellt werden. Nach dem abschließenden `</frameset>`-Tag können Sie wie gewohnt das abschließende HTML-Tag notiert werden. Innerhalb des `<frameset>`-Bereichs der Datei können Sie für den Fall, dass ein Browser keine Frames unterstützt, einen alternativen Text hinterlegen (der entsprechende Befehl wird in Kapitel 32.3 erläutert). Weisen Sie an dieser Stelle darauf hin, dass die Seite eigentlich mit Frames geplant ist und dass der verwendete Browser diese Angaben offensichtlich nicht interpretiert. Der strukturelle Aufbau einer HTML-Datei mit Frames sieht folgendermaßen aus:

```
<html>
<head>
<title>Titel der Datei</title>
</head>
<frameset>
Definition der Frames bzw. weiterer Framesets
</frameset>
</html>
```

Die Notation der die einzelnen Bereiche einer HTML-Datei einfassenden Befehle ist optional, daher können die Tags <html> und <head> sowie deren abschließende Tags weggelassen werden. Für eine bessere Übersicht kann es allerdings sinnvoll sein, diese Befehle zu verwenden.

Achten Sie darauf, dass die <frameset>-Tags nicht wie die Inhalte einer herkömmlichen HTML-Datei innerhalb des Dateirumpfes (also der <body>-Tags) stehen, sondern an ihrer Stelle.

HTML-Dateien, die Framesets enthalten, besitzen eine eigene DTD, die wie folgt lautet:

```
<!doctype html public "-//w3c//dtd html 4.01 frameset//en">
```

Für weitere Informationen zu diesem Thema siehe Kapitel 4.1.

32.2 Framesets definieren

Ein Frameset bestimmt, wie die zur Verfügung stehende Fläche des Browser-Fensters aufgeteilt ist. Die dazu notwendigen Angaben ähneln denen für Tabellen, da auch hier die Flächenaufteilung mit Angaben für Zeilen und Spalten realisiert wird. Die Aufteilung der Fläche wird im einleitenden <frameset>-Tag mit den Attributen cols (von columns = Spalten) und/oder rows (= Zeilen) definiert. Dabei definiert cols die Anzahl der vertikalen Frames (Spalten) bzw. deren Breiten und rows die Anzahl der horizontalen Bereiche (Zeilen) bzw. deren Höhen. Die Werte der Attribute cols und rows werden in Pixel, Prozentwerten oder als relative Angabe respektive einer Kombination dieser Angaben notiert. Die einzelnen Werte werden durch Kommata voneinander getrennt. Die Beschreibung von Framesets erfolgt für Spalten von links nach rechts und für Zeilen von oben nach unten. Ohne cols-Attribut nimmt jede Zeile die gesamte Breite des Browser-Fensters, ohne rows-Attribut nimmt jede Spalte die gesamte Höhe des Browser-Fensters ein. Sind weder ein cols- noch ein rows-Attribut notiert, nimmt ein Frame den gesamten Platz des Browser-Fensters ein. Eine Kombination der beiden Attribute ergibt eine Aufteilung in einzelne Frames, die jeweils einer Spalte und Reihe angehören. Spalten, die sich nicht über alle Zeilen bzw. Zeilen, die sich nicht über alle Spalten erstrecken, lassen sich mit verschachtelten Framesets realisieren. Die einzelnen Frames eines Framesets werden mit dem Befehl <frame> ausgezeichnet, der kein End-Tag besitzt. In diesem Kapitel werden leere Frames verwendet, um zunächst nur die verschiedenen Möglichkeiten mit Framesets zu erläutern. Im folgenden Beispiel wird ein Frameset mit zwei Spalten definiert, die erste Spalte soll 30% und die zweite 70% der Fensterbreite einnehmen.

```
<html>
<head>
<title>Framesets</title>
</head>
<frameset cols="30%,70%">
 <frame>
 <frame>
</frameset>
</html>
```

Das Tag `<frameset>` leitet die Frameset-Definition ein, in seinem Attribut COLS werden zwei Spalten definiert, wovon die erste (also in der Browser-Darstellung linke) 30% der Breite des Browser-Fensters und die zweite, rechte Spalte die verbleibenden 70% einnimmt. Die innerhalb der `<frameset>`-Sequenz befindlichen `<frame>`-Tags repräsentieren leere Frames, ohne deren Vorhandensein die Aufteilung im Browser nicht sichtbar wäre.

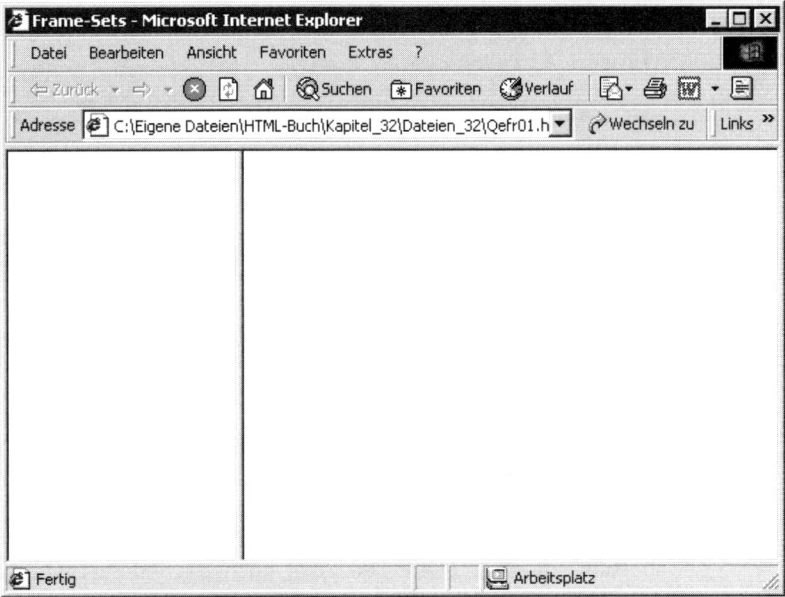

Bild 32.1: Eine HTML-Datei, in der zwei Spalten als Frameset definiert sind

Um zwei horizontale Frames zu erzeugen notieren Sie entsprechend das Attribut rows wie im nächsten Beispiel mit 25% der Höhe für den oberen und 75% Höhe für den unteren Frame.

```
<frameset rows="25%,75%">
 <frame>
 <frame>
</frameset>
```

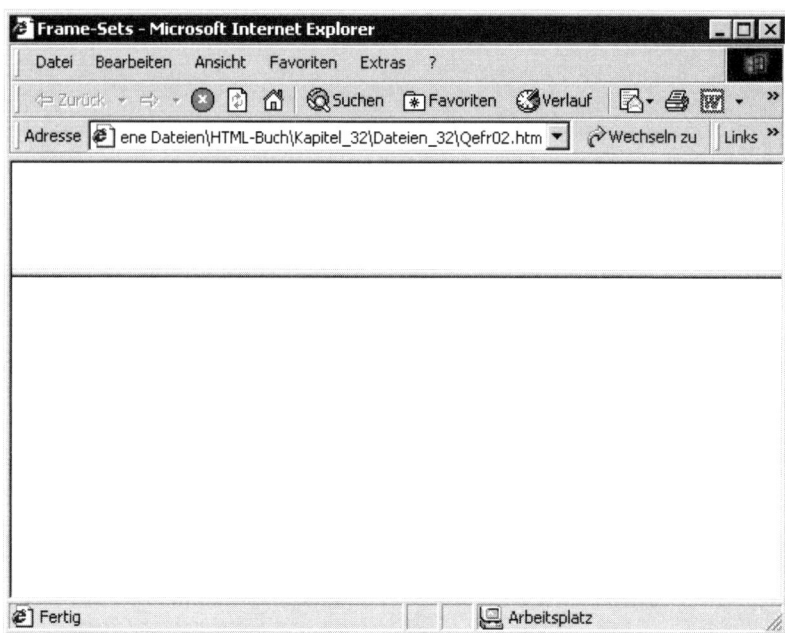

Bild 32.2: Die Browser-Darstellung einer HTML-Datei mit zwei horizontalen Frames

Die Angabe von nicht prozentualen, sondern absoluten Werten in Pixel ist z.B. dann sinnvoll, wenn Grafiken den Inhalt des oder der Frames darstellen, deren absolute Größe in Höhe und Breite bekannt ist. Der verbleibende Platz kann dann entweder prozentual oder in relativen Werten aufgeteilt werden. Die Angabe

```
<frameset rows="2*,200,1*">
<frame>
<frame>
<frame>
</frameset>
```

definiert ein Frameset, das aus drei horizontalen Bereichen oder Zeilen besteht, deren mittlere 200 Pixel hoch ist. Der restliche Platz wird wiederum in zwei Bereiche aufgeteilt, wovon sich einer oberhalb und einer unterhalb des Bereichs mit der festen Höhenangabe befindet. In vorstehendem Beispiel wird vom Browser zunächst die Höhe von 200 Pixel reserviert. Die Angaben 2* und 1* besagen, dass der restliche Platz insgesamt drei Teile ausmacht, von denen dem oberen Bereich zwei Teile und dem unteren Bereich ein Teil zugewiesen wird.

Anstelle von 1* für einen Teil einer verfügbaren Breite oder Länge können Sie auch ein allein stehendes Sternchen * notieren. Bei mehr als einem Teil muss die Angabe, wie viele Teile ein Element erhalten soll, vor dem Sternchen stehen.

Da kein `cols`-Attribut eingesetzt ist, erstrecken sich diese Zeilen alle über die gesamte verfügbare Fensterbreite. Die Darstellung dieses Framesets mit leeren Frames im Browser sehen Sie in Abbildung 32.3.

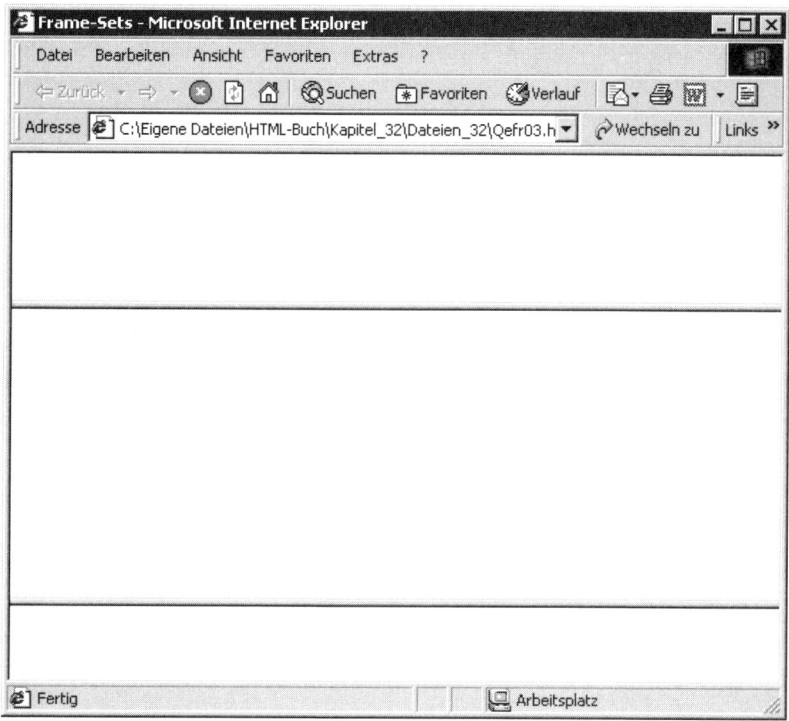

Bild 32.3: Der mittlere Frame besitzt eine feste Höhe von 200 Pixel.

Bei der Aufteilung des Browserfensters in die einzelnen Frames weist der Browser zunächst absolute Werte und prozentuale Angaben zu. Der danach verbleibende Platz in Höhe oder Breite wird entsprechend den angegebenen Verhältnissen auf weitere Frames aufgeteilt. Nehmen wir an, ein verfügbares Browser-Fenster ist 400 Pixel hoch und es wird mit dem Tag `<frameset rows="40%,200,2*,3*">` ein Frameset aus vier horizontalen Frames definiert, so werden diese insgesamt verfügbaren 400 Pixel wie folgt aufgeteilt. Unabhängig von ihrer Reihenfolge in dem jeweiligen Attribut (`cols` oder `rows`) werden die absoluten Angaben stets zuerst berücksichtigt. In diesem Fall blieben also nach Abzug der 200 Pixel des von oben gesehen zweiten Frames noch 200 Pixel übrig. Danach sucht der Browser nach prozentualen Angaben, wie die hier notierten 40% des ersten Frames. Von den verbleibenden 200 Pixel erhält der erste Frame demnach 40%, also 80 Pixel. Nun sind von den ursprünglichen 400 Pixel noch 120 Pixel verfügbar. Diese werden entsprechend der angegebenen relativen Anteile den restlichen beiden Frames zugeteilt. Insgesamt werden die 120 Pixel in fünf Teile dividiert, was pro Teil 24 Pixel ergibt. Der dritte Frame erhält davon zwei Anteile, also 2 x 24 = 48 und der untere Frame drei Teile, also 72 Pixel. An 100% der Fensterbreite oder -höhe fehlende oder zu viel angegebene Anteile werden vom Browser proportional zu den definierten Größen ausgeglichen. Nach Möglichkeit sollten Sie aber dafür sorgen, dass die Angaben insgesamt 100% ausmachen.

Ein durchgängiges Raster wird erreicht, indem sowohl das Attribut cols als auch rows eingesetzt wird. Das Frameset des folgenden Beispiels wurde wie folgt definiert:

```
<frameset rows="30%,70%" cols="33%,34%,33%">
 <frame>
 <frame>
 <frame>
 <frame>
 <frame>
 <frame>
</frameset>
```

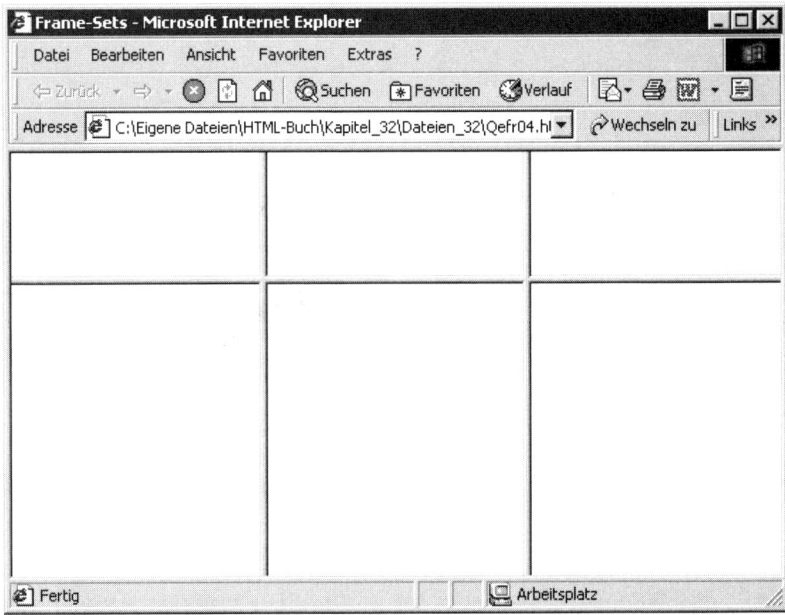

Bild 32.4: Die einzelnen Frames sind jeweils einer Spalte und einer Zeile zugeordnet.

Der Browser zeigt sowohl zwei verschieden hohe Zeilen als auch drei (annähernd) gleich breite Spalten, was zu sechs einzelnen Frames führt. Im nächsten Beispiel »überspannt« eine Spalte zwei Zeilen; anders als bei Tabellen wird dieser Effekt hier mithilfe einer Verschachtelung erreicht.

Die Definition des in Abbildung 32.5 dargestellten Framesets lautet wie folgt:

```
<frameset cols="30%,70%">
 <frame>
 <frameset rows="20%,80%">
  <frame>
```

```
  <frame>
 </frameset>
</frameset>
```

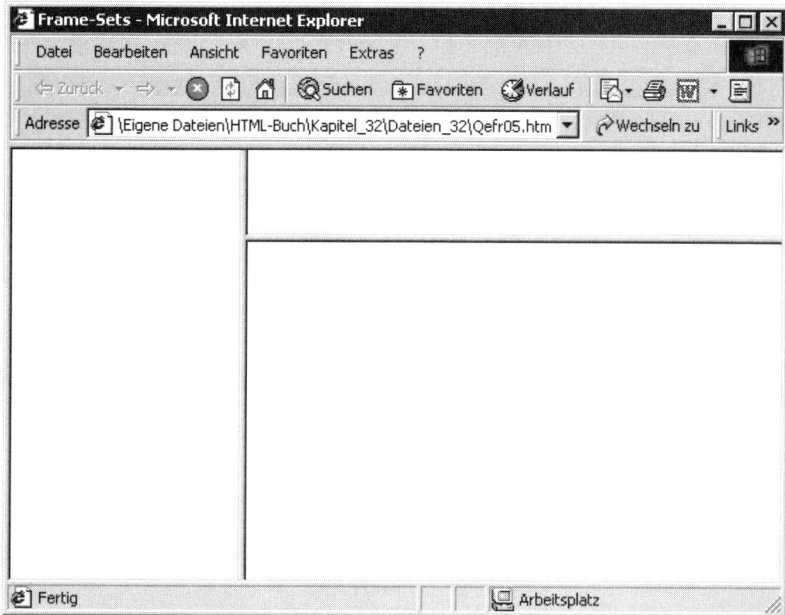

Bild 32.5: Das Frameset enthält ein weiteres Frameset.

Das zuerst definierte Frameset teilt das Browser-Fenster in zwei verschieden breite Spalten auf und enthält ein <frame>-Tag. Dieser Frame stellt die erste Spalte dar, die 30% der Fensterbreite ausmacht und sich über die gesamte Höhe erstreckt. Nach diesem Frame ist ein weiteres Frameset notiert, das die verbleibende zweite Spalte in zwei Zeilen aufteilt und demnach zwei <frame>-Tags enthält. Dementsprechend sorgt die folgende Sequenz für eine Aufteilung, in der eine Zeile zwei Spalten abdeckt.

```
<frameset rows="20%,80%">
 <frame>
 <frameset cols="30%,70%">
   <frame>
   <frame>
 </frameset>
</frameset>
```

Das erste <frame>-Tag repräsentiert den oberen liegenden Frame. Die beiden weiteren <frame>-Tags sind in einem weiteren Frameset enthalten und stellen den linken und rechten unteren Frame dar. Die Darstellung dieser Frame-Anordnung sehen Sie in Abbildung 32.6.

Nach diesem Schema können Sie Framesets auch weiter verschachteln. Bedenken Sie dabei jedoch, dass zu viele Frames in einem kleinen Browser-Fenster (auf einem kleinen Monitor oder eine kleine Skalierung) schnell unübersichtlich wirken. Versuchen Sie, die einzelnen Frames so zu dimensionieren, dass sie die Inhalte gut aufnehmen können.

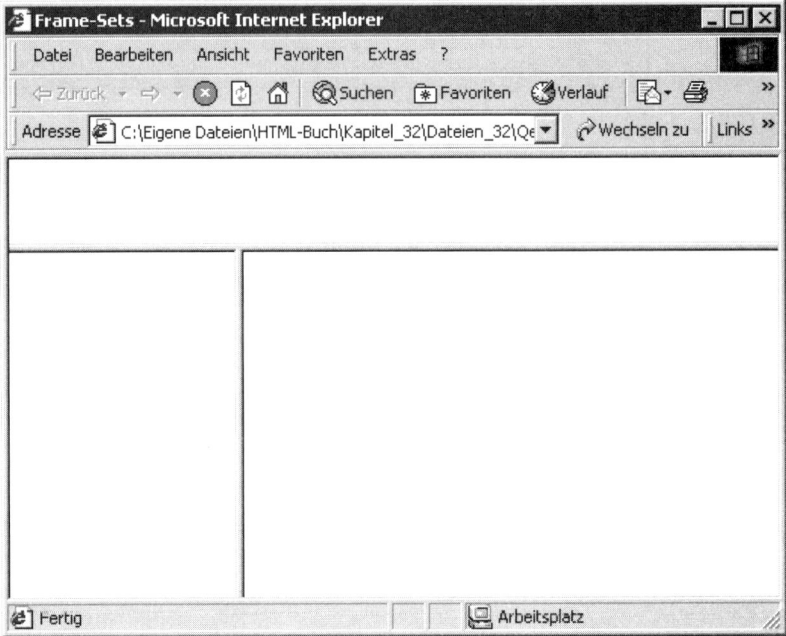

Bild 32.6: Ein verschachteltes Frameset

32.3 Alternativer Inhalt

Für Anwender ohne Frame-fähigen Browser sollten Sie alternativen Inhalt anbieten. Dieser Inhalt wird nur dann angezeigt, wenn der Browser keine Frames unterstützt oder wenn diese Funktion vom Anwender deaktiviert wurde; alle anderen Anwender bekommen ihn nicht zu sehen. Dieser alternative Inhalt wird mit dem Befehl <noframes> (= keine Frames) eingebunden, der auch über ein abschließendes Tag verfügt. Das <noframes>-Tag kann in einer HTML-Datei, die ein Frameset definiert, oder in einem Dokument notiert werden, das üblicherweise in einem Frame dargestellt wird. Ein <noframes>-Bereich sorgt in einer HTML-Datei mit definierten Frameset(s) dafür, dass Anwender, deren Browser keine Frames darstellen kann, überhaupt etwas dargestellt bekommen. Weisen Sie innerhalb der <noframes>-Tags darauf hin, dass der Inhalt Ihrer Site auf Frames aufbaut und dass der Browser des Anwenders keine Frames unterstützt. Binden Sie nach Möglichkeit Verweise auf die einzelnen Dokumente Ihrer Site ein, sodass diese angesteuert werden können, oder verweisen Sie auf eine Sitemap, ein Dokument, das eine Übersicht aller Einzelseiten enthält und mit diesen verlinkt ist. Sind die einzelnen Dokumente für die alleinige Anzeige ungeeignet, müssen Sie neue, geeignete Seiten erstellen, damit die Inhalte Ihrer Site von Anwendern ohne Frame-fähigen Browser betrachtet werden können. Ein `<noframes>`-Bereich in einem Dokument, das normalerweise in einem Frame angezeigt wird, kann auch eine Information darüber enthalten, dass dieses Dokument Bestandteil eines Framesets ist. Soweit möglich können Sie auch die für diese Anwender fehlenden Informationen der anderen Frames wiedergeben.

Im nachfolgenden Beispiel wird das `<noframes>`-Tag eingesetzt. Ausgangspunkt ist die HTML-Datei, in der das oder die Framesets definiert sind, da dies die Startseite der Website ist. Basis des Beispiels ist die in Abbildung 32.1 dargestellte Datei mit zwei Frames. Nehmen wir an, im linken Frame wären verschiedene Verweise aufgelistet, deren Verweisziel jeweils im rechten Frame dargestellt würde. Damit ein Anwender ohne Frame-fähigen Browser überhaupt einen Inhalt angezeigt bekommt, notieren Sie unmittelbar nach dem letzten `<frameset>`-Tag einen `<noframes>`-Bereich.

```
<html>
<head>
<title>Framesets</title>
</head>
<frameset cols="30%,70%">
 <frame>
 <frame>
</frameset>
<noframes>
 <body>
  <h3 align="center">Leider unterst&uuml;tzt Ihr Browser keine Frames.
  </h3>
  <div align="center">Der nachfolgende Verweis f&uuml;hrt zu einer
  <a href="inhalt.htm">Inhalts&uuml;bersicht </a>der Site.</div>
 </body>
</noframes>
</html>
```

Anwender, deren Browser Frames unterstützen, sehen beim Aufrufen dieser Datei die in Abbildung 32.1 gezeigte Darstellung. Kann ein Browser keine Frames darstellen, erkennt er weder die `<frameset>`- und `<frame>`-Tags noch den Befehl `<noframe>`. Der Browser interpretiert diese Befehle also nicht und stellt wie bei herkömmlichen HTML-Dateien üblich die innerhalb der `<body>`-Tags notierten Inhalte wie in folgender Abbildung dar.

Der Verweis führt den Anwender zu einer Inhaltsübersicht der Site mit weiteren Verweisen. Dies könnte dieselbe Datei sein, die im Frameset in den linken Frame geladen wird, oder eine nur für diesen Zweck angelegte Datei, die dem Anwender die Navigation zu den einzelnen Dokumenten der Site ermöglicht. (Die Einbindung von Dateien in Frames wird in Kapitel 33 behandelt.) Diese Dokumente können (sofern es sich um dieselben handelt, die auch im Frameset referenziert sind) ebenfalls einen `<noframe>`-Bereich enthalten. Der ansonsten als Inhalt eines Frames dargestellte Inhalt kann so weitere Informationen für Anwender aufnehmen, die diese

Datei ohne Frames sehen. Sinnvoll wäre hier beispielsweise ein Rückverweis auf die Inhaltsübersicht, die bei Frame-fähigen Browsern ständig im linken Frame angezeigt wird.

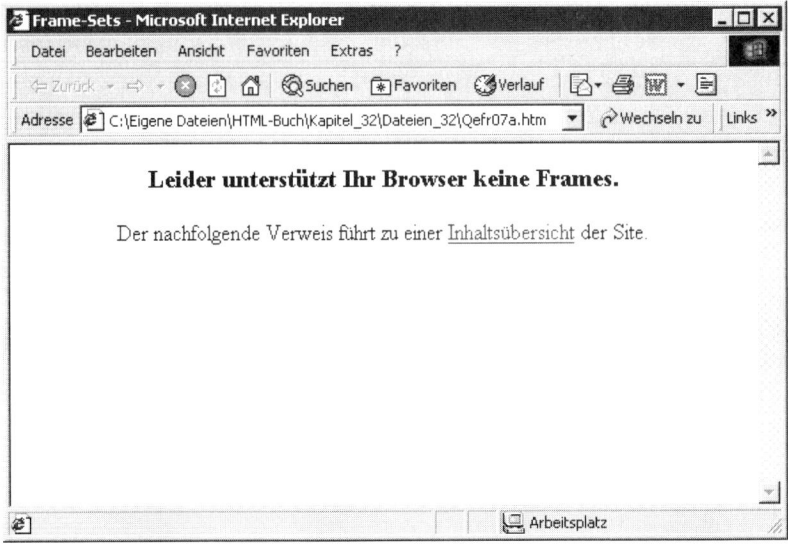

Bild 32.7: Der alternative Inhalt einer HTML-Datei für nicht Frame-fähige Browser

33 Frames

Die einzelnen Frames eines Framesets werden mithilfe des Attributs SRC (abgekürzt von source = Quelle) mit Inhalt versehen. Darüber hinaus stehen weitere Attribute zur Verfügung, die das äußere Erscheinungsbild der einzelnen Frames beeinflussen können. Mit Frames können Sie z.B. einen Teil der Webseite fixieren und in einem oder mehreren anderen Teilen veränderbare Inhalte darstellen. In der Praxis werden häufig Überschriften oder Navigationselemente in einem Frame fix dargestellt, während der Inhalt des oder der anderen Frames mithilfe von Verweisen veränderlich ist.

Holen Sie vor dem Einbinden externer Dokumente bei dem Urheber der Site eine Genehmigung dafür ein. Der Grund hierfür liegt in der rechtlichen Auffassung, dass Frames anders als Verweise innerhalb einer framelosen Seite leicht den Eindruck erwecken, ihr Inhalt gehöre zur Ausgangsseite, obwohl möglicherweise der größte Teil der Seite Inhalte einer fremden Seite zeigt. Schlimmstenfalls kann der Urheber der verlinkten Seite(n) auf unlauteren Wettbewerb bzw. Urheberrechtsverletzung klagen. Bei Verweisen auf externe Seiten sollten Sie außerdem eine Haftungsausschlussklausel auf Ihrer Seite platzieren (siehe dazu Kapitel 22).

33.1 Frames definieren

Um einen Frame mit Inhalt zu versehen, referenzieren Sie die gewünschte Datei ähnlich wie bei Grafiken als Wert des Attributs src. Die URL zu den Dateien folgt dabei den gleichen Regeln wie die in Kapitel 18.2 behandelten Grafikreferenzen; nach Möglichkeit sollten Sie relative Pfadangaben machen. Mit einer absoluten URL können auch externe Dateien in einen Frame geladen werden. In Kapitel 32 wurden leere Frames und entsprechend auch einfache <frame>-Tags verwendet. Frames mit Inhalt folgen der Syntax <frame src="HTML-Datei">, sofern die angegebene Datei sich im gleichen Verzeichnis befindet wie die Datei, in der die Frameset-Definition notiert ist. Im folgenden Beispiel wird ein einfaches Frameset, das aus zwei unterschiedlich großen Frames besteht, mit Inhalt gefüllt.

```
<html>
<head>
<title>Framesets</title>
</head>
<frameset cols="30%,70%">
 <frame src="inhalt.htm">
 <frame src="daten1.htm">
</frameset>
<noframes>
 <body>
   <h3 align="center">Leider unterst&uuml;tzt Ihr Browser keine
     Frames.</h3>
   <div align="center">Der nachfolgende Verweis f&uuml;hrt zu einer
   <a href="inhalt.htm">Inhalts&uuml;bersicht</a> der Site.</div>
```

```
</body>
</noframes>
</html>
```

Der vorstehende Quelltext definiert ein Frameset, dessen Frames die Dateien *inhalt.htm* und *daten1.htm* darstellen. Innerhalb des `<noframes>`-Bereichs wird für Anwender, deren Browser keine Frames darstellt, ein Verweis auf die Datei *inhalt.htm* eingebunden, also auf dieselbe Datei, die bei den anderen Anwendern in einem Frame dargestellt wird. Abbildung 33.1 zeigt die Darstellung des Quelltextes im Browser.

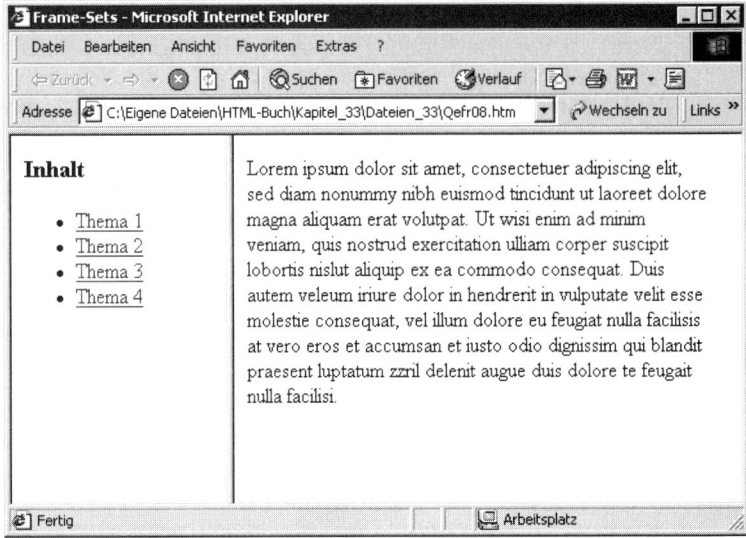

Bild 33.1: Ein Frameset mit eingebundenen Dateien

Die in den Frames referenzierten Dateien befinden sich in diesem Beispiel im selben Verzeichnis wie die HTML-Datei mit dem Frameset. Die Dateien enthalten herkömmliche HTML-Elemente. Die in Abbildung 33.1 auf der linken Seite eingebundene Datei *inhalt.htm* besitzt folgenden Quelltext:

```
<html>
<head>
<title>Inhalts&uuml;bersicht</title>
</head>
<body>
<h3>Inhalt</h3>
<ul>
 <li><a href="daten1.htm">Thema 1</a></li>
 <li><a href="daten2.htm">Thema 2</a></li>
 <li><a href="daten3.htm">Thema 3</a></li>
 <li><a href="daten4.htm">Thema 4</a></li>
</ul>
</body>
</html>
```

Da die Datei *inhalt.htm* durch einen Verweis im `<noframes>`-Bereich des Quelltextes zu Abbildung 33.1 auch von solchen Anwendern aufgerufen werden kann, deren Browser keine Frames darstellt, können diese die in dieser Datei eingebundenen Verweise ebenfalls verfolgen. Innerhalb der so ansteuerbaren Dateien sollten Sie ebenfalls einen `<noframes>`-Bereich einbinden. Diese notierten Inhalte werden in Browsern, die Frames unterstützen, nicht sichtbar, während für die anderen Anwender hier z.B. ein Rückverweis auf die Inhaltsübersicht notiert werden kann. Im Quellcode zu der in Abbildung 33.1 im rechten Frame sichtbaren Datei ist ein `<noframes>`-Bereich enthalten, der Blindtext ist durch (...) abgekürzt.

```
<html>
<head>
<title>Daten</title>
</head>
<body>
Lorem ipsum dolor (...)
<noframes>
<hr>
<a href="inhalt.htm">Zur&uuml;ck</a>
</noframes>
</body>
</html>
```

Ein Anwender, dessen Browser keine Frames anzeigen kann, bekommt beim Aufrufen der Startseite dieses Beispiels den im Quelltext der Startseite notierten Inhalt des `<noframes>`-Bereichs dargestellt, wie in Abbildung 32.7 zu sehen. Benutzt er den Verweis auf dieser Seite, gelangt er auf die referenzierte Datei, die auch im linken Frame angezeigt wird. Im Unterschied zu der Darstellung in einem Frame-fähigen Browser, wo die Datei in einem Frame dargestellt wird und so nur einen Teil der gesamten Seite ausmacht, wird die Datei `inhalt.htm` in einem eigenen Browser-Fenster dargestellt.

Von hier aus kann der Anwender den gleichen Verweisen folgen, als würde die Datei sich in einem Frame befinden. Angenommen, er folgt dem ersten Verweis `Thema 1`, wird die in der Datei *inhalt.htm* als Verweisziel dieses Links angegebene Datei wieder in einem eigenen Fenster dargestellt. Es ist dieselbe Datei, die in Abbildung 33.1 im rechten Frame zu sehen und deren Quellcode weiter oben notiert ist. Da auch diese Datei einen `<noframes>`-Bereich besitzt, der von Frame-fähigen Browsern nicht dargestellt wird, fällt ihre Darstellung unterschiedlich aus. In einem Browser, der Frames unterstützt, wird die Datei wie in Abbildung 33.1 rechts zu sehen gezeigt. Anderenfalls wird auch diese Datei wie diejenige in Abbildung 33.2 in einem eigenen Browser-Fenster dargestellt, wobei hier zusätzlich die Angaben zu sehen sind, die im `<noframes>`-Bereich der Datei *daten1.htm* notiert wurden.

In diesem Beispiel werden zusätzlich zu den Inhalten, die auch im Frame zu sehen sind, eine horizontale Linie und ein Verweis dargestellt, der wieder zur Datei *inhalt.htm* führt.

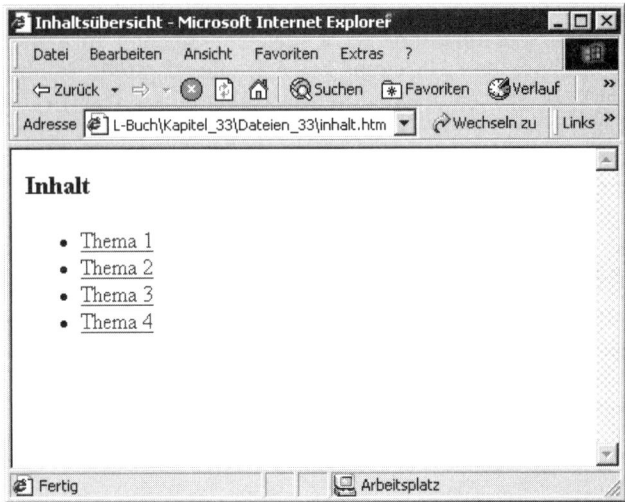

Bild 33.2: Die Datei inhalt.htm wird nicht in einem Frameset sondern alleine gezeigt

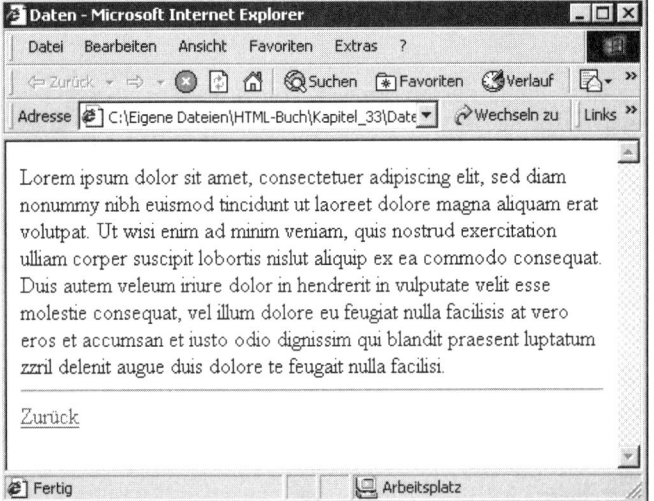

Bild 33.3: In einem Browser, der keine Frames unterstützt, werden die innerhalb des <noframes>-Bereichs notierten Angaben sichtbar.

 Die in diesem Abschnitt beschriebenen Frames besitzen lediglich das Attribut src, mit dessen Hilfe Dateien referenziert werden können. Im folgenden Kapitel wird als weiteres Attribut name eingesetzt.

Die einzelnen Dateien, die in Frames dargestellt werden, können auch interne Verweise beinhalten. Die hierfür erforderlichen Quell- und Zielanker müssen in der jeweiligen Datei eingefügt werden und tauchen in der Datei, die das Frameset enthält, nicht auf.

33.2 Ziel-Frames festlegen

Normalerweise werden die Ziele von Verweisen einer Datei, die in einem Frameset dargestellt wird, im selben Frame dargestellt wie der Verweis selber. Der Ziel-Frame, also der Frame, in dem das Verweisziel angezeigt wird, ist in diesem Fall gleich dem Ausgangs-Frame. Damit Sie auch andere als den Ausgangs-Frame zur Anzeige von Verweiszielen nutzen können, müssen die einzelnen Frames zunächst bezeichnet werden, was mithilfe des Attributs name geschieht. Beachten Sie bei der Vergabe einer dateiweit eindeutigen Bezeichnung für einen Frame, dass diese nur aus alphanumerischen Zeichen sowie den Zeichen Unterstrich, Bindestrich, Punkt, Unterstrich und Doppelpunkt bestehen darf. Die als Wert des Attributs name frei definierten Bezeichnungen von Frames müssen mit einem Buchstaben beginnen. In folgendem Quellcode-Ausschnitt erhalten die beiden Frames einen Namen.

```
<frameset cols="30%,70%">
 <frame src="inhalta.htm" name="navigation">
 <frame src="daten0.htm" name="daten">
</frameset>
```

Die so benannten Frames können nun mit dem Attribut (= Ziel) in den Befehlen <a>, <base>, <form> und <link> als Ziel-Frames referenziert werden (siehe auch Kapitel 4.4 und 30.5). Im folgenden Beispiel werden die Ziel-Frames von den in der Datei *inhalta.htm* enthaltenen Verweisen festgelegt. Der gesamte Quelltext dieser Datei ist nach Abbildung 33.1 notiert.

```
<a href="daten1.htm" target="daten">Thema 1</a>
<a href="daten2.htm" target="daten">Thema 2</a>
<a href="daten3.htm" target="daten">Thema 3</a>
<a href="daten4.htm" target="daten">Thema 4</a>
```

Als Verweisziel aller in der Datei *inhalta.htm* enthaltenen Verweise wurde der Frame mit der Bezeichnung daten angegeben. Die referenzierten Dateien werden also, falls der Anwender einem der Verweise folgt, jeweils im Frame daten angezeigt.

Abweichend von der in Abbildung 33.1 gezeigten Datei wurde hier eine andere Datei in den rechten Frame geladen. Diese Datei stellt kein Verweisziel dar und wird nur so lange angezeigt, bis der Anwender einem Verweis folgt. Da in den in der Datei *inhalta.htm* definierten Verweise das Attribut target mit dem Wert daten eingesetzt ist, führt ein Klick auf einen der Verweise dazu, dass das Verweisziel im Frame daten dargestellt wird.

Neben frei vergebenen Namen stehen verschiedene in ihrer Bedeutung festgelegte Werte für das Attribut target zur Verfügung. In Tabelle 33.1 erhalten Sie eine Übersicht über diese Werte.

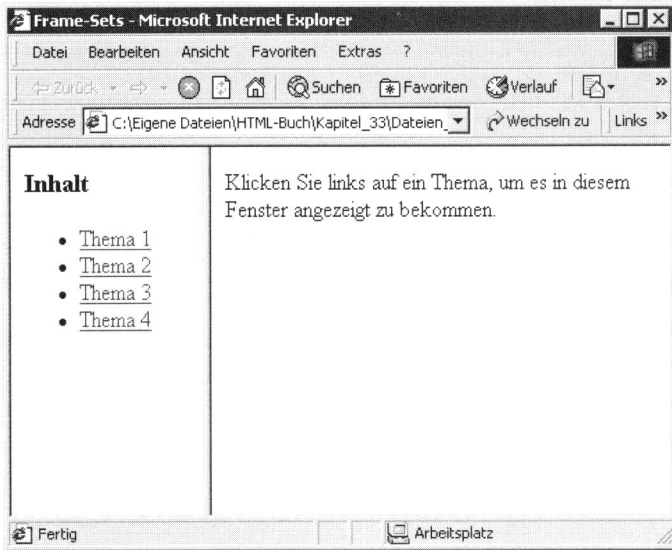

Bild 33.4: Die ursprünglich definierten Frame-Inhalte werden angezeigt.

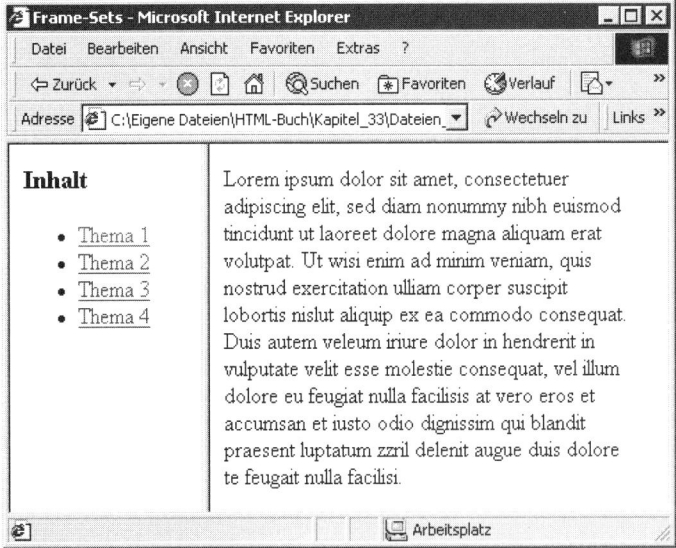

Bild 33.5: Nachdem im linken Frame dem ersten Verweis nachgegangen wurde, ist im rechten Frame das Verweisziel zu sehen.

Wert	Bedeutung
_blank	Der so ausgezeichnete Verweis wird in einem neuen, eigenen Browser-Fenster dargestellt; das Frameset bleibt in einem anderen Browser-Fenster erhalten.
_parent	Der Inhalt wird in einem dem Ausgangs-Frame übergeordneten Frame angezeigt. Ist ein solcher nicht vorhanden, wird er im aktuellen Browser-Fenster dargestellt; das Frameset wird beendet.
_self	Der so ausgezeichnete Verweis wird im Ausgangs-Frame dargestellt.
_top	Der Inhalt wird im aktuellen Browser-Fenster gezeigt, nachdem das Frameset beendet wurde.

Tabelle 33.1: Festgelegte Werte des Attributs target

Das im Kopfbereich einer HTML-Datei notierte <base>-Tag nimmt einen voreingestellten Ziel-Frame auf. Diese Angabe ist beispielsweise dann sinnvoll, wenn viele Verweisziele einer Datei im selben Frame angezeigt werden sollen. Im vorigen Beispiel müsste diese Angabe <base target="daten"> lauten und im Kopfbereich der Datei *inhalta.htm* notiert werden. In den einzelnen <a>-Tags dieser Datei kann somit auf die Angabe des Ziel-Frames verzichtet werden. Weitere Informationen zum <base>-Tag finden Sie in Kapitel 4.4.

Im folgenden Beispiel verweisen die im linken Frame sichtbaren Links wie bisher auf eine Datei; anstelle des Namens daten des rechten Frames wurden die in Tabelle 33.1 aufgeführten festgelegten Werte benutzt. Die Datei, die in den linken Frame geladen wird, enthält folgende Verweise:

```
<a href="daten1.htm" target="_blank">Thema 1</a>
<a href="daten1.htm" target="_self">Thema 1</a>
<a href="daten1.htm" target="_top">Thema 1</a>
<a href="daten1.htm" target="_parent">Thema 1</a>
```

Im href-Attribut ist jeweils dieselbe Datei referenziert, die Blindtext enthält. Die Darstellung der zunächst geladenen Dateien entspricht Abbildung 33.4. Wird der erste Verweis Thema 1 verfolgt, wird die Datei *daten1.htm* in dem Ziel-Frame _blank geladen, das heißt es öffnet sich eine weitere Instanz des Browsers, in der die Datei angezeigt wird. Wenn dieses Browser-Fenster geschlossen wird, kommt das ursprüngliche Fenster mit dem Frameset wieder zum Vorschein. Der Verweis mit dem Ziel-Frame _self hat zur Folge, dass die Datei im selben Frame angezeigt wird, in dem sich der Verweis befindet.

Problematisch an dieser Angabe ist, dass hier die weitere Navigation schwierig wird. Nur die *Zurück*-Funktion des Browsers ermöglicht es, im linken Frame wieder die Verweise angezeigt zu bekommen. Vergessen Sie also beim Einsatz des Werts _self nicht, geeignete Rückverweise (oder auch andere Verweise) in der Datei einzubinden, die referenziert wurde. Der Wert _top beendet das Frameset und zeigt dann im gleichen Browser-Fenster das Verweisziel an.

Kapitel 33 · Frames

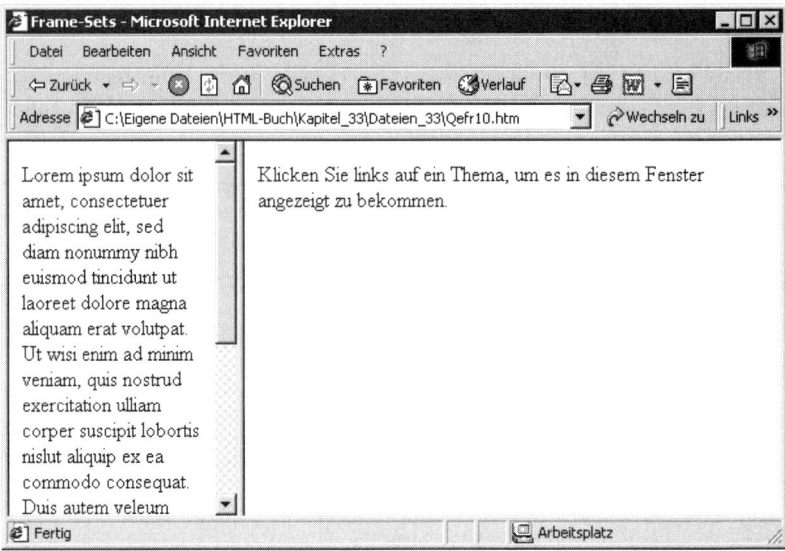

Bild 33.6: Das Verweisziel wird im Ausgangs-Frame dargestellt.

 Die Angaben target="_top" *oder* target="_blank" *eignen sich für externe Verweisziele bzw. für solche Ziele, die ihrerseits wieder Frames enthalten.*

Da in diesem Beispiel keine übergeordneten Frames vorhanden sind, führt der Wert _parent dazu, dass wie bei _top das Frameset beendet und das Verweisziel in das aktuelle Browser-Fenster geladen wird. Das Beenden eines Framesets mit der Angabe target="_top" im Quellanker ist z.B. dann sinnvoll, wenn das Verweisziel ebenfalls ein Frameset enthält.

Browser interpretieren die Angaben zu Ziel-Frames in einer festgelegten Reihenfolge:

1. Der Verweis besitzt ein target-Attribut, mit einem der festgelegten Werte (_blank, _parent, _self, _top) oder einem Wert, der mit dem des name-Attributs eines Frames exakt übereinstimmt.

2. Der Verweis besitzt kein target-Attribut, im Kopfbereich der Datei ist jedoch im Befehl <base> ein Ziel-Frame angegeben.

3. Besitzen weder der Verweis noch das <base>-Tag das Attribut target, wird das Verweisziel im Ausgangs-Frame angezeigt.

4. Ist in einem target-Attribut als Wert ein unbekannter Frame angegeben, öffnet der Browser ein neues Fenster und zeigt das Verweisziel dort an.

Eine Datei, in der ein target-Attribut sowohl im <base>-Tag als auch in einem <a>-Tag notiert ist, wird grundsätzlich alle Verweise in dem im <base>-Tag angegebenen Ziel-Frame darstellen. Der Verweis mit dem eigenen target-Attribut wird jedoch in dem dort angegebenen Ziel-Frame gezeigt. Anders ausgedrückt ist die speziellere Angabe in einem Verweis dominant gegenüber der allgemeinen Angabe im <base>-Tag. Setzen Sie nach Möglichkeit die festgelegten target-Werte ein, da diese auch dann zu einer korrekten Anzeige führen, wenn beispielsweise ein Frame umbenannt wurde.

Mit einem zweiten Frameset bzw. einer Datei, die ebenfalls ein Frameset enthält, können Sie erreichen, dass sich bei einem Klick der Inhalt mehrerer Frames verändert. Das folgende Beispiel erläutert dieses Vorgehen. In Abbildung 34.4 sehen Sie ein einfaches Frameset mit den im Quelltext der Datei definierten Frame-Inhalten. Angenommen, der Verweis Thema 1 verweist auf ein sehr umfangreiches Dokument, dessen Inhalt im rechten Frame angezeigt wird.

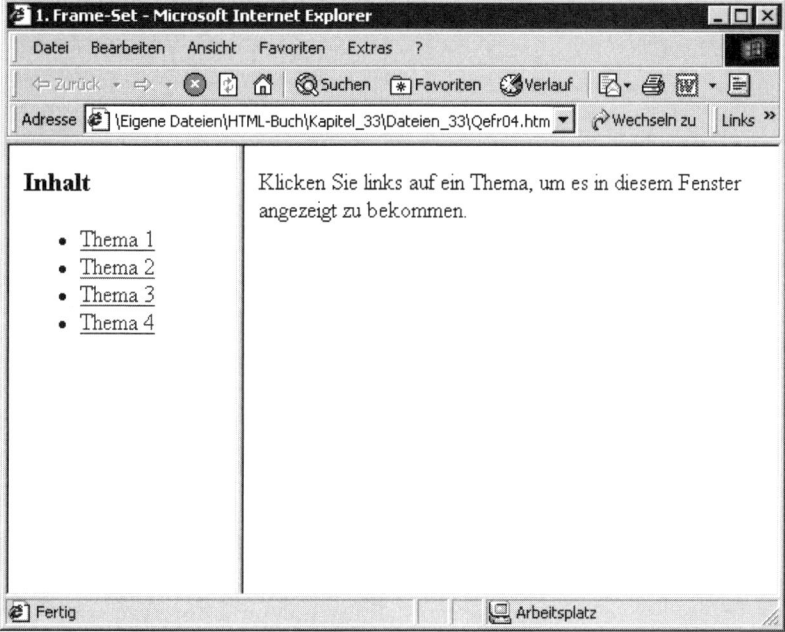

Bild 33.7: Das Verweisziel von Thema 1 ist ein längerer Text.

Natürlich kann der Anwender den gesamten Inhalt eines längeren Textes betrachten, indem er den automatisch eingeblendeten Rollbalken verwendet. Bei längeren Texten könnte jedoch auch ein gezieltes Ansteuern bestimmter Textabschnitte erwünscht sein. Wie Sie der Titelzeile der in Abbildung 33.7 dargestellten Datei entnehmen können, sehen Sie hier die Ausgangsseite mit dem ersten Frameset. Die in der Ausgangsdatei in Abbildung 33.7 sichtbaren Frame-Inhalte sind innerhalb der <frameset>-Tags notiert. Folgt man dem Verweis Thema 1, wird ein komplett neues Frameset geladen.

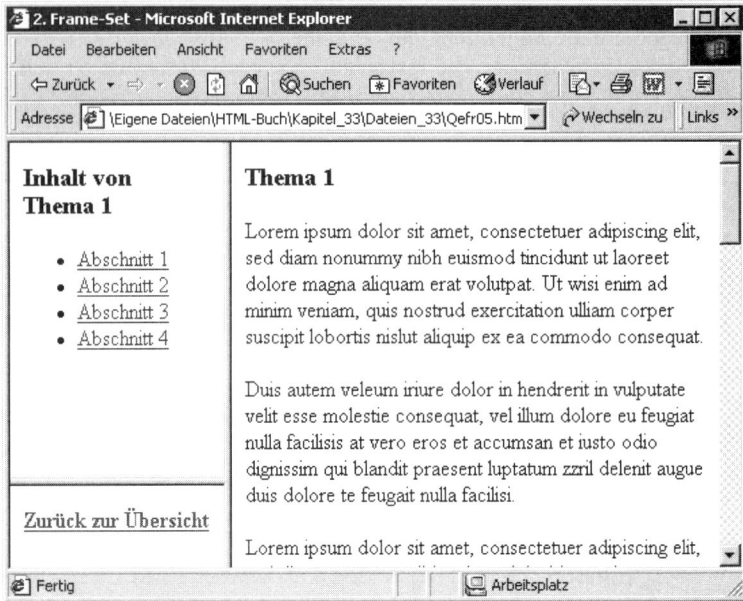

Bild 33.8: Das zweite Frameset wurde geladen.

Im Unterschied zum ersten Frameset sind in Abbildung 33.8 insgesamt drei Frames zu sehen. Der linke obere Frame enthält eine Inhaltsübersicht des aktuell im rechten Frame geladenen Dokuments, ein weiterer Frame (links unten) enthält einen Verweis auf die Ausgangsseite. Für ein derartiges Szenario benötigen Sie zunächst mehrere zusätzliche Dateien:

→ eine Datei mit der Inhaltsübersicht des ersten Themas
(in Abb. 33.8 links oben),

→ eine Datei mit dem Rückverweis auf die Ausgangsseite
(in Abb. 33.8 links unten),

→ eine Datei mit der Definition des zweiten Framesets.

Die Datei mit der Inhaltsübersicht des ersten Themas besteht in diesem Beispiel lediglich aus einer Überschrift und vier Verweisen, die auf verschiedene Abschnitte (bzw. mit Zielankern versehene Stellen) des im rechten Frame dargestellten Dokuments verweisen. Voraussetzung dafür ist, dass in dem Dokument Zielanker definiert wurden. Als Ziel-Frame geben Sie entweder im `<base>`-Tag oder in den einzelnen `<a>`-Tags die Bezeichnung des rechten Frames an, in diesem Beispiel `daten`. Die Datei hat in diesem Beispiel die Bezeichnung *inhalt1.htm*.

```
<html>
<head>
<base target="daten">
<title>Inhalts&uuml;bersicht des 1. Themas</title>
</head>
<body>
```

```
<h3>Inhalt von Thema 1</h3>
<ul>
<li><a href="daten1c.htm#kap1">Abschnitt 1</a></li>
<li><a href="daten1c.htm#kap2">Abschnitt 2</a></li>
<li><a href="daten1c.htm#kap3">Abschnitt 3</a></li>
<li><a href="daten1c.htm#kap4">Abschnitt 4</a></li>
</ul>
</body>
</html>
```

Die nächste Datei mit dem Rückverweis auf die Ausgangsseite ist noch kleiner; sie enthält lediglich einen Verweis, der das erste Frameset aus Abbildung 33.7 zum Ziel hat. Als Ziel-Frame dieser Datei ist der festgelegte Wert _top notiert, der beim Verfolgen des Verweises das aktuelle Frameset beendet. In diesem Beispiel hat die Datei die Bezeichnung *linkinhalt.htm*.

```
<html>
<head>
</head>
<body>
<h4><a href="Qefr04.htm" target="_top">Zurück zur &Uuml;bersicht</a></h4>
</body>
</html>
```

Die dritte benötigte Datei definiert das zweite Frameset und legt die Inhalte der einzelnen Frames fest. Wie das erste Frameset ist auch dieses zunächst in zwei Spalten aufgeteilt; die erste Spalte nimmt hier allerdings einen weiteren Frame auf. Die Datei hat die Bezeichnung *Qefr05.htm*.

```
<html>
<head>
<title>2. Frameset</title>
</head>
<frameset cols="30%,70%">
 <frameset rows="*,20%">
  <frame src="inhalt1.htm" name="i1">
  <frame src="linkinhalt.htm" name"back" scrolling="no">
 </frameset>
 <frame src="daten1c.htm" name="daten">
</frameset>
</html>
```

Aus Gründen der Übersichtlichkeit wurde in diesem Beispiel auf die Definition eines <noframes>-Bereichs verzichtet. Als Inhalte der einzelnen Frames werden für den in Abbildung 33.8 linken oberen Frame die Datei *inhalt1.htm*, für den linken unteren Frame die Datei *linkinhalt.htm* sowie für den rechten Frame die Datei *daten1c.htm* festgelegt, die verschiedene Zielanker enthält. Beim Betätigen des Verweises Thema 1 im ersten Frameset wird dieses aufgrund der Angabe target="_top" (in der Datei, die in Abbildung 33.7 im linken Frame dargestellt ist) beendet. Als Verweisziel ist mit der Angabe

```
<a href="Qefr05.htm">Thema 1</a>
```

eine Datei angegeben, die ein weiteres Frameset enthält. Diese Datei wird also nach Beenden des vorigen Framesets im aktuellen Fenster dargestellt. In den einzelnen Frames werden die jeweils referenzierten Dateien angezeigt. Der linke untere Frame ermöglicht dem Anwender, wieder auf die Ausgangsseite zurückzukehren.

Denkbar wären auch weitere Möglichkeiten, bestimmte Inhalte direkt anzusteuern. Berücksichtigen Sie jedoch bei Ihren Planungen, dass eine einfache und eindeutige Struktur vor allem für die Anwender, die die Site zum ersten Mal besuchen, zur Orientierung unerlässlich ist. Bedenken Sie auch, dass zu viele Frames den Anwender möglicherweise irritieren, vor allem dann, wenn diese auf einen kleineren Monitor bzw. in einem kleinen Browser-Fenster dargestellt werden. Beschränken Sie die Anzahl der einzelnen Frames daher auf ein (Ihren Absichten entsprechendes) sinnvolles Maß.

33.3 Feste Frame-Größe definieren

Normalerweise können die Trennlinien zwischen einzelnen Frames vom Anwender verschoben werden. Diese Einstellung ist meistens sinnvoll, da der Frame, dessen Inhalt man aktuell betrachten möchte, auf diese Weise vergrößert werden kann.

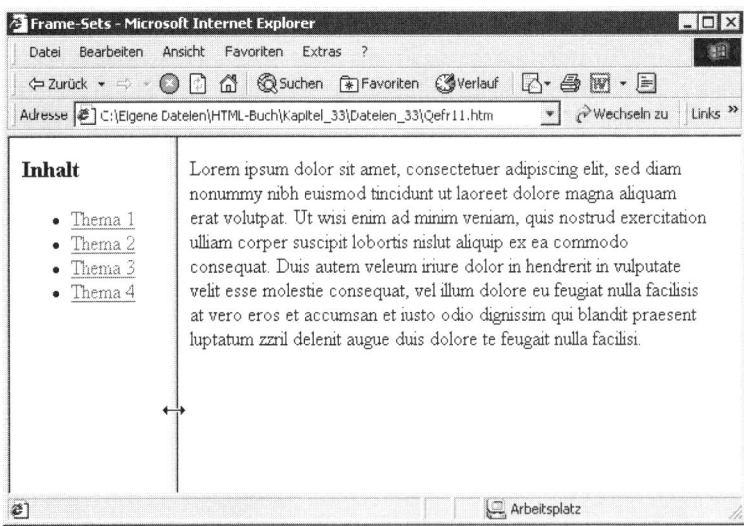

Bild 33.9: Die Trennung zwischen den Frames kann verschoben werden.

Mit dem booleschen Attribut noresize (= keine Größenveränderung) können Sie im <frame>-Tag festlegen, dass die Größe dieses Frames nicht verändert werden kann. Notieren Sie noresize in der Datei zu Abbildung 33.7 im <frame>-Tag des linken Frames, hat dies zur Folge, dass auch der rechte Frame in seiner Größe nicht verändert werden kann. Soll der linke Frame des in Abbildung 33.7 dargestellten Framesets eine feste Größe erhalten, lautet die Angabe wie folgt:

```
<frameset cols="30%,70%">
<frame src="inhalta.htm" name="navigation" noresize>
<frame src="daten0.htm" name="daten">
</frameset>
```

In diesem Beispiel könnte das `noresize`-Attribute genauso gut in dem anderen `<frame>`-Tag notiert sein, da die Frames eine gemeinsame Begrenzung haben.

33.4 Frame-Rahmen definieren

Das Attribut `frameborder` (= Frame-Rahmen) wird im Befehl `<frame>` eingesetzt und besitzt die beiden gültigen Werte 1 und 0, wobei `frameborder="1"` standardmäßig voreingestellt ist. Diese Angabe besagt, dass zwischen dem Frame, in dessen Tag das Attribut notiert ist, und den an diesen Frame angrenzenden Frames eine Trennung dargestellt wird. Mit `frameborder="0"` wird definiert, dass zwischen diesem und den angrenzenden Frames kein Rahmen dargestellt wird. Soweit die offizielle Interpretation. Leider interpretiert der Explorer diese Angaben etwas anders und lässt bei `frameborder="0"` im `<frame>`-Tag lediglich die Schattenkante des Frame-Rahmens weg.

Bei einem Frameset mit unsichtbaren Rahmen können die einzelnen Frames in ihrer Größe vom Anwender nicht verändert werden.

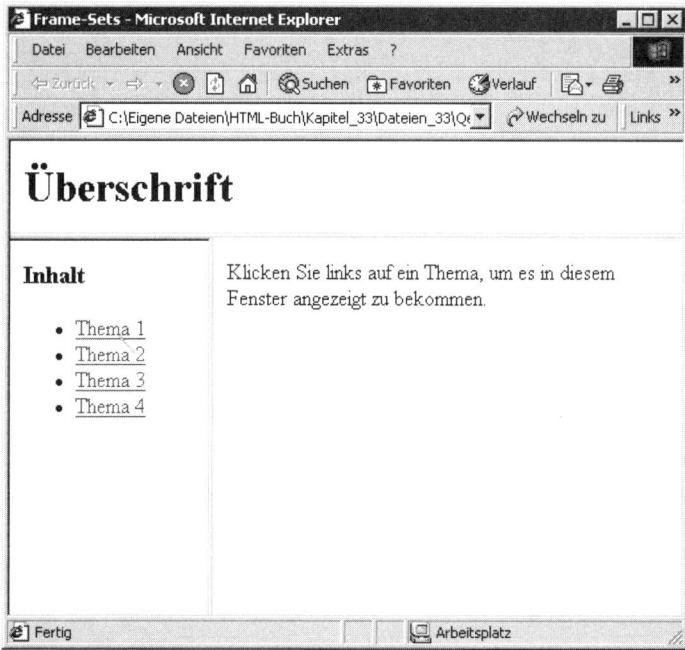

Bild 33.10: Die Begrenzung des rechten Frames ist nicht schattiert.

Um in Microsofts Internet Explorer einen Frame (oder auch alle) ohne Begrenzung dargestellt zu bekommen, müssen Sie das Attribut frameborder abweichend von der offiziellen Syntax im einleitenden <frameset>-Tag einsetzen.

Ältere Versionen unterstützen das frameborder*-Attribut auch dann nicht, wenn es im* <frameset>*-Tag notiert wird. Geben Sie für ältere Explorer zusätzlich das Attribut* framespacing *(= Abstand zwischen den Frames) an, das allerdings nicht zur offiziellen HTML-Spezifikation gehört und nur vom IE unterstützt wird. Als Wert dieses Attributs geben Sie den Abstand in Pixel an. Mit der Angabe* framespacing="0" *erreichen Sie, dass kein Rahmen dargestellt wird.*

Bild 33.11: Die Frames werden ohne begrenzende Rahmen dargestellt.

Das Frameset zu vorstehender Abbildung lautet wie folgt:

```
<frameset rows="20%,80%" frameborder="0" framespacing="0">
 <frame src="ueber.htm">
 <frameset cols="30%,70%">
  <frame src="inhalta.htm" name="navigation">
  <frame src="daten0.htm" name="daten">
 </frameset>
</frameset>
```

Die Angabe frameborder="0" sorgt dafür, dass die Frame-Rahmen unterdrückt werden. Da ältere Browser diese Angabe nicht interpretieren, wurde zusätzlich das inoffizielle Attribut framespacing notiert.

Zur besseren Unterscheidung der einzelnen Frame-Bereiche wurden den einzelnen Dateien im <body>-Tag mit dem Attribut bgcolor *verschiedene Hintergrundfarben zugewiesen. Eine andere Möglichkeit besteht darin, entsprechende Stylesheet-Angaben zu machen.*

Damit Anwender mit dem Netscape Navigator das Frameset ebenfalls ohne Rahmen angezeigt bekommen, ist ein weiteres Attribut fällig. Das Attribut border *(= Rahmen) nimmt wie* framespacing *als Wert eine Angabe in Pixel auf, wobei* border="0" *die Darstellung der Frame-Rahmen verhindert.*

Dementsprechend lautet das ein Frameset einleitende Tag für die in Abbildung 33.9 gezeigte Datei folgendermaßen:

```
<frameset rows="20%,80%" frameborder="0" framespacing="0" border="0">
 <frame src="ueber.htm">
 <frameset cols="30%,70%">
  <frame src="inhalta.htm" name="navigation">
  <frame src="daten0.htm" name="daten">
 </frameset>
</frameset>
```

Mit diesen drei Attributen erreichen Sie, dass die Darstellung der Frame-Rahmen sowohl in älteren Versionen des Explorers und im aktuellen Explorer als auch im Navigator verhindert wird. Um die Rahmenstärke zu verändern, notieren Sie in den Attributen framespacing und border den gewünschten Wert in Pixel und setzen den Wert des Attributs frameborder auf 1. Abbildung 33.10 zeigt ein Frameset, dessen Rahmen 6 Pixel breit sind.

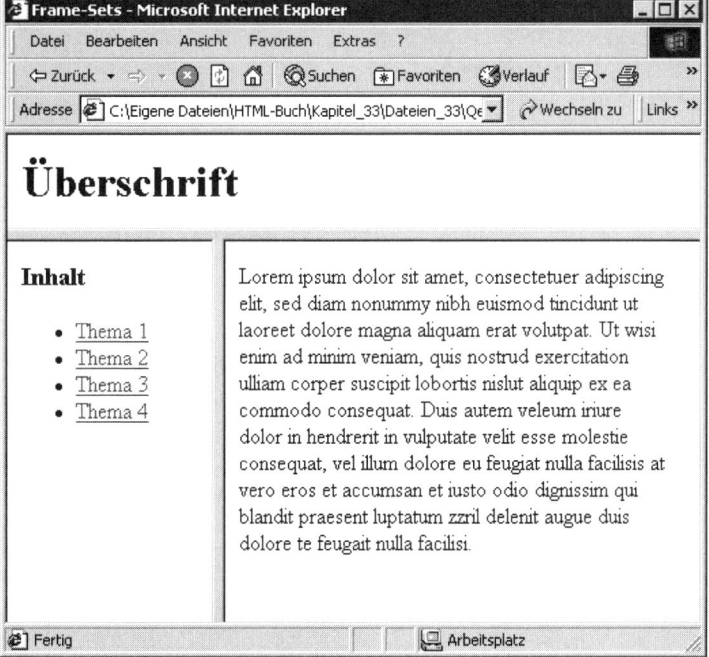

Bild 33.12: Die Rahmen der Frames sind sechs Pixel stark.

Das einleitende `<frameset>`-Tag zu der in Abbildung 33.10 dargestellten Datei lautet:

`<frameset rows="20%,80%" frameborder="1" framespacing="6" border="6">`

Mit einem weiteren inoffiziellen Attribut lassen sich auch farbige Frame-Rahmen realisieren. Notieren Sie dazu das Attribut `bordercolor` (= Rahmenfarbe) im einleitenden `<frameset>`-Tag, und geben Sie die gewünschte Farbe an.

33.5 Abstände zwischen Frame-Rahmen und -inhalt

Die Attribute `marginwidth` (= Randbreite) und `marginheight` (= Randhöhe) ermöglichen eine genaue Platzierung der Frame-Inhalte. Die Attribute werden einzeln oder in Kombination in den `<frame>`-Tags eingesetzt, deren Inhalt einen Abstand zum Frame-Rahmen in horizontaler oder vertikaler Richtung (oder in beide Richtungen) haben soll. Die Werte der Attribute `marginwidth` und `marginheight` werden in Pixel notiert, sodass die Angabe `marginwidth="40"` einen 40 Pixel breiten Abstand zwischen dem Frame-Inhalt und dessen seitlichen Rahmen ergibt. Die Angabe `marginheight="25"` bewirkt, dass der Frame-Inhalt in einem 25 Pixel breiten Abstand zur oberen und unteren Begrenzung dargestellt wird.

Bild 33.13: Der rechte untere Frame-Inhalt hat definierte Abstände zu seinen Rändern.

Das Frameset der in Abbildung 33.11 dargestellten Datei lautet:

```
<frameset rows="20%,80%">
 <frame src="ueber.htm">
 <frameset cols="30%,70%">
  <frame src="inhalta.htm" name="navigation">
  <frame src="daten0.htm" name="daten" marginwidth="40"
  marginheight="25">
 </frameset>
</frameset>
```

33.6 Rollbalken definieren

Wird eine Datei in einem Frame angezeigt, deren Umfang die Frame-Größe sprengt, blendet der Browser automatisch einen Rollbalken ein, mit dessen Hilfe der nicht sichtbare Teil der Datei angesteuert werden kann.

Bild 33.14: Der Inhalt eines Frames passt nicht in den Frame bzw. ist größer als der aktuell verfügbare Platz.

In Abbildung 33.12 sehen Sie einen solchen automatisch eingefügten Rollbalken am rechten Rand des rechten unteren Frames. Mit dem Attribut scrolling können Sie beeinflussen, ob die Rollbalken immer, nie oder automatisch dann dargestellt werden sollen, wenn der Inhalt anderenfalls nicht erreichbar ist. Die entsprechenden Werte lauten yes für den Fall, dass Rollbalken immer und no wenn sie in keinem Fall dargestellt werden sollen. Standardmäßig ist der Wert `auto` (= automatisch) gegeben, der immer dann zur Anzeige von Rollbalken führt, wenn diese zum Betrachten des Inhalts notwendig sind.

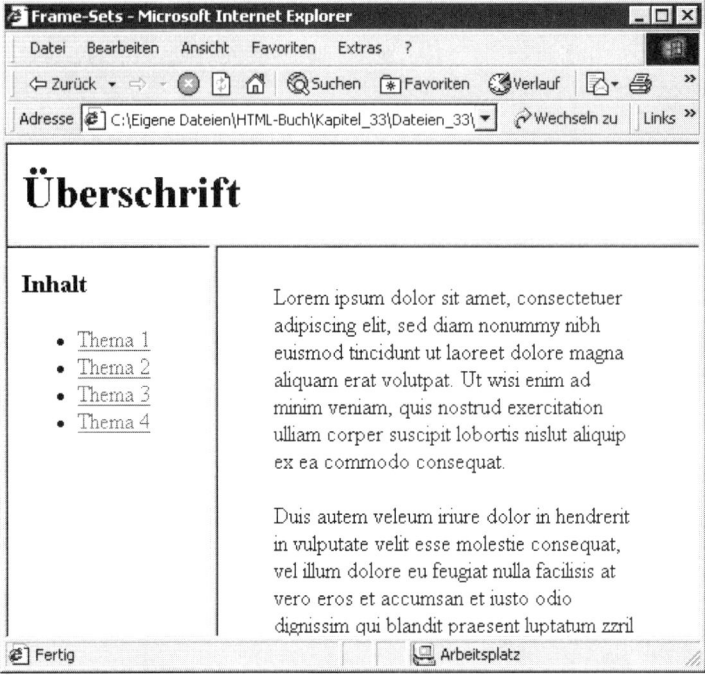

Bild 33.15: Der rechte untere Frame besitzt keine Rollbalken mehr.

Im `<frame>`-Tag zu dem in Abbildung 33.13 rechten unteren Frame wurde `scrolling="no"` notiert. Entsprechend wird auch dann kein Rollbalken eingeblendet, wenn der Inhalt der geladenen Datei nicht vollständig sichtbar ist. Setzen Sie dieses Attribut also nur in solchen Fällen ein, in denen Sie sicher sind, dass der Inhalt in den Frame passt, wie etwa bei unveränderlichen Frame-Inhalten, die einen Titel oder eine kleine Grafik enthalten.

In den Frame-Tags der in Abbildung 33.14 dargestellten Datei ist jeweils `scrolling="yes"` angegeben. Aufgrund dieser Angabe erhält jeder Frame einen Rollbalken. Solange der Inhalt jedoch in den Frame passt, wird in den Rollbalken kein Rollgriff sichtbar.

Bild 33.16: Alle Frames verfügen über Rollbalken.

34 Eingebettete Frames

Neben den bisher beschriebenen Möglichkeiten ist mit `<iframe>` in HTML 4.01 ein neuer Befehl spezifiziert, der es erlaubt, auch einzelne Frames innerhalb eines Fließtextes einzubinden. Eingebettete Frames werden bis Version 4.x vom Navigator nicht unterstützt, der Explorer interpretiert solche Frames bereits seit Version 3.x. Mit einbetteten Frames können Sie einen Teil der Webseite wie gewohnt beschreiben und in einem anderen Teil veränderbare Inhalte darstellen.

Vergewissern Sie sich vor dem Einbinden externer Dokumente, dass der Urheber der Site mit Ihrem Vorhaben einverstanden ist und holen Sie dessen Genehmigung ein. Der Grund hierfür liegt in der rechtlichen Auffassung, dass eingebundene Frames anders als Verweise leicht den Eindruck erwecken, ihr Inhalt gehöre zur umgebenden Seite. Da die Adresse der Seite nicht verändert wird, bleibt der Anwender auf der Ausgangsseite, obwohl möglicherweise der größte Teil der Seite Inhalte einer fremden Seite zeigt.

34.1 Eingebettete Frames definieren

Um einen Frame innerhalb einer HTML-Datei zu erzeugen, verwenden Sie den Befehl `<iframe>` (internal frame = innerer frame), der auch über ein abschließendes Tag verfügt. Im Gegensatz zu dem `<frameset>`-Tag, das anstelle der `<body>`-Tags notiert wird, kann der Befehl `<iframe>` an einer beliebigen Stelle innerhalb des mit den `<body>`-Tags ausgezeichneten Dateirumpfes stehen.

Der Quelltext zu der in Abbildung 34.1 gezeigten Datei lautet wie folgt, wobei der Blindtext durch (...) abgekürzt ist.

```
<html>
<head>
<title>eingebettete Frames</title>
</head>
<body>
Lorem ipsum dolor (...)
<br>
<iframe src="daten0.htm" name="intern">
 An dieser Stelle befindet sich ein eingebetteter Frame, den Ihr
Browser nicht unterst&uuml;tzt. Klicken Sie auf
<a href="daten0.htm">Frame-Inhalt<a/>, um die Datei angezeigt zu
bekommen.
</iframe>
<br>
Duis autem veleum (...)
</body>
</html>
```

Kapitel 34 · Eingebettete Frames

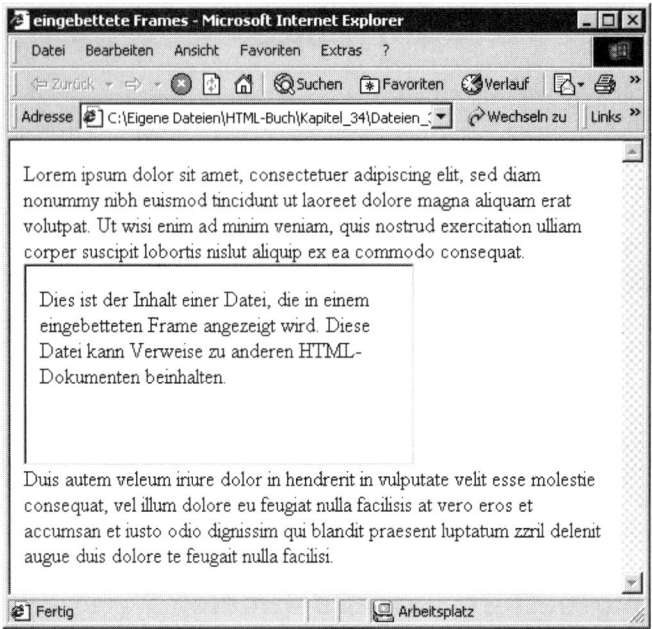

Bild 34.1: Eine Datei mit eingebettetem Frame

Wie bei dem Befehl `<frame>` wird die Datei, die in dem internen Frame angezeigt werden soll, mit dem Attribut `src` eingebunden. Die Regeln dieser Notation entsprechen denen zum Einbinden von Grafiken (siehe Kapitel 18.2), in diesem Beispiel befindet sich die in den Frame einzubindende Datei im selben Verzeichnis wie die HTML-Datei selbst. Da das `<iframe>`-Tag keinen eigenen Absatz bildet, sind jeweils vor und nach den `<iframe>`-Tags manuelle Zeilenumbrüche eingefügt. So wird der eingebettete Frame in einer eigenen Zeile angezeigt. Da die referenzierte Datei problemlos in dem eingebetteten Frame angezeigt werden kann, verfügt der Frame nicht über Rollbalken. Wenn Sie erreichen möchten, dass auf jeden Fall Rollbalken eingeblendet werden, setzen Sie das Attribut `scrolling` ein. Wie bei Frames eines Framesets geben die Werte `yes`, `no` oder `auto` an, ob die Rollbalken immer, in keinem Fall oder automatisch je nach Inhalt der Datei angezeigt werden.

Damit der Frame Ziel von Verweisen sein kann, sollten Sie im Attribut `name` einen Namen angeben. Für Benutzer von Browsern, die keine eingebetteten Frames unterstützen, können Sie innerhalb der `<iframe>`-Tags einen alternativen Text eingeben. Dieser Text wird ganz normal interpretiert, da er sich innerhalb der `<body>`-Tags befindet; die unbekannten Tags `<iframe>` und `</iframe>` werden ignoriert. Browser, die eingebettete Frames unterstützen, zeigen den zwischen `<iframe>` und `</iframe>` notierten Text nicht an.

Mithilfe des Attributs `frameborder` können Sie wie auch bei Framesets mit dem Wert 0 dafür sorgen, dass der eingebettete Frame ohne Rahmen dargestellt wird. Sofern der Inhalt des eingebetteten Frames die Größe des Frames nicht sprengt, erscheint der Frame-Inhalt ohne spezielle Markierung. Ist der Inhalt des Frames allerdings größer als die verfügbare Fläche, wird auch bei unterdrücktem Rahmen ein Rollbalken eingeblendet.

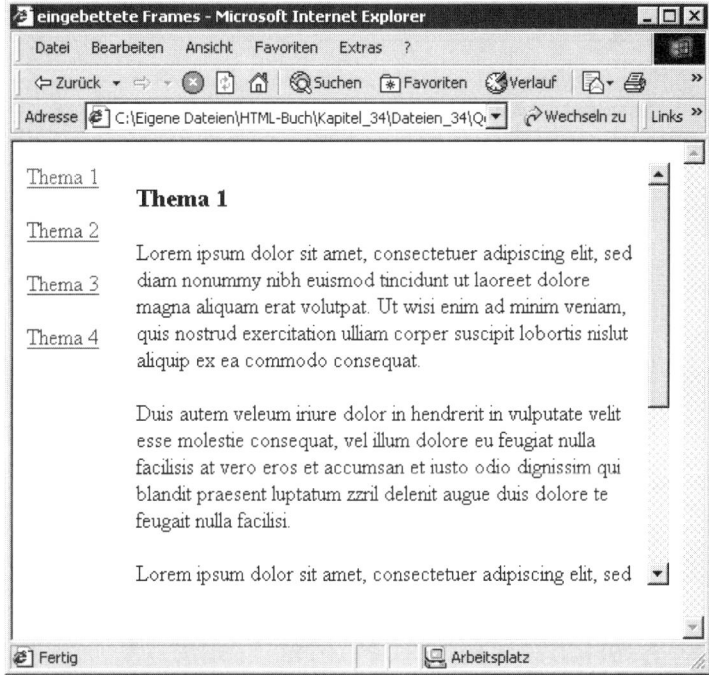

Bild 34.2: Ein eingebetteter Frame ohne Rahmen

Zu den Schwierigkeiten (und deren Lösung), die ältere Browser-Versionen mit dem Attribut `frameborder` haben, lesen Sie bitte das Kapitel 33.4, »Frame-Rahmen definieren«.

34.2 Größe eingebetteter Frames definieren

Mit den Attributen `width` (= Breite) und `height` (= Höhe) können Sie die Größe eines eingebetteten Frames festlegen. Die Werte dieser Attribute können wie bei Grafiken entweder als absolute Angabe in Pixel oder als prozentuale Angabe festgelegt werden. Fügen Sie in den Quelltext zu Abbildung 34.1 die Angaben `width="350" height="120"` ein, zeigt der Browser den Frame mit diesen Abmessungen an. Ist die Breite oder Höhe des Frames so gewählt, dass die referenzierte Datei nicht im Ganzen dargestellt werden kann, blendet der Browser automatisch Rollbalken ein.

Eingebettete Frames können in ihrer Größe vom Anwender nicht verändert werden, weswegen das `<iframe>`-Tag nicht über das Attribut `noresize` verfügt.

Bild 34.3: Der eingebettete Frame hat eine festgelegte Größe.

34.3 Ausrichten eingebetteter Frames

Das als »deprecated« eingestufte Attribut align ermöglicht das Ausrichten eines eingebetteten Frames. Mit dem Wert left wird der Frame linksbündig ausgerichtet und auf seiner rechten Seite vom umgebenden Text umflossen.

Das einleitende <iframe>-Tag lautet in diesem Beispiel

```
<iframe src="daten0.htm" name="intern" width="250" height="130"
align="left">
```

Entsprechend sorgt der Wert right im Attribut align für einen rechts ausgerichteten Frame, der links vom umgebenden Text umflossen wird. Wie bei Grafiken kann auch bei eingebetteten Frames das Umfließen mithilfe des ebenfalls unerwünschten Attributs clear im
-Tag beendet werden. Hinweise zur Verwendung dieses Attributs finden Sie in Kapitel 18.4.

34.4 Abstand zu umgebenden Elementen

Mit den in diesem Zusammenhang nicht offiziellen Attributen hspace (horizontal space = Abstand in seitlicher Richtung) und vspace (vertical space = Abstand in vertikaler Richtung, nach oben und unten) kann der Abstand zu umgebenden Elementen in Pixel angegeben werden. Diese Angaben werden vom Explorer unterstützt, sind aber nicht Bestandteil der HTML 4.0-Spezifikation.

Abstand zu umgebenden Elementen

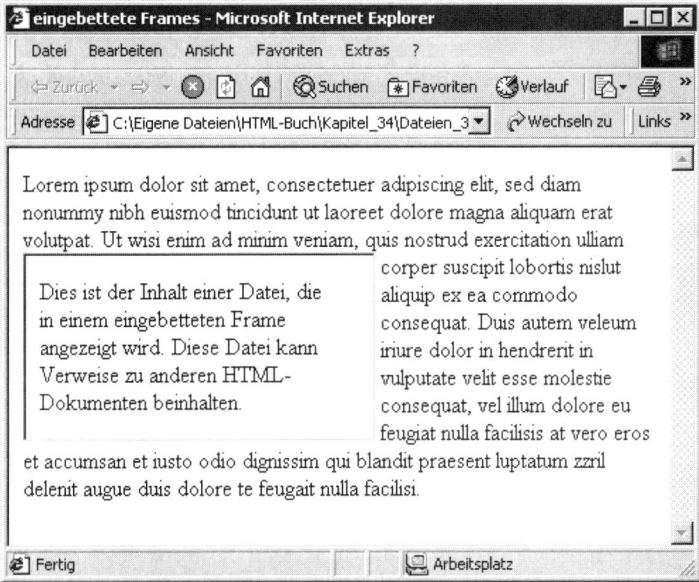

Bild 34.4: Der Frame ist linksbündig ausgerichtet und wird rechts umflossen.

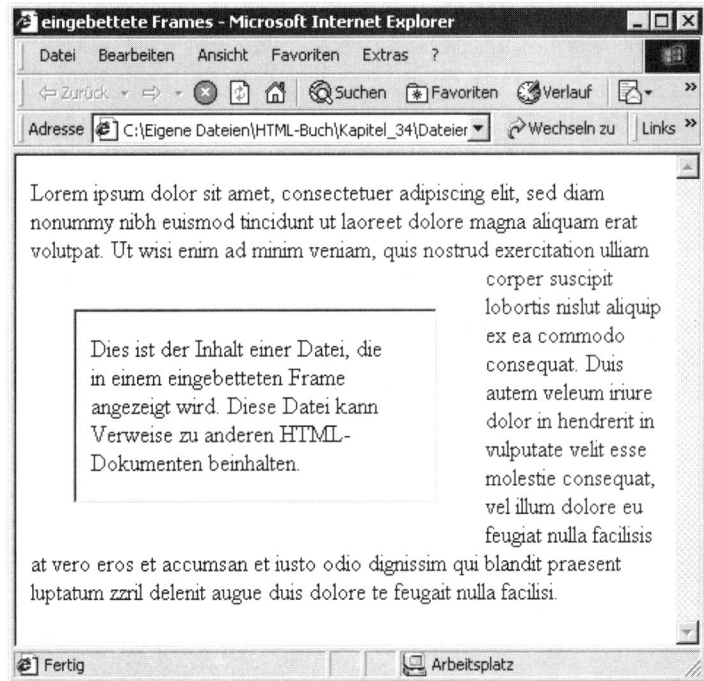

Bild 34.5: Der eingebettete Frame hat einen umlaufenden Abstand.

Im einleitenden `<iframe>`-Tag des in Abbildung 34.4 eingebetteten Frames sind die Attribute `hspace` und `vspace` wie folgt notiert:

```
<iframe src="daten0.htm" name="intern" width="250" height="130"
align="left" hspace="30" vspace="30">
```

Der eingebettete Frame hat nach oben und unten sowie seitlich einen Abstand von jeweils 30 Pixel zu den umgebenden Elementen.

Um einen eingebetteten Frame entsprechend der HTML 4.01-Konvention mit Abständen zu versehen, können Sie ihn in eine Tabelle einfügen.

34.5 Verweise auf eingebettete Frames

Voraussetzung für Verweise, die in einem eingebetteten Frame angezeigt werden sollen ist (wie bei Frames eines Framesets), dass das einleitende `<iframe>`-Tag im Attribut `name` eine Bezeichnung erhalten hat. Diese Bezeichnung wird im `<a>`-Tag als Wert des Attributs `target` notiert, sodass der eingebettete Frame als Ziel-Frame des Verweises dienen kann.

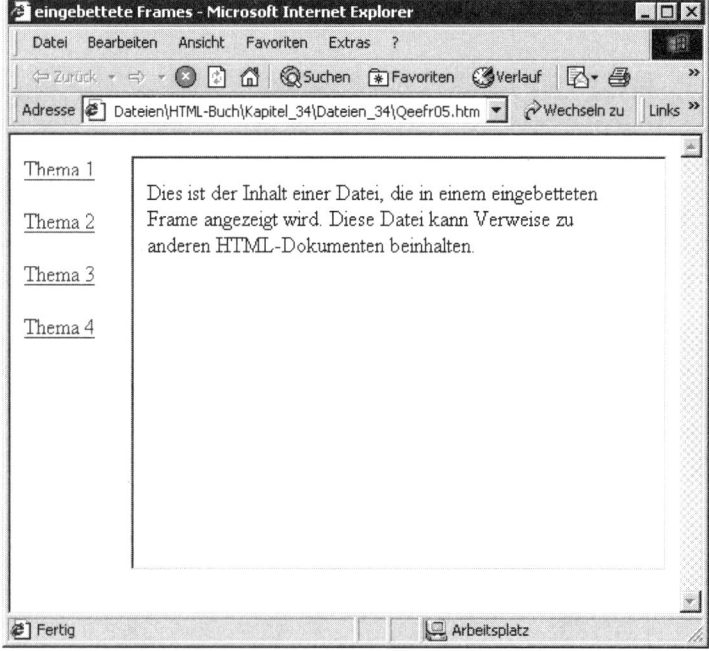

Bild 34.6: Der Ausgangszustand eines eingebetteten Frames

```
<html>
<head>
<title>eingebettete Frames</title>
<base  target="intern">
```

```
</head>
<body>
<iframe src="daten0.htm" name="intern" width="400" height="300"
align="right">
An dieser Stelle befindet sich ein eingebetteter Frame, den Ihr
Browser nicht unterst&uuml;tzt. Klicken Sie auf <a
href="daten0.htm">Frame-Inhalt</a>, um die Datei angezeigt zu
bekommen.
</iframe>
<p><a href="daten1.htm">Thema 1</a></p>
<p><a href="daten2.htm" >Thema 2</a></p>
<p><a href="daten3.htm">Thema 3</a></p>
<p><a href="daten4.htm">Thema 4</a></p>
</body>
</html>
```

Der vorstehende Quelltext führt zu der in Abbildung 34.5 gezeigten Browser-Darstellung. Innerhalb der <head>-Tags ist ein <base>-Tag notiert, das mit target="intern" eine Angabe darüber enthält, in welchen Frame die im Rumpfbereich der Datei definierten Verweise gezeigt werden sollen. Damit diese Angabe nicht ins Leere führt, muss ein Frame die als Wert des Attributs target angegebene Bezeichnung haben. In diesem Beispiel ist das der eingebettete Frame, der sich in der selben Datei befindet wie die Verweise. In dessen einleitendem <iframe>-Tag ist intern als Wert des Attributs name definiert. Das Betätigen eines der Verweise, die sich links neben dem eingebetteten Frame befinden, sollte zur Folge haben, dass das jeweilige Verweisziel in dem im <base>-Tag angegebenen Frame angezeigt wird.

Wie in vorstehender Abbildung zu sehen, wird die im Verweis Thema 1 referenzierte Datei im eingebetteten Frame dargestellt. Da der Inhalt der Datei nicht in den eingebetteten Frame passt, blendet der Browser automatisch einen Rollbalken ein.

Die Verweisziele werden auch dann im eingebetteten Frame dargestellt, wenn in jedem einzelnen Verweis-Tag die Angabe target="intern" notiert wird. Da in diesem Beispiel jedoch alle Verweise im selben Ziel-Frame angezeigt werden sollen, wurde diese der Ziel-Frame im <base>-Tag definiert.

Kapitel 34 · Eingebettete Frames

Bild 34.7: Das Verweisziel des ersten Verweises wird im eingebetteten Frame angezeigt.

35 Meta-Angaben

Meta-Angaben werden im Kopfbereich von HTML-Dateien (also innerhalb der <head>-Tags) mit dem <meta>-Tag notiert, das nicht über ein End-Tag verfügt. Die im <meta>-Tag gemachten Angaben beeinflussen das Aussehen der Datei nicht, vielmehr stellen sie Informationen über die Eigenschaften eines Dokuments dar, die von Browsern, Servern, Suchprogrammen und anderen Programmen ausgewertet werden können. (Allerdings ist von Seiten des W3C nicht konkret festgelegt, ob oder wie Browser Meta-Daten interpretieren.) Meta-Tags sollten nicht zweckentfremdet werden, indem sie Angaben enthalten, die mit einem herkömmlichen Befehl ausgedrückt werden können, wie z.B. Kommentare. In HTML 4.01 werden keine konkreten Meta-Angaben vorgegeben, vielmehr wird der syntaktische Aufbau von Meta-Angaben definiert. Das vom W3C entwickelte Resource Description Framework (RDF) ist eine neuere auf XML basierende Sprache, die Meta-Angaben standardisieren soll.

Außer durch die manuelle Eingabe werden Meta-Angaben z.B. auch von HTML-Editoren generiert, die hinterlegen, mit welchem Editor welcher Version die Datei erstellt wurde. Derzeit sind vor allem solche Meta-Angaben relevant, die Suchmaschinen unterstützen und eine Zugriffsbeschränkung ermöglichen. Das Meta-Tag kann die Attribute name (= Bezeichnung), content (= Inhalt), scheme (= Schema) und htt-equiv sowie die Universalattribute lang (für die Sprache des im content-Attribut angegebenen Werts) und DIR (für die Leserichtung der Sprache) enthalten. Eine Meta-Angabe wird durch die Kombination der Attribute name und content gebildet, wobei das name-Attribut eine Eigenschaft (oder die Bezeichnung der Meta-Information) aufnimmt, deren Wert (bzw. der Inhalt der Meta-Information) im content-Attribut angegeben wird. Die Syntax einer solchen Meta-Angabe lautet:

```
<meta name="Bezeichnung der Eigenschaft"
content="Wert der Eigenschaft">
```

35.1 Meta-Angaben für Browser

Anstelle des name-Attributs kann auch das Attribut http-equiv (http equivalent = entsprechend HTTP-Befehl) eingesetzt werden, wenn das Dokument per HTTP empfangen wird. Bei http-equiv-Angaben wird vom Server ein Header generiert, der zusammen mit dem Inhalt der Datei an den Browser gesendet wird. So kann beispielsweise definiert werden, um welchen Dateityp und verwendeten Zeichensatz es sich in dem Dokument handelt und der Browser kann (sofern er die Angaben interpretiert) die Datei korrekt darstellen. Diese Angaben lauten:

```
<head>
<meta http-equiv="content-type" content="text/html; charset=iso-8859-1">
<title></title>
</head>
```

Der Wert content-type (= Inhaltstyp) des Attributs http-equiv besagt, dass im folgenden content-Attribut der MIME-Typ der Datei angegeben wird. Für HTML-Dokumente wird der MIME-Typ text/html angegeben. Zusätzlich wird mit charset=iso-8859-1 der verwendete Zeichensatz angegeben, was der Standardzeichensatz für westeuropäische Sprachen ist. Beide Angaben werden durch ein Semikolon und ein Leerzeichen voneinander getrennt notiert. Da sich beide Angaben auf das Attribut content beziehen, werden die schließenden Anführungszeichen erst nach der charset-Angabe gesetzt. Die Angabe des Zeichensatzes ISO-8859-1 bewirkt, dass Umlaute und andere Sonderzeichen auch dann korrekt angezeigt werden, wenn sie nicht maskiert wurden. Voraussetzung hierfür ist, dass der verwendete Browser das Attribut charset im <meta>-Tag interpretiert.

Darüber hinaus sollten auch Angaben zu den verwendeten ergänzenden Sprachen wie Skript- und Stylesheet-Sprachen gemacht werden.

```
<head>
<meta http-equiv="content-type" content="text/html; charset="iso8859-1">
<meta http-equiv="content-script-type" content="text/javascript">
<meta http-equiv="content-style-type" content="text/css">
<meta http-equiv="expires" content="31-Dezember-2001">
<title></title>
</head>
```

Vorstehend notierte Meta-Angaben definieren zunächst wie im vorigen Beispiel den Dokumententyp und den Zeichensatz. Ist im http-equiv-Attribut content-script-type (verwendeter Skripttyp) angegeben, wird im content-Attribut die in diesem Dokument standardmäßig verwendete Skriptsprache angegeben, in diesem Beispiel TEXT/JAVASCRIPT. Entsprechend wurde auch die in diesem Dokument verwendete Stylesheet-Sprache angegeben. Dem Wert content-style-type (verwendete Style-Sprache) des Attributs http-equiv folgt z.B. die Angabe text/css im content-Attribut, womit CSS als standardmäßig verwendete Stylesheet-Sprache definiert ist. Die zuletzt notierte Meta-Angabe expires (= läuft ab) definiert ein Datum, ab dem das Dokument keine Gültigkeit mehr hat.

Mit PICS (Platform for Internet Content Selection) steht ein System zur Verfügung, mit dessen Hilfe Klassifizierungen mit Inhalten von Webseiten verknüpft werden können. Diese Klassifizierung ähnelt einer freiwilligen Selbstkontrolle und soll vor allem Kinder und Jugendliche schützen. Die Klassifizierung von HTML-Dokumenten kann von den Anbietern der Seiten selbst mithilfe einer unabhängigen Instanz vorgenommen werden. Ein Filtersystem wird vom RSACi (Recreational Software Advisory Council on the Internet) bzw. seit Mitte 1999 dessen Nachfolgerin, der ICRA (Internet Content Rating Organisation), definiert. Anbieter von Webinhalten können bei der ICRA die URL der zu zertifizierenden Seite angeben und erhalten dann ein Zertifikat (Label), das die Inhalte der Seite spezifiziert.

Zur Zeit finden im Netscape Navigator sowie in Microsofts Internet Explorer noch die Zertifikate der RSACi Anwendung, die es allerdings in Zukunft nicht mehr geben wird. Das ICRA-System ist jedoch nach eigenen Aussagen abwärtskompatibel zum RSACi-System.

Nach dem RSACi-System werden vier Kategorien spezifiziert, die jeweils mit einem von fünf verschiedenen Graden bewertet werden.

Kategorie	Wert	Bedeutung
Gewalt »v«(violence)	0	keine Gewalt, keine aggressive Gewalt, keine natürliche Gewalt oder unbeabsichtigte Gewalt
	1	Kampf, Verletzen oder Töten von Tieren; Zerstörung von realistischen Objekten
	2	Töten, Verletzen oder Töten von Menschen oder Tieren, Verletzen von harmlosen Tieren
	3	Töten mit Blut, Verletzen oder Töten von Menschen
	4	mutwillige und unbegründete Gewalt
Sex »s«	0	keine Darstellung sexueller Vorgänge / Romanze
	1	leidenschaftliches Küssen
	2	sexuelle Berührung, bekleidet
	3	sexuelle Berührung, nicht freizügig
	4	freizügige sexuelle Vorgänge
Nacktaufnahmen »n« (nudity)	0	keine Nacktaufnahmen
	1	aufreizende Bekleidung
	2	unvollständige Bekleidung
	3	frontale Nacktheit, Nacktaufnahmen von vorn
	4	provokative frontale Nacktheit, provokative Nacktaufnahmen von vorn
Sprache »l« (language)	0	Umgangssprache, nicht anstößig, kein Fluchen
	1	milde Kraftausdrücke oder milde Ausdrücke für Körperfunktionen
	2	mittelschwere Kraftausdrücke, nicht sexuell bezogene anatomische Anspielungen

Tabelle 35.1: Einstufungen nach RSACi

Kategorie	Wert	Bedeutung
	3	anstößige Gesten, deftige, vulgäre Sprache, obszöne Gesten, Verwendung von schweren Kraftausdrücken
	4	freizügige oder brutale Sprache, Hassausdrücke oder vulgäre Sprache, freizügige sexuelle Anspielungen

Tabelle 35.1: Einstufungen nach RSACi (Forts.)

Mit der Angabe `PICS-Label` im `http-equiv`-Attribut des `<meta>`-Tags können Sie als Wert des `content`-Attributs ein PICS-Label angeben. Eine Meta-Angabe für eine Datei, die weder Gewalt und Sex noch Nacktheit und anstößige Sprache beinhaltet, lautet z.B. wie folgt:

```
<meta http-equiv="PICS-Label"
content='(PICS-1.0 "http://www.rsac.org/ratingsv01.html" ratings (v 0 s 0 n 0 l 0))'>
```

Der Wert des `content`-Attributs steht in einfachen Anführungszeichen, die folgenden Angaben sind von runden Klammern umgeben. Zunächst wird die PICS-Version und die URL der Seite notiert, auf der die Kategorisierung definiert ist. Die eigentliche Einstufung steht nach dem Begriff `ratings` (= Klassen) wiederum in runden Klammern. Diese Angaben variieren je nachdem, welche Kategorisierung verwendet wird. Hier werden die in Tabelle 35.1 aufgeführten Kategorien (bzw. deren Abkürzungen) der RSACi verwendet. Sofern der Anwender einen Browser verwendet, der die Klassifizierung erkennt, können im Browser Filter aktiviert werden, die den Abstufungen der Klassifizierung entsprechen. Im Explorer nehmen Sie diese Einstellungen im Dialogfeld *Inhaltsratgeber* vor, nachdem Sie im Bereich *Inhaltsrageber* der Registerkarte *Inhalt*, die sich im Menü EXTRAS/INTERNETOPTIONEN... befindet, die Schaltfläche *Aktivieren* betätigt haben.

Beim Aufrufen einer Seite vergleicht der Browser (nachdem die Filter aktiviert sind), ob die eingestellten Kriterien mit denen übereinstimmen, die im `<meta>`-Tag der aufgerufenen Seite angegeben sind. Als Ergebnis wird die Seite entweder freigegeben, also angezeigt, oder nicht angezeigt. Seiten, deren Meta-Angaben keine Zertifizierung nach dem verwendeten Schema aufweisen, werden nicht angezeigt. Ein reibungsloser Ablauf setzt voraus, dass sowohl der verwendete Browser als auch die Meta-Angabe der jeweiligen Datei sich auf das gleiche Klassifizierungssystem beziehen.

Die neuere Klassifizierung von Webseiten wird vom Netscape Navigator derzeit (noch) nicht unterstützt. Um das ICRA-System zu benutzen, muss der Anwender zunächst eine neue RAT-Datei herunter laden, die die Klassifizierung der ICRA enthält und auf die der Browser zugreifen kann. Die Klassifizierung nach ICRA bietet eine wesentlich genauere Einordnung von Webseiten an, da sie insgesamt über knapp 50 verschiedene Kategorien verfügt.

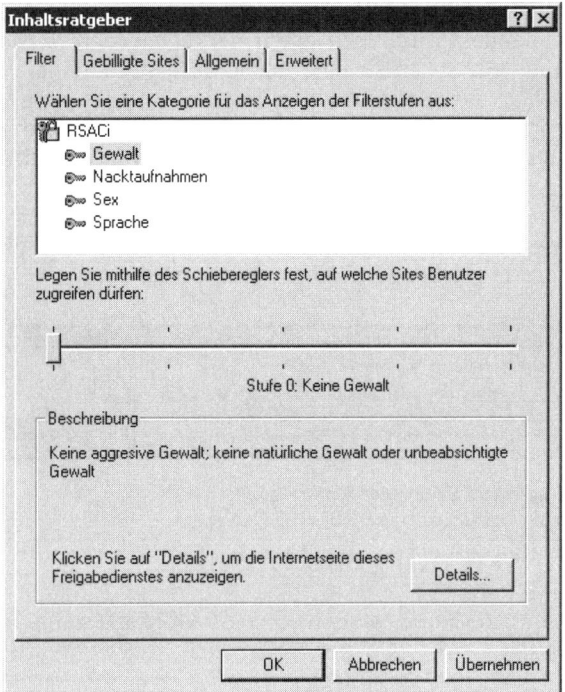

Bild 35.1: Festlegen von Filterstufen im IE mit RSACi

Die ICRA vergibt zertifizierten Dateien ein unsichtbares Etikett, nach dem z.B. Suchmaschinen Ausschau halten können. Weitere Details zu diesem Thema finden Sie unter http://www.icra.org.

Mithilfe einer anderen Meta-Angabe können Sie erreichen, dass Anwender, die z.B. eine ältere Adresse ihres Projekts eingegeben haben, automatisch zu der neuen Adresse weitergeleitet werden. Der nötige Wert des http-equiv-Attributs im <meta>-Tag lautet refresh (= erneuern). Als Wert des Attributs content geben Sie in Sekunden an, wie lange die aktuelle Datei angezeigt wird, bis die Weiterleitung stattfindet. Das Attribut url nimmt die URL der Zielseite auf, zu der der Anwender weitergeleitet werden soll. Eine Meta-Angabe, die eine Weiterleitung definiert, folgt dieser Syntax:

```
<head>
<meta http-equiv="refresh" content="Zeit in Sekunden; url=http://
www.domainname.TLD/">
<title></title>
</head>
```

Geben Sie als Wert des content-Attributs 0 (Null) an, so wird der Anwender direkt zu der unter url angegebenen Adresse weitergeleitet. Beachten Sie die Positionen der Anführungszeichen, da die URL-ANGABE Bestandteil des für content angegebenen Werts ist, werden die abschließenden Anführungszeichen erst nach der URL notiert. Zwischen dem content-Wert und der URL-Angabe wird ein Semikolon und ein Leerzeichen notiert. Da diese

Meta-Angabe nicht von allen Browsern interpretiert wird, sollten Sie im Ausgangsdokument zusätzlich einen herkömmlichen Verweis definieren. In Abbildung 35.2 sehen Sie eine solche Ausgangsdatei, die den Anwender automatisch an die neue Adresse weiterleitet, sofern der verwendete Browser diese Meta-Angabe interpretiert. Damit auch solche Anwender zur neuen Adresse finden, deren Browser die automatische Weiterleitung nicht unterstützen, ist die neue URL in der Ausgangsdatei erstens gut lesbar notiert und zweitens als Verweisziel definiert. Sollte sich also nach der angegebenen Zeit nichts verändern, kann entweder der Link benutzt werden oder die angegebene URL angewählt werden.

Bild 35.2: Sofern der Browser die Meta-Angabe interpretiert, sieht der Anwender diese Seite nur für kurze Zeit.

Der Quelltext zu der in Abbildung 35.2 dargestellten Datei lautet:

```
<html>
<head>
<meta http-equiv="refresh" content="5; url=Qem02.htm">
<title>alte Adresse</title>
</head>
<body>
Wir sind umgezogen! Unsere neue Adresse lautet:
<h1><a href="Qem02.htm">http://www.irgendwas.de/</a></h1>
Wenn Sie in 5 Sekunden nicht automatisch weitergleitet werden,
klicken Sie bitte auf die URL.
</body>
</html>
```

Wie Sie sehen, wurde in diesem Beispiel eine relative URL angegeben, da sich die Zieldatei in gleichen Verzeichnis befindet wie die Ausgangsdatei.

Üblicherweise muss jedoch eine absolute Adresse angegeben werden, wenn z.B. die Domain gewechselt wurde. Dieses Verfahren der automatischen Weiterleitung wird auch als Client-Pull-Verfahren bezeichnet, weil der Browser des Anwenders (also der Client) das neue Dokument anfordert (to pull = ziehen).

Um den Datenverkehr zu minimieren und Zeit einzusparen, werden häufig aufgerufene Webseiten auf Proxy-Servern der ISPs bzw. im Proxy-Cache des Browsers gespeichert. Mit einer weiteren Meta-Angabe können Sie festlegen, dass eine angeforderte Datei bei jedem Aufruf direkt vom Webserver, und nicht aus irgendeinem Cache bezogen wird. Sinnvoll ist eine solche Angabe allerdings nur in solchen Fällen, in denen sich der Seiteninhalt sehr häufig ändert. Eine solche Angabe lautet wie folgt:

```
<head>
<meta http-equiv="expires" content="0">
<title></title>
</head>
```

35.2 Meta-Angaben für Suchprogramme

Obwohl die HTML 4.01-Spezifikation keine gültigen Werte für die Attribute des `<meta>`-Tags enthält, werden hier Eigenschaften als Werte des `name`-Attributs genannt, die von den meisten Suchprogrammen interpretiert werden sollten. Zu jeder Eigenschaft (im `name`-Attribut) wird ein entsprechender Wert (im `content`-Attribut) notiert. Neben der Angabe des Autors und des Copyrights werden das Datum der Veröffentlichung, eine Kurzbeschreibung, Stichworte und das Verhalten von Robots angegeben und mit den folgenden Eigenschaften beschrieben:

→ author

Im dazu gehörigen `content`-Attribut wird als Wert der Name des Autors der HTML-Datei angegeben.

→ copyright

Ermöglicht im `content`-Attribut die Angabe eines Copyrights für das Dokument oder Teile davon.

→ date

Als Wert des `content`-Attributs kann das Datum der Veröffentlichung des HTML-Dokuments angegeben werden (zur Notation von Datum und Uhrzeit siehe Kapitel 12.1).

→ description

Der Wert des entsprechenden `content`-Attributs stellt eine kurze Beschreibung des Dokuments dar, der von einem Suchprogramms ausgegeben wird, wenn dieses Dokument als Suchergebnis aufgeführt wird; daher hat diese Angabe eine enorme Bedeutung. Die Länge sollte zwei bis drei kurze Sätze (in etwa 250 Zeichen) nicht überschreiten.

→ keywords

Im Attribut `content` der Eigenschaft `keywords` werden Stichwörter angegeben, die charakteristisch für den Inhalt des Dokuments sind. Aufgrund dieser Stichwörter kann ein Suchprogramm das Dokument bei einer entsprechenden Anfrage als Suchergebnis anzeigen. Auch diese Angabe ist also mit dafür verantwortlich, dass die betreffende Seite gefunden werden kann. Geben Sie nur solche Begriffe ein, die den Kern des Seiteninhalts treffen; bei weniger Schlüsselwörtern gewinnen die einzelnen Begriffe an Bedeutung. Insgesamt sollten die Länge maximal etwa 1000 Zeichen betragen, die einzelnen Begriffe werden durch Kommata getrennt.

→ robots

Diese Angabe wendet sich an die Robots von Suchmaschinen (siehe Kapitel 35.3).

Geben Sie Umlaute in `content`-Werten unmaskiert ein, da die Zeichenreferenzen Probleme verursachen. Da bei groß geschriebenen Suchbegriffen auch nach einem groß geschriebenen Meta-Eintrag gesucht wird, bei klein geschriebenen nach großen und kleinen, sollten Sie üblicherweise groß geschriebene Begriff auch hier groß schreiben. Nachfolgend sehen Sie die Syntax, in der diese Angaben gemacht werden. Es kann eine oder mehrere dieser Meta-Angaben im Kopfteil einer Datei gemacht werden, wobei jedes `<meta>`-Tag ein Paar, bestehend aus einer Eigenschaft und deren Wert enthält.

```
<html>
<head>
<meta name="author" content="Name des Autors">
<meta name="copyright" content="Copyright-Angabe">
<meta name="date" content="Datumsangabe">
<meta name="description" content="Kurzbeschreibung des Dokuments">
<meta name="keywords" content="durch Kommata voneinander getrennte
Aufzählung von Schlüsselwörtern">
<meta name="robots" content="index, follow">
<title>Aussagekr&auml;ftiger Titel der Seite</title>
</head>
<body>
Dokumentinhalt
</body>
</html>
```

Da die meisten Suchprogramme HTML-Dokumente nach den Informationen in `<meta>`-Tags indizieren, kommt dieser Meta-Angabe eine große Bedeutung zu. Sie sollten daher nur solche Begriffe als Stichwörter angeben, die in dem jeweiligen Dokument tatsächlich eine zentrale Bedeutung haben. Mit der zusätzlichen Verwendung des Attributs `lang`, das die Sprache des im `content`-Attribut angegebenen Werts definiert, können Sie die gleiche Meta-Information in mehreren Sprachen hinterlegen. Im folgenden Beispiel werden die gleichen Stichwörter in Deutsch, britischem Englisch und Französisch hinterlegt.

```
<meta name="keywords" lang="de" content="Ferien, Griechenland,
Sonnenschein">
<meta name="keyworde" lang="en" content="holiday, Greece, sunshine">
<meta name="keywords" lang="fr" content="vacances, Gr&egrave;ce,
soleil">
```

Ein Suchprogramm findet so sprachabhängige Informationen zu einem Dokument. Nach Möglichkeit sollte ein solches Dokument über Bereiche in den im Meta-Tag angegebenen Sprachen verfügen. Als Wert des Attributs `lang` wird ein zweistelliges Länderkürzel angegeben.

Da es keine vom W3C definierten Eigenschaften (= Werte für das `name`-Attribut) gibt, können Sie entweder ein bereits bestehendes Profil verwenden oder ein eigenes Profil mit definierten Eigenschaften und den jeweils gültigen Werten aufbauen. Die für die Attribute des Tags `<meta>` gültigen Werte hängen demnach von verwendeten Profil ab. Damit Browser und Suchprogramme die einem Profil entsprechenden Meta-Angaben interpretieren können, wird die URL der Profil-Datei als Wert des Attributs `profile` im einleitenden `<head>`-Tag notiert.

Um das Profil genauer zu spezifizieren, kann mithilfe des Attributs `scheme` *im* `<meta>`*-Tag ein Schema definiert werden, dem der* `content`*-Wert einer bestimmten Eigenschaft folgt.*

Genau genommen erfolgt die Angabe von Meta-Daten also in zwei Schritten:

→ Notation einer Eigenschaft und eines zugehörigen Werts (entweder im `<meta>`-Tag der Datei oder auch in einer separaten Datei, auf die mit dem `<link>`-Tag verwiesen wird).

→ Bezugnahme auf ein eigenes oder bekanntes Profil, in dem die verwendeten Eigenschaften und Werte definiert sind.

Wenn Sie ein bestimmtes Profil als Grundlage der Meta-Angaben benennen, sollten Sie sich mit den verwendeten Eigenschaften und Werten strikt an dieses Profil halten.

Ein bestehendes Profil ist das der internationalen Organisation Dublin Core Metadata Initiative (DCMI), das auch in der HTML-Spezifikation erwähnt wird.

Eigenschaft nach Dublin Core	Bedeutung
Contributor	jemand, der neben dem Hauptautor zum Inhalt des Dokuments beiträgt
Coverage	Reichweite der Gültigkeit des Dokuments in Form einer zeitlichen oder räumlichen Begrenzung

Tabelle 35.2: Das Dublin Core Metadata Element Set (DCMES) in der Version 1.1

Eigenschaft nach Dublin Core	Bedeutung
Creator	Hauptverantwortlicher für den Inhalt des Dokuments (Urheber)
Date	meist das Datum der Veröffentlichung des Dokuments in der Form Jahr-Monat-Tag (mit vierstelligem Jahr und zweistelligem Monat und Tag)
Description	kurze Beschreibung des Dokuments
Format	Datenformat des Dokuments in Form von MIME-Typen
Identifier	Identifikator, z.B. in Form einer URL
Language	Sprache des Dokuments in Form von Länderkürzeln
Publisher	Herausgeber des Dokuments
Relation	Referenz eines anderen Dokuments, das in Bezug zum Dokument steht
Rights	Copyright-Angabe oder URL, die diese enthält
Source	Quelle, aus der das Dokument entnommen oder entlehnt ist
Subject	Thema des Dokuments in Form von Schlüsselwörtern
Title	Bezeichnung (Titel) des Dokuments
Type	Art des Dokuments (z.B. Text oder Sound)

Tabelle 35.2: Das Dublin Core Metadata Element Set (DCMES) in der Version 1.1 (Forts.)

Leider wird das Profil nach Dublin Core (noch) nicht übergreifend unterstützt. Die Syntax, in der die in Tabelle 35.1 aufgeführten Meta-Angaben notiert werden, lautet:

```
<meta name="DC.Wert nach Dublin Core" content="nach Dublin Core
gültiger Wert">
```

Die Initialen DC bezeichnen Dublin Core als Herausgeber der Meta-Angaben, sie werden vor den in Tabelle 35.1 aufgezählten Werten des name-Attributs im <meta>-Tag notiert und mit einem Punkt abgeschlossen.

Mit so genannten »QUALIFIERN« lassen sich die Eigenschaften genauer spezifizieren, außerdem können Schemata zur Interpretation von Werten definiert werden. Weitere Informationen zu DCMI finden Sie im WWW unter der Adresse http://dublincore.org.

35.3 Suche einschränken

Mit den bisher beschriebenen Angaben können Sie unter anderem Angaben für Suchmaschinen machen, die ermöglichen, dass das Dokument als Ziel einer Suche angezeigt wird. Es gibt allerdings auch Möglichkeiten, das Durchsuchen eines Dokuments durch ein Suchprogramm (Robot) zu verhindern bzw. einzuschränken. Das kann beispielsweise dann sinnvoll sein, wenn das Dokument häufig geändert wird, Programmdateien oder Logfiles enthält. Ein Weg, die Suche von Robots zu kontrollieren, besteht darin, eine spezielle Datei nach dem Standard for Robots Exclusion (SRE) zu erstellen, die Angaben über die auszuschließenden Bereiche enthält, wobei die Einhaltung der aufgestellten Ausschlüsse von der Kooperation des jeweiligen Robots abhängt. Beim Durchsuchen einer Website sucht ein Robot zunächst nach der Datei robots.txt, die sich auf der oberen Ebene der Website befinden muss, also folgender Syntax entspricht:

```
http://www.domainname.TLD/robots.txt
```

Eine solche Datei hat einen festgelegten Aufbau: Zuerst wird bestimmt, für welche(n) Robot(s) der Ausschluss gelten soll; wenn er für alle Robots Gültigkeit haben soll, notieren Sie z.B.

```
User-agent: *
```

Anschließend können Sie der Angabe Disallow: (= verbieten) ein oder mehrere Dateien oder Verzeichnisse zuordnen, die nicht durchsucht werden sollen. Innerhalb einer *robot*-Datei werden Kommentare durch eine Raute eingeleitet.

```
# alle Robots von Verzeichnissen ausschließen
User-agent: *
Disallow: /privat/
```

Die vorstehende Datei definiert, dass das Verzeichnis *privat* von der Durchsuchung durch Robots ausgeschlossen ist. Wird hinter der in diesem Beispiel notierten Angabe privat kein abschließender Slash eingegeben, werden alle Dateien und Verzeichnisse ausgenommen, die mit *privat* beginnen.

Pro Domain kann nur eine robots.txt-*Datei angelegt werden. Beachten Sie, dass die Dateibezeichnung durchgängig klein geschrieben sein muss.*

Möchten Sie die gesamte Site von der Durchsuchung ausschließen, notieren Sie

```
Disallow: /
```

hinter der Angabe darüber, für welche(n) Robot(s) die Angabe gelten soll. Möchten Sie hingegen die Suche auf Ihrer Website für alle Robots erlauben, notieren Sie

```
# alle Robots in allen Verzeichnissen erlauben
User-agent: *
Disallow:
```

ohne Angabe hinter dem Ausdruck Disallow:.

In jeder Disallow-*Zeile darf nur ein Verzeichnis (oder eine Datei) notiert werden. Für manche Robots darf die* robots.txt-*Datei eine Größe von 1 KB nicht überschreiten, halten Sie sich also mit Kommentaren zurück.*

Eine andere Alternative, mit der Sie Robots das Durchsuchen bestimmter Dokumente erlauben oder verbieten können, bietet das <meta>-Tag, das allerdings bislang nur von wenigen Robots beachtet wird. Der Wert des <meta>-Tags lautet hierbei robots, dem zugehörigen content-Attribut können folgende Werte zugewiesen werden:

zulässige Werte	Bedeutung
index	Das Dokument darf indiziert werden.
follow	Im Dokument enthaltene Verweise dürfen verfolgt werden.
all	Hat die gleiche Bedeutung wie index,follow; das Dokument darf sowohl indiziert als auch die enthaltenen Verweise verfolgt werden.
nofollow	Die in dem Dokument enthaltenen Verweise dürfen nicht ausgewertet werden.
noindex	Das Dokument darf nicht indiziert werden.
none	Hat die gleiche Bedeutung wie noindex,nofollow; das Dokument darf weder indiziert, noch dürfen enthaltene Links verfolgt werden.

Tabelle 35.3: Zulässige Werte für die Eigenschaft robots als Wert des content-Attributs im <meta>-Tag

Die in Tabelle 35.2 genannten Werte können auch miteinander kombiniert werden, dazu werden die einzelnen Werte jeweils durch ein Komma voneinander getrennt. Eine Meta-Angabe, die besagt, dass das Dokument von einem Robot weder indiziert noch nach Links durchsucht werden darf, lautet z.B.:

<meta name="robots" content="noindex,nofollow">

oder etwas kürzer

<meta name="robots" content="none">

Die Kombination noindex, follow ist z.B. bei Frame-Seiten sinnvoll. Da die Links verfolgt werden, kann der Inhalt indiziert werden. Obwohl diese Angaben nicht von allen Robots ausgewertet werden, sollten Sie die entsprechenden Angaben machen. Zusätzlich zu einer Angabe im <meta>-Tag sollten Sie eine *robots.txt*-Datei anlegen, da die in einer solchen Datei festgelegten Ausschlüsse von allen Robots korrekt interpretiert (und in der Regel auch beachtet) werden.

Multimedia und ergänzende Techniken

Teil 3

36 Objekte

Als Objekte werden verschiedene externe Dateien bezeichnet, die in eine HTML-Datei eingebunden werden sollen. Dies können solche Dateitypen sein, die Browser üblicherweise darstellen können, wie z.B. die Grafikformate GIF und JPEG, oder auch Dateien, die zur Ausführung oder Betrachtung in einem anderen Programm geöffnet werden. Sofern der Browser den Dateityp kennt (und ein entsprechendes Programm installiert ist), sorgt er dafür, dass eine geeignete Applikation gestartet wird. Als Objekte können herkömmliche Dateien wie eine andere HTML-Datei, eine GIF-Grafik oder Multimediadateien, wie z.B. Sounddateien und Videodateien aber auch ausführbare Elemente wie Java-Applets und ActiveX-Elemente eingebunden werden. Diese Objekte können mit dem neuen Befehl <object>, der auch über ein End-Tag verfügt, herstellerübergreifend in HTML-Dateien eingebunden werden, was die bisherigen proprietären Ansätze ablösen soll. Im Zuge der Einführung des <object>-Tags wurde der Befehl <applet>, mit dem sich Java-Applets einbinden lassen, als »deprecated« eingestuft. Derzeit wird dieser Befehl noch nicht umfassend unterstützt, er bietet allerdings die Möglichkeit, zusätzlich die bisher üblichen Befehle zum Einbinden zu notieren. Browser, die das <object>-Tag nicht interpretieren, können so auf die ihnen bekannten Befehle zurückgreifen und die jeweilige Datei anzeigen bzw. ein Programm ausführen. Außerdem sollen auch zukünftige Arten von Elementen mithilfe des <object>-Tags eingebunden werden können.

36.1 Objekte einbinden

Das Einbinden eines Objekts erfolgt mithilfe des Attributs data (= DATEN), das die relative URL der einzubindenden Daten aufnimmt. Im Attribut type wird der Inhaltstyp der Objektdaten als MIME-Typ angegeben. Eine andere Möglichkeit besteht darin, die URL als Wert von classid zu notieren, der MIME-Typ wird dann im codetype-Attribut notiert. Als Wert des Attributs codebase können Sie eine Basis-URL angeben, auf die sich die Werte der Attribute classid, data und archive beziehen. Der Browser verwendet dann entweder ein entsprechendes Plug-In, um das Objekt innerhalb des aktuellen Fensters darzustellen, oder öffnet (soweit vorhanden) ein Programm, das Dateien dieses MIME-Typs anzeigen kann. DA sich mit dem <object>-Tag alle möglichen externen Daten in eine HTML-Datei einbinden lassen, kann – wie im folgenden Beispiel – auch eine Grafik (oder eine andere HTML-Datei) mittels dieses Befehls integriert werden. Die Attribute width (= Breite) und height (= Höhe) können (ähnlich wie bei Grafiken) Angaben zur Größe des Objekts in Pixel enthalten. Fehlen beim Einbinden einer Grafik als Objekt diese Angaben, kann die Grafik (zumindest im IE 5.5) nicht dargestellt werden. Der Blindtext ist zur besseren Übersichtlichkeit mit (...) abgekürzt.

```
<html>
<head>
<title>Grafik als Objekt einbinden</title>
```

```
</head>
<body>
<h3>Grafik als Objekt einbinden</h3>
Lorem ipsum dolor (...)
<p>
<object data="wiese.jpg" type="image/jpeg" width="150" height="150">
</object>
</p>
Duis autem veleum (...)
</body>
</html>
```

Der vorstehende Quelltext zu der in Abbildung 36.1 abgebildeten Datei enthält ein `<object>`-Tag, das in einen eigenen Absatz gesetzt wurde. Ähnlich wie bei dem üblicherweise für Grafiken verwendete `src`-Attribut im `<img>`-Tag wird im Attribut `data` die URL des Objekts angegeben, in diesem Beispiel in Form einer relativen URL, da sich die Grafik im selben Verzeichnis befindet wie die HTML-Datei. Die Regeln zur Referenzierung von Objekten entsprechen denen für Grafiken (siehe Kapitel 18.2). Im Attribut `type` ist der MIME-Typ des Objekts angegeben, in diesem Fall handelt es sich um den Typen `image/jpeg`. Der MIME-Typ sollte nach Möglichkeit immer angegeben werden, damit der Browser das Objekt korrekt anzeigen kann. Weiterhin sollte wie schon erwähnt die Größe des Objekts in Pixel mithilfe der Attribute `width` und `height` festgelegt werden. Abschließend wird das End-Tag `</object>` notiert, welches das Ende des Objektbereich markiert.

Bei Grafiken sollten diese Angaben die tatsächliche Größe übersteigen, da im Objektbereich ein Abstand um die Grafik dargestellt wird. Geben Sie die genaue Grafikgröße an, wird der Objektbereich mit Rollbalken ausgestattet, damit das gesamte Objekt betrachtet werden kann.

Die Darstellung dieser Datei sehen Sie in folgender Abbildung 36.1.

Da das `<object>`-Tag nicht von allen Browsern unterstützt wird, besteht die Möglichkeit, innerhalb der `<object>`-Tags alternative Tags zu notieren. Für unser Beispiel wäre das eine herkömmliche Grafikreferenz. Der Quellcode des Objektbereich lautet dann wie folgt:

```
<object data="wiese.jpg" type="image/jpeg" width="150" height="150">
<img src="wiese.jpg" width="120" height="120" alt="Bild einer
Blumenwiese">
</object>
```

Browser, die das `<object>`-Tag nicht interpretieren, ignorieren es einfach und stellen die im `<img>`-Tag referenzierte Grafik dar.

Für Netscape-Browser, die das `<object>`-Tag nicht unterstützen, besteht die Möglichkeit, innerhalb des `<object>`-Bereichs das Netscape-spezifische Tag `<embed>` einzusetzen. Die Objektdatei wird als relative oder absolute URL als Wert des Attributs `src` referenziert.

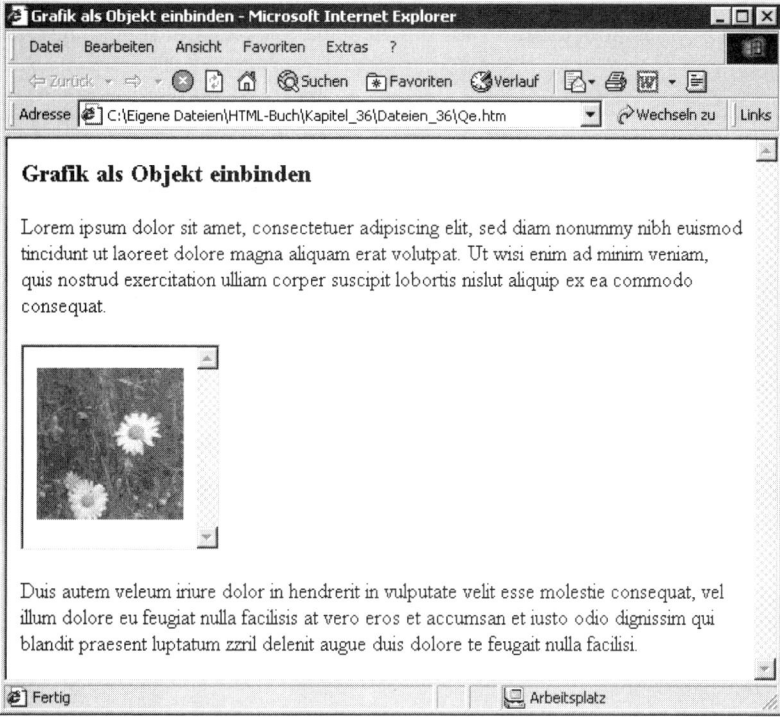

Bild 36.1: Eine als Objekt eingebundene Grafik

Wahlweise können Sie innerhalb des Objektbereichs auch Text eingeben, in dem Sie darauf hinweisen, dass der verwendete Browser den Befehl <object> offensichtlich nicht unterstützt, und angeben, was im Idealfall angezeigt würde. Weiterhin können neben Befehlen, die zu alternativen Elementen führen, wie in diesem Beispiel das <img>-Tag, auch mehrere <object>-Tags ineinander verschachtelt werden. Kann der Inhalt des äußeren <object>-Tags nicht dargestellt werden, greift der Browser auf die enthaltenen Angaben zurück, bei denen es sich eben auch um weitere <object>-Tags handeln kann. Sinnvoll sind solche Angaben allerdings nur dann, wenn Sie davon ausgehen können, dass das <object>-Tag unterstützt wird.

Einzelheiten zum Einbinden von Verweis-sensitiven Grafiken, Sounddateien, Videodateien sowie Java-Applets und ActiveX-Steuerungen entnehmen Sie bitte den entsprechenden Kapiteln zu diesen Themen.

36.2 Objekte, die aktiviert werden müssen

Mit dem booleschen Attribut declare (= erklären) können Sie festlegen, dass ein Objekt erst vom Anwender aktiviert werden muss, bevor es angezeigt wird bzw. abläuft. Ein solches Objekt wird dadurch aktiviert, dass der Anwender einem Verweis folgt, der auf das Objekt zielt. Voraussetzung hierfür ist, dass das Objekt einen Zielanker enthält. Ältere Browser (bis einschließlich NN 4.x und IE 4.x) interpretieren dieses Attribut nicht und beginnen sofort mit der Anzeige bzw. dem Abspielen des Objekts.

```
<object declare id="obj01"  (weitere Attribute)>
</object>
<a href="#obj01">Objekt anzeigen</a>
```

Mit `declare` im einleitenden `<object>`-Tag definieren Sie, dass das Objekt erst auf Anforderung des Anwenders dargestellt wird. Als Wert des Universalattributs `id` legen Sie die Bezeichnung eines Zielankers fest. Die letzte Zeile des Quelltextes enthält einen Verweis, der den im `<object>`-Tag definierten Zielanker zum Ziel hat.

36.3 Objektrahmen definieren

Ähnlich wie bei Grafiken können Sie mit dem Attribut `border` (= Rahmen) festlegen, dass ein Rahmen um ein Objekt gezeigt wird. Das Attribut `border` wird im einleitenden `<object>`-Tag notiert; als Wert des Attributs geben Sie die gewünschte Rahmenstärke in Pixel an. Eine solche Angabe ist nur für solche Objekte sinnvoll, die über ein Plug-In im Browser-Fenster dargestellt werden. Da sich das Attribut `border` auf die äußere Erscheinung des Objekts bezieht, hat es den Status »deprecated«, das heißt, es sollte in Zukunft nicht mehr eingesetzt werden. Alternativ lassen sich Rahmen um Objekte mit Stylesheets realisieren.

36.4 Objektnamen vergeben

Mithilfe des Attributs `name` können Sie Objekte im einleitenden `<object>`-Tag mit einem Namen bezeichnen. Als Wert dieses Attributs kommen alphanumerische Zeichen sowie die Zeichen Bindestrich, Unterstrich, Doppelpunkt und Punkt in Frage. Eine andere Möglichkeit, ein Objekt mit einem Identifikator zu versehen, bietet das Universalattribut ID.

36.5 Breite und Höhe definieren

Die Attribute WIDTH (= Breite) und HEIGHT (= Höhe) ermöglichen Angaben über die Größe des Objekts in Pixel. Die Angabe der Größe ist nur dann sinnvoll, wenn das Objekt im Browser-Fenster angezeigt wird, da es sich nicht auf die Darstellung von Objekten in anderen Programmen auswirkt. Da beispielsweise Grafiken, die als Objekt eingebunden sind, nicht angezeigt werden, wenn die Größenangabe fehlt, sollten Sie diese Attribute nach Möglichkeit einsetzen. Bei Objekten, die eine längere Ladezeit haben, können Browser den in den Attributen `width` und `height` angegebenen Platz frei halten und zwischenzeitlich z.B. nachfolgenden Fließtext darstellen. Anders als die Größenangabe bei Grafiken, die mit dem `<img>`-Tag eingebunden sind, führt die Angabe von Werten, die die tatsächliche Größe der Grafik übersteigen, nicht dazu, dass die Grafik skaliert wird. Vielmehr wird der Objektbereich skaliert, in dem sich die Grafik befindet. Siehe dazu auch Abbildung 36.1, wo eine Grafik von 120 x 120 Pixel eingebunden ist, die Angaben zur Größe lauten in diesem Beispiel jeweils 150 Pixel.

36.6 Beschriftung von Objekten

Ähnlich wie bei Grafiken können Sie Objekten, die im Browser-Fenster dargestellt werden, einen Beschriftungstext zuordnen. Notieren Sie dazu das als »deprecated« eingestufte Attribut align im einleitenden <object>-Tag. Standardmäßig wird die Beschriftung bündig mit der unteren Kante des Objekts ausgerichtet, mit den Werten top (= oben) und middle (= mittig) erreichen Sie, dass die Beschriftung zur Oberkante des Objekts bzw. zu dessen Mitte ausgerichtet wird. Im folgenden Beispiel wurden drei Objektbereiche definiert, die jeweils das gleiche Objekt beinhalten. Damit die Objekte untereinander angeordnet werden, müssen manuelle Zeilenumbrüche (<br>) verwendet werden. Ist der Abstand zu den umgebenden Elementen nicht näher definiert, werden die einzelnen Objektbereiche (wie in Abbildung 36.2 zu sehen) unmittelbar untereinander dargestellt. Nachfolgend sehen Sie den Quelltext zu den in Abbildung 36.2 dargestellten Objektbereichen.

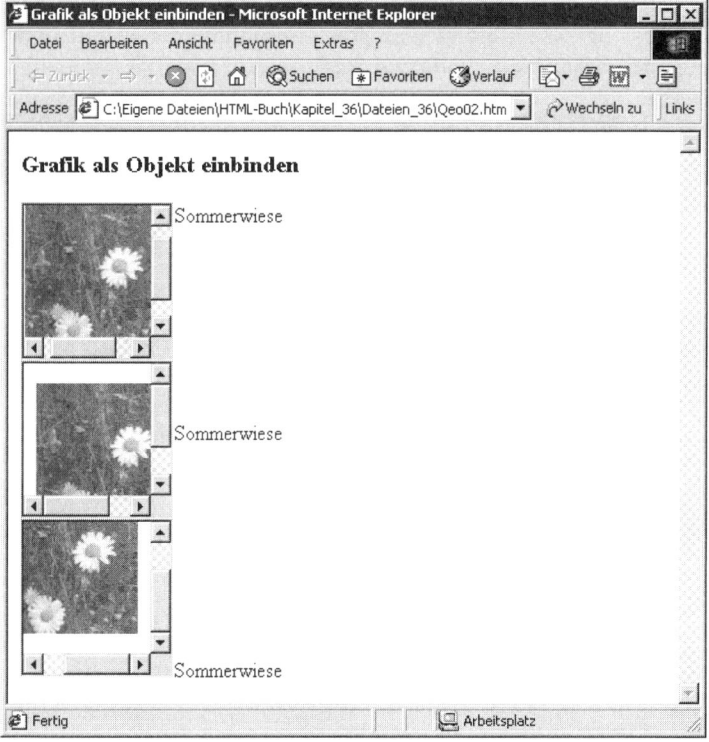

Bild 36.2: Als Objekte eingebundene Grafiken mit verschieden ausgerichteter Beschriftung

```
<object data="wiese.jpg" type="image/jpeg" width="120" align="top">
</object>
Sommerwiese<br>
<object data="wiese.jpg" type="image/jpeg" width="120"
align="middle">
```

```
</object>
Sommerwiese<br>
<object data="wiese.jpg" type="image/jpeg" width="120"
align="bottom">
</object>
Sommerwiese<br>
```

Ohne `align`-Attribut wird der nach dem entsprechenden `<object>`-Tag notierte Text bündig zur Unterkante des Objektbereichs ausgerichtet, also genau so, als wäre im einleitenden `<object>`-Tag `align="bottom"` definiert.

36.7 Umfließender Text und Ausrichtung

Die Ausrichtung eines Objekts kann mithilfe des Attributs `align` definiert werden, das allerdings auch in diesem Zusammenhang den Status »deprecated« hat und demnach nicht mehr eingesetzt werden sollte. Die Ausrichtung von Objekten sollte in Zukunft mittels Stylesheets umgesetzt werden. Die Angabe `align="left"` im einleitenden `<object>`-Tag hat zur Folge, dass das Objekt im Browser-Fenster linksbündig dargestellt und vom umgebenden Text rechts umflossen wird.

Bild 36.3: Ein Objektbereich wird von umgebendem Text umflossen.

```
<html>
<head>
<title>Grafik als Objekt einbinden</title>
</head>
<body>
<h3>Grafik als Objekt einbinden</h3>
<p>Lorem ipsum dolor (...)
<object data="wiese.jpg" type="image/jpeg" width="150" height="150"
align="left">
<img src="wiese.jpg" width="120" height="120" alt="Bild einer
Blumenwiese">
</object>
 Duis autem veleum (...)
</body>
</html>
```

In vorstehendem Quellcode wird der Objektbereich als linksbündig definiert, der umgebende Blindtext fließt also rechts um das Objekt herum. Entsprechend muss für einen rechtsbündigen Objektbereich align="right" notiert werden. Mit dem ebenfalls unerwünschten Attribut clear, das im
-Tag notiert wird, kann das Umfließen des Objekts beendet werden. Nähere Informationen zum Einsatz dieses Attributs und seine gültigen Werte finden Sie in Kapitel 18.4, in dem das Umfließen von Grafiken beschrieben wird.

Um ein Objekt auszurichten, ohne dass es umflossen wird, definieren Sie einen eigenen Absatz für die <object>*-Tags und definieren die Ausrichtung mit dem* align*-Attribut im einleitenden* <object>*-Tag. Eine andere Alternative besteht darin, das Attribut* align *nicht im* <object>*-Tag, sondern im Absatz-Befehl* <p> *anzugeben.*

36.8 Abstand zu umgebenden Elementen

Ähnlich wie bei Grafiken kann auch für Objekte der Abstand zu umgebenden Elementen definiert werden. Die Angabe teilt sich in den Abstand in horizontaler Richtung (also links und rechts von dem Objekt) und den Abstand in vertikaler Richtung (also oberhalb und unterhalb des Objekts) und wird mit den Attributen hspace (horizontal space = horizontaler Abstand) und vspace (vertical space = vertikaler Abstand) in Pixel festgelegt. Die Attribute hspace und vspace sind, da sie sich auf das äußere Erscheinungsbild einer HTML-Datei beziehen, als »deprecated« eingestuft und sollten zukünftig zu Gunsten von Stylesheets nicht mehr verwendet werden. Der Quellcode für den Objektbereich in Abbildung 36.4 lautet:

```
<object data="wiese.jpg" type="image/jpeg" width="150" height="150"
align="left" hspace="30" vspace="30">
```

Die Angabe hspace="30" sorgt dafür, dass links (in diesem Fall zur Begrenzung des Browser-Fensters) und rechts neben dem Objekt ein Abstand von 30 Pixel eingehalten wird. Mit vspace="30" werden ebenfalls 30 Pixel zum nächsten oberen und unteren Element definiert.

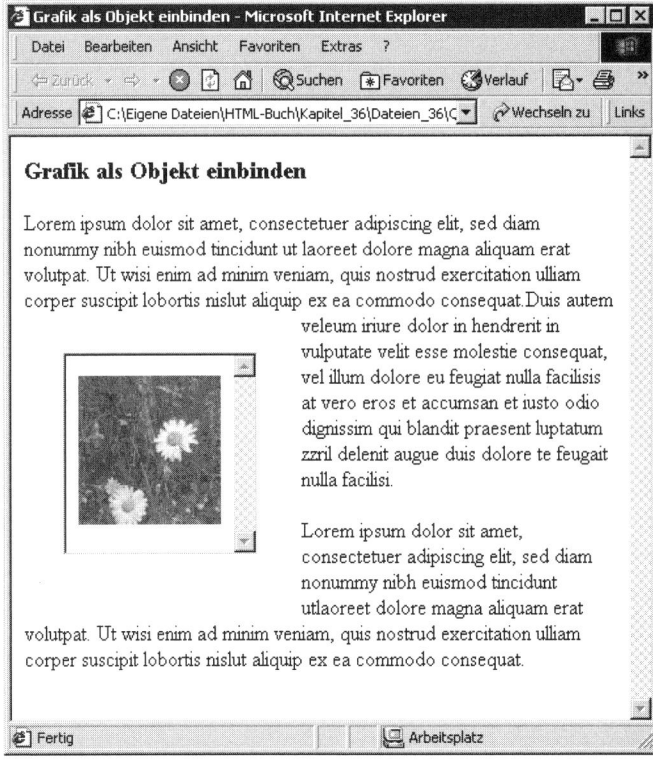

Bild 36.4: Der Objektbereich hat einen definierten umlaufenden Abstand.

36.9 Meldungen zur Ladezeit

Da bestimmte Objekte unter Umständen eine längere Ladezeit benötigen, wird mit dem Attribut standby die Möglichkeit gegeben, einen Text einzugeben, der während des Ladevorgangs gezeigt wird. Das Attribut wird im einleitenden <object>-Tag eingesetzt; als Wert geben Sie den Text ein, der beim Anwender erscheinen soll.

37 Verweis-sensitive Grafiken

Definieren Sie eine Grafik als Verweis, so führt ein Klick auf die Grafik zu dem angegebenen Verweisziel. Um mit einer Grafik mehrere verschiedene Verweisziele ansteuern zu können, bedient man sich Verweis-sensitiver Grafiken. Diese auch unter dem Begriff Image-Maps bekannte spezielle Grafik beinhaltet verschiedene Bereiche oder Regionen (auch Hotspots genannt), die jeweils mit einem anderen Verweisziel verknüpft sind. Der Anwender kann so intuitiv auf einen Bereich der Grafik klicken, um das gewünschte Verweisziel zu erreichen. Grundsätzlich können Verweis-sensitive Grafiken entweder auf Seiten des Servers oder seitens des Browsers ausgewertet werden, wobei der clientseitigen Variante vom W3C Vorzug gegeben wird. Da die vom Client (= Browser) auswertbaren Image-Maps zudem einfacher zu realisieren sind, werden heute vor allem clientseitige Verweis-sensitive Grafiken eingesetzt. Nichtsdestotrotz wird im nächsten Abschnitt beschrieben, wie serverseitige Image-Maps funktionieren. Folgende Tabelle gibt Ihnen eine Übersicht über die Befehle und Attribute, die in Zusammenhang mit Verweis-sensitiven Grafiken eingesetzt werden können.

Befehl	Attribut	Bedeutung	Status in HTML 4.01
`<area>`		definiert den Bereich einer clientseitigen verweis-sensitiven Grafik	ohne End-Tag
	`alt`	alternativer Text	
	`accesskey`	definiert ein Zeichen, das in Kombination mit der Alt-Taste den Bereich ansteuert	
	`coords`	beinhaltet eine durch Kommata getrennte Aufzählung von Koordinaten, die einen Bereich einer Verweis-sensitiven Grafik definieren	
	`href`	nimmt die relative oder absolute URL des Verweisziels auf	
	`nohref`	definiert einen Bereich ohne Verweisziel	
	`shape`	bestimmt mit vorgegebenen Werten die Form des Grafikbereichs und legt damit fest, wie die im Attribut `coords` notierten Koordinaten vom Browser interpretiert werden	
	`tabindex`	gibt die Position an, in der ein Bereich mit der Tabulator-Taste angesteuert werden kann	
`<img>`	`ismap`	definiert die im `src`-Attribut referenzierte Grafik als serverseitig Verweis-sensitiv	ohne End-Tag

Tabelle 37.1: HTML-Befehle und Attribute für verweis-sensitive Grafiken

Befehl	Attribut	Bedeutung	Status in HTML 4.01
	usemap	definiert die im src-Attribut referenzierte Grafik als clientseitig Verweis-sensitiv und verbindet sie mit der Definition der Image-Map	
<map>		definiert eine clientseitige Image-Map, schließt <area>-Tags ein	
	name	bezeichnet die Image-Map	

Tabelle 37.1: HTML-Befehle und Attribute für verweis-sensitive Grafiken (Forts.)

37.1 Serverseitige verweis-sensitive Grafiken

Beim Aufrufen einer serverseitigen Image-Map (bzw. einer HTML-Datei, die eine solche enthält) wird die Grafik zunächst vom Server an den Browser übertragen. Anhand eines bestimmten Befehls erkennt der Browser die Grafik als Verweis-sensitiv und sendet, sobald der Anwender einen Bereich der Grafik angeklickt hat, die Koordinaten des angeklickten Punkts an den Server. Der Server identifiziert daraufhin, in welchem Bereich der Grafik der Klick liegt und sendet das entsprechende Verweisziel an den Browser.

Für eine serverseitige Image-Map benötigen Sie mehrere Dateien: eine HTML-Datei, eine Map-Datei und eine Konfigurationsdatei, die Informationen für die Server-Software für die Auswertung der Daten enthält (CGI-Skript). Die HTML-Datei enthält unter anderem eine Grafikreferenz und einen Hinweis für den Browser, dass es sich bei der Grafik um eine serverseitige Image-Map handelt. Eine solche Datei enthält eine Befehlsfolge mit folgender Syntax:

```
<a href="Bezeichnung der Image-Map">
<img src="Bezeichnung der Grafik.Dateierweiterung" ismap>
</a>
```

Das erste Tag enthält einen Verweis auf die Bezeichnung der Image-Map, die an anderer Stelle festgelegt wird. Innerhalb der <a>-Tags wird eine Grafik eingebunden und damit als Verweis definiert. Das Attribut src nimmt wie üblich den relativen Pfad zur Grafik auf, nach obiger Syntax befindet sich die Grafik im selben Verzeichnis wie die HTML-Datei. Als Grafikformate kommen sowohl GIF als auch JPEG in Frage. Entscheidend ist das boolesche Attribut ismap im <img>-Tag. Dieses Attribut teilt dem Browser mit, dass es sich bei der Grafik um eine serverseitige Verweis-sensitive Grafik handelt. Die Map-Datei enthält die Informationen darüber, in welche Bereiche die Grafik aufgeteilt ist und welche Verweisziele die einzelnen Regionen haben. Dabei können die anklickbaren Bereiche verschiedene Formen (kreisförmig, rechteckig oder polygonal) haben, die jeweils durch Koordinaten in Pixel definiert werden. Bereiche, von denen Sie annehmen, dass Sie häufiger angeklickt werden als andere, sollten am Anfang der Map-

Datei definiert werden, damit der Server die benötigte Information schneller findet. Die genaue Syntax der Angaben in der Map-Datei variiert je nach verwendetem Server bzw. Auswertungssoftware. Sollten Sie eine serverseitige Image-Map realisieren wollen, müssen Sie sich erkundigen, welche Angaben Ihr Server erwartet.

Da der Server die Auswertung der Anwender-Aktion übernimmt, ist ein zusätzlicher Datenaustausch erforderlich, der über das einfache Aufrufen der Ausgangsseite hinausgeht (da der Browser die auszuwertenden Koordinaten an den Server sendet). Der Server startet daraufhin ein Programm, das die Angaben auswertet, und sendet das Ergebnis an den Browser. Da clientseitige Image-Maps sich einfacher implementieren lassen und eine direkte Rückmeldung für den Anwender bieten, sollten Sie dieser im nächsten Kapitel beschriebenen Variante den Vorzug geben.

37.2 Clientseitige Verweis-sensitive Grafiken

Im Gegensatz zu den im vorigen Abschnitt beschriebenen serverseitigen Image-Maps übernimmt bei clientseitigen Verweis-sensitiven Grafiken der Browser die Auswertung der Koordinaten, auf die der Anwender geklickt hat, und ruft die Verweisziele auf. Der Vorteil dieser Methode liegt darin, dass kein zusätzlicher Datenverkehr vonnöten ist und dass solche Image-Maps durch eine einheitliche Syntax leichter zu realisieren sind. Anders als bei serverseitigen Image-Maps können die erforderlichen Angaben für eine clientseitige Verweis-sensitive Grafik alle in einer HTML-Datei notiert werden. Da der Browser die Anwenderaktionen selber auswertet, können clientseitige Image-Maps auch lokal, z.B. auf einer CD-ROM, eingesetzt werden.

Die Grafik im GIF- oder JPEG-Format, die als Image-Map dienen soll, wird zunächst in verschiedene Bereiche aufgeteilt, wobei diese anklickbaren Bereiche verschiedene Formen annehmen können. Je nachdem, welche Form gewählt wird, sind unterschiedliche Angaben zu machen, die die genaue Position der einzelnen Bereiche in der Grafik definieren. Die Koordinaten der Punkte, die einen Bereich definieren, werden jeweils von der linken bzw. der oberen Begrenzung der Grafik aus in Pixel notiert. Die möglichen Formen von Bereichen einer Verweis-sensitiven Grafik werden als Wert des Attributs `shape` (= Form) notiert, auf dessen Einsatz weiter unten noch eingegangen wird. Die zur Verfügung stehenden Werte sind:

→ `default`

> `default` definiert die gesamte Grafik; die mit diesem »Bereich« verknüpfte URL wird dann als Verweisziel angesteuert, wenn der Anwender zwar innerhalb der Verweis-sensitiven Grafik, nicht jedoch in einen definierten Bereich dieser Grafik klickt.

→ `circle`

> (= Kreis) definiert eine kreisförmigen Bereich innerhalb der Grafik. Als Bezugspunkt wird der Kreismittelpunkt mit den Koordinaten x (= Pixel vom linken Rand der Grafik) und y (= Pixel vom oberen Rand der Grafik) festgelegt. Die Größe der kreisförmigen Region wird mit der Angabe des Radius bestimmt.

Kapitel 37 · Verweis-sensitive Grafiken

→ rect

(rectangular region = rechteckiger Bereich) definiert einen anklickbaren Bereich in rechteckiger Form. Für Rechtecke ist die Angabe der Koordinaten des linken oberen Eckpunktes x1,y1 und des rechten unteren Eckpunktes x2,y2 ausreichend.

→ poly

Die Angabe `poly` ermöglicht die Definition einer polygonalen Fläche, die durch beliebig viele Punkte bestimmt ist. Die Koordinaten der einzelnen Punkte werden nacheinander mit x- und y-Werten notiert. Stimmt dabei der erste Punkt nicht mit dem letzten überein, werden diese automatisch verbunden.

Um diese Werte zu erhalten, können Sie die Grafik beispielsweise in eine HTML-Datei einbinden, innerhalb der Grafikreferenz das (eigentlich für serverseitige Image-Maps zuständige) Attribut `ismap` *notieren und dann als Verweis definieren. Laden Sie diese Datei lokal in den Browser, werden beim Überfahren der Grafik in der Statuszeile die Koordinaten der jeweiligen Punkte angezeigt.*

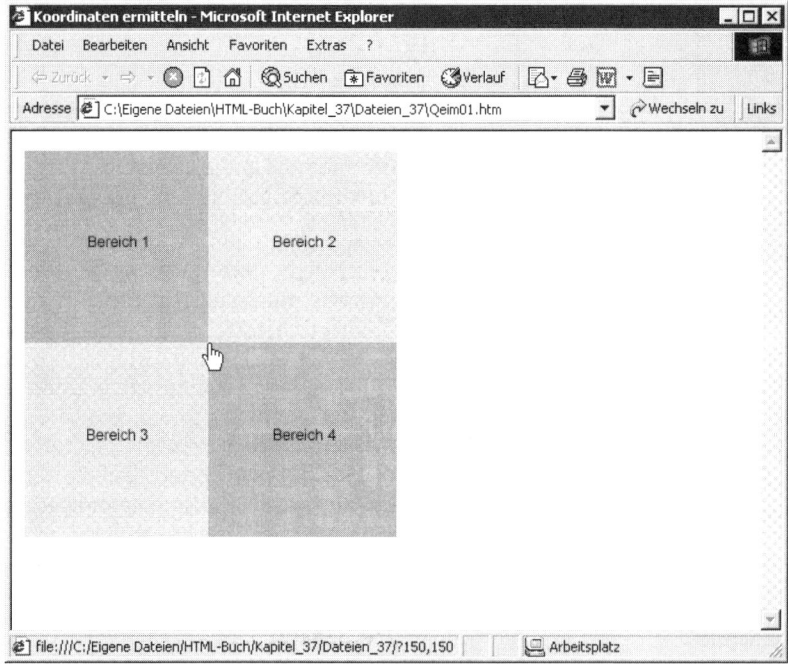

Bild 37.1: In der Statuszeile werden die Koordinaten 150,150 angezeigt.

Im Rumpf der HTML-Datei notieren Sie wie folgt:

```
<a href="">
<img src="Pfad zu der Grafik.Dateierweiterung" border="0" ismap>
</a>
```

Durch die Angabe des Attributs ismap *in der Grafikreferenz ermittelt der Browser die Koordinaten, sobald sich der Mauszeiger auf der Grafik befindet, da er diese an den Server übermitteln soll. Beachten Sie, dass diese Datei nicht die Image-Map darstellt, sondern lediglich dazu dient, die Koordinaten relevanter Punkte zu ermitteln.*

In diesem Beispiel sind die Koordinaten allerdings auch ohne Hilfe des Browsers leicht zu ermitteln, da die Grafik 300 Pixel breit und hoch ist und in vier gleich große Quadrate geteilt ist. Der Bereich 1 ist demnach mit den Koordinaten 0,0,150,150 zu beschreiben. Die ersten beiden Werte stehen für je null Pixel Abstand zum linken und oberen Grafikrand. Mit 150,150 wird der Punkt beschrieben, der sich 150 Pixel vom linken Grafikrand und 150 Pixel vom oberen Rand befindet. Der Bereich 2 hat die Koordinaten 151,0,300,150, Bereich 3 ist mit 0,151,150,300 und Bereich 4 mit den Werten 151,151,300,300 definiert.

Die Koordinaten bestimmter Punkte innerhalb einer Grafik können auch mithilfe eines Grafikprogramms ermittelt werden. Auch HTML-Editoren bieten spezielle Funktionen zum Erstellen von Verweis-sensitiven Grafiken an.

Um nun eine Datei mit einer Verweis-sensitiven Grafik zu erstellen, binden Sie zunächst die betreffende Grafik ein. Dies geschieht mittels des üblichen <img>-Tags, in dem als Wert des Attributs src die URL möglichst als relativer Pfad angegeben wird. Zusätzlich fügen Sie in das <img>-Tag das Attribut usemap ein. Dieses Attribut verbindet die Grafik mit den an anderer Stelle definierten anklickbaren Bereichen. Als Wert von usemap geben Sie nach einer Raute (wie bei einem lokalen Anker) die Bezeichnung der Aufteilung an, die Sie im name-Attribut des Befehls <map> vergeben. Der Befehl <map> definiert eine clientseitige Image-Map, er verfügt über ein abschließendes Tag </map> und erhält als Wert des Attributs name eine Bezeichnung. Innerhalb der <map>-Tags werden nun mit dem Befehl <area> (= Bereich), der nicht über ein End-Tag verfügt, die einzelnen Bereiche der Grafik definiert. Im Attribut shape (= Form) geben Sie im einleitenden <area>-Tag an, welche der weiter oben beschriebenen Formen der Verweis-sensitive Bereich haben soll. In einem weiteren Attribut coords (= Koordinaten) notieren Sie die Werte, die diesen einen Bereich definieren. Um diesen Bereich mit einem Verweisziel zu verknüpfen, muss noch das Attribut href (hyperlink reference = Verweisziel) eingesetzt werden, dessen Wert die URL der Datei darstellt, die aufgerufen wird, nachdem der Anwender auf einen Punkt in diesem Bereich geklickt hat. Im folgenden Beispiel wird die Grafik aus Abbildung 37.1 als clientseitige Image-Map definiert.

```
<html>
<head>
<title>Verweis-sensitive Grafiken</title>
</head>
<body>
<center>
<img src="im01.gif" usemap="#map01" width="300" height="300"
border="0">
<map name="map01">
 <area shape="rect" coords="0,0,150,150" href="Qevz1.htm">
 <area shape="rect" coords="150,0,300,150" href="Qevz2.htm">
 <area shape="rect" coords="0,151,150,300" href="Qevz3.htm">
 <area shape="rect" coords="151,151,300,300" href="Qevz4.htm">
</map>
</center>
</body>
</html>
```

Im <img>-Tag ist die GIF-Grafik referenziert (die sich in diesem Beispiel im selben Verzeichnis befindet wie die HTML-Datei selbst), das Attribut usemap teilt dem Browser mit, dass es sich dabei um eine Verweis-sensitive Grafik handelt. Damit der Browser Zugriff auf die Definition der einzelnen Bereiche der Grafik hat, wird als Wert von usemap der Name dieser Flächendefinition eingesetzt, dem eine Raute vorangestellt wird. Dieser Name wird im einleitenden <map>-Tag als Wert des Attributs name festgelegt. Innerhalb der <map>-Tags definieren Sie mit <area> die einzelnen Flächen der Verweis-sensitiven Grafik und legen fest, welche Verweisziele diese haben. Im shape-Attribut wird die Form der Fläche beschrieben, diese Angabe stellt für den Browser die Information darüber dar, wie die im Attribut coords notierten Koordinaten interpretiert werden müssen. Im Attribut href wird schließlich das Verweisziel der einzelnen Bereiche eingetragen. Die Darstellung dieser HTML-Datei im Browser sehen Sie in Abbildung 37.2.

Die Position des <map>-Bereichs innerhalb des Quellcodes ist (innerhalb der <body>-Tags) frei wählbar, da es sich hierbei lediglich um eine Definition von Flächen und deren zugeordnete Verweisziele handelt, die nicht direkt zu einer Darstellung im Browser führen. Falls Sie eine sehr umfangreiche Verweis-sensitive Grafik definieren und den Quelltext der HTML-Datei übersichtlich halten möchten, können Sie die <map>-Tags mit den enthaltenen Definitionen der Flächen etc. auch in einer separaten Datei notieren. Im Attribut usemap der referenzierten Grafik muss dann der relative Pfad zu dieser Datei bzw. zu der im name-Attribut angegebenen Bezeichnung der Flächendefinition angegeben werden.

In Abbildung 37.2 befindet sich der Mauszeiger über dem Bereich 4; als Verweisziel wird in der Statuszeile am unteren Rand des Browsers der Pfad zu der im entsprechenden <area>-Tag referenzierten Datei angezeigt.

Clientseitige Verweis-sensitive Grafiken

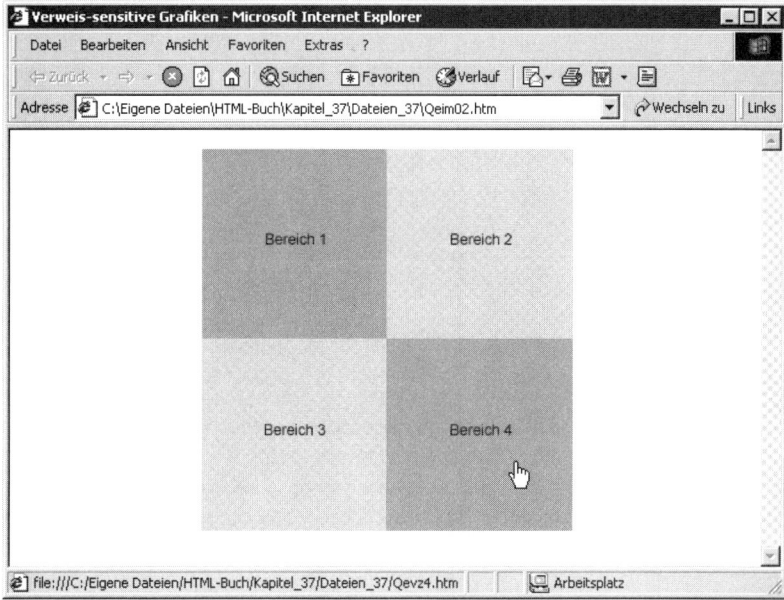

Bild 37.2: Eine Verweis-sensitive Grafik im Browser

Mit dem Attribut title in den <area>-Tags (und einer als Wert dieses Attributs eingegebenen Bezeichnung) haben Sie darüber hinaus die Möglichkeit, ein kleines ToolTipp-Fenster zu erzeugen, das beim Überfahren der Bereiche dargestellt wird (dieses wird ab IE 4.x unterstützt, vom NN (noch) nicht). Für nicht visuelle Browser kann im Attribut alt in den <area>-Tags ein alternativer Text eingegeben werden. Dieser Text ist auch dann sichtbar, wenn die Grafik aus irgendeinem Grund nicht dargestellt werden kann. Mit dem booleschen Attribut nohref anstelle von href wird festgelegt, dass ein bestimmter Bereich nicht anklickbar ist bzw. dass er kein verknüpftes Verweisziel hat. Die Attribute tabindex und accesskey legen die Position beim Ansteuern mit der Tabulator-Taste bzw. eine Tastenkombination fest, mit der ein bestimmter Bereich angesteuert werden kann. Die Verwendung dieser Attribute wird in Kapitel 22.12 anhand herkömmlicher Verweise beschrieben. Die in Abbildung 37.3 dargestellte Datei besitzt title-Attribute in den einzelnen <area>-Tags, weshalb Sie beim Überfahren der Bereiche ein kleines Fenster mit dem als Wert von title angegebenen Inhalt sehen.

Das <area>-Tag des in Abbildung 37.3 überfahrenen Bereichs lautet:

```
<area shape="rect" coords="150,0,300,150" href="Qevz2.htm"
title="Verweisziel 2">
```

Üblicherweise sollten sich die Inhalte dieser Fensterchen allerdings auf das Verweisziel beziehen, ebenso wie die hier in der Grafik enthaltenen Beschriftungen der einzelnen Bereiche. Bei Verweis-sensitiven Grafiken sollte der Anwender durchaus erkennen können, welcher Bereich zu welchem Ziel führt. Möglicherweise ist auch ein Hinweis angebracht, der erläutert, dass die Grafik überhaupt angeklickt werden kann.

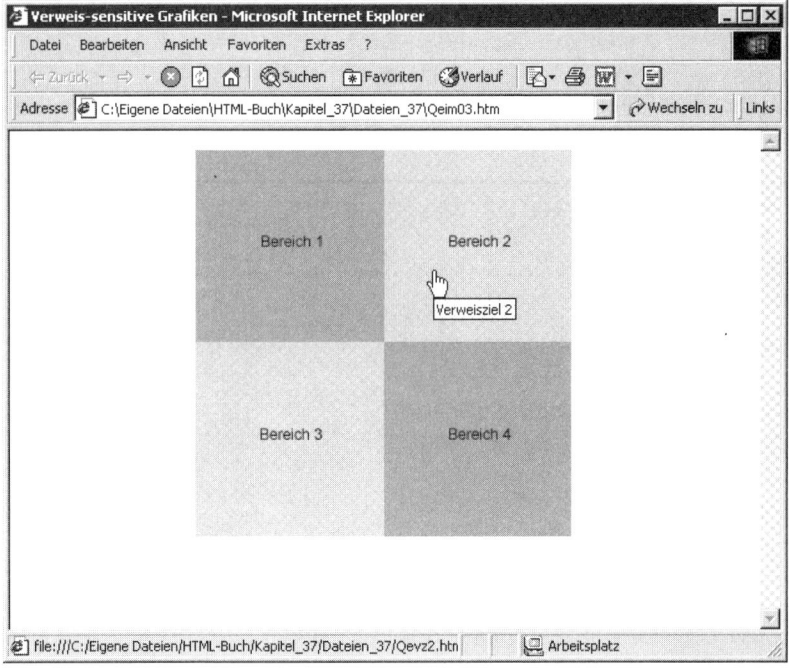

Bild 37.3: Der im title-Attribut angegebene Text erscheint beim Überfahren in einem kleinen Fenster.

37.3 Verweis-sensitive Grafiken als Objekt einbinden

Das mit der HTML-Spezifikation 4.0 eingeführte <object>-Tag soll auch Verweis-sensitive Grafiken als Objekt einbinden können. Die Idee, einen Befehl zur Einbindung verschiedenartiger Objekte zu verwenden, ist im Prinzip nicht schlecht, in der Praxis wird dieses Tag jedoch nicht bzw. nicht korrekt unterstützt. Die Verwendung des <object>-Tags soll den Vorteil haben, dass dann, wenn der Befehl nicht unterstützt wird, die innerhalb der <object>-Tags befindlichen Angaben dargestellt werden. Leider funktioniert dieses Vorgehen im Explorer 5.5 nicht korrekt. Der folgende Quellcode zeigt einen Ausschnitt einer HTML-Datei, der sich im Rumpf befindet.

```
<object data="im01.gif" type="image/gif" shapes>
 <a href="Qevz1.htm" shape="rect" coords="0,0,150,150">
 Verweisziel 1</a>
 <a href="Qevz2.htm" shape="rect" coords="150,0,300,150">
 Verweisziel 2</a>
 <a href="Qevz3.htm" shape="rect" coords="0,151,150,300">
 Verweisziel 3</a>
 <a href="Qevz4.htm" shape="rect" coords="151,151,300,300">
 Verweisziel 4</a>
</object>
```

Das Attribut `data` im einleitenden `<object>`-Tag nimmt die Grafikreferenz auf; zusätzlich zu dem im Attribut `type` notierten MIME-Typ der Grafik wird mit `shapes` darauf hingewiesen, dass es sich bei der Grafik um eine Image-Map handelt. Innerhalb des Objektbereichs werden die einzelnen Bereiche der Verweis-sensitiven Grafik definiert und mit Verweiszielen verknüpft, allerdings geschieht dies – im Unterschied zur herkömmlichen Definition der Bereiche im `<area>`-Tag) – hier im Befehl `<a>`.

Werden diese Angaben richtig umgesetzt, so sollte dies dazu führen, dass

→ die Verweis-sensitive Grafik entweder als Objekt dargestellt wird und anklickbare Bereiche beinhaltet, die dem Anwender das Ansteuern der definierten Verweisziele ermöglicht, sofern der Browser das `<object>`-Tag unterstützt;

→ für den Fall, dass der Befehl `<object>` nicht interpretiert werden kann, zumindest die innerhalb des Objektbereichs notierten Verweise bzw. deren Text dargestellt werden, die vom Anwender als herkömmliche Verweise benutzt werden könnten.

Leider ist beim IE 5.5 weder das eine noch das andere der Fall, da er darauf ausgerichtet ist, mit dem `<object>`-Tag vor allem ActiveX-Steuerelemente einzubinden. Wird im einleitenden `<object>`-Tag die Größe des Objektbereichs nicht festgelegt, bleibt das Browser-Fenster ganz leer. Mit Größenangaben wird zwar die referenzierte Grafik dargestellt, da die einzelnen Bereiche der Grafik jedoch nicht anzuklicken sind bzw. da die Grafik nicht als Image-Map erkannt wird, bleiben sämtliche Verweisziele für den Anwender verborgen. Bevor dieses Manko nicht in zukünftigen Browser-Versionen beseitigt ist, sollten Sie daher von der Verwendung des `<object>`-Tags zum Einbinden von Verweis-sensitiven Grafiken absehen.

38 Animierte GIF-Grafiken

Im GIF-Format 89a können Sie mehrere Einzelgrafiken in einer Grafikdatei zusammenfassen, die in eine HTML-Datei auf herkömmlichem Wege mit dem `<img>`-Tag eingebunden werden kann. Im Browser werden die Einzelgrafiken dann in der festgelegten Reihenfolge angezeigt. So lassen sich auf einfache Art animierte Objekte erstellen bzw. verschiedene Grafiken nacheinander an derselben Position im Browser-Fenster anzeigen (Dia-Show).

Das Erstellen einer animierten GIF-Grafik variiert je nach verwendeter Software. Sie können entweder bereits vorhandene Einzelgrafiken mit einem Programm zu einer GIF-Animation zusammenfassen oder auch ein Bildbearbeitungsprogramm benutzen, das ein integriertes zusätzliches Pogramm für animierte GIF-Dateien enthält. Grundsätzlich können Sie jedoch in Abmessungen und verwendeten Farben aufeinander abgestimmte Einzelgrafiken in die Animation übernehmen und die Position des einzelnen Bildes in der Reihenfolge verändern bzw. festlegen. Weiterhin können verschiedene Angaben zum Ablauf der Animation gemacht werden, wie z.B. die Häufigkeit der Wiederholungen und die Zeitverzögerung zwischen den einzelnen Grafiken. Das via Internet als voll funktionsfähige Testversion erhältliche Bildbearbeitungsprogramm Paint Shop Pro enthält z.B. mit Animation Shop ein Zusatzprogramm, das Animationen aus einer Grafik mit mehreren Ebenen generiert, wobei die einzelnen Ebenen der Ausgangsgrafik nacheinander dargestellt werden. Je nach verwendeter Software stehen außerdem verschiedene Effekte zur Verfügung, wie z.B. Verzerrungen oder Bewegungsunschärfe, die je nach Inhalt der Einzelgrafiken zu interessanten Ergebnissen führen.

Achten Sie bei der Auswahl der Einzelbilder einer GIF-Animation auf die Größe der jeweiligen Datei, da die Animation ansonsten leicht zu umfangreich (und damit langsam) werden könnte. Versuchen Sie beispielsweise, neben den Abmessungen der Einzelgrafiken auch die verwendete Farbtiefe zu verringern. Verwenden Sie GIF-Grafiken mit transparentem Hintergrund und bezeichnen Sie die einzelnen Grafiken so, dass die geplante Position der Datei in der Animation ersichtlich ist.

Natürlich können Sie mit dieser Technik wie im folgenden Beispiel auch textliche Inhalte nacheinander darstellen lassen. Um den Ablauf der Animation zu visualisieren sind in Abbildung 38.1 nacheinander die einzelnen Stadien der Animation in der Browser-Darstellung wiedergegeben.

Im Quelltext zu der in Abbildung 38.1 gezeigten Datei ist lediglich eine Grafikdatei (wie in Kapitel 18.2 beschrieben mit dem `<img>`-Tag als Wert des Atributs `src`) angegeben, die die einzelnen Grafiken enthält.

Eine Alternative zum Erstellen eigener Bildsequenzen bietet auch hier das WWW. Sie finden zahllose Sites, auf denen animierte GIF-Dateien zum Herunterladen bereit stehen. Für den privaten Gebrauch können diese Dateien meist unentgeltlich genutzt werden, achten Sie daher auf entsprechende Hinweise auf der jeweiligen Seite.

Kapitel 38 · Animierte GIF-Grafiken

Bild 38.1: Die vier Einzelbilder einer einfachen GIF-Animation

39 Audiodateien

Es gibt verschiedene (teilweise proprietäre) Methoden, Sounds in HTML-Dateien einzubinden. Allerdings lässt sich nicht mit 100%iger Sicherheit vorhersagen, ob der Anwender den Sound auch zu hören bekommt. Das liegt zum einen daran, dass Audiodaten nur dann ausgegeben können, wenn eine Soundkarte installiert und ein funktionsfähiger Lautsprecher vorhanden ist, zum anderen lässt sich die Option *Sound wiedergeben* (im Explorer unter EXTRAS/INTERNETOPTIONEN im Bereich *Multimedia* zu finden) deaktivieren. Weiterhin muss der verwendete Browser den MIME-Typen der Datei kennen bzw. über ein zugeordnetes Hilfsprogramm oder Plug-In verfügen.

Der Internet Explorer greift beispielsweise direkt auf die im Betriebssystem verankerten Hilfsprogramme zur Wiedergabe von Audiodaten zu, während der Navigator je nach Version ein Java-Applet verwendet. Unter Windows 2000 Professional können Sie sich die unterstützten Dateierweiterungen ansehen, indem Sie das Dialogfeld *Ordneroptionen* über den Menübefehl START/EINSTELLUNGEN/SYSTEMSTEUERUNG aufrufen und dort die Registerkarte *Dateitypen* in den Vordergrund holen. Die im oberen Teil markierte Dateierweiterung wird mit dem im unteren Bereich *Details für die Erweiterung »(Name der Erweiterung)«* angegebenen Programm oder Hilfsprogramm geöffnet. Die Schaltfläche *Neu* ermöglicht Ihnen, weitere Dateierweiterungen anzugeben; unter *Ändern...* kann ein Programm ausgewählt werden, mit dem Dateien mit einer bestimmten Endung geöffnet werden sollen.

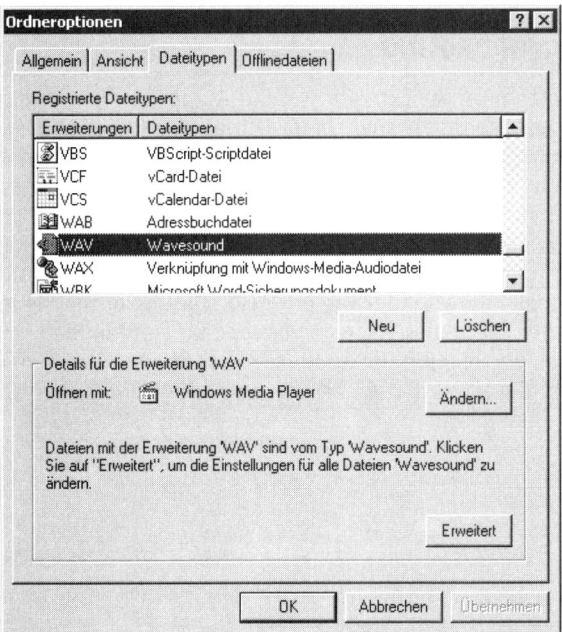

Bild 39.1: Die in Windows 2000 Professional unterstützten Dateierweiterungen

Kann der Browser zu einer bestimmten Dateierweiterung kein entsprechendes Hilfsprogramm finden, bietet er in einem Dialogfeld das Herunterladen der Datei als Option an.

In der folgenden Tabelle finden Sie eine Übersicht über Audioformate bzw. deren MIME-Typ.

Dateierweiterungen	MIME-Typ	Bedeutung
.aif, .aiff, .aifc	audio/x-aiff	AIFF-Datei (Audio Interchange File Format)
.au, .snd	audio/basic	einfache AU- und SND-Dateien
.mid, .midi	audio/x-midi	MIDI-Dateien
.mpg, .mus	audio/x-mpeg	MPEG-Audio-Dateien
.ra, .ram	audio/x-pn-realaudio	RealAudio-Dateien
.wav	audio/x-wav	WAVE-Dateien

Im Web finden Sie auch Audiodateien, die für private Zwecke oft kostenlos eingesetzt werden dürfen. Achten Sie genau auf eventuelle Copyright-Hinweise, und klären Sie vor der Verwendung eines Sounds ab, ob Sie ihn problemlos benutzen dürfen.

39.1 Hintergrundsound

In Microsofts Internet Explorer werden Audiodateien, die mit einem speziellen Tag eingebunden sind, beim Öffnen der Datei abgespielt. Der dazu benötigte Befehl `<bgsound>` (background sound = Hintergrundsound) gehört nicht zum offiziellen Sprachstandard von HTML; Sie sollten den Einsatz daher gut abwägen. Die eigentliche Audiodatei wird im Attribut `src` angegeben, das auch im `<img>`-Tag zum Einbinden von Grafiken Verwendung findet. Im folgenden Beispiel wird eine WAV-Datei eingebunden, die sich im selben Verzeichnis befindet wie die HTML-Datei. Sollten Sie mehrere Audiodateien innerhalb eines Projekts verwenden, werden Sie jedoch vermutlich ein eigenes Verzeichnis für Audiodateien anlegen. Das Tag `<bgsound>` wird im Kopfteil der HTML-Datei notiert und verfügt nicht über ein End-Tag.

```
<html>
<head>
<title> Sounddateien</title>
<bgsound src="ad01.wav" loop="3">
</head>
<body>
Im Explorer wird die angegebene Datei als Hintergrundsound beim
&Ouml;ffnen der Datei abgespielt.
</body>
</html>
```

Innerhalb der `<head>`-Tags ist eine Audiodatei mit dem Befehl `<bgsound>` eingebunden. Wie Sie Abbildung 39.1 entnehmen können werden Dateien mit der Endung .WAV im Windows Media Player geöffnet bzw. abgespielt. Ohne weitere Angaben wird die referenzierte Audiodatei einmal wiedergegeben, im Attribut `loop` (= Schleife) können Sie die Anzahl der Wiederholungen festlegen oder mit `loop="infinite"` eine Endlos-Schleife erzeugen. Das Attribut `delay` (= Verzögerung) nimmt die Information darüber auf, nach wie vielen Sekunden (nach Laden des Dokuments) die Wiedergabe der Audiodatei beginnt. Fehlt diese Angabe wie im vorstehenden Beispiel, beginnt die Wiedergabe unmittelbar nach dem Laden der Datei.

39.2 Externe Audiodateien

Da auch Nicht-HTML-Dateien das Ziel eines Verweises sein können (siehe Kapitel 22.6), lassen sich natürlich auch Audiodateien mithilfe dieses Befehls einbinden.

```
<html>
<head>
<title>Sounddateien</title>
</head>
<body>
<h3>Audiodateien als Verweis einbinden</h3>
Der Verweis zielt auf eine
<a href="ad02.mid" type="audio/x-midi">Audiodatei (40 KB).</a>
</body>
</html>
```

Der Verweis wird wie gewohnt im Rumpf (innerhalb der `<body>`-Tags) der HTML-Datei notiert. Als Wert des Attributs `href`, in dem das Verweisziel angegeben wird, geben Sie den Pfad zu der Audiodatei an. In diesem Beispiel befindet sich die verknüpfte Datei im selben Verzeichnis wie die HTML-Datei. Das Attribut `type` nimmt den MIME-Typ des Verweisziels auf; in diesem Beispiel ist das `audio/x-midi`, da es sich bei dem Sound um eine Datei mit der Erweiterung *.mid* handelt. Da Audiodateien sehr umfangreich sein können, sollten Sie die jeweilige Dateigröße mit angeben, sodass der Anwender (je nach Internet-Zugang bzw. Übertragungsgeschwindigkeit) entscheiden kann, ob er die betreffende Datei herunterladen möchte oder nicht.

Im Browser wird der Verweistext als Link gekennzeichnet, so dass der Anwender erkennt, dass ein Verweis auf eine Audiodatei vorliegt. Der Anwender muss bzw. kann bei diesem Vorgehen selbst entscheiden, ob er diese Datei tatsächlich laden und anhören möchte. Der Sound kann erst abgespielt werden, nachdem der Verweis angeklickt wurde.

Eine weitere Möglichkeit bietet das neue `<object>`-Tag, das sich ebenfalls zum Einbinden verschiedenartiger Dateien (so auch Audiodateien) eignet. Im `<object>`-Tag wird die einzubindende Datei als Wert des Attributs `data` angegeben, wie beim `<a>`-Tag wird im Attribut `type` der MIME-Typ der Datei notiert. Folgende Tags binden z.B. eine WAV-Datei ein:

```
<object data="ad01.wav" type="audio/x-wav">
</object>
```

Browser, die das <object>-Tag voll unterstützen, rufen automatisch ein geeignetes Programm auf (im IE ist das unter Windows 2000 Professional der Windows Media Player) und beginnen mit der Wiedergabe.

Bild 39.2: Eine Audiodatei ist als Verweisziel eingebunden.

Da das <object>-Tags (noch) nicht in jeder Hinsicht unterstützt wird, sollten Sie innerhalb des Objektbereichs die Datei zusätzlich mit dem <a>-Tag einbinden. Browser, die das <object>-Tag nicht unterstützen, ignorieren es (bzw. sollten es ignorieren) und stellen den enthaltenen Verweis dar.

Weiterhin existiert eine von Netscape entwickelte Lösung zum Einbinden von Multimedia-Dateien mit dem <embed>-Tag (embed = einbetten). Dieser Ansatz gehört nicht zum HTML-Standard, wird jedoch von älteren Netscape-Browsern und vom Internet Explorer unterstützt. Die Syntax zum Einbinden externer Dateien mit dem <embed>-Tag lautet:

```
<embed src="Datei mit Dateierweiterung" type="MIME-Typ">
```

Das Attribut src nimmt die einzubindende Datei auf. Falls diese sich in einem anderen Verzeichnis befindet als die HTML-Datei, ist der Pfad voranzustellen. Auch hier wird im Attribut TYPE der MIME-Typ der Datei notiert. Mit der Angabe hidden="true" erreichen Sie, dass kein Player dargestellt wird, der Sound aber dennoch zu hören ist.

Externe Audiodateien

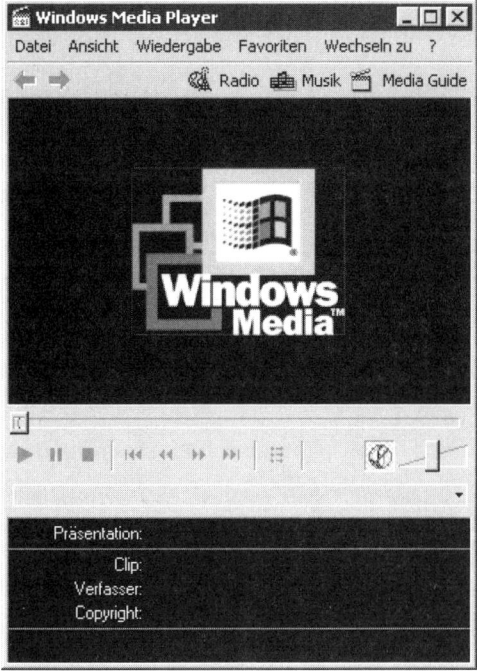

Bild 39.3: Der Windows Media Player

481

40 Videodateien

Auch Videodateien lassen sich in HTML-Dateien einbinden. Ähnlich wie bei Audiodateien muss der Anwender zum Betrachten dieser Dateien über ein Hilfsprogramm (einen Player, wie z.B. den in Windows-Systemen integrierten Media Player) oder Plug-Ins sowie geeignete Ausgabe-Hardware (Soundkarte und Lautsprecher) verfügen. Außerdem muss im Explorer die Option *Videos wiedergeben* im Bereich *Multimedia* auf der Registerkarte *Erweitert* aktiviert sein (Sie finden diese Registerkarte unter EXTRAS/INTERNETOPTIONEN). Microsofts Internet Explorer kann so genannte interne Videodateien direkt wiedergeben (intern deshalb, weil die externe Datei über ein eigenes Tag in die HTML-Datei eingebunden wird), der dazu benutzte Befehl gehört allerdings nicht zur offiziellen HTML-Spezifikation und wird von anderen Browsern nicht unterstützt. Externe Videodateien werden nicht über ein eigenes Tag, sondern vielmehr als Verweisziel referenziert (wie z.B. auch Audiodateien). In Tabelle 40.1 sehen Sie eine Übersicht über die verbreiteten Videoformate und die dazugehörigen MIME-Typen.

Dateierweiterungen	MIME-Typ	Bedeutung
.avi	video/x-msvideo	Microsoft AVI-Video
.mpeg, .mpg, .mpe	video/mpeg	MPEG-Video
.movie	video/x-sgi-movie	Microsoft SGI-Video
.qt, .mov	video/quicktimt	Quicktime-Video

Tabelle 40.1: Verbreitete Videoformate und deren MIME-Typ

40.1 Videodateien einbinden

Eine inoffizielle Variante des `<img>`-Tags ermöglicht es, AVI-Videodateien (AVI = Audio Video Interleave) in HTML-Dokumente einzubinden, die im Internet Explorer direkt angezeigt werden können. Das Attribut `dynsrc` (dynamic source = dynamische Quelle) nimmt im `<img>`-Tag die Dateibezeichnung inklusive Dateierweiterung auf (bzw. auch den Pfad zu der Datei). Die Syntax zum Einbinden einer AVI-Datei lautet demnach wie folgt, sofern sich die Videodatei im selben Verzeichnis befindet wie die HTML-Datei:

```
<img dynsrc="Dateiname.avi">
```

Eine so eingebundene AVI-Datei wird sofort nach Aufrufen des Dokuments einmal wiedergegeben. Diese Eigenschaften können allerdings mit den weiteren Attributen `start` und `loop` verändert werden. Mit der Angabe `start="mouseover"` legen Sie fest, dass zunächst ein statisches Bild (das erste Bild des Videos) angezeigt wird und die gesamte Datei erst dann wiedergegeben wird, wenn der Anwender mit dem Mauszeiger über dieses Bild fährt. (Fairerweise sollten Sie dem Anwender einen Hinweis darauf geben, dass er mit dem Mauszeiger über das Bild fahren muss, um die Wiedergabe zu starten.) Ist die Videodatei einmal abgelaufen, kann sie durch eine erneute Annäherung des Mauszeigers nochmals abgerufen werden. Per Voreinstellung wird start="fileopen" interpretiert, das heißt, dass die Videodatei beim Öffnen der HTML-Datei wiedergegeben wird. Im Attribut loop (= Schleife) können Sie die Anzahl der Wiederholungen definieren, mit loop="infinite" legen Sie eine Endlosschleife fest. Die zusätzliche Verwendung des Attributs src (= Quelle), mit dem eine Grafik eingebunden wird, wird nur dann angezeigt, wenn die Videodatei nicht dargestellt werden kann. Anwender, die einen anderen Browser als den IE verwenden, können so wenigstens ein alternatives Foto betrachten. Für den Fall, dass auch keine Grafik dargestellt werden kann, ist das Attribut alt mit einer kurzen Beschreibung zu versehen. Weiterhin können noch die Attribute width und height für die Breite und Höhe des Anzeigebereichs notiert werden.

```
<img dynsrc="Dateiname.avi" start="mouseover" loop="2"
src="vg01.jpeg" alt="Foto bzw. Video vom Sommerfest">
```

Der vorstehende Befehl definiert demnach eine AVI-Datei, deren zweimalige Wiedergabe nach dem Überfahren mit dem Mauszeiger gestartet werden soll. Alternativ dazu ist eine Grafik und ein Text angegeben. Ist die Wiedergabe der Videodatei beendet, lässt sich durch erneutes Überfahren des Anzeigebereichs wieder eine zweimalige Wiedergabe starten.

Da auch andere Alternativen zum Einbinden von Videodateien zur Verfügung stehen, sollten Sie diese Methode nur in Ausnahmefällen einsetzen.

40.2 Externe Videodateien einbinden

Videodateien können ebenso wie Audiodateien (oder andere) als Ziel eines Verweises in ein HTML-Dokument eingebunden werden. Dabei wird im href-Attribut des <a>-Tags die Videodatei referenziert, deren MIME-Typ im type-Attribut angegeben wird. Im Unterschied zu der im vorigen Abschnitt beschriebenen direkten Einbindung werden Videodateien als Verweisziel in einer separaten Instanz des Wiedergabeprogramms dargestellt. Bevor die Datei wiedergegeben wird, muss der Anwender den Link anklicken. Stellen Sie dem Anwender nach Möglichkeit Informationen darüber zur Verfügung, in welchem Dateiformat das Video gespeichert und wie groß die Datei ist. So kann der Anwender z.B. solche Dateiformate ausschließen, von denen er weiß, dass sie nicht dargestellt werden können, bzw. die Wartezeit des Ladens in etwa abschätzen. Häufig werden bestimmte Inhalte auch in verschiedenen Dateiformaten angeboten, so kann je nach verfügbaren Wiedergabeprogrammen das geeignete ausgewählt werden. Folgender Quelltext bindet eine Videodatei als Verweisziel ein:

```
<html>
<head>
<title>Videodateien einbinden</title>
</head>
<body>
```

```
<a href="vd01.avi" type="video/x-msvideo">
Video vom Sommerfest (AVI-Datei 12 MB)
</a>
(weitere Inhalte)
</body>
</html>
```

Eine weitere Möglichkeit bietet das neue `<object>`-Tag, mit dem verschiedene Dateiformate eingebunden werden können. Die Notation ähnelt der des `<a>`-Tags, mit dem Unterschied, dass anstelle von `href` die Datei im `<object>`-Tag als Wert des Attributs `data` angegeben wird. Ebenso wie bei dem Befehl `<a>` wird im Attribut `type` der MIME-Typ der Datei notiert. Die Tags zum Einbinden einer Videodatei als Objekt lauten:

```
<object data="vd01.avi" type="video/x-msvideo">
</object>
```

Innerhalb der `<object>`-Tags können alternative Wege zur Videodatei eingesetzt werden (z.B. ein Verweis zur selben Videodatei oder eine Grafikreferenz), da Browser, die das `<object>`-Tag nicht interpretieren die im Objektbereich befindlichen Tags wie gewohnt umsetzen. Leider sieht diese schöne Theorie in der Praxis etwas anders aus.

Unter Umständen kann es hilfreich sein, im einleitenden `<object>`*-Tag mit den Attributen* `width` *und* `height` *die Größe des Wiedergabebereichs bzw. die Originalgröße des Videos anzugeben (zu weiteren Attributen des* `<object>`*-Tags siehe auch Kapitel 36, »Objekte«).*

Unter Windows 2000 Professional wird eine mit dem `<object>`-Tag eingebundene Videodatei ähnlich dargestellt wie solche, die als Verweisziel definiert sind. Die Datei wird in einem geeigneten Hilfsprogramm (Player) wiedergegeben, das zusätzlich zu dem aktuellen Browser-Fenster geöffnet wird. Der Unterschied besteht lediglich darin, dass der Anwender den Verweis selbst betätigen muss, um die Wiedergabe zu starten; dafür hat er allerdings auch die Gelegenheit, von der Wiedergabe abzusehen und diese vielleicht zu einem späteren Zeitpunkt zu starten.

Schließlich können Videodateien (ebenso wie z.B. Audiodateien) auch über das nicht offizielle Tag `<embed>` eingebunden werden. Die dazu notwendige Angabe lautet:

```
<embed src="vd01.avi" type="video/x-msvideo">
```

SRC nimmt dabei wie im `<img>`-Tag die (in diesem Fall relative) URL der referenzierten Datei auf, und im Attribut `type` wird wie bei den anderen Alternativen der MIME-Typ der Datei angegeben. Anders als die mit dem `<a>`- oder `<object>`-Tag eingebundenen Videodateien, die unter Windows 2000 Professional in einer separaten Instanz des Windows Media Players wiedergegeben werden, führt der Befehl `<embed>` dazu, dass ein in den Browser integrierter Windows Media Player verwendet wird, der zudem über Steuerelemente verfügt, mit denen der Anwender die Wiedergabe manipulieren kann.

41 Stylesheets

In den vorangegangenen Kapiteln wurde bei einigen Attributen oder auch Befehlen darauf hingewiesen, dass diese zu Gunsten von Stylesheets zukünftig nicht mehr verwendet werden sollten. Die meisten dieser vom W3C als »deprecated« eingestuften Befehle und Attribute beziehen sich auf das äußere Erscheinungsbild von HTML-Dateien, das zukünftig von dem Inhalt und der inhaltlichen Struktur einer Webseite getrennt werden soll. Die Informationen über die Formateigenschaften von HTML-Dateien werden der HTML-Datei mithilfe von Stylesheets hinzugefügt. Unter Stylesheets können Sie sich Format- oder Stilvorlagen vorstellen, die lokal innerhalb der HTML-Datei oder zentral in einer externen Stylesheet-Datei notiert werden. Dadurch gibt es zweierlei Informationen, die zusammen zur gewünschten Darstellung eines Dokuments führen: der eigentliche Dokumentinhalt z.B. in Form von Text und die Angaben zur Formatierung dieses Dokumentinhalts mittels Stylesheets. Der Dokumentinhalt ist dabei durch verschiedene Tags strukturiert (wie z.B. Überschriften, Absätze etc.) und kann anhand dieser strukturierenden Elemente einer Formatvorlage zugeordnet werden. Die Formatvorlage enthält Angaben darüber, wie z.B. die mit dem Tag `<h1>` ausgezeichneten Überschriften dargestellt werden sollen. Durch diese Trennung der Art der Darstellung und der eigentlichen Inhalte von Dokumenten wird die Erstellung ebenso wie die Pflege von Websites vereinfacht. Besonders der in Kapitel 43 behandelte Einsatz externer Stylesheet-Dateien trägt der Idee Rechnung, Layout und Inhalt von Dokumenten getrennt zu verwalten.

Abgesehen von diesem Aspekt der Trennung von äußerem Erscheinungsbild und Inhalt muss die Formatierung gleichartiger Elemente nicht mehr wie in herkömmlichen HTML-Befehlen für jedes einzelne Element definiert werden, sondern kann mithilfe von Stylesheets ein einziges Mal festgelegt werden. Davon profitieren vor allem umfangreiche Einzeldokumente oder (bei externen Stylesheet-Dateien) umfangreiche Websites, da der Aufwand verringert und durch durchgängige Formateigenschaften ein einheitliches Erscheinungsbild gewährleistet ist. Weiterhin haben Sie mit Stylesheets die Möglichkeit, ein und dieselbe HTML-Datei für verschiedene Ausgabemedien (z.B. Monitor, Drucker, Handheld) aufzubereiten. Damit stellen Stylesheets eine Ergänzung zu HTML dar, die weit über die Möglichkeiten reinen HTMLs hinausgeht. Die Darstellung bestimmter Elemente auf verschiedenen Medien kann vom Gestalter einer Site mithilfe von Stylesheets festgelegt werden.

41.1 Stylesheet-Sprachen

Mit HTML kann jede Stylesheet-Sprache verwendet werden, das W3C empfiehlt allerdings die Verwendung der Sprache CSS (Cascading Style Sheets), die für den Einsatz mit HTML bestens geeignet ist. Die Formatvorlagen oder Stylesheets werden kaskadierend genannt, da auf ein Dokument verschiedene (z.B. lokale und externe) Stylesheets wirken können. CSS liegt in zwei Versionen vor: CSS 1 wurde im Dezember 1996, die auf CSS 1 aufbauende

Sprache CSS 2 im Mai 1998 spezifiziert. Bis auf wenige Ausnahmen haben gültige CSS 1-Stylesheets auch in CSS 2 Gültigkeit. Die Version CSS 3 befindet sich derzeit noch in der Entwicklung. Die Browser-Unterstützung von CSS 1 ist im Internet Explorer bereits seit Version 3.x teilweise, in Netscape Browsern erst ab Version 4.x gegeben. Ältere Browser (vor Microsofts Internet Explorer 3.x und Netscape Navigator 4.x) unterstützen Stylesheets nicht. CSS 2 wird vom Netscape Navigator ab Version 4.x wie auch von Microsofts Internet Explorer ab Version 4.x teilweise interpretiert; darüber hinaus unterstützt der Internet Explorer Microsoft-spezifische Stylesheet-Angaben. Bei der Entwicklung von Webseiten sollten Sie diese Einschränkungen im Auge behalten und zurzeit möglicherweise nur CSS 1-Befehle einsetzen, die von populären Browsern weitgehend interpretiert werden. Testen Sie Ihre Website nach Möglichkeit auch mit älteren Browsern, um die Auswirkungen nicht interpretierter Stylesheet-Angaben abschätzen zu können. In den folgenden Kapiteln wird die CSS-Syntax (in verschiedenen Versionen) verwendet.

Im Kopfteil der HTML-Datei können Sie mittels einer Meta-Angabe festlegen, welche Stylesheet-Sprache Sie einsetzen. Der folgende Ausdruck legt CSS als standardmäßige Stylesheet-Sprache fest.

`<meta http-equiv="content-style-type" content="text/css">`

Als Wert der Eigenschaft `content-style-type` wird im `content`-Attribut der MIME-Typ angegeben (weitere Informationen zu Meta-Angaben finden Sie in Kapitel 35).

41.2 Farbangaben und Maßeinheiten in CSS

In CSS 1 werden Farbangaben wie in HTML in hexadezimaler Schreibweise mit einer vorangestellten Raute oder in Form einer der 16 Farbnamen notiert. Hexadezimalwerte können bei paarweise gleichen Werten auch in dreistelliger Form notiert werden. Die Angabe `#030` steht z.B. für `#003300` (allgemeine Überlegungen zum Thema Farbe sowie die Erläuterung zu Farbwerten im Hexadezimalformat und die 16 Farbnamen in HTML finden Sie in Kapitel 6). Zusätzlich zu diesen Möglichkeiten steht in CSS mit dezimalen Werten im RGB-Format eine weitere Alternative zu Verfügung. Dabei werden die drei Grundfarben Rot, Grün und Blau mit jeweils einem Wert zwischen 0 (kein Anteil dieser Grundfarbe) und 255 (100%iger Anteil dieser Grundfarbe) festgelegt. Die Syntax einer solchen Farbangabe lautet `rgb (rrr, ggg, bbb)`, wobei die außerhalb der Klammer notierten Buchstaben `rgb` anzeigen, dass in der Klammer eine Farbangabe in dezimalen RGB-Werten folgt.

Innerhalb der Klammer wird für jede der Grundfarben, die in der Reihenfolge Rot, Grün, Blau auftreten, ein Wert zwischen 0 und 255 angegeben. Die einzelnen Werte werden jeweils durch ein Komma voneinander getrennt. Der Vorteil dieser Methode liegt darin, dass Sie sich leichter vorstellen können, dass sich z.B. hinter der Angabe `color:rgb(0,0,255)` ein reiner Blauton verbirgt, da diese Grundfarbe im größtmöglichen Anteil, die anderen Grundfarben hingegen überhaupt nicht vorkommen. Darüber hinaus sind auch prozentuale Werte im RGB-Format zulässig. Ebenso wie die absoluten dezimalen Werte von 0 bis 255 werden die Prozentwerte innerhalb einer runden Klammer notiert und die einzelnen Grundfarben durch Kommata getrennt. Vor der Klammer ist mit `rgb` die Art der Farbdeinition festgelegt. Die Angabe `color:rgb(0%,0%,100%)` definiert ebenfalls ein reines Blau. Die folgenden Farbangaben definieren alle dieselbe Farbe.

```
color:#ff0000
color:red
color:rgb (255,0,0)
color:grb (100%, 0%, 0%)
```

Die Syntax zur Formulierung von Stilvorlagen mit Farbangaben sowie deren konkrete Anwendung wird in Kapitel 44 behandelt.

In CSS 2 sind spezielle Farbnamen definiert, die sich auf die grafische Oberfläche des Anwenders beziehen. Sie bezeichnen keine konkreten Farben sondern nehmen Bezug auf verschiedene Elemente der Benutzeroberfläche des Anwenders. Werden diese Farbnamen anstelle konkreter Farbwerte gemacht, entsprechen die so definierten Farben den Vorlieben des Anwenders. Für farbenblinde oder sehbehinderte Menschen sind diese Angaben insofern wertvoll, als sie auf ihrem Computer die Farben individuell so einstellen können, dass die Kontraste für eine gute Leserlichkeit sorgen.

Farbnamen in CSS 2	Bedeutung
activeborder	Titelzeilenfarbe eines aktiven Fensters
activecaption	Schriftfarbe des Fenstertitels
appworkspace	Hintergrundfarbe des aktiven Programms
background	Hintergrundfarbe der Schreibtischoberfläche
buttonface	Grundfarbe von dreidimensionalen Schaltflächen
buttonhighlight	Farbe angeklickter dreidimensionaler Schaltflächen
buttonshadow	dunkle Schattenfarbe von dreidimensionalen Schaltflächen
buttontext	Schriftfarbe auf Schaltflächen
captiontext	Überschriftenfarbe
graytext	Farbe von ausgegrautem (= inaktivem) Text
highlight	Farbe ausgewählter Optionen einer Auswahlliste
inactiveborder	Titelzeilenfarbe eines inaktiven Fensters
inactivecaptiontext	Schriftfarbe einer inaktiven Überschrift
infobackground	Hintergrundfarbe von Tooltipp-Fensterchen
infotext	Schriftfarbe von Tooltipp-Fensterchen

Tabelle 41.1: Spezielle Farbnamen in CSS 2

Farbnamen in CSS 2	Bedeutung
menu	Hintergrundfarbe von Menüs
menutext	Schriftfarbe in Menüs
scrollbar	Rollbalkenfarbe
threeddarkshadow	dunkle Schattenfarbe von dreidimensionalen Elementen
threedface	Grundfarbe von dreidimensionalen Elementen
threedhighlight	Farbe von angeklickten dreidimensionalen Elementen
threedlightshadow	helle »Schattenfarbe« von dreidimensionalen Elementen
threedshadow	dunkle Schattenfarbe von dreidimensionalen Elementen
window	Hintergrundfarbe von Fenstern
windowframe	Farbe von Fensterrahmen
windowtext	Schriftfarbe in Dokumentfenstern

Tabelle 41.1: Spezielle Farbnamen in CSS 2 (Forts.)

Um z.B. die Schriftfarbe und Hintergrundfarbe eines Dokumentrumpfes (also der innerhalb der <body>-Tags befindlichen Inhalte) so zu definieren, dass diese mit der Schrift- und Hintergrundfarbe des Anwenders (bzw. dessen Fenster) übereinstimmen, notieren Sie Folgendes:

```
body { color:windowtext; background-color:window }
```

Die Syntax und konkrete Definition der verschiedenen Formateigenschaften wird in Kapitel 44 behandelt. Beachten Sie, dass diese Begriffe Bestandteil von CSS 2 sind und daher längst nicht von allen Browsern unterstützt werden.

In CSS stehen relative und absolute Maßeinheiten zur Verfügung. Absolute Maßangaben sollten Sie bei Schriftgrößen oder dann verwenden, wenn Ihnen das Ausgabemedium bekannt ist. Anderenfalls sind relative Werte, die sich auf den jeweils verfügbaren Platz beziehen, sinnvoller, wie z.B. bei Einrückungen. Die folgende Tabelle zeigt eine Übersicht der verschiedenen Einheiten.

Einheit	Bedeutung
%	Prozentwert bezogen auf den aktuellen Wert
em	relative Höhe in Bezug zur elementeigenen Schrifthöhe
ex	relative Höhe in Bezug zur elementeigenen Schrifthöhe des Zeichens X

Tabelle 41.2: Relative und absolute Maßeinheiten in CSS

Einheit	Bedeutung
px	Angabe in Pixel; da die Pixelgröße abhängig von der Auflösung des Monitors ist, handelt es sich um eine relative Angabe
cm	absolute Angabe in Zentimeter
mm	absolute Angabe in Millimeter
in	absolute Angabe in Inch (=Zoll, 1 inch = 2,54 cm)
pc	absolute Angabe in Pica, 1pc = 12pt
pt	absolute Angabe in Punkt 1pt = 1/72in

Tabelle 41.2: Relative und absolute Maßeinheiten in CSS (Forts.)

Die hier aufgeführten Einheiten werden jeweils unmittelbar nach den Zahlwerten notiert. Achten Sie darauf, bei ungeraden Werten kein Komma, sondern einen Punkt als Dezimalzeichen einzusetzen (z.B. 1.5in für 1,5 inch). Beträgt ein Wert 0, ist die Nennung der Einheit optional.

41.3 Kommentare in CSS

Ähnlich wie die in HTML für interne Kommentare gebräuchliche Zeichenfolgen <!-- und --> gibt es auch in CSS eine Syntax für Kommentare, die die Darstellung der Datei nicht beeinflussen.

```
/* Kommentartext */
```

Der Kommentartext wird von den Zeichen Schrägstrich (Slash) und Sternchen eingeleitet und in umgekehrter Reihenfolge von Sternchen und Schrägstrich abgeschlossen. Eine Formateigenschaft mit Kommentar lautet beispielsweise wie folgt:

```
h2 { text-align:center; color:#000080 } /*dunkelblau und zentriert*/
```

42 Lokale Stylesheets

Im Allgemeinen ist es vor allem bei umfangreichen Websites mit einem gemeinsamen Erscheinungsbild sinnvoll, Stylesheet-Angaben in einer externen Datei zu verwalten. Bei wenigen Einzeldokumenten können Sie die Formateigenschaften des jeweiligen Dokuments jedoch auch lokal, also innerhalb der HTML-Datei definieren.

Die mit lokalen Stylesheet-Angaben definierten Stilvorlagen können verschiedene Reichweiten haben:

→ Alle Instanzen eines Tags (z.B. alle mit `<h2>` ausgezeichneten Überschriften eines Dokuments) werden den definierten Formateigenschaften mit dem Befehl `<style>` im Kopfteil der HTML-Datei zugewiesen.

→ Mehrere (auch verschiedene) Tags können in Klassen zusammengefasst und ebenfalls mit dem Tag `<style>` mit gemeinsamen Formateigenschaften versehen werden.

→ Einzelne Tags können mit dem Attribut `style` formatiert werden oder mit dem im Kopfteil der Datei platzierten Befehl `<style>` und einer eindeutigen ID einer Stilvorlage zugeordnet werden.

Diese unterschiedlichen Möglichkeiten lokaler Stylesheet-Angaben werden in den folgenden Abschnitten behandelt.

Damit ältere Browser (oder solche, die die verwendete Stylesheet-Sprache nicht unterstützen) den Inhalt des `<style>`-Bereichs nicht sichtbar darstellen, sollten Sie Stylesheet-Angaben verstecken. Zeichnen Sie daher die innerhalb eines `<style>`-Bereichs notierten Formateigenschaften als Kommentar aus wie nachfolgend zu sehen.

```
<style type="text/css">
<!--
Formateigenschaften
-->
</style>
```

42.1 Alle Instanzen eines Befehls formatieren

Mit dem Befehl `<style>` und dessen abschließendem Tag `</style>` wird innerhalb des Dateikopfes ein Bereich für eine Formatvorlage geschaffen. Im einleitenden `<style>`-Tag geben Sie als Wert des Attributs `type` die innerhalb des `<style>`-Tags verwendete Stylesheet-Sprache in Form eines MIME-Typen an. In den hier gezeigten Beispielen ist das der MIME-Typ `text/css`, der die nachfolgenden Stylesheet-Angaben als Bestandteil der Sprache CSS definiert. Die im Meta-Tag festgelegte Standardsprache für Stylesheets kann sich von der im Attribut `type` des `<style>`-Tags durchaus unterscheiden. Das (in Kapitel 42.7 behandelte) Attribut `media` nimmt ein oder mehrere Zielmedien auf, für deren Ausgabe das Stylesheet gültig sein soll. Sofern kein Zielmedium genannt wird, beziehen sich die Formateigenschaften standardmäßig auf die Ausgabe auf einem Monitor (`screen`). Der

`<style>`-Bereich enthält einen oder mehrere HTML-Befehle, die als Selektoren fungieren und auf die sich eine oder mehrere Formateigenschaften beziehen. Diese Befehle werden ohne spitze Klammern notiert, wobei mehrere Befehle jeweils durch ein Komma voneinander getrennt werden. Einmal definierte Eigenschaften wirken sich auf alle Elemente dieser Art aus, die sich in der HTML-Datei befinden. Im folgenden Beispiel werden alle mit dem Befehl `<h2>` ausgezeichneten Überschriften zentriert sowie in der angegebenen Farbe dargestellt. Sie sehen die Darstellung dieses Beispiels im Browser in Abbildung 42.1. Die Syntax und die konkrete Definition solcher und anderer Formateigenschaften wird in Kapitel 44 beschrieben.

```
<html>
<head>
<meta http-equiv="content-type" content="text/html;
charset=iso-8859-1">
<meta http-equiv="content-style-type" content="text/css">
<title>lokale Stylesheets</title>
<style type="text/css" media="screen">
<!--
h2 { text-align:center; color:#000080 }
-->
</style>
</head>
<body>
<h2>&Uuml;berschrift mit Stylesheet-Formateigenschaften</h2>
Lorem ipsum dolor (...)
</body>
</html>
```

Bild 42.1: Die zentrierte Ausrichtung und die Farbe der Überschrift sind in CSS formuliert.

Möchten Sie mehrere Befehle mit gleichen Formateigenschaften ausstatten, können Sie entweder nacheinander die einzelnen Definitionen notieren oder einmal festgelegte Eigenschaften auf mehrere Tags anwenden.

```
<style type="text/css" media="screen">
<!--
p { font-size:12pt; color:#000080 }
th { font-size:12pt; color:#000080 }
-->
</style>
```

Vorstehende Formatvorlage legt fest, dass Absätze eine 12 Punkt große Schrift in Dunkelblau haben; Kopfzellen einer Tabelle haben die gleiche Formatierung. Das nachfolgende Stylesheet fasst diese beiden Definitionen zusammen, die innerhalb der geschweiften Klammern definierten Formateigenschaften werden auf die vor der Klammer aufgezählten Selektoren bezogen.

```
<style type="text/css" media="screen">
<!--
p, th { font-size:12pt; color:#000080 }
-->
</style>
```

Diese Schreibweise ist vor allem bei umfangreicheren Formateigenschaften sinnvoll.

Innerhalb einer HTML-Datei sind auch weitere <style>-Tags möglich, die sich z.B. auf die gleichen Elemente, jedoch deren Ausgabe auf ein anderes Medium beziehen (siehe dazu auch Kapitel 42.7).

Befinden sich mehrere einander widersprechende Definitionen in einer Datei, wird vom Browser die zuletzt notierte verwendet. Diese und weitere Regeln zur Interpretation von Stylesheets finden Sie in Kapitel 42.8.

42.2 Klassen formatieren

In dem mit <style> ausgezeichneten Bereich können nicht nur Tags als Selektoren für bestimmte Stylesheet-Angaben dienen, die alle Instanzen eines bestimmten HTML-Befehls (wie z.B. alle Überschriften einer bestimmten Kategorie) mit einer Formateigenschaft versehen. Auch der Wert des Attributs class kann als Selektor für Formateigenschaften genutzt werden. Es bekommen dann lediglich solche Instanzen eines HTML-Befehls eine Formateigenschaft zugewiesen, die einer bestimmten Klasse angehören. Die Zugehörigkeit zu einer Klasse wird mit dem Attribut class hergestellt, dessen Wert eine beliebige Bezeichnung ist, die bestimmten Regeln unterliegt. Im Gegensatz zu HTML erlaubt CSS lediglich alphanumerische Zeichen und den Bindestrich, außerdem muss die Bezeichnung mit einem Buchstaben beginnen. Andere Zeichen müssen maskiert werden oder im Hexadezimalformat angegeben werden (Einzelheiten hierzu erfahren Sie in Kapitel 44.) Ein Element kann einer oder mehreren (durch Kommata voneinander getrennten) Klassen angehören, und einer Klasse können beliebig viele Elemente angehören. So können Sie z.B. festlegen, dass ein Tag in verschiedenen Formatierungen auftritt, wenn es entsprechenden Klassen angehört.

Die innerhalb des folgenden `<style>`-Bereichs definierten Formateigenschaften wirken sich nur auf mit `<h2>` ausgezeichnete Überschriften aus, die einer bestimmten Klasse angehören. Der innerhalb des einleitenden `<h2>`-Tags festgelegte Klassenname ueberzwo wird im `<style>`-Bereich nach der Benennung des Befehls notiert, wobei diese Angaben mit einem Punkt voneinander getrennt werden. Die Browser-Darstellung dieser Datei sehen Sie in Abbildung 41.2.

```
<html>
<head>
<meta http-equiv="content-type" content="text/html;
charset=iso-8859-1">
<meta http-equiv="content-style-type" content="text/css">
<title>lokale Stylesheets</title>
<style type="text/css">
<!--
h2.ueberzwo { color:#000080; text-align:center }
-->
</style>
</head>
<body>
<h2 class="ueberzwo">Diese &Uuml;berschrift geh&ouml;rt der Klasse
ueberzwo an</h2>
<h2>Diese &Uuml;berschrift geh&ouml;rt keiner Klasse an</h2>
Lorem ipsum dolor (...)
</body>
</html>
```

Wie in Abbildung 42.2 zu sehen ist, wurden die definierten Eigenschaften lediglich auf die mit `<h2>` ausgezeichnete Überschrift angewandt, die der Klasse ueberzwo angehört. Die zum Vergleich definierte zweite Überschrift ist zwar ebenfalls mit dem `<h2>`-Tag ausgezeichnet, gehört jedoch keiner Klasse an. Der Browser überprüft bei Vorhandensein des Tags `<h2>`, ob im class-Attribut die Klasse angegeben ist, für die eine Formatierung definiert wurde.

Erliegen Sie nicht der Versuchung, als Klassenbezeichnung die aktuellen Formateigenschaften zu verwenden (das wäre hier z.B. blauzentriert*). Falls Sie die Eigenschaften irgendwann einmal ändern, verlieren solche Klassennamen ihren Sinn und tragen schlimmstenfalls zur Verwirrung bei. Wenn etwa die Klasse* blauzentriert *laut Stilvorlage aktuell rot und kursiv ist, wird der Umgang mit Klassen unnötig kompliziert. Versuchen Sie daher, solche Bezeichnungen zu wählen, die mit den Inhalten oder dem Anlass der Formatzuweisung zu tun haben, wie* ueberzwo *im vorigen Beispiel. Egal welche Eigenschaften Sie der Klasse zuweisen, es ist immer ersichtlich, dass es sich um die Formatierung von Überschriften der zweiten Kategorie handelt.*

Bild 42.2: Zuordnung von Formateigenschaften über Klassen

In dem in Abbildung 42.2 gezeigten Beispiel werden zwei unterschiedliche Formatierungen des Befehls <h2> verwendet: einmal die per Stylesheet definierte und einmal die standardmäßige Formatierung. Soweit es für eine Datei sinnvoll erscheint, können Sie natürlich auch weitere Klassen für dieses eine Tag festlegen und ihnen Formateigenschaften zuordnen.

```
<style type="text/css">
<!--
h2.ueberzwo { color:#000080; text-align:center }
h2.ueberzwobet { color:#0000ff; text-align:center }
-->
</style>
```

Vorstehender <style>-Bereich enthält zwei verschiedene Klassen für das Tag <h2>. Die Formateigenschaften dieser Klassen werden sichtbar, wenn innerhalb des Dateirumpfes <h2>-Tags dieser Klassen notiert sind.

Klassen, die sich auf unterschiedliche Tags beziehen, dürfen die gleiche Bezeichnung haben. So könnte es z.B. eine Klasse wichtig *oder* betont *für Überschriften einer bestimmten Kategorie und für Absätze geben.*

Darüber hinaus können Sie auch für Tag-unabhängige Klassen Formateigenschaften festlegen. Diese Klassen zeichnen sich dadurch aus, dass sie in einem oder mehreren beliebigen HTML-Befehlen notiert werden können. Notieren Sie vor der Klassenbezeichnung (im folgenden Beispiel wichtig) anstelle eines konkreten Tags einen Punkt. Die festgelegten Formateigenschaften dieser Klasse können auf verschiedene Tags angewendet werden.

Bild 42.3: Die beiden mit <h2> ausgezeichneten Überschriften gehören unterschiedlichen Klassen an.

```
<style type="text/css">
<!--
.wichtig { color:#ff0000 }
-->
</style>
```

Innerhalb der <body>-Tags der Datei können Sie die Klasse wichtig jedem gewünschten Befehl zuordnen.

```
<p class="wichtig">Inhalt des Absatzes</p>
<h3 class="wichtig">&Uuml;berschrift</h3>
```

Beide vorstehenden Tags gehören der Klasse wichtig an, sodass deren Inhalt in der für diese Klasse festgelegten Formatierung dargestellt wird.

Tag-unabhängige Formatdefinitionen werden in der Regel zusätzlich zu anderen Formateigenschaften interpretiert. Haben Sie z.B. mit body { color:black } die Schriftfarbe der gesamten Datei grundsätzlich mit Schwarz definiert, wirkt sich eine Angabe der Art .wichtig { color:#ff0000 } so aus, dass die Tags dieser Klasse (bzw. deren Inhalte) abweichend von der grundsätzlichen Textfarbe rot dargestellt werden. Die Formateigenschaften Tag-unabhängiger Klassen haben also Vorrang gegenüber anderweitigen Angaben. Angaben, die sich nicht widersprechen, werden additiv interpretiert.

Bild 42.4: Die Überschrift und ein Absatz gehören derselben Klasse an.

42.3 Pseudo-Klassen und Pseudo-Elemente

In CSS können Sie bestimmten Tags Pseudo-Klassen und damit Formateigenschaften zuordnen. Als Pseudo-Klassen werden dabei solche Zustände bezeichnet, die nicht durch ein bestimmtes Tag auszudrücken sind. Die Pseudo-Klassen für Verweise lauten :link für unbesuchte, :visited für besuchte, und :active für aktive, angeklickte Verweise. Diese Pseudo-Klassen ersetzen die als »deprecated« eingestuften im <body>-Tag eingesetzten Attribute link, vlink und alink. Den Pseudo-Angaben wird der Befehl vorangestellt, auf den sie sich beziehen (bzw. auf dessen Darstellung sie sich auswirken), wobei Befehl und Pseudo-Klasse (im Unterschied zu herkömmlichen Klassen) durch einen Doppelpunkt voneinander getrennt sind. Danach wird wie gewohnt eine Formateigenschaft definiert; hier handelt es sich um eine Farbangabe. Im folgenden Quelltext enthält der <style>-Bereich im Kopfteil der Datei derartige Angaben für Verweisfarben.

```
<html>
<head>
<meta http-equiv="content-type" content="text/html;
charset=iso-8859-1">
<meta http-equiv="content-style-type" content="text/css">
<title>lokale Stylesheets</title>
<style type="text/css">
<!--
a:link { color:blue }
a:visited { color:navy }
a:active { color:olive }
-->
```

```
</style>
</head>
<body>
<h2>Pseudo-Elemente f&uuml;r Verweise</h2>
Lorem ipsum dolor (...)
</body>
</html>
```

Innerhalb des – hier mit (...) abgekürzten – Blindtextes sind drei Verweise in Form von <a>-Tags notiert. Die Darstellung dieser Datei im Browser sehen Sie in Abbildung 42.5.

Bild 42.5: Die Browser-Darstellung zeigt einen unbesuchten, einen bereits besuchten sowie einen aktiven Verweis.

Der Browser ordnet alle Verweise dieses Dokuments einer der Gruppen (unbesucht, besucht, aktiv) zu und stellt den Verweistext entsprechend der im Stylesheet festgelegten Farbe dar. Da die Pseudo-Klassen :link, :visited und :active sich ausschließlich auf den Befehl <a> beziehen, kann die Definition der verschiedenen Verweisfarben auch in folgender verkürzter Form notiert werden.

```
<style type="text/css">
<!--
:link { color:blue }
:visited { color:navy }
:active { color:olive }
-->
</style>
```

CSS 2 spezifiziert mit :hover (= schweben), :focus (= FOKUSSIERT), :lang ( ) (von language = Sprache) und :first-child (= erstes Kind) weitere Pseudo-

Klassen. Die Pseudo-Klasse `lang ( )` bezieht sich auf Elemente der innerhalb der runden Klammern definierten Sprache. Die Angabe `p:lang (en) { color:maroon }` legt z.B. fest, dass alle Absätze in englischer Sprache farblich gekennzeichnet werden. Voraussetzung hierfür ist, dass in der Datei Absätze dieser Sprache enthalten sind. Die Pseudo-Klasse `:first-child` bezeichnet das erste des als Selektor genannten Tags innerhalb eines anderen Befehls. `li:first-child { }` bezieht sich z.B. auf das erste `<li>`-Tag, das in einem anderen Tag enthalten ist. Die auf das Einzelseitenlayout bezogenen Pseudo-Klassen `:left`, `:right` und `:first` sind ebenfalls Bestandteil von CSS 2. Der Browser ordnet die Einzelseiten eines Dokuments (z.B. für den Druck) automatisch den Pseudo-Klassen `:left` oder `:right` zu. Diesen Pseudo-Klassen lassen sich unterschiedliche Formateigenschaften zuordnen, wie z.B. Seitenränder. Stellen Sie sich ein aufgeschlagenes Buch vor: Die linke Seite braucht rechts einen breiteren Rand, die rechte Seite benötigt ihn auf der linken Seite. So können ausgedruckte Einzelseiten bequem gelocht werden, ohne damit in die Nähe des Seiteninhalts zu geraten. Die vorstehend genannten Pseudo-Klassen werden mit Ausnahme von `:hover` vom Explorer 5.5 derzeit (noch) nicht unterstützt.

Mit der Pseudo-Klasse `:hover` können Sie eine Formatierung für Elemente Ihrer Webseite hinterlegen, die vom Mauszeiger überfahren werden. So könnte z.B. ein Verweis seine Farbe ändern, um anzuzeigen, dass er verfolgbar ist.

```
<style type="text/css">
<!--
a:link { color:blue }
a:visited { color:navy }
a:hover { color:teal }
-->
</style>
```

Im vorstehenden `<style>`-Bereich wurden die Pseudo-Klassen `:link` und `:visited` aus CSS 1 mit `:hover` kombiniert. Verweise dieser Datei haben zunächst die Farbe Blau, die beim Überfahren mit dem Mauszeiger in Grünblau (teal) umschlägt. Nach Besuchen des Verweisziels hat der Verweis die Farbe Dunkelblau. Abbildung 42.6 zeigt die Browser-Darstellung einer Datei mit obigem `<style>`-Bereich.

CSS 1 Pseudo-Angaben für Absätze beziehen sich auf die erste Zeile (`:first-line`) bzw. das erste Zeichen (`:first-letter`) eines Absatzes bzw. eines Absatz-erzeugenden Befehls. (Zu den Absatz-erzeugenden Befehlen gehören neben `<p>` unter anderen auch die Befehle `<h1>` bis `<h6>` sowie `<div>`.) Da sich diese Angaben nicht auf ein bestimmtes Tag, sondern vielmehr auf die Browser-Darstellung von Tag-Inhalten beziehen, werden sie als Pseudo-Angaben bezeichnet.

```
<style type="text/css">
<!--
p:first-line { color:navy }
-->
</style>
```

Bild 42.6: Die Formateigenschaften der Pseudo-Klasse hover werden beim Überfahren sichtbar.

Vorstehende Formatvorlage legt fest, dass die erste Zeile jedes mit <p> ausgezeichneten Absatzes in dunkelblauer Farbe dargestellt wird. Entsprechend sorgt die Angabe

```
p:first-letter {color:olive }
```

dafür, dass jeweils der erste Buchstabe eines Absatzes die Farbe Olivgrün erhält.

Sie können auch andere Formateigenschaften als die Textfarbe definieren. Die erlaubten Angaben sind in Kapitel 44.8 beschrieben.

 Die Angaben für Pseudo-Elemente in Bezug auf Absatz-erzeugende Befehle werden sowohl vom IE als auch vom NN in der Version 4.0 nicht unterstützt, im Internet Explorer 5.5 werden sie jedoch korrekt interpretiert.

Pseudo-Klassen können mit herkömmlichen Klassen kombiniert werden, beachten Sie dabei jedoch, dass Klassenbezeichnungen unbedingt vor Pseudo-Klassen notiert werden müssen.

```
<style type="text/css">
<!--
p.wichtig { color:red }
a:link { color:red }
a.wichtig:link { color:navy }
-->
</style>
```

Die vorstehende Formatvorlage legt fest, dass Absätze der Klasse wichtig in Rot dargestellt werden, unbesuchte Verweise haben dieselbe Farbe. Um unbesuchte Verweise innerhalb von Absätzen der Klasse wichtig farblich absetzen zu können, wird die kombinierte Angabe a.wichtig:link notiert, die sich auf unbesuchte Verweise der Klasse wichtig bezieht. In Abbildung 42.6 sehen Sie die Browser-Darstellung einer Datei mit vorstehendem Stylesheet. Der erste Absatz der Datei gehört der Klasse wichtig an, der innerhalb dieses Absatzes notierte Verweis gehört ebenfalls der Klasse wichtig an und darüber hinaus der Pseudo-Klasse link. Der untere Absatz enthält einen Verweis, der keiner Klasse angehört, für den jedoch eine Pseudo-Klasse (und eine Farbe) notiert wurde.

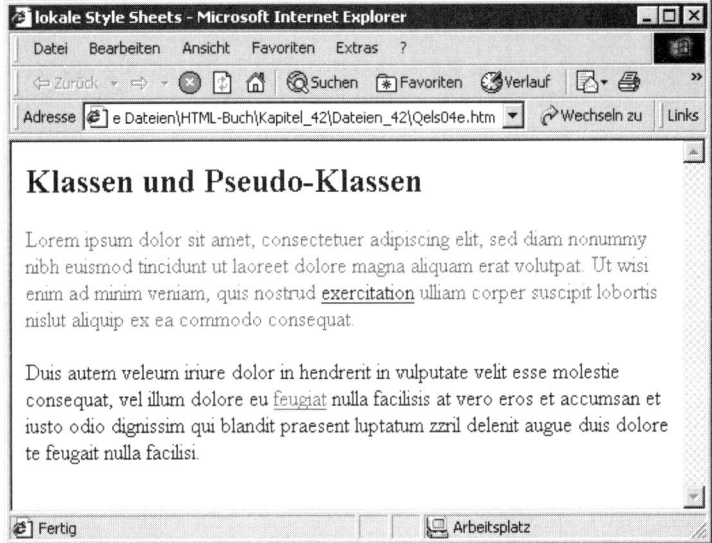

Bild 42.7: Der innerhalb eines Absatzes einer bestimmten Klasse befindliche Verweis gehört einer Pseudo-Klasse an und hat die definierte Farbe.

In CSS 2 wurden weitere Pseudo-Elemente definiert, die sich auf vor bzw. hinter einem bestimmten Tag einzufügenden Inhalt beziehen. Mit den Elementen :before (= vorher) und :after (= danach) können Sie demnach z.B. eine textliche Angabe machen, die vor oder hinter einem bestimmten Befehl eingefügt wird.

```
<style type="text/css">
<!--
p.def:before { content:"Definition" }
-->
</style>
```

Mit dieser Angabe definieren Sie, dass allen mit <p>-Tags der Klasse def ausgezeichneten Inhalten der Text »DEFINITION" vorangestellt wird. Der Text »DEFINITION" würde in diesem Beispiel genauso formatiert wie das dazugehörige <p>-Tag. Leider wird dieses Pseudo-Element bisher nicht unterstützt.

Außer dem Hinzufügen textlicher Inhalte (wie in diesem Beispiel) können auch andere Inhalte, wie z.B. Nummerierungen, generiert werden.

42.4 Einzelne Tags formatieren

Es stehen zwei verschiedene Methoden zur Verfügung, einzelne Befehle innerhalb einer HTML-Datei zu formatieren bzw. einzelnen Tags eine Stilvorlage zuzuordnen: das Attribut `style` und das in den vorigen Abschnitten verwendete Tag `<style>` in Kombination mit dem Attribut `id`.

Mithilfe des Attributs `style` können Sie einzelnen Befehlen einer HTML-Datei bestimmte Formateigenschaften zuordnen.

`<h2 style="color:#000080; text-align:center">Überschrift</h2>`

Diese mit `<h2>` ausgezeichnete Überschrift hat die als Wert des Attributs `style` angegebenen Formateigenschaften, wie in diesem Beispiel eine bestimmte Farbe und zentrierte Ausrichtung. Der Nachteil dieser Art von Stylesheet-Angaben liegt darin, dass für jedes einzelne Element einer HTML-Datei ein eigenes `style`-Attribut mit dem jeweiligen Wert notiert werden muss, da sich das Attribut `style` immer nur auf das Element bezieht, in dessen einleitendem Tag es sich befindet. Möchten Sie ein Dokument bis auf wenige Elemente nicht mit besonderen Formateigenschaften versehen, ist dieses Vorgehen durchaus praktikabel, in anderen Fällen empfiehlt es sich, das Tag `<style>` für zentrale an einer Stelle des Dokuments notierte Stylesheets einzusetzen.

Auch wenn manche Befehle (wie z.B. `<p>`) laut HTML-Spezifikation nicht zwingend ein abschließendes Tag erhalten müssen, sollten Sie dieses einsetzen. Die definierten Formateigenschaften werden nämlich nur auf Befehle mit einleitendem und abschließendem Tag angewendet.

Weiterhin können (neben der weiter oben beschriebenen Definition einer Formateigenschaft im `style`-Attribut eines Tags) einzelnen Befehlen bzw. einzelnen Instanzen eines Befehls innerhalb des `<style>`-Bereichs Formateigenschaften zugeordnet werden. Dazu ist es erforderlich, diese einzelnen Instanzen mit einem `id`-Attribut und einem Wert zu versehen, der als Selektor dient. Der Wert des Attributs `id` muss dateiweit eindeutig sein und mit einem Buchstaben beginnen. Erlaubt sind alphanumerische Zeichen, Binde- und Unterstriche sowie Doppelpunkte und Punkte (zu den Attributen `class` und `id` siehe auch Kapitel 5.4). Das Universalattribut `id` kann mit Ausnahme von `<script>` in allen Befehlen eingesetzt werden, die sich innerhalb der `<body>`-Tags befinden.

Im folgenden Beispiel wirken sich die Formateigenschaften nur auf den `<h2>`-Befehl aus, der eine bestimmte ID hat. Die ID wirkt wie ein Anker und wird innerhalb der `<style>`-Tags entsprechend mit einer vorangestellten Raute notiert. Voraussetzung für diese Art der Format-Zuweisung ist natürlich, dass irgendein `<h2>`-Tag innerhalb der Datei tatsächlich mit dieser ID ausgestattet ist. Wie bei Klassenbezeichnungen dürfen in CSS auch IDs nur alphanumerische Zeichen und Bindestriche enthalten. Alle anderen Zeichen müssen maskiert bzw. als Hexadezimalwert angegeben werden; IDs müssen mit einem Buchstaben beginnen (siehe auch Kapitel 44).

```
<html>
<head>
<meta http-equiv="content-type" content="text/html;
charset=iso-8859-1">
<meta http-equiv="content-style-type" content="text/css">
<title>lokale Stylesheets</title>
<style type="text/css">
<!--
h2#ueber01 { text-align:center; color:#000080 }
-->
</style>
</head>
<body>
<h2 id="ueber01">Diese &Uuml;berschrift wird entsprechend ihrer
Style-Eigenschaften dargestellt</h2>
<h2>Diese Überschrift hat keine besonderen Formateigenschaften</h2>
Lorem ipsum dolor (...)
</body>
</html>
```

Die Formatvorlage bezieht sich auf das HTML-Element `<h2>` mit der ID `ueber01`. Innerhalb des Dateirumpfes ist in einem einleitenden Tag mit der Angabe `<h2 id="ueber01">` diese ID definiert worden. Das Stylesheet bezieht sich also auf dieses Tag bzw. dessen Inhalt.

Mit der Angabe

```
<style type="text/css">
<!--
#ueber01 { text-align:center; color:#000080 }
-->
</style>
```

erreichen Sie – bezogen auf das letzte Beispiel – das gleiche Ergebnis. Das Tag mit der ID `ueber01` wird wie angegeben dargestellt. Dabei kann im Gegensatz zum vorigen Fall die ID in einem beliebigen Tag vorkommen. Damit kann diese Formatzuweisung analog zu den im vorigen Kapitel beschriebenen Tag-unabhängigen Klassen mit Tag-unabhängige IDs bezeichnet werden. Diese ID kann in verschiedenen Befehlen notiert werden, sodass deren Inhalt jeweils mit den im `<style>`-Bereich festgelegten Eigenschaften dargestellt wird.

Tag-unabhängige Formatdefinitionen werden in der Regel zusätzlich zu anderen Formateigenschaften interpretiert. Haben Sie z.B. mit `body { color:black }` *die Schriftfarbe grundsätzlich mit Schwarz definiert, wirkt sich eine Angabe der Art* `#ueber01 { text-align:center }` *so aus, dass die mit dieser ID ausgestatteten Tags (oder besser gesagt, deren Inhalte) schwarz und zentriert angezeigt werden. Bei widersprüchlichen Eigenschaften wie z.B.* `#ueber01 { text-align:center; color:#000080 }` *hat die Definition der Tag-unabhängigen ID* `ueber01` *Vorrang, bezogen auf die beispielhaften Angaben würden die Inhalte der mit der ID* `ueber01` *versehenen Tags in der Textfarbe Dunkelblau dargestellt.*

Bild 42.8: Die obere Überschrift wird anhand ihrer ID einer Stilvorlage zugeordnet.

Die zum Vergleich eingefügte zweite Überschrift hat keine besonderen Formateigenschaften, sie wird z.B. nicht zentriert dargestellt. Mithilfe des Universalattributs `id` können Sie einzelne, mit einer ID bezeichnete Tags an ein bestimmtes Stylesheet koppeln.

42.5 Bereiche formatieren

Die HTML-Befehle `<div>` `</div>` zur Definition eines Bereichs, der verschiedene Tags beinhalten kann, und das in HTML 4.01 spezifizierte Tag `<span>` `</span>` bieten die Möglichkeit, auch solche Bereiche von HTML-Dateien einer bestimmten Formateigenschaft zuzuordnen, die nicht mit einem eigenen Befehl ausgezeichnet sind. Mit dem Tag `<span>` können Sie z.B. einzelne Sätze eines Absatzes, einzelne Begriffe oder gar einzelne Buchstaben einer Formateigenschaft zuordnen. Da innerhalb der Tags `<div>` und `<span>` die Attribute `class` und `id` einsetzbar sind, sind beliebig viele dieser Befehle mit verschiedenen Formateigenschaften koppelbar.

Wie bei der Definition von Formateigenschaften für einzelne Tags geben Sie als Wert des Attributs `style` die gewünschten Formateigenschaften an. Der gesamte von den `<div>`-Tags eingeschlossene Bereich wird mit diesen Eigenschaften dargestellt.

```
<div style="Formateigenschaften">
weitere Tags
</div>
```

Mit dem <span>-Tag können Sie ebenfalls direkt im Rumpf der HTML-Datei Formatvorlagen definieren oder über eine ID im <span>-Tag ein im <style>-Bereich der Datei notiertes Stylesheet ansteuern.

```
<html>
<head>
<meta http-equiv="content-type" content="text/html;
charset=iso-8859-1">
<meta http-equiv="content-style-type" content="text/css">
<title>lokale Stylesheets</title>
<style type="text/css">
<!--
#ss { color:#ff0000 }
-->
</style>
</head>
<body>
Das Tag <span style="color:red">&lt;span&gt;</span> erm&ouml;glicht
<span id="ss">Stylesheets</span> f&uuml;r frei w&auml;hlbare
Bereiche.
</body>
</html>
```

Innerhalb der <style>-Tags ist der ID ss eine Farbe zugeordnet. Im Rumpf der Datei ist das die Worte »Stylesheets« umfassende <span>-Tag mit dieser ID ausgestattet. Die gleiche Formateigenschaft wird für den Ausdruck »<span>« im Rumpf der Datei als Wert des Attributs style notiert.

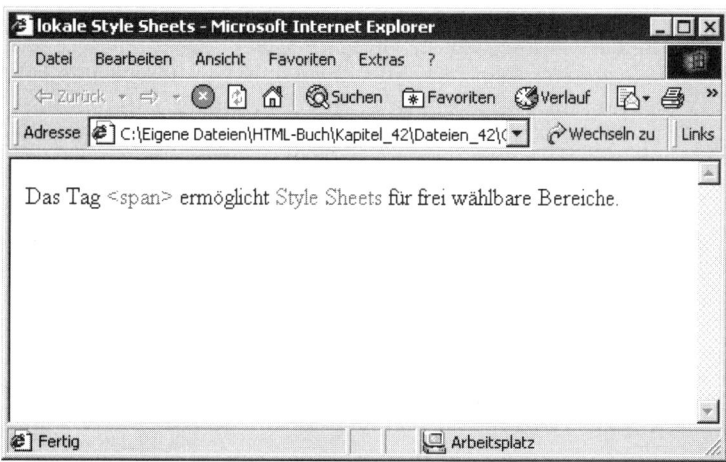

Bild 42.9: Stylesheets mit dem <span>-Tag zuordnen

Natürlich können Sie anstelle von einer ID auch eine Klassenbezeichnung einsetzen.

42.6 Stylesheets für verschachtelte Tags

Grundsätzlich »erben« Tags die per Stylesheet definierten Formateigenschaften übergeordneter Befehle. Legen Sie beispielsweise mit `body {font-size:12pt}` fest, dass der gesamte Inhalt des Dokuments in 12 Punkt großer Schrift dargestellt wird, so werden auch die im `<body>`-Tag enthaltenen Befehle (wie z.B. `<p>` für Absätze) bzw. deren Inhalt mit dieser Eigenschaft angezeigt. Andere Tags, wie z.B. `<i>` für kursive Schrift, führen zu einer Addition der Tag-Eigenschaften und den für das übergeordnete `<body>`-Tag definierten Formateigenschaften. (In diesem Fall wäre das Ergebnis eine 12 Punkt große, kursive Schrift.)

Um bestimmte Befehle innerhalb der `<body>`-Tags mit anderen Formateigenschaften zu versehen, müssen diese gesondert aufgeführt werden.

```
<style type="text/css">
<!--
body { color:#000080 }
h2, h3 { color:#ff0000 }
-->
</style>
```

Der vorstehende Quellcode-Ausschnitt legt zunächst fest, dass der gesamte Dateirumpf in dunkelblauer Schrift dargestellt wird. Die zweite Definition besagt jedoch, dass alle Überschriften der Kategorie zwei und drei in einer anderen Farbe anzuzeigen sind. Mit Ausnahme der mit `<h2>` und `<h3>` ausgezeichneten roten Überschriften wird das gesamte Dokument dunkelblaue Schrift zeigen. Die konkreten Formateigenschaften eines bestimmten Befehls überlagern also die allgemeineren Angaben des übergeordneten Befehls. Außer dem in diesem Beispiel erwähnten `<body>`-Tag geben auch alle anderen Tags, die ihrerseits Befehle enthalten, ihre Formateigenschaften auf die enthaltenen Tags (bzw. deren Inhalte) weiter.

Um eigene Formateigenschaften für einen Befehl zu definieren, die nur dann zum Tragen kommen, wenn sich dieser Befehl innerhalb eines bestimmten anderen Befehls befindet, müssen Sie zuerst das übergeordnete Tag und dann das enthaltene Tag notieren. Im Gegensatz zu der bisherigen Schreibweise, bei der die einzelnen Tags als Selektoren durch Kommata voneinander getrennt wurden, wird in diesem Fall ein Leerzeichen zur Trennung benutzt. Die Angabe

```
H2 { COLOR:NAVY }
H2 STRONG { COLOR:BLUE }
STRONG { COLOR:RED }
```

definiert zunächst, dass alle mit `<h2>` ausgezeichneten Überschriften dunkelblau dargestellt werden. Mit der nächsten Anweisung legen Sie fest, dass der Inhalt des Befehls `<strong>` nur dann in angegebener Weise (nämlich mittelblau) formatiert wird, wenn er innerhalb eines `<h2>`-Tags auftritt. Die letzte Angabe besagt, dass die mit dem Tag `<strong>` ausgezeichneten Inhalte in Rot dargestellt werden. In Abbildung 42.9 sehen Sie die Browser-Darstellung dieses Stylesheets. Der komplette Quelltext ist unterhalb der Abbildung zu sehen.

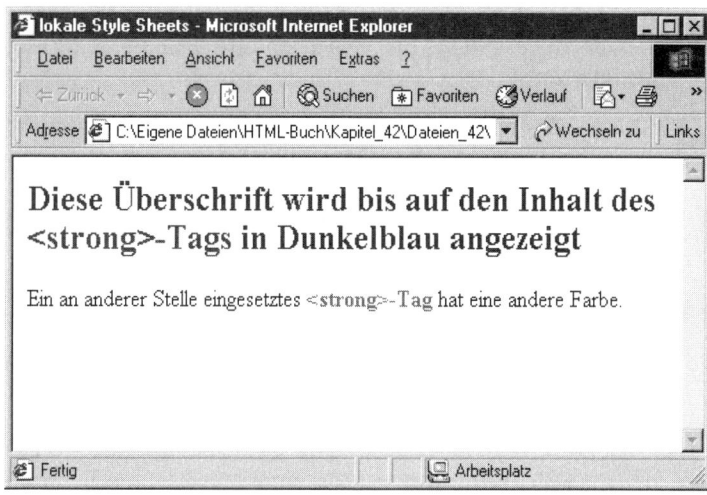

Bild 42.10: Geschachteltes Tags mit Stylesheet

```
<html>
<head>
<meta http-equiv="content-type" content="text/html;
charset=iso-8859-1">
<meta http-equiv="content-style-type" content="text/css">
<title>lokale Stylesheets</title>
<style type="text/css">
<!--
h2 { color:navy }
h2 strong { color:blue }
strong { color:red }
-->
</style>
</head>
<body>
<h2>Diese &Uuml;berschrift wird bis auf den Inhalt des
<strong>&lt;strong&gt;-Tags</strong> in Dunkelblau angezeigt</h2>
Ein an anderer Stelle eingesetztes <strong>&lt;strong&gt;-Tag</
strong> hat eine andere Farbe.
</body>
</html>
```

Mit dieser Technik lassen sich auch tiefer verschachtelte Tags mit eigenen Formateigenschaften verknüpfen. Wichtig ist nur, dass die ineinander verschachtelten Tags innerhalb des <style>*-Bereichs nicht durch Kommata, sondern vielmehr durch Leerzeichen voneinander getrennt werden. Die Angabe* ol ol li { Formateigenschaften } *gibt z.B. vor, dass alle Listeneinträge einer verschachtelten sortierten Liste bestimmte Formateigenschaften haben.*

Bei der Zusammenfassung gleicher Formateigenschaften verschiedener Tags können auch solche für verschachtelte Befehle aufgenommen werden. Anstelle von

```
H2 { COLOR:BLUE }
H2 STRONG { COLOR:BLUE }
```

können Sie auch die verkürzte Schreibweise

```
H2, H2 STRONG { COLOR:BLUE }
```

verwenden. Beachten Sie bei dieser Notation jedoch unbedingt die korrekte Syntax, sprich den Einsatz von Kommata und Leerzeichen.

Die in Abschnitt 42.4 behandelten Pseudo-Klassen lassen sich mit auch kontextsensitiv einsetzen. Die Angabe

```
A:LINK H2 { COLOR:BLUE }
```

bezieht sich auf noch nicht besuchte Verweise, die sich innerhalb von mit <h2> ausgezeichneten Überschriften befinden. Diese Angabe kann z.B. dann sinnvoll sein, wenn Sie Überschriften dieser Klasse grundsätzlich die Farbe zugewiesen haben, die innerhalb des Fließtextes für Verweise genutzt wird. Um Verweise innerhalb solcher Überschriften farblich abzuheben, müssen Sie diesen Verweisen eine abweichende Farbe geben.

42.7 Lokale Stylesheets für verschiedene Medien

Als Wert des Attributs media können Sie im <style>-Tag angeben, für welche Medien eine Stylesheet-Angabe geeignet ist. Dadurch können für unterschiedliche Ausgabemedien verschiedene Stylesheet-Angaben gemacht werden. Diese Angabe gehört zur CSS-Spezifikation 2.0 und wird vom Internet Explorer ab Version 4.0 teilweise unterstützt; der Navigator 4.0 kann lediglich die für die Ausgabe am Computerbildschirm relevanten Angaben interpretieren. Als Werte des Attributs media kommen derzeit die in der folgenden Tabelle aufgeführten bekannte Medientypen in Frage.

Wert	Bedeutung
all	für alle Medien
aural	für Medien zur Sprachausgabe (Sprachsynthesizer)
braille	für Medien mit taktiler Braille-Ausgabe
embossed	für Braille-Drucker
handheld	für Handhelds, PDAs, Handys
print	für die Vorschau auf die Druckausgabe und die Druckausgabe
projection	für die Ausgabe mit Projektoren

Tabelle 42.1: Gültige Werte des Attributs media

Wert	Bedeutung
screen	für Computermonitore
tty	für die Ausgabe auf Medien mit dicktengleicher Schrift
tv	für TV-Bildschirmausgabe

Tabelle 42.1: Gültige Werte des Attributs media (Forts.)

Browser können durch diese Angabe gezielt die Stylesheet-Dateien anfordern, die sich auf das aktuelle Medium anwenden lassen.

Bei lokalen Stylesheet-Angaben wird das media-Attribut im einleitenden <style>-Befehl notiert.

```
<html>
<head>
<meta http-equiv="content-type" content="text/html;
charset=iso-8859-1">
<meta http-equiv="content-style-type" content="text/css">
<title>Titel des Dokuments</title>
<style type="text/css" media="print">
<!--
{ Formateigenschaft 1 }
-->
</style>
<style type="text/css" media="screen">
<!--
{ Formateigenschaft 2 }
-->
</style>
</head>
<body>
Inhalt des Dokuments
</body>
</html>
```

So können Sie z.B. als Formateigenschaft 1 definieren, dass mit <h2> ausgezeichnete Überschriften linksbündig ausgerichtet sind. Bei Ausgabe der HTML-Datei über einen Drucker werden so alle diese Überschriften linksbündig ausgedruckt. In der anderen Formateigenschaft 2 könnte eine zentrierte Ausrichtung derselben Überschriftenkategorie definiert sein, die sich ausschließlich auf die Darstellung der HTML-Datei (bzw. deren mit <h2> ausgezeichneten Überschriften) an Computermonitoren auswirkt. Eine HTML-Datei enthält also Angaben für verschiedene Ausgabemedien, die derselben Datei je nach Medium ein anderes Aussehen verleiht.

Die Angaben Formateigenschaft 1 *und* 2 *werden hier als Platzhalter verwendet. Die Definition verschiedener Formateigenschaften wird im Kapitel 44 behandelt.*

Neben der Angabe des Zielmediums als Wert des Attributs media können Sie den CSS 2-Befehl @media verwenden, der innerhalb des <style>-Bereichs notiert wird. Nach diesem Befehl geben Sie (durch ein Leerzeichen getrennt) das Zielmedium an; mehrere Zielmedien werden durch jeweils ein Komma voneinander getrennt. Danach folgt in geschweiften Klammern die Formateigenschaften für das oder die Medien.

```
<style type="text/css">
<!--
@media screen { Formateigenschaft 1 }
@media print { Formateigenschaft 2 }
-->
</style>
```

Die derzeit aktuellen Browser unterstützen die CSS 2-Befehle noch sehr unvollständig; greifen Sie daher sicherheitshalber auf die in CSS 1 spezifizierten Angaben zurück.

42.8 Interpretation verschiedener Stylesheets

Eine der wesentlichen Eigenschaften von Stylesheets ist ihre Verschachtelung (Kaskadieren). Browser können bei der Darstellung von einem HTML-Dokument auf verschiedene Formatvorlagen zugreifen. Auf lokale Stylesheets bezogen können sowohl zentrale Stylesheets (im <style>-Bereich) als auch mit dem Attribut style (in einem einzelnen Tag) definierte Formatvorlagen innerhalb eines Dokuments angewendet werden. Eine im Kopfbereich der Datei (innerhalb der Befehle <style> und </style>) allgemein definierte Formateigenschaft für ein Element (z.B. <h2>) kann mit dem Attribut style im einleitenden Tag eines dieser Elemente verändert werden.

```
<html>
<head>
<meta http-equiv="content-type" content="text/html;
charset=iso-8859-1">
<meta http-equiv="content-style-type" content="text/css">
<title>lokale Stylesheets</title>
<style type="text/css">
<!--
h2 { text-align:center; color:#000080 }
-->
</style>
</head>
<body>
<h2>&Uuml;berschrift ohne style-Attribut</h2>
<h2 style="color:silver">&Uuml;berschrift mit style-Attribut</h2>
Lorem ipsum dolor (...)
</body>
</html>
```

Die im Kopfbereich der Datei definierten Formateigenschaften für das Element <h2> gelten grundsätzlich dateiweit, d.h., für alle Überschriften dieser Kategorie, die im Dokument notiert sind. Wird jedoch bei einer mit <h2>

ausgezeichneten Überschrift zusätzlich das Attribut `style` mit einer anderen Formateigenschaft im einleitenden Tag eingesetzt, so ist diese speziellere Angabe dominant gegenüber der allgemeinen Definition. Diese eine Überschrift wird also mit den als Wert ihres `style`-Attributs angegebenen Formateigenschaften dargestellt, während alle weiteren derartigen Überschriften die innerhalb der `<style>`-Tags definierten Eigenschaften aufweisen.

Bild 42.11: Dateiweite und lokale Formateigenschaften

Das im `<style>`-Bereich definierte Stylesheet wirkt sich auf die in Abbildung 42.10 obere Überschrift aus; sie wird zentriert und in der angegebenen Farbe (Dunkelblau) angezeigt. Die untere Überschrift besitzt hingegen als Wert des `style`-Attributs eine speziellere Formatangabe. Sie wird zwar zentriert (da in ihrem `style`-Attribut keine andere Ausrichtung festgelegt ist), als Farbe wird jedoch (wie mit `<h2 style="color:silver">` definiert) Silbergrau verwendet.

Sind in einer Datei zwei zentrale Stylesheet-Angaben im Kopfteil definiert, die einander widersprechen, so werden die Formateigenschaften der zuletzt notierten Definition interpretiert. Die Angabe

```
<style type="text/css">
<!--
h2 { color:navy; text-align:left }
h2 { color:maroon; text-align:center }
-->
</style>
```

führt dazu, dass eine mit `<h2>` ausgezeichnete Überschrift in der Farbe Rotbraun (`maroon`) und zentriert dargestellt wird. Anders sieht es aus, wenn eine oder mehrere Eigenschaften der zuerst notierten Definition mit einer besonderen Gewichtung versehen sind. In einem solchen Fall haben diese Eigenschaften Vorrang gegenüber den der zuletzt notierten Definition.

Um die Gewichtung einzelner Formateigenschaften zu erhöhen, können Sie die Anweisung ! important (= wichtig) einsetzen. Diese Anweisung wird an die Formateigenschaft angeschlossen, für die sie gelten soll. Die normalerweise üblichen Regeln für die Gültigkeit von Stylesheets werden damit außer Kraft gesetzt. Im folgenden Beispiel sind im Kopfteil der Datei innerhalb der <style>-Tags zwei Formateigenschaften definiert.

```
<--
h2 { color:navy ! important; text-align:center}
-->
```

Im Rumpf der Datei wird diese Definition spezifiziert:

```
<h2 style="color:silver; text-align:left">&Uuml;berschrift mit style-Attribut</h2>
```

Die im Dateikopf mit ! important versehene Farbangabe ist dominant gegenüber der Farbangabe im style-Attribut. Die Gültigkeit dieser Angaben wird also umgekehrt, da üblicherweise die speziellere im Attribut style notierte Definition Vorrang hat. Die Ausrichtung der Überschrift wird allerdings linksbündig sein, da die entsprechende Angabe im <style>-Bereich keine besondere Gewichtung erhalten hat und somit die im style-Attribut notierte Formateigenschaft text-align:left zum Tragen kommt. Zusätzlich wurde zum Vergleich eine <h2>-Überschrift ohne style-Attribut vor der anderen eingefügt. Die Darstellung dieser Angaben im Browser sehen Sie in Abbildung 42.11.

Bild 42.12: Eigenschaften mit höherer Gewichtung verkehren die Reihenfolge gültiger Stylesheet-Angaben.

Die obere Überschrift gehorcht den Definitionen aus dem `<style>`-Bereich der Datei. Sie wird dunkelblau und zentriert dargestellt. Die untere Überschrift wird ebenfalls in Dunkelblau angezeigt, da diese im `<style>`-Bereich festgelegte Eigenschaft mit `!important` eine höhere Gewichtung erhalten hat. Die Ausrichtung allerdings folgt der im `style`-Attribut notierten Angabe und ist linksbündig.

Zusammengefasst ergeben sich für die Reihenfolge, in der Stylesheets interpretiert werden, folgende Regeln:

1. Es werden alle Definitionen berücksichtigt, die sich auf einen als Selektor notierten Befehl auswirken. Besitzt ein Befehl keine eigene Definition, erbt er die Eigenschaften des übergeordneten Befehls (so erben z.B. alle innerhalb des `<body>`-Tags enthaltenen Befehle dessen Formateigenschaften). Ist kein übergeordnetes Tag vorhanden oder liegt für ein solches Element keine Definition vor, wird der Befehl standardmäßig dargestellt.

2. Formateigenschaften, die mit dem Zusatz `!important` ausgezeichnet sind, haben eine höhere Gewichtung als solche ohne diese Angabe.

3. Stylesheets werden nach ihrem Ursprung sortiert, wobei Stylesheets von Webautoren über vom Anwender definierte Formatvorlagen dominieren, die ihrerseits Vorrang vor den standardmäßigen Browser-Einstellungen haben.

4. Formateigenschaften werden nach Art des Selektors sortiert, wobei spezifischere Selektoren über allgemeinere Selektoren dominieren (wie z.B. bei Tags als Selektoren `<h2>` Vorrang vor `<body>` hat). Die Reihenfolge der verschiedenartigen Selektoren lautet wie folgt, wobei die Dominanz von oben nach unten abnimmt:

   `id`-Attribut als Selektor

   `class`-Attribut als Selektor

   Tags als Selektor

   Im `style`-Attribut eines Tags definierte Angaben haben die gleiche Dominanz wie solche mit einem `id`-Attribut als Selektor.

5. Bei einander widersprechenden Stylesheets bzw. Formateigenschaften der gleichen Gewichtung ist die Reihenfolge der Definitionen relevant: Die zuletzt notierte Definition dominiert über alle vorherigen. Dabei gelten externe Stylesheets so, als wären sie vor jeder anderen Definition notiert.

43 Externe Stylesheets

Neben den zu Beginn von Kapitel 41 aufgeführten Vorteilen von Stylesheets, die vor allem in der Erweiterung der in HTML gegebenen Möglichkeiten zur Formatierung und deren vereinfachter zentralen Notation liegen, bringen zentrale, in einer separaten Datei untergebrachte Stylesheets den unschätzbaren Vorteil, dass sie sich auf beliebig viele Einzeldokumente anwenden lassen. Dazu werden eine oder mehrere CSS-Dateien in den jeweiligen HTML-Dateien referenziert. So lässt sich ein einheitliches Erscheinungsbild beliebig vieler Einzeldokumente einer Website realisieren. Jede Änderung der Stylesheet-Datei wirkt sich auf das Äußere der HTML-Dateien aus, in denen die CSS-Datei referenziert ist. Zudem beeinflusst eine Änderung des Inhalts nicht das Erscheinungsbild und eine Änderung des Erscheinungsbildes nicht die Inhalte eines Dokuments, da diese Informationen in getrennten Dateien verwaltet werden.

43.1 Externe Stylesheet-Dateien

Separate CSS-Dateien erlauben Änderungen an den Stylesheets, ohne den Quelltext einer HTML-Datei zu ändern, wodurch mit der Änderung einer CSS-Datei mehrere HTML-Dokumente in Ihrem Erscheinungsbild verändert werden können. Durch Auswechseln einer Stylesheet-Datei lassen sich HTML-Dateien in ihrem Aussehen grundlegend verändern – ohne dass der Quelltext verändert wird. Ähnlich wie bei lokalen Stylesheets ist auch bei Verwendung externer Stylesheets der Zugriff auf mehrere CSS-Dateien möglich. Stilvorlagen in separaten Dateien sind bei umfangreichen Websites einfacher zu verwalten und zu pflegen als lokale Stylesheets. Eine externe Stylesheet-Datei ist eine Textdatei mit der Endung *.css*, die ausschließlich Stylesheet-Angaben enthält und ebenso wie HTML-Dateien mit einem einfachen Texteditor erstellt werden kann. Der folgende Inhalt einer (ziemlich minimalistischen) Stylesheet-Datei beginnt mit einem Kommentar, der anders als in HTML mit den Zeichen /* und */ eingefasst wird (siehe auch Kapitel 41.3).

```
/*externe Stylesheet-Datei mit der Bezeichnung moni01.css*/
h2 { color:navy; text-align:center; }
p { color:blue; textlalign:left; }
```

Wie bei lokalen Stylesheets können auch in externen CSS-Dateien mehrere Tags als Selektor für eine oder mehrere Formateigenschaften dienen (z.B. wird mit H2, P { color:red } DEN TAGS <h2> UND <p> DIE FORMATEIGENSCHAFT color:red ZUGEWIESEN). Es lassen sich auch gezielt Formatdefinitionen für verschachtelte Tags festlegen (z.B. bedeutet H2 A { color:red }, dass allen <a>-Tags, die innerhalb von <h2>-Befehlen auftreten, die Farbe Rot zugeordnet ist). Weiterhin lassen sich HTML-Befehle mit den Attributen class und id Klassen zuordnen oder mit einer ID versehen. Der Vorteil dieser Methoden liegt darin, dass bestimmte oder auch einzelne Tags eine eigene Formatierung erhalten können, während sich Angaben wie oben stets auf alle Instanzen der angegebenen Tags auswirkt (H2.wichtig { color:red } wirkt sich nur auf `h2`-Überschriften aus, die der Klasse `wichtig` angehören, `H2#ueber01 { color:red }` bezieht sich nur auf `h2`-Überschriften mit der ID `ueber01`). Darüber hinaus besteht die Möglichkeit, mit den Tags `<div>` und `<span>` Bereiche auszuzeichnen, die ansonsten durch kein eigenes Tag repräsentiert sind. Pseudo-Klassen für Verweise und Pseudo-Elemente für Absatz-bildende Tags ergänzen die Selektoren um verschiedene Zustände (verschiedene Farben für unbesuchte, besuchte und aktive Verweise) bzw. darstellungsabhängige Angaben (z.B. die erste Zeile eines Absatzes). Weitere Informationen zu diesen Themen entnehmen Sie bitte den jeweiligen Unterkapiteln von Kapitel 42. Die genaue Syntax der CSS-Formatdefinitionen sowie konkrete Formateigenschaften werden in Kapitel 44 behandelt.

Zum Einbinden von CSS-Dateien in HTML-Dokumente wird der Befehl `<link>` im Kopfteil der Datei verwendet. Die URL der Stylesheet-Datei wird im Attribut `href` (= hyperlink reference) angegeben, das Attribut `type` nimmt (wie auch bei lokalen Stylesheets im `<style>`-Tag) den MIME-Typen der referenzierten Datei auf. Sofern Sie die Sprache CSS einsetzen, lautet dieser Typ `text/css`. Das Attribut `rel` enthält mit `stylesheet` die Information, dass der Verweis auf eine Stylesheet-Datei zielt. Das folgende Tag referenziert z.B. die Datei *monitor01.css* als das für dieses HTML-Dokument gültige Stylesheet.

```
<link rel="stylesheet" type="text/css" href="moni01.css">
```

In diesem Beispiel befindet sich die Datei *moni01.css* im selben Verzeichnis wie die HTML-Datei. Sollte sich die Datei in einem anderen Verzeichnis befinden, müssen die in Kapitel 22.3 beschriebenen Regeln beachtet werden.

Im folgenden Quelltext wird die weiter oben notierte externe Stylesheet-Datei *moni01.css* referenziert.

```
<html>
<head>
<meta http-equiv="content-type" content="text/html;
charset=iso-8859-1">
<meta http-equiv="content-style-type" content="text/css">
<title>externe Stylesheets</title>
<link rel="stylesheet" type="text/css" href="moni01.css">
</head>
<body>
<h2>Externe Stylesheets</h2>
Lorem ipsum dolor (...)
<p>
Ut wisi enim (...)
</p>
Duis autem veleum (...)
</body>
</html>
```

Die Browser-Darstellung dieser Datei, die auf die Stylesheet-Datei *moni01.css* zugreift, sehen Sie in Abbildung 43.1.

Bild 43.1: Die Formatierung der Überschrift sowie des mittleren Absatzes ist in einem externen Stylesheet definiert.

Beim Aufrufen dieser Datei interpretiert der Browser den Verweis im <link>-Tag und lädt die CSS-Datei. Ist die Datei nicht unter der angegebenen URL zu finden oder unterstützt der Browser keine Stylesheets, wird die Datei mit den standardmäßigen Browser-Einstellungen dargestellt.

Erstellen Sie für jede Stylesheet-Datei eine Testdatei, in der sämtliche Definitionen sichtbar werden. Wenn Sie beispielsweise die Schriftfarbe für Absätze und Überschriften einer bestimmten Ordnung in einer externen CSS-Datei definieren, sollten genau diese Elemente (und zwar in der gleichen Reihenfolge wie in der CSS-Datei) in der Testdatei vorkommen. So können Sie sich schnell einen Überblick über die bereits festgelegten Stileigenschaften machen und (falls erforderlich) Änderungen oder Ergänzungen vornehmen.

Eine andere Methode, externe Stylesheets in eine HTML-Datei einzubinden, bietet die CSS-Anweisung @import url. Diese at-Regel beginnt mit dem Zeichen @ und wird innerhalb des (eigentlich für lokale Stylesheets genutzten) <style>-Bereichs notiert, die URL der CSS-Datei wird in runden Klammern angegeben. Nach der runden Klammer wird abschließend ein Semikolon notiert. Solche at-Regeln werden nur dann interpretiert, wenn sie vor anderen Stylesheet-Angaben notiert sind.

```
<style type="text/css">
<!--
@import url (moni01.css);
-->
</style>
```

Zum jetzigen Zeitpunkt ist jedoch zur Einbindung externer Stylesheets der HTML-Syntax und damit dem <link>-Tag Vorzug zu geben.

Zusätzlich zu externen Stylesheets kann auch ein lokales Stylesheet notiert werden. Dazu fügen Sie (wie in Kapitel 42 beschrieben) den Befehl `<style>` für lokale Stylesheet-Angaben in den Kopfbereich der Datei ein. Da die lokalen Formate Priorität vor den allgemein gültigen Formateigenschaften einer externen CSS-Datei haben, werden im nachfolgenden Beispiel alle mit `<h2>` ausgezeichneten Überschriften am Bildschirm mit den innerhalb der `<style>`-Tags angegebenen Formateigenschaften dargestellt. Eine möglicherweise in der (im Attribut HREF des `<link>`-Tags referenzierten) CSS-Datei definierte anders lautende Formatierung desselben Befehls wird ignoriert.

```
<html>
<head>
<meta http-equiv="content-type" content="text/html;
charset=iso-8859-1">
<meta http-equiv="content-style-type" content="text/css">
<title>Titel der HTML-Datei</title>
<link rel="stylesheet" type="text/css" href="moni01.css">
<style type="text/css" media="screen">
h2 { color:maroon; text-align:center }
</style>
</head>
<body>
<h2>Externe Stylesheets</h2>
Lorem ipsum dolor (...)
<p>
Ut wisi enim (...)
</p>
Duis autem veleum (...)
</body>
</html>
```

Als externes Stylesheet ist die gleiche Datei referenziert, die für die Darstellung in Abbildung 43.1 verantwortlich ist. Demnach müsste die Überschrift zentriert und blau und der mit `<p>` ausgezeichnete Absatz linksbündig und blau dargestellt werden. Da allerdings im `<style>`-Bereich der Datei mit `maroon` eine andere Farbe für Überschriften der zweiten Kategorie festgelegt wurde, ist diese Farbe bindend.

Der Browser verwendet sowohl Angaben des externen als auch des lokalen Stylesheets. In der externen Formatvorlage wurde den Tags `<h2>` und `<p>` die Farbe Blau zugewiesen. Zudem sollte die Überschrift zentriert und der Absatz linksbündig ausgerichtet sein. Das über diese Angaben dominierende lokale Stylesheet besagt jedoch, dass die Farbe der Überschrift Kastanienbraun anstatt Blau sein soll, die Ausrichtung soll dagegen wie im externen Stylesheet zentriert sein. Da das lokale Stylesheet keine widersprüchlichen Angaben zur Ausrichtung oder Farbe von Absätzen enthält, kommen hier die Definitionen des externen Stylesheets zum Tragen.

Bild 43.2: Die Darstellung ist von verschiedenen Stylesheets beeinflusst.

Zusätzlich zu einem externen und einem zentralen lokalen Stylesheet können Sie auch direkt im Rumpfteil der Datei mit dem Attribut style *Formateigenschaften festlegen. Dies wird in Kapitel 42.3 beschrieben. Die Reihenfolge, in der die verschiedenen (sich möglicherweise widersprechenden) Stylesheets interpretiert werden, können Sie Kapitel 42.8 entnehmen.*

43.2 Externe Stylesheets für verschiedene Medien

Bei externen Stylesheet-Dateien können Sie als Wert des Attributs media im <link>-Tag angeben, für welche Medien eine Stylesheet-Datei geeignet ist. Dadurch können für unterschiedliche Ausgabemedien verschiedene Stylesheet-Dateien angelegt werden. Als Werte des Attributs media kommen derzeit die in der folgenden Tabelle aufgeführten bekannten Medientypen in Frage.

Wert	Bedeutung
all	für alle Medien
aural	für Medien zur Sprachausgabe (Sprachsynthesizer)
braille	für Medien mit taktiler Braille-Ausgabe
embossed	für Braille-Drucker
handheld	für Handhelds, PDAs, Handys
print	für die Vorschau auf die Druckausgabe und die Druckausgabe

Tabelle 43.1: Gültige Werte des Attributs media

Wert	Bedeutung
projection	für die Ausgabe mit Projektoren
screen	für Computermonitore
tty	für die Ausgabe auf Medien mit dicktengleicher Schrift
tv	für TV-Bildschirmausgabe

Tabelle 43.1: Gültige Werte des Attributs media (Forts.)

Browser können durch diese Angabe gezielt die Stylesheet-Dateien anfordern, die sich auf das aktuelle Medium anwenden lassen. Da diese Angabe Bestandteil der CSS-Spezifikation 2.0 ist, wird sie vom Internet Explorer ab Version 4.0 nur teilweise unterstützt; der Navigator 4.0 kann lediglich die für die Ausgabe am Computer-Bildschirm relevanten Angaben interpretieren.

Der folgende Quelltext zeigt die Verwendung des Attributs media bei verschiedenen externen Stylesheets, die mit dem Befehl <link> eingebunden sind.

```
<html>
<head>
<title>Titel des Dokuments</title>
<link rel="stylesheet" href="monitor.css" type="text/css"
media="screen">
<link rel="stylesheet" href="drucker.css" type="text/css"
media="printer">
<link rel="stylesheet" href="pda.css" type="text/css"
media="handheld">
</head>
<body>
Inhalt des Dokuments
</body>
</html>
```

Das zuerst referenzierte Stylesheet bezieht sich auf die Darstellung der HTML-Datei an Computerbildschirmen, das zweite enthält Angaben, die beim Drucken der Datei zu beachten sind und die letzte verlinkte CSS-Datei ist für Handheld-Geräte gedacht. Ohne explizite Angabe eines Ausgabemediums wird standardmäßig media="screen" angenommen.

Werden die externen Stylesheets nach CSS-Syntax eingebunden, werden die Zielmedien wie folgt notiert.

```
<style type="text/css">
<!--
@import url(moni01.css) screen;
@import url(dru01.css) print;
-->
</style>
```

Nach der in runden Klammern angegebenen URL der Stylesheet-Datei wird der Medientyp genannt, mehrere Typen werden durch Kommata voneinander getrennt. Nach dem oder den Medientypen ist ein Semikolon zu notieren. Jede weitere Stylesheet-Datei wird erneut mit @IMPORT eingeleitet.

Eine andere Möglichkeit besteht darin, das Zielmedium einer Formateigenschaft innerhalb des <style>-Bereichs zu definieren. Dabei wird nach dem CSS 2-Befehl @MEDIA durch ein Leerzeichen getrennt das oder die Zielmedien aufgeführt, auf die sich die nachfolgende, in geschweiften Klammern notierte Formateigenschaft bezieht. Mehrere Zielmedien werden durch Kommata voneinander getrennt.

```
<style type="text/css">
<!--
@media screen { Formateigenschaften für Monitordarstellung }
@media print { Formateigenschaften für Drucker }
@media screen, print {Formateigenschaften für Monitore und Drucker }
-->
</style>
```

Die erste im Quelltext durch einen Platzhalter repräsentierte Formateigenschaft bezieht sich in diesem Beispiel auf die Ausgabe auf einem Computermonitor (screen). Die danach angegebenen Eigenschaften wirken sich nur dann aus, wenn die Datei ausgedruckt wird bzw. die Druckansicht am Monitor aufgerufen wird. Denkbar wären hier z.B. verschiedene Schriftarten, da für die Monitor-Darstellung serifenlose Schriften, für den Druck jedoch Schriften mit Serifen besser lesbar sind. Die im Beispiel zuletzt angegebenen Formateigenschaften wirken sich sowohl auf die Druckversion der Datei als auch auf die Bildschirmausgabe aus. Hierbei könnte es sich z.B. (vorausgesetzt, der Anwender verfügt über einen Farbdrucker) um eine bestimmte Schriftfarbe handeln. Diese @media-Angaben können auch innerhalb einer externen Stylesheet-Datei gemacht werden. Angaben dieser Art werden sowohl vom IE als auch NN der Version 4.x nicht unterstützt.

Mehrere verschiedene Stylesheets für eine HTML-Datei können in jeweils eigenen <meta>-Tags angegeben werden. Als Wert des Attributs rel wird im <link>-Tag (anstelle von stylesheet) rel="alternate stylesheet" angegeben. Der Anwender kann so aus mehreren verfügbaren Stylesheets eines auswählen. Sie können bei mehreren Stylesheets in einem <meta>-Tag festlegen, welches die bevorzugte Formatvorlage ist, die verwendet wird, bis eine andere ausgewählt wird.

```
<meta http-equiv="default-style" content="monitorgr">
```

Als Wert des Attributs content geben Sie den Wert des Attributs title an, der im <link>-Tag zu dem preferierten Stylesheet notiert ist.

```
<link rel="stylesheet" type="text/css" href="moni01.css"
title="monitorgr">
```

Leider werden diese Angaben bislang allerdings (noch) nicht unterstützt.

44 CSS Stylesheet-Formateigenschaften

In den vorigen Kapiteln traten immer wieder die gleichen Eigenschaften beispielhaft auf. In diesem Kapitel werden neben der grundsätzlichen CSS-Syntax die verschiedenen Formateigenschaften erläutert.

Stylesheet-Angaben setzen sich aus verschiedenen Elementen zusammen. Zuerst wird ein Selektor notiert, auf den sich die folgenden Angaben auswirken. Im einfachsten Fall handelt es sich dabei um einen einzelnen HTML-Befehl, der hier allerdings ohne die in HTML üblichen spitzen Klammern (<>) und bei externen Stylesheets in Großbuchstaben angegeben wird. Die Formatdefinition wird von einer öffnenden geschweiften Klammer eingeleitet und enthält eine Eigenschaft mit einem dazugehörigen Wert. Eigenschaft und Wert sind durch einen Doppelpunkt voneinander getrennt, wobei der Eigenschaft und dem Wert Leerzeichen voran- und nachgestellt werden dürfen. Die Eigenschaften und Werte können wahlweise groß oder klein geschrieben werden, eine Ausnahme bilden externe Angaben wie z.B. Bezeichnungen von Schriftfamilien oder URLs. Den Abschluss einer Formatdefinition bildet eine schließende geschweifte Klammer.

Die Angabe

```
h2 { color : blue }
```

enthält als Selektor das Tag <h2> (allerdings ohne Klammern). Als Wert der Eigenschaft color (= Farbe) ist blue angegeben.

Obwohl innerhalb der einzelnen Formatdefinitionen Leerzeichen erlaubt sind, sollten Sie diese zu Gunsten von Anwendern mit Netscape-Browsern (die die Formatdefinitionen ansonsten nicht erkennen können) vermeiden.

Entsprechend sollte die oben beschriebene Stylesheet-Angabe wie folgt ohne Leerzeichen innerhalb der Formatdefinition (also zwischen Eigenschaft und Doppelpunkt sowie zwischen Doppelpunkt und Wert) notiert werden.

```
h2 { color:blue }
```

Möchten Sie eine Formatdefinition auf mehrere Tags beziehen, werden diese ohne spitze Klammern nacheinander angegeben und durch Kommata getrennt. Diese Trennung durch Kommata wirkt sich als Und-Verknüpfung aus.

```
h2, p { color:blue }
```

Die Formateigenschaft »blaue Farbe« wirkt sich sowohl auf alle mit dem Tag <h2> als auch auf mit dem Befehl <p> ausgezeichneten Inhalte einer HTML-Datei aus.

Mehrere Formatdefinitionen werden jeweils mit einem Semikolon voneinander getrennt. Bei der letzten Definition kann das abschließende Semikolon entfallen.

```
h2, p { color:blue; text-align:center; }
```

Die Angaben zur Farbe (Blau) und zur Ausrichtung (zentriert) wirken sich sowohl auf alle Überschriften zweiter Kategorie als auch auf Absätze aus. Angesichts der Tatsache, dass vor und nach Eigenschaften und ihren Werten Leerzeichen (auch Leerzeilen) notiert werden dürfen, kann eine Stylesheet-Angabe auch folgendermaßen aussehen:

```
h2, p {
    color:blue;
    font-size:14pt;
    font-weight:bold
}
```

HTML-Befehle, für die bestimmte Formateigenschaften nur dann gelten sollen, wenn sie sich innerhalb eines anderen Befehls befinden, lassen sich wie folgt beschreiben.

```
h2 A {color:red }
```

Die Inhalte aller <a>-Tags, die sich innerhalb von mit <h2> ausgezeichneten Überschriften befinden, erhalten die definierte Formatierung.

Tags als Selektoren können mit Klassen oder IDs weiter spezifiziert werden. Wie in Kapitel 42.2 beschrieben, können auch Klassen als Selektoren dienen. Die einer bestimmten Klasse zugeordneten Formatdefinitionen wirken sich nur auf bestimmte Tags einer bestimmten Klasse aus.

```
h2.wichtig { color:red }
```

Vorstehende Angabe weist <h2>-Tags der Klasse wichtig die Formateigenschaft color:red zu. Tag und Klassenbezeichnung werden durch einen Punkt voneinander getrennt. Mit

```
.wichtig { color:red }
```

wird allen Tags der HTML-Datei, die der Klasse wichtig angehören, die definierte Formateigenschaft zugeordnet, es handelt sich also um eine Tag-unabhängige Klasse.

Wenn Sie IDs als Selektoren verwenden (siehe Kapitel 42.3), werden diese mit einer Raute kenntlich gemacht.

```
h2#ueber01 { color:red }
```

legt fest, dass alle <h2>-Befehle mit der ID ueber01 die Formateigenschaft color:red haben. Die Angabe

```
#ueber01 { color:red }
```

hat eine Tag-unabhängige ID als Selektor. Unabhängig davon, in welchem Befehl die nach der Raute notierte ID auftritt, hat der Inhalt dieses Befehls die definierte Formateigenschaft.

In CSS 2 werden weitere bzw. andere Möglichkeiten zur Notation von Selektoren definiert, die hier kurz vorgestellt werden.

In CSS 2 bildet das Sternchen * einen Platzhalter für jedes beliebige Element. Die Angabe

```
*{ color:blue }
```

führt dazu, dass alle Elemente in blauer Farbe dargestellt werden.

Mit dem Größer-als-Zeichen legen Sie fest, dass nur direkte Kinder des zuerst genannten Elements gemeint sind.

```
h2 > em { color:green }
```

legt so fest, dass alle <em>-Tags, die direkt in <h2>-Tags enthalten sind, die Farbe Grün erhalten. Im Unterschied zu der weiter oben erläuterten Schreibweise H2 EM, ist hier ein direkter Nachfahre des Tags <h2> des Typs <em> bezeichnet. Der Inhalt des folgenden <em>-Tags wird also demnach nicht grün dargestellt, da es kein direktes Kind von <h2> ist.

```
<h2>Die <div>besonders <em>betonte </em></div>&Uuml;berschrift</h2>
```

Diese Definition lässt sich auch in der Form Tag1 > Tag2 > Tag3 weiterführen, wobei die Eigenschaft nur auf solche Tags 3 angewendet werden, die direkte Kinder von Tags des Typs 2 sind, die wiederum direkt in Tag 1 enthalten sein müssen.

Mit der Angabe

```
h2 + P { color:blue }
```

legen Sie fest, dass jedes <p>-Tag, das direkt auf ein <h2>-Tag folgt, die Eigenschaft (hier blaue Farbe) bekommt. Das <p>-Tag erhält die Eigenschaft nicht, wenn es sich innerhalb eines <h2>-Tags befindet.

Weiterhin bietet CSS 2 die Möglichkeit, Elemente mit bestimmten Attributen oder sogar mit Attributen, die einen bestimmten Wert haben, als Selektor zu definieren. So bedeutet

```
h2[id] {color:blue }
```

dass alle <h2> Tags, die über das Attribut id verfügen, die Farbe Blau erhalten. Einen exakten Wert können Sie innerhalb der eckigen Klammer in Anführungszeichen angeben.

```
h2[id="ueber01"] { color:blue }
```

bezeichnet demnach das Tag mit dem Attribut id, das den Wert ueber01 hat.

Die zuletzt aufgezählten Selektoren sind in CSS 2 spezifiziert, sodass sie nicht umfassend unterstützt werden. Probieren Sie ihre Wirksamkeit daher umfassend in verschiedenen Browsern aus, bevor Sie sie zum Einsatz bringen.

Abweichend von der oben verwendeten Schreibweise in Großbuchstaben sollten Tag-Namen in lokalen Stylesheets klein geschrieben bleiben. Stylesheet-Formateigenschaften, die lokal zentral (innerhalb eines mit <style> ausgezeichneten Bereichs) im Kopf der Datei notiert werden, dürfen keine

Zeichenreferenzen enthalten. In lokalen Formatvorlagen, die im Attribut `style` definiert sind, dürfen hingegen durchaus Zeichenreferenzen enthalten sein.

Andere Zeichen als die, die zur Bezeichnung von IDs und Klassen zulässig sind (A-Z und 0-9 sowie der Bindestrich -) müssen maskiert werden. Die Maskierung erfolgt in CSS mithilfe des Zeichens \ , einem rückwärts gerichteten Schrägstrich (Backslash) und dem gewünschten Zeichen im (maximal vierstelligen) Hexadezimalformat. Die Klassenbezeichnung `über01` für eine bestimmte Klasse von Überschriften muss entweder in `ueber01` oder `\fcber01` geändert werden (`fc` ist die hexadezimale Bezeichnung des deutschen Umlauts ü). Sowohl IDs als auch Klassen müssen mit einem Buchstaben beginnen, mithilfe des entsprechenden Hexadezimalwertes kann jedoch anstelle der ungültigen Bezeichnung `3format` die gültige Angabe `\33format` entstehen (33 hexadezimal steht für 3 dezimal).

Ein häufiger Fehler beim Erstellen von Stylesheets ist die Verwendung von Gleichheitszeichen zwischen Eigenschaft und Wert einer Formatdefinition. Gleichheitszeichen werden in HTML zwischen Attributen und deren Wert eingesetzt (`type="text/css"`*), in CSS wird zur Trennung von Eigenschaften und Werten ein Doppelpunkt verwendet (*`color:blue`*).*

Formatdefinitionen mit unbekannten Eigenschaften oder unbekannten bzw. fehlerhaften Werten werden ignoriert. Achten Sie daher besonders genau auf die korrekte Syntax und Schreibweise der Eigenschaften und Werte.

Die Beispiele der folgenden Kapitel beziehen sich, soweit nicht anders vermerkt, auf innerhalb des `<style>`-Tags notierte Stylesheets. Die Stylesheet-Definitionen werden dabei als Kommentar ausgezeichnet, damit ältere Browser die Angaben übergehen können. Der `<style>`-Bereich befindet sich jeweils im Kopfteil der HTML-Datei.

```
<html>
<head>
<title> </title>
<style type="text/css">
<!--
Stylesheet-Definitionen
-->
</style>
</head>
<body>
</body>
</html>
```

Weitere Informationen über lokale Stylesheets erhalten Sie in Kapitel 42.

44.1 CSS-Formateigenschaft

In CSS 1 sind die Schrifteigenschaften font-family (Schriftart, Schriftfamilie), font-style (Schriftstil, -neigung) und font-variant (Schriftvariante, Kapitälchen), sowie font-weight (Schriftgewicht), font-size (Schriftgröße) und font (Schrift allgemein) spezifiziert.

Schriftart, Schriftfamilie (font-family**)**

Die Probleme, die sich auch bei der herkömmlichen Definition der Schriftart stellen, sind auch mit CSS nicht zu lösen. Die korrekte Darstellung einer Schriftart hängt stets davon ab, ob diese beim Anwender installiert ist (siehe auch Kapitel 13). Die Eigenschaft font-family nimmt eine Aufzählung von Schriftarten auf, deren Reihenfolge der Priorität entspricht, mit der sie vom Browser interpretiert werden. Die Angabe

```
body { font-family:Arial, Helvetica, sans-serif }
```

besagt, dass der Browser zunächst versucht, den Rumpf der Datei in der Schriftart Arial darzustellen. Kann er nicht auf diese Schriftart zugreifen (weil sie nicht installiert ist), versucht er, die Schriftart Helvetica darzustellen. Sollte auch dies nicht möglich sein, wird mit der Angabe der allgemeinen Schriftfamilie sans-serif (serifenlos) irgendeine Schriftart ohne Serifen dargestellt. Die allgemeinen Schriftfamilien lauten wie folgt:

sans-serif – für serifenlose Schriften

serif – für Schriften mit Serifen

cursive – für kursive Schriften

fantasy – für Fantasieschriften

monospace – für dicktengleiche Schriften

Schriftarten, in deren Bezeichnung Leerzeichen enthalten sind, sollten in Anführungszeichen gesetzt werden. Die Angaben serif und sans-serif dürfen hingegen keinesfalls in Anführungszeichen gesetzt werden, da sie ansonsten nicht erkannt werden.

```
body { font-family:"Times New Roman", serif }
```

Definieren Sie diese Schrift innerhalb der Datei als Wert des Attributs STYLE, so muss die Angabe lauten:

```
<body style="font-family:'Times New Roman', serif">
```

Schriftarten, deren Name Leerzeichen enthalten, werden innerhalb des Attributs style in einfache Anführungszeichen gesetzt.

Schriftstil, Schriftneigung (font-style**)**

Mit der Eigenschaft font-style werden die Schriftstile normal, italic (kursiv) und oblique (schräg gestellt) festgelegt, die sich durch eine unterschiedliche Schriftneigung unterscheiden. Standardmäßig ist der Schriftstil mit normal definiert und damit nicht geneigt. Die Angabe

```
{ font-style:italic }
```

bewirkt, dass der Browser nach dem kursiven Schriftschnitt einer Schrift sucht. Sollte dieser nicht verfügbar sein, sucht er nach Schriften, die mit `oblique` bezeichnet sind. Im Gegensatz zu echten kursiven Schriftschnitten können mit `oblique` bezeichnete Schriften auch durch Schrägstellen des normalen Schriftschnittes erreicht werden.

Schriftvariante, Kapitälchen (`font-variant`)

Die Eigenschaft `font-variant` kann die Werte `normal` oder `small-caps` annehmen; standardmäßig wird `normal` angenommen. Mit `small-caps` legen Sie fest, dass Kleinbuchstaben genauso aussehen wie Großbuchstaben, mit dem Unterschied, dass sie etwas kleiner dargestellt werden als die großen Buchstaben.

```
{ font-variant:small-caps }
```

Schriftgewicht (`font-weight`)

Die Schrifteigenschaft `font-weight` legt das Gewicht der Schrift fest. Erlaubte Werte sind `normal` (Standardgewicht), `bold` (fett), `bolder` (fetter) und `lighter` (leicht) sowie die numerischen Werte 100 bis 900 in 100er-Schritten. Diese Werte bilden eine Reihenfolge von Schriftgewichten, wobei die Werte 400 und `normal` sowie 700 und `bold` identisch sind. Der Wert 500 entspricht der (als Wert nicht gültigen) Angabe `Medium`. Damit sind die Angaben { `font-weight:bold` } und { `font-weight:700` } gleichbedeutend. Die Werte `bolder` und `lighter` haben Schriftgewichte zur Folge, die relativ zum übergeordneten Selektor fetter oder leichter sind.

```
body { font-weight:400 }

p.wichtig { font-weight:bolder }
```

Der gesamte Rumpf wird mit dem Schriftgewicht 400 (= `normal`) formatiert, während Absätze der Klasse `wichtig` fetter, also wenigstens mit einem Schriftgewicht von 500 dargestellt werden. Da die wenigsten Schriftarten neun verschiedene Schriftgewichte haben, kann das Einsetzen der Werte `bolder` und `lighter` sinnvoll sein.

Schriftgröße (`font-size`)

Die Schriftgröße kann auf verschiedene Arten angegeben werden: als absolute Größe oder als relative Größe. Folgende Werte gelten als Schlüsselbegriffe für absolute Größen, wobei `xx-small` die kleinste und `xx-large` die größte Schrift darstellt: `xx-small`, `x-small`, `small`, `medium`, `large`, `x-large` und `xx-large`. Die Größenveränderung angrenzender Schlüsselwörter wird für Monitore mit dem Faktor 1,5 angenommen. Weiterhin können Sie absolute Größen mit geeigneten Einheiten wie z.B. Punkt (`pt`) oder Pica (`pc`) notieren (siehe auch Kapitel 41.2).

```
{ font-size:large }

{ font-size:18pt }
```

Mit den Schlüsselwörtern `smaller` (= kleiner) und `bigger` (= größer) können relative Größen angegeben werden. Den Bezug bildet dabei die Schriftgröße des übergeordneten Befehls. Mit

```
body { font-size:medium }

p { font-size:bigger }
```

wird die Schriftgröße des Dateirumpfes auf medium gesetzt, die Schriftgröße des innerhalb dieses Bereichs liegenden Absatzes wird mit bigger größer als medium definiert. Relative Angaben können auch in Prozent ausgedrückt werden.

```
body { font-size:12pt }

p { font-size:150% }
```

Vorstehende Angaben legen fest, dass Absätze in 18 Punkt großer Schrift dargestellt werden (150% von 12 = 18).

Schrift allgemein (font)

Die Eigenschaft font fasst die Eigenschaften font-style, font-variant, font-weight, font-size, font-family und line-height zusammen.

Angaben zur Schriftgröße lassen sich mit Angaben zur Zeilenhöhe koppeln, wobei zuerst die Schriftgröße und durch einen Schrägstrich getrennt die Zeilenhöhe notiert wird (siehe auch Zeilenhöhe in Kapitel 44.2).

```
p { font:12pt/14pt }
```

definiert einen Absatz mit der Schriftgröße 12 Punkt und der Zeilenhöhe 14 Punkt. Auch die anderen oben erwähnten Schrifteigenschaften können in einer Definition notiert werden. Die Eigenschaften werden dabei nicht notiert, die Trennung der einzelnen Werte erfolgt durch je ein Leerzeichen. Aus

```
p { font-size:12pt; line-height:14pt; font-weight:lighter; font-style:italic; font-family:Arial, sans-serif }
```

wird so in abgekürzter Form

```
p { font: 12pt/14pt lighter italic Arial, sans-serif }
```

Der Browser entnimmt der Angabe font, dass verschiedene Angaben zur Schrift folgen und interpretiert die durch Leerzeichen voneinander getrennten Werte korrekt. Die Reihenfolge der Werte spielt hierbei keine Rolle.

Im folgenden Beispiel werden verschiedene Schrifteigenschaften lokal eingesetzt.

```
<html>
<head>
<meta http-equiv="content-type" content="text/html; charset=iso-8859-1">
<meta http-equiv="content-style-type" content="text/css">
<title>Stylesheet-Formateigenschaften</title>
<style type="text/css">
<!--
body { font-family:Arial, Helvetica, sans-serif; font-size:12pt }
```

```
p.hervor01 { font:Arial, sans-serif; font-size:14pt;
font-style:italic }
p.hervor02 { font:Arial, sans-serif; font-weight:bold }
span#cons { font-variant:small-caps }
-->
</style>
</head>
<body>
<h2>Schrifteigenschaften</h2>
Lorem ipsum dolor (...)
<p class="hervor01">
Duis autem veleum (...)
</p>
Lorem ipsum dolor (...) <span id="cons">consectetuer</span>
adipiscing elit, sed (...)
<p class="hervor02">
Lorem ipsum dolor (...)
</p>
</body>
</html>
```

Grundsätzlich wird der Dateiinhalt in Arial 12 Punkt angezeigt. Absätze der Klasse `hervor01` werden in der Schriftart Arial mit einer Größe von 14 Punkt kursiv dargestellt. Absätze der Klasse `hervor02` haben die gleiche Schriftart, sind jedoch fett. Der Begriff `consectetuer` des dritten Absatzes ist mit dem Tag `<span>` und der ID `cons` ausgezeichnet. Im `<style>`-Bereich ist ihm die Schriftvariante Kapitälchen zugeordnet.

In CSS 2 steht eine Möglichkeit zur Verfügung, die Anzeige von textlichen Inhalten in einer bestimmten (downloadbaren) Schriftart zu erreichen:

```
@font-face { font-family:Garamond; src:url(garamond.eot),
url(garamond.pfr) }
```

`@font-family` nimmt die Bezeichnung der Schriftart auf, innerhalb der runden Klammern der Ausdrucks `src:url( )` wird die URL der Schriftdatei notiert. Schriftdateien mit der Dateierweiterung `pfr` werden nur vom Navigator ab 4.x, solche mit der Endung `eot` ausschließlich vom Explorer ab 4.x als solche erkannt und angewendet. Schriftartendateien der Endung `eot` können mit dem Microsoft-Programm Web Embedding Fonts Tool (WEFT) erstellt werden. Diese Software sorgt selbstständig dafür, dass die entsprechenden Angaben (im `<style>`-Bereich der Datei) gemacht werden. Die Angabe

```
@font-face { font-family:Garamond; src:local(Garamond),
url(Garamond.eot) }
```

bewirkt, dass die angegebene Schriftart zunächst auf dem Rechner des Anwenders zu suchen ist (`local`) und erst nach erfolgloser Suche die Schriftart heruntergeladen wird.

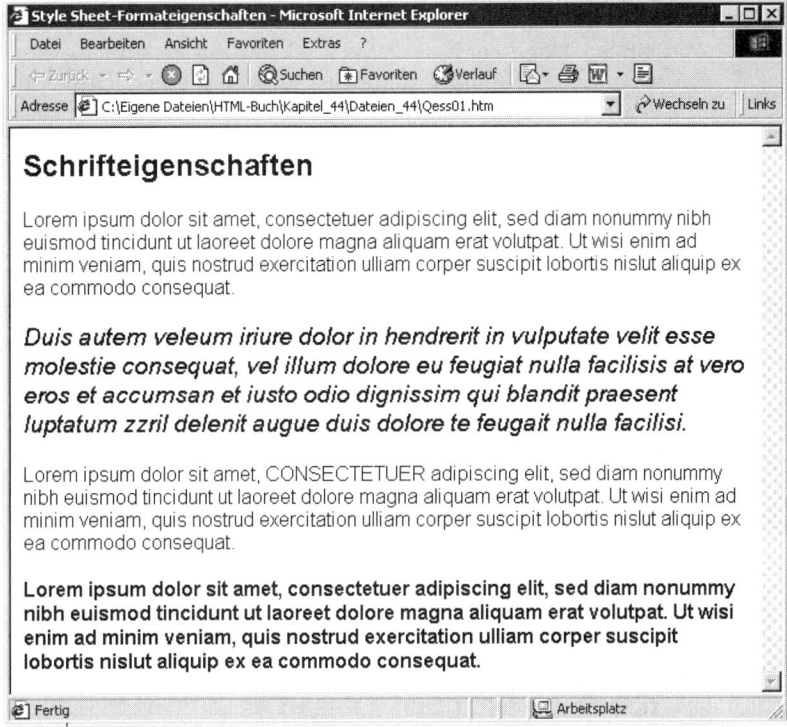

Bild 44.1: Die Schrifteigenschaften sind per Stylesheet realisiert.

44.2 Texteigenschaften

Wortabstand (word-spacing)

Die Eigenschaft word-spacing erlaubt es, die Abstände zwischen den einzelnen Worten eines Elements zu verändern. Die Angabe

```
h2 { word-spacing:2mm }
```

bedeutet, dass die Wortabstände einer <h2>-Überschrift um 2mm vergrößert dargestellt werden. Diese Eigenschaft wird derzeit (noch) nicht unterstützt.

Zeichenabstand (letter-spacing)

Ähnlich wie bei word-spacing der zusätzliche Abstand zwischen einzelnen Worten festgelegt werden kann, bewirkt letter-spacing einen zusätzlichen Abstand zwischen einzelnen Zeichen.

```
{ letter-spacing:0.5em }
```

Der Navigator unterstützt diese Angabe in der Version 4 nicht.

Zeilenhöhe (line-height)

Mit der Eigenschaft line-height kann die Zeilenhöhe explizit festgelegt werden, diese Angabe sollte zusammen mit einer Schriftgröße notiert werden.

p.hervor01 { font-size:12pt; line-height:14pt }

phervor01 { font:12pt/14pt }

Die untere Definition ist die ebenfalls gültige abgekürzte Form der Angaben zur Schriftgröße und Zeilenhöhe. Für Absätze der Klasse hervor01 wird die Schriftgröße mit 12 Punkt und die Zeilenhöhe mit 14 Punkt definiert.

Textdekoration (text-decoration)

Die Eigenschaft text-decoration ermöglicht Angaben dazu, ob ein Element unterstrichen (underline), überstrichen (overline) oder durchgestrichen (line-through) ist. Zusätzlich kann mit dem Wert blink blinkender Text erzeugt werden; dieser Wert wird vom Internet Explorer allerdings nicht unterstützt. Der Navigator 4.x interpretiert nur die Wert line-through und blink korrekt. Standardmäßig wird der Wert none (= keine) angenommen.

{ text-decoration:underline }

Vorstehende Definition legt z.B. fest, dass der Text unterstrichen dargestellt werden soll.

Text umwandeln (text-transform)

Mit der Eigenschaft text-transform lässt sich die Darstellung textlicher Inhalte in Großbuchstaben bzw. Kleinbuchstaben festlegen. Dabei sind folgende Werte gültig:

→ capitalize – das erste Zeichen jedes Wortes wird in Großbuchstaben angezeigt

→ uppercase – alle Zeichen des Selektors werden groß geschrieben

→ lowercase – alle Zeichen des Selektors werden klein geschrieben

→ none – neutralisiert von übergeordneten Elementen geerbte Werte

Mit der Angabe

h2 { text-transform:uppercase }

definieren Sie, dass Überschriften der Kategorie zwei in Großbuchstaben dargestellt werden.

Text ausrichten (text-align)

Die für die Eigenschaft text-align gültigen Werte sind:

→ left – für linksbündigen Text, Standard-Einstellung

→ center – für zentrierten Text

→ right – für rechtsbündigen Text

→ justify – für Blocksatz

Die Definition

```
p { text-align:center }
```

zentriert z.B. den Inhalt von Absätzen, bezogen auf die Absätze selbst. Wurde den Absätzen z.B. mit einer anderen Definition ein bestimmter Abstand vom linken Rand des Browser-Fensters zugeordnet, so werden die Inhalte der Absätze zwar zentriert dargestellt, allerdings bezogen auf den Absatz. Die Lage in Bezug zum gesamten Browser-Fenster wäre nicht zentriert. In CSS 2 wird zusätzlich definiert, dass eine Zeichenfolge angegeben werden kann, an der sich Tabellenzellen ausrichten, wie z.B. ein Dezimalzeichen.

Vertikale Ausrichtung (`vertical-align`)

Die Eigenschaft `vertical-align` ermöglicht es, Elemente in vertikaler Richtung auszurichten, was z.B. bei Tabellen sinnvoll sein kann. Die gültigen Werte sind:

→ `middle` – mittige Ausrichtung

→ `baseline` – Ausrichtung an der Grundlinie, Standard-Einstellung

→ `text-top` – Ausrichtung am oberen Textrand

→ `text-bottom` – Ausrichtung am unteren Textrand

→ `top` – Ausrichtung am höchsten Element der Zeile

→ `bottom` – Ausrichtung am untersten Element der Zeile

→ `sub` – bei gleicher Schriftgröße tiefstellen

→ `super` – bei gleicher Schriftgröße hochstellen

Die folgende Angabe stellt z.B. den Bereich mit der ID `hoch` hoch:

```
#hoch { vertical-align:super }
```

Text einrücken (`text-indent`)

Diese Eigenschaft ermöglicht einen Einzug der ersten Zeile eines Textes.

```
p { text-indent:3em }
```

Vorstehende Definition legt eine Einrückung bei Absätzen fest, die sich auf die elementeigene Schrifthöhe bezieht.

Das folgende Beispiel beinhaltet einige der bislang aufgeführten Texteigenschaften.

Der im Kopf dieser Datei notierte `<style>`-Bereich lautet wie folgt:

```
<style type="text/css">
<!--
body { font-family:Arial, Helvetica, sans-serif; font-size:12pt }
h2 { text-transform:uppercase; text-align:center }
p.hervor { text-indent:3em }
p.hervor01 { font:12pt/18pt; text-align:center }
span#cons { letter-spacing:0.5em }
```

```
span#tin { text-decoration:underline }
span#lor { text-decoration:overline }
span#mag { text-decoration:line-through }
span#utw { text-transform:capitalize }
span#at { vertical-align:super }
-->
</style>
```

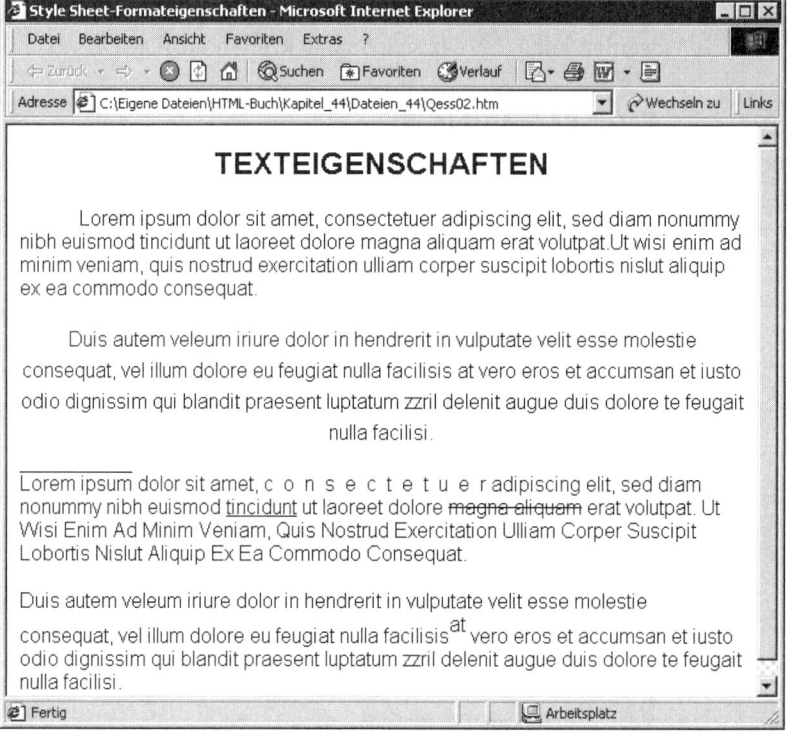

Bild 44.2: Die Texteigenschaften dieser Datei sind mit einem lokalen Stylesheet festgelegt.

→ Die erste Angabe bezieht sich auf den gesamten Dateirumpf, sie definiert eine Schriftart und eine Schriftgröße.

→ Mit <h2> ausgezeichnete Überschriften werden in Großbuchstaben und zentriert dargestellt.

→ Die erste Zeile von Absätzen der Klasse hervor wird um 3em eingerückt (erster Absatz in Abbildung 44.2).

→ Absätze der Klasse hervor01 haben bei einer Schriftgröße von 12 Punkt eine Zeilenhöhe von 18 Punkt, zudem sind sie zentriert ausgerichtet (in Abbildung 44.2 der zweite Absatz).

→ Der Inhalt des <span>-Tags mit der ID cons hat einen veränderten Abstand zwischen den einzelnen Buchstaben (in Abbildung 44.2 das Wort consectetuer im dritten Absatz).

→ Der Inhalt des <span>-Tags mit der ID tin wird unterstrichen, mit der ID lor überstrichen und mit der ID mag durchgestrichen dargestellt (alles im dritten Absatz).

→ Die Worte des mit dem <span>-Tag der ID utw ausgezeichneten Textes beginnen alle mit Großbuchstaben (letzter Satz des dritten Absatzes).

→ Das <span>-Element mit der ID at ist hochgestellt.

Umfließender Text (float**)**

Wie in HTML kann auch mithilfe von CSS das Umfließen eines Elements festgelegt werden. Weiterhin werden (sofern als Wert left oder right notiert ist) auch nicht Absatz-bildenden Elemente (wie z.B. <span>) wie Absatz-bildende behandelt. Nachfolgend sehen Sie die gültigen Werte der Eigenschaft float und deren Bedeutung.

→ left – das Element wird als Absatz-bildendes Element behandelt und links ausgerichtet, sodass der umgebende Text es an der rechten Seite umfließt

→ right – das Element wird als Absatz-bildendes Element behandelt und rechts ausgerichtet, sodass der umgebende Text es an der linken Seite umfließt

→ none – das Element erscheint an der Stelle, wo es im HTML-Code notiert ist

Umfließen beenden (clear**)**

Die Eigenschaft clear beendet das Umfließen eines Elements. Die möglichen Werte sind left (kein Umfließen rechts von einem Element), right (kein Umfließen links vom Element), both (Umfließen an beiden Seiten unterbinden) und none (Umfließen überall gestattet).

Die Stylesheet-Angaben zu der in Abbildung 44.3 gezeigten Datei lauten wie folgt:

```
<style type="text/css">
<!--
body { font-family:Arial, sans-serif; font-size:10pt }
h2 { text-align:center }
img { float:left; margin-right:4% }
p.hervor02 { clear:left }
-->
</style>
```

Die Definition float:left gibt bezogen auf <img>-Tags an, dass diese rechts umflossen werden. Die Eigenschaft margin-right legt einen Abstand zwischen Grafik und umfließendem Text fest (diese Eigenschaft wird im folgenden Kapitel behandelt). Dem Absatz der Klasse hervor02 wird mit clear:left zugeordnet, dass er das Element nicht umfließen soll.

Kapitel 44 · CSS Stylesheet-Formateigenschaften

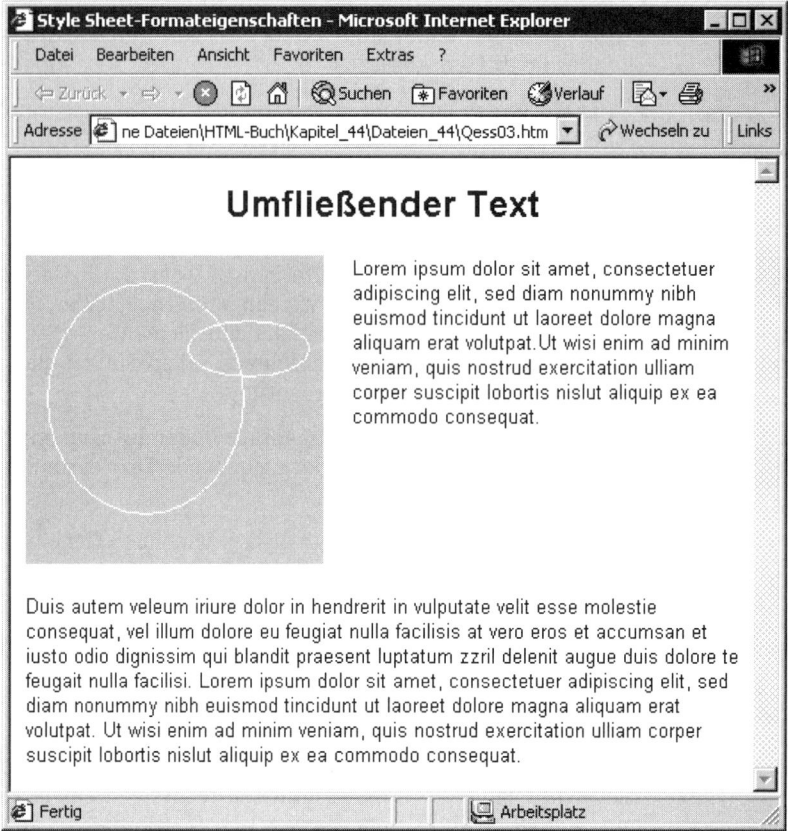

Bild 44.3: Umfließender Text mit CSS

 Die folgenden Texteigenschaften sind in CSS 2 spezifiziert und werden daher nicht durchgängig unterstützt. Setzen Sie sie daher sorgsam ein und testen Sie die Datei nach Möglichkeit mit verschiedenen Browsern.

Text schattieren (text-shadow**)**

Mit der Eigenschaft text-shadow können Sie für Text einen Schatten definieren, als Wert wird die Farbe angegeben, in der der Schatten erscheinen soll. Die Angabe

```
h2 { text-shadow:gray }
```

legt einen grauen Schatten für Überschriften zweiter Ordnung fest. Weder der Netscape Navigator 4.x noch der Internet Explorer 5.5 unterstützen diese Eigenschaft.

Leerzeichen (white-space**)**

Die Eigenschaft white-space gibt Ihnen die Kontrolle über die Zeilenumbrüche. Der Wert pre ähnelt dem HTML-Tag <pre>; der Text wird im Browser genauso angezeigt, wie er im Quelltext notiert wurde. Mit nowrap legen Sie fest, dass der Text gar nicht automatisch umgebrochen wird, Zeilenumbrüche werden nur dann durchgeführt, wenn sie explizit mit einem `<br>`-Tag angezeigt sind. Der NN 4.x interpretiert nur den Wert `pre`, der IE 5.5 unterstützt nur den Wert `nowrap`. Mit

```
p { white-space:nowrap}
```

definieren Sie, dass Absätze grundsätzlich nur an solchen Stellen umbrochen werden, die entsprechend gekennzeichnet sind.

44.3 Abstände zu umgebenden Elementen

Die Abstände Absatz-bildender HTML-Befehle (wie z.B. `<h1>`-`<h6>`, `<p>`, `<table>`, `<th>`, `<td>`) bzw. deren Inhalte haben verschiedene Ebenen. Diese lassen sich z.B. anhand einer einzelnen Tabellenzelle erläutern, deren Inhalt aus einem Wort besteht. Der Abstand zwischen den Buchstaben und dem Rand (oder Rahmen) der Tabellenzelle ist ein Innenabstand, der in HTML wie in CSS mit dem Begriff `padding` (= auspolstern) bezeichnet wird. Der Rahmen dieser Tabellenzelle kann entweder unsichtbar sein oder eine bestimmte zu definierende Breite einnehmen. Dieser Rahmen wird in HTML und CSS `border` genannt. Jenseits dieses Rahmens kann ein Abstand zum angrenzenden Element definiert werden (`margin`). Der gesamte Abstand zweier Elemente zueinander ergibt sich also aus den jeweiligen Innenabständen (`padding`), der jeweiligen Rahmenbreite (`border`) und dem Abstand zwischen diesen Elementen (`margin`).

Die Elemente selbst können mit den Eigenschaften `width` (=Breite) und `height` (= Höhe) in ihren Ausmaßen festgelegt werden, gültige Werte sind dabei Längenangaben bzw. der Wert `auto`. Beim Skalieren von Grafiken legt der Ausdruck `height:auto` fest, dass das ursprüngliche Seitenverhältnis beibehalten wird. Zusätzlich kann die Eigenschaft `width` prozentuale Angaben enthalten. NN und IE der Version 4.x interpretieren diese Angaben nur teilweise (bezogen auf Grafiken und Tabellen, nicht jedoch auf Textelemente). Im Explorer 5.5 werden `width` und `height` umfassend unterstützt.

In diesem Abschnitt werden die Abstände zwischen den Elementen behandelt, Rahmen und Innenabstände werden in den Kapiteln 44.5 und 44.6 beschrieben. Die mit `margin` definierten Abstände zwischen verschiedenen Elementen sind immer transparent, das heißt, die Hintergrundfarbe eines übergeordneten Elements scheint durch. Die Angaben zu umgebenden Elementen können absolut oder relativ gemacht werden.

Abstände (`margin-top, margin-bottom, margin-left, margin-right`)

Die Eigenschaft `margin-top` legt den Abstand zum vorhergehenden Element fest. Sofern der Selektor (und das vorhergehende Element) einen Rahmen besitzt, bezeichnet der Wert von `margin-top` den Abstand zwischen diesen beiden Rahmen. Mit `margin-bottom` kann entsprechend der Abstand zu nachfolgenden Elementen bestimmt werden. Die Eigenschaft `margin-left` bezieht sich auf den seitlichen linken und `margin-right` auf den seitlichen rechten Abstand.

Die Angabe

```
p { margin-top:2em ; margin-bottom:3em}
```

definiert einen Abstand von 2em zum oberhalb befindlichen und 3em zum nachfolgenden Element.

Abstand allgemein (margin)

Die Eigenschaft margin nimmt ein bis vier Werte auf, die wie folgt interpretiert werden:

→ { margin:1em } – der Abstand zu allen Seiten beträgt 1em

→ { margin:1em 0.5em } – der Abstand nach oben und unten beträgt 1em, die seitlichen Abstände 0.5em

→ { margin:1em 0.5em 0.3 } – der obere Abstand ist mit 1em, die seitlichen Abstände mit 0,5em und der Abstand nach unten mit 0,3em festgelegt

→ { margin:1em 0.5em 0.3em 0.6em } – der obere Abstand beträgt 1em, der rechte 0,5, der Abstand nach unten ist mit 0,3em und der Abstand nach links mit 0,6em definiert

Mit der Definition

```
p.hervor01 { margin:2em 1em }
```

haben Absätze der Klasse hervor01 in vertikaler Richtung einen Abstand von 2em und 1em in horizontaler Richtung. Die Browser-Darstellung zeigt eine Datei, deren mittlerer Absatz der Klasse hervor01 angehört.

Bild 44.4: Der mittlere Absatz hat per Stylesheet definierte Abstände.

Der Netscape Navigator 4.x interpretiert diese Angaben nur teilweise korrekt; so werden die Werte zum oberen Abstand umgesetzt, während der Abstand nach unten hin nicht berücksichtigt wird. Testen Sie Dateien, die mit diesen Angaben formatiert sind also nach Möglichkeit mit verschiedenen Browsern bzw. Versionen.

44.4 Farbe und Hintergrundeigenschaften

Vordergrundfarbe (color**)**

Die Vordergrundfarbe wird mit der Eigenschaft color (= Farbe) festgelegt, womit die Textfarbe gemeint ist. Als Wert dieser Eigenschaft können Farbangaben in verschiedenen Formen notiert werden: als Farbname, als RGB-Angabe, als hexadezimaler und als dezimaler Wert (siehe dazu auch Kapitel 41.2 Farbangaben und Maßeinheiten). Die Angabe

`{ color:navy }`

legt fest, dass der Selektor in der Farbe Dunkelblau dargestellt wird.

Die Angabe des Wertes in dezimaler Schreibweise lautet:

`{ color:rgb(0,0,128) }`

Diese Farbe setzt sich aus null Anteilen Rot, null Anteilen Grün und 128 Anteilen Blau zusammen. In der Browserdarstellung ergibt sich daraus ein dunkler Blauton. Diese dezimale Angabe kann auch prozentual gemacht werden. Der dezimale Wert 0 wird dann mit 0%, der höchste dezimale Wert 255 mit 100% notiert. Die Syntax für die gleiche Farbe wie im vorigen Beispiel lautet:

`{ color:rgb(0%,0%,50%) }`

Die hexadezimale Schreibweise wäre in diesem Beispiel:

`{ color:#000080 }`

Beachten Sie beim Einsatz von farbigem Text, dass Hintergrund und Vordergrund aufeinander abgestimmt sein sollten, damit der Kontrast für ermüdungsarmes Betrachten ausreicht (siehe hierzu auch Kapitel 6).

Die Angaben

`h2 { font-family:Arial, sans-serif; color:blue }`

`p.col01 { font-family:Arial, sans-serif; color:navy }`

`p.col02 { font-family:Arial, sans-serif; color:rgb(0,0,128) }`

`p.col03 { font-family:Arial, sans-serif; color:rgb(0%,0%,50%) }`

`p.col04 { font-family:Arial, sans-serif; color:#000080 }`

führen dazu, dass Überschriften der Kategorie zwei in der Farbe blue und Absätze der angegebenen Klassen alle in der gleichen Farbe (navy) dargestellt werden. Folgende Abbildung ist mit diesen Angaben formatiert.

Bild 44.5: Alle Absätze haben dieselbe, mit unterschiedlichen Farbangaben definierte Farbe.

Hintergrundfarbe (background-color)

Hintergrundfarben einzelner Elemente oder auch der gesamten Datei werden mit der Eigenschaft background-color festgelegt; die gültigen Farbangaben sind in Kapitel 41.2 beschrieben. Standardmäßig wird der Wert der Eigenschaft background-color mit transparent angenommen. Die Angaben

h2 { background-color:#ccffff; color:navy }

p { font-family:Arial, sans-serif; color:navy }

p.col02 { font-family:Arial, sans-serif; color:#000080; background-color:#cff }

definieren unter anderem sowohl eine Hintergrund- als auch eine Vordergrundfarbe für den Befehl <h2> und Absätze der Klasse col02.

Um den farbigen Hintergrund weiter über den enthaltenen Text hinausragen zu lassen, verwenden Sie die in Kapitel 44.6 behandelte Eigenschaft padding.

Im Netscape Navigator 4.0 wird die in Abbildung 44.6 dargestellte Hintergrundfarbe des Absatzes nicht als viereckige Fläche dargestellt, vielmehr endet die Hintergrundfarbe mit dem letzten Wort des Absatzes. Um diesen Effekt zu verhindern, notieren Sie zusätzlich die im folgenden Kapitel behandelten Definitionen border-width:thin *und* border-style:none.

Farbe und Hintergrundeigenschaften

Bild 44.6: Hintergrund- und Vordergrundfarben sind in einem Stylesheet definiert.

Hintergrundgrafik (background-image)

Hintergrundgrafiken werden mit der Eigenschaft background-image eingebunden, als Wert wird nach der Angabe url die URL der Grafik innerhalb von runden Klammern notiert. Die Angabe

```
p.graf { background-image:url(gelb2.gif);  background-color:#ccff99}
```

bewirkt, dass die GIF-Grafik *gelb2.gif* als Hintergrundgrafik für Absätze der Klasse graf verwendet wird. Zusätzlich ist für den Fall, dass die Grafik nicht angezeigt werden kann, eine Hintergrundfarbe definiert. Wie in HTML können Grafiken im GIF- und JPEG-Format eingebunden werden. Die Regeln zur Angabe relativer und absoluter URLs sind in Kapitel 18.2 behandelt; in diesem Beispiel befindet sich die Grafik im selben Verzeichnis wie die HTML-Datei. Der <style>-Bereich der in Abbildung 44.7 gezeigten Datei lautet wie folgt:

```
<style type="text/css">
<!--
h2 { font-family:Arial, sans-serif; color:navy;
background-color:#ccffff }
p { font-family:Arial, sans-serif; color:navy }
p.col02 { font-family:Arial, sans-serif; color:navy;
background-color:#ccffff }
p.graf { font-family:Arial, sans-serif; color:navy;
background-color:#ccffff; background-image:url(gelb2.gif) }
-->
</style>
```

Achten Sie unbedingt auf die genaue Einhaltung der Syntax, bereits ein Leerzeichen zwischen der Angabe url *und der öffnenden runden Klammer* (*führt dazu, dass die Grafik nicht dargestellt werden kann. In einem externen Stylesheet funktioniert diese Angabe nicht, die Grafik wird nicht angezeigt.*

Bild 44.7: Der untere Absatz besitzt eine Hintergrundgrafik.

Wiederholung der Hintergrundgrafik (background-repeat)

Standardmäßig werden als Hintergrund eingebundene Grafiken so oft aneinandergefügt, bis die Fläche gefüllt ist, die das jeweilige Element einnimmt. Um diese Einstellung zu spezifizieren, können Sie die Eigenschaft background-repeat (= Wiederholung des Hintergrunds) einsetzen. Folgende Werte sind für diese Eigenschaft gültig:

→ repeat – (= wiederholen), Standard-Einstellung, die Grafik wird sowohl in horizontaler als auch in vertikaler Richtung so lange addiert, bis die Fläche des Elements gefüllt ist

→ repeat-x – die Grafik wird nur in horizontaler Richtung addiert, ist in ihrer Höhe also wahrnehmbar

→ repeat-y – die Grafik wird nur in vertikaler Richtung addiert, sodass ihre Breite sichtbar wird

→ no-repeat – die Grafik wird nicht wiederholt und nur einmal dargestellt

Bild 44.8: Die referenzierte Grafik wird nur in horizontaler Richtung wiederholt.

In Abbildung 44.8 wirkt sich folgender Style-Bereich auf die Darstellung der Datei aus:

```
<style>
<!--
body { font-family:Arial, sans-serif; color:navy; background-image:url(gelb2.gif); background-repeat:repeat-x }
-->
</style>
```

 Der Netscape Navigator 4.x scheint nur die Werte repeat *und* no-repeat *korrekt zu interpretieren.*

Statische Hintergrundgrafik (background-attachment**)**

Wie in HTML kann auch mit CSS ein statisches Hintergrundbild erzeugt werden. Die entsprechende Eigenschaft heißt background-attachment (= Hintergrund-Bindung) und kann die Werte scroll oder fixed annehmen. Standardmäßig wird der Wert scroll interpretiert, eine referenzierte Grafik bewegt sich also mit dem Vordergrund (z.B. Text). Mit fixed legen Sie fest, dass das Hintergrundbild sich beim Scrollen nicht mit dem Vordergrund bewegt, sondern statisch erscheint. Der Vordergrund lässt sich losgelöst vom Hintergrund bewegen. Folgende Angabe führt dazu, dass die Grafik statisch angezeigt wird.

```
body { background-image:url(gelb2.gif); background-attachment:fixed }
```

Der Navigator unterstützt diesen Effekt in der 4er-Version nicht.

Position der Hintergrundgrafik (background-position)

Eine referenzierte Hintergrundgrafik kann in ihrer Position bestimmt werden, was vor allem für Einzelgrafiken (die nicht addiert werden) sinnvoll ist. Die Position kann in prozentualen Angaben { background-position:50% 50% } oder absoluten Werten erfolgen { background-position:3cm 2cm }, wobei der erste Wert die horizontale Position der Grafik angibt. Standardmäßig wird die Position mit 0% 0% angenommen, was der linken oberen Ecke entspricht. Die Position einer Grafik wird in Bezug auf das Element bestimmt, in dem die Grafik enthalten ist (bei Hintergrundgrafiken das <body>-Tag). Bei statischen Hintergrundbildern beziehen sich die Angaben zur Position auf die sichtbare Fläche des Browser-Fensters. In der Regel ist die Angabe relativer Werte sinnvoll, da so ein gleiches Aussehen auch bei unterschiedlich großen Bildschirmen gegeben ist. Neben den prozentualen Angaben stehen eine Reihe von Schlüsselwörtern zur Verfügung, die ebenfalls relative Positionen definieren.

top left – linke obere Ecke des Elements, entspricht 0% 0%

top oder top center – Mitte der Oberkante des Elements, entspricht 50% 0%

top right – rechte obere Ecke des Elements, entspricht 100% 0%

left oder left center – Mitte der linken Elementbegrenzung, entspricht 0% 50%

center – Mitte des Elements, entspricht 50% 50%

right oder right center – Mitte der rechten Elementbegrenzung, entspricht 100% 50%

bottom left – linke untere Ecke des Elements, entspricht 0% 100%

bottom oder bottom center – Mitte der unteren Elementbegrenzung, entspricht 50% 100%

bottom right – rechte untere Ecke des Elements, entspricht 100% 100%

Der Netscape Navigator interpretiert die Angaben zur Grafikposition in Version 4 nicht.

In der folgenden Abbildung sehen Sie eine Datei, die ausschließlich aus einer einzelnen Hintergrundgrafik besteht. Die Position ist durch diese Definition festgelegt:

body { background-image:url(grau2.gif); background-repeat:no-repeat, background-position:center }

Hintergrundgrafik allgemein (background)

Ähnlich wie bei den Schrifteigenschaften können auch die Eigenschaften, die Hintergrundgrafiken betreffen, zusammengefasst werden. Die allgemeine Eigenschaft lautet background und kann als Werte die URL einer Grafik, eine Hintergrundfarbe, Angaben zur Wiederholung und Fixierung der Grafik und zu deren Position enthalten. Die Reihenfolge dieser Angaben ist dabei irrelevant; ebenso ist es freigestellt, wie viele dieser Angaben Sie machen.

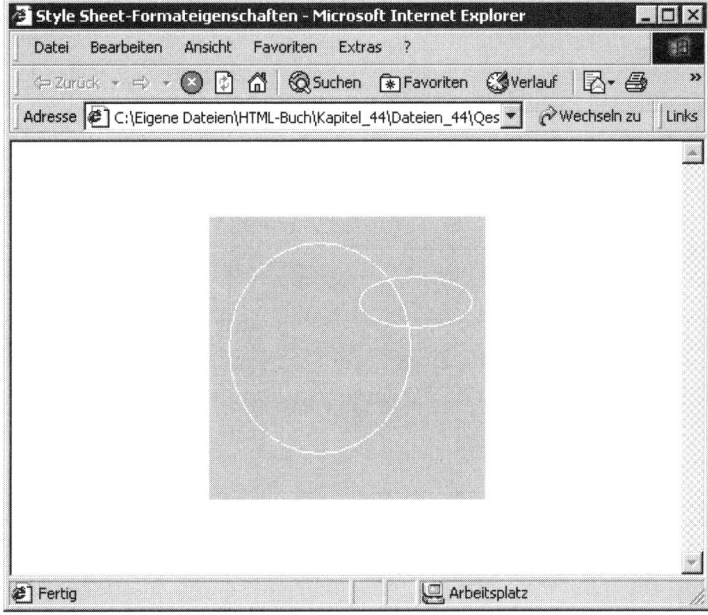

Bild 44.9: Eine zentrierte Hintergrundgrafik

```
body { background:#ffffcc; url(grau2.gif); no-repeat; fixed; center }
```

Vorstehende Definition legt eine Hintergrundfarbe fest (falls die Grafik nicht angezeigt werden kann) und enthält eine Grafikreferenz. Die Grafik soll nicht wiederholt werden und nicht mit dem Vordergrund scrollen. Die Position der Grafik ist mittig in Bezug auf das Browser-Fenster.

44.5 Rahmeneigenschaften

Elementrahmen werden (falls erwünscht) an allen vier Seiten eines Elements dargestellt. Mithilfe der folgenden Eigenschaften lassen sich die Art, Stärke und Farbe des Rahmens definieren.

Art des Rahmens (border-style)

Sie können dieser Eigenschaft ein bis vier Werte geben, die sich wie folgt auf die Rahmenseiten beziehen.

→ ein Wert – bezieht sich auf alle Seiten

→ zwei Werte – der erste Wert definiert die obere und untere, der zweite die linke und rechte Seite

→ drei Werte – der erste Wert legt die obere, der zweite die seitlichen und der dritte Wert die untere Rahmenseite fest

→ vier Werte – vier Werte werden in der Reihenfolge obere, rechte, untere und linke Rahmenseite interpretiert

Sofern es die Seitengestaltung nicht unbedingt erfordert, sollten Sie die einzelnen Rahmenseiten gleich behandeln, damit der Rahmen geschlossen wirkt.

Die möglichen Werte sind im Folgenden aufgeführt.

→ none – kein Rahmen, Standard-Einstellung

→ dotted – gepunktete Linie

→ dashed – gestrichelte Linie

→ solid – durchgezogene Linie

→ double – Doppellinie, die definierte Rahmenstärke bezieht sich auf die gesamte Doppellinie (zwei Einzellinien plus Zwischenraum)

→ groove – dreidimensionaler Rahmen

→ ridge – dreidimensionaler Rahmen

→ inset – dreidimensionaler Rahmen, die Innenfläche erscheint vertieft

→ outset – dreidimensionaler Rahmen, die Innenfläche erscheint erhöht

Die weiteren Angaben zu Rahmen wie Farbe und Stärke setzen voraus, dass als Wert der Eigenschaft border-style *nicht* none, *sondern irgendein anderer Wert angegeben ist, damit überhaupt ein Rahmen angezeigt wird. Der Navigator 4.x erfordert, dass zusätzlich zum* border-style *eine Rahmenstärke (*border-width*) notiert wird.*

Stärke der einzelnen Rahmenseiten

Die Rahmenstärke kann mit den Werten thin (= dünn), medium (= mittel), thick (= dick) oder mit absoluten Angaben definiert werden. Bei Verwendung der Schlüsselwörter kann die Rahmendicke je nach verwendetem Browser variieren, thin ist jedoch immer schmaler als medium und medium ist schmaler als thick. Die Stärke der oberen Rahmenseite wird mit der Eigenschaft border-top-width **festgelegt,** die der unteren mit border-bottom-width. Die Dicke des Rahmens auf der linken bzw. rechten Seite definieren die Eigenschaften border-left-width und border-right-width.

Werden für die Eigenschaften border-bottom-width, border-left-width *und* border-right-width *keine Angaben gemacht, so gilt der Wert der Eigenschaft* border-top-width *für alle Seiten des Rahmens.*

Rahmenstärke allgemein (border-width**)**

Die Angaben zur Rahmenstärke können in der Eigenschaft border-width zusammengefasst werden. Sie können eine bis vier Angaben machen, wobei folgende Regeln gelten:

→ { border-width:thin } – eine Angabe bezieht sich auf die Rahmenstärke aller Seiten

→ { border-width:thin medium } – der erste Wert (thin) bezieht sich auf die obere und untere Rahmenstärke, der zweite Wert (medium) wird für den linken und rechten Rahmen angenommen

→ `{ border-width:thin medium thick }` – der erste Wert (`thin`) bezeichnet die Stärke der oberen Rahmenseite, der zweite Wert (`medium`) die beiden seitlichen Rahmenseiten und der dritte Wert (`thick`) die untere Rahmenseite

→ `{ border-width:thin thin thick medium }` – der erste Wert (`thin`) legt die Stärke der oberen Rahmenseite fest, der zweite Wert (`thin`) bezieht sich auf die rechte Rahmenseite, der dritte Wert (`thick`) bezeichnet die untere Rahmenseite und der vierte Wert (`medium`) definiert die Stärke der linken Rahmenseite

→ Zusätzlich muss die Eigenschaft `border-style` einen anderen Wert als `none` haben, damit überhaupt ein Rahmen angezeigt wird.

Farbe des Rahmens (`border-color`)

Die Farbe von Rahmen bzw. der einzelnen Rahmenseiten lassen sich mit der Eigenschaft `border-color` festlegen, die ein bis vier Werte aufnimmt. Die Interpretation dieser Werte entspricht der bei der Eigenschaft `border-width`. Mit der Angabe

`{ border-style:solid; border-color:red }`

definieren Sie einen Rahmen, der umlaufend als durchgezogene Linie mit der Farbe Rot dargestellt wird.

Rahmenseiten allgemein (`border-top`, `border-bottom`, `border-left` UND `border-right`)

Die Angaben zu den einzelnen Rahmenseiten lassen sich zusammenfassen, dabei nimmt `border-top` die Werte für die obere, `border-bottom` die Werte der unteren, `border-left` die der linken und `border-right` die Werte der rechten Rahmenseite auf. Die Reihenfolge der Werte ist dabei irrelevant, es müssen nicht alle möglichen Werte (zu den Eigenschaften `width` und `color`) aufgeführt werden, ohne `style`-Wert wird jedoch kein Rahmen angezeigt.

`{ border-top:thin solid blue }`

`{ border-bottom:thick dashed navy }`

Rahmen allgemein (`border`)

Mit `border` können Sie für alle vier Seiten eines Rahmens identische Eigenschaften vergeben. Dabei ist es nicht erforderlich, für alle möglichen Eigenschaften einen Wert zu notieren. Voraussetzung ist jedoch ein Wert für die Eigenschaft `style`, da ansonsten kein Rahmen dargestellt wird.

`{ border:thin solid blue }`

`{ border:red dotted }`

Die in Abbildung 44.10 gezeigte Datei enthält die Rahmendefinitionen `{ border:dotted green }` und `{ border:double thick green }`.

Kapitel 44 · CSS Stylesheet-Formateigenschaften

Bild 44.10: Zwei Absätze haben einen per CSS definierten Rahmen.

Der gesamte Style-Bereich zu Abbildung 44.10 lautet wie folgt:

```
<style type="text/css">
<!--
body { font-family:Arial,; font-size:10pt }
h2 { text-align:center }
p.hervor01 { margin:2em; border:dotted green }
p.hervor02 { margin:2em; border:double thick green }
-->
</style>
```

44.6 Innenabstände

Die Eigenschaft padding (= auspolstern) legt fest, wie viel Abstand zwischen dem Inhalt und der Begrenzung (in Form eines Rahmens) eines Elements ist. Mit padding definierte Innenabstände haben die gleiche Hintergrundfarbe wie das Element selbst. Innenabstände werden vor allem dann sichtbar, wenn ein Element entweder einen Rahmen oder eine vom allgemeinen Hintergrund abweichende Hintergrundfarbe hat.

Einzelne Innenabstände (`padding-top`, `padding-bottom`, `padding-left` **und** `padding-right`**)**

Mit `padding-top` können Sie den oberen, mit `padding-bottom` den unteren Innenabstand festlegen. Der linke Innenabstand wird als Wert der Eigenschaft `padding-left` und der rechte mit `padding-right` definiert. Die Werte können in Form von absoluten oder relativen Längeneinheiten notiert werden (siehe Kapitel 41.2). Mit der Angabe

```
p { border:solid; padding-top:10px }
```

legen Sie z.B. fest, dass Absätze einen oberen Innenabstand von 10 Pixel zwischen Inhalt und Rahmen haben.

Innenabstand allgemein (`padding`**)**

Die Eigenschaften zu Innenabständen lassen sich in der Eigenschaft `padding` zusammenfassen; es können ein bis Werte notiert werden. Ein Wert bezieht sich auf alle vier Innenabstände eines Elements, bei zwei Werten wird der erste für den oberen und unteren und der zweite Wert für den rechten und linken Innenabstand verwendet. Drei Werte beziehen sich auf den oberen, die seitlichen und den unteren Innenabstand. Vier Werte legen die Innenabstände nach oben, rechts, unten und links fest. Die in Abbildung 44.11 gezeigte Datei enthält zwei Absätze, die definierte Innenabstände haben. Mit der Angabe

```
p.hervor01 { text-align:center; margin: 2em; border:double medium
#fc0; padding:1em }
```

wird festgelegt, dass textliche Inhalte von Absätzen der Klasse `hervor01` zentriert dargestellt werden und dass zu den umgebenden Elementen ein umlaufender Abstand von 2em eingehalten wird. Der Rahmen wird als Doppellinie mittlerer Stärke mit der Farbe #ffcc00 gezeigt und der Innenabstand zwischen Text und Rahmen beträgt 1em. Der in Abbildung 44.11 zweite Absatz entspricht dieser Definition. Der in dieser Abbildung vierte Absatz besitzt folgende Eigenschaften:

```
p.hervor02 { text-align:justify; margin:2em; background-color:#fc6;
padding:10px }
```

Der Text von Absätzen der Klasse `hervor02` ist im Blocksatz ausgerichtet und hat einen umlaufenden Abstand von 2em zu anderen Elementen. Die Hintergrundfarbe ist mit `#ffcc66` angegeben, und der Innenabstand zwischen Text und dem Ende des gefärbten Hintergrundes beträgt umlaufend 10 Pixel.

Bild 44.11: Mit Innenabständen versehene Absätze

44.7 Listen formatieren

Die nachfolgenden Listeneigenschaften wirken sich nur auf solche Listen aus, die insgesamt (oder deren einzelne Einträge) die display-Eigenschaft list-item haben. Mit der Angabe

```
ol, ul { display:list-item }
```

definieren Sie in CSS sortierte und unsortierte Listen (bzw. deren Einträge) als Listeneinträge; mit

```
li { display:list-item }
```

können Sie diese Angabe auch für einzelne Listeneinträge machen. Nicht alle Browser benötigen diese Angabe, um die verschiedenen Listeneigenschaften zu interpretieren (der Netscape Navigator und Internet Explorer benötigen sie z.B. nicht, diese Browser verwenden ihre eigenen Standard-Einstellungen und erkennen <li>-Tags als Listeneinträge, denen bestimmte CSS-Eigenschaften zugeordnet werden können. Weitere Informationen zu der Eigenschaft display finden Sie in Kapitel 44.10.

Aufzählungszeichen (list-style-type **und** list-style-image**)**

Ähnlich wie in HTML können Sie unsortierten und sortierten Listen verschiedene Aufzählungszeichen zuordnen. Die Eigenschaft list-style-type nimmt einen der nachfolgenden Werte auf, wobei die ersten drei sich auf unsortierte Listen und die nachfolgenden auf nummerierte Listen beziehen.

→ `disc` – gefüllter Punkt (Standard-Aufzählungszeichen bei unsortierten Listen)

→ `circle` – kreisförmiges Aufzählungszeichen

→ `square` – gefülltes Quadrat

→ `decimal` – Dezimalzahlen (Standard-Nummerierung bei sortierten Listen)

→ `lower-roman` – große römische Ziffern

→ `upper-roman` – kleine römische Ziffern

→ `lower-alpha` – alphabetische Aufzählungszeichen in Kleinbuchstaben

→ `upper-alpha` – alphabetische Aufzählungszeichen in Großbuchstaben

→ `none` – keine Aufzählungszeichen

Die Angabe `ul.li01 { list-style-type:square }` legt z.B. fest, dass die Aufzählungszeichen unsortierter Listen der Klasse `li01` quadratisch sind. Mit `ol.oli01 { list-style-type:lower-alpha }` werden sortierte Listen der Klasse `oli01` mit kleinen Buchstaben nummeriert.

Wenn sie ein grafisches Aufzählungszeichen verwenden möchten, können Sie die URL dieser Grafik als Wert der Eigenschaft `list-style-image` angeben. Notieren Sie für den Fall, dass die Grafik nicht angezeigt werden kann, die Eigenschaft `list-style-type` mit dem gewünschten Aufzählungszeichen. Die Angabe

`ul { list-style-image:url(bullet.gif); list-style-type:circle }`

legt fest, dass die Aufzählungszeichen unsortierter Listen von der relativen URL `bullet.gif` geladen werden sollen (in diesem Beispiel befindet sich diese Datei im selben Verzeichnis wie die HTML-Datei mit dem `<style>`-Bereich). Sollte diese Grafik aus irgendeinem Grund nicht angezeigt werden können, werden nicht die standardmäßigen Punkte, sondern kreisförmige (im Gegensatz zu den Punkten nicht gefüllte) Aufzählungszeichen verwendet. Der Navigator unterstützt die Angabe grafischer Aufzählungszeichen in der Version 4.x (noch) nicht.

Position des Aufzählungszeichens (`list-style-position`**)**

Die Eigenschaft `list-style-position` erlaubt Ihnen, die Einrückung der Listeneinträge zu bestimmen. Standardmäßig werden Listeneinträge gegenüber umgebendem Fließtext eingerückt, was dem Wert `outside` (äußere Position) entspricht. Um Listeneinträge weiter einzurücken notieren Sie die folgende Angabe.

`{ list-style-position:inside }`

Der NN 4.x interpretiert diese Eigenschaft nicht.

Kapitel 44 · CSS Stylesheet-Formateigenschaften

allgemeine Listeneigenschaften (list-style)

Die Eigenschaft list-style nimmt die verschiedenen Listeneigenschaften list-style-type für Aufzählungszeichen, list-style-image für grafische Aufzählungszeichen und list-style-position für die Einrückung auf. Es muss nicht für jede Eigenschaft ein Wert angegeben werden. Das folgende Beispiel enthält Listen mit verschiedenen Eigenschaften.

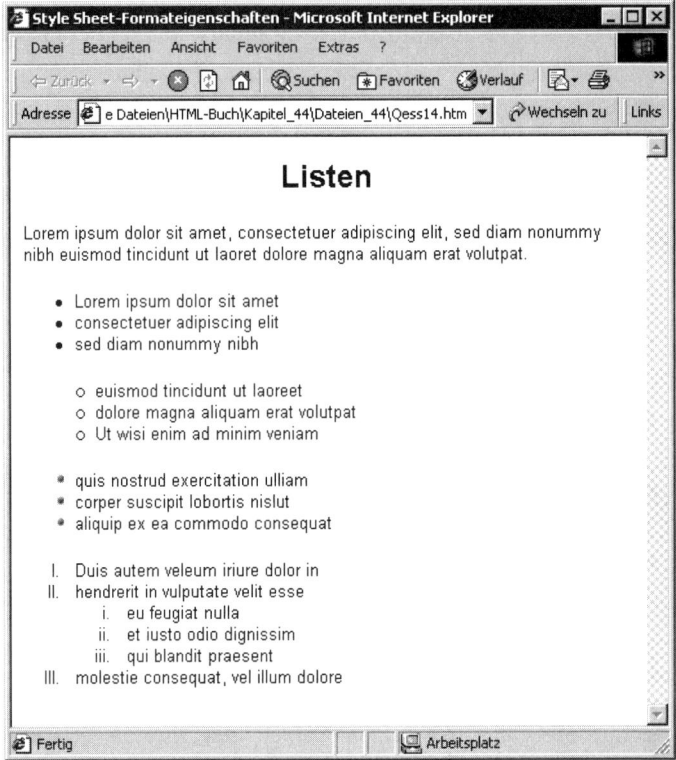

Bild 44.12: Mit CSS formatierte Listen

Der Quelltext zu der in Abbildung 44.12 dargestellten Datei lautet wie folgt:

```
<html>
<head>
<meta http-equiv="content-type" content="text/html;
charset=iso-8859-1">
<meta http-equiv="content-style-type" content="text/css">
<title>Stylesheet-Formateigenschaften</title>
<style type="text/css">
<!--
body { font-family:Arial; font-size:10pt}
h2 { text-align:center }
.li02 { list-style-type:circle; list-style-position:inside }
.li03 { list-style:square url(bullet.gif) }
```

```
.oli01 { list-style-type:upper-roman }
.oli02 { list-style-type:lower-roman }
-->
</style>
</head>
<body>
<h2>Listen</h2>
Lorem ipsum dolor (...)
<ul class="li01">
<li>Lorem ipsum dolor sit amet</li>
<li>consectetuer adipiscing elit</li>
<li>sed diam nonummy nibh</li>
</ul>

<ul class="li02">
<li>euismod tincidunt ut laoreet</li>
<li>dolore magna aliquam erat volutpat</li>
<li>Ut wisi enim ad minim veniam</li>
</ul>

<ul class="li03">
<li>quis nostrud exercitation ulliam</li>
<li>corper suscipit lobortis nislut</li>
<li>aliquip ex ea commodo consequat</li>
</ul>

<ol class="oli01">
<li>Duis autem veleum iriure dolor in</li>
<li>hendrerit in vulputate velit esse</li>
 <ol class="oli02">
  <li>eu feugiat nulla</li>
  <li>et iusto odio dignissim</li>
  <li>qui blandit praesent</li>
 </ol>
<li>molestie consequat, vel illum dolore</li>
</ol>
</body>
</html>
```

Die für die Darstellung der Listen relevanten Angaben befinden sich im `<style>`-Bereich der Datei. Die in Abbildung 44.12 obere unsortierte Liste wird standardmäßig dargestellt, das heißt, sie wird eingerückt und mit einem gefüllten Punkt als Aufzählungszeichen versehen. Die zweite Liste gehört der Klasse li02 an; sie hat einen nicht gefüllten Kreis als Aufzählungszeichen und wird weiter eingerückt (`.li02 { list-style-type:circle; list-style-posistion:inside }`). Die dritte Liste von oben besitzt ein grafisches Aufzählungszeichen. Sollte dieses nicht dargestellt werden können, wird ein quadratisches gezeigt. Bei der letzten Liste handelt es sich um eine geschachtelte sortierte Liste, als Nummerierung wurden für die äußere Liste große und für die enthaltene Liste kleine lateinische Ziffern gewählt.

44.8 Tabellen

Mit den in den vorigen Kapiteln behandelten Schrift- und Texteigenschaften sowie den Hintergrund- und Farbangaben und den Innenabständen können Sie auch Tabellen mit CSS formatieren. Darüber hinaus enthält CSS 2 zusätzliche Tabellen-spezifische Eigenschaften. Das folgende Beispiel zeigt eine ähnliche Tabelle wie Abbildung 25.20 in Kapitel 25. Hier ist die Formatierung der Tabelle mit Stylesheet-Angaben realisiert.

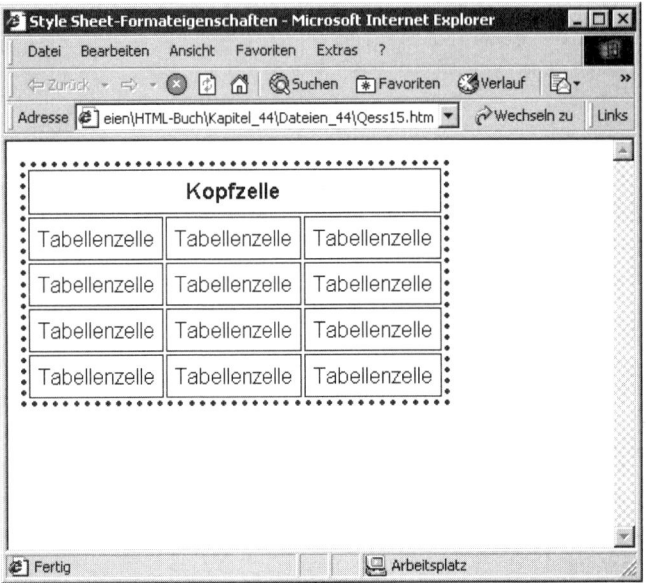

Bild 44.13: Die Tabelle ist per Stylesheet formatiert.

Nachfolgend sehen Sie den `<style>`-Bereich der in vorstehender Abbildung gezeigten Datei:

```
<style type="text/css">
<!--
body { font-family:Arial; font-size:10pt}
th, td { padding:6px; border:solid navy 1px}
table { border:dotted navy}
-->
</style>
```

Die Kopf- und Datenzellen der Tabelle haben einen Innenabstand von 6 Pixel, die Zellenbegrenzung bildet eine durchgehende dunkelblaue Linie. Der Rahmen der gesamten Tabelle ist eine gepunktete dunkelblaue Linie. Die Ausrichtung der gesamten Tabelle erfolgt nicht über den Selektor `<table>`, vielmehr sollten Sie die Tabelle mit `<div>`-Tags auszeichnen und dann diesem Tag die Eigenschaft zur Ausrichtung zuweisen, z.B. `div { text-align:center }`.

Zelleninhalte können in CSS 1 unter Verwendung der Eigenschaften vertical-align *und* text-align *ausgerichtet werden.*

Tabellenbeschriftung positionieren (caption-side)

Die Positionierung der Tabellenbeschriftung kann mit der Eigenschaft caption-side festgelegt werden. Folgende Werte sind erlaubt:

→ top – die Beschriftung erscheint oberhalb der Tabelle

→ bottom – die Beschriftung erscheint unterhalb der Tabelle

→ left – die Beschriftung wird links von der Tabelle angeordnet

→ right – die Beschriftung liegt rechts von der Tabelle

→ inherit – der Wert des übergeordneten Elements wird ererbt

Die horizontale Ausrichtung von Tabellenbeschriftungen wird mit der Eigenschaft text-align, die vertikale Ausrichtung mit vertical-align definiert. Die nachfolgende Angabe definiert die Position von Tabellenbeschriftungen oberhalb und zentriert.

caption { caption-side:bottom; text-align:center }

Sprachausgabe für Kopfzellen (speak-header-cell)

Die Eigenschaft speak-header-cell kann die Werte once (einmal), always (immer) und inherit (erben) annehmen. Sie spezifiziert, ob der Inhalt von Kopfzellen bei Sprachausgabe vor jeder einzelnen Datenzelle gesprochen wird oder nur einmal. Der Wert inherit besagt, dass der Wert vom übergeordneten Element ererbt wird. Mit der Angabe

th { speak-header:always }

definieren Sie, dass vor jeder Datenzelle der Inhalt der entsprechenden Kopfzelle gesprochen wird. Für weitere Informationen zur Sprachausgabe siehe Kapitel 44.13.

Die Eigenschaften caption-side *und* speak-header-cell, *sind Bestandteil der CSS 2-Spezifikation und werden derzeit noch nicht unterstützt.*

44.9 Pseudo-Elemente formatieren

Die in CSS 1 und 2 spezifizierten Pseudo-Klassen und -Elemente sind in Kapitel 42.3 beschrieben, hier werden die möglichen Angaben zu diesen Elementen genannt. Den CSS 1-Pseudo-Klassen :link, :visited und :active sowie der CSS 2-Ergänzung :hover kann sinnvollerweise eine Farbangabe zugeordnet werden. Bei Grafiken, die als Verweis dienen, kann auch der dargestellte Rahmen definiert werden.

```
a:link { color:purple }
a:visited { color:navy }
a:active { color:fuchsia }
a:hover { blue }
a:link img { border:dashed purple }
```

Da sich die Pseudo-Klassen :link, :visited und :active ausschließlich auf Anker beziehen, kann der Selektor a auch weggelassen werden.

Die Pseudo-Elemente :first-line und :first-letter können die unter 44.1 aufgeführten Schrifteigenschaften, die in 44.2 behandelten CSS 1-Texteigenschaften ohne float und clear sowie die in Kapitel 44.4 beschriebenen CSS 1-Farb- und Hintergrundeigenschaften aufweisen. Zusätzlich dazu kann :first-letter noch die Eigenschaften margin, border und padding sowie die Eigenschaften float und clear erhalten.

Das folgende Beispiel enthält das Pseudo-Element :first-letter, der gesamte <style>-Bereich lautet:

```
<style type="text/css">
<!--
h2 { font-family:Arial, sans-serif }
p {font-family:Arial, sans-serif; font-size:10pt }
p:fist-letter { font-size:400%; float:left; color:gray; padding:5px }
-->
</style>
```

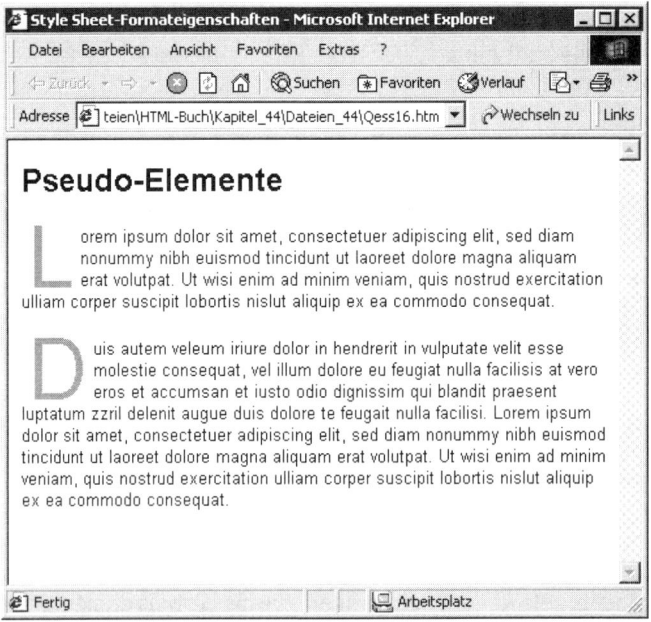

Bild 44.14: Das Pseudo-Element :first-letter

Die Schriftgröße der ersten Buchstaben von Absätzen ist mit 400% angegeben. Die Angabe `float:left` besagt, dass das Element sich links befindet und an seiner rechten Seite umflossen wird. Ohne diese Eigenschaft würden die vergrößerten ersten Buchstaben auf der gleichen Grundlinie stehen wie die erste Zeile des Absatzes und somit nach oben aus dem Absatz herausragen. Weiterhin sind eine Farbe und ein Innenabstand festgelegt.

44.10 Elemente positionieren

CSS 2 eröffnet Ihnen die Möglichkeit, die Position verschiedener Elemente innerhalb des Browser-Fensters absolut oder relativ festzulegen, wobei Elemente auch zueinander positioniert werden können. Obwohl die folgenden Eigenschaften zum überwiegenden Teil Bestandteil von CSS 2 sind, werden sie sowohl vom Internet Explorer als auch vom Netscape Navigator jeweils seit der Produktversion 4.x zumindest teilweise unterstützt.

Art der Positionierung (`position`)

Als Wert der Eigenschaft `position` wird die Art festgelegt, wie die Position eines bestimmten Bereichs definiert wird. Gültige Werte für `position` sind:

→ `static` – Standard-Einstellung, der Bereich wird nicht besonders positioniert

→ `relative` – Position relativ zum vorherigen Element

→ `absolute` – absolute Position in Bezug zum Browser-Fenster

→ `fixed` – absolute Position, bleibt beim Scrollen jedoch fixiert

Der Wert `fixed` wird bislang nicht unterstützt. Obwohl die Selektoren nicht explizit eingeschränkt sind, sollten Sie die Eigenschaft `position` nur auf die Befehle `<span>` und `<div>` beziehen, die allgemeine Bereiche auszeichnen und diverse Elemente beinhalten können. Die tatsächliche Position eines Elements wird mithilfe der nachfolgenden Eigenschaften definiert.

Position in Bezug zur oberen Kante (`top`)

Die Eigenschaft `top` bestimmt, wo absolut oder relativ positionierte Elemente von oben aus beginnen. Als Werte kommen Längenangaben, prozentuale Angaben oder `auto` (automatische Positionierung, Standard-Einstellung) in Frage. Mit der Angabe

```
div { position:absolute; top:50px }
```

legen Sie fest, dass die Position von Elementen, die mit `<div>` ausgezeichnet sind, von oben absolut 50 Pixel beträgt. Die Angabe

```
div { position:relative; top:150px }
```

positioniert Bereiche relativ zueinander, der Abstand zur Oberkante des vorhergehenden Elements beträgt 150 Pixel.

Position in Bezug zur linken Kante (`left`**)**

Mit `left` bestimmen Sie, wo ein absolut oder relativ positioniertes Element von links beginnt. Die Werte sind in Form einer Längenangabe, einer prozentualen Angabe oder mit `auto` anzugeben.

`div { position:absolute; left:150px }`

Position in Bezug zur rechten und unteren Kante (`right` **und** `bottom`**)**

Entsprechend den vorhergehenden Angaben zur Lage von Elementen in Bezug auf die obere und linke Kante können auch die rechte (`right`) und untere (`bottom`) Kante als Bezug dienen. Derzeit werden diese Eigenschaften allerdings (noch) nicht interpretiert. Da für die Position eines Elements die Angaben `top` und `left` (in Verbindung mit der Größe des Elements) ausreichen, ist dies zu verschmerzen.

Breite eines Elements (`width`**)**

Die Breite eines Elements kann mit der CSS 1-Eigenschaft `width` festgelegt werden, gültige Werte sind dabei Längenangaben, prozentuale Angaben bzw. der Wert `auto`. Diese Angabe sollte bei absoluter und relativer Positionierung von Elementen (bzw. Bereichen mit darin enthaltenen Elementen) nicht fehlen, da deren Darstellung ansonsten außerhalb des Anzeigebereichs liegen könnte. Fehlt eine Breitenangabe, legt der Browser nämlich die vom übergeordneten Element ererbte Breite zu Grunde (z.B. von <body>).

Mindestbreite und maximale Breite eines Elements (`min-width` **und** `max-width`**)**

Die Eigenschaft `min-width` legt eine Mindestbreite fest, auch wenn tatsächlich weniger Platz benötigt wird. Als Werte kommen Längenangaben und prozentuale Angaben in Frage. Bei `max-width` kann darüber hinaus der Wert `none` notiert werden, die maximale Breite unterliegt dann keiner Beschränkung.

Höhe (`height`**)**

Die CSS 1-Eigenschaft `height` nimmt die Höhe eines Elements auf, die Angabe kann als relative oder absolute Längenangabe oder in Prozent gemacht werden. Wird bei einer Grafik von 100 x 100 Pixel die Eigenschaft `width` auf `200%` gesetzt, so bewirkt `height:auto`, dass die Höhe unter Beibehaltung des ursprünglichen Seitenverhältnis automatisch ermittelt wird.

Mindesthöhe und maximale Höhe eines Elements (`min-height` **und** `max-height`**)**

Die Angaben zur Mindesthöhe und maximalen Höhe können als Längenangabe oder in Prozent gemacht werden, bei der Eigenschaft `max-height` ist auch der Wert `none` zulässig, die maximale Höhe ist damit nicht begrenzt.

Das folgende Beispiel enthält zwei absolut positionierte Elemente, die sich überlappen. Um diesen Effekt sichtbar zu machen, wurden die Bereiche jeweils mit einer Hintergrundfarbe ausgestattet. Der <style>-Bereich der in Abbildung 44.15 dargestellten Datei lautet wie folgt.

```
<style type="text/css">
<!--
h2 { font-family:Arial, sans-serif; text-align:center }
p { font-family:Arial, sans-serif; font-size:10pt }
div.ber1 { position:absolute; top:70px; left:50px; width: 300px;
background-color:silver; padding:2em; text-align:justify }
div.ber2 { position:absolute; top:220px; left:220px; width:350px;
background-color:gray; color:white; padding:2em; text-align:justify }
-->
</style>
```

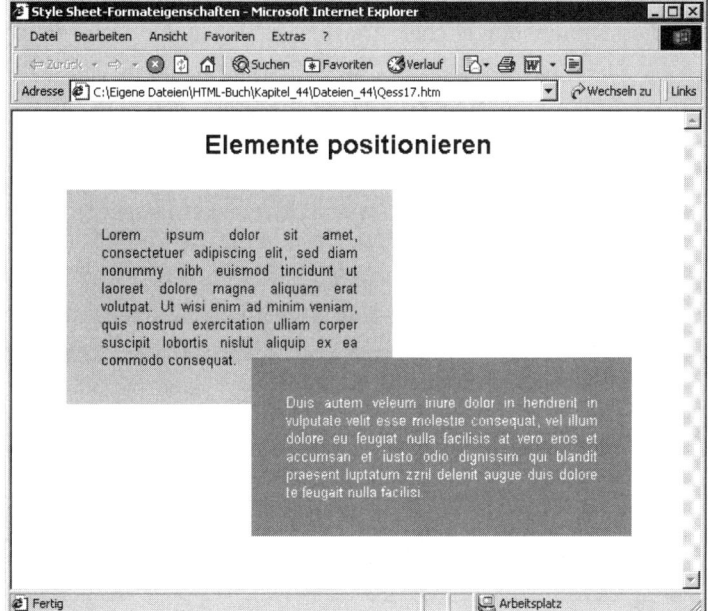

Bild 44.15: Absolut positionierte Elemente

Der in der Abbildung obere, linke Bereich gehört der Klasse ber1, der untere rechte der Klasse ber2 an. Da im Quelltext zuletzt der Bereich der Klasse ber2 notiert ist, überlagert dieser den ersten Bereich. Damit in diesem Beispiel kein Text verloren geht (bzw. überlagert wird), wurde den Bereichen mit padding jeweils ein umlaufender Innenabstand zugewiesen.

Überlagerung von Bereichen kontrollieren (z-index)

Normalerweise überlagert das zuletzt erscheinende Element das oder die vorherigen, um diese Überlagerungsregel zu verändern, können Sie als Wert der Eigenschaft z-index die gewünschte Position angeben. So überlagert ein Bereich mit z-index:3 einen mit z-index:2, der wiederum den mit z-index:1 ausgestatteten Bereich überdeckt. Um die Überlappung in Abbildung 44.15 umzukehren, notieren Sie Folgendes:

```
div.ber1 { position:absolute; top:70px; left:50px; width: 300px;
background-color:silver; padding:2em; text-align:justify; z-index:2 }
```

```
div.ber2 { position:absolute; top:220px; left:220px; width:350px;
background-color:gray; color:white; padding:2em; text-align:justify;
z-index:1 }
```

Das in Abbildung 44.15 obere linke Element ist daraufhin komplett sichtbar, da es als Element der Position 2 das andere Element mit der Position 1 überlagert.

Übergroße Elemente (`overflow`**)**

Ist für einen Bereich eine maximale Größe definiert, und befindet sich innerhalb dieses Bereichs ein Element, dessen Größe die Grenzen sprengt, können Sie mit der Eigenschaft `overflow` (= überfließen) die Interpretation dieser widersprüchlichen Angaben festlegen. Mögliche Werte sind:

→ `visible` – Standard-Einstellung, das zu große Element wird in voller Größe dargestellt, die maximale Größe des Bereichs wird damit überschritten

→ `hidden` – das zu große Element wird beschnitten, sodass es in den definierten Bereich passt, wodurch Teile des Elements nicht mehr sichtbar sind (die Größe und Form des Abschnitts wird mit der Eigenschaft `clip` definiert)

→ `scroll` – das zu große Element wird beschnitten, gleichzeitig bietet der Browser jedoch Scrollbalken an, mit deren Hilfe das gesamte Element angesehen werden kann

→ `auto` – wird Browser-abhängig interpretiert; es sollte eine Scroll-Möglichkeit für übergroße Elemente zur Verfügung gestellt werden

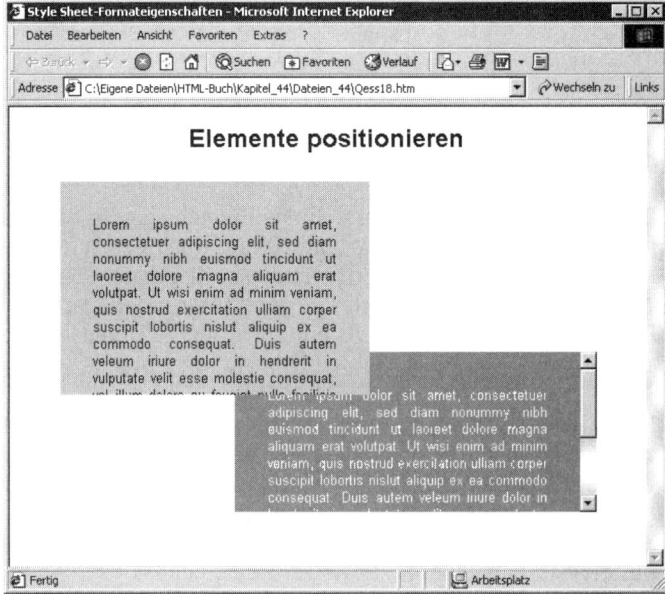

Bild 44.16: Übergroße Elemente unterschiedlicher Darstellung

IE und NN der Version 4.x unterstützen diese Eigenschaft nicht.

Das folgende Beispiel enthält zwei Bereiche, die in ihrer Größe fest definiert sind; die Reihenfolge der Überlagerung wurde mit `z-index` verändert. Beide Bereiche enthalten Elemente (hier sind es Absätze), die übergroß sind. Dem in der Abbildung linke obere Bereich wurde `overflow:hidden` zugeordnet, sodass der Teil des Elements, der in dem vorgegebenen Bereich nicht dargestellt werden kann, abgeschnitten wird. Der rechte untere Bereich hat `auto` als Wert der `overflow`-Eigenschaft.

Ausschnitt kontrollieren (`clip`)

Diese Eigenschaften wirkt sich auf Elemente aus, deren Wert der Eigenschaft `overflow` `hidden`, `scroll` oder `auto` ist. Mögliche Werte der Eigenschaft `clip` sind Angaben zur Form bzw. Größe des Ausschnitts mit `rect( )`, wobei die Klammer Längenangaben in der Reihenfolge oben, rechts, unten und links enthält. Die obere und untere Begrenzung des Ausschnitts wird auf die obere Kante des kompletten (unbeschnittenen) Elements bezogen, die linke und rechte Begrenzung auf die linke Kante. Der Wert `auto` BESAGT, DASS DER AUSSCHNITT DIE GLEICHE GRÖSSE UND POSITION WIE DER SICHTBARE AUSSCHNITT HAT. Angenommen, eine Grafik mit der Größe 400 x 400 Pixel soll in einem Bereich dargestellt werden, der 300 Pixel breit und 200 Pixel hoch ist. Die Angabe

```
div { width:300px; max-width:300px; height:200px; max-height:200px; overflow:hidden; cllip:rect(50px 380px 250px 80px) }
```

legt fest, dass die oberen 50 Pixel der Grafik abgeschnitten werden. Der zweite Wert (`380px`) legt (bezogen auf die linke Kante) die rechte Begrenzung des Ausschnitts fest, rechts werden also 20 Pixel abgeschnitten. Der dritte Wert (`250px`) definiert die untere Begrenzung des Ausschnitts (bezogen auf die obere Kante). Da von der original 400 Pixel hohen Grafik bereits 50 Pixel in der Höhe abgeschnitten wurden und in der Höhe insgesamt 200 Pixel zur Verfügung stehen, ergibt sich der Wert von `250`. Der letzte Wert gibt schließlich an, wie viel an der linken Seite der Grafik abgeschnitten wird. Da von der 400 Pixel breiten Grafik 20 Pixel an der rechten Seite fehlen, ergibt sich hier der Wert `80px`, links wird demnach ein 80 Pixel breiter Streifen entfernt.

Die für das Umfließen zuständigen Eigenschaften `float` und `clear` (siehe Abschnitt 44.2) können auch auf Elemente angewendet werden, umflossene Elemente sollten eine definierte Breite (`width`) haben.

Anzeige von Elementen (`display`)

Die CSS 1-Eigenschaft `display` legt fest, ob und wie ein Element dargestellt wird. Folgende Werte können gemacht werden:

→ `block` – das Element wird behandelt wie ein Absatz-erzeugendes Element

→ `inline` – das Element wird innerhalb der gleichen Zeile angezeigt wie das vorhergehende Element (z.B. innerhalb von Fließtext)

→ list-item – das Element wird wie ein Absatz-erzeugendes Element behandelt und zusätzlich mit Aufzählungszeichen versehen (siehe Abschnitt 44.7)

→ none – das Element (inklusive der enthaltenen Elemente) wird nicht dargestellt; es erscheint auch kein Platzhalter

Damit können auch solche Elemente mit Angaben zu Innenabständen, Rahmen und Abständen ausgestattet werden, die normalerweise innerhalb von Fließtext stehen. Anders herum können auch typische Absatz-erzeugende Elemente wie Überschriften in Fließtext integriert werden. Außer dem Wert none werden die Werte der Eigenschaft display vom Navigator und Explorer der Version 4.x nicht bzw. nicht korrekt interpretiert.

Sichtbarkeit (visibility**)**

Diese Eigenschaft definiert, ob ein Element normalerweise angezeigt wird oder nicht. Sie kann den Wert hidden (= versteckt) oder visible (= sichtbar) annehmen, wobei visible die Standard-Einstellung ist. Der Wert hidden gewinnt ebenso wie die Angabe display:none bei dynamischem HTML an Bedeutung. Im Gegensatz zu der Angabe display:none wird bei einem mit visibility:hidden versehenen Element der Platz, den das Element einnehmen würde (wenn es dargestellt würde), freigehalten.

44.11 Seitengestaltung

Folgende Anweisung dient dazu, einen Fließtext in mehreren Spalten darzustellen. Mit float:left legen Sie fest, dass das Element rechts umflossen wird, width legt die Breite des Bereichs fest. Mit margin wird der Abstand zu den umgebenden Elementen definiert.

```
div { foat:left; width:25%; margin:5pt}
```

Mehrere aufeinander folgende <div>-Bereiche führen dazu, dass diese in Spalten dargestellt werden.

CSS 2 bietet die Möglichkeit, ein Seitenlayout zu definieren, dass z.B. für die Druckausgabe von HTML-Seiten oder auch für die seitenweise Betrachtung am Bildschirm (wie z.B. bei Präsentationen üblich) genutzt werden kann; die fortlaufende Browser-Darstellung von Dateien wird nicht beeinflusst. Die bekannten CSS-Eigenschaften zu Rahmen (border) und Innenabständen (padding) können laut CSS 2-Spezifikation hier nicht verwendet werden. Notieren Sie zunächst den Befehl @page als Bezug; die eigentlichen Definitionen werden innerhalb der nachfolgenden geschweiften Klammer angegeben. Die Zusätze left, right oder first beziehen sich auf die linke, rechte oder die erste Seite; sie werden durch einen Doppelpunkt von @page getrennt. Mit der Angabe

```
@page :left { }
```

beziehen sich z.B. die in den Klammern zu notierenden Definitionen auf linke Seiten.

Seitengröße (`size`**)**

Die Eigenschaft `size` nimmt nacheinander die Werte für die Breite und Höhe der Seite auf. Weiterhin sind folgende Werte möglich:

→ `auto` – Standard-Einstellung; die Seitengröße wird je nach Größe der Zielseite angepasst

→ `landscape` – die Seitengröße wird je nach Größe der Zielseite angepasst, die Seitenausrichtung ist horizontal (die längeren Seiten werden als horizontal angenommen)

→ `portrait` – die Seitengröße wird je nach Größe der Zielseite angepasst, die Seitenausrichtung ist vertikal (die kürzeren Seiten werden als horizontal angenommen)

Mit `@page { size:21.0cm 9.7cm }` wird z.B. eine absolute Seitengröße definiert, die dem Format DIN A4 entspricht.

Seitenränder (`margin`**)**

Die Seitenränder für ein Seitenlayout werden mit den Eigenschaften `margin-top` für den oberen, `margin-bottom` für den unteren sowie `margin-left` für den linken und `margin-right` für den rechten Seitenrand bestimmt. Ebenso wie bei fortlaufender Darstellung im Browser können die Angaben für Einzelseiten in der Eigenschaft `margin` zusammengefasst werden (siehe auch Kapitel 44.3). Prozentuale Angaben beziehen sich auf die gesamte Seitengröße; es sind die gleichen Werte erlaubt wie in Kapitel 44.3 beschrieben.

`@page { size:auto; margin:2.0cm }` legt z.B. einen umlaufenden Rand von 2 cm fest.

Schnittmarken und Passmarken (`marks`**)**

Schnittmarken definieren bei gedruckten Seiten die Kanten, entlang derer die Seite ausgeschnitten werden sollte. Als Werte kommen entweder `crop` (FÜR SCHNITTMARKEN), `cross` (für Passmarken) bzw. beide oder `none` in Frage. Schnitt- und Passmarken werden nur dann sichtbar, wenn eine absolute Seitengröße angegeben wurde, die kleiner ist als die Zielseite.

`@page { size:15.0cm 22.0cm; margin:0.4cm; marks:crop }`

Vorstehende Definition legt eine Seitengröße von 15 x 22 cm fest, der Inhalt hat einen umlaufenden Rand von 0,4 cm; auf einem DIN A4-Blatt ausgedruckt wären Schnittmarken vorhanden.

Seitenumbruch (`page-break-before`, `page-break-after` **und** `page-break-inside`**)**

Die Eigenschaften `page-break-before` (Seitenumbruch vor einem Element) und `page-break-after` (Seitenumbruch nach einem Element) können folgende Werte erhalten:

→ `auto` – Standard-Einstellung; der Seitenumbruch wird weder forciert noch verboten

- always – vor bzw. nach einem bestimmten Element immer die Seite umbrechen
- avoid – vor bzw. nach einem bestimmten Element die Seite niemals umbrechen
- left – ein oder zwei Seitenumbrüche einfügen, sodass die nächste Seite eine linke Seite ist
- right – ein oder zwei Seitenumbrüche einfügen, sodass die nächste Seite eine rechte Seite ist

Für die Eigenschaft page-bread-inside sind die Werte avoid und auto gültig.

Mit der Angabe p { page-break-before:always } wird festgelegt, dass vor Absätzen der Klasse sep immer ein Seitenumbruch zu erfolgen hat.

Umbruch innerhalb von Elementen (orphans **und** widows**)**

Als Wert der Eigenschaft orphans (»Schusterjunge«; Seitenumbruch nach einer oder nur dem Teil der ersten Zeile eines neuen Absatzes) können Sie angeben, wie viele Zeilen ein Absatz am Ende einer Seite mindestens haben soll. Der Wert von widows (»Hurenkind«, die letzte Zeile eines Absatzes oder auch nur ein Teil davon erscheint auf der neuen Seite) legt fest, wie viele Zeilen sich mindestens am Anfang einer neuen Seite befinden müssen.

44.12 Cursor definieren

Mithilfe der in CSS 2 spezifizierten Eigenschaft cursor können Sie die Gestalt des Mauszeigers beim Überfahren bestimmter Bereiche beeinflussen. Der Internet Explorer unterstützt diese Eigenschaft seit Version 4.0. Im Folgenden werden die gültigen Werte aufgeführt.

- auto – die Erscheinung des Mauszeigers wird vom Browser abhängig vom überfahrenen Element bestimmt
- crosshair – Fadenkreuz
- default – Plattform-spezifischer Mauszeiger (oft ein Pfeil)
- move – ein Zeichen für Beweglichkeit (Fadenkreuz mit Pfeilspitzen an den Enden)
- pointer – ein Zeiger, der einen Link anzeigt
- text – Mauszeiger zeigt an, dass Text ausgewählt werden kann (Einfügemarke)
- wait – zeigt an, dass gewartet werden soll; häufig in Form einer Uhr oder einer Sanduhr
- help – zeigt an, dass für das überfahrene Element Hilfe verfügbar ist; oft als Fragezeichen oder Sprechblase dargestellt

- → `n-resize` – dieser und die folgenden Werte zeigen an, dass eine bestimmte Kante oder Ecke eines Elements bewegt werden kann; die Werte sind nach (englischen) Himmelsrichtungen benannt – `n-resize` bezeichnet einen Pfeil, der nach oben zeigt (north = Norden)
- → `ne-resize` – Pfeil, der nach rechts oben zeigt (north east = Nordost)
- → `e-resize` – Pfeil, der nach rechts zeigt (east = Osten)
- → `se-resize` – Pfeil, der nach rechts unten zeigt (south east = Südost)
- → `s-resize` – Pfeil, der nach unten zeigt (south = Süden)
- → `sw-resize` – Pfeil, der nach links unten zeigt (south west = Südwest)
- → `w-resize` – Pfeil, der nach links zeigt (west = Westen)
- → `nw-resize` – Pfeil, der nach links oben zeigt (north west = Nordwest)
- → `inherit` – der Mauszeiger wird vom übergeordneten Element geerbt

Mit `cursor:url(zeiger.gif)` können Sie darüber hinaus eine eigene Grafik als Mauszeiger definieren.

`div {cursor:wait }` definiert z.B. ein Wartesymbol für den mit `<div>` ausgezeichneten Bereich.

Einige der Cursor-Formen erfordern weitere Angaben. So sollte z.B. beim Überfahren eines Bereichs, dem der Mauszeiger `wait` *zugewiesen ist, auch eine Aktion folgen, auf die gewartet wird. Der Beweglichkeit symbolisierende Mauszeiger* `move` *sollte nur auf solche Elemente angewendet werden, die sich tatsächlich bewegen lassen.*

44.13 Microsoft-Filter definieren

Microsoft-Filter werden – wie der Name bereits vermuten lässt – nur von Microsofts Internet Explorer (ab Version 4.0) unterstützt. Es handelt sich dabei nicht um Bestandteile der CSS-Spezifikationen 1 oder 2.

Die Eigenschaft `filter` nimmt Werte für verschiedene Filter auf, teilweise müssen zusätzliche Angaben gemacht werden. Um mehrere Filter miteinander zu kombinieren, notieren Sie diese jeweils durch ein Leerzeichen voneinander getrennt. Die Filter können nicht auf beliebige Selektoren angewendet werden bzw. führen nur bei folgenden HTML-Befehlen zum gewünschten Effekt: `<body>`, `<button>`, `<div>`, `<img>`, `<input>`, `<marquee>`, `<span>`, `<table>`, `<td>`, `<textarea>`, `<tfoot>`, `<th>`, `<thead>` und `<tr>`.

Verschmelzung von Vordergrund und Hintergrund (`alpha( )`**)**

Der Filter `Alpha` erlaubt es, Vordergrund und Hintergrund farblich miteinander verschmelzen zu lassen. Innerhalb der runden Klammern sind weitere Angaben erforderlich. Mit `opacity` wird die Durchsichtigkeit (bzw. Undurchsichtigkeit) des Vordergrunds vor der Verschmelzung definiert. Der Wert muss zwischen 0 (keine Undurchsichtigkeit = transparent) und 100 (volle Undurchsichtigkeit = deckend) liegen. Eine weitere Angabe bezieht sich auf die durch den Filtereffekt zu erzielende Undurchsichtigkeit: `finishopacity`.

Auch hier kann der Wert 0 bis 100 annehmen. Eine farbige Fläche auf einer andersfarbigen Hintergrundgrafik hat z.B. zu Beginn die volle Deckkraft, also opacity=100. Der Wert von finishopacity legt fest, inwieweit sich diese Deckkraft ändern soll, um eine optische Verschmelzung zu erreichen. Schließlich kann mit style die Wirkungsweise des Filters festgelegt werden. Die erlaubten Werte für style sind 0, 1, 2 und 3.

→ 0 – die Vordergrundgrafik liegt vor der Hintergrundgrafik; es gibt keine Verschmelzung

→ 1 – der Filter wirkt sich linear zwischen zwei zu definierenden Werten aus, dabei ist der Ausgangspunkt mit startx= und starty= in Pixel von der linken bzw. oberen Begrenzung des Elements anzugeben, der Endpunkt entsprechend mit finishx= und finishy= , der unter finish opacity angegebene Wert wird beim Endpunkt erreicht

→ 2 – konzentrischer runder Verlauf, der Ausgangswert von opacity wird im Zentrum der Grafik dargestellt, der Wert von finishopacity kommt nach außen hin zur Geltung

→ 3 – konzentrischer eckiger Verlauf, der Ausgangswert von opacity wird im Zentrum der Grafik dargestellt, der Wert von finishopacity kommt nach außen hin zur Geltung

Die in Abbildung 44.17 dargestellte Datei enthält eine Hintergrundgrafik und zwei Vordergrundgrafiken (mit den IDs s01 und s02), die mit folgenden Angaben versehen wurden.

#s01 { filter:Alpha(opacity=100, finishopacity=0, style=2) }

#s02 { filter:Alpha(opacity=100, finishopacity=0, style=3) }

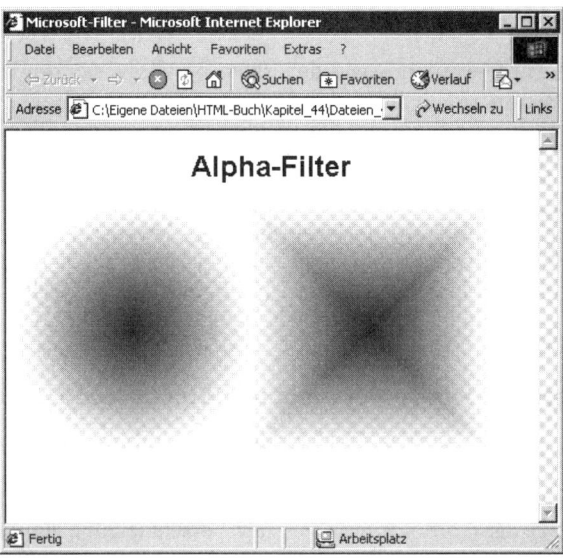

Bild 44.17: Die Grafiken wurden mit Alpha-Filtern beeinflusst.

Die in der vorstehenden Abbildung referenzierte Grafik ist ein schwarzes Quadrat. Wie Sie sehen, wird die volle Deckkraft jeweils nur im Inneren der Grafik erreicht, die äußeren Bereiche verschwimmen in Richtung Hintergrund.

Verwischen (blur**)**

DER FILTER blur VERWISCHT DIE ANZEIGE, MIT direction WIRD DIE Richtung der Verwischung angegeben. Gültige Werte sind 0, 45, 90, 135, 180, 225, 270 und 315 – damit sind die Richtungen in 45°-Schritte unterteilt. 0 entspricht dabei oben und 180 unten, 90 rechts und 270 links. strength gibt die Stärke der Verwischungsspur in Pixel an. Mit der Angabe add=0 werden die Konturen der Grafik verwischt.

Glühen (glow()**)**

Der Filter glow bewirkt, dass das Element zu glühen scheint. Die Farbe wird als hexadezimaler Wert von color, die Stärke des Effekts als Wert zwischen 1 und 255 angegeben.

Wellen (wave( )**)**

Der Filter wave erzeugt einen wellenförmigen Effekt, mit freq wird die Wellenfrequenz bestimmt; je größer der Wert, desto kürzer sind die Wellen. Mit phase wird eine Wellenphase definiert, strength legt die Stärke des Effekts fest. Die Angabe add bewirkt mit dem Wert 1, dass zur wellenförmig verzerrten Grafik das Original hinzugefügt wird (add=0 besagt, dass die Originalgrafik nicht hinzugefügt wird).

Transparenz (chroma( )**)**

Mit diesem Filter können bestimmte Farben einer Grafik als transparent definiert werden, innerhalb der runden Klammern wird die Farbe als Wert von color in hexadezimaler Form notiert.

In Abbildung 44.18 sind Beispiele für die Filter blur, glow, chroma und wave zu sehen. Der Blur-Effekt ist mit filter:blur(direction=225, strength=100) definiert, die glühende Schrift rechts oben mit der Angabe filter:glow(color0#ff0033, strength=3). Die in der linken unteren Grafik dunkelgrau erscheinenden Linien sind im Original weiß, hier wurde eine dunkelgraue Farbfläche hinterlegt, um den Effekt chroma sichtbar zu machen. Die Definition filter:chroma(color_#ffffff) besagt, dass die vormals weißen Farbanteile transparent dargestellt werden sollen, hier scheint also der dunkle Untergrund durch. Die rechte untere Schrift ist mit dem wave-Filter verfremdet; die Angabe in diesem Beispiel lautet filter:wave(freq=3, phase=2, strength=3). Vor allem bei dem wave-Filter empfiehlt es sich, diverse Werte auszuprobieren.

Transparenz (mask( )**)**

Dieser Filter wirkt auf transparente GIF-Grafiken, die transparenten Flächen werden durch eine (als Wert von color) in hexadezimaler Form zu definierende Farbe ersetzt.

Bild 44.18: Von oben links nach unten rechts Beispiele für die Filter blur, glow, chroma und wave

Schatten (shadow( )**)**

Der shadow-Filter führt dazu, dass das Element mit einer Schattierung versehen wird. Dabei kann die Farbe (bzw. deren Hexadezimalwert) des Schattens als Wert von color und die Richtung des Schattens mit direction angegeben werden. Die möglichen Werte für direction sind mit denen des blur-Filters identisch. Der Wert 0 bewirkt, dass der Schatten nach oben läuft, das Licht scheint also aus der entgegen gesetzten Richtung zu kommen. Entsprechend menschlicher Sehgewohnheiten befinden sich Schatten auf der rechten unteren Seite von Objekten, was dem Wert 135 entspricht.

Schlagschatten (dropshadow( )**)**

Der Filter dropshadow führt im Gegensatz zu der mit shadow erzielten einseitigen Schattenbildung dazu, dass das gesamte Objekt als Schatten abgebildet wird. Eine Schrift mit Schlagschatten scheint vor dem Hintergrund zu schweben, der Bereich des Schattens wird in seinem Ausmaß mithilfe der Eigenschaften width und height festgelegt. Die Farbe des Schattens wird als Wert von color im Hexadezimal notiert, offx und offy definieren den Anfangspunkt des Schattens in horizontaler und vertikaler Richtung in Pixel (relativ zum Original). Negative Werte erzeugen einen Schlagschatten, der sich links bzw. oberhalb des Originals befindet. Für den Fall, dass transparente Grafikteile einen Schatten werfen sollen, geben Sie zusätzlich positive=1 **an.**

Graustufen (`gray( )`**)**

Der Filter `gray` bewirkt, dass farbige Elemente in Graustufen dargestellt werden; die Angabe lautet `filter:gray( )` ohne weitere Angaben.

Farbumkehr (`invert( )`**)**

Die Umkehr der in einem Element vorhandenen Farben in ihre jeweiligen Komplementärfarben wird mit dem Filter `invert` erreicht; es ist keine weitere Angabe vonnöten.

Graustufen und Farbumkehr (`xray( )`**)**

Der Filter `xray` kombiniert die beiden Filter `gray` und `invert`. Er bewirkt, dass Grafiken zum einen in Graustufen und zum anderen invertiert dargestellt werden. Der Effekt ähnelt Röntgenaufnahmen, es sind keine weiteren Angaben erforderlich.

horizontale Spiegelung (`fliph( )`**)**

Der Filter `fliph` ermöglicht eine horizontale Spiegelung von Grafiken. Wie bei den vorherigen Filtern sind keine weiteren Angaben vonnöten, die runden Klammern werden ohne Inhalt notiert.

vertikale Spiegelung (`flipv( )`**)**

Mit dem Filter `flipv` können Sie Grafiken vertikal spiegeln, innerhalb der runden Klammern muss nichts weiter notiert werden.

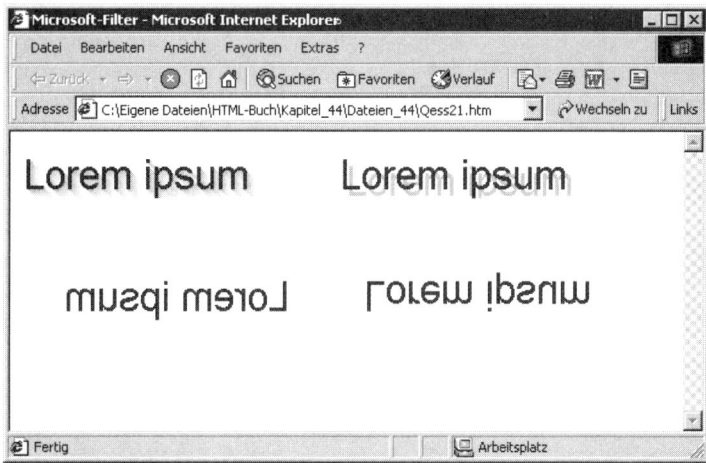

Bild 44.19: Die Filter shadow, dropshadow, fliph und flipv

Die in vorstehender Abbildung verwendeten Filter sind von oben links nach unten rechts `shadow` MIT DER RICHTUNGSANGABE `direction=135`, `dropshadow` mit der Verschiebung `offx=5` und `offy=5`, sowie `fliph` und `flipv`. Spiegelungen sind allerdings in der Regel eher bei Grafiken sinnvoll, anhand der im Beispiel verwendeten Schrift können Sie die Richtung der Spiegelungen erkennen.

45 Java-Applets

Unter einem Java-Applet versteht man ein Programm, das in der (von Sun Microsystems entwickelten) Programmiersprache Java geschrieben und mittels eines Java-Compilers zu einem ausführbaren Programm übersetzt wird. Um eigene Java-Applets zu entwickeln, ist (neben Programmierkenntnissen) eine Programmier-Entwicklungsumgebung für Java erforderlich. Java-Applets können via Internet geladen werden und in Java-fähigen Browsern (wie dem Netscape Navigator oder Microsofts Internet Explorer) ausgeführt werden. Sie finden fertige Java-Applets im Internet, wobei Sie sich auch hier erkundigen sollten, wie die Bedingungen für eine Nutzung aussehen. Das in diesem Abschnitt beispielhaft verwendete Applet `JavaClock.class` finden Sie unter der URL http://java.sun.com/openstudio/applets/clock.html.

45.1 Java-Applets einbinden

Zunächst müssen Sie über ein Java-Applet verfügen; hier wird das über die Firma Sun frei erhältliche Applet `JavaClock.class` eingesetzt. Die heruntergeladene Datei sollte entweder im gleichen Verzeichnis wie die HTML-Datei oder in einem Unterverzeichnis gespeichert werden. Das HTML-Tag `<applet>`, das auch über ein abschließendes Tag verfügt, nimmt die Angaben zu dem Applet auf. Im Attribut `code` wird die Bezeichnung des Applets (und nicht der Pfad dorthin!) mit oder ohne Dateierweiterung `.class` notiert. Das Attribut `codebase` nimmt den Pfad zu dem Applet auf; befindet sich dieses jedoch im gleichen Verzeichnis wie die HTML-Datei, kann das Attribut `codebase` entfallen. Das Schema für Pfadangaben entspricht dem in Kapitel 22 erläuterten.

Die Breite und Höhe eines Java-Applets wird mithilfe der Attribute `width` und `height` angegeben. Als Wert des Attributs `alt` können Sie (wie bei Grafiken) einen alternativen Text angeben, der nur dann angezeigt wird, wenn die Datei in einem Browser aufgerufen wird, der nicht Java-fähig ist, bzw. wenn das Applet nicht ausgeführt werden kann.

Weitere Parameter sind je nach Applet verschieden, sie werden in dem Befehl `<param>` (der kein abschließendes Tag besitzt) als Werte der Attribute `name` und `value` notiert. Im Fall des Java-Applets `JavaClock.class` kann z.B. die Hintergrundfarbe mit der Angabe

```
<param name="bgcolor" value="c0c0c0">
```

festgelegt werden.

Im folgenden Quelltext ist ein Java-Applet nach einer Überschrift eingebunden, die Browser-Darstellung sehen Sie in Abbildung 45.1.

```
<html>
<head>
<meta http-equiv="content-type" content="text/html;
charset=iso-8859-1">
```

```
<meta http-equiv="content-style-type" content="text/css">
<title>Java-Applets</title>
<style type="text/css">
<!--
body { background-color:white }
h2 { font-family:Arial, sans-serif; text-align:center }
div { text-align:center }
-->
</style>
</head>
<body>
<h2>Java-Applets</h2>
<div>
<applet code="JavaClock.class" codebase="applets/classes" width="200" height="200">
 <param name="bgcolor" value="ffffff">
 <param name="border" value="5">
 <param name="ccolor" value="c0c0c0">
 <param name="cfont" value="Arial|BOLD|18">
 <param name="delay" value="100">
 <param name="hhcolor" value="000000">
 <param name="mhcolor" value="000000">
 <param name="shcolor" value="ff0000">
 <param name="ncolor" value="808080">
 <param name="nradius" value="80">
 <param name="link" value=http://java.sun.com/>
</applet>
</div>
</body>
</html>
```

Die im Beispiel verwendete Methode, Java-Applets unter Verwendung des Tags `<applet>` einzubinden, gilt ebenso wie das Attribut `code` als »deprecated«. Die HTML-Spezifikation 4.01 empfiehlt, stattdessen das `<object>`-Tag einzusetzen. Innerhalb des `<object>`-Bereichs können wie bisher `<param>`-Tags notiert werden. Als Wert des Attributs `classid` wird die Applet-Datei im Anschluss an die Angabe `java:` ohne Dateierweiterung notiert. Der Wert des Attributs `codebase` nimmt den Pfad auf, falls das Applet sich in einem anderen Verzeichnis befindet als die HTML-Datei. Das Attribut `codetype` nimmt den MIME-Typ auf, der in diesem Fall `application/octet-stream` lautet. Die Attribute `width` und `height`, mit denen die Breite und Höhe in Pixel festgelegt werden, sind unbedingt erforderlich, damit das Applet angezeigt werden kann. Der Quellcode zum einbinden des Java-Applets müsste demnach lauten wie folgt:

```
<object classid="java:JavaClock.class" codebase="applets/classes" codetype="application/octet-stream" width="200" height="200">
<param>-Tags
</object>
```

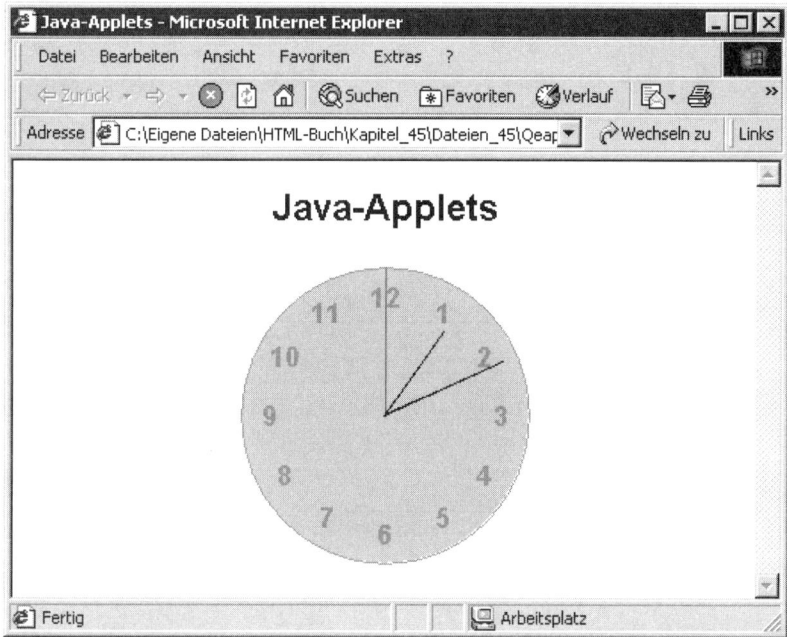

Bild 45.1: Das Java-Applet JavaClock.class

 Leider wird das <object>-Tag derzeit noch nicht umfassend unterstützt, im IE 5.5 führen die vorstehenden Angaben nicht dazu, dass das Applet angezeigt wird. Setzen Sie daher vorläufig weiterhin das Tag <applet> ein und testen Sie HTML-Dateien, die Applets enthalten, nach Möglichkeit mit verschiedenen Browsern.

45.2 Java-Applets beschriften und umfließen

Das Attribut align ermöglicht mit den Werten top (oben), middle (mittig) und bottom (unten) das Beschriften von Applets mit dem nachfolgend eingegebenen Text. Die Angaben align="left" und align="right" richten das Applet links- bzw. rechtsbündig aus, wobei der nachfolgend notierte Text das Applet auf der freien Seite umfließt. Ähnlich wie bei Grafiken oder Objekten sind diese Angaben jedoch als »deprecated« eingestuft und sollten zu Gunsten von Stylesheets nicht weiter verwendet werden.

45.3 Abstand zu umgebenden Elementen

Der Abstand zwischen einem Applet und den vorherigen und nachfolgenden bzw. seitlichen Elementen kann mit den Attributen hspace (horizontal space = Abstand in horizontaler Richtung) und vspace (vertical space = Abstand in vertikaler Richtung) festgelegt werden. Da diese Attribute als unerwünscht gelten, sollten Sie die jeweiligen Abstände mit Hilfe von Stylesheet-Angaben realisieren.

46 Scripting

Mithilfe von Skriptsprachen können Programme (Scripts) geschrieben werden, die in eine Webseite integriert und vom Browser (bzw. einem Interpreter) interpretiert werden können. Derartige Programme ermöglichen interaktive Effekte, wie z.B. eine veränderte Anzeige, wenn ein definierter Bereich vom Mauszeiger überfahren wird, oder eine dynamische Veränderung beim Laden eines Dokuments. Mithilfe von Scripts können auch Eingaben in Formulare geprüft werden, sodass diese nur dann übertragen werden, wenn sie einer definierten Form entsprechen. Grundsätzlich unterscheidet man zwischen solchen Scripts, die automatisch während des Ladens ausgeführt werden, und solchen, die zunächst eine Aktion des Anwenders erfordern. Diese Aktionen werden auch Ereignisse genannt, in HTML stehen so genannte Ereignisattribute zur Verfügung, die verschiedene Aktionen repräsentieren (siehe Kapitel 46.2). Da Script-Programme vom Browser ausgeführt werden, spricht man von clientseitigem Scripting.

Skript-Programme können (ähnlich wie Stylesheets) lokal innerhalb einer HTML-Datei direkt in den Quellcode integriert oder zentral in einer separaten Datei notiert werden. Sowohl JavaScripts als auch VBScripts können (wie HTML-Dateien oder Stylesheets) mit einem einfachen Texteditor erstellt werden. Die Skriptsprachen JavaScript, JScript und VBScript entsprechen dem ECMA-Standard 262 für Internet-Skriptsprachen, der von der European Computer Manufacturers Association spezifiziert wurde. Da das Erstellen eigener Scripts umfangreiche Kenntnisse der jeweiligen Skriptsprache voraussetzt, ist es ratsam, auf vorhandene Scripts zurückzugreifen. Im WWW finden Sie eine Fülle solcher Scripts, vergewissern Sie sich jedoch stets, dass Sie diese tatsächlich frei nutzen dürfen. Unter Umständen reicht eine kleine Änderung an einem bestehenden Script aus, damit es Ihren Bedürfnissen gerecht wird.

Das Gebot, alle HTML-Dateien vor der Veröffentlichung ausgiebig und mit verschiedenen Browsern bzw. Versionen zu testen, gilt in besonderem Maße für Dateien mit internen oder externen Scripts.

46.1 Scripts einbinden

Das Einbinden von Scripts in HTML-Dateien wird mit dem Tag `<script>` realisiert, das auch über ein abschließendes `</script>`-Tag verfügt. `<script>`-Bereiche können sowohl im Kopfteil als auch im `<body>`-Bereich von HTML-Dateien beliebig oft notiert werden. Derart eingebundene Scripts werden beim Laden von Dokumenten ausgeführt. Das Attribut SRC gibt dabei die URL eines externen Scripts an, als Wert von type wird die Skriptsprache der externen Datei angegeben. Die Standard-Skriptsprache, die als `<meta>`-Angabe notiert sein kann, wird für diesen `<script>`-Bereich durch den hier notierten Wert ersetzt. Neben dem Attribut type nimmt auch das Attribut language (= Sprache) die Skriptsprache auf, allerdings ist dieses Attribut als »deprecated« eingestuft. Unter Umständen kann es hilfreich sein, die Attribute type und language parallel einzusetzen. Das boolesche Attribut `defer` (= aufschieben) informiert den Browser darüber, dass das Script keinen Dokumentinhalt generiert, er kann also damit fortfahren, den HTML-Quellcode zu interpretieren. Demgegenüber stehen Script-Anweisungen, die die Ausgabe von HTML-Befehlen (bzw. deren Inhalten) bewirken. Derartige Ausgaben sind in ihrer Position dadurch bestimmt, wo das Script notiert ist. Scripts, die sich im Kopfteil einer Datei befinden, führen zu einer Ausgabe am Anfang des Dokuments. Scripts innerhalb des `<body>`-Bereichs haben zur Folge, dass die Ausgabe an der Position erscheint, die der Position des Scripts im Quelltext entspricht. Ein im Kopfteil notiertes Script kann von einem im Rumpfteil notierten Ereignisattribut aufgerufen werden.

Die Syntax der innerhalb des mit `<script>` ausgezeichneten Bereichs ist abhängig von der verwendeten Skriptsprache. Um eine Skriptsprache als standardmäßig verwendete Skriptsprache zu definieren, geben Sie im `<meta>`-Tag `content-script-type` als Wert des Attributs `http-equiv` und den MIME-Typen als Wert von `content` an, wie z.B. `text/javascript`. Eine solche Angabe lautet z.B.:

```
<meta http-equiv="content-script-type" content="text/javascript">
```

Für solche Browser, die die verwendete Skriptsprache nicht unterstützen oder die vom Anwender so konfiguriert wurden, dass Scripts grundsätzlich nicht ausgeführt werden, können Sie mithilfe des Befehls `<noscript>` (ohne End-Tag) alternativen Inhalt notieren. So können Sie z.B. in einem `<noscript>`-Bereich Verweise zu Zielen anbieten, die ansonsten nur über bestimmte Ereignisse zu erreichen wäre.

Außerdem sollten Sie `<script>`-Bereiche tarnen, damit solche Browser, die das `<script>`-Tag nicht interpretieren, den Inhalt nicht im Browser-Fenster darstellen. Eine andere Lösung besteht darin, externe Script-Dateien zu verwenden.

46.2 Ereignisattribute

Scripts, die erst dann ausgeführt werden, wenn der Anwender eine bestimmte Aktion ausführt bzw. ein Ereignis eintritt, werden als Wert des jeweiligen Ereignisattributs (Event-Handler) notiert. Findet das Ereignis statt, indem der Anwender z.B. auf ein bestimmtes Element klickt, so wird das als Wert des Attributs `onclick` angegebene Script ausgeführt. Die nachfolgend in alphabetischer Reihenfolge aufgelisteten Ereignisattribute werden vom Netscape Navigator nur teilweise unterstützt, während der Explorer sie weitgehend interpretiert.

Attribut	Bedeutung	Einsatz in den Befehlen	Unterstützung
onblur	Das Element verliert den Fokus, den es mittels Mauszeiger oder Ansteuerung via Tabulatortaste erhalten hatte.	`<a>`, `<area>`, `<button>`, `<input>`, `<label>`, `<select>`, `<textarea>`	JavaScript
onchange	Der Wert eines Elements wurde verändert.	`<input>`, `<select>`, `<textarea>`	JavaScript
onclick	Das Script wird ausgeführt, wenn der Mauszeiger sich über einem Element befindet und ein Klick ausgeführt wird.	kann in den meisten Tags verwendet werden	JavaScript
ondblclick	Der Mauszeiger befindet sich über einem Element und es wird ein Doppelklick ausgeführt.	kann in den meisten Tags verwendet werden	
onfocus	das Element wird entweder durch den Mauszeiger oder durch Ansteuern mit der Tabulator-Taste fokussiert	`<a>`, `<area>`, `<button>`, `<input>`, `<label>`, `<select>`, `<textarea>`	JavaScript
onkeydown	Der Fokus befindet sich auf einem Element und eine Taste wird heruntergedrückt.	kann in den meisten Tags verwendet werden	
onkeypress	Über einem fokussierten Element wird eine Taste gedrückt und wieder losgelassen.	kann in den meisten Tags verwendet werden	
onkeyup	Über einem fokussierten Element wird eine Taste losgelassen.	kann in den meisten Tags verwendet werden	
onload	Das Script wird ausgeführt, wenn der Browser das Laden des Dokuments oder aller Frames eines Framesets beendet.	`<body>`, `<frameset>`	JavaScript

Tabelle 46.1: Die in HTML 4.01 spezifizierten Ereignisattribute

Attribut	Bedeutung	Einsatz in den Befehlen	Unterstützung
onmousedown	Der Mauszeiger befindet sich über einem Element und die linke Maustaste wird gedrückt.	kann in den meisten Tags verwendet werden	
onmouseout	Der Mauszeiger wird von einem Element wegbewegt.	kann in den meisten Tags verwendet werden	
onmousemove	Der Mauszeiger wird bewegt, während er sich über einem Element befindet.	kann in den meisten Tags verwendet werden	
onmouseover	Der Mauszeiger wird auf ein Element zu bewegt.	kann in den meisten Tags verwendet werden	JavaScript
onmouseup	Der Mauszeiger befindet sich über einem Element und die linke Maustaste wird losgelassen.	kann in den meisten Tags verwendet werden	
onreset	Die Daten des Formulars wurden zurückgesetzt,	`<form>`	
onselect	Ein Teil eines Textfelds wurde markiert.	`<input>`, `<textarea>`	JavaScript
onsubmit	Die Daten eines Formulars werden übertragen.	`<form>`	JavaScript
onunload	Das Script wird ausgeführt, wenn der Browser das Dokument oder das Dokument eines Frames entfernt.	`<body>`, `<frameset>`	JavaScript

Tabelle 46.1: Die in HTML 4.01 spezifizierten Ereignisattribute (Forts.)

46.3 JavaScript

JavaScript ist eine von der Firma Netscape entwickelte Skriptsprache für interaktive Webseiten. Innerhalb der Browsers werden Java-Scripts von einem so genannten Interpreter ausgeführt. Obwohl JavaScript sowohl vom Navigator als auch vom Explorer unterstützt wird, ergeben sich Unterschiede zwischen den beiden Browsern. Der Internet Explorer interpretiert neben JavaScript und VBScript seit der Version 4.x auch die von Microsoft spezifizierte Variante JScript, die sich von JavaScript teilweise unterscheidet. JavaScript wird vom Navigator der Version 4.06 an in der Version 1.3

unterstützt. Eine externe JavaScript-Datei hat die Endung *.js*, der MIME-Typ einer solchen Datei lautet `text/javascript`.

JavaScript ist eine objektorientierte Programmiersprache, das heißt, alle möglichen Funktionen und Methoden beziehen sich auf bestimmte Objekte, die in einem Objektmodell organisiert sind. Das in der Hierarchie höchste Objekt ist `window`, das den Zugriff auf das Browser-Fenster erlaubt. Das Objekt `window` beinhaltet wiederum Unterobjekte wie z.B. `document`, das sich auf das gesamte HTML-Dokument bezieht, `location` für die aktuelle URL oder `history` für zuvor besuchte URLs. Auch das Objekt `document` schließt Unterobjekte ein, wie z.B. `forms` (= Formular). Dieses Unterobjekt besteht seinerseits aus einzelnen Formularelementen (`elements`), wie z.B. SCHALTFLÄCHEN. Im Internet Explorer wird ein etwas anderes Objektmodell zugrunde gelegt, sodass die Interpreter von NN und IE sich in ihrer Implementierung unterscheiden.

Die verschiedenen Objekte können nun entweder mit einer Eigenschaft versehen werden, wie z.B. einer Hintergrundfarbe (`document.bgcolor = "red";`) oder mit einer Methode, wie z.B. `document.write("Aloha");` zur Textausgabe. Alle Arten von Script-Anweisungen werden in JavaScript von einem Semikolon abgeschlossen. Parameter stehen in runden Klammern, textliche Inhalte werden in einfache Anführungszeichen gefasst. Mehrere JavaScript-Anweisungen werden in geschweifte Klammern gefasst. Kommentare können innerhalb der Zeichenfolgen /* und */ notiert werden.

In Kapitel 46.1 wurde darauf hingewiesen, dass der Inhalt von `<script>`-Bereichen für solche Browser »versteckt« werden muss, die das `<script>`-Tag nicht interpretieren. Ansonsten würde der mit `<script>` ausgezeichnete Inhalt im Browser dargestellt. Kommentare zur Tarnung des Inhalts von JavaScript-Bereichen werden wie folgt notiert. Zu Beginn des `<script>`-Bereichs steht die Zeichenfolge `<!--`, die in HTML Kommentare einleitet. In Bezug auf JavaScript-Interpreter bewirkt die Zeichenfolge `<!--` am Anfang des `<script>`-Bereichs, dass die nachfolgenden Zeichen dieser Zeile ignoriert werden. Das Problem bei der Kommentierung von Scripts liegt darin, dass nicht nur die Scripts für Browser getarnt werden, sondern gleichzeitig der Inhalt von `<script>`-Bereichen von Java-fähigen Browsern korrekt interpretiert werden soll. Da die abschließende Zeichenfolge für Kommentare in HTML `-->` ihrerseits vor dem JavaScript-Interpreter versteckt werden muss, geht ihr ein Doppelslash `//` voran. In JavaScript leitet die Zeichenfolge `//` den Beginn eines Kommentars ein, der sich auf die gesamte Zeile erstreckt.

```
<script type="text/javascript">
<!-- die nachf. Zeichen dieser Zeile gelten nicht als Script
ausführbares Script
// die nachf. Zeichen dieser Zeile gelten als JavaScript-Kommentar -->
</script>
```

Das eigentliche Script sollte also nicht in der Zeile beginnen, in der der die einleitende Zeichenfolge für den HTML-Kommentar `<!--` notiert ist. Die letzte Zeile des `<script>`-Bereichs sollte ebenso keine für das Script relevanten Angaben enthalten, vielmehr wird nach dem mit zwei Schrägstrichen eingeleiteten JavaScript-Kommentar die Zeichenfolge notiert, die in HTML den Kommentar beendet. Die Kurzform eines kommentierten JavaScript-Bereichs lautet demnach:

```
<script type="text/javascript">
<!--
ausführbares Script
// -->
</script>
```

46.4 VBScript

VBScript wurde von Microsoft als Alternative zu JavaScript entwickelt und baut auf der Programmiersprache VBA (Visual Basic für Applikationen) auf. Auch mit VBScript erzeugte Programme werden im Browser von einem Interpreter ausgeführt. Zusätzlich können mit VBScript ActiveX-Controls verwendet werden. Die Skriptsprache VBScript steht nur im Internet Explorer zur Verfügung, die Benutzer von anderen Browsern bleiben also außen vor. Wie bei JavaScript gibt es einmal Scriptanweisungen, die beim Laden ausgeführt werden und solche, die auf Ereignisse reagieren. Letztgenannte sind in Ereignisattributen notiert. Auch VBScript ist eine objektorientierte Sprache, die Objekte haben bestimmte Eigenschaften und auf die Objekte lassen sich verschiedene Methoden anwenden. Das Objektmodell in VBScript ähnelt dem in JavaScript, so gibt es z.B. auch hier das Objekt window, das sich auf das Browser-Fenster bezieht. Ein Unterobjekt von window ist auch in VBScript document für das HTML-Dokument, das seinerseits das Unterobjekt FORM für Formulare enthält. Es gibt durchaus Eigenschaften und Methoden, die sowohl in JavaScript als auch in VBScript gleich lauten und die gleiche Bedeutung haben. Der Unterschied zwischen den beiden Skriptsprachen liegt in der Struktur und der Syntax komplexer Scripte.

Der MIME-Typ von VBScripts lautet text/vbscript, also

```
<script type="text/vbscript">
```

Um VBScripts vor solchen Browsern zu tarnen, die den <script>-Befehl nicht kennen, muss der Inhalt des <script>-Bereichs kommentiert werden. Ähnlich wie bei Java-Scripts, bewirkt die einen Kommentar einleitende Zeichenfolge <!-- in Bezug auf VBScript, dass die nachfolgenden Zeichen nicht als Script interpretiert werden. Die den HTML-Kommentar abschließende Zeichenfolge --> muss jedoch (wie bei Java-Scripts) für den VBScript-Interpreter getarnt werden. In VBScript leitet ein einfaches Anführungszeichen (oder Hochkomma) einen Kommentar ein, der für die nachfolgenden Zeichen der Zeile gilt.

```
<script type="text/vbscript">
<!--
ausführbares Script
' -->
</script>
```

47 ActiveX

Unter ActiveX versteht man eine von Microsoft entwickelte Technologie, die sich als Konkurrenz zu Java versteht. Die Programmiersprache ist nicht festgelegt, sie muss allerdings das Component Object Model (COM) unterstützen, wie etwa Visual Basic oder C++. Über dieses Objekt-Modell können verschiedene Komponenten in andere Programme eingebunden werden. So werden z.B. Flash-Animationen im Internet Explorer mithilfe einer im Betriebssystem installierten ActiveX-Steuerung (swflash.ocx) angezeigt. Problematisch an ActiveX-Steuerungen ist einerseits, dass ihr Gebrauch vor allem auf Nutzer von Windows bzw. dem Internet Explorer ausgerichtet ist (für den Netscape Navigator steht ein Plug-In zur Verfügung) und andererseits der Sicherheitsaspekt. Da ActiveX-Steuerungen direkt im Betriebssystem installiert werden, können Sie unter Umständen großen Schaden anrichten. Microsoft versucht, die Sicherheit mit der Zertifizierung von ActiveX-Steuerelementen zu verbessern. Im Explorer können Sie unter Internetoptionen im Menü EXTRAS die Registerkarte *Sicherheit* aufrufen. Klicken Sie im unteren Bereich auf *Stufe anpassen...*, nachdem als Zone *Internet* aktiviert ist. Hier können Sie z.B. einstellen, dass der Download von signierten ActiveX-Steuerelementen erst nach Eingabeaufforderung erfolgen soll. So werden Sie darüber informiert, dass Sie eine signierte ActiveX-Steuerung herunterladen.

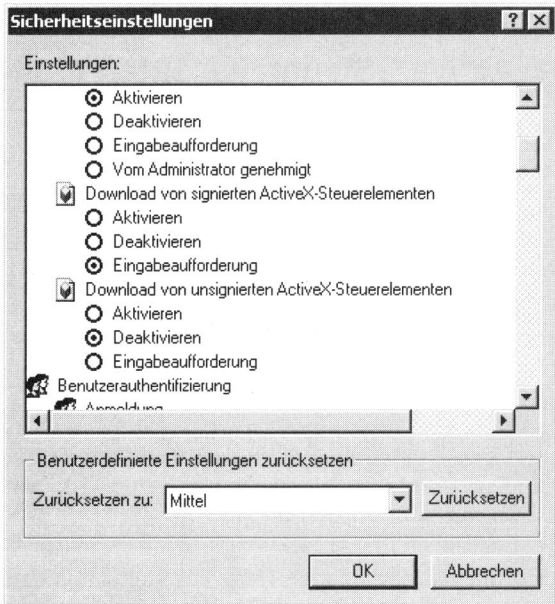

Bild 47.1: Sicherheitseinstellungen für ActiveX-Steuerungen

47.1 ActiveX-Steuerung einfügen

ActiveX-Steuerungen (ActiveX-Controls) lassen sich ähnlich wie Java-Applets in HTML einbinden, wobei das `<object>`-Tag zum Einsatz kommt. Im WWW finden Sie eine Reihe von fertigen ActiveX-Steuerungen, zum Erstellen eigener ActiveX-Steuerelemente benötigen Sie eine geeignete Software. Im einleitenden `<object>`-Tag wird das Attribut `classid` eingesetzt, um die ActiveX-Steuerung zu referenzieren. Der Wert dieses Attributs beginnt mit der Angabe CLSID:, auf die nahtlos die ID folgt, unter der die ActiveX-Steuerung in Windows registriert ist. Mit den Attributen `width` und `height` legen Sie die Größe des Steuerelements im Browser-Fenster fest. Sofern sich das ActiveX-Stererelement in einem anderen Verzeichnis befindet als die HTML-Datei, kann als Wert des Attributs `codebase` der Pfad dorthin angegeben werden. Das folgende Beispiel bindet das in Microsofts Office 2000 Professional enthaltene ActiveX-Steuerelement MSCAL.OCX ein.

```
<object classid="clsid:8E27C92B-1264-101C-8A2F-040224009C02"
width="300" height="200">
</object>
```

Bild 47.2: Das ActiveX-Steuerelement ist in der HTML-Datei referenziert

Im folgenden Quellcode wird eine Flash-Datei eingebunden, hier können (als Attributpaar `name` und `value` im Tag `<param>`) zusätzliche Parameter angegeben werden. Für Anwender, die nicht über die entsprechende ActiveX-Steuerung verfügen, ist diese hier mit ihrer class-ID und einer URL referenziert. Für Netscape-Browser, die das `<object>`-Tag nicht unterstützen, ist die Datei zusätzlich mit dem (nicht zur offiziellen HTML-Spezifikation gehörenden) `<embed>`-Tag eingebunden.

```html
<html>
<head>
<title>Flash-Animation</title>
</head>
<body BGCOLOR="#999999">
<objekt classid="clsid:D27CDB6E-AE6D-11cf-96B8-444553540000"
width="300" height="200" codebase="http://download.macromedia.com/
pub/shockwave/cabs/flash/swflash.cab#version=5,0,0,0">
<param name="movie" value="movie.swf">
<param name="play" value="true">
<param name="loop" value="false">
<param name="quality" value="high">
<param name="menu" value="false">
 <embed src="movie.swf"
  width="300" height="200"
  play="true"
  loop="false"
  quality="high"
  menu="false"
  type="application/x-shockwave-flash"
  pluginspage="http://www.macromedia.com/shockwave/download/
  index.cgi?P1_Prod_Version=ShockwaveFlash">
 </embed>
</objekt>
</body>
</html>
```

48 DHTML

DHTML ist die Abkürzung von Dynamic HTML bzw. Dynamisches HTML und steht für eine Kombination verschiedener Techniken, die es ermöglichen, Inhalte eines HTML-Dokuments dynamisch zu verändern. Hier ist vor allem die Kombination von Stylesheets, Scripting und den in HTML spezifizierten Ereignisattributen zu nennen. Mit diesen Ergänzungen zu HTML können Sie z.B. Inhalte einer Seite verändern, ohne dass eine weitere Datei geladen werden müsste. Die Schwierigkeit in Zusammenhang mit DHTML besteht darin, dass nicht alle Möglichkeiten von Netscape- und Microsoft-Browsern (die beide ab Version 4.x DHTML-fähig sind) gleichermaßen unterstützt werden. Grundsätzlich arbeiten jedoch beide Browser mit CSS, JavaScript und dem Document Object Model. Das Document Object Model (DOM) ist eine Erweiterung des Objektmodells in JavaScript, mit seiner Hilfe können Sie auf alle relevanten Elemente eines HTML-Dokuments zugreifen. In diesem Kapitel erfahren Sie anhand von einfachen Beispielen, wie sich Dokumentinhalte dynamisch verändern lassen und wie die Microsoft-spezifischen Stylesheet-Filter dynamisiert werden können. Für die weitergehende Anwendung von DHTML sind (neben HTML und CSS) umfassende Kenntnisse in JavaScript unbedingte Voraussetzung.

Auch für DHTML gilt, dass Dateien, die dynamisch reagieren, nach Möglichkeit in verschiedenen Browsern bzw. mit unterschiedlichen Versionen dieser Browser getestet werden sollten.

48.1 Dokumentinhalt dynamisch ändern

Im ersten Beispiel (für den Internet Explorer) wird die Formateigenschaft eines bestimmten Elements verändert, wobei keine Interaktion des Anwenders erforderlich ist – die Veränderung findet automatisch nach einem definierten Zeitabschnitt statt. Im `<script>`-Bereich des folgenden Quellcodes werden zwei Funktionen `schwarz` und `rot` (für schwarze und rote Textfarbe) definiert, die sich jeweils auf das Element mit der ID `dyn1` beziehen. Der mit `<h2>` ausgezeichneten Überschrift wurde ebendiese ID zugewiesen. Zusätzlich wird nach der Funktion mit `window.setTimeout` definiert, dass die Funktion `schwarz` (bzw. `rot`) nach einer bestimmten Anzahl von Millisekunden ausgeführt werden soll. In diesem Beispiel sind dies 2000 Millisekunden, also 2 Sekunden.

```
<html>
<head>
<meta http-equiv="content-type" content="text/html; charset=iso-8859-1">
<meta http-equiv="content-style-type" content="text/css">
<title>DHTML</title>
<style type="text/css">
<!--
h2 { font-family:Arial, sans-serif; text-align:center }
-->
```

```
</style>
<h2 id="dyn1">dynamisches HTML</h2>
<script language="JScript">
<!--
function schwarz()
{
 document.all.dyn1.style.color = "black";
 window.setTimeout("rot()",2000);
}
function rot()
{
 document.all.dyn1.style.color = "red";
 window.setTimeout("schwarz()",2000);
}
schwarz();
//-->
</script>
Lorem ipsum dolor (...)
</body>
</html>
```

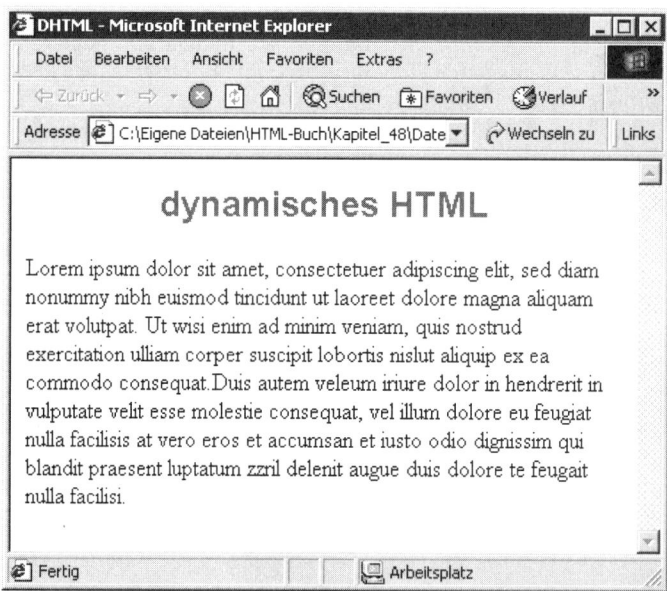

Bild 48.1: Die Farbe der Überschrift ändert sich nach einer bestimmten Zeit.

In Abbildung 48.1 ist die veränderte Farbe der Überschrift zu sehen, alle zwei Sekunden ändert sich diese Farbe von Schwarz nach Rot und umgekehrt.

Achten Sie bei zeitgebundenen Veränderungen darauf, nicht zu schnell zu werden. Wenn sich auf einer Seite viele Elemente schnell verändern, lässt die Aufmerksamkeit des Anwenders im Endeffekt nach.

Da die Funktionen in der jeweiligen Scriptsprache geschrieben sind, ergibt sich ein Problem in Bezug auf solche Stylesheet-Formateigenschaften, die einen Bindestrich enthalten (wie z.B. `font-weight`*). Da Bindestriche in JavaScript und Jscript eine eigene Bedeutung haben, müssen diese Angaben anders notiert werden: Der Bindestrich fällt ersatzlos weg und der erste Buchstabe des folgenden Begriffs wird groß geschrieben (z.B.* `fontWeight`*). Der Wert von CSS-Formateigenschaften muss innerhalb von Scripts in Anführungszeichen stehen und ist von der Eigenschaft durch ein Gleichheitszeichen zu trennen.*

Eine andere Möglichkeit, eine Veränderung herbeizuführen, liegt in der Verwendung von Ereignisattributen. Der Anwender muss zunächst eine bestimmte Aktion ausführen, damit eine Veränderung eintritt. Im folgenden Beispiel muss er mit dem Mauszeiger über einen Absatz fahren, damit dessen Inhalt sich ändert. Die entsprechende Anweisung lautet:

```
<p onmouseover="this.innerText='Hier ist der neue Inhalt, der innerhalb der urspr&uuml;nglichen HTML-Datei notiert ist.'">
Beim &Uuml;berfahren dieses Absatzes mit dem Mauszeiger &auml;ndert sich dessen Inhalt.
</p>
```

Abbildung 48.2 zeigt die Datei im ursprünglichen Zustand, nachdem der Anwender den unterlegten Absatz mit dem Mauszeiger überfahren hat, erscheint das Dokument wie in Abbildung 48.3 zu sehen.

Bild 48.2: Der farbig unterlegte Bereich ist veränderbar.

Bild 48.3: Ein Ereignis hat die Veränderung des Inhalts bewirkt.

Um den gesamten Inhalt des Dokuments zu verändern, können Sie die Methode `write` auf das Objekt `document` anwenden. Mit der Angabe `onmouseover="document.write(‚Neuer Inhalt')"`, die Sie z.B. in einem `<div>`-Tag notieren, legen Sie fest, dass beim Überfahren des mit `<div>` ausgezeichneten Bereichs ein anderer Inhalt gezeigt wird. Dieser Inhalt wird im Anschluss an die Methode `write` in runden Klammern und einfachen Anführungszeichen notiert. Das Überfahren eines bestimmten Bereichs kann also bewirken, dass sich der komplette Inhalt des Browser-Fensters verändert.

In den beiden vorigen Beispielen wurde die Veränderung des Dokuments durch ein Ereignis ausgelöst, Sie können jedoch auch einen Verweis auf ein Script legen. Im `href`-Attribut des `<a>`-Tags wird die verwendete Scriptsprache und der Name der Funktion angegeben (in diesem Beispiel `href="javascript:dynam()"`. Im Kopfteil der Datei ist die genannte Funktion wie folgt notiert:

```
<script language="javascript">
<!--
function dynam()
{
document.all.abs01.innerHTML="Der ver&auml;nderte Inhalt kann auch mit <em>HTML-Tags</em> ausgezeichnet sein, diese werden wie gewohnt interpretiert.";
}
//-->
</script>
```

Die Funktion bezieht sich auf das mit der ID `abs01` versehene Element. Die Eigenschaft `innerHTML` bewirkt, dass innerhalb des nachfolgenden Textes vorkommende HTML-Tags interpretiert werden, sobald dieser Text angezeigt wird. In diesem Beispiel ist der Ausdruck HTML-Tags mit `<em>` ausgezeichnet. Abbildung 48.4 enthält den Verweis auf das Script, der wie üblich als Verweis gekennzeichnet ist. Nachdem der Anwender diesen Verweis angeklickt hat, zeigt sich die Datei wie in Abbildung 48.5 zu sehen: Der veränderte Inhalt wird angezeigt und der mit `<em>` ausgezeichnete Inhalt wird kursiv dargestellt.

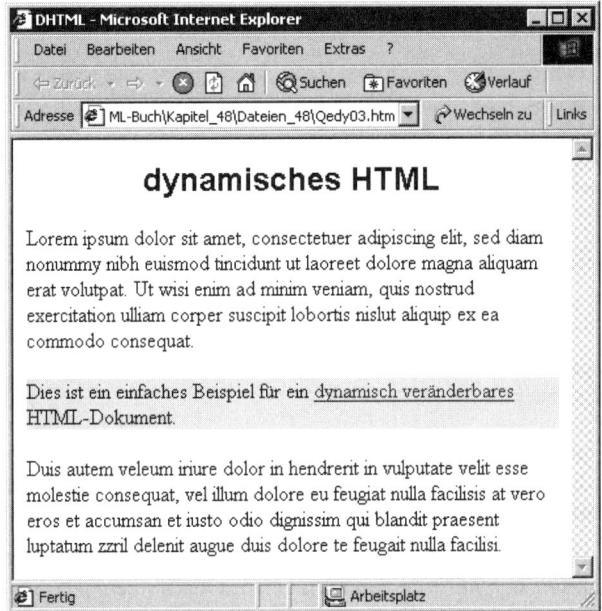

Bild 48.4: Der Verweis bewirkt, dass der Inhalt dieses Absatzes verändert wird.

Mit dem Objekt `window` und der Methode `open()` können Sie erreichen, dass ein neues Fenster (Pop-up-Fenster) geöffnet wird. Als Parameter muss wenigstens die URL des anzuzeigenden Inhalts und der Name des Pop-ups angegeben werden. Optional können Angaben zur äußeren Erscheinung des Pop-up-Fensters gemacht werden, so legen Sie z.B. mit `locationbar=no` fest, dass dieses Pop-up keine eigene Adresszeile erhält, `menubar=no` verhindert, dass das Pop-up keine eigene Menüleiste bekommt. Die Funktion, die innerhalb des `<script>`-Bereichs notiert werden kann, lautet beispielsweise:

```
function pop(url)
{
windows.open(url,'neues Fenster','locationbar=no',menubar=no');
}
```

Bild 48.5: Der mittlere Absatz hat einen anderen Inhalt, der mit einem HTML-Tag ausgezeichnet ist.

Innerhalb des Dateirumpfes notieren Sie als Wert eines Ereignisattributs (wie z.B. onclick) den Namen der Funktion und die URL der anzuzeigenden Datei, also z.B. onclick="pop('beispiel.htm')".

Auch die in Kapitel 44.13 beschriebenen Microsoft-spezifischen Stylesheet-Filter lassen sich mithilfe von Scripts dynamisch anzeigen. So lassen sich z.B. Blend- und Übergangseffekte erzielen.

49 XML

HTML basiert als statische Auszeichnungssprache auf SGML (Standard Generalized Markup Language), einer komplexen Sprache, die die Definition von Regeln zur Formatierung von Dokumenten beinhaltet. HTML stellt die wohl bekannteste Anwendung von SGML dar. Es besteht aus festgelegten Befehlen (Tags) und ist dadurch in seinen Möglichkeiten eingeschränkt. Mit XML (Extensible Markup Language) steht eine im Gegensatz zu HTML erweiterbare Sprache, eine Meta-Sprache, zur Verfügung. XML wird als SGML-Applikationsprofil bezeichnet, es stellt anders ausgedrückt eine stark vereinfachte Form von SGML dar. Somit erlaubt XML die Entwicklung eigener Auszeichnungssprachen mit neuen Befehlen und Attributen, wobei natürlich bestimmte Regeln eingehalten werden müssen. Damit die mit XML erstellten eigenen Befehle bzw. eigenen Sprachen interpretierbar sind, wird angegeben, um was für einen Dokumenttyp es sich handelt und dieser Dokumenttyp sollte weiterhin in einer so genannten Document Type Definition spezifiziert sein. (Im Gegensatz dazu stellen alle HTML-Dokumente einen einzigen Dokumenttyp dar.)

Ähnlich den Bestrebungen, mit HTML und CSS Inhalt und Layout von Dokumenten voneinander zu trennen, ist XML strikt nur für die Struktur und den Inhalt zuständig, während das äußere Erscheinungsbild von einer Style Sheetsprache bestimmt wird. Neben der auch im Zusammenhang mit HTML nutzbaren Stylesheet-Sprache CSS gibt es für XML-Dateien eine weitere Stylesheet-Sprache mit der Bezeichnung XSL (Extensible Stylesheet Language), die über die Möglichkeiten von CSS hinausgeht.

XML wurde vom W3C (bzw. einer Gruppe von Firmenvertretern und anderer Teilnehmer) speziell für die Anwendung im Web entwickelt und arbeitet sowohl mit SGML als auch mit HTML zusammen. XML-Anwendungen (also mit XML definierte Sprachen) lassen sich nicht nur in Browsern, sondern auch in anderen Programmen darstellen, daher kann XML auch zum Datenaustausch verwendet werden. Seit Februar 1998 ist XML 1.0 ein W3C-Standard, der wie HTML plattformunabhängig ist.

Websites, die mit den bisher verfügbaren HTML-Tags und deren Attributen zu realisieren sind, müssen nicht in XML geschrieben werden, insofern ist XML nicht als Nachfolgesprache von HTML zu sehen. Vielmehr äußert sich das W3C dahingehend, dass XML eine Alternative zu HTML (mit weiter reichenden Möglichkeiten) darstellt, dass HTML jedoch zukünftig durchaus noch eine Rolle spielen wird.

XML wird vom Internet Explorer 5.x und vom Navigator ab 6.0 voll unterstützt. Technologien bzw. Sprachen, die XML ergänzen, sind z.B.:

→ XLink – (XML Linking Language) als Standardmethode zur Einbindung von Hyperlinks

→ XPointer – (XML Pointer Language) für das Verweisen auf Teile von XML-Dokumenten

→ MathML – zur Beschreibung mathematischer Formeln

→ SMIL – (Synchronized Multimedia Integration Language) für Multimedia-Präsentationen

→ CSS – (Cascading Style Sheets) als Stylesheet-Sprache

→ XSL – (Extensible Stylesheet Language) eine Stylesheet-Sprache für XML-Dokumente

→ XHTML – (Extensible Hypertext Markup Language) eine XML-Anwendung von HTML

49.1 Struktur einer XML-Datei

Eine XML-Datei besteht ähnlich einer HTML-Datei aus verschiedenen Bereichen: dem Kopfteil oder Prolog mit Informationen für den XML-Prozessor und der Dokumentinstanz.

Als XML-Prozessor wird ein Modul bezeichnet, das XML-Daten interpretiert, ein XML-Prozessor kann z.B. Bestandteil eines Browsers sein.

Inhalt des Prologs und der Dokumentinstanz sind Deklarationen und Verarbeitungsanweisungen für den XML-Prozessor (Processing Instructions) sowie Zeichendaten und Auszeichnungselemente. Zu den Auszeichnungselementen gehören neben Befehlen und Attributen optional auch Kommentare.

Die in einer Dokumentinstanz verwendeten Befehle werden wie in HTML in spitzen Klammern notiert, die über zusätzliche Attribute und Werte verfügen. Wie in HTML gibt es Zeichen, die nicht als Zeichendaten verwendet werden dürfen, stattdessen ist eine numerische (dezimale oder hexadezimale) oder benannte Zeichenreferenz zu notieren. Die betreffenden Zeichen sind in der folgenden Tabelle aufgelistet:

Zeichen	benannte Zeichenreferenz	dezimale Angabe	hexadezimale Angabe
&	&amp;	&#38;	&#x26;
<	&lt;	&#60;	&#x3C;
>	&gt;	&#62;	&#x3E;
'	&apos;	&#39;	&#x27;
"	&quot;	&#34;	&#x22;

Tabelle 49.1: Zeichencodes XML-eigener Zeichen

Darüber hinaus können auch solche Zeichen, die auf Ihrer Tastatur nicht verfügbar sind, als Zeichenreferenz notiert werden. Die hexadezimale Schreibweise beginnt jeweils mit &#x und endet mit einem Semikolon.

Um in Textabschnitten, die diese Zeichen enthalten, nicht jedes einzelne dieser Zeichen maskieren zu müssen, können Sie den gesamten Abschnitt als CDATA auszeichnen. Die Syntax lautet wie folgt:

`<![CDATA[Textabschnitt]]>`

Der in den inneren eckigen Klammern stehende Textabschnitt kann nun die Zeichen <, > und & enthalten, ohne dass diese getarnt werden müssten (das dürfen sie in dieser Syntax allerdings auch nicht sein). Der Inhalt solcher Bereiche wird vom Parser nicht ausgewertet, sondern einfach weitergegeben. Innerhalb der inneren eckigen Klammern darf die Zeichenfolge]] nicht vorkommen, da diese als Ende des Bereichs interpretiert würde.

Kommentare werden wie in HTML von der Zeichenfolge `<!--` eingeleitet und von `-->` beendet, sie können im Prolog oder in der Dokumentinstanz notiert werden und haben keinen Einfluss auf die Darstellung der Datei. Sie dienen vor allem internen Bemerkungen zum Quelltext. Alle als Kommentar ausgezeichneten Bereiche werden vom XML-Prozessor ignoriert, so dass auch Befehle erlaubt sind und wirkungslos bleiben. Kommentare dürfen nicht innerhalb von Tags notiert werden (also zwischen < und >).

Verarbeitungsanweisungen (Processing Instructions, kurz PI) werden von den Zeichen `<?` und `?>` eingeschlossen und wenden sich an die Anwendung, die das XML-Dokument interpretiert. Der weiter unten erwähnte Prolog einer XML-Datei enthält z.B. eine solche Anweisung, die die XML-Version angibt.

XML-Dokumente müssen wohlgeformt (well-formed) sein, das heißt, sie müssen der XML-Spezifikation entsprechen und ein oder mehrere Elemente enthalten, von denen eines das Wurzel- oder Root-Element darstellt, das die Dokumentinstanz beinhaltet.

Das Wurzel- oder Root-Element ist das Element (oder der Befehl), das die komplette XML-Dokumentinstanz einfasst. In HTML ist `<html>` das Wurzelelement.

Alle Elemente müssen korrekt ineinander verschachtelt sein, das heißt, bei mehreren nacheinander stehenden öffnenden Tags müssen die schließenden Tags in der umgekehrten Reihenfolge notiert werden (z.B. `<a> <b> <c> </c> </b> </a>`). Zu jedem einleitenden Tag ist ein entsprechendes End-Tag erforderlich. In allen Bereichen von XML-Dateien ist streng auf die Groß- bzw. Kleinschreibung zu achten, so z.B. bei Elementen (je nachdem, was in der DTD definiert ist), bei Attributen und deren Werten sowie benannten Zeichen und IDs. Attributwerte müssen in XML in Anführungszeichen (`"red"`) oder wahlweise in einfachen Anführungszeichen (`'red'`) stehen. Eine einmal gewählte Schreibweise muss innerhalb eines Attributs beibehalten werden.

Diese Regeln werden weitaus strikter überprüft als es in HTML der Fall ist. Ein einziges falschen Zeichen führt in XML zu einer Fehlermeldung. In Dokumenten ohne DTD ist die Schreibweise eines Elements bindend, in der es zum ersten Mal erwähnt wird.

Grundsätzlich sind auch XML-Dokumente ohne DTD möglich, sie müssen allerdings wohlgeformt sein.

Damit ein XML-Dokument gültig ist, muss es zunächst wohlgeformt sein, zusätzlich muss der Dokumentinhalt den für die aktuelle Dokumentklasse erstellten Regeln entsprechen. Dies setzt voraus, dass eine DTD existiert, anhand der ein Parser das Dokument auf Gültigkeit und Vollständigkeit prüfen kann.

49.2 Prolog

Der Prolog einer XML-Datei beginnt üblicherweise mit der XML-Deklaration, die der Identifizierung der Datei als XML-Datei dient. Neben der verwendeten Version können die Zeichencodierung und ein Hinweis darüber enthalten sein, ob die DTD intern oder extern hinterlegt ist. Eine XML-Deklaration lautet beispielsweise

```
<?xml version="1.0"?>
```

und besagt, dass es sich um ein XML-Dokument handelt, das der Spezifikation 1.0 entspricht. Anhand der Einfassung in die Zeichen <? und ?> erkennen Sie, dass es sich hierbei um eine Verarbeitungsanweisung (PI) handelt. Zusätzlich gibt `standalone="yes"` an, dass keine externe DTD existiert, `standalone="no"` zeigt hingegen an, dass eine externe DTD existiert. Weiterhin kann unter `encoding` die Zeichencodierung angegeben werden. Grundsätzlich bildet Unicode (UTF = Unicode Transformation Format) die Basis für XML; in diesem System können 65.536 Zeichen codiert werden, also (fast) jedes Zeichen menschlicher Sprachen. Die ersten 128 Zeichen entsprechen dabei ASCII, die ersten 256 Zeichen ISO-8859-1 (Latin-1), womit die meisten Sonderzeichen westeuropäischer Sprachen bereits abgedeckt sind. Eine XML-Deklaration könnte also so aussehen:

```
<?xml version="1.0" encoding="UTF-8" standalone="yes" ?>
```

Die auf die XML-Deklaration folgende, mit `<!DOCTYPE` beginnende Dokumenttyp-Deklaration (Document Type Declaration) ist optional, für gültige XML-Dokumente jedoch bindend. Sie beinhaltet die Information darüber, wo die Document Type Definition (DTD) zu finden ist. Der Name der Dokumenttyp-Deklaration muss mit dem des Wurzelelements der Datei übereinstimmten. Auf den Namen folgt die Angabe `SYSTEM` für externe oder `PUBLIC` für öffentliche DTDs. Zuletzt wird die URL der DTD notiert. Die DTD kann lokal oder in einer separaten externen Datei definiert sein.

Die Syntax einer Dokumenttyp-Deklaration lautet

```
<!DOCTYPE Name SYSTEM "URL">
```

und könnte zusammen mit einer XML-Deklaration z.B. wie folgt aussehen:

```
<?xml version="1.0"?>
<!DOCTYPE test SYSTEM "beispiel.dtd">
```

Entsprechend den Ausführungen heißt das Wurzelelement in diesem Fall test, unter der URL beispiel.dtd ist die dazugehörige DTD zu finden. Im Folgenden sehen Sie ein Beispiel für ein komplettes (allerdings ziemlich minimales) XML-Dokument.

```
<?xml version="1.0"?>
<!DOCTYPE test SYSTEM "beispiel.dtd">
<test>
Dies ist der Text eines winzigen XML-Dokuments
</test>
```

Die DTD zu diesem Dokument ist extern hinterlegt, alternativ kann sie jedoch auch lokal angegeben sein.

49.3 Document Type Definition (DTD)

In der externen oder intern notierten Document Type Definition (DTD) sind die Dokumentstruktur bzw. die Regeln zur Beschreibung eines Dokuments eines bestimmten Typs beschrieben. Die DTD muss vor der Dokumentinstanz angegeben sein, für die sie gilt. Eine DTD beinhaltet zulässige Befehle (Elementtyp-Deklaration) und optional für diese Befehle zulässige Attribute in der Attributlisten-Deklaration. Mit diesen Angaben kann ein XML-Parser die Dokumentstruktur auf Gültigkeit und Vollständigkeit prüfen. Eine Elementtype-Deklaration wird von der Zeichenfolge <!ELEMENT eingeleitet, auf die der frei wählbare Name des Elementtyps sowie die Inhaltsspezifikation in runden Klammern folgt.

So ganz frei wählbar sind diese Namen allerdings nicht; sie müssen mit einem Buchstaben, einem Unterstrich oder einem Doppelpunkt und dürfen nicht mit xml *beginnen, da diese Zeichenfolge für zukünftige Zwecke reserviert ist. Bedenken Sie außerdem, dass zwischen Groß- und Kleinschreibung unterschieden wird.*

Eine einfache Elementtyp-Deklaration lautet z.B. wie folgt:

```
<!ELEMENT test (#PCDATA)>
```

Sie legt fest, dass das Element test Daten (genauer Parsed Character Data) enthalten darf. Die Dokumenttyp-Deklaration lautet entsprechend

```
<!DOCTYPE test SYSTEM "beispiel.dtd">,
```

sofern die DTD in einer externen Datei notiert ist, die die Bezeichnung beispiel.dtd hat und im gleichen Verzeichnis gespeichert ist wie die XML-Datei. Die Dokumentklasse hat hier die Bezeichnung test; sie stellt gleichzeitig das Wurzelelement jeder XML-Datei dieser Klasse dar.

Die Angabe PUBLIC *anstelle von* SYSTEM *besagt, dass auf eine öffentliche DTD zugegriffen wird, wie es bei den in HTML üblichen DTDs der Fall ist.*

Mit der Angabe

```
<!ELEMENT test (willkommen, adieu)>
<!ELEMENT willkommen (#PCDATA)>
<!ELEMENT adieu (#PCDATA)>
```

definieren Sie drei Elemente: `test`, `willkommen` und `adieu`. Das Element `test` darf keine Daten enthalten, allerdings die Elemente `willkommen` und `adieu`. Das Komma zwischen `willkommen` und `adieu` in der ersten Elementtyp-Deklaration besagt, dass diese Elemente in genau dieser Reihenfolge auftreten müssen (also `<willkommen>Daten</willkommen>` vor `<adieu>Daten</adieu>`). Notieren Sie anstelle des Kommas einen senkrechten Strich (`<!ELEMENT test (willkommen|adieu)>`), kann das entsprechende XML-Dokument als Inhalt des Elements `test` entweder das Element `willkommen` oder das Element `adieu` enthalten. Mit `<!ELEMENT test EMPTY>` definieren Sie, dass das Element test keinen Inhalt haben darf, mit `ANY` ist jeder beliebige in der DTD definierte Inhalt erlaubt. Mit Hilfe verschiedener Zeichen, die innerhalb der Inhaltsspezifikation notiert werden können, legen Sie fest, ob ein Element optional (keinmal oder einmal) (?), einmal oder mehrmals (+) oder keinmal oder mehrmals (*) enthalten sein darf. Somit sind folgende Angaben möglich:

`<!ELEMENT test (adieu?)>` – das Unterelement `adieu` im Element `test` ist optional, es kann einmal oder gar nicht vorkommen

`<!ELEMENT test (adieu+)>` – das Element `adieu` muss wenigstens einmal im Element `test` vorkommen, es darf jedoch noch weitere Male notiert werden

`<!ELEMENT test (adieu*)>` – das Element `adieu` muss entweder keinmal oder mehrmals im Element `test` vorkommen.

Ohne weiteren Operator muss das Element einmal notiert werden.

Ein Element kann weiterhin sowohl Zeichendaten als auch untergeordnete Elemente enthalten. Die Angabe

`<!ELEMENT test (#PCDATA | willkommen|adieu)*>`

erlaubt eine solche Kombination aus Zeichendaten (`#PCDATA`) und den Elementen `willkommen` und `adieu`. Das Sternchen außerhalb der Inhaltsspezifikation gibt an, dass eine Kombination aus Zeichendaten und Elementen zulässig ist. Ein senkrechter Strich zwischen zwei Elementen besagt, dass entweder das eine oder das andere Element vorkommt (`<!ELEMENT test (willkommen | hi)>`).

Die lokale Version einer DTD wird z.B. folgendermaßen notiert:

```
<?xml version="1.0"?>
<!DOCTYPE test [
<!ELEMENT test (#PCDATA)>
]>
<test>
Dies ist der Text eines winzigen XML-Dokuments
</test>
```

Das Dokument besteht aus einem Element, das gleichzeitig das Root-Element und die Dokumentklasse darstellt (test). Die Dokumententyp-Deklaration wird wie gehabt von <!DOCTYPE und dem Namen der Dokumentklasse eingeleitet, die DTD wird in eckigen Klammern notiert.

Soll ein XML-Dokument neben Elementen auch Attribute enthalten, so sind diese in einer Attributlisten-Deklaration zu definieren. Diese beginnt mit der Zeichenfolge <!ATTLIST, die von der Bezeichnung des Elements und der Attribut-Deklaration gefolgt wird.

```
<!ELEMENT test (#PCDATA)>
<!ATTLIST test beispiel CDATA #REQUIRED>
```

Im vorstehenden Fall wird das Attribut beispiel für das Element test definiert, es muss im Element test angegeben werden und enthält Zeichendaten (= CDATA). Mit #IMPLIED legen Sie fest, dass es keinen vorgegebenen Attributwert gibt und die Werte nicht explizit angegeben werden müssen. Die Angabe #FIXED besagt, dass immer der vorgegebene Wert angegeben werden muss (im folgenden Beispiel wert).

```
<!ATTLIST text beispiel CDATA #FIXED "wert">
```

Soll ein Attribut nur fest vorgegebene Werte haben können, so werden diese in beliebiger Anzahl in einer runden Klammer notiert und mit einem senkrechten Trennstrich als Alternativen gekennzeichnet. (Solche Attribute nennt man auch Aufzählungstypen, da die verschiedenen möglichen Werte aufgezählt werden.)

```
<!ATTLIST test beispiel (wert1|wert2|wert3) "wert2">
```

In vorstehender Attributlisten-Deklaration werden dem Attribut beispiel des Elements test drei mögliche Werte vorgegeben; wird das Attribut beispiel nicht notiert, so wird standardmäßig <test beispiel="wert2"> angenommen. Natürlich können wie im folgenden Beispiel für ein Element auch mehrere Attribute definiert werden.

```
<!ATTLIST test
beispiel1 (wert1|wert2)
beispiel2 CDATA #REQUIRED
beispiel3 CDATA #IMPLIED
>
```

Weiterhin können in einer DTD eigene Entities definiert werden, die über die vordefinierten Zeichenentitäten &, <, >, ' und " hinausgehen. Grundsätzlich gibt es Entities, die vom Parser ausgewertet werden (analysierbare Entities) und solche, bei denen der Parser das Entity lediglich an die jeweilige Anwendung weitergibt, ohne die Daten zu bearbeiten (unanalysierbare Entities). PCDATA wird geparst, CDATA hingegen nicht, innerhalb von CDATA dürfen also XML-eigene Zeichen auftreten, die nicht interpretiert werden sollen. Entity-Definitionen werden von der Zeichenfolge <!ENTITY eingeleitet, die von dem Namen des Entitys und der Definition gefolgt wird. So enthält die folgende Angabe eine Definition des Entities copy.

```
<!ENTITY copy "&#xA9; by die-wortwerker">
```

Verwenden Sie dieses Entity im Quelltext eines XML-Dokuments, wird im Ergebnis (z.B. in einem Browser) © by die-wortwerker ausgegeben. (Die Notation von Entities beginnt stets mit einem kaufmännischen Und und wird von einem Semikolon abgeschlossen.) Entities können andere Entities enthalten; andere als XML-Daten werden als externe Entities in XML-Dokumente eingefügt. Mit der folgenden Angabe definieren Sie z.B. eine Grafik-Entity, die im XML-Dokument verwendet werden kann:

```
<!ENTITY bildeins SYSTEM "bild01.jpg" NDATA JPEG>
```

Im Quelltext notieren Sie an der gewünschten Stelle &bildeins;, um die Grafik einzubinden. In der Entity-Deklaration ist bildeins der Name der Entity, NDATA besagt, dass es sich um andere als XML-Daten handelt (Non-XML-Data), in diesem Fall das Format JPEG.

Mit Parameter-Entity-Referenzen können Sie Entities auch innerhalb der DTD verwenden, anstelle von & beginnen diese mit dem Prozentzeichen %. Sinnvoll sind diese Referenzen z.B. bei Inhalten, die in mehreren Elementtypen vorkommen. Mit der folgenden Angabe legen Sie z.B. fest, dass in dem Element test die Elemente element1 bis element4 enthalten sein können.

```
<!ENTITY % test "element1 | element2 | element3 | element4">
```

In einer Elementtyp-Deklaration können Sie diese Festlegung wie folgt nutzen:

```
<!ELEMENT beispiel (element5, (%test;)*, element6+)>
```

Innerhalb des Elements beispiel muss element5 einmal auftreten, element6 einmal oder mehrmals und die Parameter-Entity-Referenz test keinmal oder mehrmals. Der Vorteil liegt hier einerseits in der vereinfachten Schreibweise (vor allem wenn die Parameter-Entity-Referenz in weiteren Elementtyp-Deklarationen vorkommt) und andererseits in der Möglichkeit der zentralen Pflege. Eine Änderung an der Parameter-Entity-Referenz wirkt sich auf alle Elementtyp-Deklarationen aus, in denen sie enthalten ist.

Mithilfe von externen Entities lassen sich diese in verschiedenen DTD-Dateien einsetzen. Zu diesem Zweck wird die URL einer externen DTD-Datei referenziert und anschließend zwischen % und ; notiert, sodass der Inhalt des Entitys präsent ist. Nachfolgend kann der Elementtyp beispiel so verwendet werden, als wäre er lokal definiert.

```
<!ENTITY % test SYSTEM "beispiel.dtd">
%test;
```

49.4 Dokumentinstanz

Die Dokumentinstanz beinhaltet die in der DTD definierten Elemente mit Attributen und Elementinhalt. Das äußere Element, das die gesamte Dokumentinstanz umklammert, ist das Wurzelelement, das mit der Dokumenttyp-Deklaration und der DTD übereinstimmen muss. Grundsätzlich müssen alle Elemente sowohl über ein Start- als auch über ein End-Tag verfügen. Leere Elemente der Form <element></element> können in XML allerdings auch anders notiert werden, ohne dass ein separates abschließendes Tag erforderlich wäre. Mit `<element/>` ist ein leeres Element notiert; der abschließende Slash, der üblicherweise zu Beginn des End-Tags steht, wird am Ende des einleitenden Tags notiert. Attribute werden in XML genau wie in HTML im einleitenden Tag notiert, wobei Attribut und Wert durch ein Gleichheitszeichen voneinander getrennt werden. Anders als in HTML müssen Attributwerte in XML zwingend in Anführungszeichen oder Hochkommata stehen.

`<test beispiel="wert1">` oder `<test beispiel='wert1'>`

Die Verwendung der alternativen Notation ist immer dann angezeigt, wenn der Wert selbst eines dieser Zeichen enthält. Der Wert 70" kann so in einfache Anführungszeichen gesetzt werden, ohne Konflikte zu verursachen (`<test beispiel='70"'>`).

Weiterführende Informationen zu XML finden Sie im Web unter der URL www.w3.org/TR/REC-xml *in der offiziellen XML-Spezifikation, von der es auch eine Übersetzung in deutscher Sprache gibt.*

49.5 XHTML

XHTML 1.0 (Extensible Hypertext Markup Language in der Version 1.0) ist eine Neuformulierung von HTML 4.01 in XML, also eine XML-Anwendung, die in ihren Funktionen HTML 4.01 entspricht. XHTML 1.0 kann von existierenden Browsern (IE ab 5.x und NN ab 6.0) interpretiert werden. XHTML kann in drei verschiedenen Ausprägungen verwendet werden:

→ XHTML 1.0 Strict – für Dokumente, deren Struktur und Inhalt klar von Angaben zum Layout getrennt sind (diese können in CSS gemacht werden)

→ XHTML 1.0 Transitional – für Dokumente, die zwar mithilfe von Stylesheets formatiert sind, jedoch außerdem Formateigenschaften innerhalb des Dokuments enthalten (wie z.B. eine Hintergrundfarbe mit dem Attribut `bgcolor`)

→ XHTML 1.0 Frameset – für solche Dokumente, die Frames zur Aufteilung des Browser-Fensters beinhalten

Um ein HTML-Dokument in ein wohlgeformtes XHML-Dokument zu konvertieren, sind folgende Schritte erforderlich:

→ Sie müssen eine XML-Deklaration einfügen: `<?xml version="1.0" standalone="yes" encoding="UTF-8"?>`

→ Eine der XHTML-DTDs muss zutreffen (siehe oben) und in einer `<!DOCTYPE`-Deklaration vor dem Wurzelelement `<html>` notiert werden:

`<!DOCTYPE html PUBLIC "-//W3C//DTD XHTML 1.0 Strict//EN" "DTD/xhtml1-strict.dtd">` **für XHTML 1.0 Strict**

`<!DOCTYPE html PUBLIC "-//W3C//DTD XHTML 1.0 Transitional//EN" "DTD/xhtml1-transitional.dtd">` **für XHTML 1.0 Transitional**

```
<!DOCTYPE html PUBLIC "-//W3C//DTD XHTML 1.0 Frameset//EN" "DTD/
xhtml1-frameset.dtd">
``` für XHTML 1.0 Frameset

→ Das Wurzelelement der Datei muss `<html>` sein, das gesamte HTML-Dokument (bzw. die gesamte Dokumentinstanz) muss also innerhalb von `<html>` und `</html>` notiert sein

→ innerhalb des Wurzelelements `<html>` muss im Attribut `xmlns` (XML namespace) der Namensraum mit `http://www.w3.org/1999/xhtml` festgelegt werden

→ allein stehende Tags im Kopfteil wie z.B. `<meta>` und im Dateirumpf wie `<img>` erhalten einen zusätzlichen Slash vor der schließenden Klammer `<img src="bild.gif"/>`. Alternativ können Sie für Browser, die diese Notation nicht unterstützen, vor dem Slash ein Leerzeichen einfügen `<img src="bild.gif" />` oder ein End-Tag in der Form `</img>` notieren. Auch diese Schreibweisen sind XML-konform, Sie dürfen allerdings keinerlei Angaben zwischen dem einleitenden und beendenden Tag machen.

→ Alle Element und Attributnamen müssen klein geschrieben werden.

→ Zu jedem einleitenden Tag ist (soweit in HTML vorgesehen) ein End-Tag erforderlich, z.B. `<p>` und `</p>`.

→ Attributwerte müssen in Anführungszeichen stehen und voll ausgeschrieben sein, z.B. `<dl compact="compact">`; das Zeichen `&` muss in Attributwerten als Zeichenreferenz notiert werden (`&amp;`)

→ Anstelle von `name` ist das Attribut `id` als Fragment-Bezeichner zu verwenden (`name` ist in XHTML 1.0 als »deprecated« eingestuft).

Ein gültiges XHTML-Dokument hat demnach mindestens folgenden Inhalt (hier wurde die DTD XHTML 1.0 Transitional angegeben):

```
<?xml version="1.0" encoding="UTF-8"?>
<!DOCTYPE html PUBLIC "-//W3C//DTD XHTML 1.0 Transitional//EN" "DTD/
xhtml1-transitional.dtd">
<html xmlns=http://www.w3.org/1999/xhtml xml:lang="en" lang="en">
<head>
<title></title>
</head>
<body>
Inhalt der Datei
</body>
</html>
```

Die Praxis, Stylesheets und Scripts als Kommentar zu notieren, um älteren Browsern zu genügen, führt in XML-Anwendungen zwangsläufig zu Problemen, da XML-Parser den Inhalt von Kommentaren entfernen dürfen. In Stylesheets sollten Elemente und Eigenschaften klein geschrieben sein.

Wenn Sie von einem ungültigen HTML-Dokument ausgehen, müssen zunächst folgende Punkte erfüllt sein:

→ Die HTML-Syntax muss korrekt sein, z.B. darf keine spitze Klammer vergessen worden sein oder kein rückwärts gerichteter Schrägstrich (Backslash \) anstelle eines Slash-Zeichens /.

→ In URLs darf ebenfalls kein Backslash vorkommen.

→ Es dürfen ausschließlich Elemente verwendet werden, die in einer HTML DTD spezifiziert sind (also keine Hersteller-spezifischen Befehle oder Attribute).

→ Die verwendeten Zeichen müssen dem in der XML-Deklaration genannten Zeichensatz entsprechen.

Anschließend können die weiter oben genannten Punkte in Angriff genommen werden.

Realisation einer Site

Teil 4

50 Gestalterischer und inhaltlicher Aufbau

Bevor Sie anfangen, einzelne Seiten in HTML umzusetzen, sollten Sie einige grundsätzliche Überlegungen anstellen. Der Aufwand einer gründlichen Planung lohnt sich – die gestalterischen und inhaltlichen Entscheidungen werden auf eine solide Basis gestellt, was sich positiv auf das gesamte Projekt auswirkt.

50.1 Allgemeine Gestaltungsregeln

Die Qualität von Gestaltung lässt sich letzten Endes daran messen, ob sie den Menschen als Adressaten im Auge behält. Im Falle von Webdesign müssen Sie nicht nur die menschlichen Fähigkeiten berücksichtigen, sondern auch die speziellen Bedingungen, die Computer bzw. Monitore und das Internet vorgeben. Als Schnittstelle (Interface) zwischen Mensch und Maschine dient vor allem der Bildschirm; die Gesamtheit der (zumeist) sichtbaren Elemente ist die Benutzeroberfläche.

Diese allgemeinen Hinweise lassen sich durchaus noch etwas genauer greifen, die folgenden Tipps sollten jedoch nicht als Rezept verstanden werden, sondern vielmehr als Anhaltspunkte.

→ Weniger ist mehr – verwenden Sie durchgängig gleiche Merkmale für gleichartige Elemente (Farbe, Schrift, Größe etc.). Wenn Sie z.B. ein rundes rotes Element als Schaltfläche verwenden, sollten alle Schaltflächen rot und rund sein (es sei denn, Sie ordnen verschiedenartigen Verweiszeilen unterschiedliche Farben zu). Sofern möglich sollte sogar die Position gleichartiger Elemente auf allen Einzelseiten beibehalten werden (wie z.B. eine Navigationsleiste). Durch eine konsistente Gestaltung erreichen Sie ein geschlossenes Bild. Der Anwender weiß auch nach einem Verweis auf eine andere Seite, dass er sich immer noch innerhalb derselben Site befindet. Die Einheitlichkeit verschiedener Einzeldokumente sollte soweit gehen wie möglich, wahrscheinlich lassen sich Ausnahmen jedoch nicht vermeiden.

→ Bedenken Sie, dass die Besucher Ihrer Seite sich möglichst schnell und gut zurecht finden sollten, gerade wenn Sie sie zum ersten Mal aufrufen. Grundsätzlich sollte das Layout nicht zu kompliziert sein. Eine gute Oberfläche zeichnet sich dadurch aus, dass man sie nicht wahrnimmt, da sie intuitiv bzw. assoziativ zu bedienen ist.

→ Beschränken Sie sich auf wenige Farben und beachten Sie die notwendigen Kontraste. Benutzen Sie nicht zu viele verschiedene Schriften und vermeiden Sie schlecht lesbare Kombinationen (z.B. längere Absätze in kursiver Schrift). Lassen Sie textliche Inhalte nicht über die gesamte Bildschirmbreite fließen, da lange Zeilen für das Auge anstrengend sind. Definieren Sie stattdessen Leerraum seitlich des Textes oder organisieren Sie den Text in Spalten.

→ Es lassen sich meistens nicht alle Ideen auf einer Site umsetzen. Legen Sie eine Sammlung an, auf die Sie für weitere Projekte zurückgreifen können, so sind Ihre Einfälle nicht verloren.

→ Schon bei gedruckten Medien ist zu viel ununterbrochener und unstrukturierter Text für Menschen schwierig – das Auge ermüdet schneller und es besteht die Gefahr, dass man in eine falsche Zeile rutscht. Dies gilt in besonderem Maße für das Lesen von Texten am Bildschirm. Unterteilen Sie Texte daher in sinnvolle kleinere Abschnitte und halten Sie sich nach Möglichkeit kurz (für tiefer gehende Informationen können Sie ja einen Verweis anbieten). Setzen Sie geeignete Mittel zur Auflockerung ein, wie z.B. horizontale Trennlinien, Absätze, Einrückungen. Scheuen Sie nicht vor leeren Flächen zurück, setzen Sie diese vielmehr bewusst als Pause, Trennung oder Übergang ein. Beziehen Sie auch die Schriftart und -größe in Ihre Überlegungen ein; im Gegensatz zu gedruckten Medien lassen sich am Bildschirm serifenlose Schriften besser lesen. Die Schriftgröße sollte bei einer mittleren Auflösung so bemessen sein, dass man sie in (in ergonomischer Hinsicht) korrektem Abstand bequem lesen kann. Die Leserlichkeit leidet übrigens auch, wenn die Schrift zu groß ist.

→ Auch in Bezug auf Grafiken sind die Grenzen des Mediums zu beachten. Halten Sie die Dateigrößen so gering wie möglich und beschneiden Sie Bilder so, dass der wesentliche Bildinhalt erhalten bleibt. Möchten Sie nicht auf großformatige Grafiken verzichten, so legen Sie Vorschau-Grafiken an, die einen Verweis auf die Originalgrafik darstellen. Geben Sie bei solchen Thumbnails auch die Größe der Originalgrafik an. Der Anwender hat so die Möglichkeit, selbst zu entscheiden, ob er die Grafik laden möchte oder nicht. Er kann anhand der momentanen Zugangsgeschwindigkeit abschätzen, ob die zu erwartende Ladezeit sich für ihn lohnt. Zusätzlich sollte jede Grafik einen alternativen Text haben.

→ Berücksichtigen Sie die medienspezifischen Besonderheiten. Da blauer unterstrichener Text häufig zur Kennzeichnung von Verweisen dient, sollten Sie diese Eigenschaften nur solchen Passagen zuweisen, die tatsächlich als Link fungieren.

→ Unter Umständen kann Ihnen ein Programm dabei helfen, ein durchgängiges Layout einzuhalten, indem Sie mit so genannten Templates (Vorlagen) arbeiten.

→ Testen Sie Ihre Benutzeroberfläche ausgiebig! Zeigen Sie die lokale Webseite möglichst vielen Personen und lassen Sie diese innerhalb Ihres Projekts frei herumsurfen. Freuen Sie sich über jeden Kritikpunkt, denn nur so können Sie Fehler aufspüren und Verbesserungen machen. Erklären Sie nichts – ein Besucher der Seite kann auf diese Informationen schließlich auch nicht zurückgreifen und beobachten Sie, wo die »Testpersonen« sich anders verhalten als von Ihnen geplant.

In vielen Fällen ist es sinnvoll, dass Sie sich zunächst mit bereits vorhandenen Medien beschäftigen, wie z.B. der Vereinszeitung oder einem Logo in gedruckter Form. Bei Firmen wird vielleicht auch ein CI (Corporate Identity) vorhanden (oder angestrebt) sein, das die gestalterischen Aussagen zusammenhält. Analysieren Sie also Vorhandenes dahingehend, ob es für den Webauftritt verwertbar ist, und setzen Sie Schriftzüge oder Logos so um, dass sie auf einem Bildschirm darstellbar sind (das dürfte in der Regel mithilfe eines Scanners geschehen). Die resultierende Datei sollte nicht zu groß sein und im GIF- oder JPEG-Format gespeichert werden. Da auch im Web nichts beständiger ist als das Provisorium, sollten Sie von vorne herein für das Web optimierte Grafiken erstellen und einsetzen.

Sicher ist die Gestaltung auch vom Inhalt abhängig, so sollten Informationen rund um das Bestattungswesen sicher anders aussehen als Spielideen für den Kindergeburtstag. Doch Vorsicht, tappen Sie nicht in die Nachahmungsfalle: Ernste Themen müssen nicht zwangsläufig trocken oder langweilig präsentiert werden und Spielideen für Kinder werden in der Regel von Eltern gelesen, die sich von bunten blinkenden Elementen eher genervt fühlen dürften. Überlegen Sie also stets, welche Zielgruppe Ihre Site hauptsächlich ansprechen soll.

50.2 Inhaltsstruktur und Navigation

Neben dem im vorigen Abschnitt behandelten Wie geht es hier darum, was (für wen) präsentiert werden soll. Auch die schönste Gestaltung kommt nicht ohne Inhalte aus, die das Interesse der Besucher wecken.

Klären Sie vor der Verwendung fremder Inhalte (z.B. Textpassagen oder Grafiken), ob bzw. unter welchen Bedingungen Sie diese einsetzen dürfen.

Text im Web sollten der Regel folgen, dass Kernaussagen zu einem Thema zu Beginn stehen und im weiteren Verlauf (z.B. nach unten hin) genauer ausformuliert werden. So können sich Besucher schnell einen Überblick verschaffen und entscheiden, ob dieses Thema ihr Interesse auf sich zieht oder nicht.

Die zu transportierenden Inhalte geben die Struktur eines Webprojekts vor, außerdem ist der gesamte Umfang an Einzelseiten zu berücksichtigen. So kann es für einen sehr begrenzten Inhalt durchaus in Ordnung sein, alles auf einer Seite unterzubringen und zur internen Navigation lokale Verweise anzubringen. Rein theoretisch kann ein einzelnes HTML-Dokument beliebig groß werden, aber eben auch nur theoretisch. Eine derartige Umsetzung setzt voraus, dass der Anwender sich für den gesamten Inhalt interessiert (was nicht vorausgesetzt werden kann), damit sich die unter Umständen sehr lange Ladezeit lohnt. Durch das Scrollen in einem langen Dokument kann der Überblick schnell verloren gehen, auch wenn man sich die ganze Zeit auf einer einzigen Seite befindet. Bei umfangreicheren Inhalten ist es allerdings sinnvoller, mehrere kleinere Dokumente zu erstellen, die auf weitere Inhalte verweisen.

Für die Organisation von Webprojekten stehen drei verschiedenen Ordnungen zur Verfügung: eine hierarchische, eine lineare und eine verwobene.

Eine hierarchische Struktur lässt sich z.B. anhand eines Buchs erläutern: Die oberste Stufe bildet der Buchtitel bzw. das Inhaltsverzeichnis. Die nächste Stufe wird durch einzelne Kapitel repräsentiert, die wiederum aus Unterkapiteln bestehen können. Verweise zielen auf die folgende, die vorherige und die Einstiegsseite, zusätzlich auf das übergeordnete oder untergeordnete Kapitel bzw. Unterkapitel. Die Website eines Vereins kann z.B. in einer derartigen Struktur realisiert werden, an oberer Stelle steht eine Übersicht über die verschiedenen Aktivitäten, darunter gibt es für verschiedene Sportarten (oder Altersklassen) eigene Bereiche, die sich noch weiter aufgliedern lassen. Eine lineare Struktur ist hingegen für Inhalte sinnvoll, die zwingend aufeinander folgen. Meistens zielen Verweise nur auf die folgende, die vorherige und die Einstiegsseite. In erweiterten linearen Strukturen sind neben dem Hauptstrang aufeinander folgender Inhalte zusätzlich seitliche Verzweigungen möglich (z.B. für Hintergrundinformationen oder Literaturtipps). Verwobene Strukturen folgen (wie der Name bereits vermuten lässt) keiner Ordnung, vielmehr sind (fast) alle Einzeldokumente miteinander verlinkt. Für die Vermittlung von Inhalten ist dies nicht zu empfehlen, da der Anwender kein System erkennen kann.

→ Wählen Sie eine Organisationsstruktur, die zu den Inhalten passt und behalten Sie eine einmal eingeschlagene Struktur bei. Fügen Sie bei längeren Einzeldokumenten Verweise an den Seitenanfang und/oder das Seitenende ein; dort sollte sich wenigstens ein Verweis zur Einstiegsseite (Homepage) befinden. Weiterhin können Verweise auf die vorige/nächste Seite sinnvoll sein, bei verschiedenen Themenbereichen auch direkte Verweise zu den einzelnen Themen-Einstiegsseiten.

→ Legen Sie eine Startseite (Homepage) an, von der aus die einzelnen Dokumente erreicht werden können. Auf diese Seite sollte jede Einzelseite zurückverweisen. Eine andere Alternative stellen Frames dar, ein Frame beinhaltet z.B. eine Navigationsleiste und bleibt immer bestehen. Je nachdem, wo sich der Anwender befindet, könnte die Navigationsleiste auch weiter Informationen bereithalten.

→ Navigationspunkte sollten selbst erklärend funktionieren, eine Schaltfläche mit dem Text *hier klicken* lässt das Verweisziel im Dunklen, während z.B. *Gästebuch* eine eindeutige und verständliche Beschriftung darstellt. Verweise sollten außerdem ehrlich sein und zu dem erwarteten Ziel führen, auch wenn sich Missverständnisse nicht immer vermeiden lassen. Überlegen Sie sich, ob Sie Verweise, die auf andere Sites führen, in der Darstellung oder Beschriftung gesondert behandeln, sodass der Anwender weiß, dass er Ihre Site verlässt.

→ Legen Sie bei umfangreichen Projekten eine Sitemap an, ein Dokument, das die Struktur der Site widerspiegelt und so einen Überblick bietet. Nach Möglichkeit sollten die einzelnen Seiten auch von der Sitemap aus angesteuert werden können.

→ Achten Sie darauf, themenspezifisch relevanten Inhalt zur Verfügung zu stellen, auf der Homepage einer Firma hat die Plattensammlung des Chefs nichts verloren (wenn es nicht einen guten Grund dafür gibt). Da das Web ein öffentliches Medium ist, sollten Sie bei fachspezifischen

Themen erwägen, auch eine Information für interessierte Laien zu hinterlegen. Passen Sie die sprachliche Ebene der Zielgruppe an und führen Sie vor der Veröffentlichung in jedem Fall eine Rechtschreibprüfung durch. Ähnlich wie bei der Benutzeroberfläche sollte auch der Inhalt auf Verständlichkeit getestet werden. Wenn einer der Tester (Freunde, Bekannte, Familie, am besten solche Personen, die den Inhalt noch nicht kennen) einen Zusammenhang nicht oder falsch versteht, müssen Sie davon ausgehen, dass dies bei anderen Besuchern der Seite auch passieren wird. Ignorieren Sie solche Warnungen daher nicht und überlegen Sie eher, wie der Inhalt besser »rübergebracht« werden kann.

→ Eine Website ohne Verweise ignoriert die Eigenschaften des Mediums, allerdings können auch zu viele Verweise die Übersicht erschweren.

→ Pflegen Sie Ihre Inhalte – nichts ist für den Anwender ärgerlicher als veraltete Links und nicht aktuelle Informationen. Planen Sie von vorne herein ein, welche Bereiche in welchem Zeitabstand aktualisiert werden sollen.

→ Bei umfangreicheren Sites sollten Sie die geplanten Einzelseiten skizzenhaft auf Papier erfassen, eventuell wird jedes Einzeldokument durch ein separates Blatt repräsentiert. Definieren Sie auch die Verknüpfungen der Einzelseiten und stellen Sie diese dar. Diese Technik heißt Storyboard, wichtiger als konkrete Inhalte ist die Erfassung der Struktur.

→ Bieten Sie auf der Site die Möglichkeit zum Feedback an, sodass Besucher fehlerhafte Bereiche, Lob oder weiteres Interesse bekunden können.

→ Erwägen Sie, umfangreiche Datenmengen in komprimierter Form zum Download anzubieten, damit sie offline gelesen werden können, ohne dass Verbindungskosten auflaufen.

→ Möchten Sie den Webauftritt auch auf CD-ROM speichern, müssen Sie von vornherein an die Beschränkungen des Dateiformats ISO-9660 denken, und Dateinamen nach der 8.3-Namenskonvention verwenden (acht Zeichen lange Namen und drei Zeichen lange Datei-Erweiterungen). Die HTML-Dateien haben dann z.B. die Endung *.htm* und nicht *.html*.

51 Veröffentlichung im Internet

Vor der Veröffentlichung eines Webprojekts steht eine ausgiebige Testphase, die inhaltliche, gestalterische und funktionale Belange prüft. Für dieses Testen sollten Sie sich Zeit lassen, damit Fehler minimiert werden können. Auch um die Auffindbarkeit Ihrer Site sollten Sie sich vor dem Upload Gedanken machen; die nötigen Schritte sind in Kapitel 51.4 zusammengefasst. Schließlich benötigen Sie eine Webadresse und einen Provider, der Ihnen Webspace zur Verfügung stellt.

51.1 Testen

Testen Sie ihre Seite oder Site, solange sie noch offline ist, also vor der Veröffentlichung. Der Aufwand, einen kleinen Fehler innerhalb von einer einmal veröffentlichten Datei zu verändern ist erheblich größer als eine ausgiebige Testphase. Was für die Benutzeroberfläche und die Inhalte gilt, ist auch für die gesamte HTML-Datei richtig – lassen Sie diese von möglichst vielen (und unterschiedlichen) Personen testen.

Die Gültigkeit der HTML-Datei in formaler Hinsicht wird getrennt geprüft, das W3C bietet auf seiner Webpage unter der URL http://www.w3.org einen so genannten HTML-Validator an, der veröffentlichte Dateien auf Gültigkeit hin prüft. Alternativ besteht die Möglichkeit, mithilfe eines Formulars einen Upload der zu überprüfenden Dateien vorzunehmen. Voraussetzung für eine Überprüfung ist, dass Sie angeben, welchem Dokumenttyp die Datei entspricht. Wählen Sie den entsprechenden Typ entweder aus dem Pull-down-Menü Document type oder definieren Sie ihn innerhalb der Datei mit einer <!DOCTYPE-Angabe.

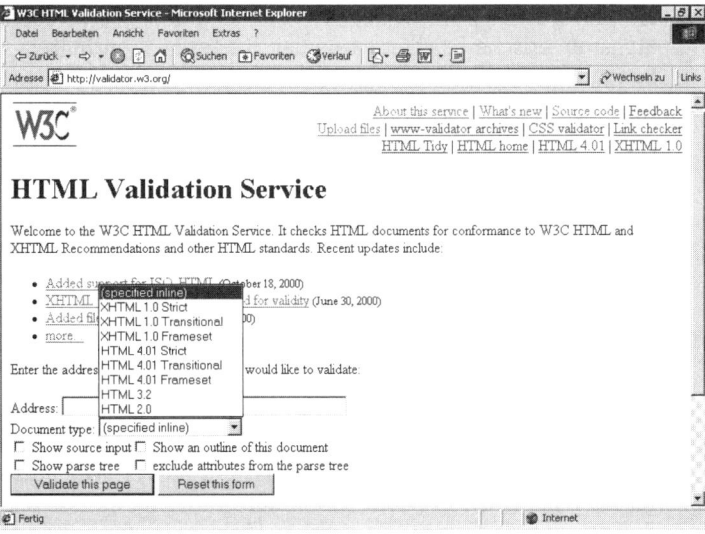

Bild 51.1: Der HTML Validation Service vom W3C

Das Ergebnis der Überprüfung werden in einer Seite ausgegeben, so dass Sie erkennen können, welche Veränderungen nötig sind.

Abgesehen davon, ob die verwendeten Tags der HTML-Spezifikation entsprechen, sollten Sie jede HTML-Datei in verbreiteten Browsern testen. Vergessen Sie dabei nicht, auch ältere Versionen dieser Browser auszuprobieren (mindestens bis Version 4 von NN und IE). Nach Möglichkeit sollten Sie die Dateien darüber hinaus auf unterschiedlichen Plattformen und mit verschiedenen Bildschirm-Auflösungen (bzw. kleineren Monitoren) testen.

Achten Sie besonders darauf, dass Grafiken einen alternativen Text haben und dass beim Einsatz von Frames oder Scripts ein `<noframes>`- bzw. `<noscript>`-Bereich definiert wird. Sofern Sie eine Seitenübersicht in einer Sitemap zusammen gestellt haben, sollten Sie im `<noframes>`-Bereich auf diese Seite verweisen. Dieses Vorgehen ist auch im Hinblick auf Suchmaschinen wichtig (siehe 51.4).

Falls Ihre Site auf einem Apache-Webserver gehostet wird, können Sie (für den Fall, dass trotz aller Vorsicht ein Fehler auftritt) eigene Fehlerseiten anlegen. Weisen Sie auf diesen Seiten in jedem Fall darauf hin, dass und welche Art von Fehler aufgetreten ist. Zusätzlich können Sie zu einer internen oder externen Seite weiterleiten (z.B. zu Ihrer Sitemap). Neben der Möglichkeit, eigene Fehlermeldungen zu generieren, kann über so genannte *.htaccess*-Dateien auch ein Passwortschutz und eine Zugriffsbeschränkung realisiert werden. Erkundigen Sie sich bei Bedarf bei Ihrem Provider.

51.2 WWW-Adresse

Überlegen Sie frühzeitig, unter welcher Webadresse Ihre Site erreichbar sein soll, und erkundigen Sie sich, ob diese Bezeichnung noch zu haben ist. Eine gültige Domain-Bezeichnung kann 3 bis 63 Zeichen lang sein und alphanumerische Zeichen sowie den Bindestrich enthalten. Umlaute sowie Sonderzeichen sind nicht möglich.

Dem Domain-Namen kommt insofern eine besondere Bedeutung zu, als er die Adresse bzw. ein Teil der Adresse Ihrer Site ist. Nach Möglichkeit sollte er so gewählt werden, dass er Bezug auf den Inhalt der Site nimmt und leicht einzuprägen ist. Bedenken Sie, dass eine URL auch dann verständlich sein sollte, wenn Sie z.B. am Telefon durchgegeben wird. Legen Sie sich nicht zu sehr auf eine Wunsch-Domain fest, sondern halten Sie einige Alternativen bereit. Um zu erfahren, ob eine bestimmte Domain noch frei ist, können Sie unter der URL `http://www.denic.de/servlet/Whois` eine Datenbankabfrage starten. Für die Top-Level-Domain *.de* ist die DENIC eG zuständig, bei der Provider entweder direkt Mitglied sind oder mit einem Mitglied zusammenarbeiten. Die Registrierung einer Domain erfolgt in der Regel über einen Provider, es gibt jedoch auch die Möglichkeit, eine Domain direkt bei der DENIC registrieren zu lassen. Dies ist meistens allerdings teurer als über einen Provider (für weitere Informationen zum Domain Name System siehe Kapitel 1.4). Achten Sie darauf, dass Ihr Provider die von Ihnen gewünschte Domain auch tatsächlich auf Ihren Namen anmeldet.

Wenn die Domain registriert und die Site veröffentlicht ist, vergessen Sie nicht, auch herkömmliche Medien zur Verbreitung der URL zu nutzen, wie z.B. Visitenkarten, Briefpapier, Fax-Formular oder eventuell vorhandene Informationsbroschüren. Eine weitere Möglichkeit besteht darin, die URL beim Versenden von E-Mails als Bestandteil des Absenders aufzunehmen.

51.3 Upload und Verwaltung

Die Voraussetzungen für Upload und Verwaltung einer Site hängen vom jeweiligen Provider ab. Der Upload der Dateien wird entweder über den Browser oder mit einem FTP-Programm durchgeführt. Suchen Sie Ihren Provider sorgfältig aus. Scheuen Sie nicht davor zurück, mehrere Angebote einzuholen und vor allem die AGBs (Allgemeinen Geschäftsbedingungen) genau anzusehen. Wichtig sind vor allem die Zahlungsbedingungen und die Kündigungsregelung. Sehen Sie sich auch die Website der Provider an und suchen Sie die AGBs dort. Erkundigen Sie sich z.B. in Newsgroups oder in der Fachpresse nach den Erfahrungen anderer Anwender mit diesem oder jenem Provider.

Von bestimmten Providern (z.B. den meisten Onlinediensten) wird auch kostenloser Webspace angeboten, der sich vor allem für private Homepages eignet. Dabei gilt es, verschiedene Punkte zum Vergleich heranzuziehen:

→ Wie groß ist der gesamte Speicherplatz?

→ Wie lautet die komplette Webadresse?

→ Sind alle Arten von Dateien erlaubt und in welcher Größe?

→ Wie schnell wird die Seite geladen?

→ Wird ein Werbebanner oder Pop-up eingeblendet?

Für Suchmaschinen sind Webserver mit kostenlosem Webspace problematisch, da sie von Robots nur zu einem Teil indiziert werden.

Unter der URL http://www.mywebhostlist.de *finden Sie eine Übersicht zu diesem Thema.*

51.4 Bekanntmachen der Site

Sie können bereits im Vorfeld einiges dafür tun, dass Ihre Site im Internet gefunden werden kann. Im Folgenden sind diese Punkte aufgelistet, die in früheren Kapiteln ausführlich behandelt werden.

→ Geben Sie jeder Seite, vor allem aber der Einstiegsseite, einen aussagekräftigen Titel (das gilt auch für Framesets). Bei Seiten, die mit HTML-Editoren generiert wurden, ist das `<title>`-Tag unter Umständen mit dem Inhalt »Untitled Document« (Dokument ohne Titel) versehen. In einem solchen Fall müssen Sie nachträglich den gewünschten Titel direkt in den Quelltext zwischen `<title>` und `</title>` eingeben. Seitentitel wie »Homepage« »Startseite« oder ähnlich sind wertlos, der Titel sollte in jedem Fall auf den Inhalt der Seite(n) Bezug nehmen.

→ Verwenden Sie Meta-Tags. In diesem Zusammenhang sind vor allem die Schlagwörter (`keywords`) und eine Kurzbeschreibung der Seite (`description`) wertvoll. Zusätzlich kann eine Meta-Angabe für Robots sinnvoll sein (siehe Kap. 35.2 und 35.3).

→ Legen Sie eine *robots.txt*-Datei mit Anweisungen für Robots an (Kapitel 35.3).

→ Legen Sie eine Index-Seite an, die als Einstieg bzw. HOMEPAGE dient. Auf einer solchen Seite sollte sich Text befinden, damit dieser von Robots indiziert bzw. angezeigt werden kann.

→ Versehen Sie Grafiken mit alternativen Texten, da diese von manchen Suchmaschinen mit indiziert werden. Natürlich sollten solche Texte möglichst treffend den Inhalt der Grafik wiedergeben (siehe 18.7).

→ Bieten Sie vor allem bei Frame-Seiten eine Sitemap bzw. einen Seitenindex an, der direkt mit der Startseite verlinkt ist. Verweisen Sie auch im `<noframes>`-Bereich auf diese Sitemap, so dass Anwender, deren Browser keine Frames unterstützt, die Möglichkeit erhalten, innerhalb der Site zu navigieren.

→ Da häufig der Anfang des Dokuments als Suchergebnis eingeblendet wird, ist eine kurze Zusammenfassung des Inhalts am Anfang der Seite nicht verkehrt.

→ Weiterleitende Seiten werden in der Regel nicht indiziert, so dass es sinnvoller ist, die tatsächliche URL anzugeben.

Zum Anmelden einer Site bei einer Suchmaschine (wie z.B. Google, Fireball, Altavista, Infoseek oder Excite) oder einem Webkatalog (wie z.B. Yahoo, Lycos, Web.de) ist mitunter nur die URL der anzumeldenden Seite erforderlich. Bei redaktionellen Verzeichnissen müssen Sie Ihre Site zunächst einer Kategorie zuordnen und sie dann innerhalb dieser Kategorie vorschlagen (meist über eine Schaltfläche); einen garantierten Eintrag gibt es nicht. Manchmal sind neben der URL weitere Angaben erforderlich, wie z.B. der Seitentitel, Schlagworte zur Seite, eine kurze Seitenbeschreibung oder die Mail-Adresse des Webmasters.

Bei Suchmaschinen funktioniert die Anmeldung etwas anders als bei Katalogen. Grundsätzlich senden Suchmaschinen so genannte Robots (von Suchmaschinen ausgesandte Programme, die das Web durchsuchen) aus, die Webseiten indizieren. Sie können Ihre URL hierzu anmelden, allerdings werden nicht alle URLs indiziert. Sofern Sie keine illegalen Inhalte verbreiten oder die Suchmaschine in irgendeiner Form zu täuschen versuchen, stehen die Chancen allerdings sehr gut. Da Robots Links folgen, ist es nicht erforderlich, alle einzelnen Seiten anzumelden. Da manche Robots allerdings nur flachen Verweisen folgen (also solche, die nur eine Ebene von der Ausgangsebene entfernt sind), sollten Sie auf der Homepage direkt auf eine Index-Seite (Sitemap) verweisen, die ihrerseits mit allen Einzeldokumenten verlinkt ist. Dies ist vor allem bei Seiten mit Frames wichtig.

Eine weitere Möglichkeit besteht darin, die Seite bei einer Meta-Suchmaschine anzumelden. Meta-Suchmaschinen bedienen sich mehrerer anderer Suchmaschinen und decken so verschiedene Suchmaschinen auf einen Schlag ab. Auch die Anmeldung kann sich optional auf mehrere Suchmaschinen gleichzeitig erstrecken. In Abbildung 51.1 sehen Sie die möglichen Suchmaschinen des Metacrawler (http://www.metacrawler.de).

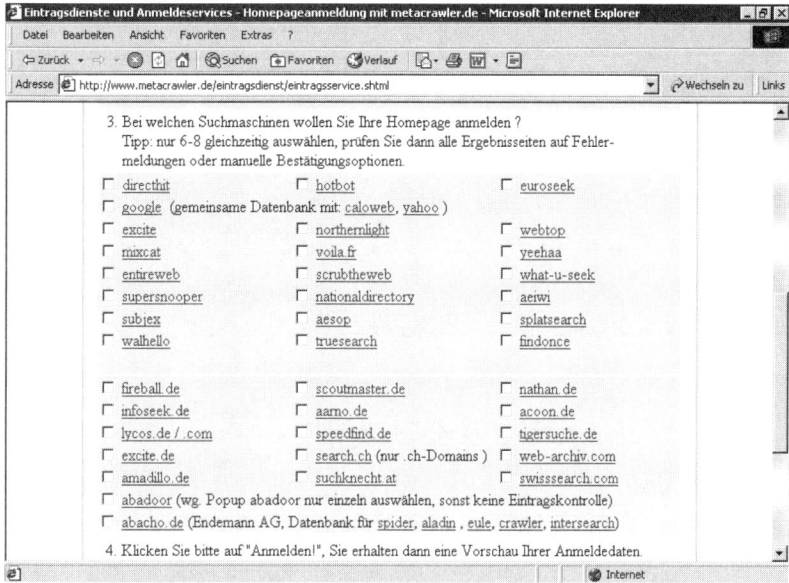

Bild 51.2: Der Metacrawler bietet einen Eintrags-Service für mehrere Suchmaschinen

Im Web gibt es verschiedene Möglichkeiten, die Erreichbarkeit einer Site oder auch die Ladezeit zu prüfen.

Grundsätzlich bleibt ein großer Teil von Web-Seiten bei Suchmaschinen oder Web-Katalogen außen vor, da ihr Inhalt dynamisch aus Datenbanken generiert wird. Außerdem ist das Auffinden von Seiten immer auch eine Frage der Suche, schon die veränderte Reihenfolge mehrerer Suchbegriffe kann erhebliche Unterschiede in den Ergebnissen zur Folge haben. Wenn Ihre Site sich mit einem speziellen Thema befasst, kann es unter Umständen möglich sein, sich einem Web-Ring anzuschließen oder einen solchen zu initiieren. In einem solchen Ring sind Sites verlinkt, die sich um ein Thema ranken, weitere Informationen finden Sie im Web z.B. unter http://www.webring.de.

Anhang

A

A HTML-Tag-Referenz

Die folgende Tag-Referenz gibt Ihnen einen Überblick über die in der Spezifikation 4.01 enthaltenen HTML-Befehle. Sofern diese bereits in den HTML-Versionen 2.0 oder 3.2 enthalten sind oder in der aktuellen Spezifikation als »deprecated« eingeordnet sind, ist dies vermerkt. Falls nicht anders beschrieben verfügen alle Tags sowohl über ein einleitendes als ein abschließendes Tag. In dieser Referenz sind nur die für die einzelnen Befehle charakteristischen Attribute beschrieben, die Erläuterung der weiteren Attribute ist den jeweiligen Kapiteln zu entnehmen.

A.1 <!-- --> (HTML 2.0, 3.2, 4.0x)

Die Zeichenfolge <!-- leitet in HTML einen Kommentar ein, der vom Browser nicht interpretiert wird, und nimmt damit eine Sonderstellung unter den Tags ein. Beendet wird ein Kommentar mit -->. Ein abschließendes Tag mit vorangestelltem Slash existiert nicht.

A.2 <!DOCTYPE> (HTML 2.0, 3.2, 4.0x)

Der Ausdruck <!DOCTYPE leitet die Deklaration des Dokumenttyps ein, die auf die Document Type Definition verweist. Ein abschließendes Tag ist nicht definiert. In HTML 4.01 gibt es drei verschiedene Deklarationen, die URL-Angabe ist optional und führt zu der offiziellen DTD-Datei von HTML. Für streng HTML 4.01-konforme Dateien, die keine als »deprecated« bezeichneten Elemente oder Attribute beinhalten und keine Frames verwenden, gilt folgende DTD:

```
<!DOCTYPE HTML PUBLIC "-//W3C//DTD HTML 4.01//EN"
http://www.w3.org/TR/html4/strict.dtd>
```

Für Dateien ohne Frames, die neben den erlaubten Tags auch solche verwenden, die »deprecated« sind, gibt es die Transitional-DTD:

```
<!DOCTYPE HTML PUBLIC "-//W3C//DTD HTML 4.01 Transitional//EN"
http://www.w3.org/TR/html4/loose.dtd>
```

Für Dateien, die HTML 4.01-konform sind und darüber hinaus Frames enthalten, gilt die folgende Dokumenttyp-Deklaration:

```
<!DOCTYPE HTML PUBLIC "-//W3C//DTD HTML 4.01 Frameset//EN">
http://www.w3.org/TR/html4/frameset.dtd
```

A.3 <a> (HTML 2.0, 3.2, 4.0x)

Mit <a> werden sowohl Quellanker, die Ausgangspunkt eines Verweises sind, als auch Zielanker, die Zielpunkt eines Verweises sind, ausgezeichnet. Zwischen einleitendem und schließendem Tag wird der Text (oder ein anderes Element wie z.B. eine Grafik) notiert, der als Verweis dient. Der Befehl kann die folgenden Attribute aufnehmen:

→ href – Dieses Attribut ist für Quellanker zwingend; der Wert von href stellt das Verweisziel dar. Neben dokumentinternen Verweisen kann auch ein anderes Dokument, ein anderes Verzeichnis, eine absolute URL, eine E-Mail-Adresse oder eine Datei Ziel eines Verweises sein.

→ name – Das name-Attribut ist für Zielanker unbedingt erforderlich, da es sie bezeichnet. Auch Quellanker können mit name bezeichnet werden, sodass Sie gleichzeitig Ausgangspunkt und Ziel eines Verweises sind. Ankernamen müssen dateiweit eindeutig sein.

→ hreflang – Wird nur in Zusammenhang mit href eingesetzt und spezifiziert die Sprache des dort angegebenen Verweisziels.

→ type – Der Wert dieses Attributs definiert den MIME-Typ des Verweisziels.

→ rel – Beschreibt die vorwärts gerichtete Beziehung zwischen aktuellem Dokument und dem in href angegebenen Verweisziel.

→ rev – Der Wert von rev gibt die rückwärts gerichtete Beziehung zwischen aktuellem Dokument und dem in href angegebenen Verweisziel an.

→ target – Nimmt bei Frames den Zielframe des in href angegebenen Verweisziels auf. Neben den Frame-Namen können auch die festen Begriffe _blank, _parent, _self und _top angegeben werden (siehe auch <base>).

Weitere zulässige Attribute sind accesskey, charset, coords, shape, tabindex sowie Universal- und Ereignisattribute.

A.4 <abbr> (HTML 4.0x)

<abbr> ist eine Textauszeichnung für Abkürzungen wie bzw. für beziehungsweise. Als Attribute kommen Universal- und Ereignisattribute in Frage.

A.5 <acronym> (HTML 4.0x)

Diese Textauszeichnung zeichnet Akronyme (ein aus den Anfangsbuchstaben mehrerer Wörter gebildetes Wort) aus, wie z.B. HTML für Hypertext Markup Language. Das Tag <acronym> kann Universal- und Ereignisattribute enthalten.

A.6 <address> (HTML 2.0, 3.2, 4.0x)

Diese logische Textauszeichnung ist für Adressen vorgesehen. Zusätzlich können Universal- und Ereignisattribute enthalten sein.

A.7 <applet> (HTML 3.2, 4.0x)

Mit dem Befehl `<applet>` können Java-Applets in HTML-Dokumente eingebunden werden. In HTML 4.01 ist dieses Tag mit allen Attributen als »deprecated« eingestuft; zum Einbinden von Java-Applets sollte stattdessen das `<object>`-Tag verwendet werden. Ein abschließendes Tag existiert nicht. Die möglichen Attribute sind nachfolgend aufgeführt.

- → `code` – Das Attribut `code` nimmt den Namen des Applets auf.
- → `codebase` – Falls das Applet sich in einem anderen Verzeichnis befindet als die HTML-Datei, kann dieses in Form einer URL als Wert von `codebase` angegeben werden.
- → `alt` – Alternativer Text für nicht anzeigbare Applets wird als Wert von `alt` notiert.
- → `name` – Die Bezeichnung eines Applets kann in diesem Attribut notiert werden.
- → `align` – Dieses Attribut erlaubt eine Angabe zur Ausrichtung des Applets.
- → `hspace` und `vspace` – Die Werte dieser Attribute legen den Abstand um das Applet in horizontaler und vertikaler Richtung fest.
- → `width` und `height` – Mit diesen Attributen können Sie die Anzeigebreite und -höhe des Applets festlegen.
- → `archive` – Dieses Attribut nimmt eine Liste von Archivdateien (bzw. deren URLs) auf, deren Inhalt vorgeladen werden soll.

Darüber hinaus können die Universalattribute `id`, `class`, `title` und `style` sowie das Attribut ALT für alternativen Text enthalten sein.

A.8 <area> (HTML 3.2, 4.0x)

Der Befehl `<area>` verfügt nicht über ein End-Tag, er definiert einen anklickbaren Bereich einer clientseitigen Verweis-sensitiven Grafik (Image-Map) innerhalb von `<map>` und `</map>`. Das Tag kann neben Universal- und Ereignisattributen die folgenden Attribute aufnehmen:

- → `shape` – Der Wert kann einen der vorgegebenen Werte `rect` (= RECHTECKIG), `circle` (= RUND) oder `polygon` (= VIELECKIG) annehmen und bestimmt so die Form des Grafikbereichs. Die im Attribut `coords` genannten Koordinaten werden entsprechend dieser Angabe vom Browser interpretiert.
- → `coords` – `coords` nimmt eine durch Kommata getrennte Aufzählung von Koordinaten auf, die einen Bereich einer Verweis-sensitiven Grafik definieren.
- → `href` – Dieses Attribut nimmt eine relative oder absolute URL als Verweisziel eines Bereichs auf.

Anhang · HTML-Tag-Referenz

- → `nohref` – Bereiche, die nicht anklickbar sind, können mit dem Attribut `nohref` definiert werden.
- → `accesskey` – Als Wert von `accesskey` können Sie ein Zeichen angeben, das in Kombination mit der Alt -Taste das Tastaturkürzel zum Erreichen dieses Bereichs darstellt.
- → `tabindex` – Der Wert des Attributs `tabindex` legt die Position fest, in der dieser Bereich per Tabulator-Taste angesteuert werden kann.
- → `alt` – Alt nimmt alternativen Text für den Fall auf, dass die Grafik nicht dargestellt werden kann.

Weiterhin kann `<area>` Universal- und Ereignisattribute enthalten.

A.9 `<b>` (HTML 2.0, 3.2, 4.0x)

Das Tag `<b>` stellt eine physische Textauszeichnung für fette Schrift dar. Als zusätzliche Attribute kommen Universal- und Ereignisattribute in Frage.

A.10 `<base>` (HTML 2.0, 3.2, 4.0x)

Zu diesem Befehl existiert kein End-Tag; er wird im Kopfteil der HTML-Datei notiert und definiert die absolute URL des aktuellen Dokuments als Basis für relative Verweise. Die URL wird dabei als Wert des Attributs `href` notiert. Das Attribut `target` nimmt die Bezeichnung des Ziel-Frames auf, in dem standardmäßig Verweisziele angezeigt werden sollen. Neben konkreten Frame-Bezeichnungen sind die Werte `_blank` (neues Browser-Fenster), `_parent` (übergeordneter Frame), `_self` (gleicher Frame) und `_top` (aktuelles Browser-Fenster ohne Frame-Set) möglich.

A.11 `<basefont>` (HTML 3.2, 4.0x)

Das Tag `<basefont>` hat kein End-Tag und nimmt verschiedene Angaben zur Grundschrift auf. In HTML 4.01 gilt es inklusive seiner Attribute als »deprecated« und sollte zukünftig zu Gunsten von Stylesheets nicht mehr eingesetzt werden.

- → `size` – Das Attribut `size` gibt die Schriftgröße als Wert zwischen 1 und 7 oder als relativen (negativen oder positiven) Wert an.
- → `color` – Mit `color` legen Sie die Schriftfarbe fest. Die Angabe kann in Form eines Farbnamens oder eines hexadezimalen RGB-Werts gemacht werden.
- → `face` – Die Schriftart wird als Wert des Attributs `face` definiert, wobei mehrere Schriftarten durch Kommata getrennt werden.

Darüber hinaus kann `<basefont>` das Universalattribut `id` enthalten.

A.12 <bdo> (HTML 4.0x)

Das Tag <bdo> (bidirectional overwrite = Überschreiben der Bidirektionalität) ermöglicht ebenso wie das Universalattribut dir die Angabe der Schreib- und Leserichtung für den so ausgezeichneten Text. Es wurde für solche Anwendungsfälle aufgenommen, in denen das dir-Attribut zu Konflikten führt.

→ dir – Das Universalattribut dir kann die Werte ltr (left-to-right = von links nach rechts) und rtl (right-to-left = von rechts nach links) annehmen, wobei ltr dem europäischen Sprachraum entspricht. Anstelle dieser Werte können auch die Unicode-Zeichen 202D für ltr oder 202E für rtl angegeben werden.

→ lang – Als Wert dieses Universalattributs können Sie die Sprache der ausgezeichneten Passage als Sprachcode angeben.

<bdo> kann außerdem die Universalattribute class, id, style und title enthalten.

A.13 <big> (HTML 3.2, 4.0x)

Mit dem Tag <big> physisch ausgezeichnete Textabschnitte werden im Browser im Verhältnis zum umgebenden Text vergrößert dargestellt. Als Attribute können Universal- und Ereignisattribute notiert werden.

A.14 <blockquote> (HTML 2.0, 3.2, 4.0x)

Mit dem logischen Tag <blockquote> werden längere Zitate ausgezeichnet. Das Attribut cite nimmt optional die URL der Quelle auf (bzw. einer Seite, die die Quelle des Zitats näher beschreibt). Weiterhin können Universal- und Ereignisattribute enthalten sein.

A.15 <body> (HTML 2.0, 3.2, 4.0x)

Dieses Tag zeichnet den gesamten Dateirumpf einer HTML-Datei aus; Start- und End-Tag sind optional, müssen also nicht unbedingt angegeben werden. Im Hinblick auf eine bessere Übersicht und auf XHTML sollten Sie jedoch sowohl den einleitenden als auch den schließenden Befehl verwenden. Die in HTML 3.2 spezifizierten Attribute link, alink und vlink ermöglichen es, verschiedenen Verweis-Zuständen unterschiedliche Farben zuzuordnen. In HTML 4.01 gelten diese Angaben als »deprecated«, da sie auch mithilfe von Stylesheets umgesetzt werden können.

→ link – Als Wert von link kann die Farbe unbesuchter Verweise (als Farbname oder hexadezimaler RGB-Wert) definiert werden.

→ alink – Mit alink lässt sich die Farbe aktiver, also angeklickter Verweise festlegen.

→ VLINK – Die Farbe besuchter (visited) Verweise wird als Wert des Attributs vlink notiert.

Die den Hintergrund der Datei betreffenden Attribute background und bgcolor sind ebenso wie das Attribut text ebenfalls in HTML 3.2 definiert und in 4.01 als unerwünscht bezeichnet worden.

→ background – Als Wert dieses Attributs kann eine GIF- oder JPEG-Datei (bzw. der Pfad zu einer solchen Datei) mit Dateierweiterung angegeben werden. Ist die Grafik kleiner als das Browser-Fenster, wird sie in horizontaler und vertikaler Richtung so lange addiert, bis die Hintergrundfläche gefüllt ist.

→ bgcolor – Das Attribut bgcolor nimmt die Definition einer dateiweiten Hintergrundfarbe auf, die als Farbname oder in hexadezimaler Form notiert werden kann.

→ text – Der Wert des Attributs text gibt die dateiweite Textfarbe an, die als Farbname oder hexadezimal angegeben werden kann.

Darüber hinaus können Universalattribute sowie Ereignisattribute enthalten sein.

A.16
 (HTML 2.0, 3.2, 4.0x)

Der Befehl <br>, der kein End-Tag besitzt, führt zu einem erzwungenen Zeilenumbruch. Das Umfließen von Elementen (wie z.B. Grafiken oder Tabellen) können Sie mithilfe des (allerdings in 4.01 unerwünschten) Attributs clear beenden. Es kann – je nachdem, auf welcher Seite ein Element umflossen wird – die Werte left, right, all und none annehmen. Weiterhin kommen die Universalattribute class, id, style und title in Frage.

A.17 <button> (HTML 4.0x)

Der Befehl <button> erzeugt eine Schaltfläche, die im Gegensatz zu mit <input> erzeugten Schaltflächen z.B. auch Grafiken enthalten kann. Üblicherweise ist eine solche Schaltfläche Bestandteil eines Formular.

→ name – Dieses Attribut ermöglicht die Bezeichnung der Schaltfläche.

→ value – Der Wert von value stellt den Ausgangswert dar. Wird zwischen <button> und </button> nichts notiert, stellt der Wert die Beschriftung der Schaltfläche dar.

→ type – Wird die Schaltfläche mit einem Script verbunden, geben Sie button als Wert an. Weiterhin stehen die Werte submit zum Übertragen und reset zum Zurücksetzen des Formulars zur Verfügung.

→ disabled – Die Schaltfläche wird deaktiviert.

→ accesskey – Als Wert kann ein Zeichen angegeben werden, das in Kombination mit der [Alt]-Taste diese Schaltfläche direkt ansteuert.

→ `tabindex` – Hier wird die Position festgehalten, in der die Schaltfläche per Tabulator angesteuert wird.

Darüber hinaus können Universal- und Ereignisattribute notiert werden.

A.18 <caption> (HTML 3.2, 4.0x)

Mit `<caption>` können Sie eine Tabellenbeschriftung definieren, die sich oberhalb der Tabelle befindet und zentriert ist. Mithilfe des als »deprecated« eingestuften Attributs `align` können Sie die Beschriftung relativ zur Tabelle ausrichten. Weiterhin können Universal- sowie Ereignisattribute innerhalb von `<caption>` notiert werden.

A.19 <center> (HTML 3.2, 4.0x)

`<center>` stellt die Kurzform des ebenfalls unerwünschten Attributs `align` mit dem Wert `center` dar. Da dieses Tag als »deprecated« gilt, sollten Sie stattdessen zukünftig Stylesheets verwenden.

A.20 <cite> (HTML 2.0, 3.2, 4.0x)

`<cite>` ist eine logische Textauszeichnung für ein Zitat. Als Attribute kommen Universal- und Ereignisattribute in Frage.

A.21 <code> (HTML 2.0, 3.2, 4.0x)

`<code>` ist eine logische Textauszeichnung für Fragmente von Computer-Codes. `<code>` kann sowohl Universalattribute als auch Ereignisattribute enthalten.

A.22 <col> (HTML 4.0x)

Mit diesem Befehl, der kein End-Tag besitzt, können einzelne Tabellenspalten innerhalb einer mit `<table>` beschriebenen Tabelle vordefiniert werden, sodass die Tabelle im Browser schneller aufgebaut werden kann. Er kann sowohl innerhalb als auch außerhalb des Tags `<colgroup>` eingesetzt werden. Das Tag kann folgende Attribute enthalten:

→ `align` – In diesem Zusammenhang ist `align` weiterhin erlaubt; die Ausrichtung einer Tabellenspalte kann mit den Werten `left`, `center`, `right`, `justify` und `char` angegeben werden.

→ `char` – Als Wert von `char` kann ein Zeichen angegeben werden, an dem der Spalteninhalt ausgerichtet wird (z.B. das Dezimalzeichen).

→ `charoff` – Dieses Attribut nimmt den voreingestellten Abstand zum ersten Erscheinen des (als Wert von `char` definierten) Zeichens auf, an dem der Inhalt ausgerichtet wird.

- → `span` – Die Eigenschaften dieser Spalte erstrecken sich über so viele weitere Spalten, wie als Wert von `span` angegeben.
- → `valign` – `valign` gibt die vertikale Ausrichtung des Zelleninhalts dieser Spalte an.
- → `width` – Die Spaltenbreite kann absolut oder relativ angegeben werden.

Außerdem sind in `<col>` Universalattribute und Ereignisattribute zulässig.

A.23 <colgroup> (HTML 4.0x)

Mit dem Tag `<colgroup>`, dessen End-Tag optional ist, werden Gruppen von Tabellenspalten innerhalb von `<table>` und `</table>` definiert. Innerhalb einer mit `<colgroup>` ausgezeichneten Tabellenspaltengruppe können `<col>`-Tags notiert werden. Die Attribute `align`, `char` und `charoff` sind unter `<col>` beschrieben.

- → `span` – Der Wert legt die Anzahl der Spalten fest, die zu der Spaltengruppe gehören.
- → `valign` – Der Wert von `valign` gibt die vertikale Ausrichtung der Zelleninhalte dieser Gruppe von Tabellenspalten an.
- → `width` – Der Wert dieses Attributs stellt die Breite der Spalten dieser Gruppe dar, neben absoluten Werten sind auch relative Angaben möglich.

Weiterhin können Universal- und Ereignisattribute notiert werden.

A.24 <dd> (HTML 2.0, 3.2, 4.0x)

Dieses Tag wird innerhalb einer mit `<dl>` definierten Definitionsliste verwendet. Der zu definierende Begriff wird mit `<dt>`, die eigentliche Definition mit `<dd>` ausgezeichnet. Die Verwendung des End-Tags ist optional. Das Tag `<dd>` kann sowohl Universal- als auch Ereignisattribute enthalten.

A.25 <del> (HTML 4.0x)

Dieses Tag zeichnet gelöschten (deleted) Text als solchen aus; in der Browser-Darstellung wird dieser z.B. durchgestrichen dargestellt. Dieses Tag ist vor allem zusammen mit dem Befehl `<ins>` sinnvoll, der neu eingefügten (inserted) Text auszeichnet.

- → `datetime` – Als Wert von `datetime` können Sie das Datum (auch mit genauer Uhrzeit) der Änderung in einem festgelegten Format angeben.
- → `cite` – Hier kann eine URL hinterlegt werden, die Informationen über den Grund der Änderung enthält.

Zusätzlich können Universal- und Ereignisattribute eingesetzt werden.

A.26 <dfn> (HTML 3.2, 4.0x)

Dieser Befehl zeichnet eine Definition logisch als solche aus; er kann Universal- und Ereignisattribute enthalten.

A.27 <dir> (HTML 2.0, 3.2, 4.0x)

Mit dem Befehl `<dir>` werden Verzeichnislisten ausgezeichnet, in HTML 4.01 ist das Tag allerdings unerwünscht, stattdessen sollte `<ul>` verwendet werden. Das Tag `<dir>` kann Universal- und Ereignisattribute enthalten.

A.28 <div> (HTML 3.2, 4.0x)

Das Tag `<div>` zeichnet einen allgemeinen Bereich oder Abschnitt eines Dokuments aus, der verschiedene Elemente enthalten kann. Diesem Bereich können mithilfe von Attributen (oder auch Stylesheets) bestimmte Eigenschaften zugeordnet werden.

align – Dieses in HTML 4.01 unerwünschte Attribut lässt die gemeinsame Ausrichtung eines Bereichs zu.

Mit `<div>` ausgezeichnete Bereiche können außerdem mit Universal- und Ereignisattributen versehen werden.

A.29 <dl> (HTML 2.0, 3.2, 4.0x)

Mit `<dl>` zeichnen Sie eine Definitionsliste aus, die sowohl `<dt>`-Tags (für die zu definierenden Ausdrücke) als auch `<dd>`-Tags (für die Definition) enthält. Das in HTML 4.01 als »deprecated« eingestufte Attribut compact bewirkt eine kompakte Darstellung der Definitionsliste. `<dl>`-Tags dürfen sowohl Universal- als auch Ereignisattribute enthalten.

A.30 <dt> (HTML 2.0, 3.2, 4.0x)

Der Befehl `<dt>`, dessen End-Tag optional notiert werden kann, stellt innerhalb einer mit `<dl>` ausgezeichneten Definitionsliste den zu definierenden Begriff dar. Als Attribute stehen Universal- und Ereignisattribute zur Verfügung.

A.31 <em> (HTML 2.0, 3.2, 4.0x)

Mit `<em>` werden Textpassagen logisch ausgezeichnet, die betont werden sollen. Auch dieses Tag darf sowohl Universal- als auch Ereignisattribute enthalten.

A.32 <fieldset> (HTML 4.0x)

Dieses Tag zeichnet eine Gruppe von Formularelementen aus und wird daher innerhalb von <form> und </form> eingesetzt. Eine Überschrift für eine Gruppe von Formularelementen kann unmittelbar nach dem einleitenden <fieldset>-Tag mit dem Tag <legend> ausgezeichnet werden. Das Tag <fieldset> kann mit Universal- und Ereignisattributen versehen werden.

A.33 <font> (HTML 3.2, 4.0x)

Mit diesem Befehl können Sie eine lokale Veränderung der Schrift bewirken, allerdings ist er in HTML 4.01 als »deprecated« eingestuft und sollte zu Gunsten von Stylesheets zukünftig nicht mehr verwendet werden. Mit den Attributen size, color und face können die Größe, Farbe und Art der Schrift bestimmt werden (siehe <basefont>). Weiterhin lassen sich Universalattribute anwenden.

A.34 <form> (HTML 2.0, 3.2, 4.0x)

Das <form>-Tag zeichnet ein Formular aus, das verschiedene Formularelemente beinhalten kann. Der Inhalt von Formularen (bzw. der einzelnen Elemente) kann vom Anwender abgesendet werden.

- → action – Diese Attribut bestimmt, ob die Formulardaten an eine E-Mail-Adresse oder an ein CGI-Programm gesendet werden.

- → method – Der Wert get steht für eine Übertragungsmethode, bei der das CGI-Programm die Formulardaten aus einer Umgebungsvariablen auslesen muss. Die Angabe post führt dazu, dass die Formulardaten an die als Wert von action angegebene E-Mail-Adresse gehen.

- → enctype – Die Angabe des MIME-Typs text/plain bewirkt z.B., dass Formulardaten, die per E-Mail empfangen werden, für Menschen geeignet formatiert sind.

- → accept – Hier kann eine Liste von MIME-Typen angegeben werden, die der empfangende Server verarbeiten kann. Dies ist nur dann relevant, wenn der Anwender mit dem Formular Dateien versenden kann.

- → accept-charset – Als Wert dieses Attributs kann eine Liste von Zeichensätzen angegeben werden, die vom empfangenden Server unterstützt werden.

- → name – Der Wert von NAME stellt die Bezeichnung des Formulars dar, sodass es mit Stylesheets oder Skripts gekoppelt werden kann.

- → target – Werden Frames verwendet, gibt der Wert von target an, in welchem Frame Antworten des Servers angezeigt werden.

Darüber hinaus kann das <form>-Tag über Universalattribute und Ereignisattribute verfügen.

A.35 <frame> (HTML 4.0x)

Der Befehl `<frame>`, zu dem es kein End-Tag gibt, definiert einen Frame innerhalb eines mit `<frameset>` ausgezeichneten Bereichs.

- → `src` – Das Attribut `src` nimmt die Referenz der in diesem Frame darzustellenden Datei auf.
- → `name` – Als Wert von `name` geben Sie dem Frame eine Bezeichnung, sodass dieser Verweisziel sein kann.
- → `longdesc` – Notieren Sie eine URL als Wert, die auf eine längere, den Titel ergänzende Beschreibung verweist.
- → `noresize` – Mit diesem booleschen Attribut verhindern Sie, dass die Größe des Frames vom Anwender verändert werden kann.
- → `scrolling` – Dieses Attribut spezifiziert die Rollbalken des Frames; mögliche Werte sind `yes` (immer Rollbalken anzeigen), `no` (keine Rollbalken anzeigen) und der voreingestellte Wert `auto` (Rollbalken anzeigen wenn erforderlich).
- → `frameborder` – Mögliche Werte sind 1 (es wird ein Rahmen zwischen diesem und angrenzenden Frames dargestellt) und 0 (es wird kein Rahmen zwischen diesem und angrenzenden Frames dargestellt).
- → `marginwidth` – Der Wert dieses Attributs stellt den Abstand zwischen Frame-Inhalt und seitlichem Rahmen (bzw. Begrenzung) in Pixel dar.
- → `marginheight` – Als Wert von `marginheight` notieren Sie in Pixel den gewünschten Abstand zwischen Frame-Inhalt und oberem bzw. unterem Rahmen des Frames.

Darüber hinaus können die Universalattribute `class`, `id`, `style` und `title` eingesetzt werden.

A.36 <frameset> (HTML 4.0x)

Dieses Tag definiert ein Frameset und enthält `<frame>`-Tags.

- → `cols` – Dieses Attribut definiert einzelne Spalten eines Framesets, ohne weitere Angabe nimmt eine Spalte 100% der verfügbaren Breite ein. Die Werte können (jeweils durch Kommata getrennt) in Pixel, Prozent oder relativ angegeben werden.
- → `rows` – Die Werte von `rows` geben die einzelnen Reihen eines Framesets vor. Auch hier werden die Werte relativ, prozentual oder absolut durch Kommata getrennt angegeben.

Weiterhin können die Universalattribute `class`, `id`, `style` und `title` sowie die Ereignisattribute `onload` und `onunload` eingesetzt werden.

A.37 <h1>-<h6> (HTML 2.0, 3.2, 4.0x)

Die Tags <h1> bis <h6> zeichnen Überschriften verschiedener Gewichtung aus, wobei <h1> die wichtigste Kategorie darstellt. Im Browser wird eine mit <h1> ausgezeichnete Überschrift größer dargestellt wird als Überschriften der nachfolgenden Kategorien. Die mit diesen Tags ausgezeichneten Überschriften können mit dem Attribut align linksbündig (left), rechtsbündig (right) oder zentriert (center) ausgerichtet werden, wobei dieses Attribut auch in diesem Zusammenhang als »deprecated« gilt. Des Weiteren können sowohl Universal- als auch Ereignisattribute enthalten sein.

A.38 <head> (HTML 2.0, 3.2, 4.0x)

Das <head>-Tag definiert den Kopfbereich (Header) einer HTML-Datei. Start- und End-Tag sind dabei optional. Als Wert des Attributs profile kann eine oder mehrere URLs angegeben werden, die jeweils ein Metadaten-Profil enthält. Darüber hinaus können die Universalattribute dir und lang eingesetzt werden.

A.39 <hr> (HTML 2.0, 3.2, 4.0x)

Dieser Befehl erzeugt eine horizontale Trennlinie; er verfügt nicht über ein End-Tag.

→ align – Auch der Einsatz im <hr>-Tag ist unerwünscht, aber derzeit noch möglich, als Werte kommen left (linksbündig), center (zentriert) und right (rechtsbündig) in Frage. Standardmäßig werden Trennlinien zentriert ausgerichtet.

→ noshade – Dieses boolesche Attribut sorgt dafür, dass die Linie unschattiert also einfarbig dargestellt wird. Auch dieses Attribut ist in HTML 4.01 als »deprecated« eingestuft und sollte zukünftig zu Gunsten von Stylesheets nicht mehr verwendet werden.

→ size – Der Wert von size stellt die Stärke der Linie in Pixel dar; auch dieses Attribut ist in HTML 4.01 als »deprecated« bezeichnet. Die standardmäßige Stärke ist Browser-abhängig.

→ width – width bestimmt die Breite der Trennlinie, die normalerweise 100% beträgt. Da sich auch dieses Attribut auf das äußere Erscheinungsbild des HTML-Dokuments bezieht, ist es in HTML 4.01 ebenfalls unerwünscht.

Als weitere Attribute stehen Universal- sowie Ereignisattribute zur Verfügung.

A.40 <html> (HTML 2.0, 3.2, 4.0x)

<html> stellt das Wurzel- oder Root-Element von HTML-Dateien dar, wobei Start- und End-Tag optional sind. Das Attribut version spezifiziert, welche DTD für das Dokument gültig ist. Es ist unerwünscht, da diese Angabe

innerhalb der Dokumenttyp-Deklaration (`<!DOCTYPE...>`) gemacht wird. Weiterhin können die Universalattribute `dir` und `lang` notiert werden.

A.41 `<i>` (HTML 2.0, 3.2, 4.0x)

Das Tag `<i>` stellt eine physische Textauszeichnung für kursiven Text dar. Neben Universalattributen können auch Ereignisattribute notiert werden.

A.42 `<iframe>` (HTML 4.0x)

Mit `<iframe>` können Sie einen eingebetteten Frame ohne Frameset definieren. Die Attribute stimmen mit denen des `<frame>`-Tags überein; die einzige Ausnahme bildet `noresize`, das in `<iframe>` nicht eingesetzt werden kann. Zusätzlich zu den unter `<frame>` aufgeführten Attributen sind in `<iframe>` folgende Attribute gültig:

- → `align` – Die Festlegung der Ausrichtung des eingebetteten Frames mittels `align` ist in HTML 4.01 unerwünscht. Sie können so definieren, dass und wo ein eingebetteter Frame von umgebendem Text umflossen wird.
- → `height` – Mit `height` legen Sie die Höhe eines eingebetteten Frames fest.
- → `width` – Der Wert dieses Attributs stellt die Breite des eingebetteten Frames dar.

Weiterhin sind wie auch bei `<frame>` die Universalattribute `class`, `id`, `style` und `title` erlaubt.

A.43 `<img>` (HTML 2.0, 3.2, 4.0x)

Das Tag `<img>` besitzt kein End-Tag und wird zum Einbinden von Grafiken verwendet. Folgende Attribute können eingesetzt werden:

- → `src` – Dieses Attribut nimmt die relative oder absolute Pfadangabe zur Grafik auf, die in den Formaten GIF, JPEG oder PNG vorliegen darf.
- → `alt` – Falls die Grafik nicht angezeigt werden kann, wird der als Wert von `alt` angegebene Text dargestellt.
- → `longdesc` – Ergänzend zum `alt`-Attribut verweist die als Wert von `longdesc` angegebene URL auf eine längere Beschreibung der Grafik.
- → `align` – Dieses als »deprecated« eingestufte Attribut definiert die Ausrichtung der Grafik. Erlaubt sind folgende Werte: `top` (Bildoberkante = Textoberkante), `bottom` (Bildunterkante = Textgrundlinie) oder `middle` (Mitte der Grafik = Textgrundlinie) für die vertikale Ausrichtung sowie `left` (linksbündig) und `right` (rechtsbündig) für die horizontale Ausrichtung.
- → `border` – Dieses in HTML 4.01 ebenfalls unerwünschte Attribut bestimmt die Stärke des eine Grafik umrundenden Rahmens (z.B. wenn

die Grafik als Verweis fungiert). Die Angabe erfolgt in Pixel. Soll eine Grafik keinen Rahmen erhalten, so geben Sie `border="0"` an.

- → `name` – Hier wird als Wert die Bezeichnung der Grafik angegeben.
- → `height` – Dieses Attribut nimmt die Höhe der Grafik auf.
- → `width` – Der Wert von `width` stellt die Breite der Grafik dar.
- → `hspace` – Der Wert von `hspace` gibt den seitlichen Abstand zwischen Grafik und umgebenden Elementen in Pixel an. In HTML 4.01 gilt dieses Attribut als unerwünscht.
- → `vspace` – Dieses Attribut definiert den Abstand zu vorhergehenden und nachfolgenden Elementen (oberhalb und unterhalb der Grafik) in Pixel. Ebenso wie `hspace` ist auch `vspace` »deprecated« und sollte zukünftig zu Gunsten von Stylesheets nicht mehr eingesetzt werden.
- → `ismap` – Die im `src`-Attribut referenzierte Grafik ist eine serverseitige Image-Map.
- → `usemap` – Die im `src`-Attribut referenzierte Grafik ist clientseitig Verweis-sensitiv und wird mit der Definition der Image-Map in Verbindung gebracht.

Darüber hinaus können auch Universal- und Ereignisattribute eingesetzt werden.

A.44 <input> (HTML 2.0, 3.2, 4.0x)

Das Tag `<input>` erzeugt ein einzeiliges Eingabefeld. Es verfügt nicht über ein abschließendes Tag und kann auch außerhalb von Formularen eingesetzt werden.

- → `type` – Der Wert von `type` legt fest, um welche Art von Formularelement es sich handelt, wobei standardmäßig `type="text"` angenommen wird. Gültige Werte sind neben `text` `password` für verdeckt angezeigte Eingaben, `checkbox` für Kontrollkästchen, `radio` für Optionsknöpfe, `submit` für eine Schaltfläche zum Übertragen, `reset` für eine Schaltfläche zum Zurücksetzen, `file` für die Option, Dateien auswählen zu können, `hidden` für versteckte Elemente, `image` für eine grafische Schaltfläche zum Übertragen und `button` für eine Schaltfläche.
- → `name` – Das Attribut `name` nimmt die Bezeichnung des Formularelements auf.
- → `value` – Der Wert dieses Attributs wird beim Versenden der Formulardaten übertragen; bei Optionsknöpfen und Kontrollkästchen (`type="radio"` und `type="checkbox"`) unbedingt erforderlich.
- → `size` – Der Wert von `size` gibt bei einzeiligen Eingabefeldern oder Passwörtern die Breite des Feldes in Zeichen an.
- → `maxlength` – Für Formularelemente des Typs `text` oder `password` kann eine maximale Länge angegeben werden.

- → `accept` – Ist der Wert des Attributs `type="file"`, so können Sie als Wert von `accept` eine Liste akzeptierter MIME-Typen aufzählen.
- → `accesskey` – Als Wert dieses Attributs geben Sie ein Zeichen an, das der Anwender (in Verbindung mit der [Alt]-Taste) zum Ansteuern des Formularelements benutzen kann.
- → `tabindex` – Der Wert von `tabindex` gibt die Position des Formularelements in der Reihenfolge der Tabulator-Ansteuerung an.
- → `checked` – Das boolesche Attribut `checked` wählt Optionsknöpfe und Kontrollkästchen per Voreinstellung aus.
- → `readonly` – Bei Formularelementen des Typs `text` oder `password` können Sie mit `readonly` festlegen, dass diese Felder nicht veränderbar sind.
- → `disabled` – Das Formularelement ist deaktiviert.
- → `src` – Ist als Typ image angegeben, wird diese Grafik im Attribut `src` referenziert.

Weiterhin sind die Attribute `alt`, `align` `usemap`, `ismap` sowie Universal- und Ereignisattribute erlaubt.

A.45 <ins> (HTML 4.0x)

Mit `<ins>` zeichnen Sie neu hinzugefügten Text aus. Der Einsatz dieses Tags ist besonders in Kombination mit `<del>` für gelöschten Text sinnvoll, um so eine Änderung zu dokumentieren. Es können die gleichen Attribute verwendet werden wie bei `<del>` aufgeführt.

A.46 <isindex> (HTML 2.0, 3.2, 4.0x)

Dieser Befehl ohne End-Tag gilt als »deprecated«. Er wird im Kopfbereich der Datei notiert und erzeugt ein einzeiliges Eingabefeld. Gleichzeitig definiert das Tag die Datei als durchsuchbar; auf dem Server muss dazu allerdings ein Index der Datei vorliegen. Das gleichermaßen unterwünschte Attribut `prompt` nimmt eine Eingabeaufforderung auf. Als Attribute kommen Universalattribute in Frage. Da diese Funktion heute in der Regel nicht mehr benötigt wird, weil neuere Browser über eine Suchfunktion verfügen, ist dieser Befehl ohnehin überflüssig. Für einzeilige Eingabefelder sollten Sie den Befehl `<input>` verwenden.

A.47 <kbd> (HTML 2.0, 3.2, 4.0x)

Mit `<kbd>` wird Text logisch ausgezeichnet, der vom Anwender über die Tastatur (engl. keyboard) eingegeben werden soll. Neben Universalattributen kann dieses Tag auch Ereignisattribute enthalten.

A.48 <label> (HTML 4.0x)

Mit `<label>` können Sie die Beschriftung von Formularelementen erzeugen. Als Wert des Attributs `for` kann die ID eines Formularelements notiert werden, auf das sich die Beschriftung bezieht. Weitere Attribute sind `accesskey`, sowie Universal- und Ereignisattribute.

A.49 <legend> (HTML 4.0x)

Dieses Tag zeichnet den Titel einer Gruppe von Formularelementen (die mit `<fieldset>` definiert ist) aus. Das `<legend>`-Tag muss unmittelbar nach dem einleitenden `<fieldset>` vor dem ersten Formularelement notiert werden. Mit dem in HTML 4.01 allerdings unerwünschten Attribut `align` kann der Gruppentitel ausgerichtet werden. Darüber hinaus stehen das Attribut `accesskey` sowie Universal- und Ereignisattribute zur Verfügung.

A.50 <li> (HTML 2.0, 3.2, 4.0x)

Dieser Befehl mit optionalem End-Tag zeichnet einen Listeneintrag innerhalb einer sortierten (`<ol>`) oder unsortierten (`<ul>`)Liste aus.

→ `type` – Dieses Attribut gibt das Aufzählungszeichen eines Listeneintrags einer unsortierten Liste an. Gültige Werte sind `circle` (Kreis), `square` (Quadrat) und `disc` (gefüllter Kreis). Bei sortierten Listen gibt der Wert an, welche Art der Nummerierung dargestellt wird. Mögliche Werte sind `A` und `a` für Nummerierungen mit großen oder kleinen Buchstaben, `i` und `I` für kleine oder große römische Ziffern sowie `1` für arabische Ziffern (Standardeinstellung).

→ `value` – Dieses Attribut legt die Nummerierung des Listeneintrags innerhalb einer sortierten Liste fest. Die Angabe erfolgt als Zahl, auch wenn die Nummerierung alphabetisch oder römisch ist.

Darüber hinaus können sowohl Universal- als auch Ereignisattribute notiert werden.

A.51 <link> (HTML 2.0, 3.2, 4.0x)

Dieses Tag ohne End-Tag wird im Kopfbereich der Datei notiert und gibt eine logische Beziehung des aktuellen Dokuments zu anderen Dokumenten an. Das Attribut `rel` gibt eine vorwärts gerichtete und `rev` eine rückwärts gerichtete Beziehung an. Als Werte dieser Attribute geben Sie mithilfe vorgegebener Schlüsselbegriffe an, welcher Art die Beziehung ist. Die Angabe `rel="next"` weist z.B. auf die nächste Seite innerhalb einer Folge von Dokumenten hin. Des Weiteren können folgende Attribute eingesetzt werden:

→ `href` – Als Wert von `href` wird die URL des Verweisziels notiert.

→ `hreflang` – Dieses Attribut nimmt die Sprache des Verweisziels auf.

→ `type` – Der Wert gibt den MIME-Typ des Verweisziels an.

→ media – Hier können Sie angeben, für welche Medien das Verweisziel geeignet ist.

Darüber hinaus sind die Attribute charset und target sowie Universal- und Ereignisattribute einsetzbar. Leider werden diese Angaben derzeit so gut wie gar nicht interpretiert; denkbar wäre z.B., dass der Browser Schaltflächen zum Erreichen dieser Verweisziele anbietet.

A.52 <map> (HTML 3.2, 4.0x)

Dieses Tag definiert eine clientseitige Verweis-sensitive Grafik (Image-Map). Das Attribut name nimmt eine Bezeichnung der Verweis-sensitiven Grafik auf. Die einzelnen Bereiche einer Image-Map und deren Verweisziele werden mithilfe des Befehls <area> und dessen Attributen festgelegt. Das <map>-Tag kann Universal- und Ereignisattribute enthalten.

A.53 <menu> (HTML 2.0, 3.2, 4.0x)

Dieser Befehl zeichnet eine Menüliste aus, gilt allerdings als »deprecated« und sollte nicht mehr eingesetzt werden. Verwenden Sie stattdessen das Tag <ul>. In <menu> können das Attribut compact sowie Universal- und Ereignisattribute notiert werden.

A.54 <meta> (HTML 2.0, 3.2, 4.0x)

Der Befehl <meta> bleibt ohne End-Tag, wird im Kopfteil der Datei notiert und nimmt allgemeine Meta-Angaben auf.

→ name – Dieses Attribut nimmt die Bezeichnung der Meta-Angabe auf, wie z.B. keywords (Schlüsselwörter), author (Autor), description (Kurzbeschreibung) oder robots (für Suchroboter). Die Information zu der in diesem Attribut genannten Meta-Angabe wird als Wert des Attributs content notiert.

→ http-equiv – Wird paarweise mit dem Attribut content eingesetzt, Werte des http-equiv-Attributs sind content-type (MIME-Typ), content-script-type (verwendete Skriptsprache) oder content-style-type (verwendete Stylesheet-Sprache).

→ content – Der Wert dieses Attributs nimmt Bezug auf den Wert eines ebenfalls notiertes name- oder http-equiv-Attributs.

→ lang – Zusätzlich kann die Sprache als Kürzel angegeben werden.

→ scheme – Wert dieses Attributs ist ein Schema oder Profil, nach dem die Werte interpretiert werden.

Weiterhin können die Attribute dir und charset (innerhalb von content) eingesetzt werden.

Meta-Angaben könnte z.B. wie folgt lauten:

```
<meta name="robots" content="index">

<meta name="keywords" content="Schlüsselbegriffe, die in der Datei eine Rolle spielen">

<meta http-equiv="content-type" content="text/html; charset=iso-8859-1">

<meta http-equiv="content-style-type" content="text/css">

<meta http-equiv="content-script-type" content="text/javascript">
```

A.55 <noframes> (HTML 4.0x)

Das Tag `<noframes>` zeichnet einen Bereich aus, dessen Inhalt nur für solche Anwender sichtbar wird, deren Browser keine Frames unterstützen. Sinnigerweise sollte innerhalb eines solchen Bereichs die Möglichkeit existieren, innerhalb der Site zu navigieren, z.B. mit einem Verweis auf eine Sitemap. Das `<noframes>`-Tag kann Universal- und Ereignisattribute enthalten.

A.56 <noscript> (HTML 4.0x)

Mit `<noscript>` zeichnen Sie einen alternativen Bereich für Browser aus, die keine (oder nicht die verwendete) Skriptsprache unterstützen. Dieser Bereich wird nur von Browsern interpretiert, die das Script nicht anzeigen bzw. interpretieren können, daher sollten Sie entsprechende Hinweise im `<noscript>`-Bereich unterbringen. Universal- sowie Ereignisattribute sind in diesem Tag erlaubt.

A.57 <object> (HTML 4.0x)

Dieses Tag dient zum Einbinden verschiedener externer Objekte, es wird allerdings (noch) nicht umfassend unterstützt.

→ `data` – Hier notieren Sie die relative URL des Objekts; geben Sie zusätzlich den MIME-Typ als Wert von `type` an.

→ `classid` – Dieses Attribut nimmt die URL des Objekts auf; notieren Sie dazu das Attribut CODETYPE.

→ `type` – Dieses Attribut nimmt den MIME-Typ der Daten des im `data`-Attribut eingebundenen Objekts auf.

→ `codebase` – Hier wird die Basis-URL angegeben, falls sich das Objekt auf einem anderen Server oder in einem anderen Verzeichnis befinden als die HTML-Datei. Die Angaben der Attribute `classid`, `data` und `archive` beziehen sich auf diese URL.

→ `codetype` – Im Gegensatz zu TYPE wird hier der MIME-Typ des im `classid`-Attribut referenzierten Objekts notiert.

- → `declare` – Der Anwender muss das Objekt aktivieren, bevor es angezeigt wird oder abläuft.
- → `archive` – Dieses Attribut nimmt eine durch Kommata getrennte Liste von URLs von Archivdateien auf, die für das Objekt von Bedeutung sind.
- → `standby` – Als Wert dieses Attributs können Sie einen Text eingeben, der während des Ladevorgangs eingeblendet wird.
- → `height` und `width` – Diese Attribute nehmen die Höhe und Breite der Objektanzeige auf.

Weiterhin können folgende Attribute eingesetzt werden: `align`, `border`, `name`, `hspace`, `vspace`, `usemap`, `tabindex` sowie Universal- und Ereignisattribute.

A.58 <ol> (HTML 2.0, 3.2, 4.0x)

Mit diesem Tag zeichnen Sie eine sortierte bzw. nummerierte Liste aus. Die einzelnen Listenelemente werden mit dem `<li>`-Tag definiert.

- → `start` – Der Wert von `start` legt fest, bei welcher Zahl (oder welchem Buchstaben) die Nummerierung einer sortierten Liste beginnt. Der Wert wird als Zahl angegeben, auch wenn die Liste römisch oder alphabetisch nummeriert ist. In HTML 4.01 ist dieses Attribut unerwünscht.
- → `type` – Der Wert dieses in HTML 4.01 als »deprecated« eingestuften Attributs gibt an, welche Art der Nummerierung dargestellt wird. Mögliche Werte sind A und a für Nummerierungen mit großen oder kleinen Buchstaben, i und I für kleine oder große römische Ziffern sowie 1 für arabische Ziffern (Standardeinstellung).
- → `compact` – Dieses ebenfalls unerwünschte Attribut sorgt für eine kompaktere Darstellung der Liste.

Weiterhin können Universal- und Ereignisattribute notiert werden.

A.59 <optgroup> (HTML 4.0x)

Dieser Befehl definiert eine Gruppe von Optionen einer (üblicherweise in Formularen eingesetzten) Auswahlliste. Mit `label` kann eine Beschriftung der Gruppe ausgezeichnet werden. Weiterhin können die Attribute `disabled` sowie Universal- und Ereignisattribute eingesetzt werden.

A.60 <option> (HTML 3.2, 4.0x)

Mit `<option>` wird ein Element bzw. Eintrag einer Auswahlliste ausgezeichnet, das End-Tag ist optional. Das Attribut `selected` wählt den Eintrag aus, sodass er im Browser markiert dargestellt wird. Weitere Attribute sind `disabled`, `label`, `value` sowie Universal- und Ereignisattribute. In der Regel werden Auswahllisten innerhalb von Formularen verwendet.

A.61 <p> (HTML 2.0, 3.2, 4.0x)

Bei dem Befehl <p> ist das End-Tag optional; es bildet einen Absatz. Das Attribut align lässt die Ausrichtung eines Absatzes zu, gültige Werte sind left (linksbündig), right (rechtsbündig) und center (zentriert). Das Attribut align ist allerdings auch in diesem Zusammenhang in HTML 4.01 als »deprecated« eingestuft, Sie sollten die Ausrichtung daher via Stylesheets realisieren. Weiterhin kann das <p>-Tag Universal- sowie Ereignisattribute aufnehmen.

A.62 <param> (HTML 3.2, 4.0x)

Dieser Befehl besitzt kein End-Tag; er beinhaltet benannte Parameter z.B. für Java-Applets. Die erforderlichen Parameter variieren je nach Applet und werden innerhalb des <applet>- bzw. <object>-Bereichs notiert. Jeder Parameter wird durch eine Kombination der Attribute (bzw. deren Werte) name für den Namen des Parameters und value für den Wert definiert. Ein Parameter lautet z.B.

```
<param name="bgcolor" value="c0c0c0">
```

und definiert eine Hintergrundfarbe.

→ valuetype – Dieses Attribut legt fest, welcher Art der in value angegebene Wert ist. Mögliche Werte sind data (Standard), ref (URL) und object (Objektdeklaration).

→ type – Ist der Wert von valuetype mit ref angegeben, wird hier der MIME-Typ des Verweisziels angegeben.

Darüber hinaus kann im <param>-Tag das Attribut id verwendet werden.

A.63 <pre> (HTML 2.0, 3.2, 4.0x)

Dieses Tag zeichnet vorformatierten Text aus; Einrückungen in Form von Leerzeichen bleiben auch in der dicktengleichen Browser-Darstellung erhalten.

width – Das Attribut width ist in HTML 4.01 als »deprecated« bezeichnet; es gibt die Gesamtbreite des vorformatierten Textes an.

Weiterhin können Universal- und Ereignisattribute eingesetzt werden.

A.64 <q> (HTML 4.0x)

Das Tag <q> zeichnet ein kurzes Zitat aus, das nicht in einem eigenen Absatz dargestellt wird. Wie bei <blockquote> nimmt das Attribut cite die URL auf, die zitiert wird. Das <q>-Tag kann sowohl Universal- als auch Ereignisattribute enthalten.

A.65 <s> (HTML 4.0x)

In HTML 4.01 wird dieser Befehl als »deprecated« eingestuft; er stellt eine physische Auszeichnung für durchgestrichenen Text dar. Universal- und Ereignisattribute können innerhalb von <s> notiert werden.

A.66 <samp> (HTML 2.0, 3.2, 4.0x)

Diese logische Auszeichnung wird für Beispiele wie z.B. Scripts verwendet; sie kann Universal- und Ereignisattribute enthalten.

A.67 <script> (HTML 4.0x)

Mithilfe dieses Befehls werden Skriptbereiche im Kopf oder Rumpf einer HTML-Datei definiert.

→ type – Hier wird der MIME-Typ der Skriptsprache angegeben (z.B. text/javascript). Diese Angabe ist dominant gegenüber einer allgemein angegebenen Skriptsprache in einem Meta-Tag.

→ src – Dieses Attribut nimmt die URL eines externen Skripts auf.

→ language – Dieses in HTML 4.01 unerwünschte Attribut gibt die verwendete Skriptsprache an, wie z.B. JavaScript. Da diese Angaben nicht standardisiert sind, sollten Sie stattdessen das Attribut type einsetzen.

→ defer – Dieses boolesche Attribut informiert den Browser darüber, dass das Skript keinerlei Dokumentinhalt generiert.

→ charset – Der Wert gibt den im verlinkten Dokument verwendeten Zeichensatz an.

A.68 <select> (HTML 2.0, 3.2, 4.0x)

Das Tag <select> zeichnet eine (vor allem in Formularen verwendete) Auswahlliste aus. Das Attribut name bezeichnet die Auswahlliste.

→ size – Der Wert von size gibt vor, wie viele Listeneinträge (sprich Zeilen) gleichzeitig sichtbar sind.

→ multiple – Das boolesche Attribut multiple erlaubt es dem Anwender, mehrere Einträge auszuwählen.

Als weitere Attribute kommen disabled, tabindex sowie Universal- und Ereignisattribute in Frage.

A.69 <small> (HTML 3.2, 4.0x)

<small> ist eine physische Textauszeichnung für Text, der gegenüber dem umgebenden Text verkleinert dargestellt wird. Sie können im einleitenden <small>-Tag Universal- und Ereignisattribute notieren.

A.70 <span> (HTML 4.0x)

Ähnlich dem `<div>`-Tag zeichnet `<span>` einen Bereich innerhalb eines Dokuments aus. Neben `align` können Universal- und Ereignisattribute eingesetzt werden, sodass z.B. als Wert des Attributs `style` eine lokale Stylesheet-Angabe gemacht werden kann.

```
Dieser Satz enth&auml;lt eine
<span style="color:#008000">lokale</span>
Stylesheet-Definition.
```

A.71 <strike> (HTML 3.2, 4.0x)

Ebenso wie `<s>` ist `<strike>` eine physische Textauszeichnung für durchgestrichenen Text. Der Befehl gilt als »deprecated« und sollte zukünftig nicht mehr eingesetzt werden. Das Tag darf Universal- und Ereignisattribute enthalten.

A.72 <strong> (HTML 2.0, 3.2, 4.0x)

Mit diesem logischen Tag ausgezeichnete Textpassagen werden stark betont. Auch hier können sowohl Universal- als auch Ereignisattribute notiert werden.

A.73 <style> (HTML 4.0x)

Mit diesem Tag definieren Sie einen lokalen Stylesheet-Bereich im Kopf einer HTML-Datei.

→ `type` – Dieses Attribut nimmt den MIME-Typ der verwendeten Stylesheet-Sprache auf, meistens ist dies `text/css`.

→ `media` – Als Wert dieses Attributs können Sie angeben, für welches Medium (oder welche Medien) die Stylesheet-Angabe geeignet ist. Der voreingestellt Standardwert ist `screen` für die Bildschirmausgabe. Mehrere Medientypen werden durch Kommata voneinander getrennt notiert.

Darüber hinaus können die Universalattribute `dir`, `lang` und `title` eingesetzt werden.

A.74 <sub> (HTML 3.2, 4.0x)

Diese physische Textauszeichnung erzeugt tiefgestellten Text. Universal- und Ereignisattribute können eingesetzt werden.

A.75 <sup> (HTML 3.2, 4.0x)

Mit `<sup>` können Sie hochgestellten Text erzeugen; ebenso wie bei `<sub>` dürfen Universal- sowie Ereignisattribute verwendet werden.

A.76 <table> (HTML 3.2, 4.0x)

Dieses Tag leitet die Definition einer Tabelle ein. Innerhalb des mit `<table>` und `</table>` definierten Bereichs können eine Tabellenbeschriftung mit `<caption>`, einzelne Tabellenzellen mit den Tags `<th>` und `<td>`, Zeilen mit `<tr>`, Spalten mit `<col>` sowie die gruppierenden Befehle `<colgroup>`, `<thead>`, `<tbody>` und `<tfoot>` definiert werden.

→ `align` – Dieses Attribut ist auch in Verbindung mit dem `<table>`-Tag »deprecated«; es erlaubt die Positionierung der Tabelle im Verhältnis zum Browser-Fenster. Gültige Werte sind `left` (linksbündig), `right` (rechtsbündig) und `center` (zentriert).

→ `border` – Gibt die Breite des äußeren Tabellenrahmens in Pixel an.

→ `frame` – Der Wert gibt an, welche Teile des äußeren Tabellenrahmens dargestellt werden. Folgende Werte sind möglich:

- `void` – Keine Seite erhält einen Rahmen; Standard-Einstellung.
- `above` – Der Rahmen wird an der oberen Seite dargestellt.
- `below` – Der Rahmen wird an der unteren Seite dargestellt.
- `hsides` – Die obere und untere Seite erhalten einen Rahmen.
- `lhs` – Der Rahmen wird links dargestellt.
- `rhs` – Die rechte Seite erhält einen Rahmen.
- `vsides` – Die linke und rechte Seite der Tabelle erhalten einen Rahmen.
- `box` – Alle vier Seiten erhalten einen Rahmen.
- `border` – Alle vier Seiten erhalten einen Rahmen.

→ `rules` – Dieses Attribut definiert die Trennlinien zwischen den einzelnen Tabellenzellen. Gültige Werte sind hier:

- `none` – keine Trennlinien (Standard-Einstellung)
- `groups` – Zeilen- und Spaltengruppen werden mit Linien getrennt
- `rows` – Trennlinien zwischen Zeilen werden dargestellt
- `cols` – Trennlinien zwischen Spalten werden dargestellt
- `all` – alle Zeilen und Spalten werden mit Linien voneinander getrennt

→ `cellpadding` – Gibt den Abstand zwischen Zelleninhalt und Zellenbegrenzung an.

→ `cellspacing` – Hier ist der Abstand zwischen einzelnen Tabellenzellen notiert.

→ `summary` – Als Wert dieses Attributs sollte eine Zusammenfassung der Tabelle für nicht visuelle Ausgabemedien notiert werden.

→ `width` – Der Wert von `width` stellt die absolute oder (in Bezug auf das Browser-Fenster) prozentuale Gesamtbreite der Tabelle dar.

→ `bgcolor` – Dieses in HTML 4.01 als »deprecated« eingestufte Attribut nimmt eine Angabe zur Hintergrundfarbe der gesamten Tabelle auf.

Weiterhin können Universal- und Ereignisattribute eingesetzt werden.

A.77 <tbody> (HTML 4.0x)

Dieser Befehl, bei dem Start- und End-Tag optional sind, definiert den Rumpfbereich (Body) einer Tabelle und gruppiert so alle Spalten einer oder mehrerer Zeilen einer Tabelle.

→ `align` – Im Zusammenhang mit dem `<tbody>`-Tag ist dieses Attribut gültig; es gibt die Ausrichtung des Zelleninhalts der zur Gruppe `<tbody>` gehörenden Zellen an. Gültige Werte sind:

- `left` – für linksbündige Ausrichtung der Zelleninhalte
- `right` – für rechtsbündige Ausrichtung der Zelleninhalte
- `center` – für die zentrierte Ausrichtung der Zelleninhalte
- `justify` – für Ausrichtung im Blocksatz
- `char` – für Ausrichtung an einem bestimmten (mit `char` zu definierenden) Zeichen

→ `valign` – Der Zelleninhalt des Tabellenrumpfs wird mit diesem Attribut in vertikaler Richtung ausgerichtet. Mögliche Werte sind `top` (Ausrichtung am oberen Zellenrand), `middle` (mittige Ausrichtung), `bottom` (Ausrichtung am unteren Zellenrand) und `baseline` (zeilenweise Ausrichtung an einer gemeinsamen Grundlinie).

→ `char` – Dieses Attribut nimmt ein Zeichen auf, an dem alle zum mit der Angabe `align="char"` versehenen Tabellenrumpf ausgerichtet werden.

→ `charoff` – Hier können Sie eine Angabe in Pixel oder Prozent machen, die den Abstand zum ersten Erscheinen des (als Wert von `char` definierten) Zeichens darstellt, an dem der Inhalt ausgerichtet wird.

Weiterhin können Sie Universal- und Ereignisattribute notieren.

A.78 <td> (HTML 3.2, 4.0x)

Dieses Tag mit optionalem End-Tag zeichnet innerhalb des `<table>`-Bereichs eine Datenzelle einer Tabelle aus.

- → `align` – Die Ausrichtung des Zelleninhalts kann mit den Werten `left` (linksbündig), `right` (rechtsbündig), `center` (zentriert), `justify` (Blocksatz) und `char` (Ausrichtung an einem zu definierenden Zeichen) bestimmt werden.

- → `valign` – Die vertikale Ausrichtung des Zelleninhalts kann mit folgenden Werten definiert werden: `top` (obenbündig), `middle` (mittig), `bottom` (untenbündig) und `baseline` (bündig mit einer in dieser Zeile gemeinsamen Grundlinie).

- → `char` – Dieses Attribut nimmt ein Zeichen auf, an dem die mit der Angabe `align="char"` versehene Zelle ausgerichtet wird.

- → `charoff` – Hier können Sie eine Angabe in Pixel oder Prozent machen, die den Abstand zum ersten Erscheinen des (als Wert von `char` definierten) Zeichens darstellt, an dem der Inhalt ausgerichtet wird.

- → `rowspan` – Dieses Attribut enthält die Information darüber, über wie viele Zeilen sich die Zelle erstreckt.

- → `colspan` – Als Wert dieses Attributs können Sie notieren, über wie viele Spalten sich die Zelle erstrecken soll.

- → `nowrap` – Dieses boolesche Attribut sorgt dafür, dass der Zelleninhalt nicht automatisch umbrochen wird. In HTML 4.01 gilt dieses Attribut als unerwünscht; verwenden Sie stattdessen Stylesheet-Angaben.

- → `width` und `height` – Beide Attribute sind als »deprecated« eingestuft; sie legen die Breite bzw. Höhe der Zelle fest.

- → `bgcolor` – Hier kann eine Hintergrundfarbe für die Zelle bestimmt werden, allerdings gilt dieses Attribut in HTML 4.01 als unerwünscht.

- → `abbr` – Dieses Attribut nimmt den Inhalt der Tabelle in abgekürzter Form auf.

- → `headers` – Dieses Attribut nimmt eine Liste von IDs auf, die bestimmte Kopfzellen repräsentieren.

- → `axis` – Mithilfe dieses Attributs können Sie Zellen mit Kategoriennamen versehen.

- → `scope` – Der Wert von `scope` legt fest, für welche anderen Zellen der Inhalt der Zelle relevant ist. Gültige Werte sind `row` (für den Rest der Zeile), `col` (für den Rest der Spalte), `rowgroup` (für den Rest der Zeilengruppe) und `colgroup` (für den Rest der Spaltengruppe).

Über die hier aufgeführten Attribute hinaus können auch Universal- und Ereignisattribute notiert werden.

A.79 <textarea> (HTML 2.0, 3.2, 4.0x)

Mit `<textarea>` wird ein mehrzeiliges Eingabefeld definiert, das vor allem in Formularen vorkommt (es ist allerdings auch außerhalb von Formularen erlaubt).

- → `cols` – Der Wert dieses Attributs gibt in etwa an, wie viele Zeichen nebeneinander dargestellt werden.
- → `rows` – Mit `rows` können Sie die Anzahl der sichtbaren Zeilen festlegen.
- → `name` – Als Wert von `name` geben Sie die Bezeichnung des Formularelements an, die zusammen mit den Formulardaten übertragen wird.
- → `disabled` – Das boolesche Attribut `disabled` besagt, dass das mehrzeilige Eingabefeld deaktiviert ist.
- → `readonly` – Der Anwender kann keine Einträge vornehmen, sondern lediglich die Vorgabe lesen.

Darüber hinaus können die folgenden Attribute eingesetzt werden: `tabindex`, `accesskey`, Universalattribute und Ereignisattribute.

A.80 `<tfoot>` (HTML 4.0x)

Das End-Tag von `<tfoot>` kann optional eingesetzt werden. Es definiert den Fußbereich einer Tabelle und gruppiert damit alle Spalten einer Tabelle zu einer oder mehreren Fußzeilen. Wie in `<tbody>` können die Attribute `align`, `valign`, `char` und `charoff` sowie Universal- und Ereignisattribute eingesetzt werden (für gültige Werte siehe `<tbody>`).

A.81 `<th>` (HTML 3.2, 4.0x)

Das End-Tag kann optional verwendet werden, mit `<th>` wird die Kopfzelle einer Tabelle innerhalb von `<table>` und `</table>` definiert. Innerhalb von `<th>` können dieselben Attribute eingesetzt werden wie in `<td>` (für die einzelnen Attribute siehe `<td>`).

A.82 `<thead>` (HTML 4.0x)

Bei diesem Befehl ist das End-Tag optional; er definiert den Kopfbereich einer Tabelle und gruppiert damit alle Spalten einer Tabelle zu einer oder mehreren Kopfzeilen. Wie in `<tbody>` können die Attribute `align`, `valign`, `char` und `charoff` sowie Universal- und Ereignisattribute eingesetzt werden (siehe `<tbody>` für gültige Werte).

A.83 `<title>` (HTML 2.0, 3.2, 4.0x)

Mit diesem Tag wird der Titel des HTML-Dokuments festgelegt, der in der Titelzeile des Browsers angezeigt wird. Das `<title>`-Tag muss innerhalb des Kopfbereichs der Datei notiert werden. Als Attribute kommen die Universalattribute `dir` und `lang` in Frage.

A.84 <tr> (HTML 3.2, 4.0x)

Das End-Tag zu diesem Befehl kann optional verwendet werden; es definiert (innerhalb von <table> und </table>) eine Zeile einer Tabelle. Innerhalb dieser Zeile werden die einzelnen Tabellenzellen mit <th> und/oder <td> definiert.

→ align – Die Ausrichtung des Zelleninhalts kann mit den Werten left (linksbündig), right (rechtsbündig), center (zentriert), justify (Blocksatz) und char (Ausrichtung an einem zu definierenden Zeichen) bestimmt werden.

→ valign – Die vertikale Ausrichtung des Zelleninhalts kann mit folgenden Werten definiert werden: top (obenbündig), middle (mittig), bottom (untenbündig) und baseline (bündig mit einer in dieser Zeile gemeinsamen Grundlinie).

→ char – Dieses Attribut nimmt ein Zeichen auf, an dem die mit der Angabe align="char" versehene Zelle ausgerichtet wird.

→ charoff – Hier können Sie eine Angabe in Pixel oder Prozent machen, die den Abstand zum ersten Erscheinen des (als Wert von char definierten) Zeichens darstellt, an dem der Inhalt ausgerichtet wird.

→ bgcolor – Als Wert dieses Attributs kann die Hintergrundfarbe der Tabellenzeile angegeben werden.

Des Weiteren sind Universal- und Ereignisattribute erlaubt.

A.85 <tt> (HTML 2.0, 3.2, 4.0x)

Dieses Tag ist eine Textauszeichnung für dicktengleiche Schrift, wie sie z.B. von einem Telex (teletype) ausgegeben wird. Das <tt>-Tag kann Universal- und Ereignisattribute enthalten.

A.86 <u> (HTML 3.2, 4.0x)

Textstellen, die mit dem Befehl <u> ausgezeichnet sind, werden im Browser unterstrichen dargestellt. In HTML 4.01 gilt diese physische Textauszeichnung als »deprecated«. Erlaubt sind Universal- und Ereignisattribute.

A.87 <ul> (HTML 2.0, 3.2, 4.0x)

Mit <ul> zeichnen Sie eine unsortierte Liste aus; die einzelnen Listeneinträge werden mit <li> definiert. Sowohl type als auch compact sind »deprecated« und sollten zukünftig nicht weiter verwendet werden.

→ type – Gibt die Art des Aufzählungszeichens (bullet) an; zur Verfügung stehen circle (kreisförmig), square (quadratisch) und disc (gefüllter Kreis).

→ compact – Dieses boolesche Attribut sorgt für eine kompakte Darstellung der Liste.

Weiterhin können Sie Universal- und Ereignisattribute einsetzen.

A.88 <var> (HTML 2.0, 3.2, 4.0x)

Das Tag <var> zeichnet Variablen logisch aus. Es kann Universal- und Ereignisattribute aufnehmen.

Stichwortverzeichnis

!

!doctype-Tag 43
8.3 Namenskonvention 169

A

abbr-Attribut 351
Absatz 87
   align-Attribut 90
   ausrichten 90
   definieren 87
absolute Pfadangabe *siehe* Pfadangabe,
   absolut
accept-charset-Attribut 362
acceskey-Attribut 247
action-Attribut 361
ActiveX 33, 583
   Steuerung einbinden 584
ActiveX-Controls 33
ActiveX-Plug-In 34
address-Tag 68
Adresse 68
Advanced Research Projects Agency
   Network 15
align-Attribut 118
alink-Attribut 50
alt-Attribut 181
American Standard Code for Information
   Interchange 23
Animierte GIF-Grafik 475
Anwendungsschicht 16
applet-Tag 573
area-Tag 469
ARPA 15
ARPANET 15
ARPANET-Protokolle 16
ASCII 23
ASCII-Text 26
ASCII-Zeichencode 26
ASCII-Zeichensatz 20, 26
a-Tag 215

Attribut
   abbr 351
   accept-charset 362
   acceskey 247
   action 361
   align 118
   alink 50
   alt 181
   axis 353
   background 205, 327
   behavior 257
   bgcolor 49, 259
   bgproperties 209
   border 186
   cellpadding 305
   cellspacing 284
   charset 246
   cite 70, 96
   class 40, 51
   clear 337
   code 573
   codebase 573
   color 107, 121
   colspan 318
   compact 133
   coords 469
   data 457
   dateiweit wirksam 49
   datetime 96
   declare 459
   defer 578
   delay 479
   dir 40, 52
   direction 256
   dynsrc 483
   enctype 361
   Ereignisattribut 41
   Event-Handler 41
   face 105
   for 365
   frame 276
   headers 352

href 46, 215
hreflang 245
id 40, 51, 223
ismap 466
lang 40, 52
link 50
longdesc 183
loop 259, 479
maxlength 367
media 510
method 361
noshade 120
nowrap 309
prompt 48
rel 247
rev 247
rowspan 321
rules 285
scrollamount 257
scrolldelay 258
shape 467, 469
size 103, 117
span 298
src 163
start 136
style 41, 504
summary 354
tabindex 246
target 46
text 49
title 41
type 127, 242
unerwünscht 41
usemap 469
value 136
vlink 50
width 116
Audiodatei 477
   als Objekt einbinden 479
   als Verweis einbinden 479
   delay-Attribut 479
   embed-Tag 480
   Formate 478
   loop-Attribut 479
Aufzählung 123
Aufzählungszeichen 124, 127, 193

Auszeichnungssprache 19
axis-Attribut 353

B

background-Attribut 205, 327
Bar *siehe* Trennlinie
basefont-Tag 103
base-Tag 46, 216
behavior-Attribut 257
benannte Zeichenreferenz 59
Benennungsschema der Domain-Names 18
Bereich ausrichten 211
bgcolor-Attribut 49, 259
bgproperties-Attribut 209
bgsound-Tag 478
big-Tag 101
Bildschirmauflösung 152
Binärformat 18
Bitmap-Grafik 151
blinde Tabelle 341
   Grafiken platzieren 341
   Seitenränder definieren 345
blockquote-Tag, cite 70
Blocksatz 90
body-Tag 28, 49
boolesche Attribute 38
border-Attribut 186
Browser 15, 19
   -Versionen 25
Browser-Cache 20, 167
br-Tag 83
b-Tag 98, 110
Bullet 193
Bullet *siehe* Aufzählungszeichen
Button 201
button-Tag 381

C

caption-Tag 331
Cascading Style Sheets 33
ccTLD 19
cellpadding-Attribut 305
cellspacing-Attribut 284

center-Tag 80
CERN 19
CGI 33
charset-Attribut 246
cite-Attribut 70, 96
cite-Tag 70
class-Attribut 40, 51
clear-Attribut 337
Client-Pull-Verfahren 449
Client-Server-Modell 15
code-Attribut 573
codebase-Attribut 573
code-Tag 94
colgroup-Tag 298
color-Attribut 107, 121
colspan-Attribut 318
col-Tag 298
Common Gateway Inferface 33
compact-Attribut 133
Content 19
coords-Attribut 469
CORE 19
country-code-Domains 18
Country-Code-Toplevel-Domain 19
CSS 33
CSS-Formateigenschaft 525
   Abstände 539
   Abstand allgemein 540
   Abstand zu umgebenden Elementen 539
   Aufzählungszeichen 552
   Aufzählungszeichen positionieren 553
   Ausschnitt kontrollieren 563
   background *siehe* Hintergrundgrafik, allgemein
   background-attachment *siehe* Hintergrundgrafik, statisch
   background-color *siehe* Hintergrundfarbe
   background-image *siehe* Hintergrundgrafik
   background-position *siehe* Hintergrundgrafik positionieren
   background-repeat *siehe* Hintergrundgrafik wiederholen

border *siehe* Rahmen, allgemein
border-color *siehe* Rahmenfarbe
border-style *siehe* Rahmenart
border-top (-bottom, -left, -right) *siehe* Rahmenseiten allgemein
border-top(bottom,left,right)-width, *siehe* Rahmenstärke einzelner Seiten
border-width *siehe* Rahmenstärke, allgemein
caption-side *siehe* Tabellenbeschriftung positionieren
clear *siehe* Umfließen beenden
clip *siehe* Ausschnitt kontrollieren
color *siehe* Vordergrundfarbe
Cursor definieren 566
display *siehe* Elementanzeige
downloadbare Schriftart 532
Element positionieren 559
Element, übergroß 562
Elementanzeige 563
Elementbreite 560
Elementhöhe 560
Farbe und Hintergrund 541
float *siehe* umfließender Text
font *siehe* Schrift, allgemein
font-family *siehe* Schriftart, -familie
font-size *siehe* Schriftgröße
font-style *siehe* Schriftstil
font-variant *siehe* Kapitälchen
font-weight *siehe* Schriftgewicht
height *siehe* Elementhöhe
Hintergrundfarbe 542
Hintergrundgrafik 543, 546
Hintergrundgrafik positionieren 546
Hintergrundgrafik statisch 545
Hintergrundgrafik wiederholen 544
Innenabstand 550
Innenabstand, allgemein 551
Innenabstand, einzeln 551
Kapitälchen 530
Leerzeichen 538
letter-spacing *siehe* Zeichenabstand
line-height *siehe* Zeilenhöhe
Liste formatieren 552

Listeneigenschaften, allgemein 554
list-style *siehe* Listeneigenschaften, allgemein
list-style-image *siehe* Aufzählungszeichen
list-style-position *siehe* Aufzählungszeichen positionieren
list-style-type *siehe* Aufzählungszeichen
margin *siehe* Abstand, allgemein
margin *siehe* Seitenränder
margin-top, -bottom, left, right *siehe* Abstände
marks *siehe* Schnitt- und Passmarken
max-width *siehe* Mindest- und Höchstbreite
Microsoft-Filter 567
Mindest- und Höchstbreite 560
min-width *siehe* Mindest- und Höchstbreite
orphans *siehe* Umbruch kontrollieren
overflow *siehe* Element, übergroß
padding *siehe* Innenabstand, allgemein
padding-top, -bottom, -left, -right *siehe* Innenabstand, einzeln
page-break-before(after, inside) *siehe* Seitenumbruch
position *siehe* Positionierung
Positionierung 559
Pseudo-Element 557
Rahmen
    allgemein 549
    -art 547
    -eigenschaften 547
    -farbe 549
Rahmenseiten, allgemein 549
Rahmenstärke
    allgemein 548
    einzelner Seiten 548
Schnitt- und Passmarken 565
Schrift, allgemein 531
Schriftart, -familie 529
Schrifteigenschaften 529
Schriftgewicht 530
Schriftgröße 530
Schriftstil 529

Seitengestaltung 564
Seitengröße 565
Seitenränder 565
Seitenumbruch 565
Sichtbarkeit 564
size *siehe* Seitengröße
speak-header-cell *siehe* Sprachausgabe für Kopfzellen
Sprachausgabe für Kopfzellen 557
Tabelle 556
Tabellenbeschriftung positionieren 557
Text ausrichten 534
Text einrücken 535
Text schattieren 538
Text umwandeln 534
text-align *siehe* Text ausrichten
text-decoration *siehe* Textdekoration
Textdekoration 534
Texteigenschaften 533
text-indent *siehe* Text einrücken
text-shadow *siehe* Text schattieren
text-transform *siehe* Text umwandeln
Überlagerung kontrollieren 561
Umbruch kontrollieren 566
Umfließen beenden 537
umfließender Text 537
vertical-align *siehe* vertikale Ausrichtung
vertikale Ausrichtung 535
visibility *siehe* Sichtbarkeit
Vordergrundfarbe 541
white-space *siehe* Leerzeichen
widows *siehe* Umbruch kontrollieren
width *siehe* Elementbreite
word-spacing *siehe* Wortabstand
Wortabstand 533
Zeichenabstand 533
Zeilenhöhe 534
z-index *siehe* Überlagerung kontrollieren

D

data-Attribut 457
Datagramme 16

Dateien einbinden 457
Dateierweiterung 239
Datenkompression 155, 159f.
Datenpakete 16
datetime-Attribut 96
dd-Tag 147
declare-Attribut 459
defer-Attribut 578
Definitionsliste 147
delay-Attribut 479
del-Tag 95
DENIC 18
Department of Defense 16
deprecated elements 41
Deutschland Network Information Center 18
DHTML 34, 587
   Dokumentinhalt ändern 587
dicktengleiche Schrift 72, 95
dir-Attribut 40, 52
direction-Attriubut 256
dir-Tag 150
disclaimer 218
diskrete Kosinustransformation 159
Dithering 153, 156
div-Tag 81, 91, 211
dl-Tag 147
DNS 16, 18
Document Type Declaration 43
Document Type Definitions 43
DoD-Protokolle 16
Dokumentvorlagen *siehe* Style Sheets
Domain Name System 16, 18
Doppelslash 20
Dot 193
Download *siehe* Hyperlink auf Download-Dateien
DTD 43
   HTML 3.2 44
   HTML 4.01 Frameset 44
   HTML 4.01 Strict 43
   HTML 4.01 Transitional 44
dt-Tag 147
Durchsuchen von Dateien einschränken 453
Dynamic HTML *siehe* DHTML

Dynamic HyperText Markup Language 34
dynamische IP-Adresse 17
dynsrc-Attribut 483

E

Echtfarben 158
Einstiegsseite 234
Einzug 123
Elemente zusammenfassen 211
embed-Tag 458, 480, 485
em-Tag 94
enctype-Attribut 361
Ereignisattribut 41, 578
   onblur 579
   onchange 579
   onclick 579
   ondblclick 579
   onfocus 579
   onkeydown 579
   onkeypress 579
   onkeyup 579
   onload 579
   onmousedown 580
   onmousemove 580
   onmouseout 580
   onmouseover 580
   onmouseup 580
   onreset 580
   onselect 580
   onsubmit 580
   onunload 580
   Übersicht zur Bedeutung und Verwendung 579
Event-Handler 41
Extensible HyperText Markup Language 26
   siehe XHTML
Extensible Markup Language 26
Extensible Markup Language *siehe* XML
externe Dateien einbinden 457
externes Style Sheet 517
   @import url 519
   @media 523
   für verschiedene Medien 521
   href-Attribut 518

link-Tag 518
media-Attribut 521
Medientypen 521
rel-Attribut 518
type-Attribut 518

F

face-Attribut 105
Farbe 53
   16 Farbnamen 56
   additive Farbmischung 54
   Dithering 153
   Farbnamen 55
   Flimmereffekt 53
   Grundfarben 54
   Hexadezimalwerte 54
   Internet-sichere Farben 54
   Kombinationen von Hintergrund- und Textfarbe 53
   Kontrast 53
   RGB-Modell 155
   RGB-Werte 54
   Standard Farbcodes 54
   Standardfarben 153
   unbekannte Farbe darstellen 153
Farbpalette 155
Farbtabelle 155
Farbtiefe 152
Farbtiefe verringern 162
Fernnetzwerk 15
fieldset-Tag 394
File Transfer Protocol 16
font-Tag 103
for-Attribut 365
formatierter Text 72
Formatvorlage *siehe* Style Sheet
form-Tag 361
Formular 357
   accept-Attribut 388
   accept-charset 362
   accesskey-Attribut 393
   action-Attribut 361
   Auswahlliste 372
   Befehle und Attribute 357
   Besonderheiten 387

Betreff vorgeben 363
Breite des Eingabefelds 366
button-Tag 381
checked-Attribut 386
cols-Attribut 371
Datei übertragen 387
disabled-Attribut 390
Eingabefeld begrenzen 367
Eingabefeld beschriften 364
Eingabefeld für Passwort 369
Eingabefelder nur lesen 372
Eingabefelder vorbelegen 368
Eingaben zurücksetzen 380
einzeiliges Eingabefeld 363
E-Mail mit Formulardaten 400
enctype-Attribut 361
erfolgreiche Steuerelemente 399
fieldset-Tag 394
for-Attribut 365
Formularbereich ausrichten 397
Formulardaten an CGI-Schnittstelle 400
Formulardaten auswerten 399
Formularelement 361
Formularelement ansteuern 391
Formularelement deaktivieren 390
Formularelement gruppieren 394
Formularelement verbergen 389
Grafik als Schaltfläche 379, 382
Größe mehrzeiliger Eingabefelder 371
id-Attribut 365
input-Tag 363
Kodierung definieren 361
Kontrollkästchen 382
Kontrollkästchen aktivieren 384
label-Attribut 377
label-Tag 364
legend-Tag 394
mehrzeiliges Eingabefeld 370
method-Attribut 361
multiple-Attribut 374
name-Attribut 366
optgroup-Tag 377
Option einer Auswahlliste 372
Option einer Auswahlliste vorauswählen 375

Optionsknöpfe 385
Optionsknopf aktivieren 386
option-Tag 372
readonly-Attribut 372
rows-Attribut 371
Schaltfläche 377
Schaltfläche beschriften 379
Schaltfläche zum Zurücksetzen 380
Schaltfläche zur Übertragung 377
selected-Attribut 375
select-Tag 372
size-Attribut 366
Steuerelemente 361
Steuerelemente bezeichnen 366
Struktur 361
tabindex-Attribut 391
textarea-Tag 370
type-Attribut 366
Übertragungsmethode 361
value-Attribut 368, 377
Werte definieren 377
Zielframe festlegen 394
Zugriff auf Suchmaschine 397
Formulare, Schaltfläche 381
Frame 415
   Abstände zwischen Rahmen und Inhalt 430
   Befehle und Attribute 403
   border-Attribut 429
   bordercolor-Attribut 430
   definierte Ziel-Frames 421
   Farbe definieren 430
   frameborder-Attribut 427
   framespacing-Attribut 428
   Größe festlegen 426
   Inhalt definieren 415
   marginheight-Attribut 430
   marginwidth-Attribut 430
   name-Attribut 419
   noresize-Attribut 426
   Rahmen definieren 427
   Rollbalken definieren 431
   scrolling-Attribut 431
   src-Attribut 415
   target-Attribut 419
   Zielfenster 46
   Ziel-Frame festlegen 419
Frame, eingebettet 435
   Abstand zu umgebenden Elementen 438
   align-Attribut 438
   ausrichten 438
   Größe definieren 437
   height-Attribut 437
   hspace-Attribut 438
   iframe 435
   Inhalt definieren 436
   Rollbalken definieren 436
   Verweis 440
   vspace-Attribut 438
   width-Attribut 437
frame-Attribut 276
Frame-Set 403
   alternativer Inhalt 412
   Befehle und Attribute 403
   cols-Attribut 406
   Dateistruktur 405
   definieren 406
   frameset-Tag 405
   noframes-Tag 412
   rows-Attribut 406
   verschachteln 410
frameset-Tag 405
FTP 16, 241
FTP-Protokoll 241

G

generic domains 18
geschütztes Leerzeichen 85
Gestaltungsregeln 607
GIF-Datei, transparent 194
GIF-Format 155
Grafik 161
   absolute Pfadangabe 169
   Abstand zu anderen Elementen 177
   align-Attribut 170, 175
   als Verweis 189
   alt-Attribut 181
   alternativer Text 181
   a-Tag 189
   ausrichten 172, 175

background-Attribut 205
Befehle und Attribute 161
Beschriftung 170
bgproperties-Attribut 209
Bitmap-Grafik 151
border-Attribut 186, 190
Breite und Höhe definieren 184
center-Tag 177
clear-Attribut 174
Dithering 153
einbinden 163
erstellen 162
Farbtiefe 152, 158
Farbtiefe verringern 162
Grafikarten 151
height-Attribut 184
Hintergrundgrafik 205
href-Attribut 189
hspace-Attribut 177
img-Tag 163
innerhalb einer Überschrift 165
innerhalb eines Hyperlinks 197
interlaced GIF 157
Kurzbeschreibung 181
longdesc-Attribut 183
Meta-Grafik 153
Navigationselemente 162
Pfadangabe 163
Pixelgrafik 151
progressive JPEG Datei 160
Rahmen 186
Rastergrafik 151
relative Pfadangabe 167
RGB-Modell 162
skalieren 184
src-Attribut 163
strukturierend 199
strukturierende Elemente 193
Thumbnail 191
transparente GIF-Datei 195
transparenter Hintergrund 156
Trennlinien 199
Umfließen beenden 174
umfließender Text 172
Vektorgrafik 151
Vorschau-Grafik 191

vspace-Attribut 177
width-Attribut 184
Grafikbeschriftung 170
Grafikformat 155
   GIF 155
   interlaced GIF 157
   JPEG 155, 158
   PNG 155, 160
   progressives JPEG 160
   transparente GIF-Grafik 156
Grafikreferenz 163
Grafische Elemente 193
Grafische Trennlinien 199
Graphics Interchange Format 155
gTLD 18

H

Haftungsausschluss 218
headers-Attribut 352
head-Tag 28
Hintergrundbild aus Einzelgrafiken 205
Hintergrundbild, statisches 209
Hintergrundgrafik 205
Hintergrund-Sound 478
horizontale Linien 113
href-Attribut 46, 215
hreflang-Attribut 245
hr-Tag 113
h-Tag 1 bis 6 76
HTML 19
   Allgemeines 23
   Befehle 26
   Datei 27
   Dateistruktur 26
   Editor 23, 32
   Hyperlinks 23
   Hypertext 23
   Links 23
   Schlüsselwörter 26
   Sprachstandard 43
   Tags 26f., 35
   Texteditoren 32
   Verknüpfungen 23
   Versionen 25
   WYSIWYG-Editoren 32

HTML-Datei 28
  8.3-Namenskonvention 31
  Body 28
  Dateibezeichnung 31
  Dateierweiterung 31
  Dateinamen 31
  Grundgerüst 30
  Head(er) 28
  Header 43
  Hintergrundfarbe 49
  Identifikatoren 51
  Kopf 28, 43
  Rumpf 28
  Schreib- und Leserichtung 52
  Selektoren 51
  Sprachinformationen 52
  Struktur 26
  testen 613
  Textfarbe 49
  Titel 45
  Verweisfarben 50
  verwendete Sprache 52
HTML-Format 19
HTML-spezifische Zeichen 61
html-Tag 28
HTTP 16, 19
Hyperlink 20, 215
  absolute URL 231, 233
  absoluter 46
  accesskey-Attribut 247
  ansteuern 246
  a-Tag 215
  auf andere Internet-Dienste 242
  auf andere WWW-Server 233
  auf Download-Dateien 240
  auf ein anderes Verzeichnis 231
  auf eine E-Mail-Adresse 234
  auf Nicht-HTML-Dateien 239
  base-Tag 216
  Befehle und Attribute 218
  betiteln 245
  charset-Attribut 246
  Dateityp des Verweisziels 242
  E-Mail, Betreff 237
  E-Mail, Inhalt 238
  E-Mail, mehrere Empfänger 236
  Grafik als Verweis 189
  href-Attribut 215
  hreflang-Attribut 245
  id-Attribut 223
  innerhalb einer Datei 219
  innerhalb eines Verzeichnis 224
  link-Tag 248
  lokal 219
  lokaler Zielanker 221
  mailto 235
  media-Attribut 248
  name-Attribut 221
  Quellanker 215
  relative URL 224
  rel-Attribut 247
  rev-Attribut 247
  Rückverweis 226
  Schaltfläche 202
  Sprache des Verweisziels 245
  tabindex-Attribut 246
  target-Attribut 46
  title-Attribut 245
  Zeichensatz des Verweisziels 245
  Zielanker 215, 221
  Zieltypen 246
Hypertext 23
HyperText Markup Language 19
HyperText Transfer Protocol 16
Hypertextsystem 19

I

ICANN 19
ICRA 444
id-Attribut 40, 51, 223
IETF 17
iframe-Tag 435
Image Map *siehe* Verweis-sensitive Grafik
img-Tag 163
Inhaltsstruktur und Navigation 609
input-Tag 363
ins-Tag 95
Interlacing 157
Internet
  Anwendungsschicht 16
  Internetschicht 16

Netzwerkschicht 17
Referenzmodell 16
Schichtenmodell 16
Transportschicht 16
verbindungsloses Protokoll 16
Internet Corporation for Assigned Names and Numbers 19
Internet Council of Registrars 19
Internet Engineering Task Force 17
Internet Protocol Next Generation 17
Internet Protokoll Version 4 17
Internet Service Provider 18
Internetschicht 16
Internet-Standards 15
Interpreter 33
intrinsic event *siehe* Ereignisattribut
IP-Adresse 17
IP-Adressklassen 17
IP-Header 17
IPNG 17
IP-Protokollstandard 17
IPv4 17
IPv6 17
isindex-Tag 48
ismap-Attribut 466
iso-8859-1 *siehe* Latin-1
ISP 18
i-Tag 98, 110

J

Java 33
Java-Applet 573
   Abstand zu umgebenden Elementen 575
   Beschriftung, umfließender Text 575
   einbinden 573
   object-Tag 574
   param-Tag 573
Java-Applets 33
JavaScript 33, 580
   Kommentare 581
   Objektmodell 581
   Script-Bereich maskieren 581
JPEG-Format 155, 158

K

Klartextnamen 18
Kommentar 67
Kommentar-Tag 67

L

label-Tag 364
Ländercodes 19
Länderkürzel 245
LAN 15
lang-Attribut 40, 52
Latin-1 59, 246
Laufschrift *siehe* Lauftext
Lauftext 253
   Abstand zu anderen Elementen 262
   Attribute 253
   behavior-Attribut 257
   bgcolor-Attribut 259
   Breite und Höhe definieren 260
   direction-Attribut 256
   Geschwindigkeit definieren 257
   height-Attribut 260
   Hintergrundfarbe definieren 259
   hspace-Attribut 262
   Laufrichtung festlegen 256
   loop-Attribut 259
   marquee-Tag 254
   scrollamount-Attribut 257
   scrolldelay 258
   vspace-Attribut 262
   width-Attribut 260
   Wiederholrate 259
Leerzeichen, geschützt 63
legend-Tag 394
Linie 113
   align-Attribut 118
   Ausrichtung 118
   Breite definieren 116
   color-Attribut 121
   Farbe definieren 121
   noshade-Attribut 120
   Schattierung 120
   size-Attribut 117

Stärke definieren 116
width-Attribut 116
Link 20
Link *siehe* Hyperlink
link-Attribut 50
link-Tag 248, 518
Liste 123
   alphabetische Nummerierung 141
   arabische Nummerierung 133
   Aufzählungszeichen 124, 127
   Befehle und Attribute 146
   compact-Attribut 133
   dd-Tag 147
   Definition 147
   dir-Tag 150
   dl-Tag 147
   dt-Tag 147
   farbige Aufzählungszeichen 130
   Listeneintrag 123
   li-Tag 123
   Menüliste 150
   menu-Tag 150
   numerisch 133, 139
   Nummerierung ändern 136
   ol-Tag 133
   römische Nummerierung 139
   sortiert 133
   start-Attribut 136
   Typen kombinieren 143
   ul-Tag 123
   unsortiert 123
   value-Attribut 136
   verschachtelt 128
   Verzeichnislisten 150
li-Tag 123, 133
Local Area Network 15
lokaler Verweis *siehe* Hyperlink, lokal
lokales Netzwerk 15
lokales Style Sheet 493
   media-Attribut 510
   Medien-Typen 510
   style-Attribut 504
   style-Tag 493
   type-Attribut 493
   verschiedene Medien 510

longdesc-Attribut 183
loop-Attribut 259, 479
LZW-Algorithmus 156

M

mailto 235
map-Tag 469
Markup-Sprache 26
Marquee *siehe* Lauftext
marquee-Tag 254
Maskierungskonventionen 59
maxlength-Attribut 367
media-Attribut 510
Menüliste 150
menu-Tag 150
Meta-Angabe 443
   author 449
   content-Attribut 443
   copyright 449
   date 449
   description 449
   Dublin Core Metadata Initiative (DCMI) 451
   Durchsuchen einschränken 454
   für Browser 443
   für Suchprogramm 449
   Gültigkeit 444, 449
   htt-equiv-Attribut 443
   keywords 450
   MIME-Typ 444
   name-Attribut 443
   PICS 444
   Robot 454
   scheme-Attribut 443
   Skriptsprache 444
   Sprache 450
   Style Sheet-Sprache 444
   Style Sheet-Sprache festlegen 488
   verschiedene Style Sheets 523
   Weiterleitung 447
   Zeichensatz 444
Meta-Grafik 153
Metasprache 26
meta-Tag 443

method-Attribut 361
Microsoft-Filter 567
   alpha() *siehe* Vorder- und Hintergrund verschmelzen
   blur *siehe* Verwischen
   chroma() *siehe* Transparenz
   dropShadow() *siehe* Schlagschatten
   Farbumkehr 571
   flilpV() *siehe* Spiegelung, vertikal
   flipH() *siehe* Spiegelung, horizontal
   glow() *siehe* Glühen
   Glühen 569
   Graustufen 571
   Graustufen und Farbumkehr 571
   gray() *siehe* Graustufen
   invert() *siehe* Farbumkehr
   Schatten 570
   Schlagschatten 570
   shadow() *siehe* Schatten
   Spiegelung, horizontal 571
   Spiegelung, vertikal 571
   Transparenz 569
   Verwischen 569
   Vorder- und Hintergrund verschmelzen 567
   wave() *siehe* Wellen
   Wellen 569
   xray() *siehe* Graustufen und Farbumkehr
MIME-Typ 239, 242
Multipurpose Internet Mail Extensions 242

N

named entities 60
Name-Server 18
Navigationselement 201
Navigationselemente 162
Network Operating System 15
Netzwerkbetriebssystem 15
Netzwerkschicht 17
neue Toplevel-Domains 19
Newsgroup 242
Newsreader 242
nobr-Tag 127

noframes-Tag 412
NOS 15
noshade-Attribut 120
nowrap-Attribut 309
numerische Liste *siehe* Liste, numerisch
numerische Zeichenreferenz 59

O

object-Tag 457
Objekte 457
   Abstände zu umgebenden Elementen 463
   aktivierbare 459
   align-Attribut 461
   Ausrichtung 462
   Beschriftung 461
   Bezeichnungen 460
   data-Attribut 457
   declare-Attribut 459
   Größe 460
   height-Attribut 460
   hspace-Attribut 463
   Meldung zur Ladezeit 464
   name-Attribut 460
   Rahmen defnieren 460
   standby-Attribut 464
   vspace-Attribut 463
   width-Attribut 460
ol-Tag 133
optgroup-Tag 377
option-Tag 372

P

param-Tag 573
Peer-to-Peer-Netzwerk 15
Pfadangabe
   absolut 46, 169, 221
   relativ 167, 220, 224
PICS-Klassifizierung 444
Pixelgrafik 151
Plug-In 34, 239
PNG-Format 155, 160
POP3 16
Port 20

Post Office Protocol 16
präformatierter Text 72
pre-Tag 72
prompt-Attribut 48
Proportionalschrift 72
Pseudo-Angabe 501
Pseudo-Element 503
Pseudo-Klasse 499ff.
p-Tag 87

Q

Quellanker 215
Quellcode 30
Quelltext 30

R

Rastergrafik 151
relative Pfadangabe *siehe* Pfadangabe, relativ
rel-Attribut 247
Réseaux IP Européens 18
rev-Attribut 247
RIPE 18
rowspan-Attribut 321
RSACi 444
rules-Attribut 285

S

Scannen 163
    Auflösung 163
Schaltfläche 162, 201
    alt-Attribut 202
    a-Tag 202
Schrift 101
    basefont-Tag 103
    Basisgröße 103
    color-Attribut 107
    dicktengleich 98
    dicktengleiche Schrift 106
    durchgestrichen 98, 111
    Eigenschaft 110
    face-Attribut 105
    fett 98, 110
    groß 98
    Groteskschrift 106
    hoch gestellt 98, 111
    klein 98
    nicht proportionale Schrift 106
    Normalschriftgröße 103
    Schriftart 105
    Schriftfarbe 107
    Schriftgröße 101
    serifenlose Schrift 106
    Serifenschrift 106
    size-Attribut 103
    Standardschrift 105
    tief gestellt 98, 111
    unterstrichen 98, 110
    ZF Kursiv 98, 110
Script 577
    defer-Attribut 578
    einbinden 577
    Ereignisattribut 578
    script-Tag 577
    Standardsprache angeben 578
script-Tag 577
scrollamount-Attribut 257
scrolldelay-Attribut 258
select-Tag 372
Selektor 525
    Attribut 527
    beliebiges Element 527
    direktes Kind eines Elements 527
    folgendes Tag 527
    gültige ID und Klasse 528
    ID 526
    Klasse 526
    mehrere Tags 525
    Tag 525
    verschachtelte Tags 526
SGML 19
shape-Attribut 467, 469
Simple Mail Transfer Protocol 16
size-Attribut 103, 117
Slash 20
small-Tag 101
SMTP 16
Sonderzeichen 59
Sound-Dateien *siehe* Audiodateien

span-Attribut 298
src-Attribut 163
s-Tag 111
Standard for Robots Exclusion (SRE) 453
Standard Generalized Markup Language 19, 593
Standardfarben 153
Standards im Internet 15
Standardzeichensatz 59
start-Attribut 136
statische IP-Adresse 17
Stilvorlagen *siehe* Style Sheet
Streuraster 153
strike-Tag 111
strong-Tag 94
Style Sheet 487
   ! important 514
   @media 512
   alle Instanzen eines Befehls formatieren 493
   Bereich formatieren 506
   class-Attribut 495
   CSS-Datei 517
   div-Tag 506
   einzelnes Tag formatieren 504
   extern *siehe* externes Style Sheet
   Farbangaben und Maßeinheiten in CSS 488
   id-Attribut 504
   Interpretation verschiedener Style Sheets 512
   Interpretationsregeln 515
   Klasse formatieren 495
   lokal *siehe* lokales Style Sheet
   Selektoren 494
   span-Tag 506
   Sprachen 487
   Syntax 525
   Tag-unabhängige ID 505
   Tag-unabhängige Klasse 497
   Vererbung 508
   verschachtelte Tags 508
Style Sheet-Datei *siehe* externes Style Sheet
Style Sheets 33, 41
   Cascading Style Sheets 487

CSS 487
Farbnamen in CSS 2 489
Klassenbezeichnung 496
Kommentare in CSS 491
Pseudo-Klassen und Pseudo-Elemente 499
style-Attribut 41, 504
style-Tag 493
sub-Tag 111
summary-Attribut 354
sup-Tag 111

T

Tabelle 265
   abbr-Attribut 351
   Abstände zwischen Tabellenzellen 284
   Abstand zu anderen Elementen 338
   Abstand zwischen Zelleninhalt und Zellenbegrenzung 305
   align-Attribut 311, 332, 334
   aufbauen 265
   ausrichten 333
   axis-Attribut 353
   background-Attribut 327
   Befehle und Attribute 265
   Beschriftung ausrichten 332
   Bezug zwischen Kopf- und Datenzellen 352
   bgcolor-Attribut 324
   border-Attribut 275
   bordercolor-Attribut 326
   bordercolordark-Attribut 326
   bordercolorlight-Attribut 326
   Breite definieren 295
   caption-Tag 331
   cellpadding-Attribut 305
   cellspacing-Attribut 284, 305
   char-Attribut 315
   charoff-Attribut 315
   clear-Attribut 337
   colgroup-Tag 298
   colspan-Attribut 318
   col-Tag 298
   Datenzelle 269
   formatieren 331

frame-Attribut 276
Fußbereich definieren 274
headers-Attribut 352
height-Attribut 292, 297
Hintergrundbild 327
Hintergrundbild einer Zelle 327
Hintergrundfarbe definieren 324
Hintergrundfarbe einer Zelle definieren 324
Höhe definieren 297
Kategorie für Zellen 353
Kopfbereich definieren 274
Kopfzelle 272
Kurzbeschreibung einer Zelle 351
leere Zellen 271
Liniendarstellung 285
nicht visuelle Ausgabemedien 351
nowrap-Attribut 309
Rahmen definieren 275
Rahmen- und Linienfarbe definieren 326
Rahmendarstellung 276
rowspan-Attribut 321
rules-Attribut 285
Rumpf definieren 274
Spalten definieren 297
Spaltenbreite definieren 293
span-Attribut 298, 313
Struktur 268
summary-Attribut 354
table-Tag 268
tbody-Tag 274
td-Tag 269
tfoot-Tag 274
thead-Tag 274
th-Tag 272
tr-Tag 269
Umbruch des Zelleninhalts 309
Umfließen beenden 337
umfließender Text 334
valign-Attribut 316
verschachteln 338
width-Attribut 293, 295
Zeilen definieren 268
Zeilenhöhe definieren 292
Zellen definieren 268
Zellen einer Spalte verbinden 321
Zellen einer Zeile verbinden 318
Zellen über Zeilen und Spalten verbinden 322
Zelleninhalt ausrichten 311
Zusammenfassung 354
Tabellen
   beschriften 331
   Formatierung innerhalb von Tabellen 305
tabindex-Attribut 246
table-Tag 268
Tag
   !doctype 43
   a 215
   address 68
   applet 573
   area 469
   Attribute 38
   b 98, 110
   base 46, 216
   basefont 103
   bgsound 478
   big 101
   blockquote 70
   body 28, 49
   boolesche Attribute 38
   br 83
   button 381
   caption 331
   center 80
   cite 70
   code 94
   col 298
   colgroup 298
   dd 147
   definierte Werte 39
   del 95
   dir 150
   div 81, 91, 211
   dl 147
   dt 147
   em 94
   embed 458, 480, 485
   End-Tag 28
   fieldset 394

font 103
form 361
frameset 405
h1 bis h6 76
head 28
hr 113
html 28
i 98, 110
iframe 435
img 163
input 363
ins 95
isindex 48
Kommentar 67
label 364
legend 394
li 123, 133
link 248, 518
map 469
marquee 254
menu 150
meta 443
nobr 127
noframes 412
numerische Werte 39
object 457
ol 133
optgroup 377
option 372
p 87
param 573
pre 72
s 111
script 577
select 372
small 101
Start-Tag 28
strike 111
strong 94
style 493
sub 111
sup 111
Syntax 35, 38
table 268
tbody 274
td 269

textarea 370
tfoot 274
th 272
thead 274
title 45
tr 269
tt 98
u 110
ul 123
unerwünscht 41
Universalattribute 40
variable Werte 39
Verschachteln von Tags 36
Werte 38
Tags 26f.
target-Attribut 46
tbody-Tag 274
TCP 16
TCP/IP-Protokolle 15f.
TCP/IP-Schichtenmodell 16
td-Tag 269
TELNET 16
textarea-Tag 370
text-Attribut 49
Textauszeichnung 93
    logisch 93
    logisch, Befehle 93
    physisch 97, 110
    physisch, Befehle 98
Texteditor 23, 32
Texteinzug 123
tfoot-Tag 274
thead-Tag 274
th-Tag 272
Tim Berners-Lee 19
title-Attribut 41
title-Tag 45
Toplevel-Domain 18
Transmission Control Protocol 16
Transmission Control Protocol/Internet
    Protocol 16
transparente GIF-Grafik *siehe* Grafik
transparenter Hintergrund *siehe* Grafik
Transportschicht 16
Trennleiste 121
Trennlinien 113

tr-Tag 269
True Color 158
tt-Tag 98
type-Attribut 127, 242

U

UCS 60
UDP 16
Überschrift 75
   align-Attribut 78
   Ausrichtung 78
   div-Tag 81
   Ebenen definieren 76
   Hierarchien 76
Übertragungsprotokolle 15
ul-Tag 123
Umbruch 83
   vermeiden 85
Umlaute 59
Unicode 60
Uniform Resource Identifier 21
Uniform Resource Locator 20
Uniform Resource Name 21
Universal Character Set 60
Universalattribute 40
unsichtbare Tabelle *siehe* blinde Tabelle
unsortierte Liste *siehe* Liste, unsortiert
URI 21
URL 20, 23, 215
URN 21
usemap-Attribut 469
User Datagram Protocol 16
u-Tag 110

V

value-Attribut 136
VBScript 582
   Script-Bereich maskieren 582
Vektorgrafik 151
Verknüpfung *siehe* Hyperlink
Veröffentlichung 613
   Domain 614
   kostenloser Webspace 615
   Site bekannt machen 615
   WWW-Adresse 614
Verweis *siehe* Hyperlink
Verweis, absoluter *siehe* Hyperlink, absoluter
Verweis-sensitive Grafik 465
   accesskey-Attribut 471
   als Objekt einbinden 472
   alt-Attribut 471
   area-Tag 469
   Client-seitig 467
   coords-Attribut 469
   einbinden 469
   ismap-Attribut 466
   map-Tag 469
   nohref-Attribut 471
   Server-seitig 466
   shape-Attribut 467, 469
   tabindex-Attribut 471
   title-Attribut 471
   Übersicht über Tags und Attribute 465
   usemap-Attribut 469
   Verweisziel 469
Verzeichnisliste 150
Videodatei 483
   als Objekt einbinden 485
   als Verweis einbinden 484
   dynsrc-Attribut 483
   einbinden 483
   embed-Tag 485
   Formate 483
   Größe festlegen 484
   loop-Attribut 483
   start-Attribut 483
Vier-Schichten-Modell 17
Virtual Reality Modeling Language 34
vlink-Attribut 50
Vorschau-Grafik 191
VRML 34
VRML-Plug-In 34

W

W3C 25
wallpaper 205
WAN 15

WAP 34
Wasserzeichen 209
WCMS 30
Webbrowser 19
Web-Content-Management-System 30
Webserver-Software 15
Website 20
Well-known Port 20
Wide Area Network 15
width-Attribut 116
Wireless Application Protocol) 34
Wireless Markup Language 34
WML 34
World Wide Web 19
World Wide Web Consortium 25
WWW 19
WYSIWYG-Editoren 32

X

XHTML 26, 34, 601
XML 26, 34, 593
   !ATTLIST 599
   !DOCTYPE 596
   !ELEMENT 597
   Attributlisten-Deklaration 597, 599
   CDATA 595, 599
   Dateistruktur 594
   Document Type Definition (DTD) 596f.
   Dokumentinstanz 600
   Dokumenttyp-Deklaration 596

DTD 596
   Elementtyp-Deklaration 597
   Entities definieren 599
   ergänzende Sprachen 593
   HTML-Dokument konvertieren 601
   Kommentar 595
   leere Elemente 600
   Maskierungskonventionen 594
   PCDATA 597
   Processing Instruction *siehe* Verarbeitungsanweisung
   Prolog 596
   Root-Element 595
   Verarbeitungsanweisung 595
   Verschachtelung 595
   wohlgeformte Dokumente 595
   Wurzelelement 595
   XML-Deklaration 596
XML-Prozessor 594
XSL 34

Z

Zeilensprungverfahren 157
Zeilenumbruch 83
   vermeiden 85, 127
Zielanker 215, 226
   siehe Hyperlink, Zielanker
Zielfenster 46
Ziel-Frame 46
Zitat 70

DAS KOMPENDIUM

Arbeitsbuch · Nachschlagewerk · Praxisführer

Bestell-Nr. 25516 · **DM 89,95**

Bestell-Nr. 25830 · **DM 99,95**

Bestell-Nr. 25818 · **DM 89,95**

Bestell-Nr. 25815 · **DM 99,95**

Markt+Technik-Produkte erhalten Sie im Buchhandel, Fachhandel und Warenhaus.
Markt+Technik · Martin-Kollar-Straße 10–12 · 81829 München · Telefon (0 89) 4 60 03-0 · Fax (0 89) 4 60 03-100
Aktuelle Infos rund um die Uhr im Internet: www.mut.de · E-Mail: bestellung@mut.de

Schritt für Schritt zum Profi!

Phillip Kerman
Flash 5

ca. 440 Seiten, 1 CD-ROM
ISBN 3-8272-**5958**-4
DM 79,95/öS 584,00/sFr 73,00

Markt+Technik-Produkte erhalten Sie im Buchhandel, Fachhandel und Warenhaus.
Markt+Technik · Martin-Kollar-Straße 10 –12 · 81829 München · Telefon (0 89) 4 60 03-0 · Fax (0 89) 4 60 03-100
Aktuelle Infos rund um die Uhr im Internet: **www.mut.de** · E-Mail: **bestellung@mut.de**

Schritt für Schritt zum Profi!

Dirk Louis/Christian Wenz

Dynamic WebPublishing

ca. 800 Seiten, 1 CD-ROM
ISBN 3-8272-**6003**-5
DM 89,95/öS 657,00/sFr 83,00

Markt+Technik-Produkte erhalten Sie im Buchhandel, Fachhandel und Warenhaus.
Markt+Technik · Martin-Kollar-Straße 10 –12 · 81829 München · Telefon (0 89) 4 60 03-0 · Fax (0 89) 4 60 03-100
Aktuelle Infos rund um die Uhr im Internet: **www.mut.de** · E-Mail: **bestellung@mut.de**

Schritt für Schritt zum Profi!

Charles Mohnike
ColdFusion

ca. 820 Seiten, 1 CD-ROM
ISBN 3-8272-**6017**-5
DM 99,95/öS 730,00/sFr 92,00

Markt+Technik-Produkte erhalten Sie im Buchhandel, Fachhandel und Warenhaus.
Markt+Technik · Martin-Kollar-Straße 10 –12 · 81829 München · Telefon (0 89) 4 60 03-0 · Fax (0 89) 4 60 03-100
Aktuelle Infos rund um die Uhr im Internet: www.mut.de · E-Mail: bestellung@mut.de